UTB

UTB 8248

D1997189

Eine Arbeitsgemeinschaft der Verlage

Beltz Verlag Weinheim und Basel
Böhlau Verlag Köln · Weimar · Wien
Wilhelm Fink Verlag München
A. Francke Verlag Tübingen und Basel
Paul Haupt Verlag Bern · Stuttgart · Wien
Verlag Leske + Budrich Opladen
Lucius & Lucius Verlagsgesellschaft Stuttgart
Mohr Siebeck Tübingen
C. F. Müller Verlag Heidelberg
Ernst Reinhardt Verlag München und Basel
Ferdinand Schöningh Verlag Paderborn · München · Wien · Zürich
Eugen Ulmer Verlag Stuttgart
UVK Verlagsgesellschaft Konstanz
Vandenhoeck & Ruprecht Göttingen
WUV Facultas · Wien

KLAUS WEIMAR

Geschichte der deutschen Literaturwissenschaft bis zum Ende des 19. Jahrhunderts

WILHELM FINK VERLAG

Bibliografische Information der Deutschen Bibliothek

Die Deutsche Bibliothek verzeichnet diese Publikation in der Deutschen Nationalbibliografie; detaillierte bibliografische Daten sind im Internet über http://dnb.ddb.de abrufbar.

Gedruckt auf umweltfreundlichem, chlorfrei gebleichtem Papier (mit 50 % Altpapieranteil)

Jühenplatz 1-3, D-33098 Paderborn
ISBN 3-7705-3800-5

Printed in Germany.
Herstellung: Ferdinand Schöningh, Paderborn
Einbandgestaltung: Atelier Reichert, Stuttgart

UTB-Bestellnummer: ISBN 3-8252-8248-1

Inhaltsverzeichnis

Vorwort

Der Titel dieses Buches ist eine Verbeugung vor Sigmund von Lempicki. Ich habe sein Buch[1] nur selten zitiert, nicht aus Unaufmerksamkeit oder Mißachtung. Lempicki hat die Geschichte in ständigem Blick auf die Literaturwissenschaft seiner Gegenwart durchforscht, und seine Darstellung verzeichnet deshalb vielerlei Anfänge von und Ansätze zu Sichtweisen, Erkenntnissen und Meinungen eben dieser zeitgenössischen Literaturwissenschaft. Eine solche genealogische Wissenschaftshistoriographie hat ihren guten Sinn, solange die Wissenschaft noch einigermaßen einheitlich ist und solange der Historiker ihren aktuellen Stand noch wenigstens in dem Maße überblicken kann, wie es für seine Zwecke nötig ist. Die erste Voraussetzung ist bekanntlich nicht mehr gegeben und die zweite je weniger zu erfüllen, desto weiter die Darstellung der Wissenschaftsgeschichte ins 19. Jahrhundert vordringt.

Mein Vorgehen hat sich nur schon deshalb von demjenigen Lempickis unterscheiden müssen. Ich habe zuerst die Komponenten der heutigen deutschen Literaturwissenschaft zusammengestellt, die jeder Unbeteiligte an jeder Hochschule antreffen kann: deutsche Literatur als Gegenstand, Lehrbetrieb in deutscher Sprache, getragen von eigens dazu ausgebildeten und angestellten Personen, ausgestattet mit eigenen Instituten, Geldern und Bibliotheken, geordnet durch Studiengänge und Prüfungsordnungen, nicht zuletzt im Dienste der Lehrerausbildung stehend und natürlich insgesamt vom Staat finanziert. All diese Komponenten habe ich dann historisch so weit zurückverfolgt, bis sie bzw. die Belege für ihr Vorhandensein aufhören.

Es wäre gewiß reizvoll gewesen, die Richtung der Suche auch in einer rückläufigen Darstellung abzubilden, aber das hätte neue Probleme geschaffen, und davon hatte ich ohnehin genug. Überhaupt bin ich mir oft vorgekommen wie früher vor diesen Rechtecken auf der Rätselseite der Familienzeitschrift: da waren viele Punkte eingetragen und neben ihnen Zahlen, und wenn man die Punkte in der Reihenfolge der Zahlen miteinander verbunden hat, dann war das eine Ente oder ein liegender Hase. Der Unterschied ist nur, daß ich diesmal selbst auch noch die Rechtecke zu zeichnen und die Punkte einzutragen und zu numerieren hatte.

Ich habe die im Suchvorgang ermittelten institutionellen Daten korreliert mit den Texten, die von Literatur handeln, und daraus haben sich mir zwei Fi-

---

[1] Sigmund von Lempicki, Geschichte der deutschen Literaturwissenschaft bis zum Ende des 18. Jahrhunderts. Göttingen 1920. – 2., durchgesehene, um ein Sach- und Personenregister sowie ein chronologisches Werkverzeichnis vermehrte Auflage. Göttingen 1968.

guren ergeben, eine wissenschaftstheoretische und eine methodologische. Die erste beschreibt den Prozeß der Gegenstandskonstitution und ihre institutionellen Korrelate, die zweite den Prozeß des Lernens, wie über den konstituierten Gegenstand zu reden und zu schreiben sei, und auch seine institutionellen Korrelate. Die erste Figur umfaßt die ersten fünf Kapitel, die zweite die letzten vier, in den beiden dazwischen löst die eine die andere ab.

Man sieht, daß in einer solchen Darstellung der Wissenschaftsgeschichte „Wissenschaft" in zweierlei Bedeutung gebraucht ist, einerseits als distinkte Einheit unter anderen innerhalb eines Systems oder einer Institution (dafür pflegt man auch „Fach" zu sagen) und also der Pluralbildung fähig, andererseits als eine bestimmte Tätigkeit, die sich nur von nicht-wissenschaftlichen unterscheidet (und in sich dann auch noch „Unwissenschaftliches" kennt) und folglich ein Singularetantum ist. Von der Geschichte einer bzw. der Wissenschaft (in dieser doppelten Bedeutung) handelt dieses Buch.

Das heißt aber auch, daß man, so umfangreich es leider geworden ist, anderes in ihm nicht findet, das man vielleicht oder gewohnheitsmäßig unter seinem Titel sucht. Bei einem Thema indessen, das seines Umfangs und seiner Vielschichtigkeit wegen (wenn es hoffentlich nicht seine Unwichtigkeit ist) nur so selten behandelt wird[2], dürfte jede nicht ganz abstruse Komplexitätsreduktion schon als solche gerechtfertigt sein, sofern sie nur konsequent gehandhabt wird. Die Festlegung einer wissenschaftsgeschichtlichen Darstellung auf die „Schicksale" der Wissenschaft in jener doppelten Bedeutung scheint mir, zurückhaltend gesagt, nicht zu den unsinnigen Komplexitätsreduktionen zu gehören, und sie durchzuhalten ist zwar wahrhaftig nicht immer einfach, aber doch grundsätzlich möglich und überdies nötig bei einigermaßen realistischer Einschätzung der eigenen Arbeitskapazität.

Konsequenz verlangt immer Opfer, leichten oder schweren Herzens gewährte. Ich will vier wenigstens erwähnen. Die Wissenschaftler kommen als Angehörige ihres Fachs und als Träger oder Realisatoren der Tätigkeit „Wissenschaft" in großer Zahl vor, nicht aber vollzählig und nicht nach Leben, Taten und Meinungen. Von den Daten des Fachs sodann ist in aller Regel das bloße Vorhandensein wichtiger gewesen als das Zustandekommen, weshalb Archivalien über Berufungsvorgänge und ähnliches nur in Ausnahmefällen herbeigezogen sind. Die Tätigkeit „Wissenschaft" ferner ist daraufhin untersucht, wie sie sich jeweils in Texten organisiert hat, und darum sind ihre Inhalte (politische, religiöse und andere Überzeugungen) und ihre Ergebnisse nur erwähnt, wenn es für den Untersuchungszweck nötig war. Und das Verhältnis

[2] An Gesamtdarstellungen sind außer der von Lempicki nur drei zu erwähnen. – Rudolf von Raumer, Geschichte der Germanischen Philologie vorzugsweise in Deutschland. (Geschichte der Wissenschaften in Deutschland. Neuere Zeit. 9) München 1870. – Hermann Paul, Geschichte der germanischen Philologie; in: Grundriß der germanischen Philologie. Hrsg. von Hermann Paul. I. Band. Straßburg 1891, S. 9–151. – Josef Dünninger, Geschichte der deutschen Philologie; in: Deutsche Philologie im Aufriß. Hrsg. von Wolfgang Stammler. Band I. 2. Aufl. Berlin 1957, S. 83–222.

der Wissenschaft in beiderlei Bedeutung zum jeweils Ausgegrenzten schließlich, zu anderen Fächern also und zum Bereich des „Nicht-Wissenschaftlichen“ in jeder Gestalt, ist nur selten berücksichtigt.

In einigen Fällen ist mir der konsequente Verzicht leicht gemacht worden durch die Gewißheit, daß das hier Vermißte in Projekten zur Geltung kommen werde, die nicht weit vor dem Abschluß stehen, in demjenigen der Bielefelder Gruppe unter der Leitung von Jürgen Fohrmann und Wilhelm Voßkamp und in demjenigen von Uwe Meves. In anderen Fällen habe ich mich dabei beruhigen müssen, schon öfter Behandeltes nicht nochmals behandelt oder dann eben eine Lücke gelassen zu haben, um deren Füllung diejenigen gebeten seien, die das für wichtiger als alles andere halten. Es wäre mir unheimlich und ich würde es sehr bedauern, wenn dieses Buch, das eine lebhaftere Beschäftigung mit dem Thema zu empfehlen und zu erleichtern bestimmt ist, als deren Abschluß angesehen würde.

Natürlich ist es auch sonst anders herausgekommen, als ich es mir zuerst vorgestellt hatte. Zum Beispiel war mein Forschungsbericht[3] eigentlich als ein vorweggenommener Anmerkungsapparat gedacht. Inzwischen ist mancherlei geschehen und anderes gerade wieder nicht, und infolgedessen hat sich auch der Abschluß der Arbeit an diesem Buch weit über Erwarten oder gar Wünschen hinaus verzögert. Die Titelangaben aus dem Forschungsbericht meinte ich nach so langer Zeit wenigstens zu einem kleinen Teil wiederholen zu müssen, nach dem gleichen Grundsatz, nach dem auch die seither erschienenen Publikationen verzeichnet sind: nebst dem direkt Zitierten nur das Nötigste, das (auch bibliographisch) weiter führt. Gar nicht erwähnt sind die Längsschnitte durch die Wissenschaftsgeschichte unter einem je bestimmten thematischen Gesichtspunkt, obwohl inzwischen in nicht geringer Zahl vorhanden; sie gehören mit zum dritten der erwähnten Ausschlußopfer. Eine Auseinandersetzung mit anderen Meinungen und Deutungen habe ich notgedrungen, eine ausdrückliche Korrektur der vielen, erstaunlich verbreiteten Irrtümer und Unrichtigkeiten im Faktischen freiwillig unterlassen.

Das Quellenmaterial, mit dem ich gearbeitet habe, besteht zur Hauptsache aus zwei Gruppen. Die erste wird gebildet aus den Vorlesungsverzeichnissen der deutschsprachigen Universitäten von der Mitte des 18. bis zum Ende des 19. Jahrhunderts und aus der universitätsgeschichtlichen Literatur, die zweite aus Publikationen aller Art aus dem gleichen Zeitraum, die sich irgendwie (auch) mit deutscher Literatur befassen. Nachforschungen nach Ungedrucktem aus Archiven habe ich nur in den wenigen Fällen angestellt, da die Materialien der ersten Gruppe ein erkennbares Manko aufwiesen, dessen Begleichung für meine Zwecke wichtig war. Vorlesungen sind nach Semestern zitiert, wobei eine einfache Zahl das Sommersemester, eine doppelte das Wintersemester anzeigt; dagegen sind die Vorlesungsverzeichnisse selbst aus Platzgründen nicht

3 Klaus Weimar, Zur Geschichte der Literaturwissenschaft. Forschungsbericht; in: Deutsche Vierteljahrsschrift für Literaturwissenschaft und Geistesgeschichte 50 (1976) 298–364.

bibliographisch nachgewiesen; eine vollständige Liste ihrer Abdrucke in Zeitschriften ist jetzt in den bibliographischen Verzeichnissen Horst Walter Blankes leicht zugänglich.[4]

Ein Wort noch zum zweiten Teil des Titels. Daß ich die Darstellung mit dem Ende des 19. Jahrhunderts beendet habe, hat drei Gründe. Der erste und wichtigste ist, daß die anfangs erwähnten Komponenten der deutschen Literaturwissenschaft um diese Zeit alle beisammen waren. Ein zweiter Grund wird sich am Ende des Buches zeigen, und ein dritter liegt ganz einfach darin, daß die Verhältnisse in unserem Jahrhundert, in dem zum Beispiel auch die amerikanischen Germanisten nicht unberücksichtigt bleiben dürften, so vielfältig geworden sind, daß ich es mir nicht mehr zutraue, sie im Alleingang „in den Griff" zu bekommen.

In all den Jahren der oft unterbrochenen Arbeit haben viele Kollegen und Archive meinen angefochtenen Glauben an einen Communismus der Geister wieder aufgerichtet durch bereitwillige Mitteilungen aus ihrem Wissen. Direktion und Benutzerdienst der Zentralbibliothek Zürich haben mir auf liberalste Weise Zutritt zu den Magazinen gewährt und die Maxime Aby Warburgs sich erneut bestätigen lassen, daß das wichtigste Buch immer das daneben ist, und was doch noch fehlte, hat die Fernleihe auch dann meist herbeizuschaffen gewußt, als meine Wünsche etwas ausschweifend waren. Die Stiftung Volkswagenwerk hat zu all dem den Boden gelegt und mich während der drei wichtigsten Jahre durch die finanzielle Förderung des Projekts von den Notwendigkeiten des Geldverdienens befreit.

Sie alle bitte ich, diese Zeilen und dieses Buch als Erscheinungsweise meines Danks anzunehmen.

Daß dieses Buch wieder erhältlich wird, verdankt es Raimar Zons und dem Verlag. Einige (hoffentlich alle) Druckfehler sind korrigiert. Abgesehen davon, bleibt der Textbestand unverändert.

Zürich, im November 2002 *Klaus Weimar*

---

4 Horst Walter Blanke, Bibliographie der in periodischer Literatur abgedruckten Vorlesungsverzeichnisse deutschsprachiger Universitäten 1700–1899. Teil I, II (–1919), III (–1926); in: Berichte zur Wissenschaftsgeschichte 6 (1983) 205–227, 10 (1987) 17–43, 11 (1988) 105–117.

Deutsch als Universitätssprache

Es ist recht unwahrscheinlich, daß an deutschen Universitäten jemals in allen Situationen nur Latein gesprochen wurde. Nachrichten über die Verteilung der Sprachen gibt es allerdings so gut wie keine. Deshalb muß man sich mit Analogien behelfen, wenn man sich eine ungefähre Vorstellung davon machen will.

Den Unterschied zwischen Wissenschafts- und Umgangssprache gibt es heute noch an den Deutschschweizer Universitäten, und es bestehen eingespielte Distributionsregeln, die nirgends fixiert sind, aber selten durchbrochen werden. Ein Schweizer Student und ein Schweizer Professor werden etwa in Seminaren, auch wo es nicht wegen der Anwesenheit von Ausländern nötig ist, miteinander hochdeutsch reden und bei einer Fortsetzung des Gesprächs auf dem Korridor sofort auf Mundart umschalten. Dieselbe Regel gilt in Vorlesungen, Prüfungen, Sitzungen usw., und selbstverständlich bedient man sich für alle schriftlichen Aufzeichnungen nur des Hochdeutschen.

Will jemand nun diese Regeln durchbrechen aus irgendwelchen Gründen (Mühe mit dem Hochdeutschen, Schaffung einer entspannteren Atmosphäre, spezielles Thema), so erwarten ihn zwar keine direkten Sanktionen, aber er wird seine Abweichung doch nicht an die große Glocke hängen. Und das ganze Unternehmen wird für die Nachwelt nicht vorhanden sein.

Übertragen auf die Verhältnisse früherer Jahrhunderte, bedeutet das: daß etwa deutschsprachige Vorlesungen sehr selten aktenkundig geworden sind, besagt noch nicht unbedingt, daß keine stattgefunden hätten. Es ist mit einer Dunkelziffer von nicht abschätzbarer Größe zu rechnen, und die überlieferten Einzelfälle verdanken ihre Erhaltung in der Regel irgendeinem Zufall.[1] Das er-

---

1 Ich benutze in diesem Kapitel ausschließlich gedruckte Quellen. Vieles davon habe ich durch direkte oder indirekte Hinweise gefunden, zitiere aber aus Platzgründen diese Hinweise nur, wenn ich die Originaldokumente nicht habe einsehen können. Der eine oder andere Fall wird sicher noch in Universitätsarchiven dokumentiert sein; die direkte Suche danach dürfte aber einen Aufwand erfordern, der in einem ganz unvernünftigen Verhältnis zum bestenfalls erreichbaren Ertrag steht. Dergleichen Daten dürften auch in Zukunft nur als Nebenprodukte anderer Arbeiten anfallen. – Arbeiten zum Thema: Richard Hodermann, Universitätsvorlesungen in deutscher Sprache um die Wende des 17. Jahrhunderts. Diss. Jena 1891. – Ders., Universitätsvorlesungen in deutscher Sprache. Christian Thomasius, seine Vorgänger und Nachfolger; in: Wissenschaftliches Beiheft zur Zeitschrift des allgemeinen deutschen Sprachvereins 8 (1895) 99–115. – Irmgard Weithase, Zur Geschichte der gesprochenen Sprache. 2 Bände. Tübingen 1961. – Wilfried Barner, Barockrhetorik. Untersuchungen zu ihren geschichtlichen Ursprüngen. Tübingen 1970. – Uwe Pörksen, Der Übergang vom Gelehrtenlatein zur deutschen Wissenschaftssprache; in: LiLi 13 (1983), Heft 51/52, S. 227–257.

ste nicht zufällig erhaltene Datum ist das Jahr 1687, in dem Christian Thomasius in Leipzig sich für die Abkehr vom Latein und für deutschsprachige Vorlesungen entschieden hat. Daß allerdings Thomasius bei weitem nicht als erster die deutsche Sprache in die Hörsäle getragen hat, wie man immer noch lesen kann[2], das wird sich gleich zeigen.

16. Jahrhundert

Etwa im Jahre 1501 erklärte ein sonst nicht weiter hervorgetretener Magister namens Tilemann Heverlingh seinen Studenten die Satiren des Juvenal auf deutsch, und es liegt sogar die Annahme nahe, er habe zu ihnen plattdeutsch gesprochen; denn er stammte aus Göttingen und lehrte in Rostock.[3] Bekannt geworden ist dieser Fall allerdings nicht durch seine eigene Initiative. Hermann von dem Bussche, einer der berühmtesten und auch streitbarsten unter den humanistischen Wanderlehrern, hielt sich nämlich zur gleichen Zeit in Rostock auf und kündigte prompt eine lateinische Konkurrenzveranstaltung zum selben Thema an. Heverlingh beschwerte sich, von dem Bussche mußte die Universität verlassen und rächte sich später schriftlich.[4] Daher weiß man von der Sache.

Nach dem Philologen ein Jurist: 1518 und – mit Unterbrechungen – auch 1519 lehrte Thomas Murner in Basel. Er hielt Vorlesungen über die Digesten und die Institutionen, und zumindest von letzterer hat er große Teile auf deutsch bestritten, wie der Titel der Veröffentlichung bekundet: Instituten ein warer vrsprung vnnd fundament des Keyserlichen rechtens / von dem hochgelerten herren Thomā Murner der heiligen geschrifft Doctor / beyder rechtē Licentiaten / verdütschet / Vnd uff der hohen schůl Basel in syner ordenlichen lectur offenlich mit dē latin verglichet.[5] „So ist Murner nicht nur der erste Übersetzer der Institutionen, sondern zugleich der erste Universitätslehrer, der eine juristische Vorlesung in deutscher Sprache gehalten hat".[6]

Der nächste, von dem man deutschsprachige Vorlesungen kennt, ist ein Theologe, der Basler Reformator Johannes Oecolampadius. Im April 1523 hat

---

[2] Gewisse Vorbehalte und Einschränkungen haben sich immerhin unter Fachleuten schon durchgesetzt: „So ist die Vorlesung des Thomasius tatsächlich die erste in einem nicht zu den Realdisziplinen rechnenden Fach, die in deutscher Sprache gehalten wurde." Gunter E. Grimm, Literatur und Gelehrtentum in Deutschland. Untersuchungen zum Wandel ihres Verhältnisses vom Humanismus bis zur Frühaufklärung. (Studien zur deutschen Literatur. 62) Tübingen 1983, S. 379. – Danach auch Pörksen (= Anm. 1) 232, 253.

[3] Otto Krabbe, Die Universität Rostock im 15. und 16. Jahrhundert. Band 1. Rostock/ Schwerin 1854, S. 261 f., 264. – ADB XII 344 (Krause).

[4] Krabbe 264.

[5] Basel 1519. Das Titelblatt ist abgebildet bei Adalbert Erler, Thomas Murner als Jurist. (Frankfurter wissenschaftliche Beiträge, rechts- und staatswissenschaftliche Reihe. 18) Frankfurt 1956, S. 91.

[6] Erler 47.

er eine Jesajavorlesung begonnen, von der es in einem Brief Jakob Ceporins heißt: „Item Joannes Oecolampadius list Esaiam Hebraisch, Latinsch und Tütsch; hőrend zů an studenten und priesteren wol IIII hundert burgeren."[7] Wie man sich die Verteilung der Sprachen vorzustellen hat, muß wohl offen bleiben. Möglich wäre eine Lesung des hebräischen Urtexts (und der griechischen Septuaginta), dann ein lateinischer Kommentar und schließlich eine deutsche Zusammenfassung[8], auf die zu warten aber vielleicht doch die Geduld der Nichtakademiker überfordert hätte; möglich wäre auch ein permanenter Wechsel von Latein und Deutsch im Kommentar. Genug, das Deutsche war dabei.

Die theologischen Auseinandersetzungen zwischen Alt- und Neugläubigen haben in dieser Zeit übrigens noch ein weiteres Mal die Basler Universität zur öffentlichen Bühne gemacht, auf der eben deshalb deutsch gesprochen wurde. Ein Priester namens Stephan Stör benutzte sie am 16. Februar 1524[9] im eigenen Interesse zu einer öffentlichen Disputation über die Erlaubtheit der Priesterehe, und das ungelehrte Volk hatte freien Zutritt. Der gedruckte Bericht[10] hat dieser Veranstaltung als einziger noch eine Beachtung im 17. Jahrhundert gesichert[11], obwohl man sie nicht wird dem universitären Lehrbetrieb zurechnen können.

Wie wenn es darauf abgesehen wäre, alle vier Fakultäten vollständig vertreten sein zu lassen, hat sich schließlich noch ein Mediziner hier eingereiht, auch er wieder in Basel. Während seines konfliktreichen Aufenthalts in der Stadt von März 1527 bis Januar 1528[12] trug Paracelsus unter anderem seine chirurgia vulnerum auf deutsch vor, und mit dem Verzicht auf das Tragen des Amtstalars verstieß er gleich noch gegen eine andere Regel konformen Verhaltens. „Mein fürnemen ist hie, zu erklären, was ein arzet sein sol, und das auf teutsch, damit

---

7 Briefe und Akten zum Leben Oekolampads. [...] Bearbeitet von Ernst Staehelin. Band I. (Quellen und Forschungen zur Reformationsgeschichte. 10) Leipzig 1927, S. 219 (Brief vom 13. April 1523); ebd. in einem Brief Andreas Cratanders vom 20. April 1523: Is nobis Esaiam prophetam eximium praelegit Hebraice, Graece, Latine et vulgari nostra lingua.

8 So faßt es auf Ernst Staehelin, Das theologische Lebenswerk Johannes Oekolampads. (Quellen und Forschungen zur Reformationsgeschichte. 21) Leipzig 1939, S. 189.

9 Staehelin 252 f. – Karl Gauß, Reformationsgeschichte Liestals. Liestal 1917, S. 18–21.

10 Von der Priester Ee disputation / durch Stephanum Stőr von Diessenhoffen / wonhaft zů Liechstal / vnd andern vyl Christlicher brůdern / in eerlicher versamlung zu Basel jm Collegio am xvj. tag Februarij jm̄ xxiiij. jar gehalten. O. O. (Liestal) 1524.

11 Er wird zitiert von Johannes Hundorphius, Encomii Erfurttini Continuatio Oder Fernere Beschreibung der Stadt Erffurt [...]. Erfurt 1651, fol. D iij ro, und dieser wiederum von Martin Zeiller, 606 Episteln oder Sendschreiben Von allerhand Politischen Historischen und anderen sachen [...]. 2. Aufl. 2 Theile. Marburg 1656, I fol. a ij ro.

12 Robert-Henri Blaser, Paracelsus in Basel. Festschrift für Robert-Henri Blaser zum 60. Geburtstag. Sieben Studien des Jubilars mit einem Geleitwort von Kurt Goldammer. Muttenz/Basel 1979, S. 29, 65.

das in die gemain gebracht werde."[13] Die Kollegnachschrift seines Schülers und Amanuensis Basilius Amerbach ist später mehrfach gedruckt worden, und der Herausgeber der Ausgabe von 1608[14] merkt in der Vorrede an, der Text sei „aus seinem Munde, geschwinde auffgezeichnet, beides Lateinisch vnd Teütsch durch einander, wie auff etlichen Vniuersiteten in Teütschland der gebrauch desselbigen Seculi gewesen".[15]

Diese letzte Bemerkung des Benedictus Figulus ist das einzig Sichere[16], das sonst noch von deutschsprachigen Vorlesungen im 16. Jahrhundert bekannt ist, sofern sie zutreffend ist; aber warum sollte man ihr, da sie ja durch Oecolampadius' Vorlesungsweise bestätigt wird, nicht auch sonst glauben?

Argumente für die deutsche Sprache

In der Lücke, die die Überlieferung zwischen Paracelsus und den bald zu erwähnenden Daten aus dem 17. Jahrhundert hat ent- oder bestehen lassen, setzt dafür die Propaganda für das Deutsche als Wissenschaftssprache ein, und zwar gleich mit einem kräftigen und deftigen Paukenschlag von einem Kollegen des Paracelsus, von Laurenz Fries aus Kolmar, der ausführlich zitiert zu werden verdient.

> Auch bedunckt mich Teütschezung nit minder würdig / dass alle ding darinn beschriben werden / dañ Griechisch / Hebreisch / Lateinisch / Italianisch / Hispanisch / Frantzösisch / in welchen man doch gar bey alle ding vertolm̄etschet findet. Solt vnser sprach minder seyn? neyn / ja wol vil meer / vrsach das sye ein vrsprüngliche sprach ist / nit zůsamen gebetlet / von Griechisch / Lateinisch / den Hunen vnd Gothen / als Frantzösisch / auch meer reguliert. Darzů so ist es bey den alten nicht so seltzam gewesen / das die künst in můterlichen sprachen beschrieben wurden. [...] Was soll ich aber von disen vngedultigen eyferern sagen/ sy thůnd eben wie vnsere hohensinnische meister / welche auch nit wǒllen / das man die heylig geschrifft verteütschen soll / sprechen der selen heyl gehöre niemants zů wissen / dann den gesalbten / thůnd sye allein darumb / das sye fǒrchten ir vnwissenheit kumme an tag / vnd halte man vff ire parua logicalia nichts mehr / Ja nit anderst thůnd auch dise arzt / besorgen villicht ir beschiß / so sy nun lange zeyt getriben mitt dem seich sehen / in welchem sye sich vngebürlicher ding vermessen haben /

[13] Zitiert nach: Edgar Bonjour, Die Universität Basel von den Anfängen bis zur Gegenwart. 1460–1960. Basel 1960, S. 170.

[14] Philippi Theophrasti Paracelsi Kleine Wund-Artzney [...] trewlich an tag gegeben Durch Benedictum Figulum. Straßburg 1608. Das Titelblatt ist abgebildet in: Theophrast von Hohenheim gen. Paracelsus, Sämtliche Werke. 1. Abteilung: Medizinische, naturwissenschaftliche und philosophische Schriften. Hrsg. von Karl Sudhoff. 5. Band. München/Berlin 1931, S. XVIII.

[15] Zitiert nach: Paracelus, Sämtliche Werke I 5 (= Anm. 14) XVI.

[16] Am Gymnasium Illustre in Altdorf, das fast schon zum universitären Lehrbetrieb übergegangen war, hielt der Rektor (1576–1582) Johann Thomas Freigius juristische Vorlesungen, und zwar wahrscheinlich auf deutsch: Gerhard Mummenhoff, Die Juristenfakultät Altdorf in den ersten fünf Jahrzehnten ihres Bestehens 1576–1626. Diss.iur. Erlangen 1959 (masch.), S. 26.

werde offenbar / es hilfft sye nit. Laßt mich Gott ein kurtze zeyt leben / ich sol es nit verschweigen / vnd ir minder schonen / dañ Martinus Luther des Bapsts mit seinem erbern ablaß.[17]

Dazu scheint es nicht gekommen zu sein. Aber die Argumente des Laurentius, wenigstens einige, sind doch am Leben geblieben. Erstens ist da das patriotische Argument: die deutsche Sprache könne es mit allen anderen spielend aufnehmen. Zweitens und damit zusammenhängend, das komparatistische, besonders pfiffig: auch die Römer hätten sich, Latein sprechend, ihrer Muttersprache bedient. Drittens ein politisch-soziales in negativer Wendung: das Latein sei die Geheimsprache der Gelehrten und diene nur der Bemäntelung ihrer Unfähigkeit und ihrer Standesinteressen. Und viertens, wiederum mit dem dritten verbunden, das konfessionelle Argument: das Lateinsprechen der Ärzte habe dieselbe Funktion wie dasjenige der katholischen Kirche und sei also nach dem Vorbilde Luthers zu behandeln.

Das konfessionelle Argument hat man anscheinend eher ruhen lassen, begreiflicherweise, hätte es doch genausogut auch gegen die protestantischen Theologen gewandt werden können[18], die in ihrer Wissenschaft alsbald wieder unverdrossen Latein sprachen und schrieben. Und wenn es einmal jemand aufgegriffen hat, wie Konrad Pellikan 1543[19], so ist es paradoxerweise auf latein geschehen.[20] Erst nach dem „Sieg" des Deutschen hat es Thomasius beiläufig wieder in seiner umfassenden Polemik eingesetzt.[21]

---

[17] Spiegel der artzney / vor zeyten zů nutz vnnd trost den Leyen gemacht / durch Laurentium Friesen / aber offt nun gefelschet / durch vnfleiß der Bůchtrucker / yetzund durch denselben Laurentium / vñ M. Othonem Brunfeld / widerumb gebessert vnnd in seynen ersten glantz gestellet. Straßburg 1532, Vorrede (datiert „Metz, 1530").

[18] Bernhard Jobin, Schwager und Verleger Fischarts, distanziert sich mit diesem Argument von denen, „welche alles Teutsches schreiben von den guten Sinnreichen Künsten / [...] schelten vnd ausplodern: Fürgebend / das man erstlich dardurch die Künst inn eyn Kleynachtung pringe / vnd bei viln ärgernus anrichte. Welchs eben eine besorgung ist wie jener Römischen GottesdienstRümling / so keyn Sprachwandelung der Heyl: Schrift zulasen". Johann Fischart, Das Philosophisch Ehzuchtbüchlin [...]. Straßburg 1578, Vorrede fol.)(4 ro.

[19] Christoph Zürcher, Konrad Pellikans Wirken in Zürich 1526–1536. (Zürcher Beiträge zur Reformationsgeschichte. 4) Zürich 1975, S. 78 f. – Den Hinweis verdanke ich Peter Stotz, Zürich.

[20] Moses nunc populo nostro clarissime loquens longe clarius intelligitur a civibus et vetulis, a virginibus et juvenibus, quam nuper a Doctoribus Parisiensibus et Monachis quamlibet Scotistis et Thomistis; sic prophetae loquuntur ad nostrum populum, Christus, Evangelistae et Apostoli in nulla alia lingua quam germanica. Das Chronikon des Konrad Pellikan. Hrsg. durch Bernhard Riggenbach. Basel 1877, S. 136.

[21] Er diagnostizierte „viel unerkante Stücke des Politischen Pabstthums" noch an protestantischen Universitäten und nannte besonders den Gebrauch der lateinischen „Pfaffen-Sprache": Christian Thomasius, Summarischer Nachrichten Von auserlesenen / mehrentheils alten / in der Thomasischen Bibliotheque vorhandenen Büchern. Drey und zwantzigstes Stück. Halle/Leipzig 1717, S. 917. – Ders., Außerlesene und in Deutsch noch nie gedruckte Schrifften. Halle 1705, S. 202.

Das dritte, das standespolitisch-soziale Argument ist praktisch von der Bildfläche verschwunden, was immerhin bemerkenswert ist und später auch noch bemerkt werden soll. Daß es nicht mehr in die Diskussion gebracht worden ist, heißt aber keineswegs, daß es keine Rolle mehr gespielt hätte: es ist praktiziert worden. Wie eh und je haben einzelne Gelehrte ihr Wissen den Lateinunkundigen auch in der Volkssprache zugänglich gemacht: die Theologen natürlich in Predigten und Traktaten, die Juristen[22] und Mediziner[23] in Kompendien zur Information und zum Gebrauch der Laien, und nicht anders die Mathematiker.[24] Die positive Wendung des standespolitisch-sozialen Arguments besteht also darin, das praktisch wichtige Wissen auch exoterisch zu behandeln, damit „der gemeine Mann" seinen Nutzen daraus ziehen könne.[25]

Das patriotische Argument (Leistungsfähigkeit der deutschen Sprache)[26] und das komparatistische (Muttersprache in allen Ländern)[27] sind vom 16. bis ins 18. Jahrhundert in Kraft geblieben, gern und oft vorgetragen, aber immer nur subsidiär.

Denn die kräftigsten und historisch wirkungsvollen Argumente sind erst von Wolfgang Ratichius (Ratke) in ihre endgültige Form und Aggressivität gebracht worden in seinem „Memorial Welches zu Francfort Auff dem Wahltag Ao. 1612 den 7. May dem teutschen Reich vbergeben".[28] Es ist das einerseits

---

[22] Etwa Justin Gobler, Der Rechten Spiegel [...]. Frankfurt 1552, am Ende der Vorrede, mit der Erklärung der Absicht, „dem Leyen vñ Gemeynem vngelerten man / ein kurtze klare Anweisung inn Gerichtshändeln vnnd Rechtlichen / auch sunst gemeynen Burgerlichen Sachen zuthůn".

[23] Joachim Telle, Wissenschaft und Öffentlichkeit im Spiegel der deutschen Arzneibuchliteratur. Zum deutsch-lateinischen Sprachstreit in der Medizin des 16. und 17. Jahrhunderts; in: Medizinhistorisches Jahrbuch 14 (1979) 32–52.

[24] Knapper historischer Überblick und Nennung älterer Literatur bei Wilhelm Busch, Die deutsche Fachsprache der Mathematik. Ihre Entwicklung und ihre wichtigsten Erscheinungen mit besonderer Rücksicht auf Johann Heinrich Lambert. (Gießener Beiträge zur deutschen Philologie. 30) Gießen 1933.

[25] Detaillierte Kenntnisse der exoterischen Fachliteratur gibt es noch nicht. Den umfangreichsten Überblick und zahlreiche Literaturangaben bietet Erich Kleinschmidt, Volkssprache und historisches Umfeld. Funktionsräume einer deutschen Literatursprache in der Frühen Neuzeit; in: Zeitschrift für deutsche Philologie 101 (1982) 411–436. – Vgl. auch Pörksen (= Anm. 1).

[26] Beispiel: „Aber das ist das alt gifft vnnd pestilentzisch übel / dz wir Teütschen nie vil acht auff vnser můtterspraach gehabt haben / wie sie gepflantzt vñ auffbracht werd / Die ja gleich jr facundiam vnnd zier so wol hat / als andere spraachen". Valentin Boltz, Publij Terentij Aphri sechs verteütschte Comedien / auß eygen angeborner Lateinischer spraach / auffs trewlichst transferiert. Tübingen 1544, fol. iij vo (Vorrede, datiert 1539; zur Verteidigung deutscher Übersetzungen).

[27] Beispiel: Sicut et Rhomani, qui Graecorum praeceptores et grammaticos urbe pellere maluerunt, quam multis linguis confundi imperium; et quae in graeca vel alia lingua erudita et utilia advertebant scripta, a suis adhuc ignorata, ea diligentissima cura faciebant transferri in suam vulgarem. Pellikan (= Anm. 20) 135.

[28] Ratichianische Schriften. Mit einer Einleitung hrsg. von Paul Stötzner. Band 1. (Neudrucke pädagogischer Schriften. 9) Leipzig 1891, S. 24 ff. – Gerhard Michel, Die Welt als Schule. Ratke, Comenius und die didaktische Bewegung. (Das Bildungsproblem in der Geschichte des europäischen Erziehungswesens. 5) Hannover 1978.

die kritische Unterscheidung zwischen der Sprache und der Sache der Gelehrsamkeit[29] und andererseits die Forderung nach einem – modern gesprochen – durchgehenden Praxisbezug des Lehrens und Lernens von Sprachen und Sachen.[30]

Hören wir Balthasar Schupp, der mit rhetorischer Brillanz ratichianische Gedanken in ratichianischen Formulierungen vorträgt, im Anschluß an das alte komparatistische Argument und mit effektvollem Übergang vom Lateinischen ins Deutsche:

> Itali & Galli, in vernaculâ sua linguâ possident omne genus sapientiae. Et audite, jhr Schul Regenten. Es ist kein Sprach an eine Facultet gebunden, auch keine Facultet an eine Sprach. Warumb solt man nicht eben so wol in der teutschen, als in der lateinischen Sprach lernen können, wie man Gott recht erkennen vnd ehren solle? Warumb solt ich nicht eben so wol in meiner Mutter Sprach sehen, was recht oder vnrecht sey? Ich halt, man könne einen Krancken eben so wol auff Teutsch, als auff Griechisch oder Arabisch curiren.[31]

Gegen Ende derselben Rede „Von der Einbildung / Oder vorgefasten eingebildeten Meynung der Menschen“[32] wird Schupp noch praktischer. Er lobt den Kardinal Richelieu, weil er Professoren für die französische Sprache eingesetzt habe, und fragt, warum dergleichen nicht auch in Deutschland für die deutsche Sprache möglich sein solle. Die Beherrschung der lateinischen Sprache nütze in der Berufspraxis ja nichts; denn es werde in Deutschland eben nicht lateinisch gepredigt, und auch die Juristen müßten sich in allen denkbaren Situationen ihres Berufs deutsch ausdrücken.[33]

Unterdessen kam auch die Verbreitung des patriotischen Arguments langsam richtig in Schwung. Während der Opitzsche „Aristarchus“ von 1617[34] auf

---

29 „Hie stehet nun ferner zu bedencken, wie die Künste vnd Faculteten An keine Sprachen, vnd hergegen die Sprachen An keine Künste oder Faculteten gebunden“ (Ratich. Schriften I 26).

30 Eine Aufzählung nach Fakultäten, wie unentbehrlich die deutsche Sprache in der Praxis sei: Ratich. Schriften I 26 f. – Der bereits erwähnte Freigius forderte schon früher: Germanica cum Latinis, domestica cum exotericis coniungant, ut suos auditores in utriusque orationis facultate pares efficiant. Johannes Thomas Freigius, Quaestiones Iustinianae, In Institutiones iuris Civilis. Cum, Analysi Logica & Politica aliquot Consiliorum Zasij. Basel 1578, in der Vorrede de ratione studij.

31 Johann Balthasar Schupp, Volumen orationum solemnium et panegyricarum In Celeberrima Marpurgensi Universitate olim habitarum. Editio novissima. Gießen 1659, S. 27 (aus der Rede De opinione von 1638).

32 So die Übersetzung des Titels De opinione in Doct: Ioh: Balth: Schuppii Schrifften. Hanau 1663.

33 Schupp (= Anm. 31) 43: At vehementer tamen laudo prudentiam Cardinalis de Richlieu, quem Professores aliquot alere audio, quibus unica cura incumbat excolendi linguam Gallicam. Cur non simili modò potius Germanica, quam Latina eloquentia docetur in Academiis nostris? [...] Neq; enim Latinè concionatur. JCtus quicquid agit, sive in aulâ Imperiali, sive in Camerâ Spirensi, sive in Legationibus ad principes alios, sive in conventibus provincialibus, id omne profert linguâ vernaculâ.

34 Martin Opitz, Aristarchus sive De Contemptu Linguae Teutonicae; in: M. O., Gesammelte Werke. Kritische Ausgabe. Hrsg. von George Schulz-Behrend. Band 1. (Bibliothek des Literarischen Vereins in Stuttgart. 295) Stuttgart 1968, S. 51–75. – Vgl.

diesem Gebiet noch keine unmittelbare Wirkung gezeitigt zu haben scheint, setzt wie auf Verabredung in den vierziger Jahren des 17. Jahrhunderts eine eigentliche Schwemme von Lobschriften auf die deutsche Sprache ein[35], die ihre Fortsetzung bis hin zu Leibniz gefunden hat.[36]

auch M. O., Jugendschriften vor 1619. Faksimileausgabe des Janus Gruter gewidmeten Sammelbandes mit den handschriftlichen Ergänzungen und Berichtigungen des Verfassers. Hrsg. von Jörg-Ulrich Fechner. (Sammlung Metzler. 88) Stuttgart 1970.

35 Eine Aufstellung ohne Anspruch auf Vollständigkeit: Justus Georg Schottel, Teutsche Sprachkunst [...]. Braunschweig 1641 (2. Aufl. 1651). – Johann Rist, Baptistae Armati, Vatis Thalosi. Rettung der Edlen Teütschen Hauptsprache (1642); in: J. R., Sämtliche Werke [...] hrsg. von Eberhard Mannack. Siebenter Band: Prosaabhandlungen. (Ausgaben deutscher Literatur des 15.–18. Jahrhunderts. 99) Berlin/New York 1982, S. 67–149. – Johann Peter Titze, Zwey Bücher Von der Kunst Hochdeutsche Verse und Lieder zu machen. Danzig 1642. – (Johann Michael Moscherosch) Ala mode Kherauß. Erstes Gesicht Philanders von Sittewalt; in: Anderer Theil der Gesichte Philanders von Sittewalt. Straßburg 1643, S. 10–176, bes. 119–136. – (Christoph Schorer) Der Vnartig Teutscher Sprach-Verderber. Beschrieben Durch Einen Liebhaber der redlichen alten teutschen Sprach. O. O. 1643; wieder abgedruckt (hrsg. von H. Riegel) in: Wissenschaftliche Beihefte zur Zeitschrift des allgemeinen deutschen Sprachvereins 1 (1891) 26–44. – Georg Philipp Harsdörffer, Schutzschrift / für Die Teutsche Spracharbeit / und Derselben Beflissene (1644); in: G. Ph. H., Frauenzimmer Gesprächspiele. Hrsg. von Irmgard Böttcher. I. Teil. (Deutsche Neudrucke, Barock. 13) Tübingen 1968, S. 339–396. – (Hans Schill) Der Teutschen Sprach Ehren-Krantz. Neben einem Namenbuch. Darinen der bißhero getragene BettelRock der Teutschen Sprach auß: vnd hergegen sie mit jhren eygnen Kleidern vnd Zierde angezogen wird. Straßburg 1644. – Georg Gumpelzhaimer, Gymnasma de exercitiis academicorum. In quo per discursum disseritur de eorum necessitate, modo, tempore, personis utilitate. Ad D. defuncti institutum cum augmento edidit Joh. Mich. Moscherosch. Straßburg 1652, S. 174–182. – Georg Philipp Harsdörffer, Specimen philologiae Germanicae, Continens Disquisitiones XII. De Linguae nostrae vernaculae Historia, Methodo, & Dignitate. Nürnberg 1656.

36 Leibniz' Äußerungen über die deutsche Sprache sind über sein ganzes Werk zerstreut. Immer noch die beste Sammlung: Paul Pietsch, Leibniz und die deutsche Sprache; in: Wissenschaftliche Beihefte zur Zeitschrift des Allgemeinen Deutschen Sprachvereins 29/30 (1907/8) 265–371. Außerdem: Gottfried Wilhelm Leibniz, Unvorgreifliche Gedanken, betreffend die Ausübung und Verbesserung der deutschen Sprache. Hrsg. von Uwe Pörksen. (Reclams Universal-Bibliothek. 7987) Stuttgart 1983 (enthält außerdem die „Ermahnung an die Teutsche, ihren verstand und sprache beßer zu üben"). – Sigrid von der Schulenburg, Leibnizens Gedanken und Vorschläge zur Erforschung der deutschen Mundarten. (Abhandlungen der preußischen Akademie der Wissenschaften, philosophisch-historische Klasse. 1937/2). Berlin 1937. – Peter Suchsland, Gottfried Wilhelm Leibniz (1646–1716). Über sein theoretisches und praktisches Verhältnis zur deutschen Sprache; in: Erbe – Vermächtnis und Verpflichtung. Zur sprachwissenschaftlichen Forschung in der Geschichte der Akademie der Wissenschaften der DDR. Hrsg. von Joachim Schildt. (Sprache und Gesellschaft. 10) Berlin 1977, S. 32–59. – John T. Waterman, Leibniz and Ludolf on things linguistic: excerpts from their correspondence (1688–1703). (University of California Publications in Linguistics. 88) Berkeley 1978. – Klaus D. Dutz, Zeichentheorie und Sprachwissenschaft bei G. W. Leibniz. Eine kritisch annotierte Bibliographie der Sekundärliteratur. Mit einem Anhang: Sekundärliteratur zur Sprachforschung im 17. Jahrhundert von Ulrike Klinkhammer. (Studium Sprachwissenschaft. 7) Münster 1983.

Diese Schriften erheben in vielfachen Variationen und mit teilweise beachtlichem Aufwand an Gelehrsamkeit die deutsche Haupt-, Mutter- und Landessprache.[37] Ganz im Sinne der Sprachgesellschaften[38] plädieren sie für die Reinigung und Pflege der deutschen Sprache im allgemeinen und für die Vermehrung des deutschen Wortschatzes im besonderen. Und in dieser oder jener Form wird dabei immer wieder der Wunsch laut, man möge in den Wissenschaften und an den Universitäten doch deutsch sprechen oder auch deutsche Beredsamkeit und Poeterey lehren.

Recht selten allerdings kommt neben dem patriotischen Argument auch der ratichianische Praxisbezug zu Wort, dafür dann mit um so gewichtigerer Stimme, nochmals bei Schupp[39], dann bei Veit Ludwig von Seckendorff[40], bei Philipp Jacob Spener[41] und Gottfried Wilhelm Leibniz.[42] Und auch Balthasar Schupps Gebet um Professoren der deutschen Beredsamkeit und Poesie[43] ist

---

37 Am eindruckvollsten in dieser Hinsicht der „Ehren-Krantz“ von 1644, ein wahres Zitatenlexikon zum Thema.

38 Karl F. Otto, Die Sprachgesellschaften des 17. Jahrhunderts. (Sammlung Metzler. 109) Stuttgart 1972. – Christoph Stoll, Sprachgesellschaften im Deutschland des 17. Jahrhunderts. Fruchtbringende Gesellschaft, Deutschgesinnte Genossenschaft, Hirten- und Blumenorden an der Pegnitz, Elbschwanenorden. (List Taschenbücher der Wissenschaft. 1463) München 1973. – Sprachgesellschaften, Sozietäten, Dichtergruppen. [...] Vorträge und Berichte hrsg. von Martin Bircher und Ferdinand van Ingen. (Wolfenbütteler Arbeiten zur Barockforschung. 7) Hamburg 1978. – Heinz Engels, Die Sprachgesellschaften des 17. Jahrhunderts. (Beiträge zur deutschen Philologie. 54) Gießen 1983.

39 Zugab Doct: Ioh: Balth: Schuppii Schrifften. (Hanau 1663), S. 186; bis in Formulierungen hinein eine Wiederholung der Gedanken aus der früheren Rede de opinione.

40 Veit Ludwig von Seckendorff, Unterthänigstes kurzes Bedenken [...] wegen aufrichtung eines Collegij Illustris (1664), abgedruckt bei Franz Joseph Mone, Ueber das Schulwesen vom 13. bis 18. Jahrhundert; in: Zeitschrift für die Geschichte des Oberrheins 2 (1851) 129–184; 146.

41 „[...] insgesampt aber zu verlangen stehet / welches etliche vortreffliche Theologi offt gewünschet / daß Disputationes auff Academien auch in Teutscher Sprach gehalten würden / damit die Studiosi sich der hierzu diensamen terminorum gebrauchen lerneten / da ihnen in dem Ampt schwer wird / wo sie auff der Cantzel etwas von einer Controvers gedencken / und die sache deutsch der Gemeinde vortragen sollen / worinnen sie sich niemahl geübet haben“. Philipp Jacob Spener, Pia desideria (1675). Hrsg. von Kurt Aland. 3. Aufl. (Kleine Texte für Vorlesungen und Übungen. 170) Berlin 1964, S. 73.

42 Über ein collegium disputatorium et practicum: Modus tractandi non sit diffusus syllogisticus, sed Germanicus practicus, ut in judicio. Inde discent vom Mund aus in die Feder verfahren, seu oretenus proponere, & ex tempore respondere & replicare. Gottfried Wilhelm Leibniz, Opera omnia, Nunc primum collecta, in Classes distributa, praefationibus & indicibus exornata, studio Ludovici Dutens. Tomus quartus, in tres partes distributus [...]. Genf 1768, III 277 (Novus methodus discendae docendaeque jurisprudentiae, 1668, § 98).

43 Johann Balthasar Schupp, Consecratio Avellini. Marburg 1640, S. 4: Quoties amoenissimis colloquiis incaluimus & forte linguarum facta est mentio, per antiquum communis patriae nostrae decus oravi, ut vel Principum cura vel aliarum Rerummp. clavo admoti, id agant, ut publicis sumptibus sustententur aliquot Professores Eloquentiae & Poeseos Germanicae, qui excolendae linguae illi nobilissimae toti incumbant, & patriae juventutem a nimia linguarum exoticarum admiratione abducant.

von Harsdörffer[44], Stieler[45] und Realis de Vienna[46] weitergetragen worden, bis es doch noch ein hellhöriger Fürst erhört hat.

17. Jahrhundert

Ob und in welcher Weise diese Wünsche und jene Propaganda in die Universitäten hineingewirkt haben, läßt sich zwar vermuten, aber nicht belegen. Sicher ist nur, daß tatsächlich im ganzen 17. Jahrhundert schon längst vor Thomasius hie und da deutschsprachige Vorlesungen gehalten wurden, und auffällig, daß sie entweder der patriotischen Pflege deutscher Beredsamkeit und Poesie gedient haben oder aber, was keinen Gegensatz dazu bildet, deutlichen Bezug auf die Berufspraxis zeigen und bisweilen sogar die Universität für Ungelehrte geöffnet haben.

Der früheste Beleg nach Paracelus betrifft den Altdorfer Orientalisten und Mathematiker Daniel Schwenter, der 1618 ein mathematisches Lehrbuch auf deutsch veröffentlichte.[47] In der „Dedicationsschrifft" spricht er von seinen privatis Auditoribus, denen er die Wissenschaft nicht vorenthalten wollte, und in der „Vorrede an den Leser" berichtet er davon, daß er „bißweilen hohes und nidrigs Standes Personen / der Lateinischen Sprach vnerfahren" auf deutsch „in 14. tagen oder einem Monat" den Weg zu Euklid geebnet habe.[48]

Mit Mathematikern fortzufahren: am 13. Oktober 1641[49] hat der Mathemati-

---

[44] Immortalem gloriam Princeps consequetur, quicunque primus Professorem Linguae Germanicae in sua Universitate constituere voluerit. Harsdörffer, Specimen philologiae Germanicae (vgl. Anm. 35) 95.

[45] Kaspar Stieler, Herrn Baltasar Kindermanns Teutscher Wolredner Auf allerhand Begebenheiten im Stats- und Hauswesen gerichtet [...]. Wittenberg 1680, (S. 16): „Darum / so lange auf hohen Schulen nicht offentliche Lehrer der teutschen Sprache bestellet / und in den niedrigen Schulen / derselben grundverständige nicht zu Meistern verordnet werden: so lange wird aus der rechtschaffenen ausübung dieser Sprache nichts werden."

[46] Realis de Vienna, Discursus et dubia in Christ. Thomasii introductionem ad philosophiam aulicam. Regensburg 1691, S. 53; zitiert nach Gottschalk Eduard Guhrauer, Gabriel Wagner in seinem Verhältniss zu Christian Thomasius und zu der deutschen Wissenschaft seiner Zeit; in: Allgemeine Monatsschrift für Wissenschaft und Literatur 4 (1854) 43–67; 50.

[47] Geometriae practicae novae Tractatus I. Darinnen auß rechtem Fundament gewisen wird; wie man in der Geometria auff dem Papier vnd Lande, mit denen darzu gehörigen Instrumenten [...] Ja zur noht ohne dieselben verfahren vnnd operirn solle. Allen denen so Lateinischer vnd anderer Sprachen vnerfahren, Oder auch gantz keinen anfang: vnd doch lust zur Geometriae haben Zum besten gestellet. Nürnberg 1618.

[48] Schwenter fol.)(iij. – Privatauditoren übrigens sind Studenten bei privaten, das heißt nicht zum Pflichtpensum der Professoren gehörigen Vorlesungen; die Lateinunkundigen dagegen können nicht Studenten gewesen sein. – Friedrich Klee, Die Geschichte der Physik an der Universität Altdorf bis 1650. Diss. Erlangen 1908, S. 22 Anm. 1, erwähnt ein Manuskript, das auf ein Schwentersches Diktat zurückgeht.

[49] Walther Ziesemer, Erste Vorlesung in deutscher Sprache; in: Muttersprache 52 (1937) 225–227; 225.

ker Albrecht Linnemann[50] in Königsberg folgende Ankündigung hinausgehen lassen:

> Wie aus Churf. angestammtem hohen Nachsinnen / von Ihrer Churfürstl. Durchl. gnädigst mir anbefohlen / die Mathematische Künste / insonderheit / das Land- oder Feldmässen / vnnd die Niederländische Fortification in Vnserer Deutschen Mutter-Sprache / offentlich in hiesiger löblichen Academien, wie in den Niederländischen Provincien es gebräuchlich / zu lehren vnd zu vnterweisen / damit selbige Künste / so wol Vngelahrten / als Gelahrten Liebhabern mögen beygebracht werden."[51]

Die Deutlichkeit der Zweckbestimmung bedarf keines Kommentars.

In Jena hat der Mathematiker und Astronom Heinrich Hoffmann, Professor an der Universität von 1613 bis 1652, deutsche Vorlesungen gehalten[52], und wenn die Angaben verläßlich sind[53], auch sein Nachfolger, der berühmte Erhard Weigel. Von ihm weiß man immerhin zweierlei, daß er nämlich die deutsche Sprache auch innerhalb der Mathematik für durchaus brauchbar hielt[54] und daß er – nach dem Zeugnisse Leibniz'[55] – die Unhaltbarkeit gewisser Spekulationen dadurch zu demonstrieren liebte, daß er deren Urheber zu einer entlarvenden Übersetzung ins Deutsche anhielt.

Schließlich sei noch des Christoph Nothnagel gedacht, Schwiegersohns des bald zu erwähnenden Augustus Buchner und Professors der Mathematik in Wittenberg. „Nothnagel erbat nämlich 1656 die Erlaubnis, eine öffentliche Vorlesung über angewandte Mathematik in deutscher Sprache zu halten und zu ihr auch Kriegsleute und andere, die nicht studiert hatten, zuzulassen. Das wurde auf Verwendung des damaligen Kurprinzen Johann Georg II. nicht nur genehmigt, sondern Nothnagel dafür eine besondere Vergütung zugebilligt,

---

50 Ziesemer hat den Namen als Malbertus Linnemannus wiedergegeben. Es handelt sich um M. (= Magister) Albertus (= Albrecht) Linnemann; vgl. Daniel Heinrich Arnoldt, Ausführliche, und mit Urkunden versehene Historie der Königsbergischen Universität. Zweyter Theil. Königsberg 1746, S. 376 f.

51 Ziesemer 225.

52 Geschichte der Universität Jena 1548/58–1958. Festgabe zum vierhundertjährigen Universitätsjubiläum. Im Auftrag von Rektor und Senat verfaßt und hrsg. von einem Kollektiv [...] unter Leitung von Max Steinmetz. 2 Bände. Jena 1958/62, I 76. Die als Beleg erwähnte (II 469) ungedruckte Arbeit von W. Fricke ist nach Auskunft der Universitätsbibliothek Jena nicht aufzufinden.

53 Geschichte der Universität Jena I 76, mit Hinweis auf dieselbe Quelle.

54 Erhard Weigel, Vorstellung der Kunst und Handwerke [...]. Jena 1672, S. 111; zitiert nach: Georg Wagner, Erhard Weigel, ein Erzieher aus dem 17. Jahrhundert. Diss. Leipzig 1903, S. 65.

55 Das Verfahren muß Leibniz dauerhaft beeindruckt haben, weil er es mehrfach erwähnt: Opera omnia ed. Dutens (= Anm. 42) IV/1.36 (Dissertatio de stilo philosophico Marii Nizolii, 1670, § 12); Opera omnia ed. Dutens, tom. V (1768) 410 (an Friedrich Simon Loefler, 13. Januar 1693). Über die „reine Teutsche Sprache" als „sonderbahren Probierstein der Gedancken" („was sich darinn ohne entlehnte und ungebrauchliche Worte vernehmlich sagen lasse, das seye würklich was Rechtschaffenes") einiges mehr in seinen „Unvorgreifflichen Gedancken", Pietsch (= Anm. 36) 331 f., § 11.

wodurch man allerdings die Vorlesung aus dem Rahmen des regelmäßigen Unterrichtsbetriebs heraushob."[56]

Neben diese vier oder fünf Mathematiker stellen sich ebenso viele Theologen, die aus analogen Gründen die deutsche Sprache im Hörsaal gewählt haben dürften. Am klarsten tritt die ratichianische Praxisorientierung bei Johann Matthäus Meyfart in Erfurt zutage.[57] Als Primarius der theologischen Fakultät war er mit der Ausarbeitung neuer Statuten beauftragt, und er verankerte in ihnen exercitia oratoria für Predigtamtskandidaten.[58] Er selbst muß sogleich damit den Anfang gemacht haben, denn schon 1634 erschien seine „Teutsche Rhetorica oder Redekunst", die nach der Vorbemerkung des Verlegers Friedrich Gruner auf Vorlesungen zurückgeht.[59]

Natürlich möchte man vermuten, daß ähnliche Übungen auch andernorts stattgefunden haben müssen. Aber die institutionelle Geschichte der Homiletik und Predigtausbildung liegt noch völlig im dunkeln. Aus dem vorhin zitierten Votum Speners[60] kann man zwar schließen, daß deutsche Predigtübungen zumindest nicht zum Normalprogramm gehörten, aber sie dürften kaum ganz gefehlt haben. An der Universität Leipzig z. B. gab es im 17. Jahrhundert zahlreiche Predigerkollegien auf privater Basis, von Studenten zum Üben eingerichtet und unterhalten, das älteste darunter seit 1624.[61] Über die Sprache der Übungen ist nichts bekannt, aber es wäre doch ausgesprochen wunderlich, wenn man die praktische Berufsvorbereitung schon selbst in die Hand genommen und trotzdem lateinisch gepredigt hätte. Ebenso dürfte man für diese studentischen Initiativen Professoren zur Anleitung und Beurteilung gewonnen

---

56 Walter Friedensburg, Geschichte der Universität Wittenberg. Halle 1917, S. 516.

57 Bald nach seinem Amtsantritt 1633 muß Meyfart den inzwischen schwer behinderten, damals in Erfurt weilenden Ratichius kennengelernt haben. Im März überreichte er dem schwedischen Kanzler Oxenstierna eine „Vnderthänige Relation. Von der Lehrart Herrn Wolfgangi Ratichii"; vgl. Ratichianische Schriften. Mit einer Einleitung hrsg. von Paul Stötzner. Band 2. (Neudrucke pädagogischer Schriften. 12) Leipzig 1893, S. 110–115.

58 Johann Matthäus Meyfart, Tuba Novissima. Das ist Von den vier letzten Dingen des Menschen. [...] Hrsg. von Erich Trunz. (Deutsche Neudrucke, Reihe Barock. 26) Tübingen 1980, S. 59*.

59 Johann Matthäus Meyfart, Teutsche Rhetorica oder Redekunst. 1634. Hrsg. von Erich Trunz. (Deutsche Neudrucke, Reihe Barock. 25) Tübingen 1977, unpaginierte Vorrede. Ob und wie oft Meyfart von diesem seinem Lehrbuch nochmals Gebrauch gemacht hat, ist nicht bekannt. Bei der großen Bedeutung, die er der homiletischen Ausbildung beilegte, sind Wiederholungen der Vorlesung eher wahrscheinlich. Vgl. Christian Hallier, Johann Matthäus Meyfart. Ein Schriftsteller, Pädagoge und Theologe des 17. Jahrhunderts. (Kieler Studien zur deutschen Literaturgeschichte. 15) Neumünster 1982, S. 81. – Erich Trunz, Johann Matthäus Meyfart. Theologe und Schriftsteller in der Zeit des Dreißigjährigen Krieges. München 1987, S. 195–210 über die „Rhetorica".

60 Vgl. oben Anm. 41.

61 Johann Daniel Schulze, Abriß einer Geschichte der Leipziger Universität im Laufe des achtzehnten Jahrhunderts nebst Rückblicken auf die früheren Zeiten. Aus handschriftlichen und gedruckten Nachrichten verfaßt. 2. Aufl. Leipzig 1810, S. 177 ff.

haben. Ähnliches jedenfalls ist aus Altdorf bezeugt[62], wo man überdies auch zusammenarbeitete mit dem 1666 in Nürnberg gegründeten katechetischen Seminar.[63]

Aus Mangel an genauerer Überlieferung also kann man über die Art, wie die deutsche Sprache vor allem in der Predigtausbildung der Theologiestudenten eingesetzt wurde, nichts Sicheres sagen. Überliefert ist nun aber wieder, daß der Kieler Theologe Christian Kortholt, hochangesehen als Kirchenhistoriker, eine gewisse Sprachmischung pflegte. Der „Grund“ in seinen Kollegs sei zwar das Latein gewesen; „wo er aber finde, daß er eine Sache gründlicher und deutlicher exprimiren könnte, die Auditores es auch deutlicher und gründlicher fasseten, redete er Teutsch“ – dies nach der Aussage August Hermann Franckes[64], der von 1679 bis 1682 bei Kortholt wohnte und studierte.[65]

Eben dieser August Hermann Francke hielt seit 1686 in Leipzig seine Vorlesungen als Magister legens[66] nach Kortholtscher Manier, und vor allem eröffnete er zusammen mit seinem Kollegen Paul Anton ein collegium philobiblicum.[67] Das war – im Rahmen des Universitätsbetriebs – eine Mischung aus exegetischem Seminar und Bibelstunde, zu der auch Bürger und Handwerker Zutritt fanden, so daß automatisch nur deutsch gesprochen wurde – das alles ebenfalls im Dienste einer Praxis, der praxis pietatis diesmal.

Ohne weitere Spezifizierung bleibt die Nachricht, daß der Theologe Johann Wilhelm Baier 1685 in Jena eine Vorlesung über Johann Arndts „Vier Bücher

---

62 Klaus Leder, Universität Altdorf. Zur Theologie der Aufklärung in Franken. Die theologische Fakultät 1750–1809. (Schriftenreihe der Altnürnberger Landschaft. 14) Nürnberg 1965, S. 39.

63 Hundertjähriges Gedächtniß des 1666 in Nürnberg angelegten Seminarii Candidatorum; in: Nova acta historico-ecclesiastica. 50. Theil. Weimar 1767, S. 258–263. Vgl. auch Leder (= Anm. 62) 37 f.

64 Gerichtliches Leipziger Protokoll in Sachen die so genannten Pietisten betreffend samt Hn. Chr. Thomasii Rechtlichem Bedenken und Apologia Hn. M. A. H. Franckens. 1692, S. 40; zitiert nach: August Nebe, Thomasius in seinem Verhältnis zu A. H. Francke; in: Max Fleischmann (Hrsg.), Christian Thomasius. Leben und Lebenswerk. (Beiträge zur Geschichte der Universität Halle-Wittenberg. 2) Halle 1931, S. 383–420; 386.

65 August Hermann Francke, Werke in Auswahl. Hrsg. von Erhard Peschke. Berlin 1969, S. 11 (eigener Lebenslauf von 1690/91).

66 Magistri legentes sind solche, die in der philosophischen Fakultät zum Magister promoviert wurden (der Doktortitel blieb den drei höheren Fakultäten vorbehalten), aufgrund der Promotion das traditionelle ius ubique legendi besaßen und von diesem Recht auch Gebrauch machten, das heißt Vorlesungen hielten. Sie bezogen kein Gehalt, waren auch nicht angestellt, sondern freie Lehrer auf eigene Kosten wie später die Privatdozenten nach dem Modell des 19. Jahrhunderts. Vgl. Alexander Busch, Die Geschichte des Privatdozenten. Eine soziologische Studie zur großbetrieblichen Entwicklung der deutschen Universitäten. (Göttinger Abhandlungen zur Soziologie. 5) Stuttgart 1959.

67 Gustav Kramer, August Hermann Francke. Ein Lebensbild. 1. Theil. Halle 1880, S. 18 f. – Heinrich Schmid, Die Geschichte des Pietismus. Nördlingen 1863, S. 116–143. – An das Collegium philobiblicum knüpfte sich dann 1689 jener Prozeß an, in dem Thomasius als Franckes Rechtsanwalt auftrat und Francke seine und Kortholts Vorlesungsweise aktenkundig machte.

vom wahren Christentum" gehalten habe.[68] Ohne Deutsch wird er dabei nicht ausgekommen sein, es sei denn, er hätte das Arndtsche Werk extra ins Lateinische übersetzt. Soweit die Theologen.

Schließlich ist noch die dritte und größte Gruppe deutschsprachiger Vorlesungen zu erwähnen, diejenigen über Rhetorik und Poetik. Beide Disziplinen waren nach damaligem Verständnis bekanntlich nicht bloße Theorien, sondern Vermittlung von Regeln für das Verfertigen von Reden und Gedichten, wie es von jedem Akademiker beruflich gelegentlich erwartet wurde, also Anleitungen zur Verbesserung der Schreib- und Redefertigkeit und insofern wenigstens indirekte Berufsvorbereitung. Für die Sprachwahl in solchen Rhetorik- und Poetikkursen dürfte ferner das Bestreben der Sprachgesellschaften nach patriotischer Sprachreinigung eine Rolle gespielt haben, aber daneben sicher auch noch etwas völlig anderes.

Die Professuren waren nämlich besonders im 17. Jahrhundert, aber noch bis ins 19. Jahrhundert hinein alles andere als üppig dotiert. Relativ weitaus am besten standen die Theologen da, die Professoren der philosophischen Fakultät dagegen (außer wenn sich ein Hebraist unter ihnen befand) geradezu dürftig.[69] Die Unterschiede, an sich schon groß genug, wurden noch dadurch verschärft, daß ausgerechnet die am schlechtesten besoldeten Professoren der vierten Fakultät praktisch keine Gelegenheit hatten, ihr Gehalt durch außeruniversitäre Nebeneinnahmen aufzubessern.[70] Deshalb waren Professuren in der philosophischen Fakultät lange Zeit vornehmlich Durchgangs- und Wartestationen für Besseres innerhalb oder außerhalb der Universität, mit entsprechend starker Fluktuation. Diese Situation spiegelt sich in Überlegungen, wie sie Andreas Tscherning anstellte, als ihm in Rostock eine solche Professur angeboten wurde: „Ein Professor seyn auff Universitäten giebet zwar Renommee, dient zu besserer Beförderung hernach an andere Örter, aber medio temporis würde es heißen: Unde sumemus panem."[71]

---

[68] Othmar Feyl, Deutsche und europäische Bildungskräfte der Universität Jena von Weigel bis Wolff; in: Wissenschaftliche Zeitschrift der Friedrich-Schiller-Universität Jena, gesellschafts- und sprachwissenschaftliche Reihe 6 (1956/57) 27–62; 43.

[69] Als Faustregel kann man annehmen, daß die Theologen zwei- bis dreimal, die Juristen und Mediziner anderthalb- bis zweimal so viel bezogen wie die Professoren in der philosophischen Fakultät. Die besten Professorengehälter lagen dabei in der Höhe, auf die sich die Wechsel auch nicht besonders reicher Studenten beliefen. Zahlen sind in vielen Universitätsgeschichten aufgeführt; eine neuere Darstellung der Verhältnisse: Peter Baumgart, Zur wirtschaftlichen Situation der deutschen Universitätsprofessoren am Ausgang des 16. Jahrhunderts. Das Beispiel Helmstedt; in: Jahrbuch für fränkische Landesforschung 34/35 (1975) 957–974.

[70] Theologen konnten zusätzlich ein Pfarramt versehen, Juristen eine Advokatur und Mediziner eine Praxis betreiben. Fälle wirklicher Armut und der Unterstützung durch Spenden der Studenten scheinen denn auch nur in der philosophischen Fakultät vorgekommen zu sein. Wohlhabende Professoren wurden jedenfalls erst im 19. Jahrhundert zur Regel.

[71] Hans Heinrich Borcherdt, Andreas Tscherning. Ein Beitrag zur Literatur- und Kultur-Geschichte des 17. Jahrhunderts. München 1912, S. 125 (Brief vom 8. Oktober 1643 an Matthäus Apelles von Löwenstern).

Die Auswege aus dieser prekären Situation hießen: Aufnahme studentischer Kostgänger, Ämterkumulation[72], vor allem aber Privatvorlesungen. Die Professoren waren durch ihre Anstellung zu einer Reihe von öffentlichen Vorlesungen verpflichtet, als deren Entgelt das Gehalt galt und die für Studenten gratis waren. Privatvorlesungen eröffneten nun die Möglichkeit, mit attraktiven Themen zahlende Hörer zu gewinnen. Umgekehrt konnte z. B. ein reicher Student für sich allein bei einem Professor etwa eine Poetikvorlesung bestellen; man brauchte sich nur über Ort und Zeit und Honorar zu einigen. Diese Tätigkeit als Privatlehrer galt aber keineswegs als Privatangelegenheit im heutigen Sinne, sondern als fester Bestandteil des Universitätsunterrichts.[73]

Auf diese Weise konnten natürlich auch neue Themen ins Vorlesungsangebot kommen. Praktisch orientierte Vorlesungen in deutscher Rhetorik und Poetik, im normalen Lehrangebot nicht enthalten, gehörten sicher auch dazu. Da Privatvorlesungen indessen längst nicht immer offiziell, sondern meist nur in Form einer allgemein gehaltenen Bereitschaftserklärung der Professoren angekündigt wurden, sind die Nachrichten über diesen Teil das akademischen Unterrichts ausgesprochen spärlich, und es darf als extrem unwahrscheinlich gelten, daß die teilweise nur zufällig überlieferten Fälle von deutschsprachigen Privatvorlesungen tatsächlich alle sind, die es gegeben hat.[74]

Nun also die entsprechenden Vorlesungen. An der Spitze steht Augustus Buchner in Wittenberg. Es gibt zwar nur einen Beleg, daß er vor 1639 elegantioris illius Poeseos Germanicae praecepta vorgetragen hat[75], aber es spricht sehr viel für die „Annahme eines ‚Schulbetriebs'"[76] vorher und auch nachher[77],

---

[72] Nicht unüblich waren die Kombinationen der Professuren für Physik und Mathematik, Geschichte und Beredsamkeit, Poesie und Beredsamkeit, aber noch mancherlei andere kommen vor, besonders natürlich an kleinen Universitäten. So verfügte z. B. Duisburg über sieben Nominalprofessuren in der philosophischen Fakultät, die aber durchwegs auf nur drei oder vier Professoren verteilt waren: Günter von Roden, Die Universität Duisburg. (Duisburger Forschungen. 12) Duisburg 1968, S. 275.

[73] Selbstverständlich ergaben sich daraus auch Mißbräuche, die nicht selten gewesen zu sein scheinen und darin bestanden, die öffentlichen Gratisvorlesungen zugunsten der bezahlten Privatvorlesungen zu vernachlässigen oder ausfallen zu lassen. Ein anderer, viel beklagter Mißstand, die Verleihung akademischer Titel an „Unwürdige", erklärt sich einfach daraus, daß eine Promotion für Studenten eine sehr teure und also für Professoren eine sehr einkömmliche Sache war.

[74] Grundsätzlich ist bei jedem deutschen Poetik- oder Rhetorikbuch bis über die Mitte des 18. Jahrhunderts hinaus erst einmal damit zu rechnen, daß es aus dem Universitäts-, ersatzweise aus dem Gymnasialunterricht oder zur Not auch aus nicht-institutionellen Privatlektionen hervorgegangen ist.

[75] Hans Heinrich Borcherdt, Augustus Buchner und seine Bedeutung für die deutsche Literatur des 17. Jahrhunderts. München 1919, S. 40 (Brief vom 6. Juni 1639 an Matthias Hoe von Hoenegg über dessen Sohn).

[76] Borcherdt 41.

[77] Buchner war von 1616 bis zu seinem Tode 1661 Professor der Poesie, seit 1632 auch noch Professor der Redekunst. Diese Amtsbezeichnungen beziehen sich übrigens stillschweigend und selbstverständlich aufs Lateinische; die betreffenden Professoren waren also die damaligen klassischen Philologen bzw. Latinisten, so daß sich für das Thema „Deutsch" aus solchen Amtstiteln noch gar nichts folgern läßt, wie es irr-

nicht zuletzt der Umstand, daß Buchner seine Poetik selbst nicht veröffentlicht hat[78], wie das ja bei dauernd in Arbeit befindlichen Vorlesungsmanuskripten nicht ungewöhnlich und bei einer sorgfältig zu pflegenden Einkommensquelle sehr verständlich ist.

Der eben zitierte Andreas Tscherning hat 1642 seine Tätigkeit als Magister legens in Rostock – mit Genehmhaltung der Fakultät – mit einem Collegium Germanicum poeticum eröffnet.[79] Auch bei ihm fehlen Belege für Wiederholungen, etwa nach seiner Ernennung zum Professor der Poesie (1645), die dadurch aber nicht an Wahrscheinlichkeit verlieren.[80]

1661/62 hat Otto Prätorius, Nachfolger und – wie der erwähnte Mathematiker Nothnagel – auch Schwiegersohn Buchners, in Wittenberg privatim manuductionem ad Poesin Germanicam vorgetragen; eine Wiederholung 1663 und ein oratorisches Kolleg mit Übungen von 1665/66 sind belegt.[81]

Ebenfalls 1661/62 scheint Heinrich Mühlpforth, und dann wohl in Leipzig, ein Collegium poeticum abgehalten zu haben[82]; denn da wurde er zum Magister promoviert, und 1662 hat er die Universität verlassen, um eine Verwaltungsstelle in Breslau anzutreten.[83]

Christian Weise hat in seiner Zeit als Magister legens in Leipzig (1663–1665) unter anderem auch Vorlesungen über Eloquenz und Poesie gehalten[84], und wenn man seine spätere Bedeutung für die deutsche Poetik und Rhetorik be-

---

tümlich geschehen ist bei Marilyn K. Torbruegge, Observations of the genesis of ‚Germanistik'. Early German professors of poetics and poetry; in: Monatshefte für deutschen Unterricht 67 (1975) 349–357.

78 Sie ist erst nach seinem Tode gedruckt worden, einmal unautorisiert nach einer älteren Nachschrift: August Buchners kurzer Weg-Weiser zur Deutschen Tichtkunst [...]. Jena 1663, dann von seinen Erben: Anleitung Zur Deutschen Poeterey [...]. Wittenberg 1665; diese Ausgabe auch hrsg. von Marian Szyrocki. (Deutsche Neudrucke, Reihe Barock. 5) Tübingen 1966.

79 Borcherdt (= Anm. 71) 124, vgl. 318.

80 Bei der Veröffentlichung betont Tscherning, er habe das Manuskript „schon vorlängst / (was zwar die kunstmäßige wissenschaft der edlen Poeterey betrifft) fertig und bereit gehabt": Unvorgreiffliches Bedencken über etliche mißbräuche in der deutschen Schreib- und Sprach-kunst / insonderheit / der edlen Poeterey. Lübeck 1658, fol. A ij.

81 Borcherdt (= Anm. 75) 41.

82 Heinrich Mühlpforth, Teutsche Gedichte. 2. Aufl. Breslau 1698, S. 12–22: „Lob-Rede der Poeterey. Bey Eröffnung eines Collegii Poetici", das nach damaligem Sprachgebrauch eigentlich ein akademisches Kolleg gewesen sein muß. Die Lobrede gibt über ihren Anlaß aber keine Auskunft. Aus der Biographie ist weder über eine Universitätsvorlesung noch über eine private Veranstaltung in Breslau etwas bekannt.

83 Karl Hofmann, Heinrich Mühlpfort und der Einfluss des Hohen Liedes auf die zweite schlesische Schule. Diss. Heidelberg 1897, S. 9 f.

84 Hans Arno Horn, Christian Weise als Erneuerer des deutschen Gymnasiums im Zeitalter des Barock. Der „Politicus" als Bildungsideal. (Marburger pädagogische Studien. 5) Weinheim 1966, S. 18. – Samuel Grosser, Vita Christiani Weisii [...]. Leipzig 1710, S. 26 f.

denkt[85], dann kann man es sich eigentlich kaum anders vorstellen, als daß er schon damals in Leipzig die deutsche Sprache eingesetzt hat.

Von Daniel Georg Morhof dagegen ist bezeugt, daß er von Anfang an, das heißt ab 1665, als professor eloquentiae & poeseos in Kiel colloquia Germanica veranstaltet, „d.h. deutsche Stoffe in deutscher Sprache behandelt" hat[86], und es wäre ein Wunder, wenn nicht auch sein „Unterricht von deutscher Sprache"[87] aus solchen Veranstaltungen hervorgegangen wäre und Einblick in sie gewährte.

Christoph Schrader, Professor eloquentiae in Helmstedt von 1635 bis 1680, berichtet in der Vorrede zu seinen Hypotheses oratoriae von 1669, „daß eine Reihe seiner Studenten, die er namentlich nennt, während der Jahre 1667–1669 privatissime deutsche Reden über Stoffe aus der ‚Reformationsgeschichte' des Sleidanus gehalten hätten".[88] Anderweitige Angaben über sein Vorgehen in solchen Übungen, daß nämlich die Verfasser der „Aufsätze" abzutreten hatten, während ihre Kommilitonen mit dem Professor Schrader zusammen die Arbeiten kritisierten und nur das Schlußurteil zu hören bekamen, – solche Angaben[89] scheinen sich eher auf weitere Veranstaltungen zu beziehen und eine Dauerübung mit eigenen Gewohnheitsregeln anzusprechen.

Christoph Kaldenbach in Tübingen „beförderte auch mit Eifer die Aufnahme der teutschen Dichtkunst"[90], und zwar in Vorlesungen vor 1674[91], denen sich 1682/83 und 1687 ebensolche über Rhetorik anschlossen.[92]

Ferner hat Kaspar Stieler im Jahre 1679 und vermutlich auch schon früher in Jena collegia oratoria Germanica gehalten, während er dortselbst Universitätssekretär war.[93]

---

85 Karla Elise McBride, Vom „Natürlichen" und „Ungezwungenen": Christian Weises poetische Theorie. Diss. University of Pittsburgh 1978. – Gunter E. Grimm, Von der ‚politischen' Oratorie zur ‚philosophischen' Redekunst. Wandlungen der deutschen Rhetorik in der Frühaufklärung; in: Rhetorik 3 (1983) 65–96.

86 Die Anfänge der Christian-Albrechts-Universität Kiel. Aus dem Nachlaß von Carl Rodenberg überarbeitet, ergänzt und hrsg. von Volquart Pauls. (Quellen und Forschungen zur Geschichte Schleswig-Holsteins. 31) Neumünster 1955, S. 328.

87 Daniel Georg Morhof, Unterricht von der Teutschen Sprache und Poesie / Deren Ursprung / Fortgang und Lehrsätzen [...]. Lübeck/Frankfurt 1700. Neudruck hrsg. von Henning Boetius. (Ars poetica, Texte. 1) Bad Homburg v.d.H./Berlin/Zürich 1969, S. 401–446 (Nachwort).

88 Barner (vgl. Anm. 1) 416.

89 Paul Jakob Bruns, Verdienste der Professoren zu Helmstädt um die Gelehrsamkeit. Ein Fragment. Halle/Berlin 1810, S. 55.

90 August Friedrich Bök, Geschichte der herzoglich Würtenbergischen Eberhard Carls Universität zu Tübingen im Grundrisse. Tübingen 1774, S. 136.

91 Barner (vgl. Anm. 1) 444 f.

92 Christoph Kaldenbach, Auswahl aus dem Werk. Hrsg. von Wilfried Barner. (Neudrucke deutscher Literaturwerke, Sonderreihe. 2) Tübingen 1977, S. XLI f.

93 Herbert Koch, Deutsche Vorlesungen an der Thüringischen Landesuniversität im Jahre 1679; in: Das Thüringer Fähnlein. Monatshefte für die mitteldeutsche Heimat 5 (1935) 323–325; zitiert nach: Weithase (vgl. Anm. 1) I 264. Stielers Brief vom 10. September 1679, aus dem die Informationen stammen, ist im vollen Wortlaut wiedergegeben bei Herbert Zeman, Kaspar Stieler. Versuch einer Monographie. Diss. Wien 1965 (masch.), S. 166–169.

Nicht zu vergessen noch Johann Christoph Beckmann, Historiker in Frankfurt an der Oder. Von ihm weiß man aus den Briefen eines Studenten, daß er zumindest im Sommer 1687 ein collegium oratorium gehalten hat.[94] Und ausnahmsweise erfahren wir einmal etwas mehr als nur, daß Reden gehalten wurden: „‚Der Herr Doctor', sagt er[95], ‚braucht seine eigene Praecepta, jedoch rekommandiret er anbei Weysens Politischen und Neuerläuterten Redner, des Herrn Seckendorffs Reden, unterschiedene Leichenabdankungen aus Schlesien, wie auch Hofmannswaldau's und Lohenstein's Poemata, damit man eine copiam schöner und recht deutscher Worte erlangen könne, wozu er auch die Concordanzbibel, absonderlich zu guten Amplificationen sehr dienlich hält, desgleichen alle Herrn Weysen's in hoc genere herausgegebene Schriften'".

Den Reigen mögen zwei Professoren beschließen, deren deutschliebende Aktivitäten zwar zuverlässig belegt, aber nicht sicher auf die Zeit vor Thomasius zu datieren sind. Christian Saalbach, von 1681 bis 1713 in Greifswald lehrend, hielt neben den üblichen Vorlesungen über lateinische Poeten und Rhetoren auch collegia poetica et oratoria tam latina quam germanica.[96] Und der Altdorfer Professor Magnus Daniel Omeis vermeldet selbst in der Vorrede zu seiner Poetik, daß er „durch GOttes Gnade nun schon eine geraume Zeit und von vielen Jahren her" „Collegia academica über die Teutsche Poesie gehalten".[97]

Summa: wir kennen nunmehr 20 bis 27 Professoren, die vor Thomasius deutschsprachige Vorlesungen durchgeführt haben: vier oder fünf (der fünfte wäre Freigius) aus allen vier Fakultäten im 16. Jahrhundert, und dann im 17. Jahrhundert vier oder fünf Mathematiker (je nachdem, ob man Weigel mitzählt), vier oder fünf Theologen (mit Unsicherheitsvorbehalt bei Baier) und acht bis zwölf (falls Weise, Mühlpforth, Saalbach und Omeis mitrechnen) Philologen oder Historiker. Auch ohne Berücksichtigung der Dunkelziffer, die nur vereinzelt wenigstens als solche sichtbar wird[98], können wir also feststel-

---

[94] F. Bülau, Studentenbriefe aus dem siebzehnten Jahrhundert; in: Zeitschrift für deutsche Kulturgeschichte 4 (1859) 449–463 und 498–509; 499 f.

[95] Der Student Wolf Dietrich von Beichling in einem Brief vom 24. Juni 1687 an seinen Vater; die Auskünfte verdanken wir dem Umstand, daß der Vater wissen wollte, wofür der Sohn das zusätzliche Geld brauchte.

[96] Johann Gottfried Ludwig Kosegarten, Geschichte der Universität Greifswald. 1. Theil. Greifswald 1857, S. 269.

[97] Magnus Daniel Omeis, Gründliche Anleitung zur Teutschen accuraten Reim- und Dicht-Kunst [...] Nürnberg 1704, fol.)()(3 ro. – Omeis bekleidete seine Doppelprofessur von 1674 bis zu seinem Tode im Jahre 1706.

[98] Drei Beispiele: Balthasar Schupp versichert in seinem „Teutschen Lehrmeister" (1658), wenn er noch einmal eine Professur bekäme, würde er ganz auf die deutsche Sprache umstellen. „Ich wolte ein Exercitium Oratorium anordnen / wie hiebevor Lansius in Tübingen im Ritter-Collegio gethan hat" Schupp (= Anm. 43) 191. Thomas Lansius, Jurist in Tübingen von 1606 bis 1657, hat sogenannte Consultationes abgehalten (das sind rhetorische Rollenspiele aus der juristischen Praxis), aber vermutlich doch lateinisch und nicht deutsch. Vgl. August Willburger, Das Collegium illustre zu Tübingen. Tübingen 1912, S. 14 f., 23. Zu den consultationes auch Martin Kramer, Rhetorikunterricht und dramatische Struktur; am Beispiel der consultatio-

len: mit der Erstlingsschaft des Christian Thomasius in Sachen deutschsprachige Vorlesungen ist es nichts gewesen (wie er sich denn selbst auch nie ihrer gerühmt hat). Diese Einsicht leitet über zur genaueren Erfassung dessen, was bei ihm das Zentrum und das eigentlich Neue war.

Thomasius

Als Thomasius mit einem „teutsch Programma"[99] seine Vorlesungen des Wintersemesters 1687/88 ankündigte und sie am 31. Oktober (10. November neuen Stils) eröffnete[100], da ging es jedenfalls um mehr als nur um die Wahl der Vorlesungssprache, wenn ihm auch die Publikumswirksamkeit der deutschsprachigen Veranstaltungen Franckes als nicht unerwünschter Nebeneffekt vor Augen gestanden haben mag.[101] Christian Thomasius hat vielmehr – nach heutigen Begriffen – eine vollständige Curriculumreform im Alleingang angekündigt und begonnen. Das Ziel des juristischen Studiums ist ihm nicht mehr

nes; in: Stadt – Schule – Universität – Buchwesen und die deutsche Literatur im 17. Jahrhundert. Vorlagen und Diskussionen eines Barock-Symposiums [...]. Hrsg. von Albrecht Schöne. München 1976, S. 261–274. – Schottel scheint sich nicht nur auf Pläne zu beziehen, sondern auf tatsächlich ausgeführte Versuche, „vor etzlichen Jahren aus vornehmer Fürsten und Herrn Vorschub und Veranlassen / die Teutsche Sprache [...] auf Academien und in die Faculteten" zu bringen; wo und wann das war, gibt er aber nicht an. Justus Georg Schottelius, Ausführliche Arbeit Von der Teutschen HaubtSprache. 1663. Hrsg. von Wolfgang Hecht. 2. Teil. (Deutsche Neudrukke, Reihe Barock. 12) Tübingen 1967, S. 1244. – Von der großen Liebe des Duisburger Philosophen Johann Clauberg zur deutschen Sprache ist bei Elias Caspar Reichard (Versuch einer Historie der deutschen Sprachkunst. Hamburg 1747, S. 242) einiges zu lesen; Claubergs Biograph und Nachfolger Heinrich Christian Hennin weiß zwar von entsprechenden Bemühungen zu berichten, von denen aber auch nicht klar wird, ob sie sich im Hörsaal realisiert haben. (Johannis Claubergii vita; in: Johannes Claubergius, Opera omnia philosophica, cura. Jak. Theod. Schalbruchii. Tom. I. Amsterdam 1691, fol. c4 ro). Claubergs Ars etymologica Teutonum e philosophiae fontibus derivata ist abgedruckt in: Gottfried Wilhelm Leibniz, Collectanea etymologica, illustrationi linguarum, veteris celticae, germanicae, gallicae, aliarumque inservientia. Cum praefatione Joh. Georgii Eccardi. Hannover 1717, I 187–252. Vgl. auch John T. Waterman, Johann Clauberg's Ars etymologica Teutonum (1663); in: Journal of English and Germanic Philology 72 (1973) 390–402.

[99] Christian Thomas eröffnet Der Studirenden Jugend zu Leipzig in einem Discours Welcher Gestalt man denen Frantzosen in gemeinem Leben und Wandel nachahmen solle? ein Collegium über des Gratians Grund-Reguln / Vernünfftig / klug und artig zu leben; in: Christian Thomasius, Deutsche Schriften. Ausgewählt und hrsg. von Peter von Düffel. (Reclams Universal-Bibliothek. 8369–71) Stuttgart 1970, S. 5–49.

[100] A. Hofmeister, Zum Thomasjubiläum ...; in: Die Grenzboten 46 (1887) Bd. IV, S. 294 f.

[101] „Es war ein herzhafter Entschluß, wozu auch ein Umstand in Leipzig vieles beytrug. Einige junge Magistri, nämlich: Anton, Francke u. a. hielten ihre philobiblischen und exegetischen Vorlesungen ebenfalls deutsch". Johann Christian Förster, Uebersicht der Geschichte der Universität zu Halle in ihrem ersten Jahrhunderte. Halle 1794, S. 83.

der Erwerb gelehrten Wissens, sondern die Ausbildung von Eigenschaften und Fähigkeiten, in deren Besitz man sich in juristischen Berufsfeldern bis hin zum Hofe sicher und erfolgreich bewegen kann: honêteté, das heißt ein gutes judicium, „Höfflichkeit / und Freudigkeit“[102], und dazu „bel esprit, d.h. bon goût und wahrhafftige galanterie“.[103]

Nur was mit Sicherheit zu diesem Ziel hinleitet, gehört in den Lehrplan eines juristischen Studiums. Daraus ergibt sich eine radikale Entrümpelung und Straffung, eine vollständig neue Auswahl, Zusammenstellung und Gewichtung der altehrwürdigen Lehrinhalte.[104] Und aus dem Lehrziel folgt ohne weiteres (und nicht umgekehrt), daß die Ausbildung auf Latein verzichtet, wo es entbehrlich ist, und statt dessen in den Sprachen der juristischen Praxis erfolgt: Deutsch und zur Not auch Französisch.[105] Das sind die Punkte, darin man „denen Frantzosen“ nachahmen soll.

Das alte Postulat deutschsprachigen Universitätsunterrichts, der ratichianische Praxisbezug und die Thomasische Curriculumreform zielen, wie man jetzt sieht, alle auf dasselbe: in aller Unbescheidenheit, und ohne es direkt zu sagen, auf eine neue Universität, eine, die die Inhalte und die sprachliche Form der Lehre nicht mehr selbst aus ihren eigenen Interessen und nach ihrer eigenen Tradition bestimmt, sondern von der Gesellschaft und deren Normen bestimmen läßt.

Erst die Kombination mit einem klaren Konzept einer neuen Universität hat, wie es aussieht, den vereinzelten und nie wirklich konsequenten Bemühungen um eine universitäre Sprachreform zum Durchbruch verholfen. Thomasius hat die Reform, die auch unabhängig von ihm bereits institutionelle Resultate zu zeitigen anfing[106], derart beschleunigt, daß sie wohl eher Revolution zu

---

[102] Thomasius (= Anm. 99) 19.

[103] Thomasius 37.

[104] Thomasius hat sich mehrfach anheischig gemacht, den Studenten innerhalb von drei Jahren wirklich alles beizubringen, was sie im Beruf brauchten. Eine Übersicht über den ganzen Studiengang bietet: Summarischer Entwurff Derer Grund-Lehren / Die einem Studioso Juris zu wissen / und auff Universitäten zu lernen nöthig / nach welchen D. Christian Thomas. Künfftig / so GOtt will Lectiones privatissimas zu Halle / in vier unterschiedenen Collegiis anzustellen gesonnen ist. (Halle 1699). – Die Inhaltsverzeichnisse dieser Schrift und zweier ähnlicher von 1713 sind abgedruckt bei Fleischmann (= Anm. 64) 179–194. – Zum Bildungsprogramm des Thomasius vgl. Grimm (= Anm. 2) 383 ff.

[105] Thomasius (= Anm. 99) 29.

[106] An der Ritterakademie Wolfenbüttel (dem Typ nach ein Universitätsersatz für Adlige) wurde statutengemäß seit der Gründung (1687) deutsche Sprache und Rhetorik unterrichtet, „wobey jederzeit solche materien zu choisiren, welche dem von adel demnegst in allerhand occurencen am meisten zustatten kommen können“. Braunschweigische Schulordnungen von den ältesten Zeiten bis zum Jahre 1828 mit Einleitung, Anmerkungen, Glossar und Register hrsg. von Friedrich Koldewey. Zweiter Band. (Monumenta Germaniae Paedagogica. 8) Berlin 1890, S. 236, vgl. auch 75 f., 263 f. – Über Christoph Zeigener, den Professor der Eloquenz und Mathematik: Alfred Kuhlenkamp, Die Ritterakademie Rudolf-Antoniana in Wolfenbüttel 1687–1715. (Beiträge zur Geschichte der Carolo-Wilhelmina. 3) Braunschweig 1975, S. 100–102. – Das grundlegende Werk über die europäischen Ritterakademien: Norbert

nennen ist. In wenigen Jahren oder allenfalls Jahrzehnten ist die Redegewohnheit von mehr als fünf Jahrhunderten umgekrempelt worden. Diese Revolution der Universitätssprache ist in ihrer Schärfe wohl nur zu würdigen, wenn man bedenkt, daß sie die einzige nennenswerte Universitätsreform darstellt, die jemals aus den deutschen Universitäten selbst hervorgegangen ist und sich ohne jegliche obrigkeitliche Verordnung oder Unterstützung oder auch nur Duldung durchgesetzt hat, und daß sie ausgerechnet das soziale Unterscheidungsmerkmal, das Standeszeichen und den Stolz der Gelehrtenzunft betraf: das Latein, und mit ihm die Stellung der Universität überhaupt in der Gesellschaft.

Man preise übrigens den Vorstoß des Thomasius nicht, ohne die Perspektive der anderen Seite versuchsweise einzunehmen, zumal wenn man sich selbst eher in ihr befindet; denn von innen gesehen, war er eine Mißachtung auch nur der minimalen Kollegialität: Umkrempelung des Curriculums auf eigene Faust, ungenierte Abwerbung von Studenten, dazu eine spitze Zunge und Feder, und das alles von einem Nicht-Ordinarius. Schwierigkeiten, wie sie ihm in Leipzig widerfahren sind, wären zu jeder Zeit an jedem Ort ähnlich aufgetreten. Daß seine Aktion dennoch genau zur richtigen Zeit gekommen ist und eine offene Situation vorgefunden hat, zeigte sich wenige Jahre später, als er die anvisierte neue Universität tatsächlich bekommen hat, in Halle, einer Neugründung (1694), die ohne seinen unfreiwilligen Weggang von Leipzig und also ohne die entschiedene Praxis seines neuen Konzepts nicht zu denken war. Das waren Zeiten, in denen herzhaftes Wünschen und Wollen noch geholfen hat.

18. Jahrhundert

Die Ausbreitung des Deutschen als Universitätssprache hat sich in aller Stille vollzogen, ohne Spuren zu hinterlassen, so daß offen bleiben muß, ob sich einzelne Dozenten von einem Semester zum anderen zum Sprachwechsel entschlossen haben oder ob es eher eine Frage der Generationenablösung war. Nicht wenige scheinen, wie seinerzeit Paracelsus, sich eine Mischung beider Sprachen angewöhnt zu haben, „die gewöhnliche buntschäckigte Universitäts-Sprache“[107], was wenigstens zum Teil noch durch das Fehlen deutscher Fach-

---

Conrads, Ritterakademien der frühen Neuzeit. Bildung als Standesprivileg im 16. und 17. Jahrhundert. (Schriftenreihe der Historischen Kommission bei der Bayerischen Akademie der Wissenschaften. 21) Göttingen 1982.

[107] Johann Jacob Rambach, Ausführliche und gründliche Erläuterung über seine Institutiones hermeneuticae sacrae, aus der eignen Handschrift des seligen Verfassers [...] ans Licht gestellet von Ernst Friedrich Neubauer. Erster Theil. Gießen 1738, S. (35). – Nach Fleischmann (= Anm. 64) 113 hat selbst Thomasius in Vorlesungen zwischen Deutsch und Latein abgewechselt. Ein anderes Beispiel: am 29. Juli 1726 besuchte Albrecht Haller in Halle medizinische Vorlesungen und notierte im Tagebuch: „Hörte von 9 bis 10 Cöschwizens Physiologie. Er liest wie andre teutsche Profeßoren allemal teutsch, es ist aber mit Latein wunderlich durchmengt“; und über Friedrich Hoffmann: „Er dictirt latein und räsonnirt teutsch“. Albrecht Hallers Tagebücher

terminologie bedingt war. Und überhaupt scheinen die Unterschiede von Universität zu Universität und von Fakultät zu Fakultät (die Mediziner waren allgemein am konservativsten) sehr groß gewesen zu sein.

Die sicherste Bastion des Deutschen sind offenbar die Rhetorik- und Poetikkurse gewesen, die sich rasch verbreitet und bald einen gewissen institutionellen Charakter angenommen haben (darüber im nächsten Kapitel). Ansonsten ist vom Vordringen des Deutschen erst etwas zu erfahren, sobald eine gewisse Reizschwelle überschritten war und demzufolge die Lateinanhänger mit Warnungen oder Klagen sich zu Worte meldeten. Nimmt man diese als einen solchen Hinweis, dann dürfte ein auffälliger Grad der Verbreitung des Deutschen schon im ersten Jahrzehnt des neuen Jahrhunderts erreicht gewesen sein. Da setzen nämlich die Klagen ein.

In Halle wurde zwar seit der Gründung der Unversität fast nur deutsch gesprochen[108]; dennoch versprach sich eine Kommission mit Professorenbeteiligung eine Hebung der studentischen Sitten von einem Verbot der deutschen Vorlesungen. Der entsprechende Antrag erfolgte 1704, der zustimmende kurfürstliche Erlaß 1705.[109] Wenn überhaupt, so ist er nicht lange befolgt worden. Denn Christian Wolff bezeichnet es als eingeführten Gebrauch, „daß der Vortrag in den Collegiis in deutscher Sprache geschahe“[110], und das muß sich auf Halle beziehen, wo er seit 1707, nicht auf Leipzig, wo er seit 1703 lehrte.

Doch selbst in Leipzig gab es zur gleichen Zeit nicht nur in der philosophischen Fakultät, sondern auch in der juristischen schon Vorlesungen in deutscher Sprache.[111] Und 1711 fühlte sich die Dresdner Regierung veranlaßt, per Dekret – bei aller Anerkennung des Nutzens der deutschen Unterrichtssprache – zu verhindern, „daß diese nicht durchgehends in denen Collegiis eingeführt werde“.[112]

Im gleichen Sinne hatte Morhofs Nachfolger Johann Burchard May in Kiel, selbst dem Deutschen keineswegs abgeneigt, schon 1705 die Warnung ausgesprochen, „daß nicht eine gäntzliche Barbarei hier einreiße“, indem einige docentes bereits „durch und durch deutsch zu dociren“ pflegten und allgemeines

---

seiner Reisen nach Deutschland, Holland und England 1723–1727. Mit Anmerkungen hrsg. von Ludwig Hirzel. Leipzig 1883, S. 77.

[108] Johann Georg Eccard, Historia studii etymologici linguae germanicae hactenus impensi. Hannover 1711, S. 257 f.; de Gravii, Bussingii, & Thomasii sententia, quod scientiae aptius lingua Germanica quam Latina doceantur –: Concessit totus in hanc sententiam Christianus Thomasius, JCtus celebris, atque ipso praecipuè auctore à plerisque Academiae Hallenis Doctoribus eadem approbata fuit, ut jam ibi quicquid sciri potest, Germanicis verbis audias proponi, linguamque Romanam à clave sapientiae pene remotam cernas.

[109] Wilhelm Schrader, Geschichte der Friedrichs-Universität zu Halle. 1. Band. Berlin 1894, S. 241.

[110] Christian Wolff, Ausführliche Nachricht von seinen eigenen Schrifften [...]. Frankfurt 1726, S. 22.

[111] Emil Friedberg, Das Collegium Juridicum. Ein Beitrag zur Geschichte der Leipziger Juristenfacultät. Leipzig 1882, S. 78.

[112] Hodermann (vgl. Anm. 2) 33.

Desinteresse am Lateinischen sich ausbreite.[113] Andererseits machte man sich im nicht weit entfernten Rostock sogleich der pietistischen Abweichung verdächtig, wenn man als Professor deutsch sprach; so ist es dem Theologen Albrecht Johann von Krakewitz widerfahren wegen einer Vorlesung über Luthers „Katechismus deutsch".[114] Verbindung zum Pietismus und Vorlesungen in deutscher Sprache waren noch 1714 die kombinierten Vorwürfe, gegen die sich Franz Buddeus in Jena vor einer offiziellen Kommission zu verteidigen hatte.[115]

Leibniz' Mahnung, die Pflege des Deutschen auf separate Stunden zu beschränken, um die Internationalität der Wissenschaft nicht zu gefährden[116], konnte die Entwicklung nicht mehr aufhalten. Als der große Leidener Philologe Petrus Burmannus dieses Argument aufnahm[117] und es im Rahmen der traditionellen Klage über den Niedergang der Latinität und der gesamten gelehrten Kultur[118] sehr abschätzig gegen die deutsche Sprache wandte[119], erhob sich kaum noch eine wenigstens grundsätzlich beipflichtende Stimme.[120]

Die Meinungen waren gemacht. Burmannus wurde entweder kurz abgefertigt[121] oder mit dem alten ratichianischen Argument darüber belehrt, daß die Sprachen nur Hilfsmittel, nicht selbst die Gelehrsamkeit seien, welche in jeder

---

113 Moritz Liepmann (Hrsg.), Von Kieler Professoren. Briefe aus drei Jahrhunderten zur Geschichte der Universität Kiel. Stuttgart/Berlin 1916, S. 2. – Über Mays eigene Vorlesungen in deutscher Sprache: Karl Jordan/Erich Hofmann, Geschichte der Philosophischen Fakultät. Teil 2. (Geschichte der Christian-Albrechts-Universität Kiel 1665–1965. 5/2) Neumünster 1969, S. 107.

114 ADB XVII 23 (Krause). – G. Kohfeldt, Rostocker Professoren und Studenten im 18. Jahrhundert. Rostock 1919, S. 58.

115 Karl Heussi, Geschichte der theologischen Fakultät zu Jena. (Beiträge zur Geschichte der Universität Jena. 1) Weimar 1954, S. 158 Anm. 291.

116 Kurzes wohl gemeyntes Bedencken vom Abgang der Studien und wie denenselben zu helffen (1711); in: Die Werke von Leibniz gemäß seinem handschriftlichen Nachlasse [...]. Hrsg. von Onno Klopp. Erste Reihe: Historisch-politische und staatswissenschaftliche Schriften. Zehnter Band. Hannover 1877, S. 435–442; 441: „[...] es muß wegen obangeführter ursachen das Latein als lingua Europaea universalis et durabilis ad posteritatem (zumahl da die lebenden sprachen veränderlich seyn), zumahl inter eruditos beybehalten und geübet werden."

117 Petrus Burmannus, Oratio de publici humanioris disciplinae professoris proprio officio et munere [...]. Leiden 1715, S. 28.

118 Wilhelm Kühlmann, Apologie und Kritik des Lateins im Schrifttum des deutschen Späthumanismus. Argumentationsmuster und sozialgeschichtliche Zusammenhänge; in: Daphnis 9 (1980) 33–63.

119 Burmannus (= Anm. 117) 29: Quis non indignetur, gravissimam & severam Germanorum nationem ita jam ab aliquo tempore in delendo Latini sermonis usu laborare coepisse, ut publicae Academiarum cathedrae, & privatarum scholarum subsellia tremendo illo & insuavi vernaculae linguae mugitu reboare audiantur?

120 Jacob Burckhard, De Linguae Latinae quibus in Germania per XVII saecula amplius usa est fatis novi [...] commentarii. 2. Aufl. Wolfenbüttel 1721, S. 599 f.

121 Gottlieb Stolle, Anleitung Zur Historie der Gelahrheit [...]. 2. Aufl. Jena 1724, I 108 Anm.: „Ich habe aber daraus mehr nicht gelernet, als was ich vorher schon gewust: nehmlich daß es auch unter den Humanisten zuweilen Leute gebe, denen es an Höfflichkeit und einem philosophischen Judicio fehlet."

Sprache, sogar in der russischen, vorgetragen werden könne.[122] In der Sache pendelte man sich auf ein irenisches Sowohl-Als-auch ein, wofür des Helmstedter Theologen Johann Lorenz von Mosheim Plädoyer für Zweisprachigkeit je nach Thema und Anlaß repräsentativ ist.[123]

Seit der Mitte der zwanziger Jahre ist ein Rückgang der Diskussionsbeiträge[124] sowohl an Häufigkeit als auch, von Ausnahmen abgesehen[125], an Heftigkeit zu verzeichnen. Rechtfertigungen des Deutschschreibens, um 1710 noch unvermeidlich[126], sind gar nicht mehr oder nur noch in konservativen Disziplinen festzustellen.[127]

Aus diesem Befund wird man den Schluß ziehen können, daß die lateinisch Dozierenden sich zu dieser Zeit bereits in der Minderheit gesehen haben und daß das Deutsche zumindest als Vorlesungs-, wenn nicht schon als allgemeine Universitätssprache, nun seinerseits zur zeitgemäßen Selbstverständlichkeit geworden war. Eine etwas spätere Bestätigung liefert das bekannte Dictum des Göttinger Philologen Johann Matthias Gesner, daß nicht einmal mehr Könige

---

122 (Nicolaus Hieronymus Gundling) Gundlingiana, Darinnen allerhand Zur Jurisprudentz, Philosophie, Historie / Critic / Litteratur / Und übrigen Gelehrsamkeit gehörige Sachen abgehandelt werden. Fünf und zwantzigstes Stück. Halle 1721, S. 473 f.: Linguae, nostro iudicio, ad instrumenta & adiumenta eruditionis pertinent; non autem ipsa sunt eruditio. Qui hanc ambiunt, & consequi summo studio conantur, in omni lingua, etiam Russica, vel alia quacunque doceri possunt.

123 Commentatio de hodierna romani sermonis in patria nostra existimatione (1744); in: Johann Lorenz von Mosheim, Commentationes et orationes varii argumenti. Hamburg 1751, S. 344: Ego quidem arbitror [...] futurum fuisse, vt parem dicendi et scribendi vim in vtraque lingua sibi pararent. – Zwanzig Jahre zuvor war Mosheim noch entschiedener für das Latein eingetreten im Vorwort zu seiner Ausgabe: Uberti Folietae de linguae latinae usu & praestantia libri tres. Hamburg 1723, und in den Anmerkungen zu: Daniel Georg Morhof, De pura dictione Latina liber. Hannover 1725.

124 Ausführliche Titellisten zum Thema „Lateinschreiben“ finden sich im 33. Kapitel des ersten Bandes und in den zugehörigen Paragraphen des ersten Nachtragsbandes von: Heinrich Wilhelm Lawätz, Handbuch für Bücherfreunde und Bibliothekare. Des ersten Theiles erster (–vierter) Band, 1 Registerband, 2 Bände Nachträge. Halle 1788–1791.

125 Zwei Beispiele, das erste für die Polemik gegen Latein, das zweite für die umgekehrte: Megalissus (Georg Litzer), Der Undeutsche Catholik Oder Historischer Bericht von der allzu großen Nachläßigkeit der Römisch-Catholischen, insonderheit unter der Clerisey der Jesuiten, In Verbesserung der deutschen Sprache und Poesie [...]. Jena 1731. – Erhard Kapp, De caussis corruptae hoc aevo eloquentiae (1731); in: Paulinus a S. Iosepho, Orationes novae XII [...]. Leipzig 1752, S. 270 f.

126 Üblicherweise in der Vorrede, z. B.: Christian Wolff, Anfangs-Gründe Aller Mathematischen Wissenschafften. Erster Theil [...]. Halle 1710. – Dietrich Hermann Kemmerich, Neu-eröffnete Academie Der Wissenschafften [...]. Leipzig 1711. – Gottfried Polycarpus Müller, Academische Klugheit In Erkenntnis und Erlernung Nützlicher Wissenschafften [...]. Der Erste Theil. Leipzig 1712. – (Conrad Mel) Schau-Bühne der Wunder Gottes in den Wercken der Natur: Oder / Teutsche Physic [...] (1714). Kassel 1732.

127 Ein recht spätes Beispiel ist die separat paginierte Vorrede „Die Nothwendigkeit und Nutzbarkeit Der Deutsch-geschriebenen Artzney-Bücher“ von Georg Heinrich Behr in: Franz Balthasar von Lindern, Medicinischer Passe-par-tout; Oder Haupt-Schlüssel Aller und jeder Kranckheiten des menschlichen Leibes [...]. Straßburg 1739.

die neue Vorlesungssprache aus den Universitäten würden vertreiben können.[128] Die Dinge hatten sich gründlich gewendet.

Als dann die Diskussion in den siebziger und achtziger Jahren nochmals auflebte, da hatte sie ganz andere Akzente und Anlässe. Einerseits ging es ganz unpolemisch um die erneute Bestärkung der allgemeinen Praxis an den Universitäten[129], andererseits machte sich deren Rückwirkung auf die Gymnasien bemerkbar in Gestalt der Frage, ob und inwieweit überhaupt noch Lateinsprechen und -schreiben gelehrt werden sollte.[130] Wie immer die Befürworter der Tradition argumentieren mochten, auf eines konnten sie sich inzwischen eben nicht mehr berufen: daß nämlich die Beherrschung der lateinischen Sprache in Wort und Schrift unentbehrliche Voraussetzung für den Universitätsbesuch sei.

All die bisherigen Ausführungen gelten nur für die Universitäten in protestantischen Landen (und auch da natürlich mit Unterschieden), nicht aber für die katholischen, an denen der Übergang zur deutschen Sprache wesentlich später erfolgte. Die Phasenverschiebung ist daraus zu erklären, daß der universitäre Unterricht dort ausschließlich in den Händen der Geistlichkeit lag, und das wirkte sich in dreierlei Hinsicht aus. Erstens war und blieb Latein die Sprache der alten Kirche und als solche ein wichtiges Unterscheidungsmerkmal gegenüber der neuen, dessen Wegfallen unmittelbar die Gefahr des Eindringens akatholischer Lehren heraufzubeschwören schien. Zweitens war die Struktur des gesamten Schulwesens und des Lehrplans eine andere als in den protestantischen Ländern. Und drittens hatte die lateinische Sprache zum Teil tatsächlich noch die Funktion eines unentbehrlichen internationalen Verständigungsmittels, pflegte doch die im Unterrichtswesen dominierende Societas Jesu auch ausländische Professoren an ihre Universitäten und Fakultäten im Deutschen Reich zu delegieren.

Obwohl die Hindernisse höher und stabiler waren, vollzog sich doch die Umstellung aufs Deutsche im Prinzip nach demselben Muster. Den Anfang machten auch hier einzelne Vorlesungen von besonderem praktischem Nut-

---

128 Johann Matthias Gesner, Primae lineae isagoges in eruditionem vniversalem (1756). Ed. Joh. Nik. Niclas. Tomus primus. Leipzig 1774, S. 103: Mutare consuetudinem Germanice docendi, nunc ne edicta Regia quidem possunt.

129 Beispielsweise: (Johann David Michaelis) Raisonnement über die protestantischen Universitäten in Deutschland. Dritter und letzter Theil. Frankfurt/Leipzig 1773, § 148, S. 310–322. – Abraham Gotthelf Kästner, Gesammelte Poetische und Prosaische Schönwissenschaftliche Werke. Dritter Theil. Berlin 1841, S. 162–170: Ueber den Vortrag gelehrter Kenntnisse in der deutschen Sprache (1780).

130 Eine erschöpfende Untersuchung der Frage „Welches ist der eigentliche und erhebliche Zwek der öffentlichen Unterweisung in der lateinischen Sprache und Literatur, und welche Grundzüge der Methode ergeben sich daraus?“ mit dem Ergebnis, der „Hauptzwek“ der lateinischen Sprache sei nur der, „daß die Schuljugend durch sie die alten lateinischen Schriftsteller zu verstehen lernt“: August Friedrich Pauli, Versuch einer vollständigen Methodologie für den gesamten Kursus der öffentlichen Unterweisung in der lateinischen Sprache und Literatur. Erster Theil. Tübingen 1785, S. 145–315; 158.

zen[131]; dann folgte die deutsche Rhetorik[132] und schließlich eine abrupte Umwälzung, verursacht oder entfesselt in diesem Falle durch die Aufhebung des Jesuitenordens im Jahre 1773 und die anschließende Verstaatlichung der Universitäten. Diskussionen um die Brauchbarkeit der deutschen Sprache in der Wissenschaft gab es – besonders in den achtziger Jahren – ebenfalls[133], natürlich auch Versuche, das Deutsche doch noch einzudämmen.[134] Aber das Ergebnis war klar: um 1800 wurde an allen Universitäten in deutschsprachigen Ländern ganz allgemein deutsch vorgetragen. Man brauchte einen gewissen Mut zur Unpopularität, um noch – und das mußte dann ausdrücklich geschehen – einzelne lateinische Vorlesungen, etwa für klassische Philologen, anzukündigen.[135] Dreißig, vierzig Jahre später waren sie nur noch eine Kuriosität.

---

[131] 1725 besagte z. B. eine „Verordnung, daß ‚die Historie und Mathesie' zu Würzburg deutsch vorgetragen werden müssen, ‚damit jedermann davon Nutzen haben könne'". Ernst Schubert, Academiae Herbipolensis fontes. Friedrich Anton Leopold Reuss und seine Materialien zur Geschichte der Universität Würzburg. (Quellen und Forschungen zur Geschichte der Universität Würzburg, Beiheft. 3) Würzburg 1967, S. 61. – Gleichenorts bestand 1734 die Vorschrift: „Der Mathematik ist eine freye Lektion bestimmt; und soll zu mehrerer Ausbreitung des davon zu hoffenden Nutzens, zum Behufe der Malerey, Bildhauerey und anderer Gewerbe und Künste in deutscher Sprache gelehret werden." Christian Bönike, Grundriß einer Geschichte der Universität Würzburg. 2. Band. Würzburg 1788, S. 44.

[132] Dies allerdings zu einem Zeitpunkt und in einer Weise, die genauestens in Übereinstimmung stand mit dem späteren Stadium der Entwicklung an den protestantischen Universitäten. Darüber im nächsten Kapitel.

[133] 1786 diskutierten alle Würzburger Fakultäten die Anfrage des Fürstbischofs, ob man nicht alle Collegia in deutscher Sprache lesen wolle; die Gutachten sind lehrreich und bisweilen amüsant bis absurd: M. Krück, Die Lateinfrage an der Würzburger Universität vor hundert Jahren; in: Pädagogisches Archiv 29 (1887) 97–101. – Ein Mainzer Student hat bei Anton Joseph Dorsch eine gründlich argumentierende Dissertation zum Thema vorgelegt: Niklas Anton Heusser, Untersuchung der Frage: Ob Philosophie in deutscher oder lateinischer Sprache auf deutschen Universitäten vorzutragen sey? Mainz 1786. Die Antwort fällt natürlich zugunsten der deutschen Sprache aus.

[134] In Ingolstadt wurde 1785 durch kurfürstliches Dekret bestimmt, es sollten saltem aliquae Praelectiones philosophicae in lateinischer Sprache gehalten werden: Peter Stötter, Vom Barock zur Aufklärung. Die Philosophische Fakultät der Universität Ingolstadt in der zweiten Hälfte des 17. und im 18. Jahrhundert; in: Die Ludwig-Maximilians-Universität in ihren Fakultäten. Hrsg. von Laetitia Boehm und Johannes Spörl. 2. Band. Berlin 1980, S. 91–124; 122. – Noch entschiedener versuchte es ein fürstbischöfliches Regulativ von 1793 in Dillingen: „An der Akademie aber sollen von nun an alle deutschen Vorlesungen (die Mathematik und die Pastoraltheologie ausgenommen)" abgeschafft sein, um den Verfall des besonders für die Theologen wichtigen Lateins aufzuhalten; und ein Gesuch eines Physikers, wenigstens den praktischen Teil der Physik auf deutsch lesen zu dürfen, wurde abgelehnt. Thomas Specht, Geschichte der ehemaligen Universität Dillingen (1549–1804) und der mit ihr verbundenen Lehr- und Erziehungsanstalten. Freiburg 1902, S. 554.

[135] Selbst ein klassischer Philologe bedurfte dannzumal schon längerer Begründungen, wenn er die Mitglieder seines Seminars auch nur zum Lateinschreiben in den meisten Fällen verpflichten wollte: Friedrich Creuzer, Das akademische Studium des Alterthums. Nebst einem Plane der humanistischen Vorlesungen und des Philologischen Seminarium auf der Universität zu Heidelberg. Heidelberg 1807, S. 40–47.

Das Schlußwort soll deshalb Johann Hyacinth Kistemaker erhalten, der – als Altphilologe im katholischen Münster – noch am ehesten zum Verteidiger des Lateinischen berufen gewesen wäre, aber bei einem kritischen Sprachvergleich zum Ergebnis gekommen war, „daß die griechische Sprache, überhaupt genommen, den Vorrang verdiene, und daß die deutsche Sprache in der Mitte der beyden alten stehe; wenigstens verdient sie diese Stelle und den Vorrang vor der lateinischen im lehrenden und wissenschaftlichen Vortrage“.[136]

Ich fasse zusammen. Nach vereinzelten Versuchen im 16. Jahrhundert ist die deutsche Sprache im 17. Jahrhundert in den akademischen Bereich eingedrungen, wenn auch nur in einer allerdings nicht geringen Zahl von Einzelfällen. Im ersten Drittel des 18. Jahrhunderts ist sie dann rasch allgemein universitätsfähig geworden und hat bis zum Ende des Jahrhunderts die lateinische Sprache fast vollständig verdrängt, mit einer gewissen „Verspätung“ auch an den katholischen Universitäten.

Als Begründung für den Sprachwechsel, sofern überhaupt eine gegeben wurde, wurden das patriotische und das komparatistische Argument[137] und der ratichianische „Praxisbezug“ ins Feld geführt, mit zunehmendem Übergewicht des letzteren. Im Effekt aber lief alles darauf hinaus, daß die Standesschranken zwischen den Gelehrten und den Ungelehrten, symbolisiert durch das Lateinsprechen, abgebaut wurden, und zwar von den Gelehrten selbst. Weil das ein ungemein heikles Unterfangen ist, wird auch verständlich, warum niemand den Kern der Sache mit dem standespolitischen Argument direkt angesprochen hat.

Die deutsche Universität hat damit von sich aus ihre sprachliche und also soziale Isolation aufgegeben. Dieselbe Sprache sprechend wie die ganze Gesellschaft (mit Ausnahme einiger französisch sprechender Höfe), hat die Universität zugleich ihr ganzes Tun und Lassen in das Normensystem dieser Gesellschaft eingegliedert. Es ist die Zeit, da die gesamte Universitätslehre unter Legitimationsdruck geraten ist. Die Wissenschaften mußten sich ganz neu und ohne Rücksicht auf ihr Alter als nützlich, und das heißt in erster Linie als gesellschaftlich nützlich ausweisen. Die Inanspruchnahme der Nationalsprache ist Teil des allgemeinen Nützlichkeitsdenkens dieser Zeit und deshalb wie dieses ein gesamteuropäisches Phänomen.[138]

Die Preisgabe der sprachlichen und gesellschaftlichen Isolation durch die Übernahme von Sprache und Normen hat ihre Ergänzung gefunden im längst laufenden Prozeß der gesellschaftlichen Integration, den der Staat in Gang gesetzt hatte und hielt.[139] Im gleichen Zuge und keineswegs nur nebenher ist die erste und wichtigste Voraussetzung für eine zukünftige deutsche Literaturwis-

---

[136] Johann Hyacinth Kistemaker, Kritik der griechischen, lateinischen und deutschen Sprache. Münster 1793, S. 202.

[137] Vgl. oben S. 15 f.

[138] Fritz Valjavec, Geschichte der abendländischen Aufklärung. Wien/München 1961, S. 218–223.

[139] Näheres dazu im Kapitel „Staat, Universität, Schule“, vgl. unten S. 173 ff.

senschaft (an die natürlich noch niemand dachte) geschaffen worden und das erste jener Elemente, die ihr heutiges Bild bestimmen: die Deutschsprachigkeit des Redens und Schreibens.

Deutsche Rhetorik

Die Rhetorik- und Poetiklehrer seit Meyfart und Buchner waren nicht nur – der Zahl nach – die wichtigsten Promotoren der neuen Ausrichtung des Lehrplans auf gesellschaftliche Nützlichkeit, sie waren auch deren eigentliche Nutznießer. Die neue akademische Disziplin der Deutschen Rhetorik, wie ich sie nennen will, war der sichtbarste und beste Ausdruck des sich wandelnden Universitätsverständnisses: eine Disziplin, deren unmittelbarer Nutzen augenfällig war, weil die gesellschaftlich gebräuchliche, die deutsche Sprache in ihr sowohl Medium als auch zugleich Thema war. Die Deutsche Rhetorik war die erste Weise, deutsche Sprache und Literatur an der Universität zu thematisieren.

Es wurde nunmehr also auch auf deutsch praktiziert, was im Lateinischen längst üblich war: die Ausbildung im gekonnten und wirkungsvollen Schreiben und Reden, in einer „Beredsamkeit" und „Wohlredenheit"[1], die nun aber nicht mehr nur die Tradierung der Sprachkultur im Wetteifer mit den antiken Vorbildern zum Zwecke hatte, sondern direkt und unzweifelhaft brauchbar war in allen akademischen Berufen. Thema war die gebundene (poetische) und besonders die ungebundene (oratorische) deutsche Sprache, nicht jedoch zuerst als Gegenstand der Erkenntnis und des theoretischen Wissens, sondern als Gegenstand der Bearbeitung und des praktischen Könnens.

Diese praktische Ausbildung war offenbar sehr gefragt; auch die Hochkonjunktur der Rhetorik- und Poetiklehrbücher in den ersten Jahrzehnten des 18. Jahrhunderts weist in dieselbe Richtung. Die Belege für Rhetorik- und (seltener) Poetikkurse stellen sich denn auch zwischen 1690 und 1730 mit steigender Frequenz und zuletzt dutzendweise ein, und je später sie datiert sind, desto häufiger handelt es sich um Dauerkurse.

---

[1] Nach der Terminologie des 18. Jahrhunderts war „Beredsamkeit" der umfassendere Begriff und meinte die Fähigkeit, klar und überzeugend zu reden. „Wohlredenheit" hieß das Vermögen, außerdem noch schön zu formulieren, und wurde deshalb vornehmlich von Dichtern erwartet. Mit der ersten befaßt sich die Rhetorik, mit der zweiten die Poetik als deren Zusatz oder Fortsetzung. – Volker Sinemus, Poetik und Rhetorik im frühmodernen deutschen Staat. Sozialgeschichtliche Bedingungen des Normenwandels im 17. Jahrhundert. (Palaestra. 269) Göttingen 1978. – Manfred Beetz, Rhetorische Logik. Prämissen der deutschen Lyrik im Übergang vom 17. zum 18. Jahrhundert. (Studien zur deutschen Literatur. 62) Tübingen 1980. – Elke Haas, Rhetorik und Hochsprache. Über die Wirksamkeit der Rhetorik bei der Entstehung der deutschen Hochsprache im 17. und 18. Jahrhundert. (Europäische Hochschulschriften. I 349) Frankfurt/Bern 1980. – Robert Jamison/Joachim Dyck, Rhetorik – Topik – Argumentation. Bibliographie zur Redelehre und Topikforschung im deutschsprachigen Raum 1945–1979/80. Stuttgart 1983.

Um 1730 haben die Rhetorikvorlesungen und -übungen sich an den protestantischen Universitäten einen festen Platz erobert, sicher in dieser oder jener Form auch an manchen kleinen Universitäten, an denen sie nicht mehr nachzuweisen sind. Die Deutsche Rhetorik war keiner der traditionellen Professuren zugeordnet[2] und deshalb auf jeden Fall außerhalb der Pflichtleistungen privatim zu erledigen, und die Privatvorlesungen, zumal diejenigen der offenbar sehr interessierten jungen Magister, sind, wie erwähnt, generell unzureichend dokumentiert. Jedenfalls ist anzunehmen, daß eigentlich jeder Dozent der philosophischen Fakultät im Laufe seiner Ausbildung so viel von Rhetorik mitbekommen hat, daß er ohne weiteres mit Hilfe eines Lehrbuchs eine Vorlesung bestreiten konnte.

Nehmen wir die Universität Königsberg als ein bequemes Beispiel. Um 1710 veranstaltete Hieronymus Georgi, professor poeseos, „jedes Semester Übungen in lateinischer und deutscher Poesie".[3] Sein Schüler Johann Valentin Pietsch wurde 1717 sein Nachfolger und setzte die begonnene Tradition fort: 1719 kündigte er – neben seinen philologischen Kollegs (vor allem über Horaz) – erstmals eine deutsche Vorlesung über Poesie an, die er Semester für Semester wiederholte, und auch die Rhetorik wurde nicht vernachlässigt.[4] Sein berühmtester Schüler war bekanntlich Johann Christoph Gottsched, der außerdem beim damaligen Magister legens und nachmaligen Ordinarius der Logik und Metaphysik, Johann Jacob Rohde, 1714 ein collegium poeticum über Menantes hörte und sich vor allem auf Deutsch rhetorisch schulen ließ.[5] Zwischen 1711 und 1715 hat außerdem der Magister Michael Lilienthal collegia styli Latini & Germanici veranstaltet, und auch Gottsched selbst hat alsbald nach seiner Magisterpromotion mit Vorlesungen über deutsche Rede- und Dichtkunst begonnen.[6]

Auf diese Weise etwa hat die Deutsche Rhetorik, obwohl in keinen Statuten verankert und auf keinem Lehrplan stehend, in den zwanziger Jahren des 18. Jahrhunderts (an einem Ort früher, am anderen etwas später) eine erste Stufe der Institutionalisierung erreicht: das Thema bleibt, auch wenn die Dozenten wechseln, die so als prinzipiell austauschbare zu Trägern einer überpersönlichen Institution werden.

---

2 Irreführend ist der Titel „Logik- und Rhetoriklehrstühle in Personalunion" bei Beetz (vgl. Anm. 1) 60. Genannt sind nur Professoren, die über Logik und über Rhetorik publiziert haben, aber keiner, der die professio eloquentiae und die professio logices zur gleichen Zeit besessen hätte; Belege für einen solchen Fall von Personalunion sind bisher nicht bekannt.

3 Johannes Hülle, Johann Valentin Pietsch. Sein Leben und seine Werke. Ein Beitrag zur deutschen Literaturgeschichte des 18. Jahrhunderts. (Forschungen zur neueren Literaturgeschichte. 50) Weimar 1915, S. 6 f.

4 Johannes Reicke, Zu Johann Christoph Gottsched's Lehrjahren auf der Königsberger Universität. (Diss. Königsberg 1892); in: Altpreußische Monatsschrift 29 (1892) 70–150; 137.

5 Reicke 81.

6 Reicke 78, 108.

Es hat nicht lange gedauert, bis die nächste Stufe der Institutionalisierung erstiegen war: die Einrichtung von Professuren für deutsche Beredsamkeit, direkte institutionelle Folge des Rhetorikbooms aus den Jahren zuvor. Weil diese erste Generation von Deutschprofessoren völlig vergessen worden, genauer: völlig unbekannt geblieben ist, seien die einzelnen Mitglieder etwas ausführlicher vorgestellt.

Professuren für Deutsche Rhetorik

„Es geben unterschiedene ietzt regirende Teutsche weise Potentaten die angenehme Hoffnung / es werden in Kurtzem auff Dero Universitäten Professores der teutschen Eloquentz constituiret werden", hatte August Bohse, bekannt als Talander, 1697 geschrieben.[7] Seine angenehme Hoffnung wurde erst ein Jahr nach seinem Tode erfüllt.1731 befand es der preußische König für gut, „auf Unserer Universität Halle einen Professorem Extraordinarium in der deutschen Eloquentz einzusetzen": Johann Ernst Philippi.[8] Was die Gründe der Einsetzung gewesen sind[9], erfährt man aus der Bestallungsurkunde genausowenig, wie man aus Philippis „Danck-Rede nach beschehener Introduction als Professor der deutschen Beredsamkeit" und aus seiner „Antritts-Rede, Als Professor der deutschen Beredsamkeit, handelnd von Denen Rechten der Academischen Freyheit"[10] Bestimmtes über seine Vorstellung von Zweck und Inhalt seines neuen Amtes herauslesen kann.

Es bleiben die Daten. 1731/32 hat Philippi angekündigt, nervum stili prosaici et metrici ex vivis exemplis aufzuzeigen, 1732, „delicias des Hamburgischen Patrioten zu erklären", 1732/33 nur juristische und philosophische Vorlesungen mit der Bitte an Interessenten für deutsche Oratorie und Poesie, das heißt für seine Pflichtvorlesungen, ihn doch gegebenenfalls zu Hause aufzusuchen. 1733/34 pausierte er aus Gesundheitsgründen, 1734 steht eloquentia aulica et heroica im Lektionskatalog.[11] Im gleichen Jahre mußte er Halle verlas-

---

[7] (August Bohse) Des curieuß-beqvemen Hand-Buchs allerhand auserlesener Send-Schreiben [...] Erster Theil. Leipzig 1697, Vorrede; zitiert nach: Ulrich Wendland, Die Theoretiker und die Theorien der sogen. galanten Stilepoche und die deutsche Sprache. Ein Beitrag zur Erkenntnis der Sprachreformbewegungen vor Gottsched. (Form und Geist. 17) Leipzig 1930, S. 84.

[8] Johann Ernst Philippi, Sechs Deutsche Reden über allerhand auserlesene Fälle, nach den Regeln einer natürlichen, männlichen und heroischen Beredsamkeit ausgearbeitet. Leipzig 1732, S. 79.

[9] Der Kanzler der Universität Halle, Johann Peter von Ludewig, hatte sich in einem Gutachten über die Vernachlässigung der Eloquenz in Halle ausgesprochen, und Philippi soll später sein Protegé gewesen sein, so daß man Zusammenhang vermuten möchte. Emil F. Rößler, Die Gründung der Universität Göttingen. Göttingen 1855, S. 448, 227.

[10] Philippi (= Anm. 8) 80–82, 83 ff.

[11] Ferdinand Josef Schneider, Die Anfänge germanistischer Studien in und um Halle; in: Altdeutsches Wort und Wortkunstwerk. Georg Baesecke zum 65. Geburtstag. Halle 1941, S. 1–19; 5.

sen, woran – neben ihm selbst – auch Liscows Satiren beteiligt waren.[12] Er hat schließlich versucht, an der Universität Göttingen Fuß zu fassen[13], und dann, sich in Frankfurt an der Oder durch die Zahlung von 500 Talern an die Rekrutenkasse in ein Ordinariat einzukaufen, aber beides ohne Erfolg.[14]

Gottsched hatte in seinem Glückwunschschreiben zur Ernennung Philippis festgestellt, daß „Ew. HochEdelgebohrne der erste öffentliche Lehrer der Deutschen Sprache in gantz Deutschland sind, und also durch Dero gutes Exempel allen übrigen Academien zu einer rühmlichen Nachahmung beybringen werden".[15] Philippis Erstgeburtsrecht in dieser Hinsicht wird man bei aller Zurückhaltung in solchen Dingen wohl nur bestätigen können; ein rühmliches Exempel hat er indessen wohl nicht gegeben, und doch folgten auf den ersten Versuch in Halle noch weitere Professuren desselben Typs an anderen Universitäten.

Die nächste schon 1733 in Kiel. Zum ordentlichen Professor der deutschen Beredsamkeit wurde Johann Matthias Kaeuffelin ernannt.[16] 1735 übernahm er zusätzlich die Professuren der deutschen Poesie (auch eine Neuerung), der praktischen Philosophie und der Jurisprudenz (göttliches, Natur- und Staatsrecht) und 1736 obendrein noch das Amt des Universitätsbibliothekars. Die vielfältigen Belastungen scheinen seine körperlichen und psychischen Kräfte ruiniert zu haben. 1738 mußte er alle Ämter niederlegen, konnte sich zwar in Hamburg noch einmal auffangen und von schriftstellerischen und journalistischen Arbeiten leben, endete aber 1750 in der Irrenanstalt des Hamburger Krankenhauses, wo er 1751 starb.[17] Auch die zweite Professur der deutschen Beredsamkeit (zugleich die erste ordentliche) war also nicht als Vorbild „einer rühmlichen Nachahmung" geeignet.

Nach Kiel ist St. Petersburg zu erwähnen, obwohl eine Professur der deutschen Beredsamkeit an einer russischen Akademie natürlich ein anderes Ding sein muß als an einer deutschen Universität. Immerhin, sie wurde 1735 eingerichtet und besetzt mit dem Gottschedschüler Johann Georg Lotter (gestorben 1737). Ihm folgte sein aus Leipzig mitgekommener und ebenfalls noch junger

---

[12] Satiren der Aufklärung. Hrsg. von Gunter Grimm. (Reclams Universal-Bibliothek. 9777–81) Stuttgart 1975, S. 207–213.

[13] Rößler (= Anm. 9) 100–102. – Berthold Litzmann, Christian Ludwig Liscow in seiner literarischen Laufbahn. Hamburg/Leipzig 1883, S. 90 f.

[14] Conrad Bornhak, Geschichte der preußischen Universitätsverwaltung bis 1810. Berlin 1903, S. 103; ein offenbar nicht ganz unübliches Verfahren. Philippi wurde „abgewiesen, da die Stelle stets mit berühmten und vernünftigen Männern besetzt gewesen sei".

[15] Johann Ernst Philippi, Cicero, Ein grosser Wind-Beutel, Rabulist, und Charletan [...]. Halle 1735, S. 518.

[16] Henning Ratjen, Geschichte der Universität zu Kiel. Kiel 1870, S. 153. – Friedrich Volbehr/Richard Weyl, Professoren und Dozenten der Christian-Albrechts-Universität zu Kiel. 1665–1954. 4. Aufl. bearbeitet von Rudolf Bülck, abgeschlossen von Hans-Joachim Newiger. (Veröffentlichungen der Schleswig-Holsteinischen Universitäts-Gesellschaft. NF 7) Kiel 1956, S. 134.

[17] ADB XV 163 (Beneke).

Adjunkt Jacob Stählin im Amte nach und las unter manch anderem auch über Rhetorik, über die Philosophie seines Lehrers Gottsched und über deutschen Stil.[18] Stählin hatte dann übrigens als Sekretär der Akademie den ganzen internationalen Briefwechsel zu führen[19] und wurde zu einem der wichtigsten Vermittler zwischen russischer und deutscher Kultur.[20]

Im Deutschen Reich gab es die nächste Professur dieser Art in Göttingen. Johann Lorenz von Mosheim, damals Theologieprofessor in Helmstedt, zugleich Präsident der Deutschen Gesellschaft in Leipzig und einflußreicher Personalberater bei der Universitätsgründung in Göttingen, hat 1735, nicht ohne es Gottsched zu melden[21], das Gesellschaftsmitglied Wolf Balthasar Adolph von Steinwehr als Göttinger „Professor der Deutschen Sprache und Poesie" vorgeschlagen.[22] Für den Kandidaten sprach neben seinem Interesse an der Sache noch besonders folgender Umstand: „Der Hr. von Steinwehr hat, wie ich höre, selber Mittel und treibet vor sein eigen Vergnügen nichts, als solche mehr angenehme, als nützliche Wißenschafften. Desto weniger würde er auf eine hohe Besoldung dringen."[23]

Zum Wintersemester 1738/39 hat Steinwehr dann in der Tat ein unbesoldetes Extraordinariat in Göttingen angetreten[24], nach damals beginnendem und später lange geübtem Brauch ohne nähere Bezeichnung seines Lehrgebiets.[25]

---

18 Karl Stählin, Aus den Papieren Jacob von Stählins. Ein biographischer Beitrag zur russischen Kulturgeschichte des 18. Jahrhunderts. Leipzig 1926, S. 51. – Biographische Daten auch bei Erik Amburger, Die Deutschen in der russischen Akademie der Wissenschaften; in: Familiengeschichtliche Blätter 34 (1936) 209–217; 214 f.

19 Ulf Lehmann, Die Bedeutung der Korrespondenz Jakob von Stählins und Gerhard Friedrich Müllers für die deutsche und russische Literaturgeschichte; in: Forschungen und Fortschritte 36 (1962) 183–186. – Die Berliner und die Petersburger Akademie der Wissenschaften im Briefwechsel Leonhard Eulers. Teil 3. Hrsg. und eingeleitet von A. P. Juskevič und E. Winter. (Quellen und Studien zur Geschichte Osteuropas. III/3) Berlin 1976, S. 232–248.

20 Helmut Graßhoff, Russische Literatur in Deutschland im Zeitalter der Aufklärung. Die Propagierung russischer Literatur im 18. Jahrhundert durch deutsche Schriftsteller und Publizisten. Berlin 1972, S. 231–235. – Ulf Lehmann, Der Gottschedkreis und Rußland. Deutsch-russische Literaturbeziehungen im Zeitalter der Aufklärung. Berlin 1966.

21 Theodor Wilhelm Danzel, Gottsched und seine Zeit. Auszüge aus seinem Briefwechsel. Leipzig 1848, S. 95 (Mosheim an Gottsched, 9. März 1735).

22 Rößler (= Anm. 9) 201 (Mosheim an Gerlach Adolph von Münchhausen, 24. März 1735).

23 Rößler 203 (Mosheim an Münchhausen, 5. April 1735).

24 Johann Stephan Pütter, Versuch einer academischen Gelehrten-Geschichte von der Georg-Augustus-Universität zu Göttingen. Göttingen 1765, S. 98. – Wilhelm Ebel, Catalogus professorum Gottingensium 1734–1962. Göttingen 1962, S. 12.

25 In der Ernennungsurkunde vom 14. August 1738 heißt es: „[...] Und Wir daher in Gnaden entschlossen sind, Euch das Praedicat Unsers Professoris Extraordinarii bey Unserer Universität zu Göttingen, sammt dem davon dependirenden Rang und übrigen Vorzügen, jedoch ohne Voto et Sessione in Concilio, beyzulegen" (Universitätsarchiv Göttingen, Personalakte 4 V b/10). – Ebel (vgl. Anm. 24) gibt zwar regelmäßig bei jedem Dozenten ein bestimmtes Lehrgebiet an, aber diese Bezeichnungen stammen – ohne daß es angemerkt wäre – ganz von ihm selbst, sofern der betreffen-

In seinen ersten beiden Semestern hat Steinwehr über die „Göttingischen Zeitungen von Gelehrten Sachen“ gelesen, deren erster Redakteur er war, und daneben über Metaphysik, Philosophiegeschichte und hebräische Grammatik. Nach seiner Ernennung zum Ordinarius hat er dann jedes Semester institutiones stili Germanici angeboten. Das Zusammentreffen seiner Beförderung mit der Ankündigung dieser Vorlesungen läßt den Schluß zu, daß er spätestens 1740 die ursprünglich von Mosheim vorgesehene Funktion eines ordentlichen Professors der deutschen Sprache ausgeübt hat.[26]

Mit offensichtlichem Bemühen um aus- und eindrucksvolles Latein hat Steinwehr in einem Programm angedeutet[27], was er zu bieten gedachte. Das war einerseits eine Ausbildung in akzentfreiem Sprechen[28], andererseits Übung in grammatischer Korrektheit[29] und drittens ein kurzgefaßter Lehrgang der Rhetorik mit Schwergewicht auf dem stilus (elocutio), wozu schließlich auch die Gelegenheit gehörte, das Gelernte in Reden und schriftlichen Arbeiten auszuprobieren und über beides die Meinung des Lehrers zu erfahren.[30]

Nach Steinwehrs Weggang hat es zehn Jahre gedauert, bis sich in Göttingen wieder eine gewisse Zuständigkeit für die „Deutsche Schreibart“ herausbildete[31]; eine Professur dafür hat es nicht mehr gegeben. Steinwehr selbst hat dieses Amt sozusagen mitgenommen. Er lehrte seit 1741 als Kollege Baumgartens in Frankfurt an der Oder (das wäre also nach Halle, Kiel und Göttingen die vierte hier zu nennende Universität) als „Professor der Geschichte, des Natur- und Völkerrechts, wie auch der Alterthümer und der deutschen Schreibart“.[32] Diese Sammlung von Posten, verbunden übrigens mit dem Hofrattitel und dem Bibliothekariat, scheint er bis zu seinem Tode 1771 versehen zu haben, wenn-

---

de Dozent noch vor der Mitte des 19. Jahrhunderts ernannt worden ist; bis dahin war der erwähnte Brauch in Kraft, demzufolge z. B. auch noch die Brüder Grimm und Gervinus ohne offizielle Amtsbezeichnung geblieben sind.

[26] Eine Beförderungsurkunde ist zwar nicht erhalten, aber auf seinem gleich zu zitierenden Programm hat sich Steinwehr als „P.P.O.“ bezeichnet, das heißt als professor publicus ordinarius.

[27] Institutionum stili Germanici quas in Academia Georgia Augusta per semestre aestivum publice traditurus est rationem exponit simul fructuum ab homine Germano eodemque litterato ex erudita sermonis cognitione percipiendorum gustum dat Wolf Balth. Adolph de Steinwehr P.P.O. Göttingen 1740. Eine kurze Inhaltsangabe, vermutlich eine Selbstanzeige, steht in den Göttingischen Zeitungen von Gelehrten Sachen, Jahrgang 1740, S. 320.

[28] Steinwehr VII: quem si audias, quam Germaniae provinciam patriam habeat, intelligere haud possis.

[29] Als Beispiel nennt Steinwehr VIII den Unterschied von „den“ und „denen“ und den Kasusgebrauch nach Präpositionen, damit nicht solche Sätze zustande kämen: „Die Götter haben denen Sterblichen nichts ohne großer Mühe gegeben.“

[30] Eine Zusammenfassung des ganzen Kurses steht am Schluß der Schrift (XXVII sq.).

[31] Das war ab 1750 der Philologe Rudolf Wedekind, mit dem ab 1755 der Historiker Johann Philipp Murray konkurrierte.

[32] Ernst Ludewig Rathleff, Geschichte Jeztlebender Gelehrten, Als Eine Fortsetzung des Jeztlebenden Gelehrten Europa. Elfter Theil (hrsg. von Johann Christoph Strodtmann). Celle 1746, S. 240.

gleich seine publizistischen Aktivitäten sich später auf das Gebiet der Naturwissenschaften verlagert haben.[33]

In Königsberg, um zur fünften Universität überzugehen, wählte man zunächst eine andere, eigentlich sehr naheliegende Variante der Institutionalisierung, den beiden Latinisten nämlich auch das entsprechende deutsche Fach anzuvertrauen. Für den professor eloquentiae wurde in der Lektionsordnung von 1735 festgesetzt: „Eine Stunde widmet er den praeceptis oratoriae und die letzte den elaborationibus, welche die Studenten wechselweise in deutscher und lateinischer Sprache exhibiren." Und den professor poeseos betreffend: „Die deutsche Poesie, als wozu nur gewisse ingenia geschickt sind, muß alle zwei Jahr in einem Semester publice, außerdem aber nur privatim traktirt werden."[34]

Dessenungeachtet reichte Cölestin Christian Flottwell, selbst seit 1734 als Magister deutsche Beredsamkeit lehrend, 1737 ein Petitum ein, in dem er – mit dem wohl schon nicht mehr sonderlich geschickten Hinweis auf das Beispiel Halle – um die Übertragung einer ordentlichen „Profession der deutschen Beredsahmkeit" nachsuchte.[35] Der Antrag wurde mit dem formalen Argument abgelehnt, daß in den Statuten eine feste Zahl von Professuren fixiert sei, die nicht durch die Einrichtung einer neuen überschritten werden dürfe.[36] Trotz unveränderter Sachlage wurde dieses Argument aber nicht mehr vorgebracht, als er sechs Jahre später seinen Antrag erneuerte.[37] Noch im gleichen Jahre 1743 wurde er zum ordentlichen Professor der deutschen Beredsamkeit und Weltweisheit ernannt, wenn auch – dem Antrag entsprechend – kein Gehalt vorgesehen war und mit dem Titel wohl auch nicht die Rechte eines Ordinarius verbunden waren.[38]

Flottwell, ein entschiedener Gottschedanhänger, hat bis zu seinem Tode 1759 immer wieder über Gottscheds Rede- und Sprachkunst vorgetragen. „Von den Vorlesungen, welche den deutschen Stil betreffen, seien die über Periodologie (‚die Lehre der deutschen Perioden'), über ‚den Gebrauch der uneigentlichen und verblümten Wörter und Redensarten bey den Deutschen' und

---

33 Als sein Hauptwerk sind zwei Übersetzungen gewaltigen Umfangs zu bezeichnen, die ohne ausgebreitete naturwissenschaftliche Kenntnisse nicht möglich gewesen wären: Der Königl. Akademie der Wissenschaften in Paris Physische Abhandlungen. Erster (–Dreyzehnter) Theil. [...] Aus dem Französischen übersetzet von Wolf Balth. Adolph von Steinwehr. Breslau 1748–59; und: Der Königl. Akademie der Wissenschaften in Paris Anatomische, Chymische und Botanische Abhandlungen, Erster (–Neunter) Theil. [...] Aus dem Französischen übersetzt von Wolf Balth. Adolph von Steinwehr. Breslau 1749–60.

34 Friedrich Paulsen, Geschichte des gelehrten Unterrichts auf den deutschen Schulen und Universitäten vom Ausgang des Mittelalters bis zur Gegenwart. Mit besonderer Rücksicht auf den klassischen Unterricht. 3. erweiterte Aufl., hrsg. [...] von Rudolf Lehmann. Band 1. Berlin 1919, S. 551.

35 Gottlieb Krause, Gottsched und Flottwell, die Begründer der Deutschen Gesellschaft in Königsberg. Festschrift zur Erinnerung an das 150jährige Bestehen der kgl. Deutschen Gesellschaft in Königsberg i. Pr. Leipzig 1893, S. 15.

36 Krause 15.

37 Krause 24.

38 Krause 25.

über die Kunst Briefe zu schreiben hervorgehoben. Ein anderes, wiederholt angekündigtes Kolleg betrifft die Geschichte ‚unserer ehrwürdigen Muttersprache.'"[39]

Genau wie Flottwell in Königsberg hat auch der Theologe Johann Jacob Spreng in Basel den Titel eines Professor Poeseos beantragt, und zwar ebenfalls unter Verzicht auf eine Besoldung. Sein 1741 gestellter Antrag wurde wie derjenige Flottwells 1743 bewilligt, und Spreng wurde zum Professor honorarius der deutschen Poesie und Eloquenz ernannt.[40] Nach mehrfachen diesbezüglichen Bemühungen erhielt er 1754 einen bezahlten Lehrauftrag für Schweizer Geschichte und endlich 1763 ein frei gewordenes besoldetes Ordinariat, dasjenige des Griechischen.[41] Spreng las zunächst über Poetik, Rhetorik und deutsche Beredsamkeit (eloquentia teutonica tam Sacra quam profana), fügte dann seit dem akademischen Jahr 1758/59 eine weit zurückreichende (ritus & leges Germanorum & Gallorum) Schweizer Geschichte hinzu und seit 1759/60 eine Vorlesung zur Geschichte des Mittelalters mit sprachgeschichtlichen Erklärungen (praecepta ad illustrandas reconditas & obscuriores veterum Germanorum locutiones), die er ab 1763/64 wieder einstellte. Wieweit seine Dialektforschungen in den Universitätsunterricht Eingang fanden, ist nicht auszumachen.[42] Spreng starb 1768; seine Professur der deutschen Beredsamkeit ist nicht wieder besetzt worden.

Die letzte Rhetorikprofessur deutscher Sprache wurde im Zuge der ersten theresianischen Studienreform in Wien eingerichtet. Sozusagen vorbereitend waren 1750 zwei deutsche Juristen an die beiden Wiener Ritterakademien berufen worden, Philipp Knoch (Savoyisch-Liechtensteinische Akademie) und Johann Heinrich Gottlob von Justi (Theresianum)[43], um den Beamtennachwuchs juristisch-ökonomisch zu unterweisen und – als professores eloquentiae germanicae – ihn zugleich „zu einem reinen teutschen Stylo" anzuführen.[44]

39 Krause 55.

40 Andreas Staehelin, Geschichte der Universität Basel 1632–1818. (Studien zur Geschichte der Wissenschaften in Basel. 4–5) Basel 1957, S. 224 f., 576.

41 Staehelin 576.

42 Auszüge einzelner Stichwörter aus seinem handschriftlich erhaltenen Mundartwörterbuch: Adolf Socin, Johann Jacob Sprengs Idioticon Rauracum; in: Alemannia 15 (1887) 185–229. – Über Spreng außerdem: Adolf Socin, Johann Jacob Spreng. Ein baslerischer Gelehrter und Dichter aus dem XVIII. Jahrhundert; in: Basler Jahrbuch 1893, S. 227–250; und: Rudolf Suter, Die Baseldeutsche Dichtung vor Johann Peter Hebel. Basler Mundart und Mundartforschung im 17. und 18. Jahrhundert. Basel 1949, S. 114–121.

43 Johann Schwarz, Geschichte der Savoy'schen Ritter-Akademie in Wien vom Jahre 1746 bis 1778. (Beiträge zur Österreichischen Erziehungs- und Schulgeschichte. 1) Wien/Leipzig 1897, S. 55. – F. Frensdorff, Über das Leben und die Schriften des Nationalökonomen J. H. G. von Justi; in: Nachrichten von der Königl. Gesellschaft der Wissenschaften zu Göttingen. Philologisch-historische Klasse, 1903, S. 355–503; 379.

44 Frensdorff 376. – Justi wird seinen Eleven wohl ungefähr das beigebracht haben, was er wenige Jahre später als Buch publiziert hat: Anweisung zu einer guten deutschen Schreibart und allen in den Geschäfften und Rechtssachen vorfallenden schriftlichen Ausarbeitungen (1755). 2. Aufl. Leipzig 1758. – Seine Wiener Antrittsrede ist abge-

1752 oder 1753 wurde dann Johann Siegmund Valentin Popowitsch zum Professor der deutschen Eloquenz an der Universität Wien ernannt und übernahm für kurze Zeit auch die gleiche Professur an der Savoyischen Akademie.[45] In einer Skizze seiner Vorstellungen von diesem Lehramt[46] betont Popowitsch seine Absicht, die Jugend „zu einer zierlichen Schreibarth" anzuleiten, mehr und ausführlicher aber noch die Notwendigkeit, Ausspracheübungen und Grammatik vorauszuschicken und damit die österreichische Hochsprache von Fehlern zu reinigen und behutsam der gemeindeutschen anzunähern. Der Plan eines Grammatikbuchs und eines „Teutschen Wörther Buchs"[47] wird ebenfalls entwickelt und begründet. Der gesamte Entwurf ist akzeptiert worden, nur daß der grammatische Vorbereitungsunterricht nicht, wie er es vorgesehen hatte, für „die Schüler der Fünfften und Sechsten Lateinischen Classe" erteilt, sondern an die Universität übernommen wurde.

Demgemäß hat Popowitsch in seiner am 4. Januar 1754 gehaltenen Antrittsrede[48] in einem kurzen Überblick seiner Vorlesungen angekündigt, daß er zuerst seine Grammatik erläutern werde, um sich dann der Pflege des Stils zu widmen[49], das heißt die Regeln der Eloquenz darzustellen und die danach angefertigten mündlichen und schriftlichen Übungen der Studenten zu beurteilen. Für die „Attraktivität" der Veranstaltung war dadurch gesorgt, daß gemäß allerhöchstem Entschluß der erfolgreiche Besuch zu einer Voraussetzung für künftige staatliche Anstellungen gemacht wurde.[50]

Die Einrichtung dieser sechs Professuren[51] ist zu interpretieren als Bereit-

---

druckt in: J. H. G. v. J., Gesammlete Politische und Finanzschriften [...]. Zweyter Band. Kopenhagen/Leipzig 1761, S. 128–175. – Er hat Österreich 1753 verlassen (Frensdorff 391), ebenso Knoch (Schwarz 55).

45 Rudolf Kink, Geschichte der kaiserlichen Universität zu Wien. Band I/1. Wien 1854, S. 460. – Schwarz (= Anm. 43) 55, 72, 91 f.

46 Unvorgreiffliche Gedanken. Wie die Jugend in Österreich zu einer richtigeren Teutschen Aussprache und Schreib-Arth anzuführen seye. – Manuskript im Österreichischen Staatsarchiv – Allgemeines Verwaltungsarchiv, Wien; Bestand: Studienhofkommission, 4 Phil – Universität Wien – Wohlredenheit, 22 ex 1753.

47 Die Grammatik: Die nothwendigsten Anfangsgründe der Teutschen Sprachkunst zum Gebrauche der Österreichischen Schulen auf allerhöchsten Befehl angefertiget. Wien 1754. – Das Wörterbuch ist, wie manches andere dieser Zeit, nicht zustande gekommen; erschienen ist nur: Versuch einer Vereinigung der Mundarten von Teutschland: als eine Einleitung zu einem vollständigen Wörterbuche mit Bestimmungen der Wörter und beträchtlichen Beyträgen zur Naturgeschichte; aus den hinterlassenen Schriften des berühmten Professors J. S. V. Popowitsch. Wien 1780. – Die Arbeit am Wörterbuch scheint Angelegenheit des Privatfleißes gewesen und nicht direkt in den Unterricht eingegangen zu sein.

48 De inveterato corrupti stili Germanici malo [...]. (Wien) 1754.

49 Iactis fundamentis, culturae stili, omne quod supererit tempus dicabitur (IX).

50 Nulli enim, severo Dominae mandato posthac observando, publica ad munia patebit aditus, praeterquam in hac palaestra supra mediocritatem exercitis, ac testimonio facti progressus munitis (XI).

51 Zusätzlich wäre noch zu erwähnen die für Heinrich Braun 1765 geschaffene Professur der deutschen Sprach- und Redekunst an der Münchner Akademie der Wissenschaften. Braun hielt zwar auch öffentliche Vorträge, war aber hauptsächlich mit der

schaftserklärung der Institution Universität, die Deutsche Rhetorik in den Kreis der akademischen Disziplinen aufzunehmen. Und das heißt, daß die Weise, wie in der Deutschen Rhetorik deutsche Sprache und Literatur thematisiert worden ist, auf dem besten Wege war, den Status eines anerkannten Universitätsfaches zu erringen.

Ein anderer Institutionalisierungsschritt, der in der Struktur dieses Faches angelegt ist, weist in dieselbe Richtung. Er ist umrißhaft auch im Programm jener ersten Generation von Deutschprofessoren enthalten. Die zwar eher spärlichen Informationen wenigstens von Steinwehr und Popowitsch lassen nämlich immerhin erkennen, daß in ihren Lehrveranstaltungen (und sicher auch in denen der anderen Rhetorikprofessoren) jene sozusagen natürliche Zweiteilung anzutreffen war, wie sie sich schon im Bericht über Beckmanns Kolleg von 1687[52] abzeichnete: zuerst der theoretische Vortrag des Professors und dann die Anwendung in unterschiedlich organisierten studentischen Übungen.

Deutsche Gesellschaften

Dieselbe Folge und Verbindung von Theorie und praktischen Übungen ist denn auch, wo überhaupt Nachrichten erhältlich sind, bei all den vielen Dozenten zu bemerken, die ohne eine Professur doch die Deutsche Rhetorik, bisweilen über Jahrzehnte hinweg, gepflegt haben. Das Nach- und Nebeneinander von Theorie und Praxis, ausgedrückt in gängigen Ankündigungsformeln wie „Anleitung zur Redekunst, verbunden mit Übungen", hat sich in einer eigenen Organisationsform von einer gewissen Verbreitung verfestigt: in den „Gesellschaften".

Was bei den traditionsreichen Predigergesellschaften[53] in Leipzig zu vermuten war, aber bei keiner nachzuweisen ist, das tritt bei Gottscheds Rednergesellschaften klar in Erscheinung, daß sie nämlich Übungsfelder zur praktischen Erprobung der Lehren aus seiner Rhetorikvorlesung waren. Gottsched hat mit seiner „Ausführlichen Redekunst" das Standardwerk der Zeit geschrieben[54] und über die Grenzen seiner Universität so weit hinausgewirkt wie kein anderer, und obwohl auch er nicht von Amts wegen verpflichtet war, Rhetorik zu

---

Schaffung neuer Schulbücher und mit der Reorganisation des Schulwesens beschäftigt. Vgl. Klaus Matzel/Herbert Penzl, Heinrich Braun (1732–1792) und die deutsche Hochsprache in Bayern; in: Sprachwissenschaft 7 (1982) 120–148.

52 Vgl. oben S. 28.

53 Vgl. oben S. 22 f.

54 Die „Ausführliche Redekunst. Nach Anleitung der alten Griechen und Römer, wie auch der neuern Ausländer [...]" hat vier Auflagen (Leipzig 1736, 1739, 1743, 1759) erlebt, und wenn in Vorlesungsankündigungen ein deutsches Lehrbuch angegeben wurde, so war es allerorten meistens sie, bis in die sechziger Jahre. Neudruck: Johann Christoph Gottsched, Ausgewählte Werke hrsg. von P. M. Mitchell. 7. Band (in 4 Teilbänden): Ausführliche Redekunst, bearbeitet von Rosemary Scholl. (Ausgaben deutscher Literatur des 15. bis 18. Jahrhunderts) Berlin/New York 1975–81.

lesen[55], hat er es doch ständig getan. Die Ergänzung dazu waren eben die „nachmittägige" und die „vormittägige Rednergesellschaft" (1728 und 1735 gegründet)[56], zu denen nur zugelassen wurde, wer „meine theoretische Lectionen über die Redekunst durchgehöret hat".[57]

An die Stelle solcher privaten Gesellschaften sind andernorts Gesellschaften öffentlichen Charakters, zum Teil mit staatlicher Approbation, getreten: die Deutschen Gesellschaften[58], die sich mit wenigen Ausnahmen in Universitätsstädten gebildet haben. Die Verbindung mit der Universität funktionierte z. B. in Jena genau gleich wie bei Gottsched in Leipzig: „Auf hiesiger Academie hat man zur Ubung in beyden Sprachen nicht nur in den collegiis, sondern auch in den aufgerichteten Gesellschaften des Teutschen und Lateinischen, überflüßige Gelegenheit. Ist in dem collegio ein guter Grund geleget worden; so wird in den Gesellschaften durch anhaltende Ubung, welche die gemeinschaftliche Beurtheilung sorgfältiger zu machen pflegt, gar leicht eine grössere Fertig- und Geschicklichkeit erhalten werden können."[59]

Solche Gedanken haben auch die Gründer der Deutschen Gesellschaft in Göttingen geleitet, hob doch Johann Matthias Gesner in seiner Rede „Zu der Einführung der deutschen Gesellschaft" (1740) besonders hervor, daß sie Kompensation für das „wahrhaftig Pythagorische Stillschweigen" bieten könne, zu dem die Studenten im Kolleg meist gezwungen seien.[60] Ebenso hat das Gesellschaftsmitglied Georg Adam Junker in einer Festrede es als das Wichtigste gefeiert, daß die Gesellschaft die unbedingt nötige Übung des im Kolleg Erlernten ermögliche und – ganz anders als die traditionellen Disputierübungen – auf unersetzliche Weise einführe in die so wesentliche wie schwere „Kunst, über gelehrte Meinungen sich freundschaftlich zu unterreden". „Wir mögen demnach die Gesellschaften mit den hohen Schulen vergleichen in welcher Absicht wir wollen, so müssen wir gestehen, daß die leztern ohne die er-

---

55 Gottsched war seit 1730 Extraordinarius der Poesie, seit 1734 außerdem Ordinarius der Logik und Metaphysik. NDB V 686 (Kurt Wölfel).

56 Eine ausführliche Beschreibung des Betriebs in den Rednergesellschaften: Bertold Grosser, Gottscheds Rednerschule. Studien zur Geschichte der deutschen Beredsamkeit in der Zeit der Aufklärung. Diss. Greifswald 1932, S. 91–114.

57 Gottsched, Redekunst (Neudruck) (= Anm. 54) III 9; aus der Vorrede zur 2. Auflage von 1739.

58 Der vollständigste Überblick immer noch bei Wolfram Suchier, Die Mitglieder der Deutschen Gesellschaft zu Göttingen von 1738 bis Anfang 1755; in: Zeitschrift des Historischen Vereins für Niedersachsen 81 (1916) 44–124; 45–48. Ergänzungen dazu: Wolfram Suchier, Die beiden Deutschen Gesellschaften in Wittenberg (1738/40 und 1756/84); in: Wissenschaftliche Zeitschrift der Martin-Luther-Universität Halle-Wittenberg, Gesellschafts- und sprachwissenschaftliche Reihe 6 (1957) 829–844.

59 Friedrich Andreas Hallbauer, Anleitung Zur Politischen Beredsamkeit Wie solche Bey weltlichen Händeln In Lateinisch- und Teutscher Sprache üblich. Jena/Leipzig 1736, fol.)(5 ro.

60 Johann Matthias Gesner, Kleine Deutsche Schriften. Göttingen/Leipzig 1756, S. 62.

steren nicht für vollständig zu halten seyen; und daß an jener Stelle nichts angenommen werden könne, so hinlänglich wäre, ihren Mangel zu ersetzen."[61]

Deshalb steht seit 1751 für einige Jahrzehnte ein Hinweis auf die Deutsche Gesellschaft in jedem Göttinger Vorlesungsverzeichnis (am Schluß, den Angaben über die Öffnungszeiten der Bibliothek benachbart), der in der Fassung vom Wintersemester 1757/58 so lautet:

> Wer auch sonst eine Gelegenheit haben will, sich in der deutschen Sprache zu üben, der erhält solche durch die deutsche Gesellschaft, die alle Sonnabends um 2 auf einem Zimmer der Universitäts-Apotheke zusammen kommt. Es können auch fremde bey den Vorlesungen, nicht aber bey den Beurtheilungen gegenwärtig seyn: jedoch auch hiezu kann man sich den Weg eröffnen, und zum Ausarbeiten Recht und Verpflichtung erlangen, wenn man ein Mitglied der deutschen Gesellschaft wird.[62]

Eintragungen gleichen Sinnes standen seit 1752 bzw. 1758/59 im Hallischen[63], seit 1768 im Wittenberger[64], seit 1773 im Erlanger[65] und seit 1787 im Helmstedter Vorlesungsverzeichnis, und schon früher hat man in Königsberg offenbar ein ähnliches Modell im Blick gehabt.[66]

Diesen Aspekt der Arbeit in den Deutschen Gesellschaften kann man durchaus als Vorform seminaristischen Betriebs bezeichnen[67], und es ist historisch überaus sinnvoll und völlig korrekt, daß einzelne unmittelbare Vorläufer der späteren „richtigen" germanistischen Seminare wieder den Namen „Deutsche Gesellschaft" trugen.

---

[61] Georg Adam Junker, Die Vortheile welche deutsche Gesellschaften hohen Schulen bringen [...]. Göttingen 1755, S. 13 f.

[62] Göttingische Gelehrte Anzeigen 1757, S. 1096 f.

[63] Manfred Lemmer, Vorläufer und Wegbereiter der hallischen Universitätsgermanistik; in: Wissenschaftliche Zeitschrift der Martin-Luther-Universität Halle-Wittenberg, gesellschafts- und sprachwissenschaftliche Reihe 7 (1957/58) 1111–1128; 1119 bzw. 1121.

[64] Suchier 1957 (= Anm. 58) 835; der Wortlaut nach dem Vorlesungsverzeichnis 1781/82: „Die Versammlungen der hiesigen deutschen Gesellschaft werden alle Mittwoch von der zweyten Klasse, bey dem itzigen Director, Hrn Prof. Tietz, von 2–4 Uhr gehalten, und es wird darinn auf den gewöhnlichen Fuß mit Vorlesungen und Ausarbeitungen fortgefahren." Eine erste Klasse für Fortgeschrittene hat es – laut Suchier 834 – nie gegeben.

[65] Die Erlanger Deutsche Gesellschaft wurde 1773 abgelöst durch das Hochfürstliche (später: Königliche) Institut der Moral und schönen Wissenschaften; vgl. J. G. Veit Engelhardt, Die Universität Erlangen von 1743–1843. Erlangen 1843, S. 162–167. – Die Übungen im Institut fanden übrigens zur selben Stunde statt wie die in Göttingen und Helmstedt, „alle 14 Tage Sonnabends von 2–3 bey dem Hn. Directore", das heißt in der üblicherweise vorlesungsfreien Zeit.

[66] Flottwell hatte 1741 einen deutschübenden Verein mit Studenten gegründet, und vom gleichen Tage wie seine Ernennung zum Professor (18. August 1743) war dann auch die „Allergnädigste Concession vor die sogenandte Teutsche Gesellschaft" datiert. Krause (= Anm. 35) 16, 28.

[67] So – offenbar ohne Kenntnis dieser Zusammenhänge – Wilhelm Erben, Die Entstehung der Universitäts-Seminare; in: Internationale Monatsschrift für Wissenschaft, Kunst und Technik 7 (1913) 1247–1264 und 1335–1348; 1262.

Marginalisierung und Ende der Deutschen Rhetorik

Die Deutsche Rhetorik hat es also institutionell ziemlich weit gebracht. Sechs Professuren in recht kurzer Zeit, und dazu eine eigene Organisationsform studentischer Übungen – das ist nicht wenig. Doch die Professuren sind – mit Ausnahme der Wiener[68] – nach dem Tode oder Ausscheiden ihrer je ersten Inhaber nicht wieder besetzt worden, und die Verbindung mit den Deutschen Gesellschaften hat sich früher oder später wieder gelöst.[69] Auch das ist eine Auskunft. Der Vertrauensvorschuß, den die Institution Universität bereitwillig gewährt hatte, war offenbar aufgebraucht.

Dabei hätte die Deutsche Rhetorik durchaus als Fundament dienen können, auf dem eine spätere Wissenschaft zu errichten gewesen wäre, eine, die sich deutlich von der deutschen Philologie des 19. Jahrhunderts unterschieden hätte. Es wäre eine Wissenschaft gewesen, die sich auf die Praxis des Sprechens und Schreibens so bezogen hätte wie die Medizin auf die ärztliche Kunst oder die Jurisprudenz auf die Rechtsprechung: anleitend zwar auch, aber nicht in der Anleitung zur Praxis aufgehend, sondern auch sich selbst nach immanenten Gesetzen entwickelnd.

Die internen Veränderungen der Deutschen Rhetorik, die zwar vorgekommen sind, wenn auch kaum während der kurzen Zeit ihrer Institutionalisierung[70], diese Veränderungen sind aber wiederum von außen induziert gewesen und haben die Struktur nicht angetastet: eine Kombination von Inventar und Norm, von Aufzählung der Tropen und Figuren einerseits und der Vorschriften zu deren Gebrauch andererseits, welche letzteren wiederum dem Wandel des Geschmacks folgten. Das Entwicklungspotential, das zwischen Inventar und Norm lag, wurde nicht genutzt. Es hätte Beschreibung und Forschung geheißen, deskriptive historische Sprach- und Stilforschung, die sich mit der zeitgenössischen Semiotik[71] nicht schlecht verbunden hätte zu einer allgemeinen

---

68 Popowitsch war 1766 aus Gesundheitsgründen „jubiliert" worden und konnte sich noch acht Jahre seinen botanischen und lexikalischen Interessen widmen. Ihm folgte im Amt Heinrich Engelschall (1766–1770) und diesem 1770 Joseph Haslinger. Godehard Schwarz, Die philosophische Fakultät der Universität Wien 1740–1780 unter besonderer Berücksichtigung der Humaniora. Diss. Wien 1970 (masch.), S. 92–97.

69 Am längsten hat die – allerdings auch erst spät installierte – Verbindung in Helmstedt gehalten, bis zur Schließung der Universität (1810). Sie stand zudem in bemerkenswerter Parallele zum 1779 gegründeten philologisch-pädagogischen Institut, das gewisse Aufgaben der Lehrerausbildung übernommen hatte.

70 Über die Erneuerung der Rhetorik durch Weise, Thomasius und ihre Nachfolger: Hans-Jürgen Gabler, Geschmack und Gesellschaft. Rhetorische und sozialgeschichtliche Aspekte der frühaufklärerischen Geschmackskategorie. (Europäische Hochschulschriften. I 549) Bern/Frankfurt 1982, Kapitel 2.2. – Über analoge Entwicklungen in der Poetik: Wendland (= Anm. 7).

71 David E. Wellbery, Lessing's Laocoon. Semiotics and aesthetics in the Age of Reason. (Anglia Germanica. Series 2) Cambridge/London/New York etc. 1984. – Robert Scott Leventhal, Semiotic interpretation in the German Enlightenment; in: Deutsche Vierteljahrsschrift für Literaturwissenschaft und Geistesgeschichte 60 (1986) 223–248.

Wissenschaft der Sprachverwendung in Geschichte und Gegenwart. Und auch den Übungen wäre ein sinnvoller Platz zugekommen; sie wären systematische und kenntnisreiche Erweiterung der Sprechfähigkeit gewesen, direkte Arbeit an der sprachlichen und insofern gesellschaftlichen Kultur.

An Ansätzen dazu hat es gewiß nicht gefehlt. Die Professoren Flottwell, Spreng[72] und Popowitsch[73] waren beteiligt an der Sprachforschung damaligen Stils (Etymologie, Grammatik und Lexikographie)[74], und auch die Deutschen Gesellschaften, die vorbildgebende Leipziger unter Gottsched zumal, zählten die Sprachforschung ursprünglich zu ihren vornehmsten Aufgaben.[75] Mit ihr wollte es jedoch auch nicht so recht vorwärts gehen. Analog der Deutschen Rhetorik litt sie an der unausgefüllten Lücke zwischen antiquarischem Wissen und Sprachnormierungsbestrebungen[76], das heißt am Mangel eines theoretischen Konzepts, das zwischen beiden hätte vermitteln und als Forschungsprogramm wirken können.

Der ratichianische Praxisbezug, als dessen sichtbare Verkörperung die Deutsche Rhetorik zunächst aufgekommen ist und in dessen Namen sie ihre institutionelle Karriere begonnen hat – dieser direkte Bezug allein auf das beruflich Nützliche hat die Deutsche Rhetorik groß gemacht, dann ausgehungert und schließlich verkümmern lassen. Wenn die nicht ganz unproblematische Unterscheidung von „wissenschaftsintern" und „wissenschaftsextern" einmal am Platze ist, dann hier. Die Deutsche Rhetorik ist der Paradefall einer Diszi-

---

72 Von Spreng (vgl. Anm. 42) werden in der Universitätsbibliothek Basel noch zwanzig dicke, handschriftlich gefüllte Bände mit Zehntausenden von Belegen für ein großes Wörterbuch aufbewahrt. Ende der fünfziger Jahre hat er davon einen ersten Probebogen drucken lassen: Vorschlag und Probe eines allgemeinen deutschen Glossarii von J. J. Sprengen, der deutschen Beredsamkeit und Dichtkunst, wie auch der helvetischen Geschichte offentlichem Lehrer auf der hohen Schule zu Basel. Im Verlag des Herausgebers. Gedruckt zu Freyburg im Breisgau [...]. Dieser Test auf das Publikumsinteresse ist offenbar negativ ausgefallen.

73 Popowitschs wichtigste Arbeit zur Sprachforschung: Untersuchungen vom Meere, die auf Veranlassung einer Schrift de Columnis Herculis, welche der hochberühmte Professor in Altorf, Herr Christ. Gottl. Schwarz, herausgegeben, nebst andern zu derselben gehörigen Anmerkungen von einem Liebhaber der Naturlehre und der Philologie vorgetragen werden. Frankfurt/Leipzig 1750.

74 Literaturangaben zur Sprachforschung im 18. Jahrhundert: Vgl. unten S. 213 ff.

75 Eugen Wolff, Die deutschen Gesellschaften des 18. Jahrhunderts; in: Nord und Süd 99 (1901) 225–241 und 336–354. – Die Forschungslage zum Thema „Deutsche Gesellschaften" ist am besten dadurch zu charakterisieren, daß es in einem übrigens anregenden Standardwerk kaum einmal beiläufig erwähnt wird: Ulrich Im Hof, Das gesellige Jahrhundert. Gesellschaft und Gesellschaften im Zeitalter der Aufklärung. München 1982.

76 Zum sprachgeschichtlichen Wissen vgl. unten den Anfang des Kapitels „Deutsche Philologie"; zu den Normierungsbestrebungen: Alan Kirkness, Zur Sprachreinigung im Deutschen 1789–1871. Eine historische Dokumentation. Teil I–II. (Forschungsberichte des Instituts für deutsche Sprache, Mannheim. 26/1–2) Tübingen 1975. – Joachim Gessinger, Sprache und Bürgertum. Zur Sozialgeschichte sprachlicher Verkehrsformen im Deutschland des 18. Jahrhunderts. Stuttgart 1982, Teil II: „Sprache und Norm".

plin, die ihren Aufstieg und Abstieg nicht zuletzt ihrer externen Bestimmtheit bzw. dem Fehlen interner Bestimmung und Dynamik verdankt.

Obwohl dieser Strukturmangel wohl einer der wichtigsten Gründe dafür ist, daß sie ihre beachtlichen Anfangserfolge nicht hat halten können, so ist doch auch die Mitwirkung eines so trivialen Faktors wie des chronischen Geldmangels der Universitäten nicht in Abrede zu stellen. Solange – in Ermangelung einer forschend-theoretischen Eigenentwicklung – für den Zugang zur Lehre in der neuen Disziplin keine höheren Voraussetzungen zu erfüllen waren als die Bekanntschaft mit der Tradition der antiken Rhetorik, die ja jeder in gewissem Maße mitbrachte – so lange war tatsächlich nicht einzusehen, wieso besondere Professuren für Deutsche Rhetorik nötig sein und Gehälter ausgerichtet werden sollten, zumal sich immer genug Dozenten bereit fanden, rhetorische Vorlesungen sowie Schreib- und Redetraining auf eigenes Risiko bzw. gegen studentisches Honorar nebenher mitzuübernehmen. Die Universitäten hatten durch die Sistierung der Professuren für deutsche Beredsamkeit de facto nichts verloren, nur Geld gespart.

Die Erheblichkeit dieser Überlegung wird e contrario bestätigt durch die Weiterführung der Wiener Professur.[77] An den katholischen Universitäten um die Mitte des 18. Jahrhunderts gab es in der philosophischen Fakultät, die von allen Studenten wie eine gymnasiale Oberstufe obligatorisch zu durchlaufen war, die Einrichtung der freien Magister nicht mehr und auch nicht die Konkurrenz unter Professoren. Wenn man Deutsche Rhetorik wollte, dann mußte man wohl eine Professur einrichten und höchstwahrscheinlich auch ein Gehalt zahlen. Dementsprechend war die endliche Aufhebung der Wiener Professur unter Popowitschs zweitem Nachfolger (1783) ganz offensichtlich eine Sparmaßnahme und nur indirekt eine wissenschaftspolitische Entscheidung.[78]

Seit dem Fortfall der Professuren (als Symptom genommen, nicht als Ursache) und also seit der Entziehung der institutionellen Anerkennung ist es mit der Deutschen Rhetorik langsam, aber unaufhaltsam abwärts gegangen. Während die praktischen Übungen zunächst im mittlerweile gewohnten Umfang (jedes Semester einmal, manchenorts bisweilen auch von drei oder vier Dozen-

[77] Vgl. Anm. 68. Zuverlässige Daten, gedruckt zugänglich: Herbert A. Egglmaier, Die Einrichtung von Lehrkanzeln für deutsche Philologie in Österreich nach der Universitätsreform der Jahre 1848/49; in: Beiträge und Materialien zur Geschichte der Wissenschaften in Österreich. Hrsg. von Walter Höflechner. (Publikationen aus dem Archiv der Universität Graz. 11) Graz 1981, S. 359–411; 361.

[78] Haslinger wurde kurzerhand in den Ruhestand versetzt, weil Kaiser Josef II. Geld für die Trivialschulen brauchte und deshalb einige entbehrlich erscheinende Professuren der Universität einfach aufhob. Schwarz (= Anm. 68) 101. – Über Haslinger (auch Haßlinger) außerdem: Elisabeth Stoiber, Die Universität Wien von 1780 bis 1802. Diss. Wien 1979 (masch.), S. 322 f.

[79] Georg Jäger, Der Deutschunterricht auf Gymnasien 1780 bis 1850; in: Deutsche Vierteljahrsschrift für Literaturwissenschaft und Geistesgeschichte 47 (1973) 120–147. – Heinrich Bosse, Dichter kann man nicht bilden. Zur Veränderung der Schulrhetorik nach 1770; in: Jahrbuch für Internationale Germanistik X/1 (1978) 81–125.

ten) angeboten wurden, nahmen die vorgeschalteten und zugehörigen Rhetorikvorlesungen seit etwa 1770/80 ständig an Zahl ab.

Dieses Diminuendo der Vermittlung von theoretischem Wissen fand dann bald seine Entsprechung im Anspruch der praktischen Kurse, wie er an deren Titel ablesbar wird. Seit etwa 1790 ist nämlich eine Vereinheitlichung festzustellen, indem mehr und mehr nur noch „teutscher Styl" im Titel steht. In Kursen mit Standardtiteln dieser Art ist die Rhetorik zusammengeschrumpft zur reinen elocutio (zu der der stilus gehört) und verkürzt worden sowohl um die inventio, die die Verbindung mit den anderen Wissenschaften, als auch um die dispositio, die die Verbindung zur Logik hergestellt hätte. Der traditionelle Lehrvortrag der Rhetorik wurde in die Schule zurückgeschoben[79], und die verbleibenden Reste der Praxis in universitären Übungen scheinen mehr und mehr die Funktion übernommen zu haben, die Unterschiede der diesbezüglichen Vorbildung auszugleichen.[80]

Schon längst vor dem Verschwinden auch noch der Stilübungen (ihr Abbröckeln beginnt bald nach 1800 und ist um 1830/40 beendet) war die Deutsche Rhetorik ihrer akademischen Reputation verlustig gegangen und endgültig marginal geworden. Der sinnenfälligste Ausdruck ihrer Randständigkeit ist ihre Stellung im Vorlesungsverzeichnis, das ja immer ein Abbild universitätsinterner Rangordnung war (Theologie zuerst usw.). Da gab es zwei Gliederungen, die ältere nach der Anciennität der Dozenten, die jüngere nach Fachgebieten, und in beiden Fällen findet sich die Deutsche Rhetorik mit ihrem Restbestand um 1800 am Ende der vierten, der philosphischen Fakultät – entweder weil sie zur Domäne der jüngsten und rangniedrigsten Dozenten geworden war oder weil man sie nirgends passender unterzubringen wußte als da, wo Sprach-, Tanz-, Reit- und Fechtkurse angezeigt wurden, angenehmes, aber entbehrliches Beiwerk.

So hat die erste Weise, deutsche Sprache (und Literatur) zu thematisieren, jeglichen Einfluß auf Entstehung und Entwicklung einer speziellen Wissenschaft von Deutschem eingebüßt.

---

[80] Engelhardt (= Anm. 65) 167 überliefert eine Bemerkung des Direktors des Erlanger Instituts der Moral und der schönen Wissenschaften von 1804, das Institut „stehe mit dem philologischen Seminare in enger Verbindung und ergänze den Mangel an Uebung im deutschen Style auf den Gymnasien".

Ästhetik und Theorie der schönen Wissenschaften

Als die Deutsche Rhetorik ihren institutionellen Aufstieg begann, da hat sie ihre traditionelle Ergänzung und Krönung, die Poetik, nicht so recht mitgenommen. Nirgends hat es die deutsche Poetik geschafft, sich auf Dauer einzunisten; an keiner Universität scheint sie auch nur den niedrigsten Institutionalisierungsgrad erreicht zu haben, die Persistenz des Themas auch beim Wechsel der Dozenten; sie ist ein fakultativer Anhang der Rhetorik geblieben.

Ein Grund dafür wird gewesen sein, daß die Anleitung zur aktuellen poetischen Bearbeitung der deutschen Sprache nicht so problemlos dem Nützlichkeitspostulat zu subsumieren war wie die Verfertigung prosaischer Reden und Schriften. In vollem Umfang würde das aber erst gelten, nachdem die Modephase und Hochsaison der Kasualcarmina vorbei war.[1] Bis dahin konnte es in jedem Akademikerberuf, allerdings auch in anderen, vorkommen, daß man einem Freund, einem Verwandten, einem Patron aus je bestimmtem Anlaß ein Gedicht zu schreiben hatte.[2] Wo man heute als Mensch mit Lebensart Blumen oder ein Telegramm oder dergleichen schickt, da überreichte man damals, ebenso wenig freiwillig und ebenso wenig originell, ein möglichst selbstverfertigtes Gedicht.

Obwohl ein vorbereitendes Training dieser Art sicher nicht außerhalb des Nützlichen und sicher dem Thomasischen Ausbildungsziel konform gewesen wäre, scheint die Zahl der Poetikkurse, in denen Gedichtschreiben geübt oder wenigstens erklärt wurde, schon in den zwanziger Jahren des 18. Jahrhunderts stark rückläufig zu sein.[3] Nach der Jahrhundertmitte werden derartige Veranstaltungen, die erkennbar etwas mit eigenem poetischem Schreiben zu tun haben, zur Seltenheit, und etwa seit 1770 fehlen sie ganz, abgesehen von einem

---

1 Wulf Segebrecht, Das Gelegenheitsgedicht. Ein Beitrag zur Geschichte und Poetik der deutschen Lyrik. Stuttgart 1977, S. 78, datiert sie auf etwa 1700 bis 1740.

2 Es sei angemerkt, daß gerade auch der Universitätsbetrieb eine Fülle von Gelegenheiten zu Gedichten bot, in erster Linie natürlich die Promotionen, dann aber auch die Amtseinsetzung des Rektors, die Feier des Stiftungstages (dies academicus), der Geburtstag des Landesfürsten oder die Geburt eines Thronfolgers usw. Die Abfassung offizieller Gedichte zählte üblicherweise zu den Amtsobliegenheiten des Professors der Poesie, diejenige von Reden oblag entsprechend dem Professor der Beredsamkeit.

3 Dabei ist nochmals daran zu erinnern, daß die Ankündigungen in den Lektionskatalogen grundsätzlich unvollständig sind; gerade der Unterricht im Dichten, weil nicht zum Normalprogramm gehörig, hätte sich gut für Privatvorlesungen auf direkte Bestellung geeignet.

merkwürdigen Sonderfall in Leipzig, wo Johann Georg Eck ein gutes Jahrzehnt lang mindestens bis 1804 „Uebungen im deutschen Schreiben, Reden und Dichten“ recht regelmäßig abzuhalten pflegte[4]; ansonsten auf den Universitäten dasselbe Bild wie in den Schulen[5]: nach 1770 mochten sich die Lehrer aller Stufen nicht mehr hergeben für eine Übung, die der preußische Minister Karl Abraham von Zedlitz, Leiter der Kirchen- und Unterrichtsangelegenheiten, bereits für geradezu unzüchtig zu halten sich genötigt sah.[6]

Etwas anderes aber noch hat eine akademische Karriere der rhetorischen, auf Anweisung und Anwendung bedachten Poetik be- oder verhindert, der Erfolg nämlich der Deutschen Rhetorik. Sie, die Deutsche Rhetorik, hat Schreibhemmungen beseitigt und die Lesbarkeit des Geschriebenen verbessert, auch die Buch- und Zeitschriftenproduktion angekurbelt[7] und durch den Übergang zur deutschen Sprache neue Leserkreise unter den „Ungelehrten“ erschlossen. Ist das so, dann hat sie sich selbst damit an die Grenzen ihrer Brauchbarkeit gebracht, und die erste, die das zu spüren bekommen hat, scheint die Poetik gewesen zu sein.

Rhetorik ist ja, wie der Name sagt, Redelehre, und sie ist Schreiblehre nur insofern, als das Geschriebene, auswendig gelernt, dann doch vorgetragen werden soll. Die jederzeitige Orientierung an der künftigen aktuellen Redesituation macht die Rhetoriklehrbücher allererst brauchbar. Denn sie sind von sich aus nur Kataloge, die zwar alles enthalten, was beim Schreiben und Reden zu bedenken und zu gebrauchen ist, aber für die Auswahl aus der Fülle des Angebots können sie nur ungefähre, geschmacksabhängige Tips geben. Der Schreiber/Redner muß sich in allen Abschnitten seiner Arbeit auf sein eigenes ingenium verlassen, das ihm sagt, welche von hundert Möglichkeiten jeweils das Angemessene (aptum) ist und welche nicht.

---

4 Sein Sohn hat ihm diese Veranstaltung abgenommen und sie letztmals 1806/7 angekündigt als „Uebungen im deutschen Stil, Dichten und Deklamiren“.

5 Heinrich Bosse, Dichter kann man nicht bilden. Zur Veränderung der Schulrhetorik nach 1770; in: Jahrbuch für Internationale Germanistik X/1 (1978) 81–125.

6 „Aber der Poetische Wettstreit hat mich doch erschrekt, so nöthig es ist den Bau des Verses beurtheilen zu können, so gefährlich ist doch die Versmacherei, sie ist der Seele vielleicht, das was Tissots Onanie dem Körper ist, sie schwächt und erschlafft sie zu ernsthaften Geschäften oft fürs ganze männliche Leben.“ Christian Gottfried Schütz, Geschichte des Erziehungsinstituts bei dem theol. Seminarium zu Halle [...]. Jena 1781, S. 67 f. (Brief Zedlitz’ vom 7. September 1778 an Schütz). Schütz selbst findet die „Vergleichung welche der Freiherr von Zedlitz zwischen der Onanie und der erzwungnen Versmachrei anstellt“, „vortreflich“ und „ganz original“ (74 f.).

7 Das statistische Material über das Anwachsen der deutschsprachigen Bücherproduktion ist übersichtlich zusammengestellt bei Helmuth Kiesel/Paul Münch, Gesellschaft und Literatur im 18. Jahrhundert. Voraussetzung und Entstehung des literarischen Markts in Deutschland. München 1977, S. 188 ff.; im Anhang auch ein ausführliches Literaturverzeichnis. – Zu beachten sind allerdings – mutatis mutandis – die Vorbehalte gegenüber der Stichhaltigkeit aller Daten, die auf der Auswertung der Meßkataloge beruhen: Peter Düsterdieck, Buchproduktion im 17. Jahrhundert. Eine Analyse der Meßkataloge für die Jahre 1637 und 1658; in: Archiv für Geschichte des Buchwesens 14 (1974) 163–218.

Das war gut und recht so, und Probleme prinzipieller Natur sind daraus nicht entstanden, solange der Schreiber sein zukünftiges Publikum kannte. Dann nämlich konnte er dessen Ansichten, Kenntnisstand, Vorurteile, Erwartungen und Reaktionsweise mit dem Zwecke seiner Rede (persuasio durch docere, delectare, movere) korrelieren und aus diesem Kalkül mit einiger Sicherheit die Angemessenheit der einzusetzenden Mittel ableiten.

Sobald aber Texte generell dazu bestimmt sind, Text zu bleiben, niemals Rede zu werden, als Schrift jederzeit und allerorten ein unbekanntes Publikum zu erreichen – wie soll man sie anmessen an etwas, das man gar nicht kennen kann? Nur bei homogener Leserschaft, wie sie in Gelehrten- und Wissenschaftskreisen und auch in Berufszusammenhängen noch bestand, kann die Rhetorik ein einigermaßen sicherer Leitfaden zum Schreiben von Texten sein, denen nicht die Rede als Korrektiv und als Maß der Angemessenheit zugedacht ist.

Für die Poesie, die neue Leser außerhalb der Gelehrtenwelt gefunden hatte, war Homogenität des Publikums wohl schon in den ersten Jahrzehnten nicht mehr gegeben, nicht erst, als man über das „Romanenlesen" sogar des Frauenzimmers bedenklich zu werden anfing. Die rhetorische Poetik hatte mit der Einheitlichkeit der Leserschaft auch die Kontrolle über die Produktion von Gedichten verloren. So ist es alles andere als verwunderlich, daß gerade in der Poetik, sonst nur ein Anhang, die Versuche einsetzen, der Rhetorik jene Sicherheit in der Wahl des Angemessenen wiederzugeben, die sie ursprünglich in der Orientierung an der Redesituation und dann ersatzweise in der Ausrichtung auf ein homogenes Publikum besessen hatte.

Mit den Versuchen, die Rhetorik auch im Zeitalter der Deutschsprachigkeit und reinen Schriftlichkeit funktionsfähig zu erhalten, sind gemeint Gottscheds „Versuch einer Critischen Dichtkunst"[8], Breitingers „Critische Dichtkunst"[9] und Baumgartens „Aesthetica"[10]. Sie äußern sich nicht direkt über ihren eben skizzierten Anlaß und Zweck, aber sie tragen doch deutliche Zeichen eines Bewußtseins vom Zusammenhang an sich, in dem sie stehen. Denn alle drei Wer-

---

[8] Johann Christoph Gottsched, Versuch einer Critischen Dichtkunst vor die Deutschen; darinnen erstlich die allgemeinen Regeln der Poesie, hernach alle besondere Gattungen der Gedichte, abgehandelt und mit Exempeln erläutert werden: Uberall aber gezeiget wird Daß das innere Wesen der Poesie in einer Nachahmung der Natur bestehe [...]. Leipzig 1730. Ich zitiere nach der 4. Aufl. (Versuch einer Critischen Dichtkunst durchgehends mit den Exempeln unserer besten Dichter erläutert. [...] Leipzig 1751, die bequem zugänglich ist im Nachdruck (Darmstadt 1962 u. ö.) und sich an Stellen, die ich zitiere, nicht von der 1. Aufl. unterscheidet (mit einer anzuzeigenden Ausnahme). Die 3. Aufl. von 1742 ist ediert in: Johann Christoph Gottsched, Ausgewählte Werke. Sechster Band, 1.–4. Teil, hrsg. von Joachim Birke und Brigitte Birke/P. M. Mitchell. Berlin/New York 1973–1978.

[9] Johann Jacob Breitinger, Critische Dichtkunst [...]; Fortsetzung Der Critischen Dichtkunst [...]. Zürich/Leipzig 1740. – Faksimiledruck nach der Ausgabe von 1740 mit einem Nachwort von Wolfgang Bender. 2 Bände. (Deutsche Neudrucke, Texte des 18. Jahrhunderts) Stuttgart 1966.

[10] Alexander Gottlieb Baumgarten, Aesthetica; Aestheticorum pars altera. Frankfurt/Oder 1750/59. – Reprint Hildesheim 1970.

ke sind erstens – mit unterschiedlicher Deutlichkeit – gegliedert nach dem Muster der Rhetorik, soweit es für die reine Schriftlichkeit noch von Interesse ist; das heißt, auf die inventio[11] folgen die dispositio[12] und die elocutio[13], während der Übergang zur aktuellen Rede (memoria und pronunciatio) sinnvollerweise ausgelassen ist. Und zweitens sind alle drei dazu bestimmt, in jene klassische Abfolge der drei rhetorischen Textherstellungsphasen einen neuen Maßstab einzuzeichnen, der die verlorene Sicherheit in der Wahl des Angemessenen und Richtigen auf neue Weise wiederherstellen soll.[14]

Zu diesem gemeinsamen Ziele haben Gottsched, Breitinger und Baumgarten einen je eigenen Weg eingeschlagen, der jedoch jedesmal aus zwei Abschnitten oder Gedankenschritten besteht, von denen zumindest der jeweils erste eine unbegründete, dogmatische Setzung ist und als solcher auch das Interesse der drei Autoren an einer Normierung der poetischen Produktion und an einem Ausschluß des Unerwünschten schon gleich am Anfang bekundet.

Metaphysische Begründung der rhetorischen Poetik: Gottsched

Bei Gottsched, um mit ihm zu beginnen, sieht das so aus, daß er ein eher marginales Element der rhetorischen Poetik zum Zentrum seiner „Dichtkunst" macht. Er setzt als das Wesen der Poesie das eine an, daß sie eine Nachahmung der Natur sei.[15] Daß es sich dabei um eine Setzung handelt, zeigt sich daran,

---

[11] Bei Gottsched (im ersten, allgemeinen Teil die Kapitel 2–6, bei Breitinger der ganze erste Band (Untertitel: „Worinnen die Poetische Mahlerey in Absicht auf die Erfindung untersuchet [...] wird"), bei Baumgarten die heuristica. Nur Baumgarten hat die rhetorischen Entsprechungen seiner Gliederung deutlich und genau angegeben. Vgl. Marie-Luise Linn, A. G. Baumgartens „Aesthetica" und die antike Rhetorik; in: Deutsche Vierteljahrsschrift für Literaturwissenschaft und Geistesgeschichte 41 (1967) 424–443; 427. – Wolfgang Bender, Rhetorische Tradition und Ästhetik im 18. Jahrhundert: Baumgarten, Meier und Breitinger; in: Zeitschrift für deutsche Philologie 99 (1980) 481–506.

[12] Bei Gottsched greifen die Kapitel 5–7 in das Gebiet der dispositio, Breitinger hat im zweiten Band (Untertitel: „Worinnen die Poetische Mahlerey in Absicht auf den Ausdruck und die Farben abgehandelt wird") die zur dispositio gehörenden colores erörtert, Baumgarten hat als (nicht mehr geschriebene) Fortsetzung der Heuristik eine methodologia vorgesehen.

[13] Gottsched: 7.–12. Kapitel; Breitinger über die Schreibart im 7.–10. Abschnitt der „Fortsetzung"; Baumgarten: semiotica.

[14] Horst-Michael Schmidt, Sinnlichkeit und Verstand. Zur philosophischen und poetologischen Begründung von Erfahrung und Urteil in der deutschen Aufklärung (Leibniz, Wolff, Gottsched, Bodmer und Breitinger, Baumgarten). (Theorie und Geschichte der Literatur und der Schönen Künste. 63) München 1982. – In welch hohem Maße bei solchen Begründungsbemühungen die gesamte Tradition der Poetik genutzt wurde, zeigt: Gerlinde Bretzigheimer, Johann Elias Schlegels poetische Theorie im Rahmen der Tradition. München 1986.

[15] Gottsched (= Anm. 8) 98.

wie er die poetische Tätigkeit vom Schreiben anderer Texte abgrenzt; nicht nämlich, indem er sagt, dabei mache man etwas anderes oder anders, sondern indem er dekretiert, „ein Geschichtschreiber soll nicht nachahmen", „ein Redner soll nicht nachahmen".[16]

Daß eine unzureichende Poesiedefinition sich zu ihrer vermeintlichen Rettung mit Verboten umgibt und sich doch gerade dadurch verrät, ist in der Literaturtheorie noch heute nicht so ungewöhnlich, daß man es Gottscheden speziell vorhalten könnte. Es sei immerhin notiert. Die eigentliche Pointe dieser seiner Setzung liegt auch nicht an ihrem diffusen Rand, sondern sozusagen direkt in ihrer Mitte, und sie enthüllt sich, wenn Gottsched im zweiten Schritt die Implikationen seiner wie auch immer beschaffenen Setzung und Definition entfaltet. Dann nämlich[17] gebraucht er das Wort „Natur" mit größter Selbstverständlichkeit so[18], wie es ihm als gutem Wolffianer in Fleisch und Blut übergegangen war: „Die wirkende Kraft in den Körpern nennen wir die Natur derselben; als welches Wort auch bey den Alten allezeit ein wirksames und geschäfftiges Wesen angezeiget hat".[19]

Naturnachahmung ist also für Gottsched, um es übertrieben deutlich zu sagen, Kraftnachahmung und nicht Dingnachahmung[20], weshalb er die Natur als „Objekt" der Nachahmung auch konsequent in den Dativ setzt, wenn er sie mit dem Verb „nachahmen" verbindet.[21] Die erste Art der poetischen Nachahmung besteht nun darin, daß man mit Worten dasselbe hervorbringt wie die Natur des Menschen als Kraft: klare und deutliche Vorstellungen von natürlichen Dingen.[22] Bei der zweiten Art der Nachahmung spielt man die „Person

---

16 Gottsched 98.

17 Gottsched 142–169 (im 4. Hauptstück „Von den dreyen Gattungen der poetischen Nachahmung, und insonderheit von der Fabel").

18 Die folgenden Ausführungen zu Gottsched sind eine verkürzte und modifizierte Fassung von: Klaus Weimar, Historische Einleitung zur literaturwissenschaftlichen Hermeneutik. Tübingen 1975, S. 6–13.

19 Johann Christoph Gottsched, Erste Gründe der gesammten Weltweisheit, darinn alle philosophische Wissenschaften in ihrer natürlichen Verknüpfung in zweyen Theilen abgehandelt werden. Zum Gebrauche academischer Lectionen entworfen. Theoretischer Theil. [...] 3. Aufl. Leipzig 1739, § 374.

20 Es ist immer noch üblich, Gottsched einen Sprachgebrauch zu unterstellen, der nicht der seine war, und „Natur" und „Welt" als Wechselbegriffe anzusehen; so z. B. ausdrücklich Friedrich Gaede, Poetik und Logik. Zu den Grundlagen der literarischen Entwicklung im 17. und 18. Jahrhundert. Bern/München 1978, S. 98, 105; und unausdrücklich z. B. Angelika Wetterer, Publikumsbezug und Wahrheitsanspruch. Der Widerspruch zwischen rhetorischem Ansatz und philosophischem Anspruch bei Gottsched und den Schweizern. (Studien zur deutschen Literatur. 68) Tübingen 1981, S. 143 f. – Gottscheds eigene Unterscheidung: „So ist die wirkende Kraft in der ganzen Welt ausgebreitet. Diese Kraft nun, zusammen genommen, nennt man schlechtweg die Natur." Weltweisheit (= Anm. 19) § 376.

21 Gottsched, Critische Dichtkunst (= Anm. 8) 99 (nicht in der 1. Aufl.), 132, 169. – Vgl. auch Weltweisheit § 181: „Die poetischen Fabeln müssen also wahrscheinlich seyn, das ist, der Natur aufs genaueste nachahmen."

22 Gottsched, Critische Dichtkunst 142 f. – Weltweisheit § 1020: „Denn eben die vorstellende Kraft der Seelen, die ihr Wesen ausmachet, ist auch zugleich die Qvelle ih-

eines anderen" (in Rollengedichten und Dramen) und drückt sich dabei in „natürlichen Redensarten" aus, das heißt so, wie es der Natur der gespielten Person entspricht.[23] Die dritte Art der Nachahmung, auch „Fabel" genannt, bezieht sich auf die Natur der Seele überhaupt.[24] Wie die Natur der menschlichen Seele als Wille[25] – aufgrund einer Vorstellung des Guten – zu Handlungen treibt, so wird der Dichter – aufgrund eines moralischen Satzes – eine Fabel, ein Handlungsschema erfinden.[26] Die Erfindung (inventio) hat somit dieselbe Funktion wie der Wille als Natur der Seele: aufgrund einer Vorstellung des Guten nämlich zu Handlungen zu führen – sie ahmt der Natur nach.

So verschafft Gottsched den Poeten, die nach der Rhetorik arbeiten, eine neue Orientierung durch eine Besinnung auf das gute Alte. Die Orientierung liegt nicht mehr im Ziel der Rede, im unbekannt gewordenen Publikum, sondern als unvergänglicher Maßstab[27] in der poetischen Arbeit selbst. Der alte aristotelische Satz von der Naturnachahmung, als Definition der Poesie dogmatisch gesetzt und im Lichte der Leibniz-Wolffschen Metaphysik neu gelesen, scheint als unverbrüchlicher Leitfaden durch das labyrinthische Angebot der Rhetorik dienen zu können: der Poet braucht sich nur in allen seinen Taten die Natur überhaupt oder die Natur des Menschen als Vorbild vor Augen zu halten, und dann ist alles gut.

Gottscheds allgegenwärtige Aufforderung, sich in der poetischen Arbeit überall an der Natur zu orientieren und ja nicht von ihr abzuweichen, ist aber als solche, metaphysisch gedacht, ausgesprochen unsinnig. Denn was immer ein Mensch, z. B. dichtend, auch tun mag, er kann es nur tun vermöge der wirkenden Kraft der menschlichen Natur; und da sein Wesen und seine Natur unveränderlich sind und er auch kein anderes Wesen und keine andere Natur annehmen kann[28], ist es ihm absolut unmöglich, etwa einmal nicht seiner Natur

---

rer Veränderungen und Wirkungen, und folglich die Natur derselben." – Diese erste Art der Nachahmung entspricht in der rhetorischen Figurenlehre einer evidentia (descriptio), allerdings einer kontextlosen.

23 Gottsched, Critische Dichtkunst 144 f. Das wäre der Tropus der sermocinatio, ebenfalls ohne Kontext.

24 Gottsched, Critische Dichtkunst 148 ff. Diese dritte Nachahmungsart ist so weit gefaßt, daß sie in keiner einzelnen Figur bzw. keinem einzelnen Tropus der Rhetorik unterzubringen ist; man müßte sie als eine generalisierte Metabasis ansehen.

25 Gottsched, Weltweisheit § 1060: „So sehen wir auch hier augenscheinlich, daß auch der Wille des Menschen aus der einzigen Kraft der Seele, womit sie sich die Welt vorstellet, entstehen könne. Wir brauchen also keinen andern Grund, denselben daraus herzuleiten: Weil die allezeit wirksame und geschäfftige Natur unserer Seele allein dazu vermögend genug ist."

26 Die Fabel besteht aus Umständen, aus einer Begebenheit und einer nützlichen moralischen Wahrheit (Critische Dichtkunst 150). Etwas später beschreibt Gottsched anschaulich, wie man die Bestandteile der Fabel (in umgekehrter Reihenfolge) zusammensetzt (161 f.).

27 „Die Natur des Menschen, und seiner Seelenkräfte ist noch eben dieselbe, als sie seit zweytausend Jahren gewesen: und folglich muß der Weg, poetisch zu gefallen, noch eben derselbe seyn, den die Alten dazu so glücklich erwählet." Gottsched, Critische Dichtkunst XI (Vorrede zur 4. Aufl.).

28 Gottsched, Weltweisheit § 233.

zu folgen. Eine spezielle Aufforderung nun, das Unmögliche zu unterlassen, kann beim besten Willen keine Orientierungshilfe sein, es sei denn, sie meine unterderhand etwas ganz anderes.

Genau das ist bei Gottsched der Fall. Aufschlußreich ist, wogegen „Natur" abgesetzt bzw. wovon sie unterschieden wird. In der Metaphysik gibt es Natürliches und Übernatürliches[29], aber unmöglich etwa Unnatürliches. In der „Dichtkunst" dagegen scheut Gottsched sich gar nicht, mancherlei als „unnatürlich" zu bezeichnen[30] und umgekehrt „natürlich" als positives Prädikat zu verwenden.[31] Da wird der metaphysische Naturbegriff offensichtlich ersetzt durch einen „moralisch" zu nennenden, der nur noch das verpflichtend Übliche meint und die Abweichung als Unnatur verdammt.

Unter dem – zweifellos selbst geglaubten – Anschein, mit dem metaphysischen Begriff „Natur" die Tätigkeit des Poeten hilfreich zu leiten, schränkt Gottsched mit der moralischen Fassung desselben Begriffs den Gegenstandsbereich der Poesie ein[32] und kanalisiert die Auswahl der stilistischen Mittel. Und dies jeweils nach privatem Gutdünken, das sich mit der Berufung auf die Natur jegliche weitere Begründung ersparen zu können meint, weil es den moralischen Naturbegriff irrtümlich mit der Dignität des metaphysischen ausstattet. Daß solche unbegründeten Vorschriften nötig werden, ist die direkte Folge aus der Unzulänglichkeit der Poesiedefinition.

Je mehr Gottsched in seiner „Dichtkunst" geradezu beweisend (demonstrativisch) vorzugehen meinte, desto unübersehbarer mußte sich seine Willkür vordrängen.[33] Der anfängliche punktuelle Dogmatismus der Setzung „Poesie = Nachahmung der Natur" hat, wie das so zu gehen pflegt, den Setzenden selbst hinterrücks eingeholt und überwältigt und sich in einen permanenten Dogmatismus verfestigt, der sich für alle anderen außer ihm selbst als jene herrschsüchtige Subjektivität manifestiert, die schon den Zeitgenossen mehr und mehr als störend an Gottsched aufgefallen ist. Die persönliche Tragik gehört direkt zum denkerischen Fiasko des Unternehmens, die Rhetorik im Zeitalter

---

[29] Gottsched, Weltweisheit §§ 405, 1021.

[30] Zum Beispiel Monologe und Opern überhaupt: Critische Dichtkunst 598, 605.

[31] Gottsched, Critische Dichtkunst 394 u. ö.

[32] Diese Tendenz, die der „Critischen Dichtkunst" von Anfang an innewohnt, kommt später deutlich zum Vorschein, wenn Gottsched – unter dem Einfluß von Batteux und wohl auch von Baumgarten – das Moment der Schönheit in den Vordergrund rückt und nur noch die Nachahmung der „schönen Natur" zulassen will, was metaphysisch ein Unbegriff ist und letztlich zu einer Verflachung der ersten und zu einer Elimination der zweiten und dritten Nachahmungsart führt. – Vgl. Auszug aus des Herrn Batteux schönen Künsten aus dem einzigen Grundsatz der Nachahmung hergeleitet. [...] Leipzig 1764, S. 18, 43 ff.; Handlexicon oder Kurzgefaßtes Wörterbuch der schönen Wissenschaften und freyen Künste. Leipzig 1760, Sp. 1143, 1153 f.

[33] So kann z. B. ein und dasselbe Argument, wortwörtlich gleich, einmal zur Rechtfertigung und einmal zur Verwerfung einer Gedichtart dienen. Daß der Fabeldichter Tiere reden läßt, ist dann Beleg seiner Dichterfähigkeit, andere „mögliche Welten" zu erfinden (Critische Dichtkunst 153). Daß dagegen in der Oper die Menschen singen, zwingt uns zur Vorstellung, „wir wären in einer anderen Welt", und zeigt damit die Unnatur und Verwerflichkeit des ganzen Opernwesens (739).

der reinen Schriftlichkeit der Poesie funktionsfähig zu erhalten durch eine Anleihe bei der Metaphysik.

Praktische Trennung von Schreiber und Leser: Breitinger

Während Gottsched also durch die Darlegung systematisch-philosophischer („critischer") Einsichten die Dichter zum „natürlichen" Dichten zu bewegen sich bemühte, sind seine Zürcher Kontrahenten mit anderen Mitteln auf Konfrontationskurs gegangen. Breitinger setzt schon mit dem Titel seine „Critische Dichtkunst" selbstbewußt und polemisch dem Gottschedschen bloßen „Versuch einer Critischen Dichtkunst" entgegen, auch um den Preis eines gewissen Etikettenschwindels.[34] Dementsprechend kontert er Gottscheds verklemmten Dogmatismus mit einem ganz offenherzigen. Wendungen wie „der Poet muß" und „die Poesie soll" durchziehen das ganze Werk und machen klar, daß es hier nicht darum geht, die chaotische Vielfalt der Poesie umfassend zu begreifen, sondern vielmehr ihr die künftige Überschreitung des bereits festen Begriffs zu verbieten und zu verleiden.

Deshalb sind die beiden grundlegenden Gedankenschritte Breitingers eigentlich sehr einfach. Wie Gottsched beruft er sich auf Aristoteles, nur nicht zuerst auf das Nachahmungstheorem, sondern auf die Bemerkung in der Poetik, daß Verwunderung und Lernen „süß" seien.[35] Daraus macht er flugs die erste Setzung, die wie diejenige Gottscheds durchaus noch im Einklang mit der Rhetorik und rhetorischen Poetik steht, daß nämlich der Zweck der Poesie das „Ergetzen" sei[36], das natürlich durch die Verpflichtung auf den „Nutzen" vor moralisch bedenklichen Ausschweifungen bewahrt wird.

Wenn nun der Zweck der Poesie als eine bestimmte „Würckung", eben als „Ergetzen", beim Leser gesetzt ist, bleibt nur noch die Frage nach deren Ursache zu stellen. Und die Antwort in diesem zweiten Gedankenschritt ist nochmals eine Setzung und lautet:

> Daß nicht alles, was natürlich und wahr ist, die Kraft habe, die Sinnen und das Gemüthe auf eine angenehm-ergetzende Weise zu rühren und einzunehmen, sondern

[34] Nach damaligem Sprachgebrauch verspricht der Titel „Critische Dichtkunst" ganz eindeutig eine Anleitung zum Dichten. Gottsched bemerkt daher mit Recht: „Wer also dieselbe in der Absicht kaufen wollte, diese Arten der Gedichte daraus abfassen zu lernen, der würde sich sehr betrügen, und sein Geld hernach zu spät bereuen" (Gottsched, Critische Dichtkunst XX, Vorrede zur 3. Aufl.).

[35] Breitinger, Critische Dichtkunst I 61, 71, 84.

[36] Diese initiale Setzung wird nirgends direkt ausgesprochen oder gar entwickelt, sondern ist irgendwann ganz selbstverständlich da. Zuerst wird beiläufig bemerkt, der Poet unterscheide „sich von dem Historico alleine durch den Zweck und die Kunst seiner Gemählde" (Critische Dichtkunst I 55); dann ist von der „Absicht" des Poeten die Rede, ohne daß das Wort „Ergetzen" selbst fällt (I 58). Und dann steht plötzlich so fest, daß Breitinger sich darauf quasi berufen kann: „Nun ist die Poesie Ars popularis, die das Ergetzen und die Verbesserung des grössern Haufens der Menschen suchet" (I 59, vgl. I 125).

daß diese Gabe allein dem Neuen, Ungewohnten, Seltzamen, und Ausserordentlichen zukomme. [...] Aber die Neuheit ist eine Mutter des Wunderbaren, und hiemit eine Quelle des Ergetzens.[37]

Damit sind die wichtigen Entscheidungen bereits getroffen. Alles weitere ergibt sich zwanglos aus diesen beiden Setzungen, die als Leitfaden durch alle drei Teile der Rhetorik dienen. Bei der Wahl der Materie (inventio) ist das Neue und Wunderbare zu bevorzugen und allenfalls das Alltägliche durch Hyperbeln[38] und Amplifikationen[39] in den Schein des Wunderbaren zu kleiden, bei der Verteilung der „Farben" (dispositio) verdienen die „Macht-Wörter" die größte Aufmerksamkeit[40] und bei der Ausformulierung (elocutio) die „hertzrührende Schreibart".[41]

Die Ergebnisse sind im Prinzip von derselben Art wie bei Gottsched, nur viel offener und ungenierter: eine dogmatische Beschränkung des Gegenstandsbereichs der Poesie und ansonsten die offenkundige Subjektivität des Befindens darüber, was im einzelnen hinsichtlich des Zwecks namens „Ergetzen" angemessen ist und was nicht. Breitinger hat die Lücke, die die Uneinheitlichkeit und Unbekanntheit des Publikums in das Gebäude der Rhetorik gerissen hatte, geschlossen durch das Dekret, daß eine bestimmte Wirkung der Poesie gefälligst einzutreten habe, daß sie bei allen unbefangenen Lesern einheitlich eine und dieselbe sei und daß sie von nur einer bestimmten Ursache erzeugt werde. Damit scheint er den Benutzern der Rhetorik jene verlorene Sicherheit der Auswahl wiedergegeben zu haben.

Allerdings, und darauf hat Gottsched hingewiesen, ist Breitingers „Critische Dichtkunst" für anleitungsbedürftige Poeten doch nicht sonderlich brauchbar, und daß sie es sei, ist wohl auch nicht dessen Meinung gewesen. Indem er nämlich alles vom gesetzten Zweck der Poesie, also von deren Wirkung beim Leser, ableitet, verlieren Fragen der speziell poetischen Textproduktion („Natur der Poesie") an systematischem Interesse. Was Poesie ist und was nicht, entscheidet sich nicht zuerst an Einzelheiten während der poetischen Arbeit oder im poetischen Text, sondern daran, ob beim Leser die poetische Wirkung „Ergetzen" eintritt oder nicht. Die Wirkung entscheidet darüber, ob eine Schrift ein Gedicht sei[42], und das jeweilige Urteil läßt sich dann auch nachträglich irgend-

---

37 Breitinger, Critische Dichtkunst I 110. Was an der Formulierung noch offen scheinen könnte, wird eine Seite später geschlossen: „Wenn ich demnach sage, daß das Neue und Ungemeine die einzige Quelle des Ergezens sey, welches die Poesie hervorbringet, [...]" (I 111). – Friedrich Schlegel, Sich „von dem Gemüthe des Lesers Meister" machen. Zur Wirkungsästhetik der Poetik Bodmers und Breitingers. (Europäische Hochschulschriften. I 928) Bern/Frankfurt 1986.

38 1. Band, 9. Abschnitt: „Von der Kunst gemeinen Dingen das Ansehen der Neuheit beyzulegen".

39 1. Band, 11. Abschnitt: „Von etlichen absonderlichen Mitteln die schlechte Materie aufzustützen".

40 2. Band, 2. Abschnitt.

41 2. Band, 8. Abschnitt.

42 Das wird an einem Einzelfall vorgeführt im 10. Abschnitt des 1. Bandes: „Ob die Schrift August im Lager ein Gedicht sey".

wie begründen. Der Poet aber, der wissen will, wie er denn genau diese Wirkung mit größtmöglicher Sicherheit technisch-praktisch erzielen könnte, er geht leer aus und findet nur theoretische Erörterungen über das Wunderbare und Ähnliches.

Weil Breitinger seine erste Setzung im Unterschied zu Gottsched nicht mehr im Prozeß der poetischen Arbeit selbst situiert hat, sondern im Leser, deshalb hat die „Dichtkunst" oder Poetik sich in ihrem ganzen Charakter plötzlich radikal verändert. Entgegen ihrem ursprünglich zutreffenden Namen „Poetik" ist sie aus einem Organon für den Poeten (das sie noch bei Gottsched war) zu einem Organon für Leser und Kritiker geworden.[43] Die Breitingersche „Critische Dichtkunst" ist nicht weniger dogmatisch und nicht weniger brauchbar als die Gottschedsche, nur brauchbar nicht mehr für den Dichter, sondern für den Leser. Dieser Unterschied ist der beiderseits unbegriffene Kernpunkt im „Literaturstreit" gewesen.[44]

Immerhin dürfte es Breitinger bewußt gewesen sein, daß er erstmals für deutsche Verhältnisse den Anschluß an die westeuropäische Kritik der Literatur hergestellt hatte.[45] Etwas anderes, das damit zusammenhängt und trotz seiner Unscheinbarkeit auf lange Sicht viel wichtiger war, wichtiger auch als die Wirkung auf die deutsche Literatur selbst, scheint ihm und scheint seinen Zeitgenossen dagegen gar nicht aufgefallen zu sein.

Es mag sein, daß durch Breitingers und Bodmers gleichsinniges Wirken die deutsche Literatur anders geworden ist. Darüber hinaus aber ist die „Critische Dichtkunst" selbst das Ereignis der stillschweigenden Nachricht, daß der poetische Text deutscher Sprache seinen Status grundlegend verändert hat. Man sieht das schon an der Funktion der Zitate. Wenn Gottsched (und die Poetiker vor ihm) einzelne literarische Texte zitieren, dann als Beispiel für etwas zu Erreichendes und als Zielvorgabe für die Nacheiferung (imitatio, aemulatio). Wenn aber Breitinger (und Bodmer mit ihm) einzelne literarische Texte zitiert, dann als Beispiel für etwas definitiv Erreichtes und als Objekt der Beurteilung.

Bekanntlich waren auch die Zürcher mit der zeitgenössischen Poesie nicht ganz einverstanden. Doch um die zu ändern, wählen sie nicht mehr die direkte Belehrung der Poeten (aus eigener Erfahrung oder mit philosophischen Gründen), sondern sie machen den Lesern klar, was sie eigentlich immer schon von der Poesie erwartet haben bzw. mit vollem Recht von ihr hätten erwarten dürfen. Breitinger hat also auf den Versuch Gottscheds verzichtet, die Verbesserung der Poesie direkt an der Quelle, beim Poeten, zu bewirken. Statt dessen versucht er, die Produktion von Poesie auf dem Umweg über den Markt, über

---

43 Dementsprechend handelt Bodmers Vorrede zum 1. Band, die den Problemhorizont kaum skizziert, vor allem vom „Kunstrichter" und kaum vom Poeten.

44 Theodor Wilhelm Danzel, Gottsched und seine Zeit. Auszüge aus seinem Briefwechsel. Leipzig 1848, S. 220, hat zuerst darauf hingewiesen, daß es kein Streit um einzelne Themen, Sätze und Meinungen war, sondern im Kern einer um Sichtweisen.

45 Schon ein Blick ins Register zeigt, daß Pope und Muratori, Dubos und La Motte kaum weniger häufig zitiert sind als Aristoteles und Longin.

die Leser und Käufer, zu steuern, das Angebot durch die Beeinflussung der Nachfrage zu verändern.

Auf diese Weise haben Breitinger und Bodmer die Aufspaltung des Literaturbetriebs in schreibende Poeten und nicht (mehr notwendig auch selbst) schreibende Leser und Kritiker nachvollzogen, das heißt, sie haben die Entstehung des literarischen Marktes für Zwecke der Theorie ausgenutzt.[46] Das ist ihre überzeugende Modernität gewesen, und damit haben sie die Lektüre fremder poetischer Texte aus dem Zusammenhang der Produktion eigener poetischer Texte für jedermann potentiell herausgelöst, auch wenn nichts darauf hindeutet, daß sie all das klar erfaßt hätten.

Mit der Trennung des Lesers vom Schreiber und mit der Einspannung des ersten zur Beeinflussung des zweiten ist der poetische Text deutscher Sprache implizit auf eine neue Weise in Erscheinung getreten. Die ganze Breitingersche Operation funktioniert nämlich nur unter der einen Voraussetzung, daß die Doppelnatur des poetischen (und jedes anderen) Textes wahrgenommen worden ist, wie unklar auch immer, die Doppelnatur, sowohl Produkt des Schreibers als auch zugleich Objekt des Lesers zu sein. Und das ist implizit auch die Anerkennung dessen, daß der Text als Objekt des Lesers grundsätzlich nicht derselbe ist wie als Produkt des Schreibers.

Der „Blick" auf ein und dasselbe Ding „Text" hat sich in gleicher Weise verwandelt wie – etwa um dieselbe Zeit und nur sehr viel deutlicher sich manifestierend – der Blick auf ein und dasselbe Ding „Gemälde". Als die „Mittel" der Nachahmung, die der Maler benutzt, hat Gottsched „Pinsel und Farben" erwähnt[47], während für Lessing dreieinhalb Jahrzehnte später die „Mittel" der Nachahmung für die Malerei ganz selbstverständlich „Figuren und Farben in dem Raume" sind.[48] Beide handeln als Theoretiker von den Mitteln der Nachahmung, der eine jedoch im Hinblick auf das Malen, der andere im Hinblick auf das Gemälde. Dies ist mutatis mutandis auch der Unterschied zwischen dem Poetiker Gottsched und dem Poetiker Breitinger: der eine handelt von der

---

[46] Eine interessante Mittelstellung zwischen den Positionen Gottsched und Breitinger nimmt ein: Daniel Heinrich Arnoldt, Versuch einer Systematischen Anleitung Zur Deutschen Poesie überhaupt. Königsberg 1732. Mit Gottsched teilt er den philosophischen Anspruch und das Eingehen auf die Bedürfnisse der Poeten (seine Ratschläge sind um einiges detaillierter als diejenigen Gottscheds), mit Breitinger die Betonung, daß der Poet „jederzeit den Nutzen und die Besserung seiner Leser / nebst einer unschuldigen Ergetzung oder Ermunterung / zum Zwecke" habe. Ebenso hat Arnoldt bereits die Trennung von Lesern und Schreibern wahrgenommen, sie aber anders eingesetzt als Breitinger und sie nicht eigentlich ausgenutzt; sie wird ihm zum direkten Appell an die Rücksichtnahme und Selbstkontrolle der Poeten: „Damit nun der Poet dieses erreiche / so wird er seinen Vortrag nach dem Begriff seiner Leser einrichten / und sich aller nicht nur unflätigen sondern auch leichtsinnigen und versteckten Zoten / [...] und anderer einem Christen unanständiger Dinge / enthalten müssen" (10 f.).

[47] Gottsched, Critische Dichtkunst (= Anm. 8) 98.

[48] Gotthold Ephraim Lessings sämtliche Schriften. Hrsg. von Karl Lachmann. 3. Aufl. besorgt durch Franz Muncker. Neunter Band. Stuttgart 1893, S. 94.

Herstellung des Schreiberprodukts, der andere vom Betrachten des Leserobjekts, und beide meinen denselben poetischen Text.

Diese – noch für lange Zeit unformulierte – Wahrnehmung der Doppelnatur des poetischen Textes ist ein unwiderruflicher und entscheidender Schritt. Erst wenn er getan ist, kann der poetische Text auf andere Weise thematisiert werden als in der rhetorischen Poetik und den zugehörigen Übungsstunden: nicht mehr als Gegenstand der Bearbeitung und Nacheiferung, sondern als Gegenstand der theoretischen Erkenntnis und der Kritik.

Obwohl Breitinger und Bodmer diesen Schritt getan haben, und trotz ihres geballten Ausstoßes „kritischer" Schriften in den Jahren 1740/41[49] sind sie aus der weitergehenden theoretischen Diskussion praktisch ausgeschieden und auch im akademischen Bereich nicht in erkennbarer Weise wirksam geworden.

Theoretische Vermischung von Schreiber und Leser: Baumgarten

Sie wurden in diesen Belangen sehr bald überholt und verdrängt vom dritten Versuch, der rhetorischen Poetik einen Ersatz für das verlorene Maß der Angemessenheit zurückzugeben: von Baumgartens „Aesthetica". Obwohl dessen spätere Angabe, er verdanke Breitingers „Critischer Dichtkunst" die Anregung zu seiner Ästhetik[50], nur schon aus zeitlichen Gründen nicht stimmen kann[51] –

[49] Neben der „Critischen Dichtkunst" erschien im gleichen Jahre 1740 von Breitinger noch die „Critische Abhandlung Von der Natur den Absichten und dem Gebrauche der Gleichnisse" (Zürich 1740. – Deutsche Neudrucke, 18. Jahrhundert. Stuttgart 1967) und von Bodmer die „Critische Abhandlung von dem Wunderbaren in der Poesie und dessen Verbindung mit dem Wahrscheinlichen" (Zürich 1740. – Deutsche Neudrucke, 18. Jahrhundert. Stuttgart 1966), im nächsten Jahre dann Bodmers „Critische Betrachtungen über die Poetischen Gemählde der Dichter" (Zürich/Leipzig 1741).

[50] Johann Christian Förster, Schüler und literarischer Nachlaßverwalter Baumgartens, berichtet, daß dieser ihm „dies selbst gegen das Ende seines Lebens versicherte. Joh. Jac. Breitinger in der Schweiz hatte nämlich in seiner critischen Dichtkunst eine logica imaginationis gewünscht, und Baumgarten dachte dabey, warum blos eine Logik der Imagination? warum nicht aller sinnlichen Seelenkräfte?" Johann Christian Förster, Uebersicht der Geschichte der Universität zu Halle in ihrem ersten Jahrhunderte. Halle 1794, S. 116. Die fragliche Stelle steht in Breitingers Abhandlung von den Gleichnissen (= Anm. 49) auf S. 6: „Es ist mir manchmahl in den Sinn gekommen, daß die Einbildungs-Kraft eben so wohl als der Verstand einer gewissen Logik vonnöthen habe."

[51] Schon 1735 hatte Baumgarten die Idee einer Logik der unteren Erkenntnisvermögen skizziert in seinen Meditationes philosophicae de nonnullis ad poema pertinentibus. Übersetzt und mit einer Einleitung hrsg. von Heinz Paetzold. (Philosophische Bibliothek. 352 Hamburg 1983, §§ 115, 116. – Eine gute Bibliographie zu Baumgartens Ästhetik in dieser Ausgabe S. LVII–LX. – Besonders ist zu nennen: Michael Jäger, Kommentierende Einführung in Baumgartens „Aesthetica". Zur entstehenden wissenschaftlichen Ästhetik des 18. Jahrhunderts in Deutschland. (Philosophische Studien und Texte. 1) Hildesheim/New York 1980.

der Irrtum ist sehr begreiflich, und es hätte doch gut sein können. Denn Baumgartens wesentlich ambitiöserer Versuch steht dem Breitingerischen in mehr als einer Hinsicht sehr nahe.

Gleich im § 1 gibt Baumgarten zu verstehen, daß die von ihm geschaffene und benannte philosophische Disziplin „Ästhetik" eine anspruchsvolle und komplexe Angelegenheit sei und viererlei sein solle: einerseits eine Lehre von den „unteren" Erkenntnisvermögen (gnoseologia inferior) und eine „philosophische Theorie der schönen Wissenschaften"[52] (theoria artium liberalium), andererseits eine Anleitung in der Kunst, jene unteren Erkenntnisvermögen (das heißt das Analogon der Vernunft) richtig zu gebrauchen (ars analogi rationis), und in der Kunst, schön zu denken (ars pulcre cogitandi).

Die zusätzlich gegebene, fünfte und letzte Bestimmung am gleichen Ort (scientia cognitionis sensitivae) ist dagegen nur eine erläuternde Nominaldefinition der Neuprägung „aesthetica"; denn das Adjektiv „aestheticus" ist ein gräzisierendes Synonym von „sensitivus". Gemeint ist mit „Ästhetik" also eine Wissenschaft von der „sinnlichen" Erkenntnis[53] vermöge der unteren Erkenntnisvermögen (Einbildungskraft, Gedächtnis, Geschmack), analog der Logik als Wissenschaft der intellektualen Erkenntnis durch die oberen Erkenntnisvermögen (Verstand bzw. Vernunft).

Zusammengeschlossen in eine einzige Disziplin „Ästhetik" sind somit erstens eine Analogie bzw. Ergänzung der Logik samt zugehöriger Anleitung zur sensitiven Erkenntnis und zweitens eine philosophisch begründete Rhetorik bzw. Poetik[54] samt zugehöriger Anleitung zum schönen Denken. Diese Verschmelzung von Logikergänzung und Rhetorikbegründung (je samt zugehöriger Anleitung zur praktischen Ausübung) ist das zweifellos originelle Programm der Baumgartenschen Ästhetik.

Es findet seinen direkten Niederschlag in der Gliederung des Buches. Als jüngere Schwester der Logik übernimmt die Ästhetik deren Aufteilung in einen theoretischen und einen praktischen Teil[55] (entsprechend zugleich dem allge-

---

[52] Diese Übersetzung nach Baumgartens eigener Angabe in seiner Sciagraphia encyclopaediae philosophicae, ed. Johann Christian Förster. Halle 1769, § 25.

[53] „Diese Erkenntnis heist eine sinnliche Erkenntnis (cognitio sensitive) nicht etwan, weil sie gantz allein von den Sinnen gewürckt wird, obgleich die Empfindungen und Vorstellungen der Sinne nicht ausgeschlossen sind; sondern weil sie in den Sinnen einen näheren Grund als die deutliche Erkenntnis hat, und ohne dieselben gar nicht stat finden kan." Georg Friedrich Meier, Anfangsgründe aller schönen Wissenschaften. Erster Theil. Halle 1748, S. 45 f. Die „deutliche Erkenntnis" ist übrigens die intellektuale.

[54] Der Begriff der artes liberales um 1760 deckt sich nicht mehr mit dem mittelalterlichen, und auch derjenige der „schönen Wissenschaften" ist noch nicht eindeutig begrenzt. Zu ihm gehört aber auf jeden Fall Beredsamkeit und Poesie, und da Baumgarten auch nur von ihnen handelt und die möglichen anderen Begriffsinhalte (von der Musik bis zur Philologie) ausgeklammert hat, wird es zulässig sein, „Theorie der schönen Wissenschaften" zu umschreiben mit „Rhetorik und Poetik".

[55] Aesthetica nostra sicuti logica, soror eius natu maior, est I) theoretica, [...] II) practica. Baumgarten (= Anm. 10) § 13. – Die Zweiteilung ist übernommen aus der Logik Christian Wolffs (Philosophia rationalis sive logica. Frankfurt/Leipzig 1728).

meinen und dem besonderen Teil der Gottschedschen Poetik[56]); und der theoretische bzw. allgemeine Teil wird seinerseits nach der Dreiteilung der Rhetorik gegliedert.[57]

Dieses Ineinanderlegen zweier Gliederungen ist als solches sogleich die erste Setzung. Es besagt nicht mehr und nicht weniger, als daß in der Aesthetica die poetische Textherstellung als Erkenntnisvorgang angesetzt wird, als die sensitive Erkenntnis, die die Logik als eine nicht-intellektuale bisher vernachlässigt habe. „Kunst als Erkenntnis" – das hat auch heute noch eine gewisse Eingängigkeit.[58]

Und doch ist die Problematik dieser Setzung, sobald man sich vom Ansturm der Definitionen erholt hat, nicht zu übersehen. Drei Fragen, um sie anzudeuten: Ist es überhaupt bzw. zu welchem Preis ist es möglich, einen Produktionsprozeß, das Schreiben von Texten, als Erkenntnisprozeß (statt als Prozeß der Darstellung von Erkenntnis) zu denken? Warum ist die Analogie zur Logik unvollständig, das heißt, warum steht nicht wenigstens die elocutio, aufgefaßt als Ausformulierung der sensitiven Erkenntnis, im praktischen Teil der Aesthetica, wie die ganze Rhetorik und Poetik bei Christian Wolff ihren systematischen Ort im praktischen Teil der Logik hat?[59] Und warum wird die poetische Produktion, wenn sie schon als Erkenntnis gedacht werden soll, nur als sensitive Erkenntnis gedacht[60] und nicht auch als intellektuale[61], eine Einschränkung, deren Sinn im Zeitalter der didaktischen Poesie nicht selbstverständlich ist?

---

56 Deshalb ist im gleichen § 13 der erste, theoretische Teil auch als „generalis" bezeichnet und der zweite, praktische, als „specialis". Das bedeutet, daß im ersten Teil „von der Poesie überhaupt" (um Arnoldt zu zitieren) gehandelt wird und im zweiten von (der Anwendung der allgemeinen Regeln in) den einzelnen Gedichtarten.

57 Die Dreiteilung bringt Baumgarten dort ein, wo im Zitat der Anm. 55 eine Auslassungsklammer steht; da heißt es mit deutlichem Bezug auf rhetorische Terminologie: praecipiens 1) de rebus et cogitandis heuristice, 2) de lucido ordine, methodologia, 3) de signis pulcre cogitatorum et dispositorum, semiotica.

58 Ursula Franke, Kunst als Erkenntnis. Die Rolle der Sinnlichkeit in der Ästhetik des Alexander Gottlieb Baumgarten. (Studia Leibniziana, Supplementa. 9) Wiesbaden 1972. – Auch Hans Rudolf Schweizer (Ästhetik als Philosophie der sinnlichen Erkenntnis. Eine Interpretation der ‚Aesthetica" A. G. Baumgartens. Basel/Stuttgart 1973) akzeptiert diese Setzung als Bereicherung der gegenwärtigen Diskussion und hat unter diesem Gesichtspunkt eine erste (Teil-)Übersetzung der Aesthetica vorgelegt: Alexander Gottlieb Baumgarten, Texte zur Grundlegung der Ästhetik. Übersetzt und hrsg. von Hans Rudolf Schweizer. (Philosophische Bibliothek. 351) Hamburg 1983.

59 Das 3. Kapitel im praktischen Teil von Wolffs Logik trägt den Titel „de usu Logicae in libris conscribendis, dijudicandis et legendis". Dementsprechend behandelt auch der getreue Gottsched das Schreiben von Reden und Gedichten im zweiten, „praktischen" Teil der Vernunftlehre („Von dem Nutzen derselben") und verweist am jeweiligen Ort für ausführlichere Darlegungen auf seine eigene „Redekunst" (Weltweisheit § 180) und „Dichtkunst" (§ 181).

60 Wenn Baumgarten in späterem Zusammenhang ausdrücklich davor warnt (§ 120), die Materie aus den „höheren Wissenschaften" zu nehmen, dann begründet er diese Warnung – außer mit dem Hinweis auf peinliche Folgen bei sachverständigen Lesern – nur mit der Feststellung, dergleichen liege außerhalb, in diesem Falle oberhalb des

Die Setzung „Poesie = Erkenntnis" hat sich in den kurzen Prolegomena abgespielt. Der theoretische Teil der Aesthetica beginnt nun sofort mit dem zweiten, alles entscheidenden Schritt (nach dem ersten, der die Setzung war). Es wird definitorisch festgelegt: Ziel und Zweck der Ästhetik ist die Vollkommenheit der sensitiven Erkenntnis als solcher, und das ist die Schönheit.[62] Ein schwieriger Satz.

Schönheit ist die Vollkommenheit sensitiver Erkenntnis – warum auf einmal Schönheit, traditionell ein ontologischer Begriff[63], als gnoseologisches Prädikat? Und wie führt die Ästhetik zu ihr hin – als Theorie der schönen Wissenschaften zur Erkenntnis der Schönheit oder als Kunst des Schöndenkens zur Schönheit der Erkenntnis? Vor allem: wessen sensitive Erkenntnis vollendet sich in Schönheit – die des Poeten (es sieht ganz danach aus) oder die des Theoretikers (aber der wird ja wohl intellektual erkennen)?

Am Schluß des zitierten Satzes fügt Baumgarten einen Hinweis auf den § 662 seines Metaphysiklehrbuchs hinzu, der offenbar Beleg und Begründung bereitstellen soll und es in gewisser Weise auch tut, darüber hinaus sich aber als überraschende Antwort auf all die gestellten Fragen entpuppt.

Jener § 662 steht im Kapitel „Empirische Psychologie", und da am Ende des Abschnitts über Vergnügen und Mißvergnügen (taedium et voluptas)[64] in einem nicht uninteressanten Kontext. Zuerst wird die Wirkung der Vollkommenheit benannt: „Der Zustand, in den die Seele beim Anschauen der Vollkommenheit versetzt wird, ist das Vergnügen."[65] Dann dieselbe Relation von Vollkommenheit (Ursache) und Vergnügen (Wirkung), nur diesmal von der Ursache her gedacht: „Die Ursache des Vergnügens ergötzt."[66] Es folgt die in der Ästhetik anzitierte Definition, was denn die ergötzende und Vergnügen verursachende Vollkommenheit sei: „Vollkommenheit als Erscheinung oder

ästhetischen Gesichtskreises (supra horizontem aestheticum posita), was zwar stimmen mag, aber nur ein Argument ist, wenn die anfängliche Setzung unbestritten ist, daß der Redner/Poet bei sensitiver Erkenntnis zu bleiben verpflichtet sei.

61 Ähnlich Breitinger, Critische Dichtkunst I 54: „Nur müssen wir einige allgemeine und abgezogene Begriffe, die allein dem reinen und von den Sinnen gantz abgezogenen Verstand vernehmlich sind, von der Nachahmung in der Poesie ausschliessen; von welcher Art in der Vernunft-Lehre, in der Meß-Kunst, in der Lehre von dem Wesen der Dinge, in der Rechen-Kunst, sehr viele enthalten sind", das heißt in Logik, Geometrie, Ontologie und Arithmetik.

62 Baumgarten, Aesthetica § 14: Aesthetices finis est perfectio cognitionis sensitivae, qua talis. Haec autem est pulcritudo.

63 Vgl. Gottsched, Weltweisheit § 256: „Wenn eine solche Vollkommenheit in die Sinne fällt, und, ohne deutlich und klar eingesehen zu werden, klar empfunden wird, so heißt sie Schönheit" (im Kapitel „Von den allgemeinen Beschaffenheiten eines Dinges", innerhalb der Ontologie).

64 Alexander Gottlieb Baumgarten, Metaphysica. Ed. quarta. Halle 1757, §§ 655–662. Baumgarten hat die wichtigsten Begriffe anmerkungsweise selbst ins Deutsche übersetzt.

65 Baumgarten, Metaphysica § 655: Status animae ex intuitu perfectionis est (complacentia) voluptas.

66 Baumgarten, Metaphysica § 658: Voluptatis caussa delectat.

als dem (im weiteren Sinne so genannten) Geschmack beobachtbare ist Schönheit."[67] Und abrundend noch einmal die Korrelation der so definierten Ursache mit ihrer Wirkung: „Daher ergötzt das Schöne als solches den Anschauenden."[68]

All diese Sätze sind ihrem Inhalt und zu einem gewissen Teil auch ihrer Formulierung nach aus Christian Wolffs „Psychologis empirica"[69] übernommen, mit zwei bezeichnenden Ausnahmen. Zum einen hat Baumgarten innerhalb dieses einen kurzen Abschnittes die Bezeichnung für das Aufnahmeorgan für Vollkommenheit gewechselt: zuerst ist es – ganz in Wolffscher Terminologie – das Anschauen (intuitus), dann aber plötzlich der Geschmack (gustus) des trotzdem immer noch Anschauenden. Die zweite Abweichung: wo Wolff von der Ursache (Vollkommenheit/Schönheit) her in Richtung auf ihre Wirkung (Vergnügen) denkt, da benutzt er das Wort placere[70], während Baumgarten im gleichen Zusammenhang delectare sagt.

In diesen beiden unscheinbaren terminologischen Verschiebungen konzentriert sich die systematische Genese und die ganze Problematik der Baumgartenschen Aesthetica. Wir befinden uns genau an dem Punkt, an dem Baumgarten seine Ästhetik aus der Wolffschen Philosophie heraus entwickelt.[71] Und dabei passiert einiges.

Der Wechsel von placere zu delectare bietet dem Verständnis keine Schwierigkeiten. „Delectare" ist ja die stereotype Formel der rhetorischen Poetik für die intendierte Wirkung der Poesie. Indem Baumgarten diese Formel hier einsetzt, verschafft er sich auf verblüffend einfache Weise die Möglichkeit, die Poesie, wie sie sich dem Leser darbietet, in die Wolffsche Philosophie zu integrieren, in der sie sonst vornehmlich als Verfertigung von Gedichten vorkam.[72]

---

[67] Baumgarten, Metaphysica § 662: Perfectio phaenomenon, s. gustui latius dicto observabilis, est pulcritudo. – Der Geschmack im engeren Sinne ist natürlich der des „Gaumens".

[68] Baumgarten, Metaphysica § 662: Hinc pulcrum, ut tale, intuentem delectat.

[69] Leipzig/Frankfurt 1732. – Wolff hat ebenfalls ein Kapitel De Voluptate ac Taedio, in dem – in derselben Reihenfolge – die Entsprechungen zu den eben zitierten vier Sätzen Baumgartens stehen: §§ 511, 543, 544, 545. – Diese Themen sind natürlich auch in Gottscheds „Weltweisheit" zu finden: Schönheit als sinnlich wahrgenommene Vollkommenheit (§ 256) und das Vergnügen als Zustand der Seele beim Anschauen der Vollkommenheit allgemein (§ 5) und der Schönheit insbesondere (§ 951).

[70] Wolff, Psychologia empirica § 543: Quod placet, dicitur pulchrum.

[71] Die einzige Andeutung in dieser Richtung finde ich bei Sulzer: „Er setzt die Wolffische Lehre, von dem Ursprung der angenehmen Empfindung, den dieser Weltweise in der undeutlichen Erkenntnis der Vollkommenheit zu finden geglaubt hat, zum Voraus." Johann George Sulzer, Allgemeine Theorie der Schönen Künste in einzeln, nach alphabetischer Ordnung der Kunstwörter auf einander folgenden, Artikeln. 2 Theile. Leipzig 1771/74, I 21 (Art. „Aesthetik"). Die „undeutliche Erkenntnis" ist die sensitive (die intellektuale ist durch Deutlichkeit ausgezeichnet); „angenehme Empfindungen" ist Sulzers eigene Formulierung (aus seiner noch zu erwähnenden Theorie der Empfindungen) für dasselbe, das Wolff und Baumgarten „Vergnügen" nennen.

[72] Vgl. Anm. 59.

Wolff hat sein System eben noch vor der Trennung von Schreiben und Lesen entworfen, während der wesentlich jüngere Baumgarten sich von vornherein in erster Linie als Leser verstehen konnte.[73]

Bis zu diesem Punkt könnte man die Änderung der Terminologie (delectare/gustus statt placere/intuitus) als zeitgemäße, elegante Ergänzung eines älteren Systems betrachten. Indessen, bei Wolff war die Stelle in der Psychologia empirica, in die Baumgarten die Poesie eingesetzt hat, natürlich nicht für diesen Zweck bestimmt und ihrerseits bereits voll definiert. Das Vergnügen als ein bestimmter Zustand der Seele ist definitorisch eindeutig und unauflöslich an eine einzige Ursache gebunden, eben an das Vorliegen von Schönheit. Deshalb muß nun die implantierte Poesie ebenso exklusiv und einsinnig als Schönheit gedacht werden.[74] Baumgarten hat diesem Zwang so bereitwillig nachgegeben, daß man fast vermuten möchte, er habe ihn gesucht.

In der Definition der Poesie als Schönheit hat er offensichtlich das Mittel gesehen, der unsicher gewordenen rhetorischen Poetik die verlorene Sicherheit wiederzugeben. Überträgt man nämlich die Gleichsetzung „Poesie = Schönheit" in die rhetorische Poetik, so fühlt sie sich da sofort heimisch und beginnt sich sozusagen von selbst zu entfalten und einzurichten in den drei Abteilungen der Rhetorik. Da eine Rede aus res, ordo und signa besteht, ergibt sich durch die Einführung jener Definition automatisch ein neuer, der gesuchte Maßstab: der Poet hat zu achten erstens auf die Schönheit der Sachen und Gedanken[75], zweitens auf die Schönheit der Ordnung[76] und drittens auf die Schönheit der Bezeichnung.[77]

---

[73] Baumgartens Bekenntnis in den Meditationes (= Anm. 51) 2, es sei ihm in seiner Jugend kein Tag ohne Gedicht vergangen (nulla dies sine carmine), wird üblicherweise so aufgefaßt, als habe er jeden Tag mindestens ein Gedicht geschrieben. Er variiert mit dieser Formulierung aber – nicht ohne einen Anflug von Frivolität – eine alte Theologenmaxime, keinen Tag ohne Lektüre eines Bibelkapitels verstreichen zu lassen (nulla dies sine capite).

[74] Auch eine Rückwirkung auf die Psychologia empirica wäre zu verzeichnen. Die Schönheit poetischer Texte soll zweifellos nicht ihre Qualität als Druckgraphik sein und entzieht sich daher dem Anschauen, das demzufolge durch ein anderes Seelenvermögen ersetzt werden muß. Das ist der Grund, weshalb Baumgarten, konsequent wie immer, den Wolffschen intuitus kommentarlos durch den gustus ersetzt. Dann aber können eigentlich auch die Psychologia empirica und die Ontologie nicht mehr ganz dieselben bleiben, wenn nämlich der Geschmack zum Empfangsorgan für Schönheit überhaupt und diese infolgedessen ganz unsichtbar geworden ist. Die kleine Änderung am Wolffschen System erweist sich also als eine Störung mit Dominoeffekt.

[75] Baumgarten, Aesthetica § 18: pulcritudo rerum et cogitationis.

[76] § 19: pulcritudo ordinis et dispositionis.

[77] § 20: pulcritudo significationis.

Daß in und mit der Übertragung auf die Poetik plötzlich auch dem Denken des Poeten (und nicht nur den Zeichen) das ontologische Prädikat „Schönheit“ (ars pulcre cogitandi) zugesprochen werden kann, das kündigt einen kapitalen Kurzschluß an, der sich hier ereignet hat. In der Psychologia war, wenn man mit Baumgarten die Poesie hineinbringt, mit aller Eindeutigkeit nur und allein vom Leser die Rede, von seiner sensitiven Erkenntnis, von seinem Anschauen der Schönheit und von seinem Ergötzen, das daraus entspringt; und es war dabei noch ganz unbedacht, wie die Schönheit produziert worden sein mag.

Baumgarten aber mengt den Poeten hinein und teilt dem Leser das Anschauen der Schönheit samt resultierendem Ergötzen zu, dem Poeten aber die sensitive Erkenntnis, die ja genau eben dieses Anschauen und eben dieses Ergötzen ist. Eine Ahnung davon, daß in diesem Kurzschluß Unterschiedenes vermischt wurde, überlebt darin, daß Baumgarten seinen Zentralbegriff „sensitive Erkenntnis“ zu einer Äquivokation macht. Die sensitive Erkenntnis des Lesers (in der Psychologia empirica) ist das Anschauen der Schönheit und das Ergötzen darüber; die sensitive Erkenntnis des Poeten ist formalisiert zum bloßen Schöndenken unabhängig von der Schönheit oder Nicht-Schönheit eines Angeschauten und ohne das resultierende Ergötzen.[78] Die kurzschlüssige Vermischung von Leser und Poet und die Äquivokation im Begriff „sensitive Erkenntnis“, die wider Willen davon Zeugnis ablegt, sind bleibend konserviert im Namen „Ästhetik“ (scientia sensitivae cognitionis) und aus ihm und seinem Gebrauch nicht mehr zu entfernen. Baumgarten hat an dieser Äquivokation und jener Vermischung eisern festgehalten und im Interesse einer neuen philosophischen Disziplin all die Vertauschungen und Täuschungen in Kauf genommen, die nötig und unvermeidlich werden, wenn man auf dieser Basis mit letzter Konsequenz weiterdenkt.

Es folgt daraus die theoretische Annihilation all dessen, was „zwischen“ dem Denken des Poeten und der Erkenntnis des Lesers liegt, also des Schreibens, des Textes und des Lesens. Wenn die sensitive Erkenntnis des Lesers unterderhand und äquivok an den Poeten delegiert ist, verschwindet das Problem, wie der Leser Zugang zur Erkenntnis des Poeten bekommt; denn diese ist ja genealogisch seine eigene. Der Text als Schrift fällt aus bzw. wird der Erkenntnis des Poeten gleichgesetzt. Er schmilzt zur transparenten Glasplatte über dem Hirn des Dichters; er wird zum ausdehnungslosen Ort, an dem die unsichtbare Schönheit des Denkens ihre unmittelbare, nur dem Geschmack (nicht dem Anschauen) beobachtbare Erscheinung begeht.

Umgekehrt erstarrt das poetische Denken zum perfekten Ding (wie der Text eines war), dessen Vollkommenheit und Schönheit es zu ergründen gilt. Darum darf und muß die Aesthetica das ontologische Prädikat „Schönheit“ so ausgiebig, ja, ausschließlich benutzen. Und dadurch hört sie schon im Ansatz auf, diejenige Parallele und Ergänzung der Logik zu sein, als die sie sich versteht,

[78] Zumindest zu Anfang unterscheidet Baumgarten klar und deutlich zwischen der Schönheit des Denkens und dem Denken der Schönheit und konzediert, daß auch Häßliches schön gedacht werden könne: Possunt turpia pulcre cogitari, ut talia, et pulcriora turpiter (§ 18).

und wird zu einer einzigen, großen ontologischen Begriffsanalyse, zur analytischen Entfaltung des Begriffs der Schönheit im Hinblick auf das Denken in (Beredsamkeit und) Poesie.

Als eine solche Begriffsanalyse büßt die Aesthetica ebenso schon im Ansatz den beanspruchten Status einer Begründung der Rhetorik und einer Anleitung zum poetischen Schreiben ein und wird statt dessen zu einer systematischen Sammlung von Gesichtspunkten, die der Leser bei der Fixierung seiner sensitiven Erkenntnis, das heißt beim Aussprechen oder Aufschreiben seines Geschmacksurteils über die Schönheit eines Gedichts, zu berücksichtigen hätte. Die Aesthetica ist, um ein angemessenes Paradox zu benutzen, eine Dichtungslehre (Poetik) für nicht mehr dichtende Leser.

So expliziert der Theoretiker Baumgarten denn diejenige Erkenntnis, die ein Leser, wenn er sich von der ergötzenden Lektüre losreißt, über die Ursache seines Vergnügens (das heißt über die Schönheit) gewinnen und haben kann. Die Aesthetica gibt vor, vom schönen Denken des Poeten zu handeln, exponiert in Wahrheit aber als ontologische Begriffsanalyse nur das analysierende Denken des Schönen, also sich selbst[79], und sie merkt das nicht, weil sie immer noch meinen kann, als Leseraktivität immer noch auch auf der Schreiberseite zu stehen. Die unkontrollierte Vermischung beider geht der Unterscheidung beider voraus, ist sie aber noch nicht.

Diese Verrenkungen der Aesthetica sind die Konvulsionen eines geistesgegenwärtigen Denkens, das es übernommen hat, eine fundamental neue Sachlage theoretisch zu verdauen, daß nämlich der poetische Text sich aus der immerwährenden Zirkulation von Poet zu Poet herausgelöst hat und zum Gebrauchsgegenstand für einen neuen Nur-Leser zu werden im Begriffe war. In dieser Situation ist Baumgartens Aesthetica die konservative Weigerung, die geahnte Differenz zwischen dem Text als Objekt des Lesers und dem Text als Produkt des Schreibers anzuerkennen, und zugleich der Beschluß, daß beide, die ja in der Tat ein einziges Ding ausmachen, derselbe sind; wobei der Indikativ „sind" als faktitiver Imperativ zu verstehen ist.

In der Konstruktion seiner Aesthetica macht Baumgarten formaliter dasselbe wie Gottsched: er definiert einen Begriff aus der Tradition der rhetorischen Poetik (delectare) neu mit Hilfe der Wolffschen Philosophie (diesmal, im Unterschied zu Gottsched, mit einem Aperçu aus der Psychologia empirica). Und weil er beim Leser ansetzt und nicht bei der poetischen Arbeit, weil er also das Ergötzen neu faßt und nicht wie Gottsched die Natur, deshalb kommt materialiter Ähnliches heraus wie bei Breitinger: eine Einschränkung des Poeten in

[79] Deswegen ist die heute geläufige Übersetzung „Theorie des Schönen" so abwegig nicht, wie es aufgrund der Baumgartenschen Definition von „Ästhetik" im § 1 erscheinen möchte (nur ist natürlich der Name „Ästhetik" unpassend für eine Theorie des Schönen). Auch liegt eine abgründige historische Ironie darin, daß wir heute und schon seit längerer Zeit Leute wie Baumgarten, die über das Schöne nachdenken, mit einer seiner Neuprägungen als „Ästhetiker" bezeichnen, während er selbst den felix aestheticus als einen Urheber sah (§ 27), z. B. als den schön denkenden Poeten.

seiner Stoffwahl und der Versuch einer Steuerung der poetischen Produktion über den Markt.

Daß die Poesie so ausschließlich als Schönheit gefaßt wird, sichert ihr aber bei Baumgarten immerhin doch noch ein wesentlich größeres Stoffreservoir, als wenn sie sich nach dem Dekret Breitingers immer möglichst um das Neue und Wunderbare bemühen müßte[80]; denn es kommt Baumgarten, wie gesagt, nicht zuerst auf die Schönheit des Gegenstandes an, sondern auf die Schönheit des Denkens und der Darstellung.

Diese Einschränkung ist jedoch nur der Extension nach liberaler als die Breitingersche; dafür ist sie intensional um so rigider. Sie begründet einen knallharten Dogmatismus, der sehr gelöst auftreten kann mit jenem zirkulären Argument, das der Struktur nach heute noch beliebt ist: ein Poet, der seine Poesie nicht dem definierten Zweck (z. B. der Schönheit) weiht, ist gar keiner, sondern etwa ein Schriftsteller, ein Literat oder, wie Baumgarten sagt, ein Liedermacher.[81] Wer und was auch immer die Begrenzung (Definition) der Poesie in Frage stellt durch die Tat, hat nicht mehr mit Tadel oder Kritik zu rechnen, sondern wird umgehend terminologisch exkommuniziert.[82]

Daß eine Theorie auf diese Weise den Widerspruch als Bestätigung ihrer Richtigkeit benutzen kann, ist Kennzeichen eines Dogmatismus, den nichts erschüttern kann. Dafür schafft er Klarheit, bei Baumgartenschem Format jedenfalls, eine Klarheit, die sich wohltuend vom kleinlichen Gezänk zwischen Breitinger/Bodmer und Gottsched samt jeweiliger Anhängerschaft abhebt – die waren alle nicht dogmatisch genug.

Die dogmatische Klarheit der Aesthetica findet angemessenen Ausdruck in ihrer vollständigen Geschlossenheit. Ihr Inhalt und der gesuchte Maßstab für die Auswahl aus dem Angebot der Rhetorik sind ein und dasselbe. Die Aesthetica kann, sobald sie zur Sache kommt, rein deskriptiv vorgehen, weil die zu beschreibende Sache schon die (nur nicht als solche präsentierte) Norm selbst ist, die Vollkommenheit alias Schönheit. Eben darum hält sich die Norm „Schönheit“ zwanglos durch alle drei Teile der Rhetorik durch, während Breitinger immer noch nach den dispositorischen und stilistischen Entsprechungen des Wunderbaren zu suchen hatte.[83]

---

80 Thaumaturgia, die Erzeugung von Verwunderung (admiratio) durch Wunderbares (mirabilia), kommt zwar auch bei Baumgarten vor (Aesthetica §§ 808–828, Meditationes § 44), aber nur als eine von vielen möglichen Vollkommenheiten.

81 Wie ein unzulänglicher Dichter (poeta) zum Liedermacher (carminifex) degradiert wird, so wird auch seinem Produkt die Bezeichnung „Gedicht“ (poema) verweigert – es ist nur ein Lied (carmen) (Baumgarten, Meditationes § 105). Und da die Poetik definitionsgemäß nur vom Gedicht handelt (Meditationes § 9), hat es der Verfertiger von Liedern ganz allein seiner Unzulänglichkeit zuzuschreiben, wenn die Poetik sein Werk nicht berücksichtigt.

82 Auch dies eine Verfestigung eines alten Arguments aus der rhetorischen Poetik, desjenigen nämlich, daß man allein durchs Versemachen noch nicht zum Dichter werde.

83 Die letzte Abrundung ist darin zu sehen, daß die Schönheiten der Sachen/Gedanken, der Ordnung und der Bezeichnung überwölbt werden durch eine Superschönheit von der Struktur der Wahrheit: durch die endlich zu erreichende höchste Schönheit,

Vermöge dieser ihrer Geschlossenheit ist die Aesthetica, wie immer ihr Anspruch sei, kein Hilfsbuch für einen poetisch Tätigen, sondern ein Gesetzbuch für „Kunstrichter“.[84] Mit dem Begriff der Schönheit hat Baumgarten der Kritik poetischer Texte ein wohldefiniertes, umfassendes und differenziertes Kriterium geschenkt, das noch dazu den Vorteil hat, ein formales zu sein (Vollkommenheit bzw. Schönheit sind traditionell bestimmt als Einheit in der Mannigfaltigkeit). Es erlaubt der Kritik, auf mancherlei Aspekte des Textes zu achten, die alle auf unterschiedliche Weise „schön“ sein können, und es gibt ihr obendrein die Sicherheit, daß kein Verstoß gegen das philosophisch begründete Kriterium Anlaß zu dessen Revision sein könnte, sondern daß jeder vollständig dem jeweiligen Poeten anzulasten ist.

Eine berufsmäßig betriebene Literaturkritik von Nur-Lesern, die alles besser wissen können, ohne es auch besser machen können zu müssen, hat es um die Mitte des 18. Jahrhunderts noch nicht gegeben.[85] Die Kritik in den aufkommenden Zeitschriften[86] stand bestenfalls an der Grenze, an der es nicht sicher auszumachen ist, ob es eine von Auch-Dichtern an der Produktion der Konkurrenz war oder eine von Fast-nur-Lesern. Bis auf weiteres ist ihr ein poetischer Text deutscher Sprache – und nur von solchen ist hier die Rede – doch dasselbe gewesen wie einem Tischler ein Möbelstück aus der Nachbarwerkstatt, also ein handwerkliches Produkt, an dem man in Kenntnis der Zunftregeln fachmännisch-kritisch betrachten kann, wo die Regeln eingehalten worden sind und wo nicht, was gelungen und was danebengegangen ist, was also das Prädikat „schön“ verdient und was nicht.

Auf jeden Fall aber war die Literaturkritik mitbeteiligt an einem Vorgang, in den Baumgartens Aesthetica – klärend und verwirrend zugleich – eingegriffen hatte. Das war der Vorgang, in dem das Schreiben und das Lesen von deutscher Poesie sich dissoziiert haben und in dem der poetische Text unterwegs war zu einem neuen Ort im kulturellen System und im gesellschaftlichen Leben. Die Literaturkritik hat diesen Vorgang, bremsend oder beschleunigend, mitgetragen, und die philosophische Theorie hat versucht, ihn begreifend mitzugestalten und ihn im System des Wissens und der Wissenschaften aufzufangen und zu verarbeiten.

---

die besteht in der Übereinstimmung zwischen der Schönheit der Gedanken und derjenigen ihrer Ordnung und sprachlichen Bezeichnung. Deshalb spielt der Begriff des consensus eine überragende Rolle in den Definitionen der §§ 18–20 der Aesthetica. Die jüngere Variante jener Superschönheit heißt übrigens „Übereinstimmung von Form und Inhalt“.

[84] Deshalb konnte Georg Friedrich Meier in der Vorrede zu seiner „Abbildung eines Kunstrichters“ (Halle 1745) bei der Angabe seiner Quellen mitteilen: „Am allermeisten aber habe ich des Herrn Professor Baumgartens noch ungedruckte Aesthetik gebraucht.“

[85] Eva-Maria de Vos, Die frühe Literaturkritik der Aufklärung. Untersuchungen zu ihrem Selbstverständnis und zu ihrer Funktion im bürgerlichen Emanzipationsprozeß. Diss. Bonn 1975.

[86] Jürgen Wilke, Literarische Zeitschriften des 18. Jahrhunderts (1686–1789. 2 Teile. (Sammlung Metzler. 174/175) Stuttgart 1975.

Es gibt zwar wohl keinen Hinweis, daß irgend jemand die Aufgabe als solche erfaßt hätte (dann wäre ihre Lösung auch vergleichsweise ein Kinderspiel gewesen), aber alle haben daran mitgearbeitet. Darüber gibt es natürlich keine direkten Nachrichten, sondern nur Indikatoren, die immer der Auslegung bedürfen.

Solche Indikatoren könnte auch die theoretische Diskussion liefern, aber sie ist um diese Zeit keineswegs wendiger und findiger gewesen als andere Reaktionsweisen, die sich weniger in Schriften als in Taten äußern, ohne deshalb theorielos zu sein. Die wichtigsten stammen aus derjenigen Institution, die sowohl am gesellschaftlich-kulturellen als auch am Wissenssystem partizipiert und sie verbindet, das heißt aus der Universität als der gesellschaftlich approbierten Verkörperung des Wissenschaftssystems. Veränderungen des Unterrichtsangebots und vollends Veränderungen im Kanon der Fächer, die mit Professuren bedacht sind, signalisieren recht genau und relativ schnell einen überindividuellen Wandel im System des Wissens, der noch in keiner gedruckten Theorie explizit geworden sein muß.

Ein weiterer Indikator wieder anderer Art ist die Verwendung bzw. das Verschwinden des intrikaten Begriffs „schöne Wissenschaften". Er ist in den Jahren nach 1720 gebildet worden, als die Deutsche Rhetorik ihre hohe Zeit hatte. Er war Nachfolge- und Ersatzbegriff für „artes liberales" und „litterae humaniores" (Philologie im weitesten Sinne)[87] und hat sich in den fünfziger Jahren, also zur Zeit der Aesthetica, zu seiner endgültigen Fassung als Oberbegriff nur für Poesie und Beredsamkeit verengt.[88]

Dieser Begriff ist Indikator, weil unter seiner Herrschaft poetischen Texten generell derselbe Status zukommt, wie ihn heute wissenschaftliche Texte haben. Liest heute z. B. ein Philosoph eine philosophische oder ein Mathematiker eine mathematische Abhandlung, so kommt es ihm ja – völlig zu Recht übrigens – niemals in den Sinn, daß er lesend etwas anderes betreiben könnte als eben Philosophie oder Mathematik, etwas anderes also, als der jeweilige Verfasser schreibend auch getan hat. Diese Einstellung setzt, wie Baumgarten, Text und Erkenntnis gleich und unterscheidet nicht zwischen Schreiben und Lesen – beide sind ihr Erscheinungsweisen ein und derselben Wissenschaft. Genau diese Einstellung, praktiziert der Poesie gegenüber, ist zum allgemeinen

---

[87] Natürlich ist dieser Begriff – vermöge seines ersten Bestandteils – irgendwie auch am Französischen orientiert, aber eine Übersetzung ist er trotzdem nicht; denn es gibt nur „belles lettres", nicht aber, wie es sonst nötig wäre, „belles sciences".

[88] Es liegt noch in einem Dunkel, das sich vielleicht nie wird aufhellen lassen, wann und von wem dieser terminus technicus gebildet worden ist. Recht nahe am Anfang (zeitlich und örtlich) dürfte stehen: Johann Friedrich Bertram, Summarische Einleitung in die so genannte Schöne Wissenschaften Oder litteras humaniores [...]. Halle 1725. Für Bertram bildet, wie der lateinische Ausdruck andeutet, die gesamte Philologie einschließlich Historie, Numismatik usw. den Begriffsinhalt. – Ein früher Beleg für die später verbindliche Einschränkung auf Poesie und Beredsamkeit ist das Gedicht „Der Nutzen der schönen Wissenschaften beym Vortrag philosophischer Lehren" (1742), das nur jene beiden behandelt: Abraham Gotthelf Kästner, Vermischte Schriften. Altenburg 1755, S. 94–96.

Sprachgebrauch geworden im Begriff „schöne Wissenschaften", und in ihm ist daher der Stand der Dinge und auch Baumgartens Problem präzise und für jedermann verfügbar aufbewahrt. Sobald die Bezeichnung „schöne Wissenschaften" verschwindet, muß etwas Entscheidendes passiert sein.

Dieses Beispiel mag auch die Schwierigkeit der Aufgabe illustrieren, die Baumgarten und seiner Zeit gestellt war. Der Weg von der Aesthetica zu einer Literaturwissenschaft heutigen Stils war genau so lang oder so kurz, wie wenn wir heute, ohne jemals dazu aufgefordert worden zu sein oder gar das Ziel zu kennen, eine Wissenschaft zu entwickeln hätten, die von philosophischen oder mathematischen Texten handelte und doch selbst nicht Philosophie oder Mathematik wäre.

Auf dem analogen Wege von der rhetorischen Poetik ins Ungewisse markieren Breitingers „Critische Dichtkunst" und Baumgartens „Aesthetica" eine erste Etappe: die Entdeckung und Wahrnehmung des poetischen Textes, wie er als Objekt des Lesers erscheint. Obwohl beide Theorien Reaktionen darauf und Dokumentationen dessen sind, haben sie doch die Aspekte „Produkt des Schreibers" und „Objekt des Lesers" theoretisch noch keineswegs voneinander getrennt. Die Trennung des Lesens vom Schreiben theoretisch aufzufangen würde bedeuten, die Baumgartensche Verwechslung des Lesers oder Theoretikers mit dem Poeten aufzulösen.

Nachdem dieser Schritt in der Theorie getan war (worüber bald zu berichten sein wird), konnte die Ästhetik – dann meist unter dem Namen „Theorie der schönen Wissenschaften" – die Nachfolge der Deutschen Rhetorik und der Poetikkurse an den Universitäten antreten, Nachfolge allerdings nicht in der praktischen Unterweisung, sondern als eine neue Weise, poetische Texte theoretisch zu thematisieren. Die Institution Universität hat sich sehr schnell der „moderneren" Theorie zugewandt und die ältere degradiert.

Daß tatsächlich ein solcher Zusammenhang zwischen dem Rückgang der Deutschen Rhetorik und dem Aufkommen der Theorie der schönen Wissenschaften besteht, dafür sei als Zeuge aufgerufen Rudolf Wilhelm Zobel. Er wurde 1773 in Frankfurt an der Oder Professor der Philosophie und Beredsamkeit (nicht mehr: der deutschen Beredsamkeit!) und erläuterte in seinem Antrittsprogramm diesen Titel so:

> Die Lehrstelle der Beredsamkeit, nach den Begriffen und Bedürfnissen unserer Zeit, erstreckt sich auf alles dasjenige, was in den Bezirk des Geschmacks gehört. Der Geschmack hat seine Regeln, und das Schöne seine Theorie, eben so wohl, wie jede andere Kunst und Wissenschaft. Mit dem Vortrage derselben beschäftigt sich die Aesthetik, die in systematischer Form, dem ehemaligen berühmten Lehrer unsrer Universität, Baumgarten, ihren Ursprung zu danken hat.[89]

Sich berufend also auf die gewandelten Verhältnisse und Baumgarten die Reverenz erweisend, deutet Zobel sein Fach „Beredsamkeit" um zu „Aesthetik", über die er regelmäßig Vorlesungen halten wolle. Lediglich zur Ergänzung aus

---

[89] Rudolf Wilhelm Zobel, Von der Gemeinnützigkeit der Wissenschaften nebst einer Vorlesung über das Studium des Geschmacks. Frankfurt/Oder 1773, S. 51.

praktischen Rücksichten (und natürlich gegen besonderes Honorar) ist er – mit einer gängigen Formel – ferner „erbötig, den hiesigen Studirenden in allen Arten der Ausarbeitungen behülflich zu seyn, so bald es von mir verlangt wird, und [...] Uebungen im Stil überhaupt, in den Geschäften des gemeinen Lebens und in Briefen zu veranstalten".[90]

Diese zeitgemäße Auslegung der Pflichten eines Lehrers der Beredsamkeit, derzufolge der Vortrag der Ästhetik obligatorisch ist und auf Wunsch durch praxisbezogene Unterweisungen im (nicht mehr poetischen) Schreiben ergänzt werden kann, steht am Ende eines Wandels, an dessen Anfang wir uns jetzt befinden: die poetische Sprache ist aus einem Gegenstand praktischer Bearbeitung zu einem Gegenstand theoretischer Erkenntnis geworden. Von Zobel darauf hingewiesen, können wir zum „Ursprung" der Ästhetik zurückkehren und zunächst ihre universitäre Laufbahn verfolgen.

Ästhetikvorlesungen

Baumgarten hat gleich bei seiner Ankunft in Frankfurt an der Oder (1740) seine Vorlesungspläne bekannt gemacht:

> Die Historie der Philosophie, eine Einleitung in ihre Theile, und allgemeine Gesetze der Aesthetik, Rhetorik, Poetik, und Hermenevtik zu erklären, werde bey sich äussernder Gelegenheit auch kein Bedencken tragen. Es versteht sich allezeit die Bedingung: Wenn GOtt will, und wir leben.[91]

Die Gelegenheit äußerte sich, wie das damals üblich war, als studentischer Wunsch, die neue Wissenschaft Ästhetik zu hören; das war 1742.[92] Eine Wiederholung fand 1749 statt.[93]

Baumgartens in Halle zurückgebliebener Schüler Georg Friedrich Meier hat von ihm direkt das Manuskript der ersten Ästhetikvorlesung erbeten und erhalten und es ab 1745/46[94] mehrfach als Grundlage seiner Vorlesungen benutzt.[95] Diese seine eigene Vorlesung hat Meier in drei recht umfangreichen Bänden als „Anfangsgründe aller schönen Wissenschaften"[96] veröffentlicht und damit der Baumgartenschen Aesthetica schon vor deren Erscheinen den Weg geebnet, nicht zuletzt dadurch, daß er – im Unterschied zu Baumgartens schwierigem Latein – ein recht effektvolles Deutsch geschrieben hat.

---

[90] Zobel 53.

[91] Alexander Gottlieb Baumgarten, Gedancken vom Vernünfftigen Beyfall auf Academien. Wonebst er Zu seiner Antritts-Rede und ersten Franckfurthischen Lese-Stunden eingeladen. Zweyte vermehrte Auflage. Halle 1741, S. 36.

[92] Baumgarten, Aesthetica (= Anm. 10), Anfang der praefatio.

[93] Ernst Bergmann, Georg Friedrich Meier als Mitbegründer der deutschen Ästhetik. (Habil.-Schrift). Leipzig 1910, S. 23.

[94] Bergmann 26.

[95] „Ich habe mir dieses Collegium ausgebeten, und ich habe darüber schon einigemal gelesen, bis ich nunmehr, mit Genehmhaltung des Herrn Profeßors, den ersten Theil in der gegenwärtigen Gestalt dem Drucke übergeben habe." Meier, Anfangsgründe I (= Anm. 96) fol. a 2r.

Wie Meier von Baumgarten profitiert hatte, so Christian Ernst von Windheim seinerseits von Meier. Windheim hatte bis 1745 in Halle studiert[97] und muß dort Meiers Ästhetikvorlesung gehört oder Einsicht in Meiers bzw. Baumgartens Manuskript gehabt haben. Denn bevor noch die Meierschen „Anfangsgründe" erschienen waren, kündigte Windheim[98] 1748 in Göttingen „Aisthetic, oder die ersten Anfangsgründe der Poesie und Beredsamkeit" an. 1749 und 1749/50 hieß das Kolleg nur kurz „Aesthetic", 1750 dann „über Baumgartens Aesthetic", deren erster Band ja gerade erschienen war.[99] Als Ordinarius in Erlangen[100] hat Windheim die Ästhetik weiter im Baumgartenschen Sinne gepflegt und sie zwischen 1751/52 und 1763 viermal gelesen, z. B. nach der Ankündigung von 1757, er trage, „um den Geschmack seiner Zuhörer zu bilden, die Kunst, schön und zierlich zu denken, in einer wissenschaftlichen Form vor".

Auf diese Weise hat die Ästhetik ihre Laufbahn an den Universitäten zunächst sozusagen im engsten Familienkreise begonnen: beim ehemals hallischen Dozenten Baumgarten in Frankfurt und bei seinem Schüler Meier und seinem Schülersschüler Windheim. Daß diese beiden gerade die drei modernsten protestantischen Universitäten – Halle (gegründet 1694), Göttingen (1737), Erlangen (1743) – versorgt haben, mag ein Zufall sein, aber er paßt ins Bild.

Die akademische Karriere der Baumgartenschen Aesthetica war gleichwohl nur kurz. Außerhalb der direkten Filiation scheint das Interesse gering gewesen zu sein und sich zum guten Teil[101] auf eine Art Rezensionskolleg beim Erscheinen der beiden Bände beschränkt zu haben.[102] Auch der Titel „Ästhetik", der direkt auf Baumgarten hinweist, taucht nur noch ganz vereinzelt in den

---

[96] Georg Friedrich Meier, Anfangsgründe aller schönen Wissenschaften. 3 Theile. Halle 1748–50. Die 2. Auflage (Halle 1754, Reprint Hildesheim/New York 1976) ist ein bereinigter, text- und seitengleicher Neudruck.

[97] ADB XLIII 388–390 (P. Tschackert).

[98] Windheim war seit 1747 philosophischer Extraordinarius in Göttingen: Wilhelm Ebel, Catalogus professorum Gottingensium 1734–1962. Göttingen 1962, S. 121.

[99] Auf diese Vorlesungen bezieht sich wohl die irrige Angabe, auch die Ästhetik gehöre zu den „neuen, bisher nie gelehrten Wissenschaften", die in Göttingen zuerst eingeführt worden seien: Christoph Meiners, Kurze Darstellung der hohen Schulen des Protestantischen Deutschlandes, besonders der hohen Schule zu Göttingen. Göttingen 1808, S. 23.

[100] Erwin Vogel/Gertrud Endriß, 200 Jahre Universität Erlangen. Beiträge zur Geschichte der Universität, ihrer Lehrer und Forschungsstätten [...]. Erlangen 1943, S. 46 (maschinenschriftlich in der Universitätsbibliothek Erlangen).

[101] G. Kohfeldt, Rostocker Professoren und Studenten im 18. Jahrhundert [...]. Rostock 1919, S. 82, erwähnt ein „Ästhetikkolleg" schon für 1749, leider ohne den Namen des Dozenten und den genaueren Titel der Vorlesung anzugeben.

[102] 1751/52 kündigte der Philosoph Carl Gerhard Wilhelm Lodtmann in Helmstedt an, er werde „Baumgartens Aesthetik aufklären"; 1758 las Johann Ernst Basilius Wiedeburg in Erlangen „Aesthetik", 1758/59 bis 1760 Lüder Kulenkamp in Göttingen „Aesthetik nach Baumgarten".

sechziger Jahren auf[103] und verschwindet, außer im Sonderfall Königsberg[104], für geraume Zeit ganz zugunsten von „Theorie der schönen Wissenschaften". Und wenn überhaupt Lehrbücher angegeben werden, dann ist es seit dem Erscheinen der deutschen Übersetzung „der Batteux"[105], mit wenigen Ausnahmen bis weit in die siebziger Jahre hinein.

Mit dem Titel Ästhetik hatte es indessen noch eine besondere Bewandtnis, die eine gewisse Vorsicht in seiner Verwendung als verständlich erscheinen läßt. Die Ästhetik war nämlich ohne Zutun ihres Erfinders vor allem durch Meier in den Streit um Klopstocks „Messias"[106] hineingeraten, und die Gegenseite hat es nicht ungeschickt verstanden, sprachliche und theologische Heterodoxie so fest an den Namen „Ästhetik" zu knüpfen[107] daß „ästhetisch" zum Parteinamen und zum Schimpfwort geworden ist.[108] Meiers Schüler Gottlob Samuel Nicolai, bis 1752 in Halle und nachher neben Baumgarten in Frankfurt lehrend, wird jene Verknüpfung gefördert haben, indem er die Ästhetik sofort in theologische Reizzonen verlängert hat.[109]

[103] Zum Beispiel: 1762/63–1764 Matthias Heus in Straßburg, 1763/64 Johann Georg Bechtold in Gießen, 1766/67 und 1768 Johann Carl Christoph Ferber in Helmstedt.

[104] 1770/71 und 1771 hat Johann Gotthelf Lindner ein Collegium aestheticum angekündigt, 1771/72–1775/76 jedes Semester „Aesthetica" (natürlich nach seinem Lehrbuch: Kurzer Inbegriff der Aesthetik, Redekunst und Dichtkunst. 2 Theile. Königsberg/Leipzig 1771). Sein Nachfolger Johann Gottlieb Kreutzfeld hat die Übung weitergeführt, auch wenn er sich an Lehrbüchern anderen Titels orientiert hat (1777: Aesthetica Poesi inprimis accomodata, secundum Institutiones Batteusii a Ramlero emendatas; 1783/84: Theoria et Litteratura Aesthetices, inprimis Poeseos et Eloquentiae, nach Eschenburg), und so weiter bei Carl Ehregott Mangelsdorff (1786: Aesthetices, Rhetorices et Poetices praecepta, nach Lindner) und Carl Ludwig Pörschke (seit 1788 wiederholt Aesthetica, nach Eberhard).

[105] Einleitung in die Schönen Wissenschaften. Nach dem Französischen des Herrn Batteux, mit Zusätzen vermehret von C. W. Ramler. 4 Bände. Leipzig 1756–58. – Zu Batteux, allerdings nicht zur Rolle seines Buches an den deutschen Universitäten: Manfred Schenker, Charles Batteux und seine Nachahmungstheorie in Deutschland. (Untersuchungen zur neueren Sprach- und Literatur-Geschichte. NF 2) Leipzig 1909. – Christoph Siegrist, Batteux-Rezeption und Nachahmungslehre in Deutschland; in: Geistesgeschichtliche Perspektiven. Rückblick – Augenblick – Ausblick. Hrsg. von Götz Großklaus. Bonn 1969, S. 171–190. – Irmela von der Lühe, Natur und Nachahmung. Untersuchungen zur Batteux-Rezeption in Deutschland. (Abhandlungen zur Kunst-, Musik- und Literaturwissenschaft. 283) Bonn 1979.

[106] Franz Muncker, Friedrich Gottlieb Klopstock. Geschichte seines Lebens und seiner Schriften. Stuttgart 1888, S. 143 ff.

[107] Die deutlichste Verbindung sprachlicher und theologischer Neologie ist hergestellt im Titel des bekannten Pamphlets von Christoph Otto von Schönaich, Die ganze Aesthetik in einer Nuß oder Neologisches Wörterbuch (1754). Hrsg. von Albert Köster. (Deutsche Litteraturdenkmale des 18. und 19. Jahrhunderts. 70–81) Berlin 1900.

[108] Darauf hat Gottlob Samuel Nicolai, der Bruder Friedrich Nicolais, hingewiesen in seinem Vorwort zu dessen „Briefen über den itzigen Zustand der schönen Wissenschaften in Deutschland" (Berlin 1755).

[109] Gottlob Samuel Nicolai, Meditationes philosophico-philologicae de applicatione cognitionis affectuum et poeseos in disquirendo sensu codicis sacri. Halle 1749, und: Difficultatem studii sacri codicis cognitione elegantiorum litterarum aptè minui exemplis demonstrat. Halle 1750.

Wie solche Dinge gewirkt haben, sieht man an der Reaktion des nach Halle zurückgekehrten alten Christian Wolff, von dessen Philosophie ja all die Neuerungen ausgegangen waren. Er hat sich öffentlich nicht geäußert, dafür aber privat kein Blatt vor den Mund genommen.

> Er klagte ferner sehr, daß man jetzo alles ästethisch machen wolle; es heiße damit nichts; die Baumgartensche Aestethick sowohl als die Meiersche sey elendes Zeug; man wolle junge Leute ornate et acute schreiben lehren, und dies ihnen ex scriptoribus zeigen, welche die Leute nicht kennen und ohnmöglich durch ein solches Buch witzig und zierlich denken und schreiben lernen könnten; man verderbe die Jugend; wer kein ingenium acutum habe, werde es daraus nimmer erhalten, ja es gehe mit den ästethischen Sachen jetzo so weit, daß der Adjunkt Nicolai sogar die Bibel ästethisch erklären wolle.[110]

Derartige persönlich gefärbte Aversionen, als soziale Phänomene immerhin nicht zu vernachlässigen, mögen die relative Resonanzlosigkeit der Baumgartenschen Theorie und das Verschwinden ihres Titels erklären helfen, aber die wichtigen Entscheidungen sind doch in der Sache selbst gefallen, worauf auch das Vordringen Batteux' hinweist.

Theoretische Unterscheidung zwischen Schreiber und Leser: Sulzer

Der Aesthetica ist es nämlich so ergangen wie dem Rumpelstilzchen, das sich selbst zerreißt, sobald jemand seinen Namen kennt. Ohne sie direkt zu nennen, aber zweifellos mit ihr bestens vertraut, hat Johann George Sulzer in seinen Berliner Akademieabhandlungen von 1751 und 1752[111] die Aesthetica entzaubert und zur Selbstzerreißung gezwungen, indem er sie bei ihrem Namen genommen hat.

Dieser Name „Aesthetica" ist ja, wie Baumgarten selbst wußte und angegeben hat, nur eine latinisierte Ableitung vom griechischen Wort für „wahrnehmen" oder – nach dem Sprachgebrauch des 18. Jahrhunderts – für „empfinden" (aisthánomai). Aus diesem etymologischen Wissen zieht Sulzer mit größter Selbstverständlichkeit die sachlichen Konsequenzen, und damit ist es um

---

110 J.C.C.O., Tagebuch einer gelehrten Reise 1750, durch einen Theil von Ober- und Nieder-Sachsen; in: Johann Bernouilli's Sammlung kurzer Reisebeschreibungen [...]. Band 5. Berlin/Dessau 1782, S. 62 f.

111 Johann George Sulzer, Recherches sur l'origine des sentimens agréables et désagréables: I Théorie générale du plaisir, II Théorie des plaisirs intellectuelles, III Des plaisirs des sens, IV Des plaisirs moraux; in: Histoire de l'académie royale des sciences et belles lettres. Année 1751, Classe de philosophie spéculative, pp. 57–70, 76–100; Année 1752, pp. 350–372, 373–390. Berlin 1753/54. – Deutsche Fassung: Untersuchung über den Ursprung der angenehmen und unangenehmen Empfindungen; in: Johann George Sulzer, Vermischte Philosophische Schriften. Aus den Jahrbüchern der Akademie der Wissenschaften zu Berlin gesammelt. Leipzig 1773, S. 1–98.

die Einheit der Aesthetica geschehen. Mit Baumgarten ausgehend von der Wolffschen Korrelation von Schönheit und Vergnügen[112], entwirft Sulzer eine allgemeine Theorie der angenehmen Empfindungen oder der Vergnügungen (das ist der Plural von „Vergnügen"), der er mit leichter Hand, aber scharf unterscheidend eine Theorie des Schönen als Kontrapost beigesellt.

Damit hat sich die Aesthetica selbst entzweigerissen in einen ontologischen und einen psychologischen Diskurs, in eine Metaphysik des Schönen und eine Theorie der Empfindungen angesichts des Schönen. Wenn von da an fernerhin überhaupt noch im Zusammenhang mit dem Schönen von sensitiver Erkenntnis oder, wie wir jetzt genauer[113] übersetzen können, von Empfindungserkenntnis die Rede sein soll, dann ist es auch ohne ein einziges Wort zusätzlicher Erläuterung schlechterdings klar, daß nur die Empfindungen des Betrachters (Lesers) und nicht das „schöne Denken" des Künstlers (Poeten) gemeint sein kann. Der Baumgartensche Kurzschluß ist repariert, die Verwechslung von Leser bzw. Theoretiker und Poet ist grundsätzlich rückgängig gemacht zugunsten einer klaren Unterscheidung beider.

Sulzer hat daraus weitere Konsequenzen gezogen, teilweise bis in die Terminologie hinein, nur sind sie in seiner alphabetisch geordneten „Allgemeinen Theorie der Schönen Künste" buchstäblich verzettelt. Den besten Überblick gewährt der Artikel „Aesthetik", der so etwas wie eine Rechtfertigung und ein Kommentar zum Ganzen ist. Er ist partienweise im Präteritum gehalten und kleidet die sonst nicht sichtbare innere Gliederung des Systems in die Form eines Berichts über dessen Entstehung.

Die ganze Ästhetik, die man trotz der Verdienste Baumgartens „unter die noch wenig ausgearbeiteten Wissenschaften rechnen"[114] müsse, besteht nach diesem Entwurf immer noch aus einem theoretischen und einem praktischen Teil, aber das scheint nur ein Tribut an alte Gewohnheiten der Wissenschaftsgliederung zu sein; denn im „praktischen" Teil geht es mitnichten um die Anleitung zu eigener Ausübung poetischen Schreibens.

Der theoretische Teil widmet sich ganz der Wolffschen Korrelation von Schönheit und Vergnügen, deren beide Seiten wie Objekt und Subjekt strikt auseinandergehalten und je für sich beleuchtet werden. Auf beiden Seiten wird übrigens die enge Begrenzung gelöst: das Schöne kann mit seinem Gegenteil, dem Häßlichen, durchaus verbunden sein, und das Vergnügen muß nicht unvereinbar sein mit unangenehmen Empfindungen. Auf der subjektiven Seite, beim Leser also, „mußte der Ursprung aller angenehmen und unangenehmen

---

[112] „Wir nennen alle Gegenstände schön, die unmittelbar der Einbildungskraft oder (!) dem Verstande gefallen"; anmerkungsweise wird konzediert, daß einige wenige schöne Dinge „sich auf die Sinne beziehen". Sulzer, Schriften (= Anm. 111) 25. – Im französischen Text wird es noch klarer, daß Sulzer sich an Wolffs placere und nicht an Baumgartens delectare hält (plaire = gefallen, plaisir = Vergnügen).

[113] Der französische Titel „Théorie des sentimens" wahrt die Beziehung zur sensitiven Erkenntnis deutlicher als die deutsche „Theorie der Empfindungen".

[114] Sulzer, Allgemeine Theorie (= Anm. 71) I 21.

Empfindungen aus der Natur der Seele gezeiget“[115] werden. Auf der objektiven Seite dagegen „mußten nun die verschiedenen Hauptgattungen der angenehmen und unangenehmen Gegenstände angezeiget, und ihre Würckungen auf das Gemüth bestimmt werden“.[116] Die „Gegenstände“, wohlgemerkt, sind solche, „die geschickt sind Empfindungen zu veranlassen“ und heißen deshalb und nur deshalb „ästhetische“[117]; es sind (z. B.) poetische Texte und nicht etwa Themen, die der Dichter vor Augen hat, oder Gegenstände, die er beschreibt. Voilà – der poetische Text als Objekt des Lesers.

Auf den „theoretischen Theil der Philosophie der Künste“[118] folgt ein praktischer, der zuerst die Aussagen des theoretischen Teils über die ästhetischen Gegenstände verlängert in die einzelnen Künste, etwa in die Unterscheidung der einzelnen Arten von Gedichten; dann bringt er eine „nähere Bestimmung“ des „Genies“ (das also erst hier, im praktischen Teil, in den Horizont der Theorie eintritt)[119], um „denn endlich die Regeln zur Ausführung der Kunstwerke“ herzuleiten.[120]

Der theoretische Teil also befaßt sich einerseits mit dem Betrachter, andererseits mit dem Werk in durchgehender Unterscheidung beider; der praktische Teil dient einerseits der Spezifizierung des allgemeinen Werkbegriffs und gibt andererseits Auskunft über die Regeln zur Herstellung von Werken, ohne jedoch die Leserseite zu verlassen oder zur eigenen Anwendung vorzubereiten oder zu ermuntern. Obwohl Sulzer nicht den langen Atem für ein System hatte und auf die alphabetische Ordnung ausgewichen ist – zumindest dieser kurze Abriß des systematischen Ganzen zeigt ohne jeden Zweifel, daß die von ihm veranlaßte Selbstzerreißung der Aesthetica keine bloße Episode und kein Zufall war, sondern daß er sich auf Dauer von der Baumgartenschen Zweideutigkeit freigehalten hat und von der Verwechslung des Lesers/Theoretikers mit dem Poeten, auf der sie beruht.

---

[115] Sulzer, Allgemeine Theorie I 21. – Die Formulierung erinnert nicht von ungefähr an den deutschen Titel der eben erwähnten Akademieabhandlung (= Anm. 111). Es spricht einiges dafür, daß Sulzer durchaus systematisch vorgegangen ist; denn die systematische Folge im Artikel „Aesthetik“ entspricht genau der chronologischen Reihenfolge seiner Akademieabhandlungen.

[116] Sulzer, Allgemeine Theorie I 21. – Der Hinweis auf den Artikel „Kraft“ zeigt an, daß dieser Schritt in der Akademieabhandlung von 1765 vollzogen ist: „Von der Kraft (Energie) in den Werken der schönen Künste“; in: Sulzer, Schriften (= Anm. 111) 122–145.

[117] Sulzer, Allgemeine Theorie I 23 (Art. „Aesthetisch“). – Dies ist eine der angekündigten terminologischen Konsequenzen: Sulzer benutzt – etymologisch vertretbar – „ästhetisch“ nur im Sinne von „Empfindung erregend“.

[118] Sulzer, Allgemeine Theorie I 21. – Man sieht, daß Sulzer mit „Philosophie der Künste“ einen Ersatzbegriff für „Ästhetik“ gehabt hätte; der allgemeine Sprachgebrauch scheint ihn vorerst niedergehalten zu haben.

[119] Dieses Thema hat Sulzer 1757 in der Akademieabhandlung „Entwicklung des Begriffes vom Genie“ behandelt: Schriften 307–322. Die Entsprechung bei Baumgarten, das Kapitel „Character felicis aesthetici“ und darin besonders der Abschnitt über das ingenium venustum, steht ganz am Anfang des theoretischen Teils (Aesthetica §§ 28–103 bzw. §§ 29–46).

[120] Sulzer, Allgemeine Theorie I 22.

Sulzers Akademieabhandlungen sind in der theoretischen Diskussion erstaunlich selten auch nur zitiert worden.[121] Dennoch gibt es niemanden, der hinter seine Unterscheidung zwischen einer Theorie des ästhetischen (das heißt Empfindungen erregenden) Gegenstandes und einer Theorie der Empfindungen selbst zurückgefallen wäre und die Baumgartensche Logikanalogie für die Ästhetik zu restituieren versucht hätte.[122]

Auch im Vorlesungsbetrieb an den Universitäten sind Sulzers Einsichten nicht in erkennbarer Weise wirksam geworden. Aber das war auch gar nicht nötig. Denn sie gehören offenbar zu der seltenen Sorte derer, die man gar nicht zu kennen braucht, um sie zu beherzigen. Sagen wir es so: um 1750 war die Dissoziation des Lesens und des Schreibens von Poesie so weit fortgeschritten, daß die Trennungslinie zwischen beiden auch in der Theorie unübersehbar ausgezogen werden konnte. Dies getan zu haben ist Sulzers Leistung.

Nachdem die beiden Aspekte des (poetischen) Textes, Produkt des Schreibers und Objekt des Lesers zu sein, nunmehr – über Breitinger und Baumgarten hinaus – auch in der Struktur der Theorie unterschieden waren, war der Weg frei für neue Varianten, deutsche poetische Texte zu thematisieren: nicht mehr die Schreiberprodukte als Gegenstand einer nacheifernden Übung, sondern die Leserobjekte erstens als Gegenstand einer allgemeinen, klassifikatorischen Theorie und zweitens als Gegenstand einer theoretisch fundierten Kritik.

Theorie der schönen Wissenschaften und ihre Legitimation: Gellert

Dieser Weg einer neuen Thematisierungsweise wurde in seiner ersten Variante an den Universitäten fleißig beschritten, und er erhielt allgemein den Namen „Theorie der schönen Wissenschaften", einen Namen, den ja auch Baumgarten als Wechselbegriff für „Aesthetica" angeboten hatte.[123] Daß zu seinen Gunsten

---

[121] An erster Stelle ist Herder zu nennen, der, wo immer er sich über Sulzer äußert, voller Respekt diese Abhandlung erwähnt, z. B. in der Rezension der Allgemeinen Theorie (Herders Sämmtliche Werke, hrsg. von Bernhard Suphan. Fünfter Band. Berlin 1891, S. 377), am schönsten in seinem posthum veröffentlichten vierten Kritischen Wäldchen: „Diese Theorie ist, einiges vom Schmuck und von den zu leichten Gängen der Akademischen Vorlesung abgerechnet, ein kleines Monument in Deutschland, das unter so vielem Aesthetischen Schutte dasteht, der Hand eines Leibniz und Wolff würdig" (Sämmtliche Werke. Vierter Band. Berlin 1878, S. 144).

[122] Keine Regel ohne Ausnahme: Carl Gotthelf Müller, Philosophieordinarius in Jena, hat in der Publikation einer Privatvorlesung die beiden Disziplinen schon im Titel verbunden (Logik und Aesthetik. Jena 1759). Er befaßt sich, Meier folgend, in seinem kurzen Abriß der Ästhetik (S. 87–110) in drei Kapiteln mit „ästhetischen Begriffen", „ästhetischen Urtheilen und Sätzen" und mit „ästhetischen Schlüssen", und bei der Ableitung dieser Einteilung stellt er ausdrücklich fest, „daß daher die Aesthetik auf eben die Weise, wie die Logik abgehandelt werden kan" (S. 59).

[123] Zitiert oben S. 67 mit Anm. 52.

der Titel „Ästhetik" vorerst aufgegeben oder zurückgestellt wurde, wird nunmehr verständlich als Zeichen dafür, daß man zwar die unbenannte und unbekannte Intention der Aesthetica aufnahm, den Leser nämlich zu instruieren, daß man aber nicht zur Baumgartenschen Schule gezählt werden wollte und auf den kurzschlüssigen Anspruch verzichtete, die Poeten das Schöndenken zu lehren und so die Logik zu ergänzen.

Die Theorie der schönen Wissenschaften hat, zur Sicherheit sei es bemerkt, überhaupt nichts mit Wissenschaftstheorie zu tun. Sie ist vielmehr die Theorie und nur die Theorie von Poesie und Beredsamkeit, die eben „schöne Wissenschaften" genannt wurden. Diese Theorie tendiert nicht – propädeutisch – auf Befolgung und Ausübung durch ihre Leser. Sie weist generell diejenige Sichtweise auf, für die der Name Sulzer als Abkürzung stehen mag: sie ist abstrahierend-betrachtende Klärung von Phänomenen (Texten), denen wir als fertigen begegnen. Baumgarten hat sozusagen unfreiwillig die Intention vorweg realisiert und die philosophische Dignität geliefert und außerdem den in sich differenzierten Maßstab Schönheit bereitgestellt. Ansonsten wäre es aber auch ohne ihn gegangen.

Denn das Lehrbuch, nach dem gewöhnlich unterrichtet wurde, stammte, wie bereits erwähnt, von Charles Batteux. Obwohl älter als die Aesthetica, fügt es sich doch bestens in diesen Zusammenhang ein; denn es handelt zwar auch von den Regeln für Poeten, aber doch nur, um durch deren Kenntnis den Leser in seinem Urteil sicherer zu machen.[124] Die Legitimation schließlich dieser Art Theorie, die sich als Disziplin nach 1750 zu etablieren begann[125], hat, so kann man wohl sagen, Christian Fürchtegott Gellert beigesteuert.

Gellert ist seit 1744 in Leipzig „unausgesetzt bemühet gewesen, der hieselbst studirenden Jugend durch Vorlesungen über die Moral, und über die Regeln des guten Geschmacks in der Beredsamkeit, und Dichtkunst, einen wahren Nutzen zu verschaffen".[126] Eingeschlossen waren in diese Bemühungen Übungen in einem Schreibpraktikum, das durch Goethes Schilderung be-

[124] Batteux (= Anm. 105) II 8: „Unsere Hauptabsicht ist, das wahre Wesen und den verschiedenen Character dieser Dichtungsarten genau zu bestimmen, und die Begriffe davon dergestalt festzusetzen, daß die Jugend in den Stand gesetzt werde, selbst einzusehn: ob ein gewisses Werk völlig zu seiner Gattung gehört, oder wie weit es sich davon entfernt. Deswegen wollen wir hier einige Betrachtungen voranschicken, die den Leser auf die Vermischung und Verwandelung der Arten in den meisten Wercken des Geschmacks aufmercksam machen sollen."

[125] Die akademischen Anfänge der Disziplin sind nicht sicher auszumachen. Sobald Dozenten Baumgarten oder vollends Batteux als Grundlage ihrer Vorlesungen angeben, ist es klar, daß nicht mehr die rhetorische Poetik, die Anleitung zum eigenen Dichten geboten wurde; für dieselbe Klarheit sorgt auch der Titel „Theorie der schönen Wissenschaften". Aber wenn angekündigt ist „Alle Arten (bzw. Theile) der schönen Wissenschaften" (so von Christian Breithaupt ab 1746/47 in Helmstedt), dann ist nicht mit der nötigen Sicherheit zu entscheiden, ob schon die neue Disziplin aus der Leserperspektive unterrichtet wurde oder noch die alte aus der Schreiberperspektive.

[126] C. F. Gellerts Briefwechsel. Hrsg. von John F. Reynolds. Band I (1740–1755). Berlin/New York 1983, S. 73 f.; aus Gellerts Gesuch an das Geheime Consilium um Ernennung zum Extraordinarius (24. Januar 1751).

rühmt geworden ist[127], und eine theoretische Vorlesung, die Gellert regelmäßig über Batteux gehalten hat[128], und zwar schon vor dem Erscheinen der Übersetzung.[129]

Daß Gellert nicht – wie es im Sinne der Deutschen Rhetorik gelegen hätte – im Theoriekolleg die später anzuwendenden Regeln des Schreibens entwickelt hat (Batteux wäre zur Not so umzumodeln), das zeigt seine Antrittsvorlesung von 1751.[130] „Von dem Einflusse der schönen Wissenschaften auf das Herz und die Sitten" redend, hat er sich ganz eindeutig, wiewohl ohne Begründung und Erklärung, für den Standpunkt des Lesers entschieden, denn um dessen Herz und Sitten und nicht um diejenigen des Dichters geht es ihm – im gleichen Jahr, in dem Sulzer, von der sinnlichen Wahrnehmung des Schönen redend, sich ebenso selbstverständlich immer auf den Leser bezog.

Gellerts Voraussetzung ist dieselbe wie diejenige Breitingers und Baumgartens, daß nämlich die Poesie Vergnügen bereite. Nur macht er daraus noch keinen dogmatischen Maßstab (wie Breitinger) und fügt auch keine Theorie des Schönen an (wie Baumgarten), sondern er fragt weiter nach dem Nutzen nicht neben oder nach dem Vergnügen, sondern nach dem Nutzen des Vergnügens selbst. Und er beantwortet die Frage nicht mehr nur mit dem altbekannten Argument, daß manche bittere Wahrheit leichter zu schlucken sei, wenn sie poetisch überzuckert dargeboten werde.

Sein spezielles Argument, anknüpfend an Rollin[131] und auch an Batteux[132],

---

[127] Im 6. Buch von „Dichtung und Wahrheit": Goethes Werke. (Hamburger Ausgabe) Band 9. 4. Aufl. Hamburg 1961, S. 256.

[128] Heinrich Döring, Christian Fürchtegott Gellert's Leben. Nach seinen Briefen und andern Mittheilungen. 2 Bände. Greiz 1833, II 25.

[129] Gellert, Briefwechsel (= Anm. 126) I 126: „Ich habe meine Zuhörer im Batteux schon auf Ihre Arbeiten vertröstet, und sie warten begierig darauf; denn Sie müssen wissen, daß ich Sie oft lobe" (an Johann Friedrich von Cronegk, 13. Juli 1752).

[130] Von dem Einflusse der schönen Wissenschaften auf das Herz und die Sitten. Eine Rede, bey dem Antritte der Profession; in: C. F. Gellerts sämmtliche Schriften. Fünfter Theil. Neue verbesserte Auflage. Leipzig 1784, S. 76–94. – Gellert hat die Rede 1751 ususgemäß lateinisch gehalten; die deutsche Übersetzung erschien zuerst 1756.

[131] Charles Rollin, De la manière d'enseigner et d'étudier les belles lettres, par rapport à l'esprit et au cœur. 4 tomes. Paris 1726–28. – Johann Joachim Schwabe, der bewährte Adlatus Gottscheds, hat das Werk übersetzt: Herrn Carl Rollins Anweisung, wie man die freyen Künste lehren und lernen soll. 4 Bände. Leipzig 1737/38. Darin heißt es über diese Unterweisung: „Wenn sie, bey Verbesserung des Verstandes, das Herz zu verbessern verabsäumete, so würde sie freylich nicht alles dasjenige leisten können, was man von ihr zu erwarten das Recht hat, noch uns zu einem von den vornehmsten Endzwecken führen, weswegen wir gebohren sind" (I 4). – Gellert selbst hat das Werk als sehr nützlich für einen angehenden Dichter empfohlen: Briefwechsel (= Anm. 126) I 83.

[132] Batteux (= Anm. 105) I 108 f.: „Es ist nicht möglich, daß selbst die dümmsten Augen, wenn sie alle Tage Meisterstücke der Bildhauerkunst und der Mahlerey erblikken, wenn sie stets prächtige und regelmäßige Gebäude vor sich haben; daß Gemüther, die am wenigsten zur Tugend und zu den Anständigkeiten im Umgange geneigt sind, wenn sie beständig edel gedachte und fein ausgedrückte Wercke lesen, daß sie sich nicht an Ordnung, nicht an edle, an feine Empfindungen gewöhnen solten."

geht vielmehr dahin, daß von der Lektüre (oder von der Betrachtung von Kunstwerken) immer etwas hängenbleibe.

> Eben die Empfindung von der Ordnung, dem Anstande, der Uebereinstimmung, welche wir in den Werken der Künste, in regelmäßigen und prächtigen Gebäuden, in dem Anblicke vortrefflicher Schildereyen, in dem Lesen geistreicher Schriften immerzu wahrnehmen; eben diese Empfindung, die sich hier unvermerkt in unsre Seele eindrückt, und in ihr festsetzet, folget uns sodann in die gesellschaftlichen und häuslichen Angelegenheiten, und lehret uns auch hier, ohne daß wir daran denken, die Regeln des Wohlanstandes, der Ordnung, der Natur, beobachten.[133]

Die ganze Rede Gellerts ist eine Amplifikation eines einzigen Satzes, der die Ergebnisse dieses heimlichen Wirkungsmechanismus benennt: „Niemand leugnet, oder sollte doch leugnen, daß die schönen Wissenschaften den Verstand schärfen, die Einbildungskraft beleben, und das Gedächtniß mit einer Menge von Kenntnissen bereichern."[134] Das sind – abgesehen von der Schärfung des Verstandes – Veränderungen der „unteren" Seelenkräfte zum Besseren hin, und weil das die unmittelbaren Nachbarn der fatalen Sinnlichkeit sind, welche sich der direkten moralischen Belehrung und Domestizierung so hartnäckig verschließt, deshalb verspricht die entsprechend angeleitete Lektüre poetischer Texte einen unschätzbaren und anders nicht zu erreichenden Nutzen.

Den habituellen Nutzen, von Baumgarten angedeutet[135] und von Meier schon beredter gepriesen[136], hat Gellert von der Theorie gelöst und allein von der Lektüre erwartet. Das ist ein Nachklang der Hermeneutik des hallischen Pietismus, die von der rechten Lektüre (allerdings der Bibel) erwartete, daß der Sinn der Schrift – mit dem Herzen eher als mit dem Hirn erfaßt – den Leser bis ins Knochenmark durchdringe und seine Seele transformiere[137], indem die „Affekte" der biblischen Autoren so auf ihn übergehen[138] wie bei Gellert die Empfindung des Poeten.

Und es ist – man braucht „transformieren" nur durch „formieren" zu ersetzen und mit „bilden" zu übersetzen – ein Vorklang jenes Gedankens formaler Bildung[139], der als Neuhumanismus die Entwicklung der Philologie und der

---

133 Gellert (= Anm. 130) 91.

134 Gellert 78.

135 Baumgarten, Aesthetica (= Anm. 10), letzter Satz der praefatio: mihi certe satis erit, protulisse me quaedam, quorum meditationes meis, non solum pulcriores, sed etiam meliores, et ingenia colere, et prodesse non parum moribus possint.

136 Meier (= Anm. 96) I 25–30, z. B. I 30: „Wenn also die philosophische Sittenlehre vollständig seyn soll, so mus man wissen, wie man den sinnlichen Theil der Seele verbessern soll, dieses aber lehrt uns die Aesthetik."

137 August Hermann Francke, Praelectiones hermeneuticae, ad vitam dextre indagandi et exponendi sensum scripturae sacrae. Halle 1717, S. 250: Sic scripturae sensus, cordis potius quam cerebro comprehensus, ad medullas usque ossium penetrabit, nostramque animam transformabit.

138 Francke 250: sensus bonos induamus.

139 Ilse Schaarschmidt, Der Bedeutungswandel der Worte „bilden" und „Bildung" in der Literatur-Epoche von Gottsched bis Herder. Diss. Königsberg 1931, S. 48–52, 73 f. – Günther Dohmen, Bildung und Schule. Die Entstehung des deutschen Bildungs-

Schulen so nachhaltig geprägt hat: die unableitbare Erwartung, daß der dauernde Einfluß (auch das ja ein pietistischer Begriff) klassischer Texte per se den Menschen gründlich und bleibend formiere (bilde).[140] Beides geht so weit über das Thomasische Ideal und das der Deutschen Rhetorik hinaus, den Studenten – unter anderem durch Poesie und Oratorie – zur Ausübung eines Berufs geschickt zu machen, wie das Seelenheil oder die Tugend über den Berufserfolg.

Ein neues Legitimationsmuster also, bestens angepaßt an die damalige Funktion der philosophischen Fakultäten, die ja keine direkten Berufsqualifikationen vermittelten: nicht mehr, wie noch bei der Deutschen Rhetorik, die zweckmäßige und nützliche Präparation auf alle möglichen Schreib- und Redesituationen in bürgerlichen Berufen, sondern die indirekte Förderung menschlicher Reife „vor" aller bürgerlichen Beanspruchung, und zwar einfach durch zweckmäßig angeleitete und zudem vergnügliche Lektüre poetischer Texte.

Aus dieser Legitimation ergibt sich zwanglos der sonst eher seltsam anmutende Umstand, daß die Theorie der schönen Wissenschaften bisweilen institutionell ausgerechnet mit der Moral (der praktischen Philosophie) gepaart wurde, wie ja auch Gellert in der Kombination beider seine eigentliche Sendung sah. Im sich langsam herausbildenden Dreieck des Wahren-Guten-Schönen wurde die Theorie der schönen Wissenschaften näher zum Guten gerückt, und die vermeintliche Parallele der Ästhetik mit der Logik wurde abgelöst durch eine stabilere Kooperation mit der Moral.

Die protestantischen Universitäten haben auf die Theorie der schönen Wissenschaften genauso reagiert wie zuerst auf die Deutsche Rhetorik, mit Abwarten. Weil man einem gewissen Universalismus huldigte und weil jedem Dozenten in der philosophischen Fakultät das Recht zustand und die Fähigkeit zugetraut wurde, sich auch außerhalb seiner Spezialität oder Nominalprofessur in allen anderen Fächern lehrend zu ergehen, wenn er nur wollte, deshalb konnte man auch diese neue Disziplin erst einmal dem freien Wettbewerb überlassen und so das Bedürfnis abklären.

Interesse auf Dozenten- und Bedarf auf Studentenseite waren offensichtlich vorhanden. Obwohl niemand ex officio gehalten war, Theorie der schönen Wissenschaften zu lehren, fand sich dazu doch fast allenthalben jemand regelmäßig bereit, in späteren Zeiten (nach 1790 ungefähr) nicht selten sogar zwei, drei oder vier Dozenten am gleichen Ort im selben Semester.

Trotzdem blieben weitere institutionelle Folgen aus, als die Theorie der schönen Wissenschaften (die seit den achtziger Jahren mehr und mehr zum of-

---

begriffs und die Entwicklung seines Verhältnisses zur Schule. 2 Bände. Weinheim 1964/65. – Ernst Lichtenstein, Art. „Bildung"; in: Historisches Wörterbuch der Philosophie. Hrsg. […] von Joachim Ritter. Band 1. Basel 1971, S. 921–937.

140 Kurt Grube, Die Idee und Struktur einer rein-menschlichen Bildung. Ein Beitrag zum Philanthropismus und Neuhumanismus. (Pädagogik in Geschichte, Theorie und Praxis. 1) Halle 1934, bes. S. 197–234 über „Bildung und Sprache" und „Bildung und Aesthetik". – Klaus Sochatzky, Das Neuhumanistische Gymnasium und die reinmenschliche Bildung. Zwei Schulreformversuche in ihrer weiterreichenden Bedeutung. (Studien zum Wandel von Gesellschaft und Bildung im 19. Jahrhundert. 6) Göttingen 1973.

fenbar nicht mehr belasteten Namen „Ästhetik“ zurückkehrte) ihre Probe- und Bewährungszeit überstanden und eigentlich einen gewissen Anspruch auf institutionelle Anerkennung hatte. Sei es, daß man nicht extra noch Geld aufwenden wollte für eine Sache, die gratis (für die Universitätsträger, nicht unbedingt für die Studenten) und bestens lief, sei es, daß anderes in die Quere kam oder daß man die neue Disziplin als festen Bestandteil einer jeden vollständigen Philosophie und also nicht als selbständiges Fach ansah – zu eigenen Professuren hat sie es an den protestantischen Universitäten nicht gebracht.

Mit einer Viertelausnahme in Kiel und zwei halben in Erlangen. 1757 wurde der Windheimschüler Johann Ernst Basilius Wiedeburg zum außerordentlichen und 1759 zum ordentlichen Professor der Philosophie, Mathematik und Ästhetik in Erlangen ernannt[141] und hat als solcher einmal Ästhetik (1758) und ansonsten Oratorie und Poesie (nach Basedow) vorgetragen; schon 1760 ist er als Mathematiker und Physiker in seine Heimatstadt Jena zurückgegangen. 1776 erhielt dann Johann Friedrich Breyer zusätzlich zu seinem Philosophieordinariat (das er seit 1769 innehatte) noch eine Professur der „deutschen Litteratur und schönen Wissenschaften“[142], das heißt eine separat besoldete Lehrverpflichtung für eine bestimmte Spezialität, die er ohne einen solchen Zuschlag offenbar nicht kultiviert hätte; er pflegte sich in regelmäßigen Vorlesungen[143] an Mendelssohns „Hauptgrundsätze der schönen Wissenschaften“ zu halten, eine ziemlich exklusive Vorlagenwahl übrigens.

In Kiel wurde Christian Caj Lorenz Hirschfeld 1769 zum außerordentlichen Professor der Philosophie und schönen Wissenschaften ernannt[144], legte aber den Bestandteil „schöne Wissenschaften“ sehr extensiv oder extravagant aus: außer einem Rhetorikkurs (institutiones rhetoricae) offerierte er ebenso regelmäßig so etwas wie eine allgemeine Kunstgeschichte (artium nobiliorum enarrabit historiam), die sich mit Bildhauer- und Reliefkunst, Malerei, Architektur, Musik, Beredsamkeit, Poesie und anderem befaßte; Theorieelemente werden sich dabei, vorsichtig gesagt, nicht in den Vordergrund gedrängt haben, und die Praxis hat Hirschfeld auf einem anderen Gebiet gefunden, das immerhin auch gelegentlich zu den schönen Wissenschaften gezählt wurde, in Gartenbau und Waldpflege (cultura sylvarum), also in so etwas wie Landschaftsarchitektur.[145]

---

141 Vogel/Endriß (= Anm. 100) 46.

142 Vogel/Endriß 47.

143 Theodor Kolde, Die Universität Erlangen unter dem Hause Wittelsbach 1810–1910 [...]. Erlangen/Leipzig 1910, S. 75, stellt mit gewissem Recht fest, Breyer habe Vorlesungen über alles mögliche, nur nicht über deutsche Literatur gehalten; dieser Titel erscheint tatsächlich nicht im Vorlesungsverzeichnis. Trotzdem hat Breyer sein neues Amt nicht versäumt; denn nach damaligem Sprachgebrauch kann „schöne Wissenschaften“ als wichtiger Teil der „deutschen Litteratur“ aufgefaßt werden, welch letzterer Begriff wiederum eine andere Extension hatte als heute.

144 Karl Jordan/Erich Hofmann, Geschichte der Philosophischen Fakultät. Teil 2. (Geschichte der Christian-Albrechts-Universität Kiel 1665–1965. 5/2) Neumünster 1969, S. 184.

145 Damit hängt sein Hauptwerk zusammen: Christian Cay Lorenz Hirschfeld, Theorie der Gartenkunst. 5 Bände. Leipzig 1779–1785.

Professuren für Theorie der schönen Wissenschaften bzw. Ästhetik

Das also waren die einzigen und nicht sehr spezifischen institutionellen Reaktionen der protestantischen Universitäten. Eine Ritterakademie hat dagegen wieder einmal als erste die Zeichen der Zeit erkannt. Im gleichen Jahr, da in Wien noch die deutsche Rhetorik einzuführen war, 1753 also, wurde – nicht ohne Mithilfe Klopstocks[146] – der damals noch unbekannte Johann Bernhard Basedow an die reorganisierte Ritterakademie in Sorö berufen[147], als „Professor der Moral, schönen Wissenschaften, und der deutschen Sprache", wie das Titelblatt seines ersten Lehrbuchs verkündet.[148] Darin bietet Basedow eine flüssig geschriebene, durchaus konventionelle Rhetorik, die aus Rücksicht auf die dänischen Studenten sogar mit etwas Grammatik angereichert ist und als einzige Spezialität eine ausführlichere Affektenlehre enthält.[149] Diese handelt davon, wie man die Affekte des Hörers oder Lesers erzeugen und stärken, dämpfen und lenken kann und inwiefern man dazu selbst im gleichen Affekt sein muß. Eine habituell werdende Veränderung der Leserseele kommt ihm dabei aber nicht einmal von weitem in den Blick, weshalb auch eine direkte Verbindung zu seinem zweiten Lehrgebiet, zur Moral, durchaus fehlt. Trotzdem hat Basedow bemerkt, daß seine Aufgabe eigentlich nicht mehr praktische Rednerausbildung war, sondern eher Information von Lesern über die rhetorischen Handwerksregeln, deren Kenntnis zur Absicherung des Geschmacksurteils über oratorische und poetische Texte dient.[150] Konsequenzen für Aufbau und Inhalt seines Lehrbuchs hat er daraus aber nicht gezogen. Es gibt sich als eine Anleitung zum Verfertigen von allerlei Reden und Gedichten.

Während also bei Basedow Moral und schöne Wissenschaften in seiner Amtsbezeichnung wie in seinem Lehrbuch nur nebeneinander stehen, ist den katholischen Universitäten die intensive Verbindung beider offenbar sehr wichtig gewesen. Mit der Theorie der schönen Wissenschaften eine Instrumentaldisziplin zur Zivilisierung der Sinnlichkeit und zur Habitualisierung der Tugend zu erhalten mußte selbst für mißtrauische katholische Augen eine verlokkende Aussicht sein. Wo immer an katholischen Universitäten nach 1760 auch

---

146 Albert Pinloche, Geschichte des Philanthropinismus. 2. Aufl. Leipzig 1914, S. 33.

147 ADB II 115 (Max Müller). – Olaf Carlsen, Über J. B. Basedows Entlassung von der Ritterakademie zu Sorö. Kopenhagen 1937.

148 Johann Bernhard Basedow, Lehrbuch prosaischer und poetischer Wohlredenheit in verschiedenen Schreibarten und Werken, zu academischen Vorlesungen eingerichtet. Kopenhagen 1756. – Der Kolumnentitel lautet das ganze Buch hindurch „Lehrbuch der schönen Wissenschaften".

149 Basedow §§ 53–84.

150 Basedow § 7: „Die meisten sind also dazu gebohren, daß sie keine Redner und Poeten seyn sollen. Diese müssen mit einem guten Geschmack an andern zufrieden seyn." Ähnlich in der Vorrede: „Denn ein jeder, der Anspruch auf Gelehrsamkeit und Geschmack macht, muß von allen Schreibarten und Werken, so fern sie der Wohlredenheit gemäß oder zuwider sind, wenigstens einigermaßen urtheilen können."

nur eine kleine Reform des Lehrplans fällig wurde, da waren die schönen Wissenschaften dabei, und zwar auf deutsch, bei aller Skepsis gegen die deutsche Sprache als die Trägerin akatholischen Gedankenguts, zu dem ja die Ästhetik ihrer Herkunft nach eigentlich auch gehört. All solche Bedenken und auch die Probleme, die sich aus der speziellen Unterrichtsorganisation ergaben[151], wogen offenbar leichter als der erhoffte Nutzen.

In Prag, das diesmal den Anfang macht, wurde 1763 der Gellertschüler Carl Heinrich Seibt auf eigenen Antrag zum Extraordinarius ernannt[152], und zwar für schöne Wissenschaften und gelehrte Historie[153] oder, wie er es bald und auf Dauer selbst formulierte, für schöne Wissenschaften und Moral.[154] Seibt stellt seine ganze Arbeit ausdrücklich unter jenen Satz Gellerts von der Schärfung des Verstandes, der Belebung der Einbildungskraft und der Bereicherung des Gedächtnisses durch die schönen Wissenschaften.[155] Dementsprechend lehnt er es – mit Gellert – explizit ab, den Nutzen der Beredsamkeit allein auf „die Canzel, den Catheder, und die Richterstube"[156], also auf bloße Berufsausübung zu beschränken. Und wo er auf die Dichtkunst zu sprechen kommt, da geht es auch ihm eindeutig nicht mehr um den Nutzen des Schreibens, sondern um den des Lesens: „So bleibt es wohl keine unentschiedene Frage mehr: ob sie die Seele geschickt mache, alle Eindrücke leicht anzunehmen, die dargestellten Gegenstände lebhaft und zart zu empfinden, und mit Leidenschaft zu fühlen."[157]

An dem beigefügten Vorlesungsprogramm[158] kann man ablesen, wie die Dif-

---

151 Vgl. oben S. 53.

152 Wenzel Wladiwoj Tomek, Geschichte der Prager Universität. Prag 1849, S. 335. – Einige kleinere Schriften Seibts, auch die gleich zu zitierende, sind mit Einleitungen und Erklärungen abgedruckt bei: Karl Wotke, Karl Heinrich Seibt. Der erste Universitätsprofessor der deutschen Sprache in Prag, ein Schüler Gellerts und Gottscheds. Ein Beitrag zur Geschichte des Deutschunterrichts in Österreich. (Beiträge zur Österreichischen Erziehungs- und Schulgeschichte. 9) Wien/Leipzig 1907.

153 So auf dem Titelblatt von: Carl Heinrich Seibt, Von dem Einflusse der schönen Wissenschaften auf die Ausbildung des Verstandes; und folglich von der Nothwendigkeit, sie mit den höhern und andern Wissenschaften zu verbinden [...]. Altstadt Prag 1764.

154 Akademische Vorübungen aus den von Karl Heinrich Seibt, Prof. der schönen Wissenschaften und der Moral zu Prag, gehaltenen Vorlesungen über die deutsche Schreibart. Altstadt Prag 1769.

155 Seibt, Von dem Einflusse (= Anm. 153) 12. Dort nennt er Gellert seinen „verehrungswürdigen Lehrmeister". Diese Abhandlung, „bey dem Antritte seines Lehramtes an die sämmtliche die höhern Wissenschaften studierende Mitglieder der Universität gerichtet", ist denn auch als ganze sozusagen eine veränderte Neuauflage der Gellertschen Antrittsvorlesung.

156 Seibt, Von dem Einflusse 23; vgl. Gellert (= Anm. 130) 84: „Man glaube also nicht, daß die Erlernung der schönen Künste nur in so weit gut sey, als man ein Autor, oder ein Lehrer derselben werden, als man selbst ein Redner, ein Dichter, ein Geschichtschreiber seyn will."

157 Seibt, Von dem Einflusse 23.

158 Seibt, Von dem Einflusse 31–37: „Grundriß zu meinen akademischen Vorlesungen über die schönen Wissenschaften und gelehrte Historie, In vier Abschnitte, und eben so viel Collegia abgetheilet". Die vier Teile sind: Einleitung in die schönen Wissen-

ferenzierung fortgeschritten ist, nachdem Sulzer und Gellert den poetischen Text als Objekt des Lesers theoretisch und praktisch bestimmt hatten. In dem Abschnitt „von der Dichtkunst insbesondre" wird zwar auch von Regeln und allem Zubehör für Dichter gehandelt und werden „die berühmtesten Poeten zur Nachahmung angepriesen". Aber Seibt weiß – was Basedow kein Jahrzehnt zuvor noch nicht gelungen war – zu unterscheiden, was dem Poeten frommt und was dem Leser. Nach der Anleitung zum Schreiben folgen Biographie und Bibliographie (beides zusammen ist die „gelehrte Historie") der „fürnehmsten" Poeten, auch deutscher übrigens, als natürlicher Übergang zum Lesen, zu dem Seibt zwei Komplexe vorgesehen hat: „d) Wird gezeigt, wie man die Poeten, und in welcher Ordnung man sie lesen, und wie verstehen lernen, soll. Endlich wird e) Von der Kritik in der Dichtkunst gehandelt, vermittelst welcher man in Stand gesetzt wird, die Werke der Poesie, richtig zu beurtheilen, etc."[159]

Schreibpraxis, Biographie/Bibliographie, Lektüreplan mit Andeutung einer Hermeneutik und schließlich Kritik – das ist eine durchdachte Folge von Theorie- und Anwendungssequenzen, an der nur das eine „auszusetzen" ist, daß der ganze Komplex unter dem wirklich nicht mehr zutreffenden Titel „Dichtkunst" steht. Ansonsten aber ist höchst bemerkenswert, daß es zu den Theorien zwei Anwendungen gibt: das eigene Schreiben und die Kritik.

Seibt bietet an Thematisierungsweisen und internen Differenzierungen an, was um diese Zeit überhaupt nur möglich war, und er unterscheidet sie problemlos voneinander. Da ist zunächst die Weise der Deutschen Rhetorik, die prosaische und poetische Sprache als Gegenstand der Bearbeitung zu thematisieren und den einzelnen poetischen Text qua Schreiberprodukt als Gegenstand der Nachahmung. Dann folgt, historisch korrekt, die Weise der Theorie der schönen Wissenschaften, den poetischen Text qua Leserobjekt allgemein als Gegenstand der Theorie zu thematisieren. Und schließlich (vermutlich erstmals an Universitäten), getrennt davon, die neue Variante, das Leserobjekt Text als Gegenstand der theoretisch fundierten Beurteilung zu thematisieren. Diese Vollständigkeit und diese Präzision der Unterscheidungen hat zur gleichen Zeit kaum einer erreicht und niemand übertroffen.

Sehr bescheiden nimmt sich daneben aus, was der Inhaber der nächsten Professur der schönen Wissenschaften zu bieten hatte. Sein Name ist Johann Heinrich Faber, und er war 1765 nach dem Siege der Aufklärungspartei in

---

schaften und über die Dichtkunst; Redekunst; gelehrte Historie; Moral. – Das Kolleg über die Redekunst hat Seibt mitsamt den studentischen Übungen veröffentlicht (= Anm. 154). Es ist nur schon als einer der ganz seltenen Fälle interessant, daß ein Universitätslehrer Einblick in seinen Unterricht gibt, und es zeichnet sich aus durch bemerkenswerte didaktische Klarheit und Durchdachtheit. In einem Exkurs, der ihm offenbar am Herzen lag, wünscht Seibt sich darin übrigens einen „tief einsehenden Gelehrten" (und nennt dann direkt Mendelssohn), der für die Ausbildung zur „Empfindung des Schönen" in den schönen Wissenschaften dasselbe leisten würde wie Winckelmann für die bildenden Künste (S. 18).

[159] Seibt, Von dem Einflusse 32.

Mainz zum „Profeßor elegantiorum Litterarum" und, weil er Jurist war, auch noch zum juristischen Extraordinarius bestellt worden.[160] Sein fast tausendseitiges Lehrbuch[161] ist eingestandenermaßen eine Kompilation und hat kein wirklich eigenes Profil, ganz abgesehen davon, daß umständehalber mancherlei enthalten ist, das man in protestantischen Landen wohl im Gymnasium traktiert hätte.[162] Mehr als die Hälfte des Ganzen beansprucht die „Dichtkunst", die ihrer Stellung nach eine rhetorische Poetik sein müßte und auch Passagen von Gottsched fast wörtlich übernimmt, aber doch – wie das ganze Buch – unter gut Gellertschem Vorzeichen steht[163] und nirgends die Klarheit Seibts darüber erreicht, ob nun das Produkt des Schreibers oder das Objekt des Lesers zur Diskussion steht. Lange hat Faber indessen nach diesem seinem Lehrbuch nicht unterrichten können; nach wenig mehr als zwei Jahren hat er sein Amt aufgeben müssen.[164] Einen Nachfolger hat er bis auf weiteres nicht bekommen.

Dafür hat der Fürstbischof von Mainz dieselbe Reform, der Faber seine Stelle verdankte, in noch entschiedenerer Weise nochmals in Angriff genommen, indem er sogar eine Handvoll protestantischer Professoren in die philosophische Fakultät der Universität Erfurt, der zweiten kurmainzischen Landesuniversität, gesetzt hat, um die dahinsiechende Anstalt zu retten. Es waren da z. B. Christian Heinrich Schmid (später in Gießen), Johann Georg Meusel (später in Erlangen), Friedrich Justus Riedel, Christoph Martin Wieland und der schon damals nicht bequeme Carl Friedrich Bahrdt für kurze Zeit versammelt. Im gleichen Zuge wurde 1768 Johann Friedrich Herel dazu berufen, „die schönen Wissenschaften zu dociren".[165] Er selbst verstand das in eher

[160] Hans Hainebach, Studien zum literarischen Leben der Aufklärungszeit in Mainz. Diss. Gießen 1936, S. 129.

[161] Johann Heinrich Faber, Anfangsgründe der Schönen Wissenschaften zu dem Gebrauche seiner akademischen Vorlesungen. Mainz 1767. – Auf dem Titelblatt ist Faber bezeichnet als „Churfürstlicher Maynzischer Hofgerichtsrath, öffentlicher Lehrer der Rechte und schönen Wissenschaften auf der Hohen Schule zu Maynz".

[162] Am Anfang stehen allgemeine Ausführungen über Genie, Begeisterung und Geschmack usw., dann etwas über die Erlernung von toten und lebenden Sprachen, eine kurze deutsche Grammatik, knappe Prosodie und Metrik und schließlich Ausführlicheres über Redekunst und Schreibart.

[163] Faber (= Anm. 161) § 1: „Die schönen Wissenschaften erleuchten unsern Verstand, schärfen unsere Beurtheilungskraft, prägen dem zum Denken fähigen Geiste lebhafte Bilder und edle Gesinnungen ein und nähren das Gedächtniß mit erhabenen und nothwendigen Kenntnissen. Sie bessern unser Herz, dieses unsere Sitten, und beide das gemeine Leben." Während das als eine selbständige Umformung des bereits zweimal zitierten Gellertschen Legitimationssatzes gelten kann, sind andere Passagen wörtlich übernommen, vornehmlich von Meier und auch von Gottsched (z. B. über die drei Arten der Nachahmung, S. 487–491, ohne Rücksicht auf Verträglichkeit.

[164] Hainebach (= Anm. 160) 41 f. – Faber war 1767 vor der Universität angeklagt wegen unerlaubten Buchhandels und hat – anscheinend im Zusammenhang damit – spätestens 1768 seinen Rücktritt eingereicht.

[165] Erich Kleineidam, Universitas Studii Erffordensis. Überblick über die Geschichte der Universität Erfurt. Teil IV: Die Universität Erfurt und ihre theologische Fakultät

altmodischer Weise als Auftrag, die lateinischen Autoren zu erklären[166], aber Riedel und Wieland konnten in die Lücke springen und Theorie der schönen Wissenschaften lehren.[167] Mit dem freiwilligen Rücktritt Herels (1772)[168], dem Fortgang Wielands nach Weimar (1772) und Riedels nach Wien (1774), überhaupt mit dem Zusammenbruch des Reformexperiments hatte die Theorie der schönen Wissenschaften ihr kurzes Gastspiel in Erfurt beendet.[169]

Kurmainz war mit der Universitätsreform, die im Rahmen einer tiefgreifenden politischen Neuordnung im Zeichen der Aufklärung stand, nur Vorreiter einer Bewegung, die früher oder später alle katholischen Territorien und ihre Universitäten erfaßte und ihnen – unter manch anderem und sicher Wichtigerem – als ein wiederkehrendes Zeichen neue Ästhetikprofessuren bescherte. Die päpstliche Auflösung des Jesuitenordens, des beherrschenden Universitäts- und Schulordens, hat im Jahre 1773 diese Bewegung nur noch beschleunigt.

Die Societas Jesu hatte zwei Jahrhunderte lang eine ganze Reihe von Universitäten geführt und finanziert und andernorts einzelne Fakultäten ganz übernommen.[170] Weil sie sich der ratio studiorum ihres Gründers Ignatius von

---

von 1633 bis zum Untergang 1816. (Erfurter theologische Studien. 47) Leipzig 1981, S. 135 Anm. 368.

166 Kleineidam 138.

167 Kleineidam 177. Wieland hatte schon 1757 seinen Schülern in Zürich eine „Theorie und Geschichte der Red-Kunst und Dicht-Kunst" diktiert: Wielands Werke. Vierter Band. Prosaische Jugendwerke. Hrsg. von Fritz Homeyer und Hugo Bieber. (Wielands Gesammelte Schriften. I 4) Berlin 1916, S. 303–402.

168 In seinem Gutachten zu einer erneuten, allerdings nur geplanten Universitätsreform hat Wieland 1778 Johann Joachim Eschenburg als Professor der Philosophie vorgeschlagen, da er „zum Lehrer der Ästhetik vorzugsweise sich eignet"; zugleich wollte er ihm die „teutsche Sprache und Literatur" übertragen wissen, wozu Grammatik, Rhetorik und Sprachgeschichte gehören sollten und als Voraussetzung „eine gründliche Einsicht in die schönen Wissenschaften überhaupt". Wilhelm Stieda, Erfurter Universitätsreformpläne im 18. Jahrhundert. (Sonderschriften der Akademie gemeinnütziger Wissenschaften zu Erfurt. 5) Erfurt 1934, S. 241, 231 f.

169 Jedenfalls in institutionalisierter Form. Vereinzelte Vorlesungen zum Thema sind nach 1800 belegt; so z. B. von einem Magister und Doktoranden der Rechtsgelehrsamkeit namens Schoch (1803/4); auch von Ignatz Ferdinand (oder Theodor Ferdinand Kajetan) Arnold nach 1805: Franz Heiduk, Bonaventuras „Nachtwachen". Erste Bemerkungen zum Ort der Handlung und zur Frage nach dem Verfasser; in: Aurora 42 (1982) 143–165; 154.

170 Alle nötigen Auskünfte auch über die verschiedenen Typen der jesuitischen Universitätsbeteiligung: Karl Hengst, Jesuiten an Universitäten und Jesuitenuniversitäten. Zur Geschichte der Universitäten in der Oberdeutschen und Rheinischen Provinz der Gesellschaft Jesu im Zeitalter der konfessionellen Auseinandersetzung. (Quellen und Forschungen aus dem Gebiet der Geschichte. NF 2) Paderborn 1981. – Über die Reformbewegung: Notker Hammerstein, Aufklärung und katholisches Reich. Untersuchungen zur Universitätsreform und Politik katholischer Territorien des Heiligen Römischen Reiches deutscher Nation im 18. Jahrhundert. (Historische Forschungen. 12) Berlin 1977, und: Robert Haaß, Die geistige Haltung der katholischen Universitäten Deutschlands im 18. Jahrhundert. Ein Beitrag zur Geschichte der Aufklärung. Freiburg 1962.

Loyola verpflichtet fühlte, blockierte sie praktisch alle Neuerungen. Mit ihrer Auflösung waren dann zwar die Hindernisse einer Reform beseitigt, aber nur um den Preis einer nahezu katastrophalen Personalsituation, mußten doch ganze Universitäten und Fakultäten, von den Gymnasien ganz zu schweigen, plötzlich neu besetzt werden, möglichst ohne Rückgriff auf Exjesuiten, und ohne daß ein eigentlicher Gelehrtenstand unter Laien vorhanden gewesen wäre.

Um so beachtlicher, daß man nicht nur die alten Fächer personell versorgte, sondern gleich noch zur Reorganisation der Universitäten und zur Reform der Studienpläne schritt und dabei regelmäßig das ganz neue Fach „Ästhetik" mit einem eigenen Lehrstuhl bedachte. Das geschah zunächst in Heidelberg und Würzburg, in Ingolstadt, Wien und Freiburg, und alles innerhalb von nur drei Jahren.

In Heidelberg wurde der Jesuit Johann Lorenz Doller 1772 zum Professor der Ästhetik ernannt.[171] Er dozierte bis 1779 und mußte sich dann aus Gesundheitsrücksichten auf unbestimmte Zeit zurückziehen. Weil unterdessen die Professur für ihn reserviert blieb, hat er die Entwicklung der Ästhetik in Heidelberg für längere Zeit verhindert.[172] Denn aus ein paar Jahren Urlaub wurden sechsundzwanzig, und als sich Doller 1805 endlich zurückmeldete und seinen Posten wieder einnehmen wollte, da gehörte Heidelberg mittlerweile zu Baden, und die neue Regierung hatte den so lange freigehaltenen Lehrstuhl gerade neu besetzt.[173]

Auch schon 1772 hat der fürstbischöfliche Kommerzienrat Johann Justus Herwig in Würzburg mit seinen Vorlesungen über die „elegante Litteratur" begonnen[174], worunter nach seiner eigenen Angabe „nicht nur die allgemeine Theorie der schönen Wissenschaften und Künste, nebst einer hinreichenden praktischen Erklärung ihrer Regeln" zu verstehen ist, „sondern auch die historische und kritische Kenntniß der vornehmsten Werke des Geschmacks".[175] Schon das Inhaltsverzeichnis[176] seines Lehrbuchs läßt erkennen, daß Herwig auf dem laufenden war. Sulzers Unterscheidung aufnehmend, bietet er – säuberlich getrennt voneinander – eine Theorie der Empfindungen, eine „allge-

---

171 Heinrich Döring, Die gelehrten Theologen Deutschlands im 18. und 19. Jahrhundert. Erster Band. Neustadt a. d. Orla 1831, S. 339 f.

172 Daß damit Vorlesungen zur Ästhetik nicht überhaupt ausgeschlossen waren, bezeugt ein expliziter Hinweis darauf, daß die Ästhetikvorlesungen von Johann Philipp Le Pique im lückenhaften Heidelberger Lektionskatalog nicht angezeigt seien: Allgemeines Jahrbuch der Universitäten. Ersten Bandes fünftes Heft. Erfurt 1799, S. 444.

173 Richard August Keller, Geschichte der Universität Heidelberg im ersten Jahrzehnt nach der Erneuerung durch Karl Friedrich (1803–1813). (Heidelberger Arbeiten zur mittleren und neueren Geschichte. 40) Heidelberg 1913, S. 209 f. Der neue Mann, der bis 1813 blieb, war Aloys Schreiber.

174 Johann Justus Herwig, Grundriß der eleganten Litteratur. Zum Gebrauch seiner Vorlesungen. Würzburg 1774, S. 1: das Buch sei Erfüllung eines Versprechens aus „der Anzeige meiner akademischen Vorlesungen, bereits vor zwey Jahren".

175 Herwig 7.

176 Herwig 6.

meine Theorie des Schönen, Wahren und Guten" und eine besondere Theorie der Dichtkunst (und der anderen Künste), der er dann die praktische Anwendung der Regeln folgen läßt.[177] Das entspricht im wesentlichen dem Stand, den Seibt schon ein Jahrzehnt zuvor erreicht hatte. Zusätzlich erscheint jedoch ein neues Element, das – äußerlich gesehen – die Kombination zweier alter ist. Was bei Seibt als „gelehrte Historie" und als „Kritik in der Dichtkunst" noch getrennt war, das ist bei Herwig vereinigt unter dem Titel „Kritische Geschichte der Dichtkunst". Daß damit mehr geleistet ist als eine bloße Zusammenlegung, wird in einem späteren Zusammenhang zu zeigen sein. Herwigs Wirken in Würzburg war nicht von langer Dauer; 1773 zum „Professor der eleganten Litteratur" ernannt[178], hat er sein Amt bereits 1779 wieder aufgegeben.[179]

Die gerade 1773 neu eröffnete Universität Bamberg wählte die billigste Variante und erteilte dem Medizinprofessor Fink die Erlaubnis, auch „Collegien über schöne Wissenschaften" zu halten. Er begann mit Batteux und las im nächsten Jahr über „Gesneri primas lineas isagoges in eruditionem universalem"; 1775 „war das Collegium der schönen Wissenschaften wieder eingeschlafen".[180] Ästhetikkollegs erscheinen dann erst vom akademischen Jahr 1794/95 an im Lektionskatalog, dafür aber regelmäßig.[181]

Für das Jahr 1774 sind gleich vier neue Professuren zu verzeichnen. In Wien wurde der Exjesuit Karl Mastalier, der sich als Dichter einen gewissen Namen gemacht hatte, als Professor der Ästhetik bestellt[182], in Freiburg Johann Albert Huber als „außerordentlicher Lehrer der schönen Wissenschaften".[183] In Ingolstadt hatte der neu ernannte Professor der Ästhetik und Rhetorik, der Au-

---

[177] Die Muster, die er „dabey zum Grunde legen" wollte, stammen in allen aufgezählten Dichtungsarten aus der zeitgenössischen deutschen Literatur: Herwig 513–515.

[178] Carl Ludwig von Urlichs, Die Philosophische Fakultät der Universität Würzburg. Festrede [...]. Würzburg 1886, S. 6. – Allerdings bezeichnet sich Herwig schon auf dem Titelblatt der „Zweyten Sammlung" seiner „Anaskevistischen Briefe über seine Religionsveränderung" (Würzburg 1772) als „Professor der eleganten Litteratur".

[179] Johann Georg Meusel, Lexikon der vom Jahr 1760 bis 1800 verstorbenen teutschen Schriftsteller. 15 Bände. Lemgo 1802–1816, III 71.

[180] Heinrich Weber, Geschichte der gelehrten Schulen im Hochstift Bamberg von 1007 bis 1803. (42.–44. Bericht über Bestand und Wirken des Historischen Vereins zu Bamberg) Bamberg 1880–1882, S. 224 f.

[181] Irene Pauler-von Hofer, Personalbibliographien der Professoren an der Philosophischen Fakultät der Academia Ottoniana und Universitas Ottoniano-Fridericiana Bambergensis von 1646–1664 und 1770–1803. Diss. med. Erlangen-Nürnberg 1972, S. 87–101.

[182] Elisabeth Stoiber, Die Universität Wien von 1780 bis 1802. Diss. Wien 1979 (masch.), S. 342.

[183] Heinrich Schreiber, Geschichte der Albert-Ludwigs-Universität zu Freiburg im Breisgau. Dritter Band. Freiburg 1860, S. 141. – 1773 als Ernennungsjahr gibt an: Ernst Walter Zeeden, Die Freiburger Philosophische Fakultät im Umbruch des 18. Jahrhunderts; in: Clemens Bauer/Ernst Walter Zeeden/Hans-Günter Zmarzlik, Beiträge zur Geschichte der Freiburger Philosophischen Fakultät. (Beiträge zur Freiburger Wissenschafts- und Universitätsgeschichte. 17) Freiburg 1957, S. 11–139; 86.

gustinerchorherr Vicelin Schloegl[184], gemäß Lehrplan Ästhetik nach Meier zu lesen.[185] Und an der Akademie in Mannheim verschaffte sich der Exjesuit Anton Klein mit der Ernennung zum Professor der schönen Wissenschaften das Recht, öffentliche Vorlesungen zu halten.[186]

Zehn Jahre später folgte ein nächster Schub solcher Professuren: 1784 Conrad Ladrone in Mainz für Ästhetik[187], 1785 Eligius Jung in Breslau ebenfalls für Ästhetik[188] und Johann Jacob Haan in Trier für praktische Philosophie und schöne Wissenschaften[189], 1786 Ferdinand Franz Wallraf in Köln für Naturgeschichte, Botanik und Ästhetik[190], 1788 der wegen seiner politischen Entwicklung viel beredete Eulogius Schneider in Bonn für schöne Wissenschaften.[191]

184 Carl Prantl, Geschichte der Ludwig-Maximilians-Universität in Ingolstadt, Landshut, München. Zur Festfeier ihres 400jährigen Bestehens. 2 Bände. München 1872, I 688.

185 Peter Stötter, Vom Barock zur Aufklärung. Die Philosophische Fakultät der Universität Ingolstadt in der zweiten Hälfte des 17. und im 18. Jahrhundert; in: Die Ludwig-Maximilians-Universität in ihren Fakultäten. Hrsg. von Laetitia Boehm und Johannes Spörl. Band 2. Berlin 1980, S. 91–124; 111. – Haaß (= Anm. 170) 134.

186 Karl Krükl, Über das Leben des elsässischen Schriftstellers Anton von Klein am Hofe Karl Theodors von der Pfalz und seine Beziehungen zu Wieland, Schubart, Schiller, Babo u. a. Diss. Straßburg 1901, S. 11.

187 Horst-Wilhelm Jung, Anselm Franz von Bentzel im Dienste der Kurfürsten von Mainz. (Beiträge zur Geschichte der Universität Mainz. 7) Wiesbaden 1966, S. 99. – Theodor Josef Scherg, Das Schulwesen unter Karl Theodor von Dalberg. München 1939, S. 508. – In der „Neuen Verfassung der verbesserten hohen Schule zu Mainz" von 1784 (Reprint Mainz 1977) rangiert die Ästhetik zwischen Metaphysik und praktischer Philosophie.

188 Haaß (= Anm. 170) 157.

189 Quellen zur Geschichte des Rheinlandes im Zeitalter der französischen Revolution 1780–1801. Hrsg. von Joseph Hansen. Erster Band. (Publikationen der Gesellschaft für Rheinische Geschichtskunde. 42/1) Bonn 1931, S. 99. – Emil Zenz, Die Trierer Universität 1473–1798. Ein Beitrag zur abendländischen Universitätsgeschichte. (Trierer geisteswissenschaftliche Studien. 1) Trier 1949, S. 160. – Haaß (= Anm. 170) 43.

190 Franz Josef von Bianco, Die alte Universität Köln und die späteren Gelehrtenschulen dieser Stadt. Köln 1855, S. 807. – Hermann Keussen, Ferdinand Franz Wallraf, der letzte gewählte Rektor der alten Universität Köln; in: Festschrift zur Erinnerung an die Gründung der alten Universität Köln im Jahre 1388. Köln 1938, S. 316–328. – Edwin Lange, Ferdinand Franz Wallraf und die rheinische Aufklärung. Wallrafs Entwicklung, Tätigkeit und Bedeutung bis zum Ende des 18. Jahrhunderts. Diss. Bonn 1950 (masch.), S. 65. – Wallrafs Antrittsvorlesung „Ueber Naturgeschichte und Aesthetik" bei Hansen (= Anm. 189) 145–156.

191 Max Braubach, Die erste Bonner Hochschule. Maxische Akademie und kurfürstliche Universität. 1774/77 bis 1798. (Academica Bonnensia. 1) Bonn 1966, S. 207. – Schneiders Antrittsrede „über den gegenwärtigen Zustand, und die Hindernisse der schönen Litteratur im katholischen Deutschland" ist abgedruckt in seinem Band „Gedichte", 3. Aufl. Frankfurt 1798, S. 140–167, und bei Hansen (= Anm. 189) 349–361. – Sein eigenes Lehrbuch: Eulogius Schneider, Die ersten Grundsätze der schönen Künste überhaupt, und der schönen Schreibart insbesondere. Bonn 1790. – Über ihn außerdem: Max Braubach, Rheinische Aufklärung. Neue Funde zur Geschichte der ersten Bonner Universität; in: Annalen des historischen Vereins für den Nieder-

In Salzburg übertrug man die Ästhetikvorlesungen dem jeweiligen Schulpräfekten, zuerst (1788–1795) Gregor Vanderthon[192], und in Dillingen endlich las wohl nicht nur 1787, wie es belegt ist, der Gymnasialprofessor Hörmann Ästhetik (unter anderem nach Sulzer und Eschenburg).[193]

Unter allen katholischen Universitäten im deutschen Sprachgebiet[194] scheinen, sofern das nicht mangelnder Überlieferungsgenauigkeit zuzuschreiben ist, nur gerade Fulda und Paderborn ohne Berührung mit der Ästhetik und den schönen Wissenschaften geblieben zu sein.[195] Eine überaus rasche allgemeine Institutionalisierung also innerhalb von zweieinhalb Jahrzehnten, und diesmal nicht, wie früher bei der Deutschen Rhetorik, als vorübergehendes Experiment, sondern als Dauereinrichtung, jedenfalls der Intention nach.[196] Nur ist

---

rhein 149/150 (1950/51) 75–180; 85–120. – Walter Grab, Eulogius Schneider. Ein Weltbürger zwischen Mönchszelle und Guillotine; in: Gert Mattenklott/Klaus R. Scherpe (Hrsg.), Demokratisch-revolutionäre Literatur in Deutschland: Jakobinismus. (Scriptor-Taschenbuch. 61) Kronberg 1975, S. 61–138. – Zwei zeitgenössische Biographien im Neudruck: Andreas Sebastian Stumpf, Eulogius Schneiders Leben und Schicksale im Vaterland. Hrsg. und eingeleitet von Christoph Prignitz. Hamburg 1978, und: Christoph Friedrich Cotta, Eulogius Schneiders Schicksale in Frankreich. Hrsg. und eingeleitet von Christoph Prignitz. Hamburg 1979.

192 Constant von Wurzbach, Biographisches Lexikon des Kaiserthums Oesterreich. 60 Teile. Wien 1856–1890, IL 250 f. – In den Annalen der deutschen Universitäten. Hrsg. von Karl Wilhelm Justi und Friedrich Samuel Mursinna. Marburg 1798, S. 571, ist Vanderthon irrtümlich als „Professor der Ästhetik" aufgeführt; nach den Vorlesungsverzeichnissen gehörte er aber nicht zum Professorenkollegium der Universität. Als Lehrbuch benutzte er dasjenige seines Salzburger Juristenkollegen Philipp Gäng, Ästhetik oder allgemeine Theorie der schönen Künste und Wissenschaften. Salzburg 1785.

193 Thomas Specht, Geschichte der ehemaligen Universität Dillingen (1549–1804) und der mit ihr verbundenen Lehr- und Erziehungsanstalten. Freiburg 1902, S. 521 f.

194 Graz (1782–1827) und Innsbruck (1782–1792, 1810–1826) waren in der entscheidenden Zeit zu Lyzeen degradiert worden, bekamen aber nach ihrer endgültigen Rangerhöhung auch ihre Ästhetikprofessuren, Graz 1826 und Innsbruck 1835: Franz von Kronen, Geschichte der Karl-Franzens-Universität in Graz. Festgabe zur Feier ihres dreihundertjährigen Bestehens. Graz 1886, S. 592. – Jacob Probst, Geschichte der Universität in Innsbruck seit ihrer Entstehung bis zum Jahre 1860. Innsbruck 1869, S. 348. – Moriz Enzinger, Die Innsbrucker Universität und die deutsche Literatur; in: Die Universität Innsbruck. Aus Geschichte und Gegenwart. Hrsg. vom Universitätsamt Innsbruck. Innsbruck 1928, S. 33–50; 42 f. – In Lemberg, Olmütz und Pest außerhalb des deutschen Sprachbereichs lagen die Dinge natürlich anders; über die dortigen Lehrkanzeln der deutschen Sprache (die de facto Fremdsprachlektorate waren) und der Ästhetik (in Olmütz ab 1816): Herbert A. Egglmaier, Die Einrichtung von Lehrkanzeln für deutsche Philologie in Österreich nach der Universitätsreform der Jahre 1848/49; in: Beiträge und Materialien zur Geschichte der Wissenschaften in Österreich. Hrsg. von Walter Höflechner. (Publikationen aus dem Archiv der Universität Graz. 11) Graz 1981, S. 359–411; 362–364.

195 In Münster (gegründet 1780) fand man nach dem hier behandelten Zeitraum eine andere Lösung, über die noch zu berichten sein wird.

196 Nur in Bonn ist es nach der Entlassung Eulogius Schneiders (1791) nicht mehr zur Neubesetzung gekommen: Braubach, Bonner Hochschule (= Anm. 191) 218. – Ein gewisser Theobald Knöll, der 1792/93 „die Einleitung zu den schönen Wissenschaf-

daraus, was nicht vorauszusehen war, doch nichts geworden. Die linksrheinischen Universitäten wurden unter französischer Herrschaft aufgelöst[197], andere fielen der Neuordnung des Reiches zum Opfer, zusammen mit den sie tragenden geistlichen Fürstentümern[198], oder verloren ihren konfessionellen Charakter und damit früher oder später auch die Ästhetikprofessur[199]; denn diese war zu einem Kennzeichen einer katholischen Universität geworden. Am Schluß waren deshalb Ästhetiklehrkanzeln zum unverkennbar österreichischen Phänomen geworden, das in den Thunschen Reformen von 1849 sein abruptes Ende fand.[200]

Innovative Beiträge zur theoretischen Diskussion sind, soweit man das beurteilen kann (die Herren waren alles andere als publikationsfreudig), von all diesen Ästhetikprofessoren nicht gekommen, auch nicht von den beiden bekanntesten unter ihnen, Johann Georg Jacobi[201] und August Gottlieb Meißner.[202] So etwas wurde von ihnen wohl nicht erwartet, und man hatte sie auch nicht unter diesem Gesichtspunkt ausgewählt. Nach wie vor nämlich waren die philosophischen Fakultäten an den katholischen Universitäten nur die externen Stätten einer obligatorischen Fortsetzung des Gymnasialunterrichts, in denen Bewährtes und Vorhandenes schulmäßig weitervermittelt wurde.

---

ten und vorzüglich die Regeln der Dichtkunst täglich drei Stunden" vortrug, scheint nicht mehr in den Professorenstand aufgerückt zu sein: C. Varrentrapp, Beiträge zur Geschichte der Kurkölnischen Universität Bonn. Bonn 1868, S. 40. – Franz Gall, 1795 schon unter französischer Herrschaft zum Professor der Ästhetik ernannt, konnte aufgrund andauernden Widerstands der Universität nicht tätig werden: Max Braubach, Das Ende der kurkölnischen Universität Bonn; in: Historisches Jahrbuch 45 (1925) 271–292; 282–287.

197 Die protestantische Universität Straßburg schon 1792, Bonn, Köln, Mainz und Trier 1798.

198 Bamberg (1803), Dillingen (1804), Erfurt (1816), Fulda (1803), Paderborn (1818) und Salzburg (1810).

199 Breslau 1811 bei der Zusammenlegung mit Frankfurt/Oder, Bonn 1818 bei der Neugründung. Heidelberg ging 1803, Freiburg 1805 an Baden über, Würzburg 1802 und endgültig 1814 an Bayern; alle drei haben die Ästhetikprofessur nach dem Tod oder Rücktritt ihres ersten Inhabers nach dem Übergang eingehen lassen (spätestens 1814). Dasselbe gilt für die Universität Ingolstadt, die 1800 nach Landshut verlegt wurde und 1809 die spezielle Ästhetikprofessur verlor.

200 Egglmaier (vgl. Anm. 194) 362–368.

201 Jacobi wurde 1784 als ordentlicher Professor der schönen Wissenschaften Nachfolger Hubers und blieb es bis zu seinem Tode 1814. Schreiber (= Anm. 183) 142 f., Zeeden (= Anm. 183) 86, 122, 137. – Daß Jacobi als Protestant überhaupt berufen wurde, hatte er seinen Gedichten und dem Chef des österreichischen Unterrichtswesens, van Swieten, zu verdanken: Ernst Wangermann, Aufklärung und staatsbürgerliche Erziehung. Gottfried van Swieten als Reformator des österreichischen Unterrichtswesens 1781–1791. Wien 1978, S. 70 Anm. 31.

202 Nachdem Seibt 1785 auf eine Professur der Logik und Metaphysik übergewechselt war, hatte Meißner diejenige der Ästhetik und klassischen Literatur, wie sie dann hieß, von 1785 bis 1805 inne: Tomek (= Anm. 152) 339. Seine Antrittsrede „Ueber die Pflichten eines Lehrers und den Unterschied von Schrift und Vortrag" erschien gedruckt im 3. Stück des Jahrgangs 1786 der Zeitschrift „Litteratur und Völkerkunde" (Leipzig), S. 753–774.

Trotzdem lassen die gelegentlichen Nennungen von Lehrbüchern (vor allem Eschenburg[203]) erkennen, daß man im allgemeinen mit der Entwicklung der Ästhetik im protestantischen Deutschland am Ende des 18. Jahrhunderts durchaus Schritt zu halten wußte. Dasselbe Bild bietet sich auch dar in anderen Belangen, die vielleicht überhaupt und für unseren Zweck ohne Zweifel wichtiger sind als die theoretischen Inhalte[204]: bei der Legitimation und der Thematisierungsweise.

Als Legitimation der universitären Beschäftigung mit den schönen Wissenschaften hatte Seibt 1763 im Geiste Gellerts den habituellen moralischen Nutzen herausgestrichen, und noch im gleichen Sinne hört man 1785 von Haan aus Trier, daß „die Bildung des Geschmacks vorzüglich in Rücksicht auf die Sitten" das Ziel seiner Bemühungen sei. „Sie wissen es, daß, indem das Studium des Schönen unsern Charakter geschmeidiger, unsern Umgang leutseliger, unser Gefühl feiner und richtiger, unsere Arbeiten angenehmer, unsern Vortrag einleuchtender macht, Sie wissen, sage ich, daß dieses Studium Flor und Aufnahme verdiene."[205]

Das hätte man ähnlich zur gleichen Zeit auch im mittleren und nördlichen Deutschland sagen können; seit Gellert hatte sich in dieser Hinsicht wenig oder nichts verändert. Der Wandel, der dann einsetzte (der Name Herder gelte als Abbreviatur), blieb auch im katholischen Süden nicht unbemerkt. 1801 traktierte der Landshuter Ordinarius für Ästhetik, Georg Alois Dietl, in seiner Antrittsrede dasselbe Thema wie Haan, nur im zeitgemäß abgewandelten Satz: „Die schönen Künste und Wissenschaften bilden zur Humanität."[206]

Natürlich sind es Modewörter, die da von Gellert bis Dietl jeweils dem Interesse für poetische Texte als Legitimation beigeordnet werden. Aber sie verdanken ihre Plausibilität einem Moment der Defensivität, das geschulten Ohren durchaus vernehmlich war und ist. Denn „Humanität" meint ja die Natur des Menschen vor aller Vergesellschaftung und richtet sich implizit gegen den Gegensatzbegriff „bürgerlich", der alle Gesellschaftsformen umfaßt.[207] Die

---

[203] Johann Joachim Eschenburg, Entwurf einer Theorie der schönen Wissenschaften. Zur Grundlage bey Vorlesungen. Berlin/Stettin 1783. Das Buch erlebte noch 1817 seine vierte Auflage.

[204] Die Geschichte der Ästhetik bzw. der Theorie der schönen Wissenschaften im 18. Jahrhundert wäre für unsere Zeit erst noch zu schreiben. Die älteren Darstellungen (Zimmermann, Lotze, von Stein, Sommer, Dessoir, Baeumler und auch noch Nivelle) können, abgesehen vom Veralten ihrer Fragestellungen, nur schon deshalb nicht mehr genügen, weil ihre Materialbasis zu schmal und zu selektiv ist. Ein Verzeichnis dieser älteren Literatur bei Armand Nivelle, Kunst- und Dichtungstheorien zwischen Aufklärung und Klassik. Berlin 1960, S. 237–240.

[205] Johann Jacob Haan, Akademische Rede [...] bei Gelegenheit der ersten öffentlichen Prüfung über die allgemeine praktische Philosophie (23. Juni 1785); abgedruckt bei Hansen (= Anm. 189) 99–106; 100, 105.

[206] Peter Segl, Die Philosophische Fakultät in der Landshuter Epoche (1800–1826); in: Die Ludwig-Maximilians-Universität in ihren Fakultäten (= Anm. 185) 125–184; 175.

[207] Vgl. Johann Heinrich Gottlieb Heusinger, Etwas über den Ausdruck: Erziehung zum Menschen und Bürger; in: Philosophisches Journal einer Gesellschaft Teutscher Gelehrten. Hrsg. von Friedrich Immanuel Niethammer. Ersten Bandes drittes Heft.

Berufung auf Humanität ist als solche eine Abwehr gegen eine Festlegung einer Disziplin auf gesellschaftliche Nützlichkeit ratichianischer und thomasischer Provenienz. Die Ausrichtung der Ästhetik auf eine Bildung zur Humanität[208] ist gleichbedeutend mit dem Wunsch, es möge ihr nicht so gehen wie der Deutschen Rhetorik, die als Universitätsdisziplin an ihrer unbestreitbaren unmittelbaren Nützlichkeit gescheitert war. Aber das ist schon ein anderes Kapitel. In diesem hier geht es um den Wandel der Thematisierungsweisen seit den Tagen der rhetorischen Poetik. Statt einer Zusammenfassung diene uns die Geschichte eines Mannes, der alle bisher beschriebenen Phasen durchlaufen hat und uns sogar noch ein Stückchen weiterführt.

Rekapitulation

Zur gleichen Zeit, da Seibt in Prag den Komplex „Dichtkunst" ausdifferenziert hat, hat der Göttinger Historiker Johann Philipp Murray[209] ähnlich genaue Unterscheidungen getroffen, nur nicht in Form eines Tableaus, sondern in der Sukzession seiner Vorlesungsankündigungen (mehr ist von seiner Arbeit für deutsche Sprache und Literatur leider nicht erhalten). Sie zeigt geradezu modellhaft, wie ein geistesgegenwärtiger Mann den Wandel mitvollzieht, der in der Theorie und in der gesellschaftlichen und universitären Praxis im Gange war.

Von Anfang bis Ende seiner im Vorlesungsverzeichnis dokumentierten Lehrtätigkeit[210], das heißt von 1755/56 bis 1775/76, hat Murray eine Konstante beibehalten: einen Kurs im Sinne der Deutschen Rhetorik, unter wechselnden Titeln wie „Deutsche Beredsamkeit" (1755/56) oder „Uebungen im Schreiben und Reden" (1765/66 u. ö.). Bis 1759/60 haben sich diese Übungen auch auf Poetisches erstreckt; die Titelvariante dieses Semesters, die das als letzte erkennen läßt, lautet nämlich: „Anleitung zur deutschen Schreibart und allen schönen Wissenschaften". Und es vervollständigt das Bild aufs schönste, daß diese Übungen offenbar im Zusammenhang mit der Deutschen Gesellschaft standen, und zwar sicher nicht nur das eine Mal, als Murray ausdrücklich vermerkte, er werde sie „samstags um 2 abwechselnd mit der deutschen Gesell-

Neustrelitz 1795, S. 211–232. – Klaus Weimar, „Bürgerliches Trauerspiel". Eine Begriffsklärung im Hinblick auf Lessing. Deutsche Vierteljahrsschrift für Literaturwissenschaft und Geistesgeschichte 51 (1977) 208–221; 211 f.

208 Roman Gleissner, Die Entstehung der ästhetischen Humanitätsidee in Deutschland. Stuttgart 1988.

209 Ebel (= Anm. 98) 104.

210 Murray war 1748 Magister und 1754 Adjunkt der philosophischen Fakultät geworden, wird also schon damals in irgendeiner Weise an der Universität gelehrt haben. Im Göttinger Vorlesungsverzeichnis sind aber in den ersten Jahrzehnten nur die Veranstaltungen der Professoren verzeichnet. Extraordinarius wurde Murray 1755, Ordinarius 1762: Meusel (= Anm. 179) IX 468.

schaft" alle vierzehn Tage abhalten (1767/68); denn schon vorher war er lange Zeit deren Sekretär.[211]

Dies also ist der Ausgangspunkt: die Deutsche Rhetorik und die rhetorische Poetik zu Übungszwecken. Die deutsche Sprache wird thematisiert als Gegenstand der rhetorischen Bearbeitung in Prosa und Poesie und der einzelne poetische Text gegebenenfalls als Gegenstand der Nachahmung und also als das Produkt eines Schreibers.

1760 passiert's dann mit einem Ruck, daß der einheitliche und sicher nicht theorielose Schreibkurs in zwei Veranstaltungen auseinanderbricht. Die Übungen in der deutschen Sprache (1760) bzw. im deutschen Stil (1760/61) werden zwar, wie erwähnt, konstant weitergeführt, aber offensichtlich ohne die poetische Sparte. Die erscheint dafür in neuer Beleuchtung in einem separaten Kolleg „Sämmtliche schönen Wissenschaften nach Batteux" (1760).

Hier ist sozusagen genau im Punkte des Übergangs zu beobachten, wie die rhetorische Poetik durch die Theorie der schönen Wissenschaften verdrängt und abgelöst wird, und dieser Übergang ist einer der Thematisierungsweisen. Nicht mehr wird der poetische Text qua Produkt des Schreibers als Gegenstand der Nachahmung thematisiert, sondern qua Objekt des Lesers als Gegenstand theoretischer Erkenntnis. Und jeder einzelne poetische Text ändert dementsprechend seinen Exempelcharakter: aus einem nacheifernd zu erreichenden Muster wird er zum definitiv Erreichten und zum Beispiel in der Theorie. Das ist der Übergang, um nur mit Namen zu reden, von Gottsched zu Gellert.

Nachdem sich das Nebeneinander von Theorie aus der Sicht des Lesers und von prosaischen Schreibübungen ein paar Semester hindurch konsolidiert hatte, erfolgte 1763 der nächste Schritt. Die Theorievorlesung („Von den schönen Wissenschaften überhaupt" hieß sie in diesem Semester) läuft weiter, aber die Übungen erleiden eine neuerliche Teilung, und wieder ist es eine Auslagerung des theoretischen Momentes: „Deutsche Grammatik, Beredsamkeit, Dichtkunst und Geschichte der Sprache", und die zugehörige Praxis ist in aller Klarheit ein „Elaboratorium in der deutschen Sprache".

Was dem vorherigen Nebeneinander von Schreibübungen und Batteuxkolleg allenfalls noch an Uneindeutigkeit verblieben war, wird vollständig beseitigt. Freundlicherweise erscheint dieses eine Mal noch (und nachher nicht wieder) das Stichwort „Dichtkunst" in der praxisorientierten Theorievorlesung und zeigt unmißverständlich an: das Schreiben von welchen Texten auch immer hat eine eigene theoretische Vorbereitung (Grammatik, Rhetorik und eben die Dichtkunst), die nicht zu verwechseln ist mit der Theorie der schönen Wissenschaften. Das Produkt des Schreibers und das Objekt des Lesers sind präzise voneinander geschieden und verschiedenen Theorien zugeordnet. Mit der zweiten Teilung seiner Lehrveranstaltungen ist Murray an denselben Punkt gekommen wie Sulzer, als dieser die Selbstzerreißung der Ästhetik bewerkstelligt hat. Nicht ein Hauch von Baumgartenschen Verwechslungen ist geblieben.

---

[211] Wolfram Suchier, Die Mitglieder der Deutschen Gesellschaft zu Göttingen von 1738 bis 1755; in: Zeitschrift des Historischen Vereins für Niedersachsen 81 (1916) 44–124; 59.

Das alles war anläßlich des Sommersemesters 1763 zu bemerken. Schon im Wintersemester 1763/64 aber setzt die dritte Murraysche Teilung ein. Sie läßt die – in Theorie und Praxis geteilte – Anleitung zum Schreiben unverändert bestehen („Anfangsgründe der deutschen Sprache" und „Übungen im Schreiben"), spaltet nun aber auch die Theorie der schönen Wissenschaften. Neben die „Einleitung in die schönen Wissenschaften, nebst beygefügter Geschichte derselben, nach Batteux" (die Nennung der Beifügung ist neu) tritt nun als Spaltprodukt eine „Critische Beurtheilung der besten Schriftsteller", die von deutschen Texten[212] gehandelt haben muß.[213]

Hier ist eine Vollständigkeit erreicht, die systematisch zu nennen und auf dieser Stufe nicht mehr zu übertreffen ist. Es gibt zwei Theorien, und jede hat eine nur ihr eigene Anwendung. Die erste Theorie, die sich mit dem Produkt des Schreibers beschäftigt, findet ihre Anwendung im eigenen Schreiben. Die zweite Theorie, die sich mit dem Objekt des Lesers befaßt, erscheint in der Anwendung als Kritik fremder poetischer Texte. (Auf die „beygefügte Geschichte", die uns schon bei Herwig begegnet ist, wird im nächsten Kapitel zurückzukommen sein.)

Mit der „critischen Beurtheilung" hat Murray akademisches Neuland betreten. Bevor das zu würdigen ist, sei noch schnell die Fortsetzung erzählt. Es sieht so aus, als habe er nach der Parforceleistung, innerhalb von dreieinhalb Jahren die Entwicklung ganzer Jahrzehnte nachzuvollziehen und sie vorantreibend zu vollenden, das Interesse an deutscher Poesie verloren – die Sache war theoretisch geklärt. Zuerst verschwindet die Batteuxvorlesung (gehalten zuletzt 1764) aus seinem Repertoire, dann die „critische Beurtheilung" (zuletzt 1765/66) und schließlich auch die inzwischen verselbständigte, ursprünglich nur beigefügte Geschichte der Poesie (zuletzt 1769). Übrig bleibt die Theorie und Praxis des Schreibens, verbunden – wie bei Seibt – mit der „gelehrten Historie", in Murrays Formulierung: „Unterricht im deutschen Styl, Uebungen im Schreiben, Kenntniß von den Schriftstellern" (1774 bis 1775, dem Sinne nach gleich 1775/76).

Nun also zur „critischen Beurtheilung der besten Schriftsteller", die eine neue Variante der zweiten Thematisierungsweise in den Universitätsbetrieb einführt: der einzelne poetische Text qua Objekt des Lesers als Gegenstand einer theoretisch begründeten Kritik. Es ist natürlich nicht auszuschließen, daß gedruckte Literaturkritiken schon auf gleichem Stand waren, es ist auch wahrscheinlich, daß innerhalb der Vorlesungen zur Theorie der schönen Wissen-

---

[212] Im philologischen Sprachgebrauch bedeutete „auctor" (bei Murray „Schriftsteller") soviel wie „(Gesamt-)Werk".

[213] Das geht einerseits aus der Gliederung des Vorlesungsverzeichnisses hervor, das zwar seit 1762/63 nicht mehr eine eigene Rubrik „Deutsche Sprache" führt, aber alles Dazugehörige immer noch an einem Ort versammelt. Andererseits zählt Pütter diese Vorlesung auf nach der Zusammenfassung: „Der Teutschen Sprache widmet der ältere Prof. Murray besondere Vorlesungen" (der jüngere, Johann Andreas, war Mediziner). Johann Stephan Pütter, Versuch einer academischen Gelehrten-Geschichte von der Georg-Augusts-Universität zu Göttingen. Göttingen 1765, S. 307.

schaften gelegentlich Texte so kritisiert wurden, aber eindeutig wird das alles erst, wenn – wie hier bei Murray – die begründende Theorie als eine aus Lesersicht erkenntlich ist und direkt neben ihrer Anwendung steht. Die Neuheit dieser Variante erhellt aus einem kontrastiven Vergleich mit Früherem.

Für die rhetorische Poetik verdient ein einzelner Text grundsätzlich eine eingehendere Aufmerksamkeit nur dann, wenn er inkorporierte Norm, Erfüllung der theoretischen Erwartung ist, kurz, wenn er als ganzer oder in „Stellen" sich als „Muster" eignet. Die zugehörige Literaturkritik unter fachmännischen Auch-Schreibern erfüllt dann die gleiche Vorsortierfunktion wie Aschenbrödels Tauben: die schlechten zum sofortigen Verzehr, die guten ins Töpfchen zur Aufbewahrung und Nachahmung. Die Bindung der Theorie an das eigene Schreiben fördert oder verlangt das Vergessen des Unvollkommenen. Die rhetorische Poetik hat ein notorisch schlechtes, selektives Gedächtnis – keine guten Voraussetzungen auch nur für das Interesse an Literaturgeschichte.

Breitinger und Baumgarten hatten, mehr oder weniger explizit, immer nur vom vollkommenen poetischen Text gehandelt und den unvollkommenen stillschweigend oder scharf definitorisch ausgeklammert. Bei ihnen wird der poetische Text qua Objekt des Lesers als Gegenstand einer allgemeinen theoretischen Erkenntnis thematisiert, und einzelne poetische Texte haben zwar nicht mehr den Status von „Mustern", aber doch grundsätzlich nur den von „Beispielen": sie exemplifizieren und illustrieren die theoretischen Bestimmungen und zeigen implizit, daß sie realisierbar, weil realisiert sind. Die Suche nach solchen Beispielen kann schon einen literaturgeschichtlichen Anstrich bekommen.

Wenn nun Murray eine kritische Beurteilung der besten Schriftsteller verspricht, so ist ihm offenbar auch noch der beste poetische Einzeltext nur als Differenzphänomen von Interesse, also als Gegenstand, an dem in jedem Falle die Differenz zur Norm mit formalen Kriterien (z. B. Baumgartens formalem, differenziertem Schönheitsbegriff) erschlossen und studiert werden kann. Wächst der Abstand von der Norm, so fällt ein solcher Text nicht automatisch dem Vergessen anheim. Die „beygefügte Geschichte" fängt ihn möglicherweise auf und wird zum Behälter der Erinnerung. Mit diesen Andeutungen eines inneren Zusammenhangs von Theorie, Kritik und Geschichte mag es hier vorerst sein Bewenden haben.

Die Murraysche Weise nun, einzelne poetische Texte als abstraktes Differenzphänomen zu thematisieren, hat an deutschen Universitäten nicht recht Fuß fassen können, obwohl sie die Thematisierungsweise der Theorie der schönen Wissenschaften bestens ergänzt und problemlos auch neben jener der Deutschen Rhetorik bestehen kann. Murray selbst hat die „critische Beurtheilung der besten Schriftsteller" von 1763/64 im nächsten Semester wiederholt und sie 1765/66 nochmals angeboten („Critische Recension der bewährtesten Schriftsteller"), während 1766/67 ein Titel gewählt ist ("Dichtkunst der Deutschen und ihre berühmtesten Dichter") der mangels weiterer Nachrichten nicht mehr eindeutig der Kritik oder der Geschichte zugeordnet werden kann.

Was an ähnlichen Kritikvorlesungen noch aufzufinden ist, ist schnell aufgezählt. Beteiligt haben sich: der Rostocker Theologe Jacob Friedrich Rönnberg 1766 mit einem Collegium historico-criticum in optimos Germaniae poetas recentiores und 1777 mit einem Kolleg über Objecta ex elegantiori litteratura[214]; der Göttinger Philologe Johann Andreas Dieze 1768/69 mit einer Vorlesung „Von der deutschen Poesie und den berühmtesten deutschen Dichtern"; Gottlob Benedikt von Schirach in Helmstedt 1771 mit einer Vorlesung über den „Zustand der neuen deutschen Litteratur, mit Beurtheilung der Schriftsteller und ihrer Schriften"; Johann Gotthelf Lindner in Königsberg 1772 und 1773/74 mit seiner Chrestomathia poetarum latinorum et teutonicorum; der nachmals als Pädagoge bekannte August Hermann Niemeyer in Halle 1777/78 mit der Ankündigung, er werde „ausgewählte Stellen deutscher Dichter zur Bildung des Geschmacks erklären"[215]; vielleicht auch der Gymnasiallehrer und Magister legens Christian David Jani mit einem Kolleg des Titels „Geschichte und Werke claßischer Poeten bey den Griechen, Römern, Wälschen, Engländern und den Deutschen" (1779 und ähnlich 1779/80, ebenfalls in Halle); der Göttinger Magister Heinrich Würzer, der 1781 in den Osterferien (!) „Das Vorzüglichste aus der deutschen Litteratur dieses Jahrhunderts" vorlegen wollte; nochmals in Göttingen Gottfried August Bürger mit dem Angebot, „einer auserlesenen Anzahl fähiger Zuhörer, wenn sich solche findet, in ästhetischcritischen Aufsätzen über deutsche Werke des Geschmacks, oder merkwürdige Bruchstücke daraus" Unterricht zu erteilen (1786); zuletzt und am ausdauerndsten Johann Nicolaus Bischoff in Helmstedt, Jurist auf dem Wege zu einem Philosophieordinariat, der von 1790/91 bis 1792/93 viermal „die vorzüglichsten Werke der jetzt lebenden deutschen Dichter ästhetisch erläutern" wollte (so die Formulierung von 1791/92), wobei das wahrscheinlich schon eher zu einem neuen Typ gehört.

Das ist schon so ungefähr das Sichere, dem noch die eine oder andere unsichere Nachricht beizufügen wäre. So wurde 1774 der philosophische Studienplan für Wien auch nach Olmütz gesandt mit dem Vermerk, ihn „nach Thunlichkeit zu befolgen"; danach sollte der philologische Lehrer „philologische Vorträge der deutschen, lateinischen und griechischen Klassiker" fortsetzen, „um uns zu brauchbaren Ausgaben der Klassiker zu verhelfen".[216] Ob das in Wien oder Olmütz tatsächlich als tunlich erachtet wurde, weiß man nicht. Überhaupt ist nochmals an die Unvollständigkeit der Überlieferung und der Vorlesungsverzeichnisse zu erinnern, und selbst manche publizierte Ankündi-

---

[214] Kohfeldt (= Anm. 101) 89.

[215] „Auch einige Stunden, über deutsche Litteratur, Poetick u.s.w." hatte Niemeyer im Hinblick auf seine bevorstehende Magisterpromotion eigentlich schon für den Sommer 1777 vorgesehen (Brief an Klopstock, 6. Februar 1777). Friedrich Gottlieb Klopstock, Briefe 1776–1782. Hrsg. von Helmut Riege. Band 1: Text. (Werke und Briefe. Historisch-kritische Ausgabe. Briefe VII 1) Berlin 1982, S. 67.

[216] Christian de Elvert, Geschichte der Studien-, Schul- und Erziehungsanstalten in Mähren und Österreichisch Schlesien, insbesondere der Olmützer Universität, in der neueren Zeit. (Schriften der historisch-statistischen Sektion der mährischen Gesellschaft zur Beförderung des Ackerbaus, der Natur- und Landeskunde. 10) Brünn 1857, S. 127.

gung ist so ausgefallen, daß man sich wirklich nichts Genaueres darunter vorstellen kann. Wenn z. B. ein Magister Heumann 1778/79 in Halle annonciert, er werde „Übungen im Reden und Schreiben“ abhalten „oder sonst mit anderen nützlichen und angenehmen Dingen die Zuhörer beschäftigen“ – was soll man daraus entnehmen?

Das eine dürfte allerdings sicher sein, daß die praktische Variante der zweiten Thematisierungsweise, wie sie in Murrays kritischer Beurteilung enthalten ist, an den deutschen Universitäten nicht heimisch geworden ist. Die erste Thematisierungsweise (Deutsche Rhetorik) ist nach Anfangserfolgen wieder in den Hintergrund getreten; die theoretische Variante der zweiten (Ästhetik bzw. Theorie der schönen Wissenschaften) ist nur an den katholischen Universitäten institutionell anerkannt worden und nach 1810 etwa mit ihnen zusammen marginal geworden, während sie an den protestantischen Universitäten der Philosophie eingegliedert wurde und dort, losgelöst von der Kritik meist, zur unabhängigen Entfaltung gekommen ist.

Wir befinden uns in der Gegend, in der die Weichen dafür gestellt worden sind, daß wir heute noch den Ausdruck „Literaturwissenschaft“ nicht ins Englische oder Französische übersetzen können. Die deutsche Sonderentwicklung hat damit begonnen, daß die an sich plausible und ausbaufähige Verbindung von Theorie und Kritik von den Universitäten nicht angenommen worden ist. Statt dessen wurden zwei andere Varianten der Thematisierungsweise „Text als Leserobjekt“ entwickelt, und erst mit ihnen war der poetische Text deutscher Sprache an seinem endgültigen Ort im System des Wissens angekommen.

Litterärhistorie und Literaturgeschichte

Eine der eigentümlichsten Erscheinungen des deutschen 18. Jahrhunderts ist die historia litteraria, damals unter vielen Namen allgegenwärtig, heute praktisch vergessen, und wo man sich ihrer noch erinnert, da meist mit dem Hinweis auf Morhofs „Polyhistor" und mit ihrer Kennzeichnung als „barocker Sammelleidenschaft". Dabei war Morhof Ende und Anfang zugleich und die historia litteraria, obwohl aus früheren Zusammenhängen erwachsen, ein genuin aufklärerisches Phänomen.

Beurteilt man die historia litteraria nach den Maßstäben ihres Ursprungs, der Universalwissenschaften des 16. und 17. Jahrhunderts, dann erscheint sie in der Tat als kriterienlose „Schwundstufe der Universaltopik".[1] Verglichen mit heutigen Spezialisierungen jedoch, ist sie eine kühne Kombination hochfliegender, heterogener Ambitionen: Wissenschafts- und Kulturgeschichte, Universitäts- und Bibliothekskunde, Biographie und Bibliographie, alles in einem und mit dem Anspruch, als Überblick über alle Wissenschaften zugleich Einleitung in das Studium einer jeden zu sein.

Historia litteraria oder, wie ich sie zur Vermeidung von Verwechslungen nennen will, Litterärhistorie ist demnach anderes und mehr als unsere Literaturgeschichte. Sie ist die Historie des Gelehrtenwesens in seiner Gesamtheit und all seinen Aspekten, wobei im Wort „Historie" immer noch ein starkes Moment von „Erzählung" enthalten war.[2] Litterärhistorie vermittelte vor allen Spezialisierungen Allgemeinbildung, „historische" Kenntnis von den Taten der Gelehrten (litterati), das heißt Kenntnis wenigstens vom Hörensagen, die für alle weitere Beschäftigung den Weg weist.

Da nun – ganz anders als bei den weltlichen oder geistlichen Potentaten – „die Thaten der Gelehrten in conversiren, lehren und schreiben" bestehen und da ferner „aber auch dasjenige, was man aus den Lectionibus und dem Umgange derselben gutes und besonders angemerckt, meistentheils aufgezeichnet und in Schrifften verfasset wird, so kommt es mit der Historie der Gelahrheit meist auf die Bücher an"[3], allerdings mit Unterschieden.

---

1 Wilhelm Schmidt-Biggemann, Topica Universalis. Eine Modellgeschichte humanistischer und barocker Wissenschaft. (Paradeigmata. 1) Hamburg 1983, S. 289.

2 Die Vorlesungsverzeichnisse waren nach guter Schulmanier bis ins 19. Jahrhundert hinein in ganzen Sätzen ausformuliert. Die meisten Themen wurden z. B. erklärt, erläutert, demonstriert, enukleiert; was aber mit Historie zu tun hatte, wurde fast unfehlbar erzählt: Der Hr. Prof. X wird täglich um 2 Uhr die Universalhistorie erzählen. – Zum Bedeutungsaspekt des Narrativen: Joachim Knape, „Historie" in Mittelalter und früher Neuzeit. Begriffs- und gattungsgeschichtliche Untersuchungen im interdisziplinären Kontext. (Saecula Spiritalia. 10) Baden-Baden 1984.

3 Gottlieb Stolle, Anleitung zur Historie der Gelahrheit, denen zum besten, so den

Die historia litteraria im eigentlichen Sinne (Geschichte/Historie der Gelehrsamkeit oder Gelahrheit, gelehrte Geschichte bzw. Historie, Litterar-, Litterair-, Litterär-, Litteraturgeschichte bzw. -historie) betrachtet die Bücher als die einzig erhaltenen Dokumente jener Gelehrsamkeit selbst (dabei selbstverständlich auch die Poesie), von der zu erzählen ist. Die Gelehrtengeschichte oder Lebensbeschreibung der Gelehrten befaßt sich mit den Autoren der Bücher und die notitia librorum oder „Bücher-Kenntniß" mit den Büchern der Autoren. Das alles hält sich, wie leicht zu sehen, präzis innerhalb einer Thematisierungsweise, die mit derjenigen der Deutschen Rhetorik durchaus verträglich ist: die Texte, auch die poetischen, als Produkte der Schreiber.

Es versteht sich fast von selbst, daß ein Unternehmen, das sich ganz der propädeutischen Traditionsvermittlung verschrieben hat, seinerseits auch bereitwilligst Auskunft über seine eigene Herkunft gegeben hat. Daraus entsteht ein recht geschlossenes Bild einer Disziplin, deren erste Ansätze und spätere Verwirklichungen allesamt auf eine Vervollständigung der Historie überhaupt abzielten.

Struktur und Funktion der historia litteraria

Als erster Promotor der historia litteraria wird, wenn man so weit zurückgeht, Christophorus Mylaeus[4] genannt. In seinem kühnen und durchaus nicht nur skeletthaften Entwurf einer universalen Wissenschaft namens Historie[5] nimmt das fünfte und letzte Buch, Historia de Literatura oder Literaturae historia benannt, eine ausgezeichnete Stellung ein als ein Abschluß in mehrfachen Verschachtelungen und Spiegelungen. Historia naturae (1. Buch)[6] breitet das Wissen über die sichtbare Natur und über den Menschen als Naturwesen aus. Historia prudentiae (2. Buch) ist sozusagen eine Kulturgeschichte der Menschheit: ein Bericht über die Erfindungen und „Künste" von der Dienstbarmachung des Feuers und der Entdeckung der Sprache bis hin zu den Handwerken und der Buchdruckerkunst, mit denen der Mensch in praktischer Klugheit sein Überleben sichert, sein Leben schmückt und sein Zusammenleben organisiert. Historia principatus (3. Buch) berichtet in etwa chronologischer Folge von der

Freyen=Künsten und der Philosophie obliegen, in dreyen Theilen (1718). 2. Aufl. Jena 1724, S. 3.

4 Christophorus Mylaeus, De scribenda universitatis rerum historia libri quinque. Basel 1551.

5 Über dieses Konzept und seine Stellung zu vergleichbaren anderen: Schmidt-Biggemann (= Anm. 1) 23–30.

6 Mylaeus benutzt historia in zwei Konstruktionen: historia de ... und historia + Genitiv. Die erste Konstruktion kommt vor für die Gegenstände der Bücher 1, 3 und 5: historia de natura, de principatu, de literatura, während die Gegenstände der beiden anderen Bücher nur in einem Genitiv stehen (historia prudentiae, historia sapientiae), der subiectivus oder obiectivus sein kann. Die erste Konstruktion betont die Bedeutungskomponente „Erzählung" im Wort historia, die zweite diejenige des „Wissens von".

Einrichtung und Ablösung der politischen Herrschaft über die Völker, von deren Klugheit zuvor zu handeln war. Historia sapientiae (4. Buch) umfaßt unausdrücklich auch die ersten drei Bücher und wiederholt sie zum Teil, indem sie in einer Art systematischer Folge das Wissen über die Natur, den Menschen, seine Geschichte, seine Wissenschaften und über Gott exponiert. Literaturae historia schließlich überwölbt das Ganze und schließt es in sich, indem sie nach dem narrativen Schema des 3. Buches, also ungefähr chronologisch, die Inhalte des ersten und vierten und andeutungsweise auch des zweiten Buchs nochmals erzählt: Weltgeschichte von Adam bis zur Gegenwart unter dem Aspekt der Entdeckung, Ausbreitung und Weitergabe gelehrten Wissens, menschlicher Weisheit und literarischer Kultur.[7] So bildet das ganze Werk in seiner Gliederung den Progreß der Menschheit ab, der sie aus den Notwendigkeiten der Natur über die kulturelle Emanzipation in praktischer Klugheit zur Weisheit führt[8]; und die Literaturae historia als Wissen und Erzählen der Weisheit und ihres Progresses ist die Krönung: die Transparenz des sich selbst erzählend („historisch") begreifenden menschlichen Geistes.

Etwas von dieser unvernünftigen und gleichwohl schönen Hoffnung, im Erzählen der Erkenntnisgeschichte eben diese sich verdoppeln und reflexiv in sich zurücklaufen und damit sich abschließen zu lassen, hat noch die Litterärhistoriker des 18. Jahrhunderts in all ihrer Trockenheit beflügelt, auch wenn ihnen das wohl nie klar geworden ist. Die Doppelung von Systematik der Wissenschaften und repetitiv-reflexiver Geschichte ist nämlich in die Struktur des Unternehmens „historia litteraria" hineingewachsen, weil die Geschichte der Wissenschaften, je detaillierter und vollständiger man sie erzählen will und muß, desto dringlicher eines anderen inneren Gliederungsprinzips bedarf als der puren Chronologie, und zwar um seiner eigenen Kohärenz willen.

Um dieses Ziel zu erreichen, scheint es nötig gewesen zu sein, erst einmal ganz darauf zu verzichten. Das hat der Helmstedter Historiker Reinerus Reineccius geleistet.[9] Er hat alle hochfliegenden Pläne abgestreift und die Historie erst einmal nüchtern nach dem spätantiken Historiker Eusthatius in vier genera eingeteilt.[10] Die Historie kann ihren Blick richten auf einen Ort (genus topicum), auf einen Zeitraum (genus chronicum), auf Ereignisfolgen (genus pragmaticum) oder auf Zeugungszusammenhänge (genus genealogicum). Die dritte Gattung, die pragmatische Historie, teilt sich wiederum je nach dem Bereich der Ereignisse und Handlungen dreifach: Ereignisse in Kirche (historia ecclesiastica), Staat (historia politica) oder Schule (historia scholastica). Die hi-

---

[7] Mylaeus (= Anm. 4) 18: Eidem Sapientiae adiuncta, perinde ac socia pars, Literaturae historia, in qua literatorum hominum clara & erudita tempora, ad principatuum rationem progressa, tradimus. – Die „Narratio" selbst steht auf den S. 245–305.

[8] Mylaeus 187: Quàm uerò aptè triplices hae rerum partes (= natura, prudentia et principatus, sapientia et literatura) sese consequantur, ex eo aestimari facilè potest, quòd ab ijs quae praecesserunt, in deprehendendis doctrinis omnibus, sint homines ad ea progressi, quae deinceps dicentur: & uti animus ad maiora fertur, peruenerint.

[9] Reinerus Reineccius, Methodus legendi cognoscendique historiam tam sacram quam profanam [...]. Helmstedt 1583.

[10] Reineccius fol. 1 ro.

storia scholastica ist nun das Äquivalent der historia literaturae bei Mylaeus[11], allerdings ohne jeglichen systematischen Halt und reflexiven Anspruch: ein chronologischer oder eher noch chronikalischer Überblick über die Vermehrung des Wissens, rein im Modus „und dann“ erzählt unter Verzicht auf innere Differenzierung und auf Zusammenhang der Disziplinen wie auch auf den Einbezug ihrer selbst in ihren Gegenstand.[12]

Einen solchen kahlen, seines reflexiven Moments entkleideten Begriff der Historie scheint auch Francis Bacon an der Stelle anzunehmen, die zum locus classicus geworden ist und die nicht zu zitieren den späteren Litterärhistorikern fast unmöglich war.[13] Zwar ordnet er, ähnlich wie Mylaeus, jedem Seelenvermögen eine doctrina zu, deren Sitz es ist: dem Gedächtnis die Historia, der Phantasie die Poesis, dem Verstand die Philosophia.[14] Aber die Historie ist nur noch eine unter drei Doktrinen, und sie selbst ist nach ihrem Gegenstand (ex subjecto suo) zunächst zweigeteilt (Historia Naturalis und Historia Civilis) und die Historia Civilis im gleichen Sinne nochmals dreigeteilt in Ecclesiasticam, Literariam, et Civilem.[15] Trotzdem kommt mit der Historia Literarum doch wieder Reflexivität ins System, denn ihr wird aufgetragen, zu wiederholen, welche Doktrinen und Künste zu welchen Weltaltern und in welchen Regionen geblüht haben.[16] Obwohl nur eine Unterabteilung der Historia und eine Unterunterabteilung der gesamten doctrina, soll die Historia Literarum doch das Ganze der Doktrin umfassen und es erzählend wiederholen.

Diese Reflexivität, die Verpflichtung zur erzählenden Wiederholung des zuvor schon systematisch oder methodisch Entfalteten, ist die Litterärhistorie bis zu ihrem Zerfall nicht mehr losgeworden. Es ist dies das Problem, an dem sie wohl auch zerbrochen ist, das Problem nämlich, wie die Systematik der Wissenschaften zu integrieren sei in eine reflexiv-repetitive Erzählung, die ihrer-

---

11 Reineccius fol. 22 vo: Scholasticam Historiam dicere possumus, quae versatur circa Litteras, Artes, Disciplinas earumq; originem, incrementum, propagationem et perfectionem demonstrat.

12 Reineccius foll. 22 vo–28 ro.

13 Franciscus Baco de Verulam, De dignitate et augmentis scientiarum libri IX (1623), lib. II, cap. 4; in: The Works of Francis Bacon, Baron of Verulam [...]. Collected and edited by James Spedding, Robert Leslie Ellis, and Douglas Denon Heath. Vol. I. (London 1858; Neudruck:) Stuttgart 1963, p. 423–840; 502–504. – Dieses vierte Kapitel ist in wesentlichen Teilen bereits enthalten in der englischen Fassung: Tvvoo Bookes of Francis Bacon. Of the proficience and aduancement of Learning, diuine and humane (1605). (The English Experience. 218) Amsterdam/New York 1970, p. 7.

14 Bacon 494: Partitio Doctrinae Humanae ea est verissima, quae sumitur ex triplici facultate Animae Rationalis, quae doctrinae sedes est. Historia ad Memoriam refertur; Poesis ad Phantasiam; Philosophia ad Rationem.

15 Bacon 502: Historiam Civilem in tres species recte dividi putamus: primo, Sacram, sive Ecclesiasticam; deinde eam quae generis nomen retinet, Civilem; postremo, Literarum et Artium. – Die im Text zitierte Formulierung steht in der Überschrift (argumentum) des Kapitels am selben Ort.

16 Bacon 503: Argumentum non aliud est, quam ut ex omni memoria repetatur, quae doctrinae et artes quibus mundi aetatibus et regionibus floruerint.

seits einen bestimmten Ort innerhalb der Systematik hat. Die Litterärhistorie hat das Erbe der universalen und enzyklopädischen Entwürfe übernommen, in dieser verdeckten und obliquen Weise das Ordnungssystem der Wissenschaften als Gliederungsprinzip der Erzählung von ihnen ad hoc zu entwickeln. Und das ist, als zusätzliche Bürde neben der immensen Materialverarbeitung, doch schon reichlich viel.

Dieser Not haben sich die frühesten Litterärhistoriker auf plausible, wenn auch nicht gerade elegante, weil doch eher resignative Weise entzogen. Als Surrogat einer Wissenschaftssystematik haben sie ein Abbild der bestehenden Wissenschaftsorganisation zum Gliederungsprinzip erhoben. Der Historiker und Philologe Peter Lambeck[17] hat ebenso wie der Mediziner und Historiker Hermann Conring[18] die Fülle des Materials zunächst auf Jahrhunderte verteilt[19] und sie dann jeweils nach der Reihenfolge der Fakultäten angeordnet. Ein Muster für die späteren Litterärhistorien war installiert.[20]

Allerdings löst eine solche Transaktion naturgemäß nicht alle Probleme, und andererseits schafft sie auch neue. Theologie, Juristerei und Medizin – das ließ sich jeweils ganz ordentlich en bloc chronologisch abhandeln; anders das ständig wachsende Fächerkonglomerat der vierten, der philosophischen Fakultät. Denn nachdem das alte Schema der artes liberales verabschiedet worden war (der letzte Stoß war übrigens die Aufnahme der Historie in den Fächerkanon gewesen), gab es kein in der Sache begründetes Ordnungsschema mehr. Soll man die Philosophen vor die Philologen setzen, die Mathematiker und Physiker vor die Historiker oder umgekehrt, und vor allem: wohin mit Rhetorik und Poesie? Nun, irgendwie hat man sich pragmatisch zu helfen gewußt, und das Risiko, das sie damit auf sich nahmen, brauchte die Gelehrten des 17. Jahrhunderts noch nicht zu beschäftigen, das Risiko nämlich, daß das Wissenschaftssystem abhängig wurde vom Schicksal der Wissenschaftsorganisation.

Einstweilen wirkte sich diese Abhängigkeit „nur" so aus, daß die historia litteraria eine ganz andere Gestalt und Funktion bekam, als ihre Initiatoren sich das wohl hätten vorstellen mögen. Aus einem reflexiven bzw. repetitiven Ab-

---

[17] Petrus Lambecius, Prodromus historiae literariae [...] (1659). Cur. Jo. Alberto Fabricio. Leipzig/Frankfurt 1710; hervorgegangen aus Vorlesungen im akademischen Gymnasium in Hamburg in den Jahren 1656 bis 1659 (Vorrede, fol. *** 3).

[18] Hermann Conring, De scriptoribus XVI. post Christum natum seculorum commentarius, cum prolegomenis [...] et additionibus. (Hrsg. von Gottlob Krantz, 1. Aufl. 1703) Breslau 1727; in einer Privatvorlesung in Helmstedt auf Verlangen auditorum quorundam vorgetragen und diktiert.

[19] Lambecius hat in seinem Prodromus nur die ersten vier Kapitel zu je mehreren Jahrhunderten ausgeführt und ist damit bis ans Ende des 13. Jahrhunderts vor Christus gelangt, bis zur Geburt Mosis. Die folgenden 29 Kapitel sollten je ein Jahrhundert umfassen.

[20] Was zuerst eine Hilfskonstruktion gewesen sein mag, wurde später zur Gewohnheit, die beibehalten wurde, auch wenn man sich ihrer Unzulänglichkeit bewußt war. „Was die Gelahrheit insonderheit betrifft, so ist bekannt, daß die Erudition in vier Facultäten unterschieden wird. Ob nun wohl dieser Unterschied nicht der accurateste ist, so kan man ihn doch behalten, weil er gewöhnlich und bekannt ist. [...] Man kan demnach die Historie der Gelahrheit in vier Bücher abtheilen." Stolle (= Anm. 3) 59.

schluß des Wissenschaftssystems wurde sie, da Organisationen nicht abschließend repetitiv und schon gar nicht reflexiv sein können, zur Vorbereitung auf den Aufenthalt in der Wissenschaftsorganisation, das heißt auf das Studium, und außerdem zum Ersatz für das nicht mehr tunliche Durchlaufen aller Fakultäten – Propädeutik also statt Abschluß und Allgemeinbildung statt Universalwissenschaft.

Die in einer Hinsicht konsequenteste Wissenschaftspropädeutik ist die Bibliographie, besser noch: die Bibliographie der Bibliographien, weil sie exterritorial bleibt und sich nicht mehr in die Sache der Wissenschaften selbst direkt einmischt. Diese Konsequenz, die der Litterärhistorie durch jenen Funktionswechsel vorgezeichnet war, hat schon Conrings Helmstedter Medizinerkollege Valentin Heinrich Vogler[21] alsbald und entschieden gezogen. Er hat die biographischen und bibliographischen Bücher zusammengestellt, die einen in jeder Wissenschaft am zuverlässigsten zu den Gelehrten und zu ihren Büchern hinführen.[22]

Die Litterärhistorie kommt in Voglers Einführungshandbuch natürlich auch vor, aber jetzt dezidiert als exterritoriale, als eine Art methodische Selbstreflexion im ersten Kapitel darüber, auf welche Weise man die Kenntnis der Schriftsteller erwerben könne.[23] Dieses erste Kapitel wird vom Hauptteil des Buches getrennt (außer durch sein Thema) noch zusätzlich durch vier weitere Kapitel mit allgemeinen bibliographischen Angaben.

Im materialen Hauptteil hat Vogler, verglichen mit Lambeck und Conring, eine Inversion der Gliederungsprinzipien vollzogen. Die Reihenfolge der Kapitel ist bestimmt durch die Ordnung der Fakultäten (für die oberen drei je eines, für die vierte deren sechs) oder durch die Sprachregionen[24], und erst die Feingliederung der einzelnen Kapitel bedient sich gegebenfalls des genuin historischen Mittels der Chronologie. Diese Inversion besiegelt den Funktionswandel und die Exterritorialität: die Litterärhistorie ist kein Teil der Historie mehr, sie ist exterritoriale, allgemeinbildende Wissenschaftspropädeutik mit starkem Hang zu Biographie und Bibliographie.

---

21 Valentin Heinrich Vogler, Introductio universalis in notitiam cuiuscunque generis bonorum scriptorum. Helmstedt 1670; hervorgegangen aus Vorlesungen in Helmstedt, die Vogler auf Anregung Johann Christian von Boineburgs gehalten hat (Vorrede, unpag.).

22 Weniger auf das Studium ausgerichtet, aber im Prinzip von gleicher Zweckbestimmung: Simon Paulli, Historia litteraria sive Dispositio librorum omnium facultatum et artium [...] in usum philobiblorum congesta. Straßburg 1671.

23 Überschrift des 1. Kapitels: Quibus modis scriptorum notitia poßit acquiri.

24 Als Verbindung zwischen den systematisch und den topographisch gegliederten Kapiteln steht eines über Populares & illitteras artes und eines über einzelne Zeitabschnitte, als Ausklang dann Kapitel über einzelne Stände (besonders Mönche), über gelehrte Frauen und über beiläufige Erwähnungen.

Morhofs „Polyhistor“

Daniel Georg Morhofs „Polyhistor“[25] kann gelesen werden als Protestaktion gegen ein solches Konzept der historia litteraria. Er präsentiert sich nicht als exterritoriale Vorbereitung, sondern als die Sache selbst, als eine Anleitung zum Sammeln allen menschlichen Wissens in einen Kopf und als Inventar eines solchen Kopfes zugleich, bei allem Bewußtsein der Vorläufigkeit[26] doch mit dem alten humanistischen Stolz, nun wirklich nicht für alle und jeden zu schreiben.[27] Noch einmal also ein Entwurf einer Universalwissenschaft[28], aber doch ein sozusagen quantitativer, auf Polymathie zielend[29], und als solcher schon doppelt tingiert von einem Konzept wie dem Voglerschen.

Erstens ist auch der „Polyhistor“ ein propädeutisches Buch, nur nicht exterritorial. Er ist sozusagen eine Einleitung zu sich selbst, ein Lehr-, Hand- und Lebensbuch für einen, der ein Polyhistor werden will, geschrieben von einem, der es bereits ist. Anlaß zu einem solch monströsen Vorsatz ist das Wissen, daß allenfalls ein Schuster bei seinem Leisten bleiben darf, während ein Gelehrter in seiner Wissenschaft nichts Vernünftiges leistet ohne die Kenntnis aller anderen Wissenschaften[30], und daß andererseits der menschliche Geist in seiner Erhabenheit mit Geringerem als dem Ganzen unterfordert ist.[31] Morhof bietet, so verrückt sich das anhört, eine Anleitung nicht zu einem beliebigen Fachstu-

---

25 Daniel Georg Morhof, Polyhistor, Literarius, Philosophicus, et Practicus [...] (1688 ff.). Editio quarta. 2 Bände. Lübeck 1747. – Biographisch und bibliographisch zu Morhof und seinem „Polyhistor“: Johannes Moller in den separat paginierten Prolegomena vor dem zweiten Band des „Polyhistor“. – Marie Kern, Daniel Georg Morhof. Diss. Freiburg 1928, S. 1–27, 91–101. – Außerdem: Conrad Wiedemann, Polyhistors Glück und Ende; in: Festschrift Gottfried Weber. Bad Homburg 1967, S. 215–235. – Dieter Lohmeier, Daniel Georg Morhof, Johann Daniel Major und der Gotizismus; in: Lychnos. Lärdomshistoriska samfundets årsbok 1977/78. Stockholm 1979, S. 54–70.

26 Morhofs Vorstellung war, daß nach seiner Anleitung zehn hochkarätige Spezialisten ein Jahrzehnt lang das gesamte Wissen jeder Disziplin zusammentragen und in perfectissimo Systemate redigieren sollten. Quod si fieret, unus liber in singulis disciplinis pro Bibliotheca esset, cessarentque omnia illa impedimenta, quae nascuntur e confusa tot Autorum lectione (I 235). Es war ihm auch klar, daß man dafür Magnaten brauchte, die genügend Sach- und Personalmittel bereitstellen würden.

27 Mediocribus ingeniis, neque ad tam magna natis, autor potius essem, ut secum habitent, neque ea sequantur, quae adsequi per imbecillitatem suam nequeunt (I 5).

28 Schmidt-Biggemann (= Anm. 1) 265–272.

29 Polymathia ist nicht kritik- und kriterienlose Vielwisserei, wie der Name vielleicht vermuten ließe; es ist der Besitz all des unendlich vielen wissenswerten, weil bewährten Wissens.

30 Fabrilia qui tractat, impune ignorare sutoriam potest; at in liberalibus (sc. artibus) illis conspirant omnes, manusque jungunt (I 2).

31 Est animorum nostrorum, si ita loqui liceat, hypsos, quo illi vel per naturam vel assuefactionem apti sunt multa simul complecti, abstrahere a singularibus, seque ab illo humili statu in sublimem perducere (I 3). – [...] non perspiciunt, quantum natura humani ingenii valeat: quae ita agilis est & velox, ut ne possit quidem aliquid agere tantum unum (I 2).

dium, sondern zum Studium der Polymathie selbst[32], nicht mehr und nicht weniger. Und die Polymathie ist von den früheren Universalwissenschaften nicht der Extension nach, sondern nur durch die allerdings dezidierte Überzeugung unterschieden: ohne Bücher geht es nicht. Polymathie studieren und Polyhistor werden heißt demnach sich selbst zu einer lebenden Bibliothek umschaffen.[33] Nur und erst die bibliothekarische Kenntnis in diesem Sinne ebnet den Weg zur vollkommenen Erkenntnis aller Dinge.[34]

Zweitens ist eben deswegen der „Polyhistor" – wie Voglers Buch – ein „systematisches", das heißt zusammenstellendes, und kein historisches, das heißt chronologisch erzählendes Werk[35], allerdings auch das wieder auf seine besondere Weise. Die Ordnung seiner Bände, Bücher und Kapitel (und natürlich auch die Ordnung der Polymathie selbst) ist, wie sollte es auch anders sein, diejenige guter Bibliotheken.[36] Es ist eine lockere Reihenfolge, wie sie die Rhetorik bei den loci communes kennt, nur nicht zu ängstlich auf ein einheitliches Gliederungsprinzip bedacht[37] – Hauptsache, man findet alles irgend Zusammengehörige an einem Ort mit einem Griff, im Bücherregal wie im Gedächtnis.[38] Einmal kann die Serie der Fakultäten diesen Dienst leisten, ein anderes Mal die Chronologie oder ein didaktischer Gesichtspunkt oder eine alte Gewohnheit oder sonst etwas anderes. Aspirationen auf eine schlüssige Wissenschaftssystematik bestehen nämlich sozusagen programmatisch überhaupt nicht; alles ist auf Praktikabilität angelegt. Das reflexive Moment des „Polyhistor" steckt deshalb auch nicht in irgendwelchen theoretischen Erörterungen,

---

[32] Die Prägung polymatheias studium benutzt er z. B. I 5.

[33] Quem nemo sibi titulum acquirit, nisi e mortuis Bibliothecis se ipsum Bibliothecam vivam fecerit (I 21).

[34] Sola perfectae omnium rerum cognitionis viam sternit Bibliothecaria notitia (I 231). Wie es jemandem ergeht, der eine ars magna sciendi allein speculatione inani und nicht lectione diligenti & attenta entwerfen will, das illustriert Morhof am selben Orte an Quirinus Kuhlmann, der – wen wundert's – als Fanatiker und Schwärmer endete.

[35] Das Projekt einer veritablen historia litteraria, quae non ipsam tantum (!) Polymathiam, sed & singularum scientiarum primos natales ac progressus ad nostra usque tempora complectitur, ist praktisch verabschiedet: Nemo est, qui Oceanum hunc transmiserit (I 9).

[36] Inter praecipuos Historiae Biliothecariae fructus est, quod jam supra diximus, ut habeamus quasi universales quosdam Locos Communes; atque ita optimae & a praestantissimis Autoribus congestae Bibliothecae instructae sunt, ut Locorum Communium quasi imaginem exhibeant (I 237).

[37] Series librorum ut scrupulosa nimis esse non debeat, & in portiunculas exiguas divisa: sic enim memoriam non juvat, sed dissipat, cui unice tamen inservire ORDO debet (I 34). Natürlich kannte Morhof die früheren Versuche, unter dem Titel Encyclopaedia das Universum der Wissenschaften streng systematisch zu gliedern, aber er entledigt sich ihrer, indem er als guter Eklektiker ihre Pluralität gegen ihren Wahrheitsanspruch ausspielt: qua principia, qua ordines, quot capita, tot sensus sunt (I 8).

[38] Hinc commendo Catalogum Bibliothecae Thuanae [...]; & mirifice mihi placet ordo; non enim contentus summis tantum capitibus Autor sub specialibus titulis locavit Autores, ut statim occurrant, qui de eodem argumento scripserunt, quod Locorum Communium instar esse potest (I 212).

sondern ganz praktisch im Kapitel über die Ordnung der Bibliotheken[39], toter wie lebender.

Morhofs Polyhistor hat die verdiente, mithin grenzenlose Bewunderung geerntet. Aus der Sicht des 17. Jahrhunderts ist er ein letzter und im Prinzip gelungener Versuch der Vereinigung allen Wissens, wenn schon nicht in einem System oder einer Technik, so doch wenigstens in einer Person und einem Buch. Für das 18. Jahrhundert war er wegen eben dieser seiner imponierenden Materialfülle der Anfang einer Litterärhistorie, die unter Verzicht auf unmittelbare universalwissenschaftliche Ansprüche wenigstens mittelbar die Totalität des Wissens zu erfassen suchte im Verzeichnen aller Bücher, in denen es niedergelegt ist.

Diese Litterärhistorie, verstanden als mittelbare Universalwissenschaft zu beliebigem Gebrauche je nach geistigem Vermögen, hat sich förmlich explosionsartig ausgebreitet, auf dem Büchermarkt wie an den Universitäten. Es gab: einige wenige, die Morhof in extensiver Vollständigkeit nacheiferten[40]; die propädeutischen Gesamtüberblicke im Stile Voglers[41]; Einführungen nur für eine Fakultät, dafür mit entsprechend dichterer Information[42]; und die ins Kraut schießende Gelehrtenbiographie, abgefüllt in zeitschriftenähnliche Sammelpublikationen[43] oder, noch angemessener, in die vielen weder historisch noch systematisch, sondern nur noch alphabetisch geordneten Schriftstellerlexika.[44]

---

39 De ordine Bibliothecarum (I 34–40).

40 Jacob Friedrich Reimmann, Versuch einer Einleitung In die historiam litterariam Insgemein und derer Teutschen insonderheit. In VI verschiedene Tomos verfasset. Halle 1708–13. – Nicolaus Hieronymus Gundling, Vollständige Historie der Gelahrheit, Oder Ausführliche Discourse, So er in verschiedenen Collegiis Literariis, so wohl über seine eigenen Positiones, als auch vornehmlich über Tit. Herrn Inspectoris D. Christophori Augusti Heumanni Conspectum Reipublicae Literariae gehalten [...]. 5 Bde. Frankfurt/Leipzig 1734–36. – Johann Andreas Fabricius, Abriß einer allgemeinen Historie der Gelehrsamkeit. 3 Bde. Leipzig 1752–54. – Burkhard Gotthelf Struve/Johannes Friedrich Jugler, Bibliotheca historiae litterariae selecta olim titulo introductionis in notitiam rei litterariae et usum bibliothecarum insignita [...]. 3 Bde. Jena 1754.

41 Voglers Introductio (= Anm. 21) erlebte noch drei weitere Auflagen (1691, 1700, 1725). Sie wurde abgelöst durch Burchard Gotthelf Struve, Introductio in notitiam rei litterariae et usum bibliothecarum. Jena 1704 (weitere Auflagen 1706, 1710, 1715, 1729; vgl. oben Anm. 40), und diese wiederum durch Christoph August Heumann, Conspectus reipublicae literariae sive via ad historiam literariam iuventiti studiosae aperta. Hannover 1718 – das marktbeherrschende und meistbenutzte Buch bis gegen Ende des Jahrhunderts (die letzte, siebte Auflage zu Lebzeiten des Autors erschien 1763).

42 Einschlägig für die philosophische Fakultät: Gottlieb Stolle, Kurze Anleitung zur Historie der Gelahrheit Denen so den freyen Künsten und der Philosophie obliegen, zu Nutz. Halle 1718 (weitere Auflagen Jena 1724, 1727, 1736).

43 Die meisten sind verzeichnet in Johann Joachim Schwabes Brevis notitia alphabetica ephemeridum literarium vor dem ersten Band von Morhofs Polyhistor in der Ausgabe von 1747 (= Anm. 25).

44 Umfassend: Christian Gottlieb Jöcher, Allgemeines Gelehrten-Lexicon [...]. 4. Auflage. 4 Theile. Leipzig 1750/51. – Johann Georg Meusel, Lexikon der vom Jahr 1750

Schon 1715 konnte einer der besten Kenner der Szene die historia litteraria als „Mode-Wissenschaft“ bezeichnen[45], und 1722 sah sich ein Nürnberger Rektor zur Warnung vor allzu intensivem Studium dieser Wissenschaft veranlaßt.[46] Aber die Moden wechselten damals nicht so schnell; die Litterärhistorie in all ihren Spielarten hat das ganze 18. Jahrhundert hindurch zum unabdingbaren Standardprogramm der Universitäten[47] und der anspruchsvolleren Gymnasien[48] gehört, zwar nur anfänglich mit vereinzelten eigenen Professuren be-

---

bis 1800 verstorbenen teutschen Schriftsteller. 15 Bände. Leipzig 1802–1816. – Das gelehrte Teutschland oder Lexikon der jetzt lebenden teutschen Schriftsteller. Angefangen von Georg Christoph Hamberger. Fortgesetzt von Johann Georg Meusel. 12 Bände. Lemgo 1796–1806. – Johann Georg Meusel, Das gelehrte Teutschland im neunzehnten Jahrhundert, nebst Supplementen zur fünften Auflage desjenigen im achtzehnten. 11 Bände (ab Band 6 von anderen Herausgebern) Lemgo 1808–1834. – Regionale und lokale Gelehrtenlexika sind verzeichnet bei: Johann Georg Meusel, Leitfaden zur Geschichte der Gelehrsamkeit. Erste (–Dritte) Abtheilung. Leipzig 1799/1800, S. 68–73 (unter ausdrücklicher Ausklammerung der Gelehrtengeschichten der Universitäten). – Ein Beispiel für die nach Ständen, Berufen oder Textgattungen begrenzten Lexika: Johann Caspar Wetzel, Hymnopoeographia, oder Historische Lebens-Beschreibung der berühmtesten Lieder-Dichter. 4 Theile. Herrnstadt 1719–28 (mit 2 Bänden Nachlese „Analecta hymnica“, Gotha 1751–56). – Eine größer angelegte, nach vier Bänden abgebrochene Sammlung von Biographien nur deutscher Dichter: (Ernst Johann Friedrich Mantzel) Der Vortrefflichsten Teutschen Poeten verfertigte Meister-Stücke, Wobey Jedesmahl das Leben eines solchen Tichters, Der den Nahmen eines Vortrefflichen Bey der Galanten Welt Durch seine Geschicklichkeit verdienet. 4 Theile (Opitz; Tscherning, Dach; Hans Sachs; Fleming, Rist). Rostock 1721–25.

45 Johann Burchard Mencke in seiner Vorrede zur 1. Auflage (1715) des Jöcherschen Gelehrtenlexikons (= Anm. 44) fol.)()(3 ro.

46 Sigismund Jacob Apinus, Schediasma de nimio eoque noxio historiae litterariae studio; in: Friedrich Jacob Beyschlag, Sylloge variorum opusculorum. Tom. I. Schwäbisch Hall 1729, S. 705–716.

47 Emil Clemens Scherer, Geschichte und Kirchengeschichte an den deutschen Universitäten. Ihre Anfänge im Zeitalter des Humanismus und ihre Ausbildung zu selbständigen Disziplinen. Freiburg 1927, S. 148 ff. – Notker Hammerstein, Jus und Historie. Ein Beitrag zur Geschichte des historischen Denkens an den deutschen Universitäten im späten 17. und 18. Jahrhundert. Göttingen 1972, S. 244–247.

48 Lambecks Gymnasialvorträge waren schon zu erwähnen (s. o. Anm. 17). Stolle (= Anm. 42) fol.)()(3 ro berichtet, daß Christian Gryphius in seinen Gymnasiallektionen zu jedem Thema ausführliche Literaturangaben geliefert habe; er selbst hat seinem Buche einen „Discours von dem Nutzen der Historiae et Notitiae Literariae“ beigefügt (S. 743–758), der aus seiner Unterrichtspraxis am Gymnasium Illustre in Hildburghausen stammt. – Die Gräflich Waldecksche Schulordnung von 1704 hat im § 17 ebenfalls schon die Historia Litteraria vorgesehen (Hinweis von Heinrich Bosse, Freiburg): Evangelische Schulordnungen, hrsg. von Reinhold Vormbaum. Band III. Gütersloh 1864, S. 160. – Die iuventus studiosa, der Heumann seinen Conspectus (= Anm. 41) zugeeignet hat, umfaßt auch die Gymnasiasten, die er damals in Göttingen unterrichtete. – Statt aller weiteren Belege nur noch zwei Verteidigungen des Unterrichts in der historia litteraria vom Ende des Jahrhunderts: Friedrich Gedike, Ueber das Studium der Litterarhistorie, nebst einem Beitrage zu dem Kapitel von gelehrten Schustern; in: Berlinische Monatsschrift 1 (1783) 277–297. Wiederholt in: F. G., Vermischte Schriften. Berlin 1801, S. 274–294. – Ludwig Wachler, Ueber das Studium der Litteratur und Kunst auf Schulen [...]. (Herford) 1790.

dacht[49], aber dann um so ausdauernder gepflegt von Historikern, Philologen oder Philosophen, also im gleichen Status wie die Deutsche Rhetorik und die Theorie der schönen Wissenschaften. Die Litterärhistorie, an der niemand vorbeikam, hat die gar nicht zu unterschätzende Funktion gehabt, jedermann ein gehöriges Maß an Wissen aus allen Disziplinen zu vermitteln und zugleich die Ordnung des Wissens als die Ordnung der Wissenschaftsorganisation zu repräsentieren. Sie hat die Einheit der gelehrten Kultur immer und immer wieder hergestellt und gewährleistet.

Litterärhistorie und deutsche Poesie

Wo und wie auch immer Litterärhistorie gelehrt und geschrieben wurde – die deutsche Poesie durfte dabei nicht fehlen. Das ist nicht als Zeichen besonderer Wertschätzung zu nehmen, sondern einfach dem Umstand zu verdanken, daß die Poesie auf eine schwierige Weise, von der noch zu reden sein wird[50], zu den Wissenschaften zählte.[51] Wer allerdings von der Litterärhistorie etwas Ähnliches wie von der modernen Literaturgeschichte erwartet, wird sich arg getäuscht sehen. Was vorkommt, sind Dichterkataloge, von gleicher Art wie die Artikel in den Gelehrtenlexika, wenn es hoch kommt, nur nicht alphabetisch geordnet. Daß es Kataloge waren (und Kataloge der Dichter, nicht ihrer Werke), hatte seine guten Gründe, einen im Begriff der Poesie, einen anderen in der Litterärhistorie selbst und einen dritten in der Stellung jener in dieser.

Poesie war allemal noch ein nomen actionis und meinte, etymologisch korrekt, die Kunst des Machens, weshalb die Besitzer der Kunst prinzipiell interessanter waren als die Werke der Kunst. Ohnehin hätte die Litterärhistorie, und das ist der zweite Grund, mit den poetischen Texten nichts anfangen können; denn das Wissen, das sie zu sammeln gedachte, war ja nicht – wie bei allen anderen Wissenschaften – durch Kurzfassungen oder Auszüge aus den poetischen Texten selbst zu erheben, sondern allenfalls aus den Poetiken. Vor allem aber (Grund drei) war es auf ein Wissen aus den Texten oder über sie gar nicht abgesehen. Denn die Litterärhistorie hatte ja die faktische Ordnung der Diszi-

---

[49] Wohl als erster wurde Matthias Lobetanz in Greifswald 1702 philosophiae historiaeque litterariae prof. extr. (Johann Gottfried Kosegarten, Geschichte der Universität Greifswald. Greifswald 1857, I 282.) Johann Georg Hagelgans (Orbis literatus academicus Germano-Europaeus [...]. Frankfurt 1737) verzeichnet (im separat paginierten Catalogus universalis, S. 16, 18, 22) außerdem noch als Ordinarien Christoph August Heumann in Göttingen, Gottlieb Stolle in Jena und Cölestin Conrad Neufeldt in Königsberg; die Anstellung von reinen Litterärhistorikern blieb eine Göttinger Spezialität.

[50] Vgl. unten S. 193 ff.

[51] Eine Definition der Poesie noch aus der Mitte des 18. Jahrhunderts: „Ich nenne sie eine Wissenschaft, etwas durch einen bilderhaften Ausdruck der Worte so zu beschreiben, wie es die eigentliche Natur desselben erfordert." Jakob Friedrich Schmidt, Gedanken über den Zustand der alten und neuen Teutschen Dichtkunst. Jena 1754, S. 15.

plinen zu propädeutischen Zwecken abzubilden und daher die Poesie an ihrem angestammten Ort neben der Rhetorik zu belassen, und in diesen beiden „Wissenschaften“ kam es damals auf ein Können an und erst in dessen Diensten auch noch auf ein Wissen. Die Dichterkataloge haben daher zunächst die Funktion, eine Gemäldegalerie derjenigen gelehrten Könner zu sein, an deren Kunst man sich bei eigenem poetischem Tun nacheifernd zu orientieren hatte.[52]

Deshalb sind wie in den Lehrbüchern der Poetik so auch in denen der Litterärhistorie üblicherweise nur die als vorbildlich anerkannten Meister verzeichnet, ohne jeglichen Anspruch auf literaturgeschichtliche Information oder gar Vollständigkeit. Das Aufbauprinzip, denn ohne ein solches kommt man auch in Katalogen nicht aus, war je nach Anlaß und Zweck entweder die Kapiteleinteilung der Poetik oder die Chronologie.

Nach den Kapiteln der Poetik gliedert man sinnvollerweise, wenn man poetisch Tätige informieren will, wen sie als Vorbild in jeder Dichtart adoptieren sollten. Mustergültig handelt Gottlieb Stolle auf diese Weise „Von der Poesie“[53]: zuerst allgemein von Ursprung, Nutzen und Historie der Poesie[54] und von den wichtigsten Poetiken[55], dann von den einzelnen Teilen der Poesie, und zwar abwechselnd nennend die einschlägigen poetologischen Spezialabhandlungen und den oder die bedeutendsten Dichter einer jeden Sparte aus allen Kulturnationen von den Hebräern bis zu den Teutschen.[56]

Zu letzterem Punkt werden biographische Angaben geliefert, wo sie gerade zur Verfügung stehen, bibliographische (außer vielleicht die Nennung einzelner Werktitel) kaum, auf jeden Fall aber eine kurze Beurteilung mit Verweis auf Sachverständige und durchaus auch mit Einflechtung eigener Meinung. Unter diesem Gesichtspunkt versteht es sich von selbst, daß deutsche Dichter vor

---

52 Über die früheren, besonders die mittelalterlichen Dichterkataloge: Sigmund von Lempicki, Geschichte der deutschen Literaturwissenschaft bis zum Ende des 18. Jahrhunderts. 2. Aufl. Göttingen 1968, S. 19 ff. – Paul Lehmann, Literaturgeschichte im Mittelalter; in: P. L., Erforschung des Mittelalters. Ausgewählte Abhandlungen und Aufsätze. Band 1. Stuttgart 1959, S. 82–113.

53 Stolle (= Anm. 42) 155–246.

54 Für die „Historie der teutschen Tichtkunst“ verweist Stolle auf Morhofs „Unterricht“ (darüber gleich) und außerdem auf Albrecht Christian Rotth, Vollständige Deutsche Poesie in drey Theilen [...]. Leipzig 1688. Dort steht die Abhandlung „Vom Ursprung und Fortgang der deutschen Poesie“ im ersten Teil: Vorbereitung zur Deutschen Poesie [...]. Leipzig 1687, fol. a 3ro–b 7ro.

55 Für das Deutsche natürlich Opitz, dann Rotth und Christian Weise (Curieuse Gedancken von teutschen Versen. Leipzig 1702) und anmerkungsweise noch Augustus Buchner (165 f.).

56 Stolles Nennungen deutscher Dichter: für das Epos – Fehlanzeige mit Hoffnungen auf Neukirch (180); Tragödie – Andreas Gryphius und Lohenstein (187); Komödie – nochmals Gryphius und mit starken Vorbehalten Hallmann (189 ff.); Pastorelle – Guarinis Pastor fido in der Übersetzung von Hoffmannswaldau oder besser von Aßmann von Abschatz (192); Oper – Paul Thiemich und Heinrich Postel (195); Hirtengedichte – Opitz, Neukirch (197); Satire – Rachel, Menantes, Canitz u. a. (203 f.); Ode – Dach, Paul Gerhard, Hoffmannswaldau, Christian Gryphius u. a. (210), usw.

Opitz für eine Nennung nicht in Betracht kommen. Dagegen scheinen sich die Ausführungen über die fremdsprachigen Dichter schon aus dem Zusammenhang des eigenen poetischen Schreibens gelöst zu haben, aber das wäre dann doch eine Fehleinschätzung. Denn Stolle setzt eine Leserschaft voraus, der er in einem eigenen Paragraphen ausdrücklich anraten muß, lieber nur auf deutsch zu poetisieren.[57]

Wenn der Abschnitt über die Historie der Poesie sich verselbständigt und infolgedessen das Aufbauprinzip der Chronologie über dasjenige der Gattungen dominiert, ist das nur eine Akzentverlagerung innerhalb der Einleitung zur Poetik. Es geht dann noch nicht um die Aufstellung von Mustern, sondern erst einmal darum, die Würde, und das heißt: das Alter und den Reichtum der deutschen Poesie dem angehenden Dichter nahezubringen. Beispielhaft dafür ist Morhofs halbwegs chronologischer Katalog[58], eine Summe der vorausgegangenen Sammlungen literaturgeschichtlichen Wissens[59], der weitaus mehr als nur die vorbildlichen Autoren enthält. Zwar dient auch er selbstverständlich der Vorbereitung auf das je eigene Dichten[60], ist aber apologetisch-patriotisch ausgerichtet auf den Nachweis, daß, wie das Alter und also die Vortrefflichkeit der deutschen Sprache schon vorher erwiesen wurde[61], so auch die deutsche Poesie mindestens so alt ist wie diejenige der anderen lebenden europäischen Sprachen und daß die deutsche Nation zu allen Zeiten nicht ärmer an Poeten und demzufolge nicht unkultivierter war als ihre Nachbarn.[62]

Nur deshalb bietet Morhof aus seiner polyhistorischen Belesenheit[63] alles auf, was an literaturgeschichtlichen Daten und Gerüchten, an Texten und Autoren verfügbar war, und zwar vor allem für die versunkene und vergessene „andere Zeit der Teutschen Poeterey" (von Karl dem Großen bis vor Opitz)[64], wohingegen die „erste Zeit" (vor Karl dem Großen)[65] naturgemäß nur summa-

---

[57] Stolle 166.

[58] Daniel Georg Morhof, Unterricht von der Teutschen Sprache und Poesie (1682; Neudruck der Ausgabe Lübeck/Frankfurt 1700). Hrsg. von Henning Boetius. (Ars poetica, Texte. 1) Bad Homburg 1969, S. 140–199, 211–222.

[59] Lempicki (= Anm. 52) 126–149. – Michael S. Batts, A history of histories of German literature. Prolegomena. (Canadian studies in German language and literature. 37) New York/Bern usw. 1987, S. 31–38.

[60] Der Katalog steht im zweiten Teil des „Unterrichts"; der dritte Teil ist eine Poetik, allerdings weniger mit Angabe von Regeln als mit Nennung von Vorbildern in einzelnen Dichtarten (nicht unähnlich dem Vorgehen Stolles); ihr vorausgeschickt sind Ausführungen über eine sprachreinigende Grammatik.

[61] Im ersten Teil, S. 21–85.

[62] Über diesen allgemeinen Zweck der Beschäftigung mit deutscher Sprach- und Literaturgeschichte: Wolfgang Huber, Kulturpatriotismus und Sprachbewußtsein. Studien zur deutschen Philologie des 17. Jahrhunderts. (Germanistische Arbeiten zu Sprache und Kulturgeschichte. 5) Frankfurt/Bern 1984, S. 224–242.

[63] Die Materie des „Unterrichts" hätte im „Polyhistor" den Abschluß des siebten Buches im ersten Band bilden sollen, wo deshalb ein entsprechender Rückverweis steht (I 1072).

[64] Morhof (= Anm. 58) 152–199.

[65] Morhof 140–152.

risch und die „dritte Zeit" (seit Opitz)[66], da noch vertraut, relativ weniger materialreich dargeboten wird.

Besonders am Ende des Kapitels über die „andere Zeit", aber auch sonst, nimmt er es dabei mit der Chronologie nicht sonderlich genau, und das nicht aus Unvermögen; denn, um es zu wiederholen, eine Literaturgeschichte auch nur näherungsweise im heutigen Sinne konnte nicht die Meinung sein, sondern eine Verarbeitung des vorhandenen Materials zu einer möglichst umfangreichen und also eindrücklichen Amplifikation des Argumentes von Würde und Alter der deutschen Poesie[67], bei Bedarf am lockeren Leitfaden der Chronologie.

Das nicht eben wählerische apologetische Interesse war schon befriedigt, wenn es nur irgendwo die Materialien fand[68], die es zu Argumenten verbauen konnte, und das propädeutische Interesse wollte ohnehin nicht mehr als einen Kanon installieren. Eine zusammenhängende Erzählung (Historie) von den Schicksalen der deutschen Poesie war kein Bedürfnis, solange die Poesie an die Rhetorik gebunden war. Auch sonst war eine kontinuierliche Erzählung vom Auf- und Fortgang der Wissenschaften (de ortu et progressu scientiarum) das ganze 18. Jahrhundert hindurch eine unerledigte Pendenz der Litterärhistorie[69], obwohl ja gerade sie die Aufgabe der historia litteraria gewesen wäre, wie sie Bacon konzipiert und Lambeck wie Conring zu realisieren versucht hatten.

Eine solche Historie der deutschen Poesie hätte es mit Sicherheit auch nicht gegeben, wenn zwei ehrgeizige Projektemacher ihre Arbeit hätten zu Ende führen können. Der erste war Johann Georg Eckhart (Eccardus), der eine Historia Poetarum Germanicorum um 1705 begonnen, 1711 öffentlich angekün-

---

66 Morhof 211–222.

67 Diesem Interesse sind auch die Kapitel über die italienische, spanische, englische, holländische und nordische Poeterey dienstbar. – Eine solche Argumentation „aus dem Topos de antiquitate" hat schon Martin Kempe (mit weniger Material) in seinem „Eintritt zur Poeterey" gewählt: Georg Neumark, Poetische Tafeln oder Gründliche Anweisung zur Teutschen Verskunst (1667). Hrsg. von Joachim Dyck. (Ars Poetica, Texte. 2) Frankfurt 1971, S. 18–30 und das Nachwort S. 16.

68 Über das Verhältnis von Historie und Oratorie mit einem anderen Gleichnis: Magna Eloquentiae & Historiae affinitas est; mutuas enim operas jungunt, & civili prudentiae quasi alae geminae adsistunt, quarum illa remigio feliciter orbem suum decurrit. Historia eventuum exemplis, velut telis quibusdam, Oratorem armat, & Oratoria vim omnem in subsidium vocat, cum res gestas ornatè describit. (D. G. Morhofii Vita, p. 28; separat paginierter Anhang zu: Daniel Georg Morhof, Dissertationes academicae & epistolicae [...]. Hamburg 1699).

69 Sie figuriert z. B. bei Heumann im 4. Kapitel seines Conspectus (= Anm. 41) (de ortu & progressu studiorum literariorum) nur pro memoria in Gestalt unendlich langer internationaler Namenlisten quer durch alle Fakultäten hindurch, ohne jeglichen Kommentar, das heißt zu beliebiger mündlicher Ausfüllung und Erläuterung bei Vorlesungen. Ähnlich rücksichtslos hat Fabricius (= Anm. 40) immer wieder reine Namenlisten eingeschaltet, besonders ärgerlich am Schluß (III 1111–1135), wo er im Sinne der Resteverwertung die „übrigen Schriftsteller" des 17. und 18. Jahrhunderts alphabetisch und ohne jegliche erläuternde Zutat aufführt.

digt, aber nie vollendet hat[70]; der Titel und das erhaltene Fragment lassen erkennen, daß es ein Dichterkatalog im Stile der Gelehrtenbiographien hätte werden sollen, wozu seit Morhofs Zeiten sich noch einiges an zusätzlichem Material angesammelt hatte.[71]

Der zweite war Gottsched mit seinem Plan einer umfassenden Geschichte der deutschen Sprache und Literatur[72], die ganze Berge von neuem, besonders bibliographischem Material enthalten hätte und unverkennbar vom apologetischen Interesse einer Erhöhung der Deutschen auf Kosten der Franzosen getragen war. Mit der Sammlung des Materials war Gottsched jahrzehntelang beschäftigt und am Ende wohl schon recht weit gediehen, aber der Plan war zweifellos für die Kräfte eines Einzelnen zu groß entworfen.[73]

Da Eckhart und Gottsched scheiterten, passierte in der ersten Hälfte des 18. Jahrhundert nichts, was in den Litterärhistorien unter dem Stichwort „Historie der deutschen Poesie" zu verzeichnen gewesen wäre (was übrigens nicht heißt, daß die Arbeit auf diesem Gebiet geruht hätte, sondern nur, daß sie keine repräsentativen Werke hervorgebracht hat). Heumann brauchte von der zweiten Auflage an seine Literaturangaben nicht zu ändern[74]; und es sagt einiges über

---

[70] Hermann Leskien, Johann Georg von Eckhart (1674–1730). Das Werk eines Vorläufers der Germanistik. Diss. Würzburg 1967, S. 85–91.

[71] Natürlich einfach durch das Fortschreiten der Zeit, in gedruckter Form aber vor allem durch Erdmann Neumeister, De poetis Germanicis (hujus seculi praecipuis dissertatio compendiaria. Leipzig 1695). Hrsg. von Franz Heiduk in Zusammenarbeit mit Günter Merwald. Bern/München 1978.

[72] Im Rückblick gibt Gottsched an, daß ihm seine Frau „in diesen Jahren [= ca. 1745], in Sammlung der Materialien zu meiner kritischen Historie der deutschen Sprache, Poesie und Beredsamkeit an die Hand gieng". Leben der sel. Frau Luise Adelgunde Vict. Gottschedinn (unpaginiert); in: L. A. V. Gottschedinn, Sämmtliche Kleinere Gedichte. Leipzig 1763. – Die erste öffentliche Erwähnung steht in seiner Zeitschrift: Neuer Büchersaal der schönen Wissenschaften und freyen Künste 8 (1749) 149: „Doch dieses wird deutlicher erhellen, wenn wir die ausführliche Geschichte der deutschen Sprache und Poesie, daran hier wirklich gearbeitet wird, werden zu lesen bekommen." – Eine namentliche Erwähnung ein Jahr später: „Wie wir gehöret, ist Er [= Gottsched] jetzt auch unter andern mit Ausarbeitung einer ausführlichen Historie der deutschen Sprache und Dichtkunst beschäftiget." Berlinische Bibliothek [...]. Vierter Band. Berlin 1750, S. 821.

[73] Hans Lachmann, Gottscheds Bedeutung für die Geschichte der deutschen Philologie. (Mitteilungen der Deutschen Gesellschaft zur Erforschung Vaterländischer Sprache und Altertümer in Leipzig. 13) Leipzig 1931, S. 46–76. – Werner Rieck, Johann Christoph Gottsched. Eine kritische Würdigung seines Werkes. Berlin 1972, S. 121–131.

[74] In der ersten Auflage hatte er Neumeisters Dissertation (= Anm. 71) vergessen, in der fünften Auflage (1746) mußte er seine Hoffnung auf Eckharts Historie der Poesie aufgeben und fügte den Hinweis bei, daß besonders seit der Gründung der Deutschen Gesellschaft in Leipzig viel gesammelt worden sei, das auf Bearbeitung warte. Seine Literaturangaben: Morhof (= Anm. 58), Neumeister, Wetzel (= Anm. 44) mit einigen Vorgängern; Christian Hoffmann von Hoffmannswaldau, Deutsche Uebersetzungen Und Getichte. Breslau 1679, (Vorrede) An den geneigten Leser, fol.)(ro –)()(vo; Johann Christoph Wagenseil, De Sacri Rom. Imperii Libera Civitate Norimbergensi commentatio. [...] Altdorf 1697, S. 433–575: Buch Von der Meister-Singer Holdseligen Kunst Anfang / Fortübung / Nutzbarkeiten / und Lehr-Sätzen.

die Einstellung der Litterärhistoriker, daß keiner von ihnen auf die Idee kam, den monumentalen Schilterschen Thesaurus[75], eine Sammlung fast aller damals bekannten alt- und mittelhochdeutschen Texte, unter dieser Rubrik zu vermerken.[76] In ihrem Kern war diese Historie der Poesie eben doch eine personenzentrierte Gelehrten„geschichte", und die poetischen Texte als Werke der Gelehrten waren ihr historische Data, Gegebenheiten vom gleichen Aufmerksamkeitswert wie die Ereignisse der Weltgeschichte und die Taten der Herrscher, bei denen es ja in letzter Instanz auch auf die Person und ihren Charakter ankam.

Krise des Wissenschaftssystems

Das alles änderte sich sehr bald, als nämlich das System der Wissenschaften aus den Fugen geriet und langsam zerbröckelte. Unmittelbarer Auslöser oder erstes Krisensymptom waren wohl nicht die neuen Naturwissenschaften; die ließen sich immer noch als Variante der alten betrachten[77] und störten jedenfalls die Ordnung der Fakultäten auf absehbare Zeit nicht. Anders die neu aufkommenden Cameral- und Policey-Wissenschaften, die sich eines neuen Gegenstandes annahmen.[78] Sie suchten zu erfassen und zu verbessern das gesamte Verwaltungs- und Ordnungshandeln des neu entstandenen Zentralstaats, das sich auf Industrie, Bergbau und Landwirtschaft, Gesundheitswesen, Straßenbau und Finanzen erstreckte und auf manches anderes mehr.[79]

Die ersten Professuren des „Cameral-, Policey- und Oekonomie-Wesens" wurden 1727 in Halle und Frankfurt/Oder eingerichtet und 1730 in Rinteln[80],

---

75 Johannes Schilter, Thesaurus antiquitatum teutonicarum, ecclesiasticarum, civilium, litterariarum. Tomis tribus. (Hrsg. von Johann Christian Simon, Johann Georg Scherz und Johannes Frick). Ulm 1727/28.

76 Stolle hat ihn zwar bei erster Gelegenheit registriert im zweiten Nachtrag zu seiner Historie (= Anm. 42): Gottlieb Stolles Gantz neue Zusätze und Ausbesserungen Der Historie Der Philosophischen Gelahrheit. Jena 1736, S. 39; dort aber nur beim Stichwort „Antiquitäten" (das sind Realien, Rechtsquellen, kulturgeschichtliche Zeugnisse aus alter Zeit, zu deutsch „Alterthümer").

77 So ist es z. B. Morhof recht problemlos gelungen, die cartesianische Physik zu integrieren, sie durchaus zu würdigen, aber doch bei der alten aristotelischen zu bleiben. Morhof (= Anm. 25) II 254–261: De philosophia naturali Renati Cartesii.

78 Gunter E. Grimm, Literatur und Gelehrtentum in Deutschland. Untersuchungen zum Wandel ihres Verhältnisses vom Humanismus bis zur Frühaufklärung. (Studien zur deutschen Literatur. 75) Tübingen 1983, S. 426 ff. – Hans Erich Bödeker, Das staatswissenschaftliche Fächersystem im 18. Jahrhundert; in: Wissenschaften im Zeitalter der Aufklärung. Hrsg. von Rudolf Vierhaus. Göttingen 1985, S. 143–162.

79 Von literaturgeschichtlichem Interesse z. B. das Theater; vgl. Wolfgang Martens, Obrigkeitliche Sicht: Das Bühnenwesen in den Lehrbüchern der Policey und Cameralistik des 19. Jahrhunderts; in: Internationales Archiv für Sozialgeschichte der deutschen Literatur 6 (1981) 19–51.

80 Wilhelm Stieda, Die Nationalökonomie als Universitätswissenschaft. (Abhandlungen der Königlich Sächsischen Gesellschaft der Wissenschaften. 25/2) Leipzig 1906, S. 17–23.

und weitere Universitäten folgten schnell. Das Problem war, daß die neue Wissenschaftsgruppe nirgends so recht hineinpaßte oder doch jedenfalls nicht eindeutig einer Fakultät zuzuweisen war[81], weder der juristischen noch der philosophischen (als Teil der praktischen Philosophie etwa). Da aber diese Wissenschaften für den Staat – wegen der Ausbildung der Verwaltungsbeamten – von großem Interesse waren, war es nur konsequent, eigene ökonomische Fakultäten zu schaffen, zuerst 1777 in Gießen. Man kann es sich im Zeitalter der beliebig vermehrbaren Fachbereiche wohl kaum noch vorstellen, was es hieß, die jahrhundertealte und zudem das Wissenschaftssystem repräsentierende Ordnung der vier Fakultäten umzustoßen.

In ähnlicher Weise hat es das Wissenschaftssystem destabilisiert, daß Schreiben und Lesen poetischer Texte sich voneinander getrennt haben und der poetische Text als Objekt des Lesers in der Trennungsfuge erschienen ist. Jene Trennung und diese Erscheinung waren nämlich gleichbedeutend mit dem Ende von Rhetorik und Poesie als Wissenschaften. Die – zunächst theoretische – Erkundung des neuen Objekts hätte sich als durchaus konform in das nach Objekten geordnete Wissenschaftssystem einfügen können, wäre nicht der Wissenschaftsorganisation die Aufgabe überbunden worden, das System zu vertreten und sichtbar zu verkörpern. Und diese Organisation hatte ja eben erst die produktions- und nicht objektorientierten Diszplinen der Deutschen Rhetorik und Poesie im Zuge der Praxisorientierung aufgenommen. Wäre man beim Latein geblieben, so hätte man die je eigene (lateinische) Poesie ersatzlos streichen können, ohne das System zu beschädigen; die Beschäftigung mit lateinischen poetischen Texten konnte, unter Verzicht auf eigene Produktion gegebenenfalls, als Philologie weiterbetrieben werden (und wurde es auch). Das Herausbrechen der deutschen Poesie hinterließ dagegen ein Loch im System, das durch keine zugehörige Philologie geschlossen werden konnte, weil es die nicht gab. Oder anders gesagt: System und Organisation der Wissenschaften hatten sich auseinandergelebt.

Unter diesem Aspekt wird nun auch begreiflich, welch wichtige Funktion der wunderliche und sozusagen gerade noch rechtzeitig erfundene Begriff „schöne Wissenschaften" erfüllte. Er war eine Klammer, die das beschädigte Wissenschaftssystem provisorisch zusammenhielt unter dem Anschein, es sei alles beim alten geblieben und die Rhetorik wie die Poesie immer noch eine Wissenschaft, nur eben eine schöne. Diese Klammer mußte halten und hat gehalten, bis die Wissenschaftsorganisation, die ja wesentlich langsamer reagiert, sich grundsätzlich auf die Möglichkeit einer Wissenschaft vom Objekt „poetischer Text" eingestellt hatte. Genau dann und erst dann wurde auch der Begriff „schöne Wissenschaften" entbehrlich und also verworfen.

Immerhin: der Abgang eines alten Elements (Poesie samt zugehöriger Rhetorik) und der Zugang eines neuen (Cameral- und Policey-Wissenschaften) an

---

[81] Stieda 67: „Charakteristisch ist ferner die Unentschlossenheit, wohin das neue Fach eigentlich gehört." Ähnlich, nur ohne institutionelle Folgen, verhält es sich übrigens mit dem Naturrecht, einer Fundamental- und Paradedisziplin des 18. Jahrhunderts, die auch in der juristischen wie in der philosophischen Fakultät gelehrt wurde.

unsicherer anderer Stelle bringen jedes System um seine Stabilität und Selbstverständlichkeit. Und vom Wackeln des Wissenschaftssystems konnte natürlich auch die Litterärhistorie nicht unbeeinträchtigt bleiben, da sie ja die Wissenschaftsorganisation als Wissenschaftssystem abbildete und ohnehin durch das Anschwellen der Wissens-, Bücher- und Zeitschriftenproduktion an die Grenzen der Belastbarkeit gelangt war.

Es gehört zu den Folgerichtigkeiten dieser Geschichte, daß die Litterärhistorie in der Systemkrise um die Mitte des 18. Jahrhunderts und im Zuge der Selbststabilisierung des Systems geradezu schlafwandlerisch sicher ihre Gestalt verändert hat, und es ist wieder eine Frage der Perspektive, ob man das als Zerfall oder als Spezialisierung oder als Befreiung zu ihren eigentlichen Aufgaben interpretieren will.

Was der Litterärhistorie nicht zu nehmen war und nicht genommen wurde, das war ihre Rolle als Vermittlerin von Allgemeinbildung. Ihr hat sie ihre Ausbreitung auf Universitäten und Schulen zu verdanken. Entlastet wurde sie dagegen von der Verzeichnung der Gesamtheit der Bücher; das übernahm fortan anspruchslos und viel genauer die fachspezifische Bibliographie, die sich um diese Zeit verselbständigt hat.[82]

Entlastet wurde die Litterärhistorie vor allem von ihrer systematischen Funktion. Ihrer nahm sich endlich wieder die Philosophie an unter dem alten, neu gewendeten Namen „Enzyklopädie", und es kann kein Zufall sein, daß da die Namen Baumgarten und Sulzer wieder in vorderster Linie stehen[83] – Baumgarten hat schon vor 1740 in Halle ein enzyklopädisches Kolleg gehalten[84] und Sulzer wohl erstmals wieder ein wissenschaftssystematisches Buch ohne jeglichen litterärhistorischen Anspruch geschrieben.[85] Beide haben je auf ihre Wei-

82 Rudolf Blum, Bibliographia. Eine wort- und begriffsgeschichtliche Untersuchung; in: Archiv für Geschichte des Buchwesens 10 (1969) 1018–1248; 1141–1158. – Siegfried Seifert, Die Entwicklung der kritischen Literaturinformation im 18. Jahrhundert in Deutschland. Diss. Humboldt-Universität Berlin 1981, S. 71 ff., 148 ff.

83 Ulrich Dierse, Enzyklopädie. Zur Geschichte eines philosophischen und wissenschaftstheoretischen Begriffs. (Archiv für Begriffsgeschichte. Supplementheft 2) Bonn 1977, S. 37 ff.

84 Alexander Gottlieb Baumgarten, Gedancken vom Vernünfftigen Beyfall auf Academien. 2. Aufl. Halle 1741, S. 42: „der Grundriß einer philosophischen Encyclopädie, wovon in Halle schon einen Versuch gethan". – Die Vorlesung wurde in einer späteren Fassung posthum publiziert: A. G. B., Sciagraphia encyclopaediae philosophicae. Edidit et praefatus est Johann Christian Förster. Halle 1769.

85 (Johann Georg Sulzer) Kurzer Begriff aller Wissenschafften. Worinn die natürliche Verbindung aller Theile der Gelehrtheit gezeiget, auch ein jeder ins besondere nach seinem Innhalt, Nutzen und Vollkommenheit kürzlich beschrieben wird. Leipzig 1745. – In der mehrmals neu aufgelegten und nachgedruckten Neufassung (Kurzer Begriff aller Wißenschaften und andern Theile der Gelehrsamkeit. Leipzig 1759, S. 6) rechtfertigt Sulzer das Unternehmen „Enzyklopädie" just mit der Metapher, die Morhof zur Ablehnung verwendet hatte; die Gelehrsamkeit sei ein unendliches Land, das niemand ganz kennen könne: „Indeßen ist es angenehm einen Abriß derselben vor sich zu haben, und die Nahmen, die Lage und allgemeine Beschaffenheit der verschiedenen Provinzen und Städte derselben auf einer Landcharte zu lernen." Morhof hatte umgekehrt die Weltreisenden der Gelehrsamkeit über die Landkartenbesichti-

se die Krise und die Not erkannt und stehen am Anfang der Bemühungen, das Wissenschaftssystem ohne Rücksicht auf die überkommene Wissenschaftsorganisation philosophisch zu reformulieren – Bemühungen, die bis ins 19. Jahrhundert nicht mehr abgerissen sind.

Nach diesen Entlastungen konnte sich die Litterärhistorie neben der Vermittlung von Allgemeinbildung endlich auf zwei ihrer ureigenen Aufgaben konzentrieren. Die erste war die propädeutische Beschreibung einzelner Fächer und Fachgruppen; sie konnte sich eng mit der Enzyklopädie verbinden. Seit 1756 wurden in Göttingen und dann auch bald anderwärts nämlich Vorlesungen zur Enzyklopädie einzelner Wissenschaften gehalten[86], systematische Einführungen in das Wesen und den Inhalt (und nicht nur die „Geschichte") einer einzelnen Wissenschaft, womit sich dann mehr oder weniger ausführliche Angaben der besten Bücher zwanglos und sinnvoll verbinden ließen – Voglers altes Konzept in zeitgemäß realisierbarer und also spezialisierter Form.

Das Standardlehrbuch dieser Art für die schönen Wissenschaften war mehr als zwei Jahrzehnte lang (als Ablösung von Stolles „Historie") ein eher unsystematischer, aber in eleganter Briefform gehaltener Ratgeber zum Aufbau einer eigenen Büchersammlung, den Johann Christoph Stockhausen aus seinem Helmstedter Kolleg „Geschichte der schönen Wissenschaften" (1750) entwikkelt hatte.[87] Als einzige Konkurrenz, noch weniger enzyklopädisch und wesentlich stärker bibliographisch orientiert, erschien später das unvollendet gebliebene Lehrbuch des Hallischen Juristen Philipp Ernst Bertram.[88]

Die zweite Aufgabe, die die Litterärhistorie nunmehr ernsthaft in Angriff nehmen konnte, war ihre älteste, die eigentliche historia litteraria, wie sie Bacon gefordert hatte: eine kontinuierliche Erzählung von den Schicksalen der

---

ger erhoben: Quemadmodum enim eorum, qui maria & terras spatiosis itineribus pervagati sunt, longe major est peritia, quam eorum, qui in chartis delineatas conspexerunt. Morhof (= Anm. 25) I 8.

86 Dierse (= Anm. 83) 73 ff. – Eines der collegia encyclopaedica von 1756/57 in Göttingen war dasjenige von Johann Matthias Gesner, Primae lineae isagoges in eruditionem universalem nominatim philologiam, historiam et philosophiam in usum praelectionum ductae. Accedunt nunc praelectiones ipsae per Io. Nicolaum Niclas. 2 Bde. Göttingen 1774/75.

87 (Johann Christoph Stockhausen) Critischer Entwurf einer auserlesenen Bibliothek für den Liebhaber der Philosophie und schönen Wissenschaften. In einigen Sendschreiben an einen Freund. Berlin 1752. (Von der 2. Aufl. 1758 an mit Namensnennung; 3. Aufl. 1764, 4. Aufl. 1771). – Nach Stockhausen pflegte z. B. Gellert Vorlesungen zu halten: „Die Einleitung in die schönen Wissenschaften von Batteux, Ernesti's Rhetorik, Stockhausen's neue Bibliothek für Liebhaber der schönen Wissenschaften, waren die vorzüglichsten Gegenstände seiner akademischen Vorlesungen." Johann Georg Eck, Gellerts Empfehlung. Eine Vorlesung, den 16. December 1769 gehalten. Leipzig 1770, S. 24 f. – Diesen Vorlesungen schreibt Christian Heinrich Schmid (Anweisung der vornehmsten Bücher in allen Theilen der Dichtkunst. Leipzig 1781, S. 3) es sogar zu, daß Stockhausens Buch überhaupt so beliebt geworden ist.

88 Philipp Ernst Bertram, Entwurf einer Geschichte der Gelahrheit für diejenigen, welche sich den schönen Wissenschaften, der Weltweisheit und der Rechtsgelehrsamkeit widmen. Erster Theil. Halle 1764.

Wissenschaften selbst (und nicht nur von denen der Gelehrten). Die Litterärhistorie als allgemeine Wissenschaftsgeschichte mußte allerdings noch ein Weilchen warten, bis sie in Buchform greifbar war.[89] Voraussetzung dafür war in gewisser Weise die Bearbeitung der Geschichte einzelner Wissenschaften, und mit ihnen ging es schon schneller voran.

Literaturgeschichte neuen Stils: Geschichte des Geschmacks

Eine solche Spezialgeschichte, eine Unterabteilung aus dem Kapitel de fatis disciplinarum war auch die Geschichte der schönen Wissenschaft „deutsche Poesie". Sie wurde entscheidend gefördert durch die Umschaltung der Thematisierungsweise („Text als Objekt des Lesers" statt „Text als Produkt des Schreibers"). Denn während die selbst noch poetisch Tätigen nur einen Katalog von nachahmenswerten Mustern brauchten, war das Informationsbedürfnis von Lesern doch von anderer Art, und es wurde, wenn schon vielleicht nicht befriedigt, so doch ernst genommen.

Seit der Jahrhundertmitte gibt es einen neuen Typ von Litterärhistorie auf diesem Gebiet, der den uns vertrauten Vorstellungen von Literaturgeschichten weitgehend entspricht, bei aller Kürze der Darstellung und aller Dürftigkeit des literaturgeschichtlichen Wissens. Es sind Erzählungen von den Schicksalen der deutschen Poesie, unbelastet von systematisch-enzyklopädischen wie von bibliographischen Verpflichtungen, kontinuierlich voranschreitend, soweit es die Kenntnis erlaubt. Und die neue Ausrichtung auf Leser allein wird sinnenfällig daran, daß dergleichen zuerst auf französisch praktiziert wurde: zur Information der literarisch Interessierten in Frankreich, die von der deutschen Poesie in Vergangenheit und Gegenwart keine Ahnung hatten, und natürlich auch, um Propaganda für die deutsche Kultur zu machen.[90]

---

[89] Johann Paul Reinhard, Einleitung zu einer allgemeinen Geschichte der Gelehrsamkeit. Erster Band. Erlangen 1779, S. 165–259 (Geschichte der bildenden und redenden Künste). – (Georg Andreas Will) Entwurf einer vollständigen Litteratur-Geschichte in fünf Abtheilungen. Altdorf 1781. – (Johann Christoph Adelung) Versuch einer Geschichte der Cultur des menschlichen Geschlechts. Von dem Verfasser des Begriffs menschlicher Fertigkeiten und Kenntnisse. Leipzig 1782. – Ueber die Schicksale der Litteratur, aus dem Italiänischen des Herrn Abt (Carlo) Denina; mit dessen Verbesserungen und Zusätzen durch Friedrich Gotthold Serben. 2 Theile. Berlin/Leipzig 1785/87. – Abschließend: Meusel, Leitfaden (vgl. Anm. 44). – Geschichte der Künste und Wissenschaften seit der Wiederherstellung derselben bis an das Ende des 18. Jahrhunderts, von einer Gesellschaft gelehrter Männer. 60 Bde. Göttingen 1796–1820. – Johann Gottfried Eichhorn, Geschichte der Litteratur von ihrem Ursprunge bis auf die neuesten Zeiten. 6 Abt. in 10 Bdn. Göttingen 1805–1812.

[90] (Friedrich Melchior Grimm) Lettre. De M. Grimm à l'Auteur du Mercure, sur la Littérature Allemande; in: Mercure de France, Octobre 1750, p. 14–25. Seconde Lettre [...]; in: Mercure de France, Février 1751, p. 10–33 (mit Erwähnung von Gottscheds

Deutsche Leser dagegen wurden nicht so schnell mit vergleichbaren Überblicken bedient[91], sondern zunächst nur mit Teilen einer deutschen Literaturgeschichte, geschrieben von Bodmer.[92] Immerhin war diese Arbeit etwas Neues, das nicht von einem Tag auf den andern erledigt werden konnte, und die früheren litterärhistorischen Arbeiten selbst von Morhof und Neumeister konnten allenfalls noch als Materialfundus, nicht mehr als Vorbilder oder auch nur als approximative Lösungen derselben Aufgabe in Frage kommen.

Deshalb konnte Johann Christoph Gatterer noch 1770 in der Rezension einer übersetzten spanischen Literaturgeschichte[93] feststellen, der Übersetzer habe sich „ein Verdienst um die Geschichte der Spanischen Dichtkunst erworben, das selbst die Historie unserer vaterländischen Poesie noch vermisset: denn die Versuche, welche Junker, ein Ungenannter und hauptsächlich Ebeling gemacht haben, müsten in der That erst einen eben so gelehrten und freygebigen Commentator bekommen", bevor „die Geschichte der teutschen Dichtkunst" als „vollständig ausgearbeitet und beschrieben" gelten könne.[94]

Das ist ein durchaus zutreffendes Urteil, und geht man den Angaben nach, so seltsam sie sich auch für unsere Augen ausnehmen, so bestätigt sich, daß sich die Lage seit den fünfziger Jahren noch nicht wesentlich verändert hatte. „Junker" ist der Autor eines literaturgeschichtlichen Überblicks im Journal étranger[95], der „Ungenannte" muß Claude-Joseph Dorat mit seiner „Idée de la

„Histoire de la langue, de la Poesie & de l'Eloquence des Allemands"). – (Jakob Friedrich von Bielfeld) Progrès des allemands dans les sciences, les belles-lettres & les arts, particulièrement dans la poesie & l'éloquence. Amsterdam 1752. – Dazu: Theodor Süpfle, Französische Studien über die deutsche Litteratur vor Frau von Stael; in: Zeitschrift für Vergleichende Litteraturgeschichte NF 1 (1887/88) 221–230; NF 2 (1889) 1–8.

91 Die „Kern-Historie aller Freien Künste und Schönen Wissenschaften, Vom Anfang der Welt, bis auf unsere Zeiten" (9 Stücke. Leipzig 1748–50) enthält, ihrem Titel zuwider, keine Historie der Poesie und Beredsamkeit.

92 Sammlung Critischer Poetischer, und anderer geistvollen Schriften, Zur Verbesserung des Urtheils und des Witzes in den Wercken der Wohlredenheit und der Poesie. Siebendes Stück. Zürich 1743, S. 25–53: Von den vortrefflichen Umständen für die Poesie unter den Kaisern aus dem schwäbischen Hause; 54–80: Von der Poesie des sechszehnten Jahrhunderts nach ihrem schönsten Lichte; Achtes Stück (1743), S. 3–20: Von der Poesie des sechszehnten Jahrhunderts; Neuntes Stück (1743), S. 3–41: Von dem Zustande der deutschen Poesie bey Ankunft Martin Opitzens.

93 Don Luis Joseph Velazquez, Geschichte der Spanischen Dichtkunst. Aus dem Spanischen übersetzt und mit Anmerkungen erläutert von Johann Andreas Dieze. Göttingen 1769.

94 Allgemeine historische Bibliothek von Mitgliedern des kgl. Instituts der Historischen Wissenschaften zu Göttingen. Hrsg. von Johann Christoph Gatterer. Band 13. Halle 1770, S. 28.

95 Essai sur la Poésie Allemande; in: Journal Etranger, Septembre 1761, p. 95–148. – Wiederabgedruckt in: Georg Adam Junker, Nouveaux principes de la langue allemande, pour l'usage de l'Ecole Royale Militaire. Nouvelle Edition. Première partie. Paris 1762, p. xxvij–lx; Junker begründet den Abdruck damit, der „Essai sur la Poésie Allemande" sei „écrit avec autant de jugement que d'esprit", und er kürze und ergänze ihn in Einzelheiten. So etwas schreibt man nicht beim Wiederabdruck eines eigenen Aufsatzes.

poesie allemande" sein[96], und der einzige deutsche Beitrag ist eine Artikelserie von Christoph Daniel Ebeling in einer alles andere als gelehrten Provinzzeitschrift.[97] Sprache und Ort der Publikationen geben deutliche Auskunft über deren Zweck: es geht darum, unkundigen Lesern Informationen in die Hand zu geben als Vorbereitung und vielleicht auch Anreiz zur Lektüre.

Diese Literaturgeschichten unterscheiden sich von der Behandlung desselben Stoffes in den Litterärhistorien zunächst einmal dadurch, daß sie offensichtlich auf Leser und nicht auf vorbildbedürftige Schreiber ausgerichtet sind, und dann aber vor allem dadurch, daß sie eine zusammenhängende Erzählung bieten und keinen Katalog. Und eben dies hat einige Folgen, die sich besonders gut an denjenigen Partien von Ebelings Literaturgeschichte ablesen lassen, welche sich von der Huberschen Vorlage gelöst haben und ganz auf eigener Materialerhebung und -anordnung beruhen; das sind die Passagen über die Literatur des 18. Jahrhunderts.

Sie bestehen aus fünf Abschnitten über unterschiedlich lange, einander teilweise überlappende Zeiträume und erzählen ungefähr, aber nicht stur chronologisch vom wechselvollen Kampf um die Vorherrschaft auf dem literarischen Markt, um den Zugang zur Macht, wenigstens eine Zeitlang das poetisch Richtige theoretisch oder praktisch zu definieren. Jeder poetische oder kritische oder poetologische Text ist eine Aktion in diesem Kampf, wirklich jeder, nicht nur die einsamen und nachahmenswerten Spitzenleistungen. Die erzählende Literaturgeschichte neuen Stils kennt viele Akteure und Namen.

Natürlich wird die Erzählung bei den Protagonisten ausführlicher und schließt gelegentlich auch einige biographische Nachrichten ein (z. B. bei Gottsched, Günther, Gellert), aber darüber wird das Fußvolk der Nachtreter keineswegs vergessen; es kommt bei den bibliographischen Angaben eher noch besser weg, ist es doch ein Indiz für Einfluß und Ansehen eines Hauptakteurs, wie viele und wie produktive Anhänger er hinter sich scharen kann.

---

96 (Claude-Joseph Dorat) Sélim et Sélima, poème imité de l'allemand, suivi d'un rêve d'un Musulman, traduit d'un poete arabe (1768), seconde édition. Paris 1769, p. 7–32. – Jörg-Ulrich Fechner, Deutsche Literatur des Barock in der Romania; in: Studien zur europäischen Rezeption deutscher Barockliteratur. Hrsg. von Leonard Forster. (Wolfenbüttler Arbeiten zur Barockforschung. 11) Wiesbaden 1983, S. 299–322; 314. – Als Ungenannter käme theoretisch auch Bielfeld (= Anm. 90) in Frage, aber seine Anonymität war inzwischen längst gelüftet.

97 (Christoph Daniel Ebeling) Kurze Geschichte der deutschen Dichtkunst; in: Hannoverisches Magazin 5 (1767) 81–127; 6 (1768) 81–118, 353–384, 401–458, 529–552 (im Jahrgang 1768 ohne den Zusatz „Kurze" im Titel). – Mit dem ersten Teil hat Ebeling für deutsche Leser bearbeitet und ergänzt: Michael Huber, Choix de poésies allemandes. Tome 1. Paris 1766, p. ix–xliv (discours préliminaire). – Das Hannoverische Magazin, dessen Jahrgang 1768 mit einem Artikel „Von der Ausbreitung nützlicher Kenntnisse unter den gemeinen Mann" beginnt, ist in der Tat eine gemeinnützige Zeitschrift vorwiegend ökonomisch-kameralistischen Inhalts gewesen (Tips für Landwirtschaft und Garten, Mittel gegen Warzen, Behandlung Ertrunkener, Wetterbeobachtungen, Einrichtung von Manufakturen usw.). – Gordon M. Stewart, The literary contributions of Christoph Daniel Ebeling. Amsterdam 1978, S. 51–61.

Als Hauptfigur in diesem Handlungszusammenhang imponiert Gottsched, aber nicht in der Weise, daß ihm ein besonders umfangreiches Kapitel gewidmet wäre, sondern so, daß er in den verschiedenen Etappen dieser Geschichte immer wieder erscheint. Der unsichtbare eigentliche Held jedoch ist der gute oder reine Geschmack. Die Geschichte der deutschen Dichtkunst ist seine Geschichte, nicht diejenige einzelner Poeten oder Poetiker, und es verdient notiert zu werden, daß es eine Geschichte dessen ist, was den Schreibern und den Lesern nach ihrer Trennung doch noch als Gemeinsames geblieben ist, eben des Geschmacks und nicht mehr der Kunst.

Erst die Einführung des Konzepts „guter Geschmack" macht es möglich, den chronologisch oder sonstwie geordneten Titel- und Namenkatalog der Litterärhistorie zu transformieren in das Erzählkontinuum der Literaturgeschichte. Der gute Geschmack stiftet Zusammenhang, indem er im Erzählen der Geschichte wie in der erzählten Geschichte eine Rolle spielt. Auf der Handlungsebene (bei den Schreibern) kommt er vor als das beständige Streitobjekt über die Lebenszeit der wechselnden Akteure hinaus und als das Telos der Geschichte; auf der Erzählebene (bei den Lesern) ist er der Standpunkt des Erzählers und das Kriterium zur Beurteilung und Plazierung der Werke und Taten innerhalb der Geschichte. Diese Doppelrolle ist eine literaturgeschichtlich-erzählerische Realisierung von Sulzers theoretischer Unterscheidung zwischen den Aspekten des Textes und den Thematisierungsweisen[98]: die beiden Seiten, Schreiber und Leser, sind noch nicht bis zur Fremdheit auseinandergetreten, denn beiden ist der gute Geschmack gemein, aber für jede Seite hat er eine andere Funktion.

Ebeling expliziert nun zwar nicht, was denn der gute Geschmack sei, aber er läßt keinen Zweifel darüber aufkommen, wo man ihn findet: in Berlin. Der Erzähler steht fest auf dem Standpunkt der Berliner Aufklärung, und es ist wichtig, daß das ein theoretischer, ein virtuell zeitenthobener Standpunkt ist, von dem aus man mit keinem (immerhin durch spätere Werke überholbaren) Werk ganz zufrieden sein kann und deshalb immer neue braucht. Dadurch bekommt die Erzählung der Geschichte Schwung und Bewegung und eine Richtung, auf deren Einhaltung die Poeten in Vergangenheit, Gegenwart und Zukunft behaftet werden können, und wenn der Erzähler, seinerseits ohne poetische Ambitionen, bereits am Ziel der Bewegung steht, dann kann er die Geschichte teleologisch (oder fast genealogisch) erzählen, er kann sie als einen zielgerichteten Zusammenhang organisieren, in dem die einzelnen, einander ablösenden Autoren fast nur Funktionsträger sind.

Die Reihenfolge von deren Auftreten innerhalb der Erzählung wird demzufolge nicht allein durch die Chronologie bestimmt, sondern außerdem noch durch ihren Rang. In jedem Abschnitt erscheinen zuerst die bedeutenden Autoren, denen dann irgendwann die poetae minores angeschlossen werden; doch beide Gruppen haben sich einer doppelten Platzanweisung zu fügen. Einerseits und zuerst wird der Abstand einer poetischen oder kritischen Tat von der

---

[98] Vgl. oben S. 82.

jeweils herrschenden Mode gemessen (das heißt ihr Fortschritt in Richtung auf den guten Geschmack), andererseits als Ergänzung dazu ihr immer noch verbleibender Abstand vom guten Geschmack selbst (das heißt ihre Distanz von der allzeit gültigen Norm und vom Ziel der Geschichte bzw. vom Standpunkt des Erzählers). Im Zuge der ersten Vermessung können die relativen Verdienste und die zeitgenössische Anerkennung gewürdigt werden, während mit der zweiten die eigentliche Kritik und das endgültige Urteil statuiert wird, und das ist – mit wenigen Ausnahmen – negativer als das der jeweiligen Zeitgenossen.

Zwar ist Ebelings kritisches Vokabular nicht sonderlich elaboriert (die gebräuchlichsten negativen Epitheta sind „elend“ und „wässricht“), aber das Ergebnis der doppelten Vermessungsaktion ist doch eine recht präzise Ortung der Texte sowohl in historischer wie auch in theoretisch-normativer Hinsicht. Nach der Lektüre der Literaturgeschichte weiß man, wo ein Text historisch steht, und das heißt in diesem Falle: wie er relativ zu den vor und neben ihm erschienenen zu bewerten ist und wieviel ihm noch zur Vollkommenheit fehlt. So erscheinen in dieser Literaturgeschichte die einzelnen poetischen Texte als historische Daten (Gegebenheiten) und als wertbestimmte Phänomene zumal, eben als Daten in der Geschichte des guten Geschmacks, aber doch so, daß die Thematisierungsweise der rhetorischen Poetik und der Litterärhistorie (Text als Produkt des Schreibers und also als historisches Datum) überlagert und dominiert ist von derjenigen der Theorie der schönen Wissenschaften und der in ihr begründeten Kritik (Text als Objekt des Lesers und also als Wertphänomen).

Um beides in einer Formel zusammenzufassen: der einzelne poetische Text wird hier thematisiert als Glied einer normorientierten Zeitreihe und damit als Dokument einer historisch fixierbaren Entwicklungsstufe des guten Geschmacks.[99]

Die neue erzählende Literaturgeschichte vereinigt also in sich die Erzählstruktur aus dem vernachlässigten Abschnitt de fatis disciplinarum innerhalb der Litterärhistorie und die Gesichtspunkte und Kriterien der Theorie der schönen Wissenschaften („der gute Geschmack“). Daß sie tatsächlich die Frucht der Vermählung von Litterärhistorie und Theorie bzw. Kritik der schönen Wissenschaften ist (mit dominantem Erbgut der letzteren), das kann uns unser bewährter Johann Philipp Murray mit der Folge seiner Göttinger Vorlesungsankündigungen nochmals analytisch erläutern.

Murray hatte 1755/56 und 1756 debütiert mit einer Vorlesung „Geschichte der schönen Künste und Wissenschaften“ (dasselbe Thema wie Stockhausen 1750/51 in Helmstedt) und mit einem Rhetorikkurs. Das war also die spezielle Litterärhistorie[100] als Ergänzung der Deutschen Rhetorik. Im gleichen Sinne

---

[99] Bezeichnend für diese Überlagerung ist, daß Ebeling dem Leben der Autoren nur in wenigen Fällen Aufmerksamkeit schenkt. Ja, am Anfang seines Neuansatzes im Jahrgang 1768 lehnt er bei der Besprechung Bessers die Bezugnahme auf die Biographie ausdrücklich und entschieden ab: „Sein Leben war vielleicht, so wie sein Charakter, nicht das beste, doch das geht uns nichts an. Allein seine Gedichte!“

[100] Als Lehrbuch darf man Stockhausens „Critischen Entwurf“ (= Anm. 87) vermuten;

hat Murray auch einmal eine Gelehrtengeschichte vorgetragen („Leben berühmter Männer dieses Jahrhunderts", 1757).

Historie dieses alten Stils verschwindet danach aus Murrays Programm, und erst 1763/64 taucht das Stichwort „Geschichte" in diesem Zusammenhang wieder auf. Murray hatte da, wie erinnerlich[101], seine inzwischen zur Gewohnheit gewordene Batteuxvorlesung erweitert und geteilt. Statt des einen Kollegs „Von den schönen Wissenschaften überhaupt" bot er für zwei Semester je zwei an: eine „Einleitung in die schönen Wissenschaften nebst beygefügter Geschichte derselben" und eine „Critische Beurtheilung der besten Schriftsteller", also einerseits Theorie und Geschichte, andererseits Anwendung der Theorie auf deutsche poetische Texte.

Danach hat Murray, wie ebenfalls schon erwähnt, das Theoriekolleg ganz aufgegeben und später auch die Kritikvorlesung. Nach zwei Semestern Abstinenz von Themen dieser Art erscheint dann aber in den Verzeichnissen von 1768/69 und 1769 eine Veranstaltung, die sich mit ihrem Titel – „Critische Geschichte der schönen deutschen Litteratur" – als endliche Vereinigung dreier bis dahin getrennt behandelter Elemente zu erkennen gibt: Litterärhistorie, Theorie der schönen Wissenschaften und Kritik. Es ist anzunehmen, daß Murray sich dabei an Ebelings Literaturgeschichte orientiert hat, die ja gerade eben abgeschlossen vorlag.[102] Als Anregung, wenn denn eine nötig gewesen ist, käme auch in Frage Riedels knappe „Skizze von einer Geschichte der Critik und Dichtkunst unter den Deutschen".[103]

Die neue, kontinuierlich erzählende Literaturgeschichte hat sich allerdings vorderhand an den Universitäten nicht durchgesetzt. Auch Publikationen nach der Art Ebelings blieben noch längere Zeit aus. Die deutsche Literaturgeschichte ist in der Zwischenzeit beileibe nicht vernachlässigt worden, nur hat sie – verglichen mit Ebeling/Murray – wieder zurückbuchstabiert. Aufgegeben oder nicht riskiert wurde, soweit man das beurteilen kann, der erzählerische Zusammenhang zugunsten anderer Strukturprinzipien.

Das ist besonders gut abzulesen am Grundriß, den Herwig in Würzburg von seinen Vorlesungen gegeben hat. Sein Plan einer „kritischen Geschichte der Dichtkunst", darunter als siebte und letzte auch diejenige der Deutschen[104], bietet zunächst das Fächerwerk aus der Theorie der schönen Wissenschaften (von der Fabel bis zur malerischen Poesie) und in ihm die Namen der wichtigsten Autoren in chronologischer Reihenfolge. Das Fleisch um diesen Knochen

in Frage gekommen wäre allenfalls noch: Félix Juvenel de Carlencas, Essais sur l'Histoire des Sciences, des Belles-Lettres et des Arts. Lyon 1740 (3. Aufl. 1749 in 4 Bänden; Übersetzung: Versuch einer Geschichte der schönen Wissenschaften und freyen Künste. 2 Theile. Leipzig 1749/52).

101 Vgl. oben S. 103.

102 Der „Schluß der Geschichte der deutschen Dichtkunst" war am 29. April 1768 im 35. Stück des Hannoverischen Magazins erschienen.

103 Friedrich Just Riedel, Ueber das Publicum. Briefe an einige Glieder desselben. Jena 1768, S. 137–170; 170 („Siebenter Brief an den Herrn Hofrath Kästner").

104 Johann Justus Herwig, Grundriß der eleganten Litteratur. Zum Gebrauch seiner Vorlesungen. Würzburg 1774, S. 212–216. – Vgl. oben S. 95.

sollte zwar die Vorlesung liefern, aber wenn sie sich an das Schema gehalten hat, dann ist in ihr der Erzählzusammenhang zerfasert in zahlreiche Gattungs-„geschichten".

Nichts spricht dagegen, Herwigs Modell als repräsentativ für die Verhältnisse in den siebziger und achtziger Jahren anzusehen. Wo und wann immer eine Geschichte der schönen Wissenschaften und Künste oder Ähnliches angeboten wurde, und das geschah mit zunehmender Häufigkeit und Regelmäßigkeit[105], da wird es sich um benachbarte Kombinationstypen gehandelt haben: entweder um eine spezielle Litterärhistorie, geordnet nach den Dichtarten aus der Theorie der schönen Wissenschaften, oder um eine litterärhistorisch angereicherte Theorie der schönen Wissenschaften. Sofern ein Lehrbuch angegeben wurde, war es zuerst und überwiegend Stockhausen[106], dann bisweilen auch Bertram[107] und zuletzt öfter Büsching.[108]

Diese Kombinationen von Litterärhistorie und Theorie der schönen Wissenschaften wären entweder mit Johann Joachim Schwabe in Leipzig als „Litterärische Encyklopädie der schönen Wissenschaften" oder mit Georg Andreas Will in Altdorf als „Litterargeschichte der Dichtkunst" (so der Titel seiner Vorlesung von 1785) zu bezeichnen, je nachdem, welche Disziplin als Grundlage diente und mit Gesichtspunkten oder Materialien aus der anderen angereichert wurde. Im einen wie im anderen Falle wird es um einen – systematisch und chronologisch gegliederten – Überblick über die gesamte europäische Literaturgeschichte gegangen sein, vieles berichtend und registrierend, aber nicht zusammenhängend erzählend.

---

[105] Um nur die Fälle von einiger Ausdauer zu nennen: Johann Andreas Dieze in Göttingen 1763/64 bis 1783/84 (Grundsätze der schönen Wissenschaften, verbunden mit der Geschichte und Litteratur; Geschichte und Grundsätze der schönen Litteratur usw.); Gottlob Benedikt von Schirach in Helmstedt von 1770/71 bis 1778 (Geschichte der Gelehrsamkeit, der Kritik, schönen Wissenschaften, Historie und Philosophie; Encyklopädie der schönen Wissenschaften; Einleitung in die schönen Wissenschaften, theoretisch und historisch); Christian Heinrich Schmid in Gießen von 1771 bis 1798/99 (Notitia litteraturae poeticae; historia litteraria poeseos; notitia poetarum critica); Karl Erich Thunmann in Halle 1773 bis 1778 in jedem Sommersemester (Geschichte der schönen Künste und Wissenschaften); Johann Gottlieb Kreutzfeld in Königsberg 1778 bis 1783/84 (Encyclopaedia litteraturae elegantioris, partim aesthetice, partim historice); Christian Caj Lorenz Hirschfeld in Kiel von 1780 bis 1791/92 (Artium nobiliorum historia; praelectiones in selectiores Elegantiorum Litterarum partes); Johann Joachim Schwabe in Leipzig (Litterarische Encyklopädie der freyen Künste und Wissenschaften, 1782, 1784; Historisch-kritisch-litterarische Kenntniß der freyen Künste und schönen Wissenschaften, 1783, 1783/84).

[106] Vgl. Anm. 87.

[107] Vgl. Anm. 88.

[108] Anton Friederich Büsching, Geschichte und Grundsätze der schönen Künste und Wissenschaften im Grundriß. Erstes Stück [...]. Berlin 1772.

Krise des Geschmacks

Daß das einmal Hergestellte nicht ausgebaut wurde, muß seine Gründe haben. Und dafür kommt nur in Frage, daß der gute Geschmack, der bei Ebeling teleologisch Zusammenhang gestiftet hat, genau zur gleichen Zeit in eben dieser Funktion schon in Frage gestellt war, und zwar durch die Einsicht, daß ein bestimmter Geschmack nicht berufen sein kann, als Beurteilungsmaßstab in einer Geschichte zu fungieren, als deren Ergebnis er sich selbst versteht.

Diese Einsicht oder fast noch die Drehung zu ihr hin wird faßbar schon in den frühesten Entwürfen des jungen Johann Gottfried Herder, etwa im „Versuch einer Geschichte der lyrischen Dichtkunst" von 1765, wo mit aller Deutlichkeit herausgestellt wird, daß die Begriffe des 18. Jahrhunderts von Gott und Moral völlig ungeeignet seien zur Beurteilung der Religiosität und Moralität in den frühesten griechischen Hymnen[109], oder – direkt auf unser Thema bezogen – im Entwurf „Von der Verschiedenheit des Geschmacks und der Denkart unter den Menschen" (1766), der jeden Geschmack als zwar zeitgenössisch verbindlich und doch nur als vorläufiges Glied in einer Kette sieht und mit dem Satz abbricht: „Beinahe sollte uns dieser Skepticismus irre machen, unserm eigenen Geschmack und Empfindung nicht zu trauen."[110]

Damit ist das Band, das die kritische Literaturgeschichte zusammengehalten hat, zerrissen. Dieses Ereignis ist dem deutschen Publikum mit Herders Fragmenten „Ueber die neuere Deutsche Literatur" (1767) ausführlich bekannt gemacht und mitgeteilt worden. Die drei Sammlungen quellen ja über von Begründungen und Beteuerungen, daß es unsinnig sei zu meinen, den griechischen, lateinischen oder morgenländischen Geschmack nach Deutschland verpflanzen zu können, wo doch alles, was ihn begründet und ihm Kraft verliehen habe, unwiderruflich verlorengehe oder nicht transportabel sei: Klima, Regierungsform und Sitte, Nationalgeist und -vorurteile, Denkart und Sprache.

Umgekehrt ergibt sich daraus die Unmöglichkeit, daß ein Geschmack Richter über andere sei, wie sie etwa in den ersten Sätzen der dritten Sammlung beispielhaft formuliert ist:

> Alle allgemeine Urtheile über die Litteratur eines ganzen Landes sind schwer und unsicher. Wo soll man stehen, um sie zu übersehen: hoch über ihr; oder in ihrer Sphäre? Ueber ihr: wer kann sich dahin heben? ausser der Denkart eines Volks von ihr richtig urtheilen? Wer mag es wagen, die Erde, seine Mutter und Nährerin, zu verlassen, und mit Flügeln, die uns die Natur nicht gab, sich in die luftige Wolke heraufzusezzen, um ein kritisches Meteor vorzustellen? – Und ist man selbst ein Punkt des Kreises: wie kann man, wenn man nicht der Mittelpunkt ist, den ganzen Cirkel übersehen: er vertieft sich uns in Schatten, die Aussicht wird schief und unvollständig: warum?

[109] Herders Sämmtliche Werke. Hrsg. von Bernhard Suphan. Berlin 1877–1909, XXXII 85–140, z. B. 125: „‚So waren sie Atheisten und Gottlose?' Wenn wir den hohen Begriff unsers Gottes und der Moralität, die er fodert, zum Maasstabe nehmen, allerdings! Alsdenn sind ihre Götter und Tugend nichts! Aber so wie sie die Wörter nahmen, [...]. Die damalige Hymnen waren also blos weniger moralisch, wenn wir schon den fremden Maasstab unsrer Zeit annehmen sollen; tugendhaft nach ihrer Art waren sie."

[110] Herder XXXII 18–29; 29.

> man stand selbst in der Reihe, über die man urtheilen wollte: man war selbst nach der Form solcher Denkart gebildet: man hätte, wie Archimedes, einen Punkt außer der Welt haben müssen, um die ganze Welt zu bewegen.[111]

Aus dieser Einsicht, daß man im eigenen, noch so guten Geschmack den archimedischen Punkt nicht hat, den man brauchte, um eine kritische Literaturgeschichte schreiben zu können – aus dieser Einsicht also entspringen all die Postulate für die Aufgabe des Literaturgeschichtsschreibers (sich versetzen in den Geist eines Zeitalters, sich einfühlen in eine Denkart, einheimisch werden in einer fremden Welt usw.), die seit und durch Herder[112] sofort zum Allgemeingut geworden sind.[113]

Für die Literaturgeschichte bringen diese hermeneutischen Postulate die Ersetzung des teleologischen Zusammenhangs durch einen genetischen, die Ablösung des Konzepts „Fortschritt" durch das Konzept „Entwicklung". Es muß in ihm gezeigt werden können, wie und warum sich ein Geschmack wandelt und wie und warum einer aus dem anderen hervorgeht. Der einzelne poetische Text wird dementsprechend aus einem Glied einer normorientierten Zeitreihe[114] zu einem unentbehrlichen Teil einer Entwicklungsreihe.

Im literaturgeschichtlichen Arbeiten hat sich Sulzers theoretische Unterscheidung[115] radikalisiert. Zwischen dem Text qua Produkt des Schreibers und demselben Text qua Objekt des Lesers ist Fremdheit eingetreten. Das Gemeinsame beider (bei Ebeling der Geschmack, bei Herder der Geist) hat nicht mehr nur je andere Funktion, es ist selbst je anders, und seine historische Bewegung heißt nicht mehr Fortschritt und Vervollkommnung, sondern Veränderung und Entwicklung. Der Autor hat sein Werk in einem Geiste geschrieben, die späteren Leser lesen es zunächst einmal in einem anderen und müssen sich in

---

[111] Herder I 361.

[112] Damit nicht der Eindruck entsteht, als seien diese Postulate Herders ureigene Erfindung, sei verwiesen auf Edward Gibbons „Essai sur l'étude de la littérature" (Londres/Paris 1762), in dessen erster deutscher Übersetzung man lesen konnte: „Aber wir, die wir unter einem andern Himmelsstriche wohnen, und in einem andern Jahrhunderte gebohren sind, würden unstreitig alle diese Schönheiten verlieren, wenn wir uns nicht in eben den Gesichtspunkt versetzen können, darinn sich die Griechen und Römer befanden. [...] Die Kenntniß des Alterthums ist unser bester Ausleger: aber noch nothwendiger ist ein gewisser Geist, welcher daraus entsteht, der uns nicht allein die Sachen kennen lernet, sondern der uns mit ihnen vertraut macht, daß wir sie mit den Augen der Alten ansehen." Versuch über die Wissenschaft der Litteratur. Aus dem Französischen eines englischen Schriftstellers; in: Vermischte Beyträge zur Philosophie und den schönen Wissenschaften. (Hrsg. von Samuel Benjamin Klose). 2 Bände. Breslau 1762/64, I 193–275; 205.

[113] Als Verstärker setzte sich z. B. gleich Riedel ein und propagierte in seinem „Brief an den Herrn Professor Jacobi" die „Kunst, sich in fremde Ansichten zu versetzen", sehr eloquent und gleich noch für Poeten und für Kunstrichter; Riedel (= Anm. 103) 91. Im Anschluß an ihn die anonymen „Gedanken über die Litterärgeschichte überhaupt, und die bequemste Einrichtung derselben für Schulen" in: Magazin für Schulen und die Erziehung überhaubt 3 (1769) 226–250; 240–242 über das „Hineindenken in den Geist" und die „Kunst, sich in fremde Situationen zu versezen".

[114] Vgl. oben S. 130.

[115] Vgl. oben S. 82.

den fremden erst hineinarbeiten, um es zu verstehen. Die Literaturgeschichte hat sich, so sieht es aus, von der engen Bindung an die Theorie der schönen Wissenschaften gelöst und die Illusion des für alle Zeiten und für Schreiber wie Leser identischen guten Geschmacks abgestreift, und es bleiben übrig die Texte früherer Schreiber, die den späteren Lesern von Tag zu Tag fremder würden, wären da nicht eben die Literaturgeschichtsschreiber, die die Fremdheit stellvertretend immer wieder verstehend überwinden würden.

Literaturgeschichte für Leser, Charakteristik

Allem Anschein nach hat dieser Umschwung erstmals sichtbar werden lassen, daß die Materialbasis immer noch viel zu schmal war, als daß sie eine Entwicklungsgeschichte der deutschen Literatur hätte tragen können. Was man in dieser Situation aus heutiger Sicht empfehlen würde, wurde tatsächlich auch unverabredeterweise vorgekehrt: die biographische und bibliographische Forschung und ganz allgemein die literaturgeschichtliche Materialerschließung wurde im letzten Drittel des 18. Jahrhunderts ganz erheblich intensiviert. Die Zeit der Monographien und Editionen war gekommen.

Nicht daß es dergleichen vorher nicht gegeben hätte. Das Interesse für ältere, in erster Linie für mittelalterliche Literatur war seit den Tagen des Humanismus[116] nie ganz verschwunden[117] und hatte auch editorische Früchte getragen. Und da die Poeten allemal als Gelehrte galten, hatte die Gelehrtengeschichte im Rahmen der Litterärhistorie natürlich nicht an ihren Biographien vorbeigehen können. Trotzdem hat die Sache im letzten Drittel des 18. Jahrhunderts ein anderes Aussehen bekommen, nicht nur wegen der Steigerung der Quantität, auch wegen einer gewandelten Einstellung.

Die antiquarisch-philologisch-historischen Forschungen der Gelehrten vom Schlage eines Wolfgang Lazius[118] oder Franciscus Junius[119], eines Melchior

---

[116] Es sei daran erinnert, daß Joachim von Watt in seine Wiener Vorlesungen von 1513/14 auch einen Rückblick auf die deutsche Poesie früherer Jahrhunderte eingeschaltet hat: Joachim Vadianus, De Poetica et Carminis Ratione. Kritische Ausgabe mit deutscher Übersetzung von Peter Schäffer. 3 Bde. (Humanistische Bibliothek. 21) München 1973–77, I 41 f. – Hermann Menhardt, Altdeutsche Dichtung in den Wiener Vorlesungen des Vadianus 1512–1513. Zeitschrift für deutsches Altertum 75 (1938) 39–48.

[117] Wolfgang Harms, Rezeption des Mittelalters im Barock; in: Deutsche Barockliteratur und europäische Kultur. (Dokumente des Internationalen Arbeitskreises für deutsche Barockliteratur. 3) Hamburg 1977, S. 23–52. – Ders., Das Interesse an mittelalterlicher deutscher Literatur zwischen Reformationszeit und der Frühromantik; in: Akten des VI. Internationalen Germanistenkongresses Basel 1980. Bd. 1. Hrsg. von Heinz Rupp und Hans-Gert Roloff. (Jahrbuch für Internationale Germanistik. 8/1) Bern/Frankfurt usw. 1980, S. 60–111.

[118] Gerard Jaspers, Die deutschen Textfragmente in den lateinischen Werken des Wolfgang Lazius; in: Amsterdamer Beiträge zur älteren Germanistik 20 (1983) 36–73.

[119] Willy Sanders, Leidener Humanisten und die Anfänge der Germanistik. (Nachbarn. 22) Bonn 1983.

Goldast[120] oder Wilhelm Ernst Tentzel[121] waren bis ins 18. Jahrhundert hinein nicht zuletzt durch den Wunsch motiviert, Belege für das Alter der deutschen Kulturnation aufzutreiben[122], weshalb denn auch im Thesaurus Schilters und seiner Schüler[123], der die Summe damaliger Textkenntnis war, die Zahl der althochdeutschen Texte diejenige der mittelhochdeutschen weit übertraf. Die gezielte Suche nach mittelhochdeutscher Dichtung hat erst Bodmer in großem Stil betrieben.[124] Seine epochemachenden Editionen[125], die ganze Provinzen der Literaturgeschichte neu erschlossen haben, waren nur eine knappe Auswahl aus seiner höchst beeindruckenden Handschriftenkenntnis[126], eine Auswahl nach literaturkritischen und -politischen Gesichtspunkten, die so viel unediert ließ, daß sein Schüler Christoph Heinrich Müller (Myller) aus seinen Papieren noch drei Bände mit Texten größten Gewichts füllen konnte.[127]

Müller gehörte schon zur neuen Generation der Editoren. Für sie war Unbekanntheit meist schon Rechtfertigung genug für die Herausgabe, und es meldet sich unverkennbar ein neues Motiv: der Reiz des Altertümlichen und Fremden. Davon konnten dann auch die Dichtung des 16. und 17. Jahrhunderts[128] und so-

---

[120] Bernhard Hertenstein, Joachim von Watt (Vadianus), Bartholomäus Schobinger, Melchior Goldast. Die Beschäftigung mit dem Althochdeutschen von St. Gallen in Humanismus und Frühbarock. (Das Althochdeutsche von St. Gallen. 3) Berlin/New York 1975, S. 115–199.

[121] Eugene Egert, Wilhelm Ernst Tentzel: contributions to the reception of medieval German literature in the 17th century; in: Amsterdamer Beiträge zur älteren Germanistik 26 (1987) 153–170.

[122] Vgl. oben S. 119. – In diesem Zusammenhang steht auch das deutsche Interesse für die Goten: Sonia Brough, The Goths and the concept of Gothic in Germany from 1500 to 1750. (Mikrokosmos. 17) Frankfurt/Bern 1985.

[123] Vgl. oben Anm. 75.

[124] Max Wehrli, Johann Jakob Bodmer und die Geschichte der Literatur. (Wege zur Dichtung. 27) Frauenfeld/Leipzig 1936. – Jan-Dirk Müller, J. J. Bodmers Poetik und die Wiederentdeckung mittelhochdeutscher Epen; in: Euphorion 71 (1977) 336–352.

[125] Proben der alten schwäbischen Poesie des dreyzehnten Jahrhunderts. Aus der Manessischen Sammlung. Zürich 1748. – Der Parcival ein Gedicht in Wolframs von Eschilbach Denckart eines Poeten aus den Zeiten Kaiser Heinrich VI. Zürich 1753. – Fabeln aus den Zeiten der Minnesinger. Zürich 1757. – Chriemhildens Rache, und die Klage; Zwey Heldengedichte aus dem schwäbischen Zeitpuncte. Samt Fragmenten aus dem Gedichte von den Nibelungen und aus dem Josaphat. Dazu kommt ein Glossarium. Zürich 1757. – Sammlung von Minnesingern aus dem schwäbischen Zeitpuncte CXL Dichter enthaltend; durch Ruedger Manessen weiland des Rathes der uralten Zyrich. [...] 2 Theile. Zürich 1758/59. – Altenglische und altschwäbische Balladen. In Eschilbachs Versart. Zugabe zu den Fragmenten aus dem altschwäbischen Zeitalter, und Gedichten. Zweytes Bändchen. Zürich 1781.

[126] Eine Zusammenstellung nur der epischen Texte (Wehrli 147 f.) weist schon eine beträchtliche Länge auf.

[127] Samlung deutscher Gedichte aus dem XII. XIII. und XIV. Iahrhundert. (Hrsg. von Christoph Heinrich Müller). 3 Bde. Berlin 1784, 1785, o. J. – Otfried Ehrismann, Das Nibelungenlied in Deutschland. Studien zur Rezeption des Nibelungenlieds von der Mitte des 18. Jahrhunderts bis zum Ersten Weltkrieg. (Münchner Germanistische Beiträge. 14) München 1975, S. 37–46.

[128] Zur Illustration einige Titel: Sammlung der besten Sinngedichte der deutschen Poeten. Erster Theil. Opitz, Zeiler, Olearius, Tscherning, Flemming, Andreas Gryphius,

gar die verachteten Volksbücher profitieren.[129] In den Worten des betriebsamen Heinrich August Ottokar Reichard nimmt sich das so aus:

> Wenn es wahr ist, daß die Romane nie aus dem Genie der Autoren allein entstehen, sondern immer Kinder der Sitten ihrer Zeit sind, so ist es wohl gar verdienstliches Werk, solche Abdrücke der Gewohnheiten und des Geistes der Vorwelt, das ihr Alter zu Seltenheiten und zu den Schränken weniger Büchersäle verdammte, aus ihrem Staube hervorzusuchen, und vor den Augen Aller aufzustellen. Unsre Sprachkunde bereichert sich so mit manchem Urworte das verlohren gegangen war; hie und da findet sich ein Stück, das eine Lücke in der Vaterlandsgeschichte ausfüllt; und wenn alle die Abentheuer gleich nicht mehr in dem Ton der waltenden Mode passen, so belustigt uns doch ihr fremder Anblick eben so sehr, als der Anblick einer altdeutschen Tracht auf einer Redutte: er ist getreu. Nach tausend Jahren – wenn kein Kometenschweif die Rechnung stört – wird man vielleicht unsre Leiden Werthers und Siegwarts eben so emsig zum Studium des achtzehnten Jahrhunderts zusammen suchen, und zerklittern, als jezt unsre Bibliothekare die Handschriften des dreizehnten und vierzehnten Jahrhunderts.[130]

Die allgemeine Entlastung der Litterärhistorie und speziell die Abkoppelung der Literaturgeschichtsdarstellung von der Theorie der schönen Wissenschaften setzte ungeahnte Energien frei. Die Entdeckung der alten Literaturgeschichte als einer Forschungsaufgabe ist in diese Zeit zu datieren, und es wurden die Materialgrundlagen für die spätere deutsche Philologie gelegt, welche

---

Christian Gryphius. (Auswahl von Carl Wilhelm Ramler, Biographien von Johann Gotthelf Lindner). Riga 1766. – Friedrich Wilhelm Zachariä, Auserlesene Stücke der besten deutschen Dichter von Martin Opitz bis auf gegenwärtige Zeiten. Mit historischen Nachrichten und kritischen Anmerkungen versehen. 2 Bde. Braunschweig 1766/71. – Gedichte des Andreas Scultetus: aufgefunden von Gotthold Ephraim Lessing. Braunschweig 1771. – Friedrich Wilhelm Zachariä, Fabeln und Erzählungen in Burkard Waldis Manier. Neue Ausgabe mit einem Anhange von ausgewählten Original-Fabeln des Waldis und dazu nöthigen Spracherklärungen begleitet von Johann Joachim Eschenburg. Braunschweig 1777. – Christian Wernike, Überschriften. Nebst Opitzens, Tschernings, Andreas Gryphius und Adam Olearius epigrammatischen Gedichten. (Hrsg. von Carl Wilhelm Ramler) Leipzig 1781. – Hans Sachsens sehr schöne und wahrhaft herrliche Gedicht, Fabeln und gute Schwenk. Hrsg. von Johann Heinrich Häßlein. Nürnberg 1781. – Abraham a Sancta Clara, Etwas für Alle. Aufs neue hrsg. und mit Anmerkungen versehen (von Samuel Heinicke). Halle 1785. – Gargantua und Pantagruel umgearbeitet nach Rabelais und Fischart von Dr. Eckstein. 3 Bde. Hamburg 1785–87. – Johann Valentin Andreä, Dichtungen zur Beherzigung unsers Zeitalters. (Hrsg. von Karl Gottlob Sonntag). Mit einer Vorrede von Johann Gottfried Herder. Leipzig 1786. – Thomas Murners der heiligen Schrift und beider Rechte Doktors Schelmenzunft aufs neue mit Erläuterungen hrsg. (von Georg Ernst Waldau). Halle 1788.

129 (Heinrich August Ottokar Reichard) Bibliothek der Romane. 21 Theile. Berlin 1778–81, Riga 1782–94; mit Abdrucken mehrerer Volksbücher. – Vgl. Hans Joachim Kreutzer, Der Mythos vom Volksbuch. Studien zur Wirkungsgeschichte des frühen deutschen Romans seit der Romantik. Stuttgart 1977, S. 37–51.

130 Buch der Liebe. Innhaltendt Herrliche schöne Historien, allerley Alten und newen Exempel; züchtigen Frawen und Jungfrawen, auch jedermann in gemein, zu lesen lieblich und kurzweilig. Erster (und einziger) Band. Leipzig 1779, S. 4 f. – Der Band enthält Wickrams Ritter Galmy und eine Variante des Apollonius von Tyrlandt.

allerdings die Erinnerung an die ihr Vorarbeitenden bis vor kurzem schlecht gepflegt hat.[131] Beiträge zur Kenntnis von Handschriften und frühen Drukken[132], zur Textedition und literaturgeschichtlichen Biographie waren wirklich überall anzutreffen, in Berichten über gelehrte Reisen ebensogut wie in Zeitschriften aller Art[133] und in selbständigen Buchpublikationen.[134] Es war neues Leben in die Archive und Bibliotheken gekommen.

---

[131] Um nur die umfangreicheren Überblicksdarstellungen zu nennen: Rudolf von Raumer, Geschichte der Germanischen Philologie vorzugsweise in Deutschland. (Geschichte der Wissenschaften in Deutschland. Neuere Zeit. 9) München 1870, S. 154–193, 247–291. – Gustave Otto Arlt, Acquaintance with older German literature in the eighteenth century. Diss. University of Chicago 1931. – Christoph Schmid, Die Mittelalterrezeption des 18. Jahrhunderts zwischen Aufklärung und Romantik. (Regensburger Beiträge zur deutschen Sprach- und Literaturwissenschaft. 19) Frankfurt/Bern 1979. – Max Wehrli, Zur Geschichte der Manesse-Philologie; in: Codex Manesse. Die große Heidelberger Liederhandschrift. Kommentar zum Faksimile des Codex palatinus germanicus 848 der Universitätsbibliothek Heidelberg. Hrsg. von Walter Koschorrek und Wilfried Werner. Frankfurt 1981, S. 145–165. – Fritz Peter Knapp, Die altdeutsche Dichtung als Gegenstand literarhistorischer Forschung in Österreich von den Brüdern Pez bis zu Friedrich Schlegels Wiener Vorlesungen von 1812; in: Die Österreichische Literatur. Ihr Profil an der Wende vom 18. zum 19. Jahrhundert. 2 Teile. (Jahrbuch für Österreichische Kulturgeschichte. 7–9) Graz 1977–79, II 697–734. – Eine umfassende Bibliographie für die Zeit von 1760 bis 1790/1800 ist angekündigt von Bernd Neumann, Die verhinderte Wissenschaft. Zur Erforschung Altdeutscher Sprache und Literatur in der „vorwissenschaftlichen" Phase; in: Mittelalter-Rezeption. Ein Symposion. Hrsg. von Peter Wapnewski. (Germanistische Symposien, Berichtsbände. 6) Stuttgart 1986, S. 104–118; 107. – Ursula Rautenberg/Siegfried Grosse, Die Rezeption mittelalterlicher deutscher Dichtung. Eine Bibliographie ihrer Übersetzungen und Bearbeitungen seit der Mitte des 18. Jahrhunderts. Tübingen 1988.

[132] Georg Wolfgang Panzer, Annalen der ältern deutschen Litteratur oder Anzeige und Beschreibung derjenigen Bücher welche von Erfindung der Buchdruckerkunst bis MDXX in deutscher Sprache gedruckt worden sind. Nürnberg 1788. Zweyter Band (vom Jahre MDXXI bis MDXXVI) Nürnberg 1805. Zusätze zu den Annalen der ältern Deutschen Litteratur [...]. Leipzig 1802.

[133] Deutsches Museum. 26 Bände. Leipzig 1776–1788. – Für Aeltere Litteratur und Neuere Lectüre. QuartalSchrift. Hrsg. von Canzler und Meissner. 3 Jahrgänge. Leipzig 1783–85.– Bragur. Ein Litterarisches Magazin der Deutschen und Nordischen Vorzeit. 7 Bde. Hrsg. von Friedrich David Gräter. Leipzig 1791–1802. (Bd. IV–VII unter dem Titel: Braga und Hermode oder Neues Magazin für die vaterländischen Alterthümer der Sprache, Kunst und Sitten).

[134] Einige Biographien in Buchform: Justin Elias Wüstemann, Geschichte der Roswithe, eines Stiftsfräuleins von Gandersheim. Leipzig 1758. – Salomon Ranisch, Historischkritische Lebensbeschreibung Hanns Sachsens ehemals berühmten Meistersängers zu Nürnberg [...]. Altenburg 1765. – Christian Heinrich Schmid, Biographie der Dichter. 2 Theile. Leipzig 1769/70. – Georg Ernst Waldau, Nachrichten von Thomas Murners Leben und Schriften. Ein kleiner Beitrag zur Reformationsgeschichte. Nürnberg 1775. – Johann Christoph Adelung, Jacob Püterich von Reicherzhausen. Ein kleiner Beytrag zur Geschichte der Deutschen Dichtkunst im Schwäbischen Zeitalter. Leipzig 1788.

Vieles davon, sehr vieles, wenn auch nicht alles, ist verzeichnet in Erduin Julius Kochs leider schrecklich unübersichtlicher litterarischer Enzyklopädie.[135] Der Ertrag der kollektiven Bemühungen ist schlicht imponierend, zumal angesichts dessen, daß weitgehend Amateure, Liebhaber ohne dienstlichen Auftrag in ihrer Freizeit am Werke waren: Bibliothekare und Pfarrer, Gymnasiallehrer, Staatsbeamte und Privatgelehrte, und nur selten einmal ein Universitätsprofessor, als bei weitem wichtigster Jakob Jeremias Oberlin in Straßburg.[136]

Wo alles in Fluß war und jeder Tag wichtige Neuentdeckungen bringen konnte, war es riskant, so sollte man meinen, Literaturgeschichte zu schreiben. Doch damals scheint man eher das gerade Gegenteil gemeint zu haben. Denn nach einer Karenzfrist von fast einem Jahrzehnt nach dem immer respektvoll erwähnten Ebeling beginnt die Reihe der Gesamtdarstellungen der deutschen Literaturgeschichte[137], die bis heute nicht abgerissen ist. Wir befinden uns sozusagen an der Quelle.

Es erschienen: 1776 in einem Musenalmanach ein erster Aufsatz zum Thema[138], 1777 Leonhard Meisters „Beyträge“[139], seit 1780 Christian Heinrich

[135] Erduin Julius Koch, Compendium der deutschen Literaturgeschichte von den ältesten Zeiten bis auf das Jahr 1781. Berlin 1790; 2. Aufl.: Compendium der Deutschen Literaturgeschichte. 2 Bände. Berlin 1795/98 (Bd. 2 auch unter dem Titel: Grundriss einer Geschichte der Sprache und Literatur der Deutschen von den ältesten Zeiten bis auf Lessings Tod). Koch hat alle Autoren in ein Gattungsschema verteilt und in jeder Gattung und Untergattung die Chronologie wieder neu ablaufen lassen. Erschwerend für die Benutzung sind ferner die Ungleichheit der Namen, die Unsicherheit der Datierungen, das Fehlen eines alphabetischen Registers und nicht zuletzt (wie bei fast allen Zeitgenossen) Zitiergewohnheiten, die einen zur Verzweiflung bringen können. – Über Koch: Paul Raabe, Erduin Julius Kochs Pläne zur Erforschung der deutschen Sprache und Literatur. Ein Hinweis auf die Frühgeschichte der Germanistik; in: Studien zur deutschen Literatur. Festschrift für Adolf Beck zum 70. Geburtstag. Hrsg. von Ulrich Fülleborn und Johannes Krogoll. (Probleme der Dichtung. 16) Heidelberg 1979, S. 142–157. – Volkmar Braunbehrens, Nationalbildung und Nationalliteratur. Zur Rezeption der Literatur des 17. Jahrhunderts von Gottsched bis Gervinus. Berlin 1974, S. 65–77. – Uwe Meves, Zur Rezeption der altdeutschen Literatur an den Gelehrtenschulen in Preußen am Ausgang des 18. Jahrhunderts; in: Mittelalter-Rezeption. Ein Symposion (vgl. Anm. 131) 473–498.

[136] Lempicki (= Anm. 52) 328–331. – Jürgen Voss, Das Elsaß als Mittler zwischen deutscher und französischer Geschichtswissenschaft im 18. Jahrhundert; in: Historische Forschung im 18. Jahrhundert. Hrsg. von Klaus Hammer und Jürgen Voss. Bonn 1976, S. 334–363.

[137] Ich zähle im folgenden nur auf, was wenigstens als Gesamtdarstellung begonnen wurde, nicht die zahlreichen Abhandlungen über einzelne Zeitabschnitte (besonders über die Minne- und Meistersänger). Nicht zugänglich war mir: Carl Friedrich Flögel, Kritische Geschichte des gegenwärtigen Zustandes der schönen Litteratur. Programm Jauer 1771.

[138] (Friedrich Traugott Hase), Versuch einer Geschichte der deutschen Dichtkunst; in: Leipziger Musenalmanach auf das Jahr 1777. Leipzig 1776, S. 1–52.

[139] (Leonhard Meister) Beyträge zur Geschichte der teutschen Sprache und National-Litteratur. 2 Theile. London (Bern) 1777. – Die Ausgabe Heidelberg 1780 mit Verfasserangabe ist eine Titelauflage.

Schmids Artikelserie[140], 1781 August Küttners „Charaktere“[141], 1782 Gottfried Bruns „Versuch“[142] und Johann Traugott Plants unvollendet gebliebener „Entwurf“[143], 1784 eine Einführung für das italienische Publikum von Aurelio de'Giorgi-Bertòla[144], 1785 Schmids „Nekrolog“[145], 1785 und 1787 Meisters zweibändige „Charakteristik“[146], 1786 Carl Friedrich Flögels Geschichte der deutschen Satire[147], 1788 Bruns erweitertes „Handbuch“[148] und der erste Band von Johann Joachim Eschenburgs Beispielsammlung mit einleitenden Kurzbiographien und -charakteristiken[149], 1792 der erste Teil von Johann Caspar Friedrich Mansos „kurzer Übersicht“[150] und schließlich 1798 und 1800 die zwei Bände von Johann Adolph Nassers Vorlesungen.[151] Wenn man dazu noch be-

---

[140] Christian Heinrich Schmid, Skizzen einer Geschichte der teutschen Dichtkunst; in: Olla potrida 1780, 4. Stück, S. 86–96; 1781/2.82–108, 1782/1.86–98, 1782/4.96–109, 1783/2.75–96, 1784/1.37–40, 1784/2.70–80, 1785/2.73–85; Nachträge: 1789/3.62–91. – Michael S. Batts, Wer schrieb die erste deutsche Literaturgeschichte? In: Seminar 21 (1985) 48–61.

[141] (Carl August Küttner) Charaktere teutscher Dichter und Prosaisten. Von Kaiser Karl, dem Großen, bis aufs Jahr 1780. 2 Bände (mit durchgehender Paginierung). Berlin 1781.

[142] Gottfried Brun, Versuch einer Geschichte der Deutschen Dichter und Dichterwerke von ihrem Ursprung bis auf Bodmer und Breitinger, und Poetische Versuche (von Brun selbst). Danzig 1782.

[143] Johann Traugott Plant, Chronologischer biographischer und kritischer Entwurf einer Geschichte der deutschen Dichtkunst und Dichter von den ältesten Zeiten bis aufs Jahr 1782. Erster Theil. Stettin 1782. – Plant hat das Buch (196 S.) auch als Vorrede zu seinen Gedichten (64 S.) verwendet: Launenhafte, zärtliche und Moralische Gedichte mit einer Vorrede über die Geschichte der Deutschen Dichtkunst. Stettin 1782.

[144] Aurelio de'Giorgi-Bertóla, Idea della bella letteratura Alemanna. 2 Bände. Lucca 1784. – Eine Vorfassung erschien unter dem Titel „Idea della poesia alemanna“ in einem Band Napoli 1779.

[145] Christian Heinrich Schmid, Nekrolog, oder Nachrichten von den Leben und Schriften der vornehmsten deutschen Dichter. 2 Bände. Berlin 1785.

[146] Leonard Meister, Characteristik deutscher Dichter. Nach der Zeitordnung gereyhet. 2 Bände. Zürich 1785/87.

[147] Carl Friedrich Flögel, Geschichte der komischen Litteratur. Dritter Band. Liegnitz/Leipzig 1786, S. 1–555: Deutsche Satirenschreiber. Im 4. Band (1787) steht noch ein knapper gefaßter Abschnitt über die Komödie der Deutschen (278–332).

[148] Gottfried Brun, Handbuch der deutschen Litteratur. Wien 1788.

[149] Johann Joachim Eschenburg, Beispielsammlung zur Theorie und Literatur der schönen Wissenschaften. 7 Bände. Berlin/Stettin 1788–93.

[150] (Johann Caspar Friedrich Manso) Kurze Uebersicht der Geschichte der deutschen Poesie, bis zum Jahr 1721; in: Charaktere der vornehmsten Dichter aller Nationen; nebst kritischen und historischen Abhandlungen über Gegenstände der schönen Künste und Wissenschaften. (Nachträge zu Sulzers allgemeiner Theorie der schönen Künste. I 2) Leipzig 1792, S. 197–252. – Der zweite Teil erschien erst 1806/8.

[151] Johann Adolph Nasser, Vorlesungen über die Geschichte der deutschen Poesie. 2 Bände. Altona/Leipzig 1798/1800.

denkt, daß Schmid[152] und dann Koch[153] parallel zu alldem bibliographische Sammlungen des literaturgeschichtlichen Materials geliefert haben, dann wird das Urteil zulässig sein, daß diese anderthalb oder (mit Nasser) zweieinhalb Jahrzehnte ein erstaunlich reicher Anfang waren.

All diese Arbeiten, so unterschiedlich sie auch sind, geben sich mehr oder weniger offen als vorläufig aus. Sie lassen das Bewußtsein ihrer Autoren erkennen, der Größe und Schwierigkeit der Aufgabe unter den Herderschen Postulaten (noch) nicht gewachsen zu sein. Das kann sich äußern wie bei Schmid, der in seiner ungenierten Art mitteilt, es sei ihm irgendwann „verleidet", eine vollständige Geschichte der deutschen Dichtkunst zu schreiben[154]; es kann sich äußern wie bei Meister als bescheidenes Warten auf den „künftigen Geschichtschreiber unsrer Nationallitteratur".[155]

Am klarsten ist das Problem angesprochen von Flögel: die immer noch bestehende Lückenhaftigkeit der Kenntnis macht es unmöglich, die Geschichte der deutschen Literatur als eine zusammenhängende Erzählung zu schreiben, wie es eigentlich nötig wäre (als Idealfall gilt ihm Cäsars De bello gallico).

> Manche Geschichte kann im Ganzen zusammenhängend nach Jahrhunderten und berühmten Epochen vorgetragen werden, weil dieser Zusammenhang in der Natur selbst da war, und weil sich Quellen und Nachrichten davon finden, als die politische Geschichte und die allgemeine Litterargeschichte. Bey der Geschichte der komischen Litteratur aber findet dieses nicht statt; nicht aus der Ursache, als wenn das Komische zu irgend einer Zeit ganz gefehlt hätte, sondern aus Mangel an Nachrichten und Quellen.[156]

Trotzdem hat man sich an das Unternehmen „Literaturgeschichte" gewagt. Wie die Editoren und Biographen sich bei ihrer Arbeit nicht mehr von Geschmacksurteilen einschränken ließen, so hat sich auch hier die Einstellung gewandelt. Die Sammlung und Weitergabe gelehrt-antiquarischen Wissens nach Art der alten Litterärhistorie steht eindeutig nicht mehr im Vordergrund, sofern sie überhaupt noch eine Rolle spielt. Die Literaturgeschichte neuen Stils ist, wie schon bei Ebeling zu sehen war, für ein anderes Publikum als für die Gelehrten geschrieben.

Zum Teil ergibt sich das schon aus dem Publikationsort, zum Teil aus der Präsentationsform (Verzicht auf die äußeren Anzeichen der Gelehrsamkeit): man schreibt für die neuen Leser, die selbst nicht mehr poetisch schreiben und doch nicht ohne Literatur auskommen. So rechnet z. B. Plant damit, daß er zumindest einem Teil seiner Leserschaft erklären muß, was Jamben und Trochä-

---

152 Christian Heinrich Schmid, Litteratur der Poesie. Erster (und einziger) Theil. Leipzig 1775. In Überarbeitung erschien das ganze Werk unter dem Titel „Anweisung der vornehmsten Bücher in allen Theilen der Dichtkunst" (Leipzig 1781).

153 Vgl. oben Anm. 135.

154 Schmid, Anweisung (= Anm. 152) 19. Die Beiträge in der Olla potrida (= Anm.140) sind, obwohl ebenfalls überwiegend bibliographisch, die Reste der geplanten Literaturgeschichte.

155 Meister (= Anm. 139) S. XXII.

156 Flögel (= Anm. 144) I 267.

en sind[157], und man setzt natürlich generell keine Kenntnisse des Mittelhochdeutschen voraus. In seiner Rezension von Küttners „Charakteren“, einem Buch, das im Verzicht auf Fußnoten und Zitate besonders weit geht, äußert deshalb der gestrenge Adelung den Verdacht, daß es wohl gar „mit dem Roman in eine Classe“ zu setzen sei: „Indessen stößt doch dem Leser immer der Zweifel auf, ob der Verfasser auch wohl eine andere Absicht gehabt habe, als bloß zu unterhalten und durch eine blühende Einbildungskraft zu vergnügen.“[158]

Adelungs Verdacht ist übrigens so abwegig nicht und auch nicht seine Befürchtung, es würde dann „die Würde der Geschichte sehr erniedriget“.[159] Man muß nur das pejorative Moment streichen, das heißt die Sichtweise des Gelehrten verlassen, um die durchaus zutreffende Feststellung zu erhalten, daß diese Darstellungen, auch wo sie sich „Geschichte“ nennen, eigentlich doch keine Geschichte im Sinne Flögels bieten und daß es ihnen nicht zuerst darauf ankommt, gelehrtes Wissen zu vermitteln. Aber worauf dann?

Man kommt der Funktion dieser Literaturgeschichten näher, sobald man auf ihre Darstellungsweise achtet. Die Arbeiten, die sich als Kontinuum geben, stellen den Zusammenhang durchwegs mit einfachen, alten historiographischen Schemata her. Den Rahmen bildet das Schema von Blüte, Verfall und Renaissance, und innerhalb seiner dient der Rekurs auf die allgemeine Geschichte dazu, die sprung- und lückenhafte literaturgeschichtliche Überlieferung zusammenzubinden, und zwar mit einem weiteren bewährten Schema, das sinngemäß adaptiert ist: die Moralität der Herrscher bestimmt die Moralität des Volkes, das heißt, die nicht weiter erklärungsbedürftige Neigung der Herrscher zur Dichtkunst läßt Dichter entstehen. Das funktioniert sogar ganz gut bei Karl dem Großen, dem Stauffer Friedrich II. und Maximilian I., jedenfalls solange man nicht durch sprachgeschichtliche Kenntnis gezwungen war, einige der schon bekannt gewordenen Werke in die Lücken zu datieren.

Außerhalb des Dunstkreises der dichtungs- und dichterfreundlichen Kaiser, vor allem natürlich in späteren Jahrhunderten, gerät man aber mit diesem Schema unweigerlich in Schwierigkeiten. Dafür setzt sich dann immer stärker das eigentliche Darstellungsprinzip durch, das andernorts in unterschiedlichen Graden der Reinheit erscheint. Es ist ein nicht minder ehrwürdiges Schema, das seit Theophrast „Charakter“ heißt[160], ursprünglich das Ethos einer (meist fiktiven oder typisierten) Person[161] meinte und neu für die Literaturgeschich-

[157] Plant (= Anm. 143) 122.

[158] Johann Christoph Adelung, Magazin für die Deutsche Sprache. Ersten Jahrganges drittes Stück. Leipzig 1782, S. 153.

[159] Adelung 152.

[160] Es ist bei dieser Gelegenheit zu erinnern an Bodmers literarhistorisches Lehrgedicht „Character der Teutschen Gedichte“ (o. O., o. J. (1734)), wiederabgedruckt in Gottscheds Beyträgen Zur Critischen Historie der Deutschen Sprache, Poesie und Beredsamkeit, 20. Stück. Leipzig 1738, S. 624–659. Dazu Wehrli (= Anm. 124) 119–121.

[161] Die literaturkritische, nicht literaturgeschichtliche Variante der Charakteristik wurde in Deutschland bekannt gemacht durch eine Übersetzung von William Richardson, Ueber die wichtigsten Charaktere Shakespears aus dem Englischen. Leipzig 1775.

ten nutzbar gemacht wurde: ein stehendes Bild aus der Geschichte, das die Frage nach seinem Zusammenhang mit anderen kaum mehr aufkommen läßt.

Charakter oder Charakteristik als historiographische Kunstform ist eine knappe Porträtskizze eines Autors, eine möglichst konzise Beschreibung seiner dichterischen Eigenart.[162] Sie wird je nach Können, Bedarf und Geschmack angereichert mit einigen Werktiteln oder bio- und bibliographischen Angaben und vielleicht auch illustriert mit einer möglichst vielsagenden „Probe". Der Virtuose in diesem Fach ist unbestrittenermaßen Küttner gewesen. Er hat nicht weniger als 210 „Dichter und Prosaisten" (darunter auch Philosophen, Historiker, Theologen usw.) charakterisiert, elegant und abwechslungsreich auf je zwei oder drei kleinen Seiten, bisweilen auch nur auf einer. Die einzelnen Charaktere sind chronologisch nach den Geburtsdaten der Autoren angeordnet, und vor jeder der vier „Perioden", die Küttner unterscheidet, liefert eine kurze Einleitung noch etwas Allgemeineres und Zusammenfassendes dazu.

Vor (!) dem Buch aber steht ein alphabetisches Register (von „Abbt, Thomas" bis „von Zweter, Reinmar"), das unmißverständliche Mitteilung ist: man muß, ja, man kann die Charaktere gar nicht alle nacheinander lesen, man soll auswählen nach eigenem Bedarf. Küttner bietet (wie Brun in seinem Handbuch und Schmid in seinem Nekrolog) sogar zwei Varianten der Heuristik für einen solchen selektiven Zugriff an, die Chronologie und das Alphabet. Dadurch ist die Charakteristikensammlung instand gesetzt, ihre Doppelfunktion zu erfüllen: Lektüreersatz und Lektürevorbereitung zu sein.[163]

Lektüreersatz: je „ungelehrter" sich eines dieser Bücher gibt, desto offenkundiger wird es, wem sie allesamt dienen, den nicht-gelehrten Lesern nämlich, die doch mitreden wollen, den „gebildeten Ständen", die sich an einem Kreis der „Conversation" beteiligen wollten, „in welchem man gewisse gemeinschaftliche Begriffe und Kenntnisse schon aus Höflichkeit" voraussetzt. Diese frühen deutschen Literaturgeschichtsbücher sind solche Nachschlagewerke, so oder anders geordnete literarische Konversationslexika, die – in unterschiedlicher Gewichtung – alle Dinge enthalten, „welche ein gebildeter Mensch wissen muß, wenn er an einer guten Conversation theilnehmen und ein Buch lesen will"[164]; die gelehrten Quisquilien gehören allemal nicht dazu.

---

[162] Das Stichwort erscheint zwar auf dem Titel nur der Bücher von Küttner und Meister und der Sammlung, in der Mansos Literaturgeschichte publiziert wurde; aber beide Bücher Bruns und Schmids Nekrolog gehören ebenfalls zu dieser Gruppe, und auch Nassers Vorlesungen sind kaum etwas anderes als eine Sammlung von Charakteristiken.

[163] „Der Zweck kann entweder seyn, durch solche Gemälde zum Genusse der Dichterwerke selbst zu reizen, oder nach einem solchen Genusse die gehabten Eindrücke zu wiederholen, zu fixiren und überhaupt zu moderiren." Erduin Julius Koch, Literarisches Magazin für Buchhändler und Schriftsteller. Erstes Semestre. Berlin 1792, S. 77.

[164] Conversations-Lexikon oder kurzgefaßtes Handwörterbuch für die in der gesellschaftlichen Unterhaltung aus den Wissenschaften und Künsten vorkommenden Gegenstände, Vorrede zum 1. Band (1796); zitiert nach: Georg Meyer, Das Konversations-Lexikon, eine Sonderform der Enzyklopädie. Ein Beitrag zur Geschichte der

Lektürevorbereitung: was jemand wissen sollte, wenn er nach Anleitung dieser Werke dann tatsächlich ein literarisches Buch lesen will, ist immerhin bemerkenswert. Es sind nämlich keine interpretativen Aussagen (die Texte selbst kommen bei Küttner praktisch nicht und sonst allenfalls in Inhaltsangaben oder knappen Proben vor), sondern fast ausnahmslos Daten über den Dichter, über seinen schriftstellerischen Charakter. Diese Daten haben aber für die Lektüre die Funktion eines Vorverständnisses.[165] Die Kenntnis vom Geist des Autors ist zwar nur ein bescheidener Ersatz für die Kenntnis vom Geist der Zeit, wie sie Herder gefordert hatte, aber sie leistet für den Leser dasselbe wie eine vollständige Entwicklungsgeschichte der Poesie. Sie hält die Erinnerung wach, daß jedem poetischen Text etwas vorausliegt, das – negativ gesprochen – jedenfalls nicht der gute Geschmack des Lesers ist.

Diese Fähigkeit, auf ältere literarische Texte anders als nur allergisch zu reagieren, wenn sie sich mit dem jeweils modischen Geschmack nicht vertragen, gehört seit dieser Zeit, seit zweihundert Jahren also, zu den kulturellen Fertigkeiten, die ein Gebildeter deutscher Zunge wenigstens andeutungsweise beherrschen muß, um mithalten zu können. Ebenso zählt seither ein Minimum an literaturgeschichtlicher Kenntnis, aus wievielter Hand auch immer, zu dem Fundus kulturellen Wissens, dessen Fehlen blamabel und sozial abträglich ist.

Deshalb wird dergleichen Fertigkeit und Wissen seit diesen Zeiten in den Gymnasien trainiert und vermittelt, und die Werke der literaturgeschichtlichen Charakteristiker sind dazu auch ausgesprochen geeignet, nicht nur weil sie jenes Wissen anbieten, sondern auch weil sie den Dichtern ganz allgemein und den altmodischen ganz besonders wesentlich mehr Verständnis und Aufgeschlossenheit entgegenbringen, als das noch für Ebeling möglich war, von Gottsched ganz zu schweigen. Die Einführung der deutschen Literaturgeschichte in den gymnasialen Unterricht dürfte unter diesen Vorzeichen um 1780 begonnen haben. Über die individuellen Motive dazu kann man nur Vermutungen anstellen und zur einzigen Gewißheit vordringen, daß sie unterschiedlich gewesen sein können.[166]

Ein Motiv kann persönliches Interesse des Lehrers gewesen sein, etwa zu vermuten bei Meister, der von Bodmer zur älteren Literatur geführt worden war; seine „Beyträge“ von 1777 scheinen ein nur oberflächlich redigierter, viel-

---

Bildungsverbreitung in Deutschland. Diss. Göttingen 1966, S. 12. (Jenes Lexikon wurde übrigens später als erste Auflage des „Brockhaus“ gezählt).

[165] „Unser Zweck ist erreicht, wenn der Freund vaterländischer Poesie diese Biographien unterhaltend und lehrreich findet, und wenn man sie für eine nützliche Vorbereitung zur Lektüre der vornehmensten deutschen Dichter erklärt. In dieser letzteren Hinsicht könnten sie vielleicht besonders von der erwachsenen Jugend vortheilhaft gebraucht werden.“ Samuel Bau'r, Gallerie der berühmtesten Dichter des achtzehnten Jahrhunderts. Leipzig 1805, S. X f.

[166] Die unmißverständlichen Nachrichten über den Übergang von der Litterärhistorie zur Literaturgeschichte in Schulen sind ausgesprochen spärlich. Man wird ihn wohl vorzugsweise im Kreis der Philanthropisten zu suchen haben (Frieda Böhnke, Die deutsche Dichtung in der Schule. Geschichte und Probleme 1750–1860. Diss. Frankfurt 1967, S. 35–65). Vgl. unten Anm. 168.

leicht auch erweiterter Abdruck von Schulvorträgen zu sein.[167] Ein weiteres Motiv wird sichtbar bei Carl August Böttiger, der einen literaturgeschichtlichen Überblick benutzt hat, um die grassierende Lesesucht der Jünglinge pädagogisch aufzufangen.[168] Und drittens führt auch von der Deutschen Rhetorik und den Stilübungen ein Weg zur Literaturgeschichte in der Schule, wie man an Johann Christoph Adelungs vielbenutztem Schulbuch[169] sieht; dann allerdings hat eine „Kurze Geschichte des poetischen Styls der Deutschen" die Aufgabe, diejenigen Dichter herauszusortieren, nach denen man sich bei eigenen Aufsätzen richten soll (das sind für Adelung mit aller Entschiedenheit nur die sächsischen seit und um Gellert), und alle anderen zu diskriminieren – eine ähnliche Aufgabe also, wie sie die Kataloge der Musterautoren in den alten rhetorischen Poetiken hatten, nur mit einer erheblich breiteren literaturgeschichtlichen Polemik.

Vermittlung literaturgeschichtlichen Wissens (das nicht durch eigene Lektüre der Schüler gedeckt zu sein braucht), Vorbereitung zur verständigen Lektüre aus dem Geist des Autors und natürlich auch eine mehr oder weniger rigorose Kanonbildung – das alles leistet ein literaturgeschichtlicher Überblick in der Schule. Wem er während der Schulzeit noch nicht geboten wurde, der konnte zu den bereits genannten oder den reichlich neu erscheinenden Charakteristikenbüchern[170] greifen oder dann auch eine literaturgeschichtliche Schnell-

[167] Gelegentlich ist ein im Druck völlig unmotiviertes „V.H." stehengeblieben, das wohl zu entschlüsseln ist als „Verehrte Hörer" oder, was aufs gleiche hinausläuft, als „Verehrte Herren". Meister war Professor der Geographie und Geschichte an der „Kunstschule" in Zürich, der Oberstufe des Realgymnasiums („Industrieschule").

[168] „So habe ich vor kurzen in einer besondern Lehrstunde einen kurzen Abriß unserer Litteratur gegeben. Hierbei konnte ich nun durch eine ordentliche Induction meinen Schülern augenscheinlich beweisen, daß z. B. unsere größten Dichter vom Vater Opitz an bis auf unsere Stolberge, Bürger, Voß, Göckingk u.s.w. Nachahmer der Alten, zum Theil zugleich selbst große Litteratoren und Philologen waren. Aus solchen Prämissen lassen sich dann die Schlußfolgerungen leicht ziehen." Carl August Böttiger, Ueber den Misbrauch der Deutschen Lectüre auf Schulen und einigen Mitteln dagegen. Leipzig 1787, S. 30 f. – Wiederabgedruckt in: Der Deutschunterricht auf dem Gymnasium der Goethezeit. Eine Anthologie [...] von Georg Jäger. (Texte zum literarischen Leben um 1800. 2) Hildesheim 1977. – Fast dasselbe Motiv im Philanthropinum: „Nächst diesem (= Sprachen und Wohlredenheit) ist das nützliche Studium unsrer besten vaterländischen Schriftsteller, im Gegensaz der überhandnehmenden modischen Lesesucht solcher Bücher, welche die Unschuld keineswegs befördern, – eine Hauptsache, wozu wir unsre Eleven anzuleiten suchen." „Von der Litterargeschichte wird das Nötigste teils bei der Erklärung der in den angezeigten Sprachen, zu lesenden Schriftsteller, teils in einigen besonderen Stunden, welche in den oberen Klassen dazu ausgesezt sind, beigebracht." (Carl Georg Neuendorf) Nachricht von der gegenwärtigen Verfassung des Erziehungs-Instituts zu Dessau. Dessau 1785, S. 12, 15 (Mitteilung von Heinrich Bosse, Freiburg).

[169] Johann Christoph Adelung, Ueber den Deutschen Styl (1785). 4. Aufl. 2 Bände. Berlin 1800, II 280–287.

[170] Einige Titel: Deutschlands Schriftstellerinnen, eine charakteristische Skizze. Ulm 1791. – Pantheon der Deutschen. (Hrsg. von Karl Gottl. Hofmann). Zweiter Theil. Chemnitz 1795 (darin eine separat paginierte Lessingbiographie). – Deutschlands jetztlebende Volksschriftsteller in Bildnissen und Biographien. Nürnberg 1796. –

bleiche in einem der Handbücher finden, die zum Ausgleich der Niveauunterschiede im gymnasialen Wissensbestand bestimmt waren.[171] Auf das Bescheidwissen und auf die Beteiligung an der Conversation der Gebildeten über Literatur brauchte fortan niemand zu verzichten.

Dieser Forderung der Zeit hat sich auch die Universität nicht verschließen können oder wollen. Allerdings setzen die Vorlesungen über deutsche Literaturgeschichte recht zögernd ein, was damit zusammenhängen wird, daß es da keine Lehrbücher wie in den etablierten Fächern gab. Die Dozenten konnten kaum umhin, „nach eigenen Heften" (so die gängige Formel) zu lesen. Und das verursachte nicht nur einen unüblich hohen Vorbereitungsaufwand, sondern es war zugleich ein Abschied von der altvertrauten Funktion der Vorlesung, der sonst so früh nur durch individuellen Entschluß vollzogen wurde und schon ins 19. Jahrhundert vorausweist: die Vorlesung nicht mehr als Tradierung und Kommentierung des Bewährten, sondern als Mitteilung aus eigener „Forschung".

Von der Litterärhistorie her gesehen, handelte es sich dabei um weiter fortgeschrittene Spezialisierungen: nach der Geschichte der schönen Wissenschaften in allen Nationen nun die Geschichte allein der deutschen Poesie, ermöglicht durch jenen erheblichen Kenntniszuwachs aufgrund der Editionen und Biographien und immer noch unter dem alten Auftrag der Litterärhistorie stehend, Einführung und Allgemeinbildung zu vermitteln. Es ist allerdings nicht ganz einfach, solche Vorlesungen mit Sicherheit auszumachen. Ein Titel wie „Geschichte der deutschen Literatur" wird nämlich nach damaligem Sprachgebrauch eine andere, weniger enge Spezialisierung gemeint haben: eine allgemeine Litterärhistorie Deutschlands, das heißt eine Aufzählung wichtiger deutscher Schriften aus allen Wissenschaften.

Dies berücksichtigend, kann man – nach Murrays „Critischer Geschichte der schönen deutschen Litteratur" – wiederum, wie schon bei den Publikationen nach Ebeling, die Beachtung einer gewissen Karenzfrist feststellen, eine überdurchschnittliche Häufigkeit dieses Themas in Göttingen bemerken und dann (bis zum Jahre 1800) etliches aufzählen.

Pantheon berühmter deutscher Dichter mit einem Verzeichniß ihrer Werke. (Hrsg. von Wolfgang Lorenzen). Coburg 1798. – (Georg Gustav Fülleborn) Museum deutscher Gelehrten und Künstler. Breslau 1800. – Pantheon der deutschen Dichter mit biographischen und litterarischen Notizen. Erster/Zweiter Theil. Halle 1806 (enthält außer den Charakteristiken vor den Proben auch noch im ersten Theil auf den S. V–XXXVIII eine „Tabellarische Uebersicht der vorzüglichsten deutschen Dichter, vom Ende des 15ten Jahrhunderts an").

[171] Hieronymus Andreas Mertens, Hodegetischer Entwurf einer vollständigen Geschichte der Gelehrsamkeit. Für Leute, die bald auf Universitäten gehen wollen, oder kaum dahin gekommen sind. 2 Bändchen. Augsburg 1779/80, II 259–274 (unter dem Titel „Deutsche Sprache" eine Literaturgeschichte mit einigen sprachgeschichtlichen Akzenten). – Georg August von Breitenbauch, Geschichte der deutschen Poesie; in: Vorübungen zur Akademie für Jünglinge. Hrsg. von Georg Friedrich Palm und G. W. F. Beneken. Dritter Band. Leipzig 1793, S. 340–349.

Tübingen 1772, August Friedrich Boeck: explicaturus, si placuerit, [...] Cl. Floegelii Kritische Geschichte der gegenwärtigen Zustände der schönen Litteratur in Deutschland, im Grundrisse.[172] – Erlangen 1778: Johann Friedrich Breyer, Deutsche schöne Litteratur. – Leipzig 1781, Johann Joachim Schwabe: Geschichte der deutschen Sprache, Poesie und Beredsamkeit (mit Fortsetzung 1781/82). – Leipzig 1786, Carl Friedrich Schreiter: Geschichte der deutschen Literatur (1787: Litterargeschichte, insonderheit in Absicht auf die schönen Wissenschaften – ingleichen [...] über die Geschichte der deutschen Litteratur).[173] – Göttingen 1787/88, Arnold Hermann Ludwig Heeren: Geschichte der schönen Wissenschaften in Deutschland (Wiederholung 1792/93, 1793, 1795/96, 1796). – Kiel 1789/90, Johann Adolph Nasser: Litterarum elegantiorum in Germania historia (Wiederholungen, oft zweisemestrig, meist unter dem Titel „Poeseos Germanicae historia", insgesamt elfmal bis 1800). – Göttingen 1790/91, Gottfried August Bürger: Geschichte der schönen Wissenschaften in Deutschland (Wiederholung 1792/93, 1793). – Altdorf 1790/91, Georg Veesenmeyer: Deutsche Gelehrtengeschichte nach Koch. – Göttingen 1792/93, Friedrich Bouterwek: Geschichte der schönen Wissenschaften in Deutschland (Wiederholung 1793). – Göttingen 1792/93, Karl Reinhard: Geschichte der schönen Wissenschaften in Deutschland. – Frankfurt/Oder 1793/94, Johann Friedrich Heynatz: Litterärische Nachrichten von den vornehmsten deutschen Schriftstellern, von den ältesten bis auf die jetzige Zeiten. – Jena 1795, Karl Ludwig Woltmann: Über die lyrischen Dichter Deutschlands. – Helmstedt 1795/96, Friedrich August Wiedeburg: wird die Charaktere deutscher Dichter und Prosaisten seit Karl dem Großen (Leipzig 1782) erläutern (Wiederholung 1797/98). – Jena 1798/99, August Wilhelm Schlegel: Geschichte der deutschen Dichtkunst. – Göttingen 1800, Heeren: Geschichte der schönen Literatur in Deutschland.

Der Entzifferung dieser insgesamt doch nicht allzu zahlreichen Nachrichten sind naturgemäß enge Grenzen gezogen. Doch bei aller gebotenen Vorsicht erhält man einen ungefähren Eindruck von den damaligen literaturgeschichtlichen Möglichkeiten. Schwabe als Vertreter der alten Schule dürfte eine traditionelle Litterärhistorie der deutschen Poesie auf den Spuren seines früheren Meisters Gottsched geboten haben. Aus der Angabe der Vorlagen läßt sich schließen, daß bei Veesenmeyer das Element der Bibliographie und bei Wiedeburg dasjenige der Charakteristik im Vordergrund gestanden haben wird, wobei erwähnenswert ist, daß Wiedeburg in Helmstedt die Charakteristik nach Küttner wohl künftigen Gymnasiallehrern zugedacht hat.[174] Von Bürger und Reinhard sind am ehesten Überblicke im Musenalmanachstil zu erwarten.

Eine zusammenfassende Verbindung dieser drei Spielarten und insofern wohl das Optimum bieten Nassers Vorlesungen, die als einzige auch im Druck

---

[172] Vgl. Anm. 137.

[173] Hierher gezählt, weil Schreiter eine Definition von Literatur geliefert hat, die das umfaßt, was sonst zu dieser Zeit „schöne Litteratur" genannt wurde; vgl. unten S. 205 f.

[174] Darüber im übernächsten Kapitel (vgl. S. 185).

erschienen sind. Den Kernbestand bilden Charakteristiken, die ergänzt und gestützt werden durch gute bibliographische Angaben, durch Inhaltsreferate und durch ausführliche Proben. Verbunden sind die Charakteristiken untereinander durch kurze Überleitungen, die meistens in allgemeiner Form die chronologischen Relationen und nur selten den Bezug zu den politischen Herrschern herstellen.

Abgesehen von solchen Andeutungen des Inhalts, hat die Liste noch einen anderen Aspekt. Es ist die Frage, wo die deutsche Literaturgeschichte im System der Wissenschaften ihren Platz hat und wem sie gehören soll. Nach den Hauptfächern der beteiligten Dozenten zu urteilen stand die Verbindung mit der Philosophie, der Historie und der Philologie zur Wahl. An sich sollte man erwarten, daß die deutsche Literaturgeschichte trotz ihrer abweichenden Thematisierungsweise in der Litterärhistorie als eine Unterabteilung unterzubringen gewesen wäre. Aber offensichtlich waren die eigentlichen Litterärhistoriker für derart weitgehende Spezialisierungen (oder eben für abweichende Sichtweisen) überhaupt nicht zu haben.[175] Und das war wohl auch ganz gut so, denn die Tage der Litterärhistorie waren bereits gezählt.

Außerdem scheint die Institution Universität von der Wichtigkeit der deutschen Literaturgeschichte eine deutlich geringere Meinung gehabt zu haben als das Gymnasium oder gar die Schicht der Gebildeten. Nicht eine einzige außerordentliche Professur hat man für sie einsetzen mögen; lediglich Nasser hat im Cocktail seiner Amtsbezeichnungen das Stichwort „deutsche Literatur" gehabt. Spezialisierung ist in diesem Falle kein Weg zur Errichtung einer neuen Disziplin gewesen, und nicht nur in diesem Falle, war doch auch schon die Litterärhistorie, der es institutionell ja nicht glänzend ergangen ist, nach den Vorstellungen von Mylaeus und Bacon eine Spezialabteilung der allgemeinen Historie, bestenfalls ein Drittel umfassend.

Da es schließlich auch keine Philologie gab, der sie anzugliedern gewesen wäre, und keine Philosophie, die sie aufzunehmen vermocht hätte, verharrte die deutsche Literaturgeschichte vor 1800 im institutionellen Niemandsland. Es blieb vorderhand persönlicher Initiative überlassen, ob sich jemand und wer sich ihrer in Schule und Hochschule annehmen wollte. Eine Entscheidung über ihre Zugehörigkeit war dem 19. Jahrhundert vorbehalten.

[175] Jedenfalls haben diejenigen Professoren, die routinemäßig Litterärhistorie gelesen haben, keine Vorlesungen über deutsche Literaturgeschichte angeboten. Eine etwas spätere Ausnahme (Ludwig Wachler) wird auch später zu erwähnen sein.

Erklärung deutscher Klassiker

Die Beschäftigung mit deutscher Sprache und Poesie hat an den Gymnasien[1] dieselben Veränderungen durchgemacht wie an den Universitäten, in derselben Reihenfolge, wenn auch mit Verschiebungen und längerer Überlagerung der einzelnen Phasen, und natürlich waren die Unterschiede von Gymnasium zu Gymnasium noch größer als die zwischen den Universitäten.

Die deutsche Sprache als Unterrichtsmedium ist den Gymnasien nie so fremd gewesen wie den Universitäten. Auch wenn das Latein dominierte, so bestand doch selbst im Lateinunterricht immer die alte Übung des Exponierens[2], das heißt des erläuternden Übersetzens lateinischer Texte ins Deutsche. Dementsprechend war die Propaganda für die deutsche Sprache, die mindestens ebensosehr die Gymnasien meinte wie die Universitäten, in diesem Falle von vornherein in erster Linie auf die Etablierung des Deutschen als eines eigenen Unterrichtsgegenstandes und -faches ausgerichtet. Das konnte zunächst nur Ausbau des Grammatik- und Orthographieunterrichts heißen, so geschehen im Laufe des 17. Jahrhunderts.

Für die Einführung der Deutschen Rhetorik bald danach oder im gleichen Zuge hat Christian Weise ungefähr dieselbe Bedeutung wie Thomasius für die Deutschsprachigkeit des Universitätsvortrags: nicht zwar Pionier zu sein, dafür aber Durchbrecher mancher Banden. Um 1700 ist damit zu rechnen, daß die Deutsche Rhetorik in den Gymnasien eingeführt war und mit ihr die rhetorische Poetik. Es wurden Reden geschrieben und gehalten, Gedichte verfertigt

---

1 Bei dem folgenden Kurzüberblick beziehe ich mich ohne einzelne Nachweise auf: Adolf Matthias, Geschichte des deutschen Unterrichts. (Handbuch des deutschen Unterrichts an höheren Schulen. I 1) München 1907. – Friedrich Paulsen, Geschichte des gelehrten Unterrichts auf den deutschen Schulen und Universitäten vom Ausgang des Mittelalters bis auf die Gegenwart. Mit besonderer Rücksicht auf den klassischen Unterricht. 3. erweiterte Aufl. hrsg. und mit einem Anhang fortgesetzt von Rudolf Lehmann. 2 Bde. Berlin 1919/21, bes. I 577–602. – Horst Joachim Frank, Geschichte des Deutschunterrichts von den Anfängen bis 1945. München 1973. – Georg Jäger, Schule und literarische Kultur. Band 1: Sozialgeschichte des deutschen Unterrichts an höheren Schulen von der Spätaufklärung bis zum Vormärz. Stuttgart 1981, S. 6–17.

2 Erika Ising, Die Herausbildung der Grammatik der Volkssprache in Mittel- und Osteuropa. (Veröffentlichung des Instituts für deutsche Sprache und Literatur. 4) Berlin 1970, S. 256–262. – Gerhard Reich, Muttersprachlicher Grammatikunterricht von der Antike bis um 1600. (Pädagogische Studien. 19) Weinheim 1972, S. 116–122. – Über die Verhältnisse in den (niederen) „deutschen Schulen“: Günther Hampel, Die deutsche Sprache als Gegenstand und Aufgabe des Schulwesens vom Spätmittelalter bis ins 17. Jahrhundert. (Beiträge zur deutschen Philologie. 46) Gießen 1980.

und rezitiert, das ganze Jahrhundert hindurch, und dies in anspruchsvolleren Gymnasien sicher nicht auf tieferem Niveau als an den Universitäten.

Entweder in der zugehörigen Poetik oder dann auch in der Litterärhistorie in Gymnasien, die etwas auf sich hielten[3], erhielten die Schüler zweifellos einiges an Information über die wichtigsten Erscheinungen im Gebiete der deutschen Poesie, und dies wohl ebenfalls nicht grundsätzlich dürftiger. Überhaupt war zwischen Gymnasium und Universität kein fester Trennungsstrich gezogen, Überlappungen im Stoffangebot und im Anspruchsniveau ergaben sich weder selten noch ungewollt, weshalb dann eben auch ein aufgeweckter Fünfzehnjähriger allerhand Vorlesungen in der philosophischen Fakultät ohne allzu große Mühe und mit Gewinn folgen konnte. Hier wie dort, in Gymnasium wie in Universität, ist etwa zu gleicher Zeit ungefähr Gleiches mit der deutschen Poesie aufgestellt worden.

Schulbedürfnisse

In einem Punkt allerdings sind die Schulen den Hochschulen vorangegangen, und zwar nicht aufgrund besonderer Findigkeit und Neuerungsfreude, sondern einfach deshalb, weil sie es eben doch mit jüngerem Volk zu tun hatten. Dieser Punkt ist die Lektüre und Erklärung deutscher Texte unter nicht mehr nur formalem Aspekt. Das ist nach der Theorie und der Kritik die dritte Variante der neuen Thematisierungsweise „Text als Leserobjekt“.

Für eine Pflege der Theorie der schönen Wissenschaften in den Schulen gibt es zunächst keine Belege, aber dafür sozusagen termingerecht seit den vierziger Jahren erste Anzeichen einer Lektüre deutscher Texte, die losgelöst war von eigenen rhetorisch-poetischen Imitationsübungen und also die neue Sichtweise repräsentierte.[4] Wie die Textproduktion im Zeichen der Deutschen Rhetorik ab 1750 im universitären Bereich abgelöst wurde durch die Theorie der schönen Wissenschaften, so ab 1770 im schulischen Bereich durch Lektüre, Erklärung und Deklamation.[5]

An den Universitäten konnten die theoretischen Erörterungen breiten Raum einnehmen und in die Kritik einzelner Texte einmünden. In den Schulen stellten sich ganz andere Probleme, Probleme nämlich des einfachen Verständ-

---

[3] Vgl. oben S. 116.

[4] Diese Anzeichen sind die ersten Lesebücher mit deutschen literarischen Texten: Frieda Böhnke, Die deutsche Dichtung in der Schule. Geschichte und Probleme 1750–1860. Diss. Frankfurt 1967, S. 35–65. – Peter-Martin Roeder, Zur Geschichte und Kritik des Lesebuchs der höheren Schule. (Marburger pädagogische Studien. 2) Weinheim 1961, S. 25 ff. – Hans-Georg Herrlitz, Der Lektüre-Kanon des Deutschunterrichts im Gymnasium. Ein Beitrag zur Geschichte der muttersprachlichen Schulliteratur. Heidelberg 1964, S. 41–47. – Hermann Helmers, Geschichte des deutschen Lesebuchs in Grundzügen. Stuttgart 1970.

[5] Heinrich Bosse, Dichter kann man nicht bilden. Zur Veränderung der Schulrhetorik nach 1770; in: Jahrbuch für Internationale Germanistik X/1 (1978) 80–125.

nisses. Die Dichtersprache in Deutschland um die Mitte des 18. Jahrhunderts war, man vergesse das nicht, allemal noch eine schwierige, mehr oder weniger, aber immer entfernt von der Alltagssprache, wobei Klopstock nur ein Extrem darstellt, keine Ausnahme. Vieles ist und war für junge Leser erklärungsbedürftig: mythologische Anspielungen und andere Spuren der Belesenheit, regionale Eigenheiten („Idiotismen") in einer noch nicht ganz normierten Hochsprache und nicht zuletzt jene Schraubungen des Gedankenganges selbst in kleinen neckischen Gedichtchen, mit denen man damals seinen „Witz" offenbarte. Es gab für Lehrer einiges zu tun, bevor sie auch nur von weitem an eine formale Kritik denken konnten.

Sulzer – wieder einmal er – hat dieses Bedürfnis der Schüler nach einer Erklärung schwieriger Texte klar gesehen und formuliert. Wenn ein Lehrer, so sagt er in der Vorrede zu seinem beispielgebenden und vielbenutzten Lesebuch, wenn ein Lehrer einzelne Texte daraus „mit seinen Zuhörern liest; so muß seine erste Aufmerksamkeit dahin gehen, daß er ihnen helfe den eigentlichen Sinn jeder Stelle und jedes nachdrücklichen Worts, zu bestimmen".[6]

Wie der Lehrer diese Bestimmung des Sinns leiten kann, ist gleich anschließend beschrieben.

> Er läßt erst die ganze Stelle lesen, und sagt währendem Lesen, ganz kurz und ohne den Zusammenhang zu unterbrechen so viel, daß kein Wort seiner gemeinen Bedeutung nach unbekannt bleibt. Alsdenn fordert er einen der Zuhörer auf, den Inhalt der vorgelesenen Stelle so kurz als möglich, anzuzeigen; hernach frägt er nach den Hauptgedanken, über die Sache, und endlich nach einzeln Gedanken, Bildern oder Anmerkungen. Wenn die gelesene Stelle auf diese Art zergliedert worden; alsdann wird die besondere Stärke einzeler Gedanken, der Nachdruck jedes Worts gezeigt, und nach allen diesen Anmerkungen wird endlich die Stelle noch einmal gelesen.[7]

Das alles zielt nur darauf ab, „Aufmerksamkeit, Ueberlegung und Nachdenken" zu üben und die Meinung des Textes möglichst genau und korrekt zur Kenntnis zu nehmen. Wenn der Lehrer eine andere Meinung hat als der Text, „so begnüge er sich, seinen Text verständlich zu machen". Und wenn er noch gar nicht über die Sache nachgedacht hat? „Er mache seinen Zuhörern verständlich, was der Verfasser hat sagen wollen, und wo er selbst weiter nichts dabey denkt, lasse er es bey dieser Erklärung bewenden".[8]

Wie oft und wo solche „selbstlosen" und unvermeidlichen Texterklärungen nach dieser Methode oder einer anderen gegeben wurden, entzieht sich unserer Kenntnis. Einige Routine muß sich bald akkumuliert haben. Denn die (vermutlich) erste Texterklärung dieser Art, die ihrerseits als Text greifbar geworden ist, kommt erstaunlich ausgereift und sicher daher und ist in gewisser Weise

---

6 Ich zitiere die anonym erschienenen „Vorübungen" nach der 3. Auflage, die Sulzers Nachfolger am Joachimsthalschen Gymnasium in Berlin, Johann Heinrich Ludwig Meierotto, in vier Bänden (mit der Vorrede zur 1. Aufl. von 1768 im vierten Band) herausgegeben hat: Vorübungen zur Erweckung der Aufmerksamkeit und des Nachdenkens. Vierter Theil: Allein zum Gebrauch der Lehrer. Berlin 1782, S. XXI.

7 Vorübungen XXI f.

8 Vorübungen XXV f.

souverän zu nennen. Gemeint ist, wie Ernst Christian Trapp seinen Gymnasiasten zu Itzehoe die Ode „Theodicee“ von Johann Peter Uz erklärt hat.[9]

Trapps Geniestreich: er kontrastiert den Wortlaut des Gedichts fortlaufend mit einer Neuformulierung von dessen Gedankengehalt, wie sie ein Philosoph geben würde und von der er wohl annehmen durfte, daß sie seinen Schülern verständlicher sei als die anspruchsvolle Sprache der hohen Ode. Die Neuformulierung ist ganz offensichtlich ein hilfreiches Konstrukt, das ihm die Erklärung der „eigentlichen Bedeutung“ jeder Stelle und jedes Wortes, wie Sulzer sie vorgeschlagen hatte, auf elegante Weise erspart. Sie ist ihrerseits das Ergebnis seiner eigenen bereits geleisteten Auslegung und hat die Funktion, schwierige Wörter und Figuren paraphrastisch und also indirekt zu erklären.

Indem aber die Verständnisschwierigkeiten auf diese Weise behoben oder doch wesentlich entschärft werden, eröffnet sich eine weitere Möglichkeit der Erkenntnis. In den Abweichungen des poetischen Textes von der philosophischen Paraphrase entdeckt und erläutert Trapp die generellen Gesetze des lyrischen Gedichts und der hohen Ode, und damit ist auch, ohne daß es noch ausgesprochen zu werden brauchte, das vorliegende Gedicht in allen seinen Teilen gerechtfertigt als vollkommene Erfüllung dieser Gesetzesnorm.

Die didaktische Inszenierung, die Trapp gewählt hat, ist von ganz eigener Präzision. Sie zeigt, daß es an einem poetischen Text zunächst etwas zu verstehen und dann etwas zu erkennen gibt (und vielleicht irgendwann auch noch etwas zu beurteilen) – zu verstehen die Bedeutungen und zu erkennen die Spuren poetischer Arbeit in der Struktur des Textes. Verständnis und Erkenntnis erschließen sich aus der Differenz von poetischem und philosophischem Text. Was der poetische Text sagt und was er ist, enthüllt sich erst, wenn man ihm etwas entgegensetzt, das er so nicht sagt und nicht ist. Und diese Entgegensetzung, die offenbar erst einmal gelernt sein will, übernimmt hier freundlicherweise der Lehrer durch die Einführung eines fiktiven Philosophen, der, Differenz schaffend, zwischen Schülern und Text vermittelt.

Ein solches Eingehen eines Lehrers auf die Bedürfnisse seiner Schüler hat die unausgesprochene Einsicht zur Voraussetzung, daß das Verständnis eines Textes und die Erkenntnis seiner Sprachform sich nicht von selbst ergeben, sondern erarbeitet sein wollen im Vergleich mit und in der reflexiven Unterscheidung von etwas anderem, das ein Text allenfalls werden soll oder kann: vom Sinnbesitz und der Sprachform des Lesers.

Diese Einsicht nun ist Grundlage der angekündigten dritten Variante der Thematisierungsweise „Text als Leserobjekt“. Sie nimmt einen poetischen

---

[9] Ernst Christian Trapp, Unterredungen mit der Jugend. Hamburg/Kiel 1775, S. 173–253 („funfzehnte“ bis „achtzehnte Unterredung“): Ueber die Theodicee des Herrn Uz. – Nach Trapps eigenen Worten zeigt das Buch als eine Wiedergabe von Schulvorträgen und -gesprächen „hauptsächlich wie, aber nicht worin ich unterrichte“ (S. 7). – Über Trapps spätere Mitarbeit am Dessauer-Philanthropin und seine Wirksamkeit als Professor der Pädagogik in Halle das biographische Nachwort von Ulrich Herrmann in: Ernst Christian Trapp, Versuch einer Pädagogik. Unveränderter Nachdruck der 1. Ausgabe Berlin 1780. [...] Besorgt von Ulrich Herrmann. Paderborn 1977, S. 419–448.

Text vor allem anderen erst einmal in seiner grundsätzlichen Andersheit wahr, und zwar nicht durch das Anlegen einer abstrakten Norm, sondern durch komparative Mobilisierung von Eigenem: der Text erscheint als etwas Fremdes in seiner Differenz zum Denken und Sprechen des Lesers. Und die Eigenart und Würde dieser neuen Variante liegt darin, die Fremdheit möglichst abzubauen und zu überwinden und nicht, wie die Variante der Kritik à la Murray, sie urteilend zu fixieren. Der poetische Text, als ein grundsätzlich fremder, als konkretes Differenzphänomen (und als Träger unbekannter Gattungsmerkmale) wahrgenommen, wird thematisiert als Gegenstand von sachlichem Verständnis und sprachlicher Erkenntnis.

Unter diesem Vorzeichen wird sich die beginnende Ausbreitung der Lektüre und Erklärung deutscher Texte in der Schule im letzten Drittel des 18. Jahrhunderts vollzogen haben.[10] Und sie wurde auch sofort für verschiedenste Zwecke eingespannt. Sulzer wollte die Erklärung rein instrumentell einsetzen zur allgemeinen „Erweckung der Aufmerksamkeit und des Nachdenkens", für Trapp scheint sie in erster Linie als Entdeckung neuer Aspekte an poetischen Texten eine Einleitung für weitere selbständige Lektüre gewesen zu sein. Beides ist zwar vielleicht nicht aufgegeben, aber doch überformt worden vom Gellertschen Legitimationsmuster[11], das gerade um dieselbe Zeit in einer ernsthaften Krise steckte.

Denn die vielbeklagte „Lesewut"[12], die auch und gerade unter Gymnasiasten grassierte[13], verschlang eben wahllos alles, darunter auch manches, das wohl nicht im Sinne Gellerts zur Geschmacksbildung und Habitualisierung der Tugend wirken mochte. Die Steuerung der Produktion über den Markt, wie sie in die Struktur der Theorien von Breitinger und Baumgarten eingeplant ist, hatte offensichtlich versagt. Also mußte der, dem die marktgängigen Produkte als gefährlich erschienen, auf Mittel sinnen, wenn schon nicht die Produktion, so doch wenigstens den Mißbrauch der Produkte abzustellen.

Ein Mittel gegen den „Misbrauch der Deutschen Lectüre" war – die Einführung von Lektüre und Erklärung deutscher Texte in die Schulen[14], gegebenen-

---

[10] In diesem Falle gab es keine nennenswerten Unterschiede zwischen protestantischem Norden und katholischem Süden. In der kursächsischen Schulordnung von 1773 wurden „die besten Werke der Nationalschriftsteller" zur Lektüre verordnet: Zur Geschichte der höheren Schule. Band 1. Hrsg. von Theo Hülshoff und Albert Reble. (Klinkhardts pädagogische Quellentexte. 1) Bad Heilbrunn 1967, S. 133. – In Österreich bzw. den „k.k. Erblanden" wurde die „Vorlesung der deutschen Klassiker" 1775 in die offiziellen Stundentafeln aufgenommen: Karl Wotke, Das Oesterreichische Gymnasium im Zeitalter Maria Theresias. Erster Band. (Monumenta Germaniae Paedagogica. 30) Berlin 1905, S. 129, 131.

[11] Sehr deutlich z. B. in einem kleinen Buch, dessen ganzer Inhalt schon im Titel steckt: M. J. Thiele, An die Jünglinge von der Bildung durch Lektüre. Mannheim 1781.

[12] Günter Erning, Das Lesen und die Lesewut. Bad Heilbrunn 1974.

[13] Der Deutschunterricht auf dem Gymnasium der Goethezeit. Eine Anthologie. Mit einer Einführung in den Problemkreis [...] von Georg Jäger. (Texte zum literarischen Leben um 1800. 2) Hildesheim 1977, S. 17–22 der Einführung.

[14] Dies der Sinn des folgenden Titels: Carl August Böttiger, Ueber den Misbrauch der Deutschen Lectüre auf Schulen und einige Mittel dagegen. Leipzig 1787; wiederab-

falls auch mit einer gewissen theoretischen Fundierung.[15] Ein solcher Deutschunterricht hatte somit Konsumentenerziehung statt Produzentenausbildung zu sein und bei der gefährdeten Jugend die eigentlich gemeinten Tugendeffekte zu erzielen, auf daß ihr die unkontrollierte Privatlektüre wie von selbst verleide. Erwünschte Lektüre also zur Verhinderung der unerwünschten – das sieht sehr nach geistiger Homöopathie aus (die medizinische wurde von Samuel Hahnemann 1796 öffentlich vorgestellt) und ist eine doch eher verzweifelte Motivation für einen Unterricht in deutscher Literatur, Geschmacksbildung hin oder her.

Aus all dem ergibt sich das denkwürdige Fazit, daß höchst unterschiedliche Gründe, wenn es denn sein muß, allesamt den gleichen Effekt haben können: der poetische Text deutscher Sprache war als selbständiges, weil fremdes und erklärungsbedürftiges Objekt konstituiert. Seit etwa 1770 ist in der Schulpraxis dieselbe scharfe Trennungslinie zwischen Schreibern und Lesern poetischer Texte gezogen, die in der Theorie schon fast zwei Jahrzehnte vorher Sulzer installiert hatte und die den Literarhistorikern zur selben Zeit zum Problem geworden ist.[16]

An diesem Ereignis konnte auch die Theorie der schönen Wissenschaften, sofern sie die Leserinstruktion noch in die täuschende Form einer Produktionsanleitung kleidete, nicht mehr vorübergehen. Sie hat in der Tat reagiert, und zwar in der Person von Johann August Eberhard, Schüler und Nachfolger Meiers in Halle. Sein Lehrbuch ist schulmäßig nach dem Baumgarten-Meierschen Gliederungsprinzip der Rhetorik eingerichtet, beginnt aber gleichwohl im allerersten Paragraphen mit einer Erklärung, was ein „Werk" sei.[17] Dieser systemwidrige Eingriff, anders kann man ihn nicht nennen, stellt den wohlerwogenen Ablauf der Rhetorik völlig auf den Kopf. So etwas macht niemand freiwillig bei vollem Bewußtsein.

---

gedruckt mit der originalen Paginierung in der Anthologie von Georg Jäger (= Anm. 13). – Dieselbe Kombination (Warnung vor „einem unordentlichen, wilden Lesen" und Empfehlung des Palliativs Lektüre und Erklärung): Rede zur Empfehlung der grammatischen Auslegung Deutscher Dichter. Von einem Studirenden gehalten (1780); in: Johann Michael Heinze, Kleine Deutsche Schriften vermischten Inhalts. Erster Theil. Göttingen 1789, S. 410–422; 419 ff.

15 „Auf die Theorie der schönen Wissenschaften sei besonders bei der Schriftsteller-Erklärung Rücksicht zu nehmen; doch überlasse man es dem Rektor, ‚ob er nach den Fähigkeiten und Kenntnissen der Quintaner es zweckdienlich finden mögte, zum besonderen Unterricht darinnen dann und wann eine Stunde nach dem Ramler zu widmen'". Philipp Wegener, Zur Geschichte des Gymnasiums zu Greifswald. Teil II. Eine Schulreform in Greifswald auf Grund der Denkschrift des Rektors Mag. Warnekros 1784. (Beilage zum Jahresbericht des Gymnasiums und der Realschule zu Greifswald, Ostern 1905) Greifswald 1905, S. 30, aus der Stellungnahme des Stadtrates von 1789.

16 Vgl. oben S. 134.

17 Johann August Eberhard, Theorie der schönen Wissenschaften. Zum Gebrauche seiner Vorlesungen herausgegeben (1783). Zweyte verbesserte Auflage. Halle 1786, S. 1: „Erklärung (= Definition) eines Werkes".

Das Werk ist ja für den Schreiber und also auch für die Rhetorik das Letzte und nur für den Leser das Erste. Dieser Unterschied war von Baumgarten, weil er seine Leserperspektive noch nicht in die Theorie einbringen konnte, auf die ihm eigene konsequente Weise gewürdigt worden durch die theoretische Annihilation des Textes und der Schrift.[18] Wenn Eberhard nun die Gliederung der Rhetorik übernimmt und doch im Widerspruch dazu prononciert vom Werk als erstem handelt, dann kann das nur bedeuten, daß ihn angesichts der neuen Eindeutigkeit die Thematisierungsweise „Text als Leserobjekt" überwältigt und zur impliziten Desavouierung seines Theorieaufbaus vermocht hat. Wo das geschieht, da ist die Universalisierung der neuen Sichtweise nicht mehr weit.

Vorlesungen über deutsche Texte

Der erste vermutlich, der die Schulübung des Erklärens eines deutschen Textes dann an eine Universität übernahm, war ein gewisser Umlauf, der sich damals Joseph und später Leopold nannte. Er war in Lemberg zuständig für deutsche Sprache und Literatur[19] und begann seine Lehrtätigkeit im Eröffnungssemester der Universität (Sommer 1784) „mit einem Vortrag über Wielands Abderiten".[20] Es ist historisch sinnvoll, daß das – genau wie seinerzeit bei den Darstellungen der deutschen Literaturgeschichte[21] – außerhalb des deutschsprachigen Gebietes geschehen ist, vor Studenten, die wie Schüler die Sprache des Textes tatsächlich als eine Fremdsprache zu erlernen hatten. Im gleichen Sinne gab es schon seit der Mitte des Jahrhunderts an deutschen Universitäten Vorlesungen zur Erklärung einzelner englischer (und seltener auch französischer) Texte.[22] Aber was sich da im fernen Galizien hinter den Karpaten abgespielt hat, ist offenbar nicht bis nach Deutschland gedrungen. Und bemerkt worden ist allem Anschein nach auch nicht, daß der Französischlektor Christian Gabriel Percin ebenfalls 1784 in Kiel einmal den Spieß umdrehen und einen deutschen Text auf französisch erklären wollte: Halleri librum, cui Usong titulus est, gallice interpretabitur.

So kann doch der Philosoph Carl Leonhard Reinhold als Pionier gelten, weil er im Sommer 1788 in Jena eine Vorlesung über Wielands „Oberon" gehalten und weil er die Kunde davon unters Volk gebracht hat, während Carl Friedrich Cramers Kieler Vorlesung vom selben Semester über deutsche Dramen (inter-

---

[18] Vgl. oben S. 72.

[19] Ein gleiches Lektorat mit Professorenstatus gab es seit demselben Jahre 1784 in Pest: Herbert A. Egglmaier, Die Einrichtung von Lehrkanzeln für deutsche Philologie in Österreich nach der Universitätsreform des Jahres 1848/49; in: Beiträge und Materialien zur Geschichte der Wissenschaften in Österreich. Hrsg. von Walter Höflechner. (Publikationen aus dem Archiv der Universität Graz. 11) Graz 1981, S. 363.

[20] Gerson Wolf, Geschichte der Lemberger Universität von ihrer Gründung bis 1848; in: G. W., Kleine historische Schriften. Wien 1892, S. 1–47; 13.

[21] Vgl. oben S. 126.

[22] Thomas Finkenstaedt, Kleine Geschichte der Anglistik in Deutschland. Eine Einführung. Darmstadt 1983, S. 21 f.

pretabitur selectas fabulas damaticas patriae idiomate scriptas) außerhalb seiner Universität keine Aufmerksamkeit gefunden hat.

Reinhold also hat seine „Oberonischen Praelectionen“[23] am 26. April mit einer Einleitung eröffnet, die schon im Maiheft des „Teutschen Merkur“ der interessierten Öffentlichkeit zugänglich gemacht wurde unter dem Titel „Ueber die nähere Betrachtung der Schönheiten eines epischen Gedichtes als Erhohlung für Gelehrte und Studierende“.[24] Dort ist auch gleich noch erwähnt, daß „weit über vierhundert Studierende dabey zugegen“ waren[25], eine sensationelle Zahl, gut die Hälfte aller Studenten in Jena.[26]

In der – ihrem Umfang nach zu urteilen – zweistündigen „ouvertüre“[27] begründet Reinhold sein Unternehmen durch einen bildlichen Vergleich mit den übrigen Studien seiner Hörer. „Nur der Körper ersetzt seine erschöpften Kräfte durch Ruhe: der Geist erfrischt die seinigen durch Veränderung der Beschäftigung“, und diese erfrischende Veränderung besteht in dem Vergnügen, „das die Felder der schönen Wissenschaften in so reichem Maße anbieten, in eben dem Verhältnisse mehr, je schwerer und vielfältiger die Arbeiten sind, die er auf den Feldern der ernsthaften (Brod-)Wissenschaften zu vollenden hat“.[28]

Das wäre aber im Sinne der Ästhetik oder Theorie der schönen Wissenschaften erst eine Einladung zur Lektüre poetischer Werke in der Zeit außerhalb der eigentlichen Studienverpflichtungen: das lesende Anschauen des Schönen beschert definitionsgemäß Vergnügen. Eine Vorlesung über einen solchen Text bedürfte hingegen, obwohl Reinhold es abstreitet[29], einer anderen oder zusätzlichen Begründung, wollte sie nicht einfach als eine neue Art öffentlicher Unterhaltung durch Vorlesen des „Oberon“ am sonst vorlesungs-

---

[23] Dies die Formulierung Wielands im Brief vom 23. April 1788 an Reinhold: Karl Leonhard Reinhold, Korrespondenz 1773–1788. Hrsg. von Reinhard Lauth, Eberhard Heller und Kurt Hiller. (Korrespondenzausgabe der Österreichischen Akademie der Wissenschaften. 1) Stuttgart-Bad Canstatt/Wien 1983, S. 336.

[24] Der Teutsche Merkur, May 1788, S. 385–404. – Wiederabgedruckt in: Carl Leonhard Reinhold, Auswahl vermischter Schriften. Erster Theil. Jena 1796, S. 181–207 unter dem Titel „Ueber den Zweck meiner öffentlichen Vorlesungen über Wielands Oberon“.

[25] Reinhold selbst: „Hrn. Döderleins sehr geräumiges Auditorium war viel zu enge – Niemand konnte sitzen – man stand nicht nur dicht auf den Fußboden sondern auch auf den Tischen, den Sitz- und Schreibbänken, und hockte sogar auf dem Offen. Die Fenster von aussen herein (: denn es ist Parterre :) waren angefüllt, und über ein halbes Hundert mußten zurückkehren weil sie nicht zukommen konnten – und doch waren wohlgezählt über 400 im Saale“. Reinhold (= Anm. 23) 363.

[26] Nach der Tabelle im Intelligenzblatt der Allgemeinen Literatur-Zeitung (1790, Sp. 3–4) zählte man im Sommer 1788 in Jena 793 anwesende und 852 inskribierte Studenten.

[27] Wieder Wielands Ausdruck: Reinhold (= Anm. 23) 362.

[28] Reinhold (= Anm. 24) 389.

[29] Reinhold 390: „Die Absicht, meine Herren, warum ich Ihnen für denjenigen Nachmittag, der wöchentlich der Erhohlung von ihren ernsthafteren Geistesarbeiten bestimmt ist, eine geistige Unterhaltung aus dem Felde der Dichtkunst (denn für nichts weiter will ich meine Vorlesungen über den Oberon angesehen wissen) angebothen habe, hat also wohl keiner Rechtfertigung vonnöthen.“

freien Sonnabendnachmittag erscheinen (an dem ja immerhin auch die Deutschen Gesellschaften sich zu versammeln pflegten[30]). Daß es bei Reinhold darauf auch nicht hinauswollen konnte, geht aus einer einfachen Überlegung hervor: wöchentlich zwei Stunden ein ganzes Semester hindurch und bei der Wiederholung der Vorlesung im nächsten und übernächsten Semester gar jeweils fünf[31], das ist mit Vorlesen und Jubel allein nicht zu bestreiten, auch wenn der Verfasser des „Oberon" zufällig der Schwiegervater des Vortragenden war.[32]

Reinhold betont zwar, er wolle seine Vorlesungen „für nichts weiter [...] angesehen wissen" als für „eine geistige Unterhaltung aus dem Felde der Dichtung"[33], aber eben darin, was da „geistig" heißen soll, liegt die eigentliche Pointe und Neuheit des Unternehmens, die mit schwungvollen Formulierungen von eigenartig apologetischem Anstrich möglichst heruntergespielt wird, damit das Publikum ohne Widerstände „anbeißt". Es geht ihm nicht einfach darum, den „Oberon" als das Nonplusultra zu preisen, es geht um die ausführliche Begründung der „Ueberzeugung", „daß die Natur selbst dieses Werk gerade so gemacht haben würde, wenn das Vergnügen der Sterblichen ihr einziger Zweck gewesen wäre".[34]

Mit diesem kryptischen Zitat aus Moses Mendelssohns Abhandlung „Ueber die Hauptgrundsätze der Schönen Künste und Wissenschaften"[35] hat der Philosoph Reinhold das Ziel sehr hoch gesteckt. Zu erreichen ist es nur, wenn er aus dem Text die Normen entwickelt, deren vollkommene Erfüllung dieser ist. Der Weg dazu heißt „nähere Betrachtung" eines epischen Meisterwerks und ist „ohne Zergliederung desselben nicht möglich".[36] Beide Stichworte miteinan-

---

[30] Vgl. oben S. 50.

[31] Dietrich Germann, Geschichte der Germanistik an der Friedrich-Schiller-Universität Jena, auf archivalischen Grundlagen dargestellt. Diss. Jena 1954 (masch.), S. 12.

[32] Es gibt trotzdem keinen Grund zur Annahme Friedrich Sengles (Wieland. Stuttgart 1949, S. 455), daß „schon die Idee einer Oberon-Vorlesung Wielands Kopf entsprungen war". Reinholds Brief an Wieland vom 19. Februar 1788 und Wielands Antwortbrief von Ende Februar sprechen dagegen: Reinhold (= Anm. 23) 331, 336.

[33] Reinhold (= Anm. 24) 390.

[34] Reinhold 391.

[35] Dort heißt es über den „menschlichen Künstler" im Vergleich mit der Natur: „Was sie in verschiedenen Gegenständen zerstreuet hat, versammelt er in einem einzigen Gesichtspunkte, bildet sich ein Ganzes daraus, und bemühet sich, es so vorzustellen, wie es die Natur vorgestellt haben würde, wenn die Schönheit dieses begränzten Gegenstandes ihre einzige Absicht gewesen wäre." Und nochmals über die Künstler: „Sie wollen einen gewissen Gegenstand so abbilden, wie ihn Gott geschaffen haben würde, wenn die sinnliche Schönheit sein höchster Endzweck gewesen wäre." Moses Mendelssohn, Philosophische Schriften. Zweyter Theil. Verbesserte Auflage. Berlin 1771, S. 115. Die Abhandlung war unter dem Titel „Betrachtungen über die Quellen und Verbindungen der schönen Künste und Wissenschaften" zuerst anonym erschienen in der Bibliothek der schönen Wissenschaften und freyen Künste. Ersten Bandes zweytes Stück, Leipzig 1757, S. 231–267.

[36] Reinhold (= Anm. 24) 397. Das Stichwort „Zergliederung" hatte Wieland selbst schon als terminus technicus der Textanalyse gebraucht: „Bey tausend andern Büchern, die ohne Ankündigung mit Trompeten und Paucken, auf ihre eigene Gefahr in die Welt treten, würde eine Zergliederung ganz überflüßig seyn; und neunhundert

der kombinierend, führt Reinhold die Metapher aus und sagt, sein Vorhaben könne so ähnlich aussehen, „als ob ein Maler oder Bildhauer eine lebendige junge Schönheit, die sich von ihm erbitten ließe das Modell einer Venus oder Grazie abzugeben, mit dem Anatomischen Messer zerschneiden wollte, – um ihre Reitze näher ins Auge zu fassen“.[37]

Er selbst, Reinhold, wäre demnach einer, der den „Oberon“ als Modell nimmt, um – ihn zergliedernd und seine Reize näher betrachtend – ein geistiges Bild, einen Begriff der Schönheit oder Vollkommenheit zu entwerfen und den Text als dessen Entsprechung sehen zu lassen. Anders als die Kritik mißt die „nähere Betrachtung“ das Werk nicht an einem vorher schon bestehenden Schönheitsbegriff; sie kehrt vielmehr die Sache genau um, setzt den Text aufgrund der Lektüre als Modell und geht von ihm aus, um zum Begriff der Vollkommenheit zu gelangen.[38] Spezifisch ist dabei, als was er den „Oberon“ thematisiert: als ein Einzelexemplar in seiner Theoriehaltigkeit, nicht als Muster und auch nicht als Beispiel für eine Theorie.

Ein induktiver Aufbau der Theorie aus Einzelexemplaren[39] ist – wenigstens für Zwecke der Darstellung – an die Stelle einer Anwendung der Theorie auf Einzelfälle getreten. Das ist die Entdeckung, daß die logische Ordnung des theoretischen Systems auch an der Sukzession des Textes zu entwickeln ist, eine Entdeckung, die schon Trapps Verfahren zugrunde lag und die – Reinhold zuvorkommend – der Hallische Theologe und Pädagoge August Hermann Niemeyer als pädagogischen Prozeß[40] ausformuliert hat, eine Entdeckung schließ-

---

wenigstens unter Tausend würde dadurch zuviel Ehre geschehn. Aber einem Werke wie dies, einer eigenen Lebenbeschreibung, die ein funfzigjähriger Mann schreibt [...], einem solchen Werke, einem solchen Autor kan man nicht zuviel Ehre anthun.“ Zergliederung des Buchs, genannt: Leben, Bemerkungen und Meynungen Johann Bunkels [...]; in: Der Teutsche Merkur vom Jahr 1778. Drittes Vierteljahr. Weimar 1778, S. 75–90; 76. – Vgl. auch das Zitat zu Anm. 8, oben S. 151 (Sulzer).

37 Reinhold 398.

38 Ein früher Verfechter der deutschen Schullektüre beschreibt dieses Vorgehen als didaktischen Trick: „Die Hauptkunst bestehet darin, daß man andere Beispiele mit dem jedesmahligen Gegenstande der Untersuchung zu vergleichen und das Allgemeine daraus abzusondern wisse, kurz, daß man beinah jedesmahl so verfahre, als ob man jezo erst die Definition oder die Vorschrift erfinden wollte, oder vielmehr von den Schülern unter der nöthigen Beihilfe erfinden lasse. Ist dieses geschehen, dann kan man sich auf das Lehrbuch berufen, um zu zeigen, daß die darin gegebene Erklärung oder Regel mit der jezt erfundenen genau übereinstimme.“ Christian Wilhelm Snell, Ueber frühe Bildung des Geschmacks für Eltern, Schullehrer und Hofmeister. Gießen 1782, S. 180.

39 Diese induktive Richtung des Theorieaufbaus kommt, allerdings in geradezu entgegengesetzter Terminologie, klar darin zum Ausdruck, wie Reinhold 1795 nach seiner Berufung nach Kiel eine Vorlesung angekündigt hat: Aestheticen, addita styli cultioris doctrina, utramque e selectissimis classicorum nostratium exemplaribus deducendam.

40 Man „erzieht gleichsam den Geschmack durch gesunde Nahrung guter dem Alter angemeßner Schriften, kleiner Erzählungen, Fabeln, übt den Stil durch Briefe; macht bey Erklärung der classischen Schriftsteller auf die Gesetze des Schönen aufmerksam, bis die Jünglinge reif genug sind, diese Regeln sich mehr systematisch denken

lich, die mit dem gleichzeitigen Prozeß der „Verzeitlichung“ in den Naturwissenschaften vieles gemeinsam hat.[41]

Von Interesse ist für Reinhold am Ausgangspunkt „Text“ allerdings nur die Machart (wie die Natur es gemacht hätte), während Wort- und Sacherklärungen nicht eigens erwähnt werden und vielleicht beiläufig gegeben, vielleicht auch den Studenten überlassen wurden. Er sieht sich sofort bemüßigt, einen offenbar schon damals fälligen Einwand zu erwähnen und ihn zugleich als Bemäntelung geistiger Trägheit zu attackieren, den Einwand nämlich, daß durch eine solche Zergliederung sowohl die Schönheit als auch das Vergnügen an ihr zerstört werde. Ein wirkliches Meisterwerk habe „durch die genaueste Prüfung nichts zu verlieren, desto mehr zu gewinnen“[42], weil es nämlich von seiner Entstehung her geradezu danach verlangt:

> An der Hervorbringung eines solchen Werkes hat der Verstand wenigstens eben soviel Antheil gehabt, als die Einbildungskraft, der Scharfsinn eben soviel als der Witz, die bildende Vernunft eben soviel als der gebildete Geschmack, das tiefherrschende Nachdenken eben so viel als die Eingebungen des Genius in den glücklichen Stunden der Begeisterung“.[43]

Offensichtlich mit Bedacht sind jeweils Paare von oberen und unteren Erkenntnisvermögen völlig gleichberechtigt verantwortlich gemacht für die Entstehung des poetischen Textes: die Baumgartensche Privilegierung der sinnlichen oder Empfindungserkenntnis auf Poetenseite ist kurzerhand weggewischt. Sozusagen aus Symmetriegründen wird sie auch gleich auf Leserseite demontiert, und das Vergnügen an poetischen Texten wird intellektualisiert. „Und wie sollten Schönheiten, die lediglich durch Verstand und Scharfsinn, Vernunft und Nachdenken vorhanden sind, durchs blosse Gefühl, durch eine Art von leidendem Genuß, ohne allen Aufwand von Verstand und Scharfsinn, Vernunft und Nachdenken gefunden werden? Und“, so fragt Reinhold weiter mit Sulzer[44], „sind nicht gerade diese Schönheiten die edelsten und größten? Und ist nicht das Vergnügen, das sich von Geisteswerken erwarten läßt, so-

---

zu lernen und eine Theorie zu fassen“. Nachricht von der gegenwärtigen Einrichtung des königlichen Pädagogiums zu Glaucha vor Halle. Bey dem Antritt der Aufsicht hrsg. von August Hermann Niemeyer. Halle 1784, S. 22.

[41] Wolf Lepenies, Das Ende der Naturgeschichte. Wandel kultureller Selbstverständlichkeiten in den Wissenschaften des 18. und 19. Jahrhunderts. (suhrkamp taschenbuch wissenschaft. 227) Frankfurt 1978.

[42] Reinhold 398.

[43] Reinhold 399.

[44] Johann Georg Sulzer, Vermischte Philosophische Schriften. Aus den Jahrbüchern der Akademie der Wissenschaften zu Berlin gesammelt. Leipzig 1773, S. 14: „Die intellektuellsten Vergnügungen sind gemeiniglich vor allen andern die anziehendsten und die dauerhaftesten. Nichts in der Welt fesselt so sehr, als die spekulativen, und besonders die mathematischen Wissenschaften, die dem Geiste die schönste Gelegenheit geben, seine Kraft zu üben und aufs vortheilhafteste zu entwickeln. Die Hitze, womit sich ein feuriger und scharfsinniger Jüngling diesen Wissenschaften widmet, übertrifft alle übrigen Leidenschaften.“

wohl dem Grade der Erkänntniß als dem Grade der Schönheit desselben angemessen?"[45]

Die rhetorischen Fragen sind natürlich Überredungsmittel, nicht unproblematisch, aber zweckmäßig. Reinhold benutzt die traditionelle Vorstellung von der Anpassung des aufnehmenden Geistes an den produzierenden (adaequatio mentis ad rem) und bestimmt die beiden Seiten einfach nur anders, vielleicht sogar besser, aber die adaequatio selbst, die das eigentliche Problem ist, begründet er ebensowenig wie die Lieferanten jenes Einwands. Jedenfalls, und darauf läuft es schließlich hinaus, ist der Geschmack als das einzige oder auch nur das bevorzugte Aufnahmeorgan von Schönheit verabschiedet, und zwar für Dichter und für Leser gleichermaßen.

Einem Leser, dem an einer adaequatio auch nur ein bißchen liegt und der sich von Reinhold überreden läßt, verbietet es sich geradezu, sich bei der Lektüre von intellektualer Erkenntnis dispensiert zu fühlen und sich auf Sensitives zurückzuziehen. Und wenn es Reinhold um den Nachweis der inneren, naturanalogen Vernünftigkeit eines Werkes geht, dann kann er die vollkommene Übereinstimmung von Norm und Werk nicht einfach im Geschmacksurteil statuieren; er muß sie, das Werk zergliedernd, dem Begreifen einsichtig machen.

Der weitergehende Zweck dieses Begreifens ist übrigens der Form nach immer noch der Gellertsche: die Formierung des Begreifenden. Wenn angesichts des poetischen Textes die Vernunft mit dem Gefühl kooperiert („Hand in Hand mit dem Gefühle"!), dann sollte auch diesmal etwas hängenbleiben: die

> Fähigkeit, feinere und höhere Schönheiten zu entdecken und zu geniessen, die in Rücksicht auf die Werke der Natur und der Kunst, Geschmack, in Rücksicht auf die menschlichen Handlungen, sittliches Gefühl heißt, in den beyden vereinigten Rücksichten aber diejenige Veredelung der Menschheit ausmacht, die, weil sie sowohl in den ursprünglichen Anlagen als in der letzten Bestimmung der menschlichen Natur gegründet ist, den Namen der Humanität im strengsten Sinne verdient.[46]

So integriert man neuartige Unternehmen auf sehr traditionelle Weise in die zeitgemäß reformulierte Ordnung der Werte. Das Verfahren selbst, mit dessen Hilfe der höchste Wert „Humanität" befördert werden soll, der neue Zugang des intellektualen Begreifens und betrachtenden Zergliederns imponiert fast schon als simples Gebot der Vernunft, obwohl er, seiner Neuheit ungeachtet, durch nichts weiter begründet wird als durch jene rhetorische Insinuation einer adaequatio (was Vernunft geschaffen hat, muß auch durch Vernunft aufgenommen werden), welche Insinuation wiederum nichts expliziert, aber einiges impliziert.

Es steckt einerseits in der Berufung auf die produzierende Vernunft, wie problematisch sie auch sein mag, die Anerkennung, daß das Verfahren der Zergliederung auf jeden Fall einer Begründung oder Rechtfertigung in hermeneutischer Hinsicht bedürfe, während die Kritik von Breitinger bis Murray nie nach einer Begründung ihres Tuns fragte, weil sie sich als den unproblemati-

[45] Reinhold 399.
[46] Reinhold 403.

schen Vergleich zwischen der theoretisch fixierten Norm und deren Realisationen verstand. Zum andern äußert sich die Anerkennung der Notwendigkeit hermeneutischer Reflexion paradoxerweise gerade als Verzicht auf diese, als Berufung auf die Bedingungen der Produktion statt auf die der Lektüre. Zum dritten aber kündigt sich darin doch die Einsicht an und verschließt sich zugleich, daß die Interpretation die Wiederholung der Produktion ist, weshalb mit einer abstrakten Parallele beider gar nichts ausgerichtet ist, weil sich die Wiederholung auf jeden Fall zumindest dadurch vom Original unterscheidet, daß sie Wiederholung ist, und genau dieser Unterschied wäre das hermeneutisch zu Bedenkende.

Obwohl Reinhold durch die Vorlesung als solche beansprucht hat, etwas mitzuteilen zu haben, das nicht jeder Leser bei der Lektüre bemerkt, konnte er sich offenbar der hermeneutischen Reflexion überhoben fühlen durch die insinuierend behauptete Identität der Vernunft auf beiden Seiten, auf derjenigen des Schreibers und auf der des Lesers. So kann seine „nähere Betrachtung" – grundsätzlich gleich wie Trapps und Sulzers Erläuterungen – erscheinen als hilfreiche und vergnügliche Ausgleichung des Informationsgefälles zwischen einem erfahrenen Leser und einigen hundert unerfahrenen, als Einführung der Unerfahrenen in eine Tradition, diesmal nur nicht die Tradition der Wortverwendung und des Dichterstils, sondern der Tradition des theoretischen Wissens von der Arbeitsweise großer Dichter.

Das „Vergnügen", das er als Empfehlung seiner „näheren Betrachtung" angeführt hat, ist dementsprechend nicht ein Duplikat des Lektürevergnügens, sondern das Vergnügen aus der analytisch-anatomischen (zergliedernden) Entdeckung, wie der Dichter, der Natur gleich, einzig und allein auf das Vergnügen seiner Leser hinarbeitet, ein Vergnügen also am Begreifen, wie das erste Vergnügen zustande kommt. Und dieses Vergnügen am Begreifen, das in Trapps Erklärungsweise schon angelegt war, kann offenbar Rechtfertigung genug dafür sein, die in den Schulen schon geübte Erklärung deutscher poetischer Texte in den Raum möglicher Wissenschaft und in die Wissenschaftsorganisation einzuführen. Dies unmißverständlich (was man so von Umlauf und Percin wohl noch nicht behaupten kann) getan zu haben ist denn auch als Reinholds „Leistung" anzusetzen.

In der Wissenschaftsorganisation hat Reinholds Oberonvorlesung wie ein Startsignal gewirkt; für Publizität war ja durch den „Teutschen Merkur" gesorgt. Die Abhängigkeit ist natürlich am deutlichsten bei Vorlesungen über den „Oberon". Doch auch sonst haben wie mit einem Schlag an mehreren Universitäten, protestantischen und katholischen, Dozenten angefangen, deutsche „Klassiker" zu erklären, Texte also, die ihnen so vorbildlich wie erklärungsbedürftig und universitätswürdig vorkamen. Die Liste solcher Veranstaltungen sei, damit einmal ein Eindruck von den Verhältnissen entstehe, in einiger Ausführlichkeit vorgestellt.

Semester	Universität	Dozent	Thema
1784	Lemberg	Joseph Umlauf	Wielands „Abderiten“
1784	Kiel	Christ. Gab. Percin	Halleri librum, cui Usong titulus est, gallice interpretabitur
1788	Jena	Carl Leonhard Reinhold	Wielands „Oberon“
1788	Kiel	Carl Friedrich Cramer	selectas fabulas dramaticas idiomate patriae scriptas interpretabitur
1788/89	Jena	Reinhold	Wielands „Oberon“
1788/89	Kopenhagen	Cramer	(Klopstock)[47]
1789	Bonn	Eulogius Schneider	Klopstocks „Messias“[48]
1789	Halle	Samuel Friedrich Günther Wahl	Wielands „Oberon“, mit „Erläuterungen aus der Geschichte und aus den Sitten der mittleren Zeiten, auch aus den Helden-Fabeln“
1789	Jena	Reinhold	Wielands „Oberon“
1789	Kiel	Cramer	Klopstocks „Hermann und die Fürsten“[49]
1789/90	Kiel	Cramer	Klopstocks „Messias“[50]

[47] Ludwig Krähe, Carl Friedrich Cramer bis zu seiner Amtsenthebung. (Palaestra. 44) Berlin 1907, S. 222: Cramer war im Winter 1788/89 in Kiel beurlaubt und hielt in Kopenhagen Vorlesungen; „in ihnen wird er das musikalische Drama und Klopstock behandelt haben“.

[48] Max Braubach, Die erste Bonner Hochschule. Maxische Akademie und kurfürstliche Universität. 1774/77 bis 1798. (Academica Bonnensia. 1) Bonn 1966, S. 210. – Schneider hatte den Plan, im Rahmen eines zweijährigen Kurses im ersten Semester „die Anfangsgründe der schönen Wissenschaften, im zweiten die deutschen, im dritten die griechischen, im vierten die lateinischen Klassiker“ zu erklären: Max Braubach, Rheinische Aufklärung. Neue Funde zur Geschichte der ersten Bonner Universität; in: Annalen des Historischen Vereins für den Niederrhein 149/150 (1951) 89–96; 95.

[49] Karl Jordan/Erich Hofmann, Geschichte der Philosophischen Fakultät. Teil 2. (Geschichte der Christian-Albrechts-Universität Kiel 1665–1965. 5/2) Neumünster 1969, S. 113.

[50] Diese Vorlesung muß im Winter 1789/90 oder im Sommer 1790 gehalten worden sein. Im selben Jahr 1790 hat Cramer den Text der ersten Vorlesungsstunde publiziert: Carl Friedrich Cramer, Klopstock. Er; und über ihn. Vierter Theil. Leipzig/Altona 1790, S. 421–448. Dort begründet er die Wahl des ungewöhnlichen Themas unter anderem mit einem Hinweis auf „Alcibiades, Niemeyer und Reinhold“: „Von denen der erste einen atheniensischen Professor schlug, weil er auf seinem Catheder keinen Homer vorfand; der zweite, dem Gerüchte nach, auch in Halle den Messias erklärt, und der dritte seine jenaischen Vorlesungen über den Oberon im deutschen Mercur bekannt gemacht hat“ (422). Cramers Kommentar zum 1.–10. Gesang des „Messias“ und zu den Oden ist zerstreut enthalten in den Bänden 2–5 seines eben zitierten Werkes über Klopstock (Dessau 1781, 1782; Leipzig/Altona 1790, 1792), wird aber, da er fast nur Wort- und Sacherklärungen in Fußnoten zum Textabdruck bringt, keinen zureichenden Eindruck von seinen Vorlesungen vermitteln können.

Semester	Universität	Dozent	Thema
1790	Kiel	Cramer	Nobiliores patriae scriptores
1790	Wien	–	„Aesthetisch-klassische Literatur“[51]
1790/91	Helmstedt	Johann Nicolaus Bischoff	Erklärung der „vorzüglichsten Meisterstücke der jetztlebenden deutschen Dichter“
1791	Halle	Wahl	Wielands „Oberon durch Hülfe der Geschichte der mittlern Zeit erklärt“
1791/92	Helmstedt	Bischoff	„Ästhetische Erklärung der vorzüglichsten Werke der jetztlebenden deutschen Dichter“
1791/92	Jena	Johann Gottfried Müller	„Vorlesungen über den historischen Glauben, den die Minnesinger verdienen“
1792	Helmstedt	Bischoff	Erläuterung der „vorzüglichsten Werke der neuen deutschen Dichter“
1792/93	Helmstedt	Bischoff	„Fortsetzung der Vorlesungen über die neuesten deutschen Dichter“
1792/93	Kiel	Cramer	nobiliores patriae scriptores
1793	Erlangen	Gottlieb Ernst August Mehmel	Wielands „Oberon“
1793	Göttingen	Karl Reinhard	„Deklamation, theoretisch und praktisch, verbunden mit der Erklärung eines klassischen deutschen Gedichts“
1793	Kiel	Cramer	nobiliores patriae scriptores
1793/94	Kiel	Cramer	nobiliores patriae scriptores
1794	Helmstedt	Bischoff	„Aesthetische Vorlesungen, verbunden mit Uebungen im Deklamiren“
1795	Helmstedt	Bischoff	„Aesthetische Vorlesungen, verbunden mit Uebungen im mündlichen Vortrage“
1795	Kiel	Reinhold	Aesthetice, addita styli cultioris doctrina, utraque e selectissimis classicorum nostratium exemplaribus deducenda[52]
1795/96	Helmstedt	Bischoff	Ästhetische Vorlesungen über die deutschen Dichter, verbunden mit Übungen im Deklamieren

[51] In der verbindlichen „Eintheilung der ordentlichen Lehrgegenstände“ von 1790 ist für das dritte Jahr des philosophischen Studiums vorgesehen: „Aesthetisch-klassische Literatur täglich 1 Stunde“, ohne Angabe des Dozenten und der Textauswahl. – Rudolf Kink, Geschichte der kaiserlichen Universität zu Wien. Wien 1854, II 609.

[52] In einer Wegleitung für Studenten von 1796 sind – unter lauter leicht auffindbaren Vorlesungsthemen – auch aufgeführt und empfohlen die „Deutschen Klassiker“: Hofmann (= Anm. 49) 120 f. Es könnte sein, daß damit eher als Nassers Literaturgeschichtsvorlesungen Reinholds Ästhetikkolleg gemeint ist, dem aber sonst dieser Zusatz fehlt.

Semester	Universität	Dozent	Thema
1796	Göttingen	Johann Friedrich Chr. Gräffe	Ästhetische Erklärung von Wielands „Oberon“\\
1796	Helmstedt	Bischoff	„Aesthetische Vorlesungen, verbunden mit Uebungen im mündlichen Vortrage“
1796/97	Helmstedt	Bischoff	Ästhetische Vorlesungen über die besten Werke der vaterländischen Dichter
1797	Altdorf	Johann Gottlieb Münch	Wielands „Oberon“
1797	Erlangen	Friedrich Wilhelm Hagen	„wird wöchentlich eine Stunde unentgeltlich sentimentale Aufsätze aus Jean Pauls Schriften zergliedern“
1798	Kiel	Reinhold	commentatio in Wielandii Oberonem
1799	Ingolstadt	Lorenz Kappler	„Erklärung der deutschen Klassiker mit Uebungen im deutschen Style“, „Ueber Kleist“[53]
1799	Kiel	Jos. Cl. Aug. Marquet	viri celeberrimi Kotzebue comoediam (Die Unglücklichen) interpretabitur[54]
1800	Kopenhagen	Christian Levin Sander	Praelectiones in Lessingii drama philosophicum, cui titulus est: Nathan der Weise[55]
1801	Erlangen	Johann Heinrich Abicht	„Die Iphigenia auf Tauris von Göthe“[56]
1801	Gießen	Johann Chr. G. Schaumann	Anacreontis odas Goethiique poema Hermann & Dorothea praeleget
1801	Landshut	Kappler	„Erklärung der deutschen Klassiker, besonders Kleist, mit Uebungen im deutschen Style“[57]
1801/02	Breslau	Adalbert Bartholomä Kayßler	Erklärung griechischer und deutscher Klassiker[58]

[53] Rainer Albert Müller, Aspekte zur Geschichte der Deutschen Philologie an der Universität Ingolstadt-Landshut-München (1799–1949); in: Die Ludwig-Maximilians-Universität in ihren Fakultäten. Hrsg. von Laetitia Boehm und Johannes Spörl. Zweiter Band. Berlin 1980, S. 185–256; 186.

[54] Interpretari wird nicht „übersetzen“, sondern „erklären“ bedeuten, da Marquet diesen Ausdruck 1799/1800 auch für die Beschäftigung mit einem französischen Sprachlehrbuch benutzt hat.

[55] Rolf Wiecker, 150 Jahre Deutsch und Germanistik an der Universität Kopenhagen. Geschichte einer Institution; in: Text und Kontext 6 (1978) 439–478; 441.

[56] Abicht hat schon in den beiden vorangehenden Semestern 1800 und 1800/01 „aesthetische Vorlesungen“ angekündigt, die möglicherweise auch bereits – im gleichen Sinne wie etwa bei Gräff oder Bischoff – ästhetische Erklärungen waren.

[57] Müller (= Anm. 53) 189.

[58] Jahrbuch der Königlich Preußischen Universitäten. Erstes Bändchen. 1821–1822. Berlin 1824, S. 95 (Nekrolog von I. I. Rohovsky). Die Erklärungen hat Kayßler – nach derselben Quelle – fortgesetzt, bis er 1803 aus der Universität ausschied.

Semester	Universität	Dozent	Thema
1802	Erlangen	Abicht	„wird ein Göthisches Gedicht erklären“
1804	Halle	Friedrich Karl Julius Schütz	„Theorie der Dichtkunst mit besonderer Rücksicht auf Göthens Werke“
1804/05	Landshut	Georg Aloys Dietl	„Ueber die klassische deutsche Literatur der Deutschen, vorzüglich über deutsche Dichter mit Uebungen im Deklamiren“[59]
1804/05	Marburg	Ludwig Wachler	„Lessing's Leben und literärische Verdienste“
1805	Landshut	Dietl	„Ueber deutsche Klassiker“
1805	Wittenberg	Karl Heinrich Ludwig Pölitz	Übungen im deutschen Stile, in der Deklamation und Interpretation deutscher Klassiker
1805/06	Wittenberg	Pölitz	Übungen im deutschen Stile, im Elaboriren und in der Interpretation deutscher Klassiker
1806	Göttingen	Georg Friedrich Benecke	„Anleitung zur Kenntniß der ältern deutschen Litteratur und zum Verständnisse der besonders aus dem Schwäbischen Zeitalter übrigen Gedichte“[60]
1806	Kopenhagen	Sander	einige von Klopstocks Oden[61]
1806	Landshut	Dietl	„Ueber deutsche Klassiker“
1806	Wittenberg	Pölitz	Stilistische und Deklamationsübungen in der deutschen Sprache nebst Interpretation deutscher Klassiker
1806/07	Charkow	Leopold Umlauf	perget critice exponere autores aliquos germanicos praecipue vero Messiadem Klopstokii[62]
1806/07	Landshut	Dietl	Ueber die klassische deutsche Literatur [...] mit Uebungen im Deklamiren
1808	Kopenhagen	Sander	einige von Klopstocks Oden[63]
1808	Landshut	Dietl	Ueber deutsche Klassiker
1808/09	Landshut	Dietl	Ueber die klassische deutsche Literatur [...] mit Uebungen im Deklamiren

[59] Müller (= Anm. 53) 190.

[60] Mit dieser Vorlesung, die Benecke fast jedes Semester wiederholt hat, beginnen die Veranstaltungen zur deutschen Philologie im modernen Sinne, von denen im Kapitel „Deutsche Philologie“ noch zu handeln sein wird (s. unten S. 218–222).

[61] Wiecker (= Anm. 55) 441.

[62] Intelligenzblatt der Jenaischen Allgemeinen Literatur-Zeitung, 14. März 1807, Sp. 182.

[63] Wiecker (= Anm. 55) 441.

Semester	Universität	Dozent	Thema
1809	Heidelberg	Heinrich Voß	Metrik nach seines Vaters Zeitmessung der Deutschen Sprache, zugleich mit Erläuterung Klopstockischer Oden[64]
1809	Landshut	Dietl	Ueber deutsche Klassiker
1810	Heidelberg	Voß	Metrik [...]
1810/11	Heidelberg	Voß	Metrik [...]
1811	Marburg	Karl Franz Christian Wagner	Erklärung von Klopstocks Oden
1811/12	Jena	Friedrich Rückert	„Metrik sowohl der alten classischen als der deutschen Sprache"
1812	Breslau	I. I. Rohovsky	Goethii dramata aliquot explicabit
1812/13	Breslau	Rohovsky	Einige dramatische Werke Schillers[65]
1812/13	Jena	Friedrich August Koethe	„Ueber Klopstock's Messiade"
1813	Breslau	Johann Ludwig Christoph Thilo	Ästhetik, nebst Vergleichung mit Goethes Torquato Tasso
1813	Halle	Christian Gottfried Schütz	Über Wielands Genie und Schriften[66]
1815	Göttingen	G. F. A. Münnich	„Einleitung zu dem Lesen von Göthe's Werken, nebst einer ästhetischen Analyse des Faust und mehrerer kleiner Gedichte desselben Dichters"

Die Liste endet, wo sich eine Lücke von fünf Jahren in der Belegreihe öffnet, sofern man, was hier geschehen ist, die Vorlesungen der ersten deutschen Philologen seit Benecke über mittelalterliche Texte nicht berücksichtigt. Nicht aufgenommen sind ferner die Deklamationsübungen, die seit den neunziger Jahren des 18. Jahrhunderts sich zusehends ausgebreitet haben und bald an fast allen Universitäten anzutreffen waren[67]; auch in ihnen wird irgendeine Art von Texterklärung gegeben worden sein, weil ja einer ausdrucksvollen Deklamation ein doch recht ausgearbeitetes Verständnis zugrunde liegen muß. Aber der Gesichtspunkt war doch ein anderer, die Realisierung der Erklärung statt der

[64] Jochen Lehmann, Die germanistischen Vorlesungen zwischen 1803 und 1900 an der Universität Heidelberg; in: Ruperto-Carola 19 (1967) Bd. 42, S. 205–239; 206.

[65] Dieselbe Vorlesung scheint 1813/14 wiederholt worden zu sein, wenn bei Siebs keine Verwechslung der Jahreszahlen vorliegt: Theodor Siebs, Zur geschichte der germanistischen studien in Breslau; in: Zeitschrift für deutsche Philologie 43 (1911) 202–234; 205.

[66] Einen ähnlichen Nekrolog, damals als Einleitung zu einer Poetikvorlesung, hat Schütz 1782 in Jena vorgetragen: Ueber Gotthold Ephraim Lessing's Genie und Schriften. In drei akademischen Vorlesungen. Halle 1782.

[67] Stichworte und Literaturangaben dazu bei Jäger (= Anm. 1) 9 f.

Verbalisierung, auch wenn beides sich durchaus miteinander vertragen konnte, wie die Beispiele Bischoff und Dietl zeigen.

Liest man das oft vorkommende Stichwort „ästhetisch“ als einen Hinweis, daß die Dozenten nach der Art Reinholds aus der exemplarischen Analyse eines Meisterwerks theoretische Grundsätze zu entwickeln gedachten, so ist die Liste ein statistischer Spiegel der sich wandelnden literarischen Wertschätzung: Wieland zuerst neben Klopstock, dann abgelöst durch Goethe, und daneben die wechselnden Einzelvorlieben wie Jean Paul, Kotzebue und Kleist (Ewald Christian natürlich) und ganz am Ende noch Schiller.

Beachtung verdient auch, daß sich überwiegend junge oder am Anfang ihrer Universitätskarriere stehende Dozenten zum gemeinsamen Geschäft „Erklärung deutscher Klassiker“ vereinigt haben, und zwar vorwiegend Philosophen (von Reinhold, Mehmel, Abicht und Schaumann bis hin zu Pölitz, Thilo, Rohovsky und Koethe) und Philologen (Cramer, Wahl u. a.), aber auch ein Jurist (Bischoff), ein Theologe (Gräffe) und ein Historiker (Wachler) sind dabei. Und obwohl diejenigen, bei denen die Sache auf Dauer gestellt zu sein schien, jeweils nach wenigen Jahren ausgeschieden sind (Reinhold wegen seiner Zuwendung zur reinen Philosophie, Cramer wegen seiner Amtsenthebung[68], Bischoff nach seinem Übertritt in die juristische Fakultät, Dietl durch seinen frühen Tod), so ist doch die Frequenz der einschlägigen Vorlesungen pro Jahrzehnt etwa gleich geblieben. Die Ingolstadt-Landshuter-Vorlesungsreihe wird uns übrigens später noch beschäftigen, da sie im Zusammenhang mit der Lehrerausbildung stand.[69]

Was genau in diesen Vorlesungen vorgetragen wurde, wird in den allermeisten Fällen wohl immer unbekannt bleiben. Denn nur von Reinhold und Cramer hat man wenigstens die Einleitungen[70], von letzterem auch noch eine mögliche Parallele in seinem gedruckten Klopstock-Kommentar[71] und von Pölitz knappe und schematische Beispiele von Erläuterungen des Gedankengangs und Charakterisierungen des Ausdrucks, die allerdings noch aus der Zeit seiner Lehrtätigkeit an der Ritterakademie Dresden stammen[72]; alle anderen hatten der Öffentlichkeit nichts aus ihren Vorlesungen mitzuteilen, als wären sie selbst nicht ganz von der Wichtigkeit ihres Tuns überzeugt, ganz im Gegensatz z. B. zu den Rhetoriklehrern, die gerade in früher Zeit häufig auch Lehrbuchverfasser waren.

---

[68] Krähe (= Anm. 47). – Alain Ruiz, Karl Friedrich Cramers ideologischer Werdegang; in: Jahrbuch des Instituts für deutsche Geschichte 7 (1978) 159–214. – Cramer hatte übrigens seine kaum je unterbrochene literarische Vorlesungsreihe schon 1783 mit einem dreisemestrigen Kolleg über Tassos „Gerusalemme liberata“ begonnen.

[69] Vgl. unten S. 191.

[70] Vgl. oben Anm. 24 und 50.

[71] Vgl. oben Anm. 50.

[72] Karl Heinrich Ludwig Pölitz, Vorlesungen über Fragmente aus teutschen Autoren, als Versuche in der Interpretation; für die reifere Jugend, die sich des Geistes der Muttersprache bemächtigen will, geschrieben. (K. H. L. P., Versuch eines Systems des teutschen Styls, zu einem vollständigen Kursus der teutschen Sprache auf Akademien und Gymnasien. Zweiter Theil) Görlitz 1800.

Neue Professuren

So nimmt sich alles doch recht zufällig und richtungslos aus, und auch die überindividuellen Reaktionen der Institution Universität, das heißt die Professuren, die nach Reinholds Oberonvorlesung (obwohl nicht ihretwegen) geschaffen worden sind, bieten ein ähnliches Bild der Unsicherheit. Sie können so ganz ohne Zusammenhang mit der neuen Variante der Thematisierungsweise „Text als Leserobjekt" nicht sein; denn es sind die ersten Deutschprofessuren seit dem Abbruch des Experiments mit der Deutschen Rhetorik, zu denen sich die protestantischen Universitäten ausgerechnet in diesen Jahren bereit fanden.

Daß Gottfried August Bürger 1789 zum Extraordinarius (wie immer in Göttingen, ohne nähere Amtsbezeichnung) ernannt wurde[73], ist in diesem Sinne wohl allerdings doch eher zufällig; es wäre einfach auf Dauer zu peinlich geworden, einen derart bekannten und bekannt bedürftigen Mann ohne Professorentitel zu lassen.[74] In Kiel wurde Johann Adolph Nasser ebenfalls 1789 ernannt: zum Extraordinarius für klassische und deutsche Literatur, Archäologie und Kunst, und das blieb er bis zu seinem Tode 1828, seit 1791 mit einem bescheidenen Gehalt.[75] In Frankfurt an der Oder avancierte der als Grammatiker bekannte Rektor der evangelisch-lutherischen Schule, Johann Friedrich Heynatz, 1791 nach vollen sechzehn Jahren Tätigkeit als Magister legens endlich zum Extraordinarius der Beredsamkeit und schönen Wissenschaften.[76] In Erlangen wurde 1792 Gottlieb Ernst August Mehmel zum Extraordinarius der Philosophie und schönen Wissenschaften gemacht, wohl um ihn zu halten, bis

---

[73] Über Bürgers Professur: Erich Ebstein, Ein Beitrag zu G. A. Bürgers akademischer Lehrtätigkeit in Göttingen; in: Zeitschrift für den deutschen Unterricht 16 (1902) 745–757. – Julius Sahr, Gottfried August Bürger als Lehrer der deutschen Sprache; in: Festschrift zum siebzigsten Geburtstage Rudolf Hildebrands in Aufsätzen zur deutschen Sprache und Litteratur sowie zum deutschen Unterrichte. Hrsg. von Otto Lyon. (Zeitschrift für den deutschen Unterricht, Ergänzungsheft 3) Leipzig 1894, S. 310–354. – Zu einem thematischen Aspekt mit weiteren Literaturangaben: Elke Haas, Die Rhetorik in Bürgers ästhetischen Anschauungen; in: Rhetorik 3 (1983) 97–109.

[74] Christian Gottlob Heyne, die graue Eminenz der Universität Göttingen und ihr heimlicher Rektor, erwähnte in einem Schreiben vom 6. August 1789 entsprechende Anfragen von außerhalb als Begründung für seine Empfehlung einer Beförderung. Bürger habe außerdem mehrere Kollegien gehalten, sich vor allem aber einen Namen als Dichter gemacht, und das gehöre ja auch irgendwie „in die philosophischen Classen"; deshalb sein Vorschlag, Bürger „den Charakter eines Professoris philosophiae extraordinarii gnädigst beyzulegen". Die offiziellen Bedenken wegen einer möglichen Gehaltsforderung (21. August 1789) entkräftete Heyne mit dem Hinweis, Bürger verzichte ausdrücklich auf ein Gehalt (24. August 1789), woraufhin denn einer Ernennung nichts mehr im Wege stand (10. Oktober 1789). – Die zitierten Dokumente in Bürgers Personalakte (4 V b 60) im Universitätsarchiv Göttingen.

[75] Hofmann (= Anm. 49) 114 f., 184.

[76] Carl Renatus Hausen, Geschichte der Universität und Stadt Frankfurt an der Oder, seit ihrer Stiftung und Erbauung, bis zum Schluß des 18. Jahrhunderts. 2. Aufl. Frankfurt/Oder 1806, S. 104, 119.

er 1799 zum Ordinarius allein für Philosophie aufrückte.[77] Schließlich folgte 1795 noch Greifswald mit dem außerordentlichen Professor des deutschen Stils, der Ästhetik, Latinität und morgenländischen Sprachen Jacob Wallenius.[78]

Fünf Professuren innerhalb von nur sechs Jahren gegenüber jenen lediglich drei halben Ausnahmen[79] in den mehr als vier Jahrzehnten zuvor – die Universität muß gemerkt haben, daß ein Problem jenseits der Grenzen der fest etablierten Fächer anstand, und sie hat darauf auf ihre Weise reagiert. Jede einzelne dieser fünf Professuren mag zufällig sein, insofern individuelle Verhältnisse vielleicht den Ausschlag gegeben haben; für sie indessen hatte man früher andere oder keine Lösungen. In ihrer Gesamtheit aber sind diese Professuren nicht zufällig, vielmehr Ausdruck des Gewahrwerdens, daß etwas Neues in der Beschäftigung mit deutscher Sprache und Poesie fällig war. Nur „wußte" die Institution noch nicht so recht, wie es vonstatten gehen sollte, außer in der negativen Form, daß es nicht in den Rahmen einer Professur für Ästhetik oder Theorie der schönen Wissenschaften wie an den katholischen Universitäten paßte.

Das Experiment mit ansonsten unverkennbaren Zeichen der Vorsicht (nur billige oder kostenlose Extraordinariate) und der Verlegenheit (ungewöhnliche und uneinheitliche Titel) hat denselben Ausgang genommen wie das analoge der Deutschen Rhetorik: mit dem Ausscheiden oder mit dem Tode der neu kreierten Professoren war es zu Ende. Zwar hörte nach 1800 das institutionelle Probieren noch nicht gleich auf, aber es bekam doch eine andere Richtung und sogar so etwas wie ein – allerdings auch transitorisches – Konzept, worüber bei späterer Gelegenheit zu berichten sein wird.[80]

Wie die dritte Generation von Deutschprofessuren besetzt worden ist, das verrät auch nicht gerade eine glückliche Hand. Geboten wurde von den Professoren zwar das damals Übliche, von Stilübungen bis zu Literaturgeschichte und Theorie der schönen Wissenschaften, aber mit Ausnahme Mehmels hat sich niemand auch nur einmal an die Erklärung eines neueren deutschen Textes herangewagt und damit zu verstehen gegeben, daß er wußte, welchem Anlaß er seine Professur verdankte. Die Erklärung deutscher Klassiker fand weiterhin außerhalb des institutionellen Rahmens statt, der als Reaktion auf sie zu verstehen ist.

---

[77] J. G. Veit Engelhardt, Die Universität Erlangen von 1743–1843. Erlangen 1843, S. 77, 82.

[78] Gottlieb Schlegel, Beschreibung des gegenwärtigen Zustandes der Königlichen Universität zu Greifswald. Berlin/Stralsund 1798, S. 38 f. – Fritz Tschirch, Vor- und Frühgeschichte der Greifswalder Universitätsgermanistik; in: Festschrift zur 500-Jahrfeier der Universität Greifswald. Greifswald 1956, II 136–199; 139.

[79] Vgl. oben S. 89.

[80] Vgl. unten S. 233 ff.

Fazit

So hat die Universität, trotz ihrer Bereitschaft dazu, die Erklärung deutscher Klassiker vorderhand nicht integrieren können. Das ändert nichts daran, daß mit Reinhold ein Prozeß, öffentlich sichtbar innerhalb der Wissenschaftsorganisation, zum Abschluß gekommen ist, der fast genau hundert Jahre zuvor bei Thomasius sich ebenso entschieden öffentlich bemerkbar gemacht hatte. Es ist, vom Ende her geurteilt, ein Prozeß der Gegenstandswerdung, erfaßbar in den Weisen unterschiedlicher Thematisierung.

Indem die deutsche Sprache zum allgemeinen Medium des akademischen Unterrichts gemacht war, wurde sie als Gegenstand der prosaischen und poetischen Bearbeitung und wurde der einzelne poetische Text (Produkt des Schreibers) als Gegenstand der Nachahmung thematisiert. Das war das Stadium der Deutschen Rhetorik mit ihren schnellen, aber vergänglichen institutionellen Erfolgen.

Als Reaktion auf die Dissoziation von Schreiben und Lesen wurde der poetische Text (Objekt des Lesers) zweitens thematisiert als Gegenstand theoretischer Erkenntnis, die das Schreiben zugunsten der Information des Lesers beschrieb, mehr oder weniger bewußt unterscheidend zwischen beiden. Das war die Phase von Breitinger und Baumgarten über Sulzer und Gellert bis hin zur Theorie der schönen Wissenschaften mit ihrer dauerhaften Institutionalisierung an den katholischen Universitäten.

Die theoretische Erkenntnis lieferte drittens den kategorialen Rahmen, innerhalb dessen Murray und einige wenige Gleichgesinnte den poetischen Text (Objekt des Lesers) thematisieren konnten als abstraktes Differenzphänomen und damit als Gegenstand der Kritik und der Theorieanwendung.

Viertens hat die Litterärhistorie, die immer schon poetische (und andere) Texte als Gegenstand der historischen Erkenntnis thematisiert hatte, seit ihrer Wandlung zur Literaturgeschichte (Ebeling, Murray, Herwig u. a.) dieselben Texte auch sehen gelehrt als Glieder einer Zeitreihe mit anfangs starker und dann verblassender Norm- und Theorieorientierung.

Wie der poetische Text qua Schreiberprodukt sich als Gegenstand historischer Erkenntnis mehr und mehr dem Organisationswillen der Theorie entzogen hat, so hat fünftens auch der Text qua Leserobjekt als Gegenstand sachlichen Verständnisses und sprachlicher Erkenntnis sich von der wahrnehmungssteuernden Theorie emanzipiert. Die Erklärung einzelner Texte, aus praktischem Schulbedürfnis entstanden, läßt den theoretisch konstituierten Text als eigenständigen und fremden Gegenstand, als konkretes Differenzphänomen in den Blick treten.

Die Freisetzung des poetischen Textes aus der Theorie war aber in seinen beiden Aspekten zunächst nur ein Fragezeichen oder eine unerkannte Problemstellung. Das Schreiberprodukt ist sozusagen heimatlos in historischer Hinsicht geworden, seit die Norm „Geschmack" problematisiert war: die literaturgeschichtlichen Charakteristiker waren vor dem Problem des Zusammenhangs zwischen den Gliedern der Zeitreihe verzagt. Die volle Wahrnehmung des Leserobjekts, an dem nicht mehr nur die Norm zu vollstrecken war, stellte ganz neuartige Theorieansprüche, Ansprüche an die Klärung des eigenen Verfahrens außerhalb der Rückkoppelung des theoretischen Systems, die sich vorerst nur als sich selbst verdecktes hermeneutisches Bedürfnis äußerten.

Trotzdem hatte die Institution Universität recht, daß sie überhaupt reagierte, denn es war etwas Entscheidendes passiert. Der Punkt, in dem die Perspektivlinien der Thematisierungsweisen und ihrer Varianten einander schneiden, ist nämlich der neue und auch auf längere Sicht weder vermessene noch anerkannte Ort, an dem der zeitgenössische poetische Text deutscher Sprache im System des Wissens angekommen war, ohne seine früheren Orte ganz zu verlassen. Der Prozeß, der mit Reinholds „Oberonischen Praelectionen" und mit den Charakteristikensammlungen formal abgeschlossen war, ist insgesamt die Arbeit von mehr als einem halben Jahrhundert gewesen, den Gegenstand einer nunmehr möglichen, aber noch ganz unbekannten Wissenschaft zu konstituieren. Seit dem Abschluß der Gegenstandskonstitution, seit dem Ende des 18. Jahrhunderts also, wartete, wenn dieser Ausdruck erlaubt ist, wartete jener poetische Text auf seine Wissenschaft.

Staat, Universität, Schule

An dieser Stelle sind einige Erläuterungen zur allgemeinen Universitätsgeschichte[1] nötig. Denn die Universität des 19. Jahrhunderts ist nicht mehr dieselbe wie die des achtzehnten, und der grundlegende Wandel um 1800 ist auch von Bedeutung für die Geschichte der deutschen Literaturwissenschaft, von der damals allerdings noch nicht viel mehr vorhanden war als ihr Gegenstand.

Der Wandel der alten Universität zur neuen war, kurz und vereinfachend gesagt, der Weg der Verstaatlichung, der Weg von der autonomen Wissenschaftlerkorporation zur Staatsanstalt, und er war als solcher ein Teil der umfassenden Neuordnung des ganzen Bildungswesens und der Gesellschaft überhaupt.[2]

Die Rechtsstellung der Universitäten

Gewöhnt an Verhältnisse, wie sie sich bald nach 1800 herausgebildet haben und seither bestehen, hat man immer einige Mühe, die Fremdartigkeit der alten Universität in früheren Jahrhunderten wahrzunehmen und zu erfassen. Hie und da hatte schon die Rede davon zu sein, daß der akademische Unterricht anders organisiert und betrieben wurde als zu unserer Zeit. Das Fremdeste ist indessen das Verhältnis der alten Universität zum Staat bzw. zu dessen Vorformen. Es war nämlich jahrhundertelang ein Verhältnis der Extraterritorialität, wie es heute nirgends mehr möglich wäre.

Die Universitäten waren, in heutiger Terminologie, Staaten im Staate, Gelehrtenrepubliken innerhalb von Monarchien oder patrizischen Stadtregimen-

---

1 Unter den älteren Werken ist immer noch zu nennen: Friedrich Paulsen, Geschichte des gelehrten Unterrichts auf den deutschen Schulen und Universitäten vom Ausgang des Mittelalters bis zur Gegenwart. Mit besonderer Rücksicht auf den klassischen Unterricht. 3. erweiterte Aufl. hrsg. und mit einem Anhang fortgesetzt von Rudolf Lehmann. 2 Bde. Berlin 1919/21. – Den Zugang zur neueren Literatur findet man über: Thomas Ellwein, Die deutsche Universität vom Mittelalter bis zur Gegenwart. Königstein 1985, oder: Universitäten und Hochschulen in Deutschland, Österreich und der Schweiz. Eine Universitätsgeschichte in Einzeldarstellungen. Hrsg. von Laetitia Boehm und Rainer A. Müller. (Hermes Handlexikon) Düsseldorf 1983. – Einen Überblick über den neueren Stand von Problemstellung und Einsicht gibt Peter Moraw, Aspekte und Dimensionen älterer deutscher Universitätsgeschichte; in: Academia Gissensis. Beiträge zur älteren Gießener Universitätsgeschichte. Hrsg. von Peter Moraw und Volker Press. (Veröffentlichungen der Historischen Kommission für Hessen und Waldeck. 45) Marburg 1982, S. 1–43.

2 Dazu ausführlich und materialreich: Charles E. McClelland, State, society, and university in Germany 1700–1914. Cambridge 1980.

ten, in ihrem Bestande vom Staate garantiert, ansonsten aber der Idee nach unabhängig, ja in gewissen Belangen sogar in Konkurrenz mit ihm.[3]

Wer sich in die Universitätsmatrikel, sozusagen in das Bürgerregister, eintrug (immatrikulierte), der tat nämlich wesentlich mehr, als einfach nur seine Präsenz zu Verwaltungszwecken zu bekunden oder in eine Ausbildungsinstitution einzutreten. Er erwarb mit der Immatrikulation ein neues, zusätzliches Bürgerrecht, das seinem angeborenen im Zweifelsfalle vorging. Er wurde akademischer Bürger, und diese Bezeichnung hatte nicht nur redensartlichen Charakter wie heute, sondern den Vollsinn einer „Staats"zugehörigkeit. Die Immatrikulation kam in ihrer Wirkung einer Emigration und temporären Neueinbürgerung gleich.

Akademische Bürger aufgrund von Immatrikulation waren wie die Studenten so auch die Professoren, die Pedelle, die Sprach- und Tanz-, Fecht-, Stall- und Zeichenmeister, dazu die ganze Schar der „Universitätsverwandten" vom Buchbinder und Apotheker bis zum Weinschenk und Perückenmacher, alle gegebenenfalls mit Familie, Dienerschaft und Gesinde. Wer mit der Universität näher oder ferner zu tun hatte, mußte oder konnte sich immatrikulieren.

Akademischer Bürger zu sein brachte nun etliche handfeste Vorteile mit sich. Da waren einerseits die überaus wertvollen Exemtionen (das heißt Freistellungen von sonst allgemein geltenden Verbindlichkeiten), unter denen die Freiheit von militärischer Aushebung und Einquartierung die wichtigste, die Freiheit von mancherlei Steuern und Abgaben (je nach Ort) auch nicht zu verachten war.

Andererseits gab es Privilegien (materiale Sonderrechte) wie z. B. das vieldiskutierte Degentragen der Studenten, vor allem aber die eigene Gerichtsbarkeit der Universität.[4] Die Universitäten hatten ihre internen rechtlichen Angelegenheiten (Pflichtverletzungen, Beleidigungen usw.) selbst zu regeln, und Immatrikulierte genossen den privilegierten Gerichtsstand beim officium rectorale. Nur dort, nicht vor den ordentlichen Gerichten der Universitätsstadt, konnten akademische Bürger verklagt und belangt werden in allen Rechtssachen. Die akademische Gerichtsbarkeit war mit allen Mitteln der ordentlichen ausgestattet, bis hin zum Blutbann; sie konnte also neben den gewöhnlichen Geld- und Gefängnisstrafen auch Todesurteile über akademische Bürger aussprechen, die sie allerdings, wie die übrigen Gerichte auch, dem Landesherrn zur Bestätigung hätte vorlegen müssen.[5]

---

[3] Zur Illustration ein Extremfall: in der erneuerten Prager Stiftungsurkunde von 1622 war vorgesehen, daß Söhne von Unfreien studieren könnten und durch den Erwerb eines akademischen Grades frei würden: Gustav Strakosch-Graßmann, Geschichte des österreichischen Unterrichtswesens. Wien 1905, S. 53.

[4] Die eigene Gerichtsbarkeit gehörte zur Normalausstattung freier Korporationen, kam also z. B. auch den Handwerkerzünften zu. Vgl. Rudolf Wissel, Des alten Handwerks Recht und Gewohnheit. 2. Aufl., hrsg. von Ernst Schraepler. Band 2. (Einzelveröffentlichungen der Historischen Kommission zu Berlin. 7) Berlin 1974, S. 177–257.

[5] Conrad Bornhak, Geschichte der preußischen Unterrichtsverwaltung bis 1810. Berlin 1900, S. 171. – All diese Angaben sind selbstverständlich nur ungefähre Durch-

Ferner, und auch das gehört zur unbeeinträchtigten Regelung der eigenen Angelegenheiten, besaß das Lehrerkollegium das Recht der freien genossenschaftlichen Selbstergänzung, jedenfalls, solange es nicht um Gehalt und Anstellung ging. Die Promotion zum Magister (in der philosophischen Fakultät) oder Doctor (in den drei anderen) war die unmittelbare Aufnahme in den Kreis der Universitätslehrer. Die Neupromovierten konnten sofort Vorlesungen halten, und zwar der Idee nach an allen Universitäten (jus ubique docendi), ja, ursprünglich mußten sie sich sogar vor der Promotion zu einer gewissen Dauer der Lehre an der betreffenden Fakultät verpflichten.

Schließlich genoß die Universität auch Finanzautonomie, in Abhängigkeit allerdings vom Umfang ihrer Ausstattung mit Stiftungsgütern. In der Regel verfügten die Universitäten wie jeder Staat über ein eigenes Territorium, auf dem sie landesherrliche Funktionen in gewissem Umfang auszuüben hatten (z. B. Gewährleistung der Rechtsprechung, Einziehen von Abgaben). Der Ertrag aus der Arbeit der „Universitätsdörfer", das waren bei protestantischen Universitäten häufig ehemalige Klostergüter, hätte die institutionellen Kosten decken und die Universität unabhängig stellen sollen.

Verstaatlichung der Universitäten

Jede Universität hatte ein ganzes Bündel solcher Rechte und Freiheiten, wenn auch wohl nirgends alle Maximalvarianten zu einer Zeit versammelt waren. Der Prozeß der Verstaatlichung bestand nun einfach darin, diese Rechte und Freiheiten Stück für Stück zu demontieren. Er vollzog sich für den Staat sehr geradlinig und ohne nennenswerte Richtungsänderung, für die Universitäten natürlich sehr dornenvoll, überall aber in den Grundzügen gleich[6], in der Rapi-

---

schnittswerte, da die Vielzahl der deutschen Staaten auch für eine große Vielfalt der Universitätsausstattungen sorgte. Generell waren z. B. die Universitäten der freien Reichsstädte nie so unabhängig wie die in den Territorialstaaten, so daß etwa die Universität Straßburg von Anfang an (1621) keine eigene Gerichtsbarkeit besaß: August Schricker, Zur Geschichte der Universität Straßburg. Festschrift zur Eröffnung der Universität Straßburg am 1. Mai 1872. Straßburg 1872, S. 36.

6 Laetitia Boehm, Das Hochschulwesen in seiner organisatorischen Entwicklung; in: Handbuch der bayerischen Geschichte, hrsg. von M. Spindler. Band 2. München 1969, S. 815–838. – Jürgen Bücking, Reformversuche an den deutschen Universitäten in der frühen Neuzeit; in: Festgabe für Ernst Walter Zeeden zum 60. Geburtstag. Hrsg. von Horst Rabe u. a. (Reformationsgeschichtliche Studien und Texte. Supplementband 2) Münster 1976, S. 355–369. – Richard Meister, Entwicklung und Reformen des Österreichischen Studienwesens. Abhandlungen und Dokumente. 2 Bde. (Österreichische Akademie der Wissenschaften, Philosophisch-historische Klasse, Sitzungsberichte. 239.1) Wien 1963. – Zwei Einzelstudien: Peter Baumgart, Universitätsautonomie und landesherrliche Gewalt im späten 16. Jahrhundert. Das Beispiel Helmstedt; in: Zeitschrift für historische Forschung 1 (1974) 23–53. – Joachim Köhler, Die Universität zwischen Landesherr und Bischof. Recht, Anspruch und Praxis an der vorderösterreichischen Landesuniversität Freiburg (1550–1752). (Beiträge zur Geschichte der Reichskirche in der Neuzeit. 9) Wiesbaden 1980.

dität nur abhängig davon, wie schnell sich jeweils ein zentralistisch geführter Verwaltungsstaat herausbildete. Die Verstaatlichung richtete sich übrigens nicht speziell gegen die Universitäten, sondern gegen alle innerstaatliche Autonomie, z. B. ebenso gegen die Zünfte. Das entspricht einer strukturellen Notwendigkeit; ein Zentralstaat kann keine staatsähnlichen Hoheitsgebilde neben sich dulden. Er muß um seiner selbst willen die freien Bürger zu Untertanen, ihre autonomen Korporationen zu Staatsorganen und ihre Tätigkeiten zu Gegenständen staatlicher Verwaltung machen.

Die Einrichtung der Finanzautonomie war anfänglich sicher angemessen, aber auf Dauer war die Landwirtschaft doch eine zu unsichere Existenzgrundlage für die Universität. Bis ins 19. Jahrhundert hinein litten daher die mit Stiftungsgütern ausgestatteten Universitäten mit wenigen Ausnahmen an chronischer Finanznot.[7] Zwar war es noch nicht Einsicht in die Unzulänglichkeit des Finanzierungsmodus, daß die Universitäten Duisburg (gegründet 1655) und Halle (1694) als erste ausschließlich aus staatlichen Kassen und aus deren laufenden Einnahmen alimentiert wurden; es fehlten einfach die nötigen Güter zu Stiftungszwecken.[8] Aber das Beispiel machte doch Schule, z. B. in Göttingen. Jedenfalls wurde den Universitäten auch sonst – nach vereinzelten Anfängen im 17. Jahrhundert – im Laufe des 18. Jahrhunderts ihr Vermögen und Grundbesitz langsam via facti entzogen und schließlich umstandslos enteignet.[9] Und man wird nicht einmal sagen können, daß die meisten sonderlich unfroh darüber waren, die unstabile und dürftige Finanzautonomie, die ohnehin längst Löcher hatte, eintauschen zu müssen gegen gesicherte staatliche Zahlungen.

Über die Finanzierung kam auch schon früh staatlicher Einfluß in die Universität.[10] Sobald der Landesherr als Geldgeber einspringen mußte, wollte er natürlich auch einige Worte mitreden über die Verwendung der Gelder, das

---

[7] Dazu allgemein: Klemens Peyer, Die Vermögens- und Personalverwaltung der deutschen Universitäten. Marburg 1955. – Aus mehreren Arbeiten zu einzelnen Universitäten nur eine der neuesten: Ernst Schubert, Materielle und organisatorische Grundlagen der Würzburger Universitätsentwicklung 1582–1821. Ein rechts- und wirtschaftsgeschichtlicher Beitrag zu einer Institutionengeschichte. (Quellen und Forschungen zur Geschichte der Universität Würzburg. 4) Neustadt a. d. Aisch 1973. – Instruktiv die Geschichte einer kleinen Universität, die daran zugrunde gegangen ist, daß der Landesherr einen großen Teil der an sich knapp ausreichenden Einkünfte ihr entfremdete für Militärzwecke: Gerhard Schormann, Academia Ernestina. Die schaumburgische Universität Rinteln an der Weser (1610/21–1810). (Academia Marburgensis. 4) Marburg 1982.

[8] Bornhak (= Anm. 5) 165.

[9] Ungewöhnlich abwechslungsreich ging es in Ingolstadt zu; das Vermögen der Universität wurde schon 1676 ein erstes Mal verstaatlicht, 1746 aber wieder der Einsicht und Mitwirkung der Universität zugänglich gemacht: Clara Wallenreiter, Die Vermögensverwaltung der Universität Ingolstadt-Landshut-München. Ein Beitrag zur Geschichte des bayerischen Hochschultyps vom 18. bis 20. Jahrhundert. (Ludovico-Maximilianea, Forschungen. 3) Berlin 1971, S. 42, 44.

[10] Das Folgende nach: Fritz Hufen, Über das Verhältnis der deutschen Territorialstaaten zu ihren Landesuniversitäten im alten Reich. Diss. München 1955 (masch.), S. 152 ff.; Alexander Kluge, Die Universitäts-Selbstverwaltung. Ihre Geschichte und gegenwärtige Rechtsform. Frankfurt 1958.

heißt bei der Auswahl der Professoren und bei der Festsetzung der Gehälter. Das Maß des Mitredens wurde zunächst bestimmt nur von der Höhe der erforderlichen Summen und vom Temperament des Landesherrn. Aber das alte Ideal der freien genossenschaftlichen Selbstergänzung des Kollegiums ist nur in stark beschädigter Form in Deutschland verwirklicht worden oder auch nur Erinnerung geblieben, wo es die besoldeten Professoren betraf.

Verwirklicht wurden, ungefähr in dieser Reihenfolge, drei Typen des geregelten Verhältnisses von Universität und Landesherr in Personalfragen. Das Präsentationsrecht: die Universitäten bestimmten die Professoren, mußten sie aber noch dem Landesherrn präsentieren, damit er die rechtskräftige Ernennung ausspreche. Das Nominationsrecht: die Universitäten konnten ihren Kandidaten für eine Professur benennen, ohne daß dem Landesherrn daraus eine bindende Verpflichtung erwuchs, denselben auch zu ernennen. Noch weniger Mitspracherecht, gar keines nämlich, hatte die Universität Göttingen, und sie ist damit im ersten Jahrhundert ihres Bestehens gar nicht einmal schlecht gefahren, solange nämlich das Ministerium kompetent besetzt war und eine Konzeption hatte.[11]

Sonst gilt allgemein seit dem 18. Jahrhundert das Nominationsrecht der Universitäten (in unterschiedlichen Ausgestaltungen), während die Ministerien grundsätzlich freie Hand behalten und darauf auch Wert legen.[12] Dieses Recht ist – zusammen mit der Verleihung akademischer Grade und der Besetzung akademischer Ämter – ein Überbleibsel der alten korporativen Rechte, das die Verstaatlichung überlebt hat und die Universitäten noch heute von anderen Staatsanstalten (Schulen, Krankenhäusern, Verwaltungsbehörden usw.) unterscheidet.

In direktem Zusammenhang mit dem stufenweisen Abbau des Ernennungsrechts und dem Anstieg staatlicher Finanzierungsanteile hat sich die Rechtsstellung der Professoren verändert, und zwar unaufhaltsam in Richtung Beamtentum. Äußeres Zeichen dafür ist das Auftreten des Amtseides für Professoren in Einzelfällen schon am Beginn des 17. Jahrhunderts, bis dann im 18. Jahrhundert in den absolutistisch regierten Staaten die Professoren als vereidigte Beamten zum unmittelbaren Staatseigentum wurden und unter anderem auch die persönliche Freizügigkeit einbüßten.[13]

---

11 Ein standesstolzer Göttinger Professor konnte daher in dieser Einrichtung ein Zeichen staatsmännischer Weisheit sehen, beruhend auf der Erkenntnis, „dass zwar die Fakultäten hoher Schulen die Männer kennen, welche eine erledigte Stelle am meisten verdienen, dass sie aber selten oder niemahls geneigt sind, die tüchtigsten, welche sie kennen, vorzuschlagen". Christoph Meiners, Geschichte der Entstehung und Entwicklung der hohen Schulen unsers Erdtheils. Band I. Göttingen 1802, S. 202.

12 Friedrich Paulsen, Die deutschen Universitäten und das Universitätsstudium. Berlin 1902, S. 101, Anm., zitiert eine Statistik, der zufolge zwischen 1817 und 1900 an deutschen Universitäten insgesamt 1345 Professoren ernannt worden sind, davon 1033 gemäß Fakultätsvorschlag und 312 ohne oder gegen einen Vorschlag der zuständigen Fakultät.

13 Hufen (= Anm. 10) 160 ff. – Conrad Bornhak, Die Rechtsverhältnisse der Hochschullehrer in Preußen. Berlin 1901, S. 13: „Die Entlassung aus dem preußischen

Besoldung und Beamtung haben das Sozialgefüge der alten Universitas (das heißt der genossenschaftlichen Gesamtheit von Magistern und Scholaren) vollständig alteriert. Noch im 17. Jahrhundert konnte ein Magister ganz selbstverständlich in der philosophischen Fakultät lehren und derweil in einer der höheren Fakultäten studieren. Spätestens im 18. Jahrhundert aber schlossen sich die Professoren zu einem eigentlichen Berufsstand zusammen und näherten sich dem gehobenen Bürgertum, während die nicht besoldeten und nicht beamteten Magistri legentes von der Ausübung der aktiven genossenschaftlichen Rechte ausgeschlossen und die Studenten sozial und rechtlich immer weiter abgedrängt wurden. Studenten wurden aus lernenden Mitträgern der universitären Arbeit zu deren zu belehrenden Objekten.

Analog dazu änderte auch die akademische Gerichtsbarkeit als Regelung der internen Angelegenheiten ihren Status und ihre Funktion.[14] Die interne genossenschaftliche Instanz wurde zu einer Institution, in welcher der eine universitäre Stand, die Beamten, im Auftrage des Landesherrn und nach seinen Gesetzen Recht sprach in erster Linie über den anderen Stand, die Studenten. Die akademische Gerichtsbarkeit wurde zunehmend als Erziehungsmittel und als Instrument studentischer Disziplin eingesetzt. Reste des alten Korporationsgeistes wirkten dann nicht selten so, daß die beamteten Akademiker die berechtigten Ansprüche externer Nichtakademiker an die Studenten mit Hilfe der Gerichtsbarkeit unterdrückten.[15]

Daß dieser offenkundige Rechtsmißbrauch noch nicht das Ende der akademischen Gerichtsbarkeit war, ist wohl nur dem Umstand zuzuschreiben, daß staatliche Instanzen dadurch einstweilen nicht direkt berührt waren.[16] Aber das Ende der besonderen Jurisdiktion der Universitäten erfolgte dann doch sehr schnell[17] bei günstiger Gelegenheit, während der Wirren der Napoleonischen

---

Staatsdienste war sehr schwer, für tüchtige Professoren gar nicht zu erlangen. Nur gänzlich unfähige Professoren lobte man mit einem glänzenden Zeugnisse weg. Heimliche Desertionen der Professoren, die nach auswärts zu einer besseren Stelle berufen waren, sind daher gerade keine Seltenheit..“ Erst 1876 wurden die Professoren von der Pflicht befreit, vor Antritt einer Reise in den Ferien um Urlaub nachzusuchen (Bornhak 40 f.).

[14] Zu diesem Komplex immer noch maßgebend: Friedrich Stein, Die akademische Gerichtsbarkeit in Deutschland. Leipzig 1891.

[15] Nur ein besonders krasses Beispiel: „Auch war mit der Geldstrafe nicht nur den Studenten gedient, sondern auch dem Prorektor, für den der Anteil an den eingehenden Strafgeldern ein wesentliches Stück seiner Amtseinkünfte bedeutete. Bezog der Prorektor von Jena doch sogar bis ins 19. Jahrhundert die Hälfte der 12 Taler, die ein Student für die Schwängerung eines Mädchens zu zahlen hatte, für sich, während das Mädchen leer ausging.“ Fritz Hartung, Das Großherzogtum Sachsen unter der Regierung Carl Augusts 1775–1828. Weimar 1923, S. 161.

[16] Anders verhielt es sich mit der Gerichtsbarkeit der Zünfte, die sehr wohl die merkantilistischen Interessen des Staates beeinträchtigen konnte und deshalb im – von Preußen veranlaßten – Reichsabschied von 1731 ausdrücklich aufgehoben wurde. Wilhelm Wernet, Kurzgefaßte Geschichte des Handwerks in Deutschland. 4. Aufl. Dortmund 1963, S. 123 ff. – Wissel (= Anm. 4) Band 3. Berlin 1981, S. 109–128; der entscheidende § 5 auf S. 115.

Kriege nämlich, als mit ernsthaftem Widerstand nicht zu rechnen war. In dichter Folge[18] ergingen die Verfügungen, die den Professoren (und den Universitätsverwandten) die Immatrikulation untersagten oder sie, was auf dasselbe hinauslief, den ordentlichen Gerichten zuwiesen. Damit war die Korporation als Rechtsgemeinschaft aufgelöst.[19]

Mit der Beseitigung der akademischen Gerichtsbarkeit als des letzten, eher nur noch symbolisch zu nennenden Restes der ehemaligen Autonomie waren die Universitäten ungefähr zu der Zeit, als das alte Deutsche Reich unterging (1806), zu reinen Staatsanstalten geworden. In der bekannten Formulierung des Preußischen Landrechts von 1794, die kurz und bündig als factum festhält, was zum Teil erst durch sie bewirkt werden sollte: „Schulen und Universitäten sind Veranstaltungen des Staates, welche den Unterricht der Jugend in nützlichen Kenntnissen und Wissenschaften zur Absicht haben."[20]

Was es heißen konnte, „Veranstaltung des Staates" zu sein, erfuhren etliche Universitäten um eben diese Zeit auf drastische Weise: nicht nur ihre Autonomie, sie selbst wurden aufgehoben. Als mit der Inauguration der Universität Bonn 1786 die letzte Neugründung im 18. Jahrhundert stattgefunden hatte, gab es insgesamt einundvierzig deutschsprachige Universitäten.[21] Als die Universität Bonn (nach ihrer Aufhebung 1798) 1818 in neuer Gestalt wieder eröffnet wurde, da bestanden außer ihr gerade noch einundzwanzig von jenen einundvierzig Universitäten[22]; die anderen neunzehn waren inzwischen ver-

[17] Nach einigen wenigen früheren Schritten in dieselbe Richtung; z. B. wurde in Halle schon 1697 nur den Professoren der Gerichtsstand vor dem Geheimen Rat eingeräumt: Bornhak (= Anm. 5) 172; in Wien wurde 1783 die akademische Gerichtsbarkeit so restlos abgeschafft, daß es sogar den Studenten freigestellt wurde, sich zu immatrikulieren oder nicht: Rudolf Kink, Geschichte der kaiserlichen Universität zu Wien. Wien 1854, I/1.561 f.

[18] Die Daten – zwischen 1803 und 1815 in den meisten Fällen – bei Stein (= Anm. 14) 126 f.

[19] Nach diesem Schnitt blieb an den meisten Orten ein Universitätsgericht übrig, das unter dem Präsidium eines Regierungsbevollmächtigten (Syndicus) als reines Disziplinargericht für Studenten amtete und sich bald darauf als politisches Kontrollorgan (Stein 134 f.) bewährte: Heinz-Joachim Toll, Akademische Gerichtsbarkeit und akademische Freiheit. Die sogenannte „Demagogenverfolgung" an der Christian-Albrechts-Universität zu Kiel nach den Karlsbader Beschlüssen von 1819. (Quellen und Forschungen zur Geschichte Schleswig-Holsteins. 73) Neumünster 1979. – Hartnäckige Reste des früheren Zustandes, die sich vor allem in Rostock gehalten hatten (Stein 141, Anm. 90), verschwanden sang- und klanglos, als 1879 das Gerichts-Verfassungs-Gesetz für das Deutsche Reich in Kraft trat: in ihm kam die akademische Gerichtsbarkeit einfach nicht mehr vor.

[20] Allgemeines Landrecht für die Preußischen Staaten. 2. Theil, Zwölfter Titel, § 1; zitiert nach der „Neuen Ausgabe", Zweiter Theil, zweiter Band. Berlin 1817, S. 181.

[21] Mitgerechnet ist, dem damaligen Gebrauch entsprechend, die Hohe Schule in Herborn; nicht mitgezählt sind dagegen Graz, Innsbruck und Olmütz, die 1782 zu Lyzeen degradiert worden waren, und die Theologenakademien in Bern und Zürich.

[22] In alphabetischer Reihenfolge: Basel, Breslau, Erlangen, Freiburg, Gießen, Göttingen, Greifswald, Halle, Heidelberg, Ingolstadt (ab 1800 Landshut, ab 1826 München), Jena, Kiel, Königsberg, Leipzig, Lemberg, Marburg, Prag, Rostock, Tübingen, Wien, Würzburg.

schwunden: sechzehn durch Auflösung[23] und drei durch Zusammenlegung mit einer anderen Universität.[24] Zusammen mit den Neugründungen Dorpat im russischen Estland (1802) und Berlin (1810) kam man also auf einen Bestand von nur noch vierundzwanzig Universitäten. Der Staat hatte seine Mittel konzentriert, um das gesamte Bildungssystem neu zu organisieren und den Universitäten in ihm einen neuen Platz zuzuweisen.[25]

Auch die Neuordnung des ganzen Bildungswesens war von langer Hand vorbereitet und kam zur gleichen Zeit zum Abschluß wie die Verstaatlichung der Universität, die ihrerseits Teil jener langfristigen Systemkorrektur war. In dem einen Jahr 1810 wurde in Preußen erstmals eine allein aus einzelstaatlicher Souveränität gegründete Universität eröffnet (in Berlin)[26], wurden die Professoren aller preußischen Universitäten endgültig der akademischen Gerichtsbarkeit entzogen und den ordentlichen Gerichten der jeweiligen Stadt unterstellt[27], wurde eine staatliche Gymnasiallehrerprüfung eingeführt. Das Ende der alten Universität als Korporation und das Erscheinen der neuen als Veranstaltung des Staates und die Reorganisation des Schulwesens fallen nicht nur zeitlich zusammen; die Destruktion universitärer Autonomie auf allen Ebenen war Teil eines konstruktiven Konzepts. Dessen Instrument war immer die Einführung von Prüfungen.

Verstaatlichung der Ausbildung: Prüfungen, Seminare

Während der Staat, sich ständig auf die rechtliche Stellung des Landesherrn als Stifter und Patron[28] berufend, schrittweise die ökonomische und rechtliche

---

[23] Außer den bereits erwähnten linksrheinischen (vgl. Anm. 197 zu S. 99): Bamberg 1803, Bützow 1789, Duisburg 1818, Erfurt 1816, Fulda 1803, Helmstedt 1810, Herborn 1817, Münster 1818, Paderborn 1818, Rinteln 1809, Salzburg 1810, Stuttgart 1794. – Nicht mitgezählt sind die kurzlebigen Universitäten in Aschaffenburg (1804–1814 als Nachfolgerin von Mainz) und Ellwangen (1812–1817). Die Universität Lemberg war von 1803 bis 1817 Lyzeum.

[24] Altdorf mit Erlangen 1809, Frankfurt mit Breslau 1811, Wittenberg mit Halle 1816.

[25] Dieser Feststellung tut es keinen Abbruch, daß die linksrheinischen Universitäten und die in Rinteln durch die französische Besatzungsmacht aufgehoben wurden; sie nicht wieder zu eröffnen, als es möglich war, war ein gleichwertiger Entschluß. Die einzige Ausnahme bildet eben die Universität Bonn, für deren Neugründung nach neuem Konzept dann gleich drei Universitäten geopfert wurden (Duisburg, Münster, Paderborn).

[26] Entgegen allen Traditionen bezog die Universität Berlin z. B. das Promotionsrecht nicht mehr aus einer Privilegierung durch die Universalgewalten (einen deutschen Kaiser gab es nicht mehr, der Papst kam als Privilegienerteiler für Preußen offenbar nicht mehr in Betracht), sondern aus einem einzelstaatlichen Verwaltungsakt.

[27] Das galt für die Universitäten Berlin, Breslau, Frankfurt und Königsberg. Halle gehörte in diesen Jahren zum Königreich Westfalen, wurde aber bald nach der Rückgabe an Preußen 1815 in diese Regelung einbezogen: Stein (= Anm. 14) 126 f.

[28] Die Universitäten trugen oft die latinisierten Namen ihrer Stifter, und diese selbst bzw. ihre Erben behielten die Stellung eines Patrons und den Titel eines Rektors

Selbständigkeit der Universität demontierte, machte er sich gleichzeitig daran, die Verbindlichkeit abzubauen, die sich für ihn und die ganze Gesellschaft aus der extraterritorialen Universitätstätigkeit ergab. Er benahm den akademischen Diplomen Zug um Zug den Charakter von Berufsbefähigungszeugnissen, die für Gesellschaft und Staat hätten verbindlich sein können, und führte als Ergänzung oder Ersatz der universitären Prüfungen eigene staatliche ein. Das Diplom und der akademische Titel waren danach eine sozial wirksame Dekoration und gegebenenfalls noch eine notwendige, nicht mehr aber eine hinreichende Bedingung für die Anstellung durch den Staat bzw. für eine Berufsausübung überhaupt.

Allem Anschein nach ist Preußen in diesen Belangen meistens vorangegangen.[29] Nach verschiedenen Vor- und Zwischenstufen mußten seit 1755 alle Aspiranten auf einen Richterposten und alle frei praktizierenden Advokaten eine Berufseingangsprüfung vor der Königlich Preußischen Immediat-Justiz-Examinations-Commission ablegen[30], in gleicher Weise auch die Verwaltungsfachleute (Cameralisten) seit 1770 vor der Ober-Examinations-Commission für die nicht-justizielle Verwaltungslaufbahn.[31] Den juristischen und den kameralistischen Staatsangestellten wurde außerdem eine dreistufige Laufbahn (Auskultator, Referendar, Assessor) beschert. Nicht anders wurden auch die Mediziner angefaßt, wiederum sowohl die Amtsärzte (Physici) als auch die frei praktizierenden. Seit 1725 hatten alle vor dem zentralen Ober-Collegium Medicum, nach Vorlage ihrer Inauguraldissertation, eine Prüfung abzulegen, bevor sie ihren Beruf ausüben durften; die Promotion war nicht länger eine venia practicandi.[32]

(dieses Ehrenamt konnten sie auch z. B. an einen Prinzen oder an einen Studenten von hohem Adel übertragen), während die gewählten akademischen Oberhäupter in solchen Fällen als Prorektoren bezeichnet wurden.

[29] Die Geschichte der akademischen Prüfungen ist noch nicht geschrieben. Gut bekannt sind allein die Verhältnisse in Preußen, die später die Regelungen im zweiten Deutschen Reich bestimmt haben. Einen Überblick über die preußischen Staatsexamina für Absolventen aller vier Fakultäten hat man allerdings erst seit wenigen Jahren: Raban Graf von Westphalen, Akademisches Privileg und demokratischer Staat. Ein Beitrag zur Geschichte und bildungspolitischen Problematik des Laufbahnwesens in Deutschland. (Diss. Freiburg). Stuttgart 1979, S. 91–110.

[30] Levin Goldschmidt, Rechtsstudium und Prüfungsordnung. Ein Beitrag zur Preußischen und Deutschen Rechtsgeschichte. Stuttgart 1887, S. 157 ff. – Erich Döhring, Geschichte der deutschen Rechtspflege seit 1500. Berlin 1953, S. 58 f.

[31] Elmar Breuckmann, Die Vorbereitung auf den höheren Verwaltungsdienst. Eine historische und vergleichende Untersuchung. (Schriftenreihe der Hochschule Speyer. 28) Berlin 1965, S. 18–21. – Wilhelm Bleek, Von der Kameralausbildung zum Juristenprivileg. Studium, Prüfung und Ausbildung der höheren Beamten des allgemeinen Verwaltungsdienstes in Deutschland im 18. und 19. Jahrhundert. (Historische und pädagogische Studien. 3) Berlin 1972, S. 75–77.

[32] Th. Billroth, Über das Lehren und Lernen der medicinischen Wissenschaften an den Universitäten der Deutschen Nation nebst allgemeinen Bemerkungen über die Universitäten. Eine culturhistorische Studie. Wien 1876, S. 156–175 (S. 176–197 über das österreichische Modell, bei dem seit 1749 die Fakultätsprüfung durch einen staatlich bestellten Studiendirektor beaufsichtigt wurde). – Gerhart Habenicht, Ärzte; in: Das öffentliche Gesundheitswesen. Band 2A. Stuttgart 1964, S. 10–12.

Bei den Theologen ist die staatliche Reglementierung rasch an ein Ende gekommen. Seit 1718 mußten sich in Preußen alle Theologen nach dem Studium einer Prüfung vor einem Konsistorium oder einem Generalsuperintendenten unterziehen.[33] Und erst nach deren Bestehen erhielten sie die Erlaubnis zur Berufsausübung in Kirche und Schule (licentia concionandi). Das war zwar keine eigentlich staatliche Prüfung und auch keine zentralisierte, aber eben doch eine durch kirchliche Behörden, und die waren im reformatorischen System der Landeskirchen de facto doch auch staatliche. Weitergehende Versuche, eine staatliche Gewissensprüfung einzuführen, mußten am Ende des Jahrhunderts wiederum in Preußen sehr bald eingestellt werden.[34]

Die philosophische Fakultät ist zuletzt mit Prüfungen bedacht worden, einfach deshalb, weil ein Studium in ihr in keinen bestimmten Beruf führte. Das änderte sich im Laufe des 18. Jahrhunderts. War zu dessen Beginn das Schulamt fast durchwegs ein Wartesaal für Theologen, die noch kein Pfarramt hatten, so wurde es in den nächsten Jahrzehnten unmerklich doch zu einer ernsthaften Alternative zum Pfarramt. Sei es, daß der Pfarrerberuf als solcher oder wegen der ständig wachsenden Wartezeiten nicht mehr als erstrebenswert erschien, sei es, daß der Gymnasiallehrerstand an Attraktivität gewonnen hatte – es mehren sich signifikant die Lebensläufe von Theologen, die den Schuldienst nicht mehr als Provisorium und Übergang, sondern als Lebensaufgabe betrachteten. Und umgekehrt haben schon vor der Jahrhundertmitte Studenten daraus die Konsequenz gezogen, sich an der Universität nur noch auf das Schulkatheder und nicht mehr auf die Kanzel vorzubereiten: durch ein Studium allein der alten Sprachen oder doch ausschließlich in der philosophischen Fakultät.[35]

---

33 Reinhold Koser, Friedrich der Große und die preußischen Universitäten; in: Forschungen zur Brandenburgischen und Preußischen Geschichte 17 (1904) 120 f.

34 Eine Immediat-Examinations-Commission zu diesem Zweck wurde 1791 in Berlin eingerichtet, aber schon 1798 als schwerer Mißerfolg aufgelöst. Paul Schwartz, Der erste Kulturkampf in Preußen um Kirche und Schule (1788–1798). (Monumenta Germaniae Paedagogica. 58) Berlin 1925, S. 203, 455.

35 In Göttingen erscheinen schon seit 1736 studiosi philologiae in der Matrikel: E. Schröder, Studiosus philologiae; in: Neue Jahrbücher für das klassische Altertum 32 (1913) 168–171. – Der Göttinger Orientalist Johann David Michaelis rechnete schon drei Jahrzehnte später mit einer immerhin erwähnenswerten Menge solcher Studenten: „Denn ob man gleich die Schulleute gemeiniglich unter den Theologen zu wählen pflegt, und die meisten Candidaten des Predigtamts vorher zu einigen Jahren Information verdammt sind: so nimmt oder verlangt man doch zu Schulämtern und Informatorstellen auch bisweilen Juristen; und seit einiger Zeit haben einige, die den seltenen rauhen Vorsatz auf Universitäten mitbringen, dereinst Schulleute zu werden, sich blos auf die Schulstudien gelegt, ohne sich mit der Theologie zu beschäftigen" (Raisonnement über die protestantischen Universitäten in Deutschland. Erster Theil. Frankfurt/Leipzig 1768, S. 146 f.). – Ein aufgeschlossener Pädagoge hat zur gleichen Zeit als Leitsatz aufgestellt und begründet: „Nur diejenigen sind zu Schulämtern zuzulassen, welche entschlossen sind, sich lebenslang der Schule zu widmen": Martin Ehlers, Gedanken von den zur Verbesserung der Schulen nothwendigen Erfordernissen; in: Magazin für Schulen und die Erziehung überhaubt. Zweyter Band. Frankfurt/Leipzig (Nordhausen) 1768, S. 69.

Die institutionelle Antwort auf diese Entwicklung, wenn sie nicht sogar deren Auslöser gewesen ist, hieß „Seminar". Mit der Eröffnung der Universität Halle (1694) wurde ein theologisches Seminar eingerichtet, das als Wohltätigkeitsanstalt für unbemittelte Theologiestudenten bestimmt war. 1697 aber wurde die Hälfte seiner Einkünfte für diejenigen Seminaristen reserviert, die sich unter Anleitung des Professors der Beredsamkeit, Christoph Cellarius, ad elegantiorem litteraturam wenden und so besonders auf den Schuldienst vorbereiten wollten.[36]

Angeregt nicht zuletzt dadurch, hat August Hermann Francke 1699 den Schulen seines beständig expandierenden Waisenhauskomplexes in Glaucha ein Seminarium praeceptorum angegliedert. In ihm erteilten arme Theologiestudenten gegen Kost und Logis täglich zwei Stunden Unterricht, womit die Schule zu billigen Lehrern und die Studenten sowohl zu einer Existenzsicherung als auch zu einer nützlichen Vorbereitungsübung für ihre wahrscheinliche nächste Zukunft kamen.[37]

Die Idee eines Seminars für zukünftige Gymnasiallehrer war offenbar an der Zeit, nur hat sie nach diesen Anfängen sehr bald eine andere Gestalt angenommen: Integration in die Universität, aber Trennung von der theologischen Fakultät. So waren die Seminare, die im Laufe des 18. Jahrhunderts gegründet wurden[38], eine eigenständige Kombination von Merkmalen des Hallischen theologischen Seminars und des Franckeschen Seminarium selectum, ein sehr einheitlicher Typ, deutlich unterschieden von den Seminaren des 19. Jahrhunderts und erst recht von den heutigen. Es waren Annexanstalten der philosophischen Fakultät, eine Art Verein oder Gesellschaft ohne eigene Räumlichkeiten, ausgestattet mit landesherrlicher Approbation und meist mit Stipendien für vier bis zehn Mitglieder, nach Möglichkeit verbunden mit einem Gymnasium als Übungsschule und in ihrem Programm ganz auf die Bedürfnisse künftiger Gymnasiallehrer ausgerichtet.

Das Modell für sie alle war das erste philologische Seminar, das Johann Matthias Gesner 1737 in Göttingen eröffnen konnte.[39] Nach seinem Vorbild wur-

---

[36] Wilhelm Schrader, Geschichte der Friedrichs-Universität zu Halle. Berlin 1894, I 95.

[37] Wolf Oschlies, Die Arbeits- und Berufspädagogik August Hermann Franckes (1663–1727). Schule und Leben im Menschenbild des Hauptvertreters des Halleschen Pietismus. (Arbeiten zur Geschichte des Pietismus. 6) Witten 1969, S. 148–157. – Die beste Beschreibung stammt immer noch von ihrem Gründer selbst: August Hermann Francke, Segensvolle Fußstapfen des noch lebenden und waltenden liebreichen und getreuen GOttes / Zur Beschämung des Unglaubens und Stärckung des Glaubens entdecket durch eine wahrhafte und umständliche Nachricht von dem Wäysen-Hause und übrigen Anstalten zu Glaucha vor Halle [...]. 3. Aufl. Halle 1709. Dazu gehören sieben separat paginierte Fortsetzungen aus demselben Jahre; über das Seminarium Praeceptorum in der zweiten Fortsetzung S. 7 f., über das Seminarium Selectum in der dritten Fortsetzung S. 9 f. und vor allem in der fünften Fortsetzung S. 60–71.

[38] Eine nicht vollständige Übersicht: Wilhelm Erben, Die Entstehung der Universitäts-Seminare; in: Internationale Monatsschrift für Wissenschaft, Kunst und Technik 7 (1913) 1247–1264, 1335–1348.

[39] Johann Matthias Gesner, Opuscula minora varii argumenti. Tomus I. Breslau 1743, S. 59–76.

den eingerichtet: 1754 auf Betreiben Albrecht von Hallers das Seminarium philologicum der Akademie Bern[40], 1766 das philologische Seminar in Wittenberg unter Johann Friedrich Hiller[41], 1777 die philologischen Seminare in Erlangen unter Gottlieb Christoph Harles[42] und in Kiel unter Wilhelm Ernst Christiani[43], 1779 das philologisch-pädagogische Institut in Helmstedt unter Friedrich August Wiedeburg[44] und 1787 das philologische Seminar in Halle unter Friedrich August Wolf[45], das als Nachfolger der 1783 eingestellten pädagogischen Abteilung des theologischen Seminars zu betrachten ist.[46]

Der Zweck der Seminare war ein dreifacher. Die Mitglieder sollten sich erstens durch pflichtgemäßen Besuch von Vorlesungen quer durch die philosophische Fakultät einen soliden Fundus von „Schulwissenschaften" aneignen, sie sollten zweitens durch beaufsichtigte Schullektionen praktische Unterrichtserfahrung für den Schuldienst sammeln, und drittens sollten sie durch all das dann später im Pfarramt (das zunächst immer noch das Fernziel war) neue Gymnasiallehrer wirklich kompetent beurteilen und beaufsichtigen können. Der Anreiz zum Eintritt in das Seminar lag vielleicht ebensosehr wie in den

---

40 Friedrich Haag, Die Hohen Schulen zu Bern in ihrer geschichtlichen Entwicklung von 1528 bis 1834 mit besonderer Berücksichtigung der kulturhistorischen Verhältnisse. Bern 1903, S. 137–139.

41 Walter Friedensburg, Geschichte der Universität Wittenberg. Halle 1917, S. 596.

42 Auspicia seminarii philologici indicit et de eius forma atque constitutione disserit Theophilus Christophorus Harles. Erlangen 1777. – Iwan Müller, De seminarii philologici Erlangensis ortu et fatis. Erlangen 1878.

43 Fritz Blättner, Philosophische Fakultät und Schule. Ein Beitrag zur Geschichte ihrer Beziehungen von 1750 bis 1850. Dargestellt am Beispiel der schleswig-holsteinischen Gelehrtenschulen und der Kieler Universität; in: Pädagogisches Denken in Geschichte und Gegenwart. Festschrift zum 65. Geburtstag von Josef Dolch. Hrsg. von Ingrid Schindler. Ratingen 1965, S. 73–89; 80 f.

44 Braunschweigische Schulordnungen von den ältesten Zeiten bis zum Jahre 1828. Hrsg. von Friedrich Koldewey. Zweiter Band (Monumenta Germaniae Paedagogica. 8) Berlin 1890, S. CXVII–CXX. Die Gründung war schon 1755 erwogen worden: Braunschweigische Schulordnungen [...]. Erster Band. (Monumenta Germaniae Paedagogica. 1) Berlin 1886, S. CXIX, 398–400.

45 Schrader (= Anm. 36) I 455 f., 470. – Johann Christian Förster, Uebersicht der Geschichte der Universität zu Halle in ihrem ersten Jahrhunderte. Halle 1794, S. 225–228. – Entwürfe und Briefe zur Konzeption des Seminars: J. F. J. Arnoldt, Friedrich August Wolf in seinem Verhältnisse zum Schulwesen und zur Pädagogik. 2 Bde. Braunschweig 1861/62, I 248–256. – Wolfs Eröffnungsansprache: Wilhelm Körte, Leben und Studien Friedrich August Wolf's, des Philologen. 2 Bde. Essen 1833, II 218–220.

46 Die pädagogische Abteilung sollte seit 1769 nach Johann Salomo Semlers Vorstellung eine „Pflanzschule" für Lehrer sein und hatte auch etwa dasselbe Programm wie die philologischen Seminare: Christian Gottfried Schütz, Geschichte des Erziehungsinstituts bei dem theol. Seminarium zu Halle [...]. Jena 1781. – Über Schicksale und Auflösung dieser Abteilung: Johanna Nabakowsky, Die Pädagogik an der Universität Halle im 18. Jahrhundert. Diss. Halle-Wittenberg 1930, S. 36–52.

Stipendien[47] in der Zusicherung, daß bewährte Seminarmitglieder bei der Besetzung von Schul- und Kirchenämtern bevorzugt behandelt würden.[48]

Die philologischen Seminare, eine Gemeinschaftsaktion von Universität und Staat zur Verbesserung des staatskirchlichen Schulwesens, haben den dritten Zweck sehr bald fallenlassen. In aller Stille hat sich die pädagogisch orientierte Zusatzausbildung für Theologen gemausert zu einer Berufsausbildung für Gymnasiallehrer oder, wie das 19. Jahrhundert dann sagte, für Philologen. Den Seminargründern und -leitern ist die Entstehung eines neuen Berufsstandes natürlich nicht entgangen[49], den staatlichen Instanzen ist sie in der Regel nicht viel später aufgefallen, und beiden Seiten wird – aus unterschiedlichen Gründen – dieses Ergebnis nicht unrecht gewesen sein. Schon Wiedeburg in Helmstedt[50], auch Christian Daniel Beck, Gründer einer nicht staatlich approbierten Societas philologica in Leipzig[51], vollends aber Wolf waren sich über diesen Vorgang durchaus im klaren, schrieb Wolf doch in seinem Antrag auf Errichtung eines Seminars in Halle, „er sehe eine nach und nach unbemerkt vorgenommene Trennung des Schulstandes vom Predigerstand für etwas in mehrerem Betracht durchaus notwendiges und gemeinnütziges an".[52]

Sobald der Staat die Herausbildung eines neuen akademischen Berufs realisiert hatte, machte er sich nach altvertrautem Muster daran, ihn zu reglementieren und in seinen Bereich zu ziehen. Der erste Schritt war die Schaffung ei-

47 So betont Christian Gottlob Heyne ganz im Sinne seines Vorgängers Gesner, daß bei der Auswahl der Seminaristen „nicht auf die Dürftigkeit und die Glücksumstände der sich dazu meldenden Personen gesehen" werde, sondern auf deren Fähigkeiten: Johann Stephan Pütter, Versuch einer academischen Gelehrten-Geschichte von der Georg-Augustus-Universität zu Göttingen. Göttingen 1765, S. 249.

48 Gesner (= Anm. 39) 71. – Heyne (= Anm. 47) 249.

49 Wenn z. B. Heyne als Erfolgsausweis des Seminars die Namen und Berufe früherer Mitglieder veröffentlichte, so wird es ihm bemerkbar geworden sein müssen, daß die Prediger dabei klar in der Minderzahl waren: Pütter (= Anm. 47) Zweyter Theil. Göttingen 1788, S. 275 f.

50 „Das Institut hat einen doppelten Zweck, es soll künftige Schullehrer und Privaterzieher, insonderheit für dieses Land bilden, und zugleich selbst Erziehungs- und Unterweisungsanstalt für künftige Akademisch-Studirende seyn. Es bestehet daher aus einem philologischen Seminar (es heißt philologisch, weil für Schullehrer die zur Akademie zubereiten sollen, die philologischen Kenntnisse immer die wichtigsten und unentbehrlichsten bleiben) und einem Pädagogium, welche beyde unter einem gemeinschaftlichen Director stehen." Friedrich August Wiedeburg, Nachricht von dem auf der Julius-Carls-Universität zu Helmstädt errichteten philologisch-pädagogischen Institut; in: Gelehrte Beyträge zu den Braunschweigischen Anzeigen. 79tes Stück, 7. 10. 1780, Sp. 618.

51 Die societas philologica Lipsiensis wurde 1784 gegründet, ut agerentur etiam consilia praeparandorum magis atque rectius instituendorum iuvenum, qui scholis olim maioribus minoribusve operam dicarent suam: Commentarii societatis philologicae Lipsiensis. Edi curavit Christianus Daniel Beckius. Vol. primi particula I. Leipzig/Plauen 1801, S. 5. – Die staatliche Anerkennung folgte 1809: Acta seminarii regii et societatis philologicae. Cur. Christianus Daniel Beckius. Leipzig 1811, S. 1.

52 Schrader (= Anm. 36) 456. – Förster (= Anm. 45) 225 f. betont, daß „dabey die nächste Absicht war: mehr gelehrte und vorzüglich mit Sprach- und Alterthums-Kenntniß versehene Lehrer für die Gymnasia in preußischen Landen zu ziehen".

ner neuen Zentralbehörde, die gleichberechtigt neben das geistliche Ministerium trat und so der Herauslösung des Lehrerstandes aus den theologischen Berufen Rechnung trug. Das geschah in Braunschweig 1786 mit dem – allerdings kurzlebigen – Schul-Directorium[53] und 1787 in Preußen mit dem Ober-Schul-Collegium[54], das zwar bis auf eine Ausnahme dieselben Mitglieder hatte wie das Ober-Consistorium und insofern an der geistlichen Schulaufsicht nichts änderte (sie blieb im ganzen Deutschen Reich bis 1918 bestehen)[55], aber doch die Schulen aus den unmittelbar kirchlichen Zuständigkeiten herausnahm und sie staatlicher Politik zugänglich machte. Außerdem wurden dem Ober-Consistorium gleich noch die Universitäten unterstellt[56], so daß erstmals eine einzige staatliche Behörde für das gesamte Bildungswesen zuständig war.

Die Politik dieser Behörde entsprach voll und ganz der Logik der geschilderten Entwicklung.[57] Zum einen wurde gleich 1787 in Berlin, weitab von jeder Universität, am Friedrich-Werderschen Gymnasium ein Seminar für gelehrte Schulen unter der Leitung des Gymnasialdirektors Friedrich Gedike eingerich-

---

[53] Es ist 1790 am massiven Widerstand der Landstände gescheitert, die es als Eingriff in ihre Schulhoheit verstanden: Hanno Schmitt, Schulreform im aufgeklärten Absolutismus. Leistungen, Widersprüche und Grenzen philanthropischer Reformpraxis im Herzogtum Braunschweig-Wolfenbüttel 1785–1790. (Studien und Dokumentationen zur deutschen Bildungsgeschichte. 12) Weinheim/Basel 1979.

[54] Wolfgang Neugebauer, Absolutistischer Staat und Schulwirklichkeit in Brandenburg-Preußen. (Veröffentlichungen der Historischen Kommission zu Berlin. 62) Berlin/New York 1985, S. 102–120.

[55] Enno Fooken, Die geistliche Schulaufsicht und ihre Kritiker im 18. Jahrhundert. (Probleme der Erziehung. 5) Wiesbaden 1967, S. 134 f., 217. – Nach der königlichen Instruktion vom 22. Februar 1787 sollten künftig alle Lehrer „vom Ober-Schul-Collegium selbst oder von den Consistorien" geprüft werden: Wilhelm Kahl, Zur Geschichte der Schulaufsicht. Gesammelte Aufsätze. Berlin/Leipzig 1913, S. 118.

[56] Die Universität Halle protestierte förmlich gegen die Unterstellung unter eine Subalternbehörde, wurde aber mit folgendem Erlaß vom 21. Dezember 1787 zum Schweigen gebracht: „Diese sonderbare und wenig Klugheit verrathende Aufführung einer ganzen Academie würde Sr. Königlichen Majestät äusserst befremdlich sein, wenn Allerhöchstdenenselben nicht bekannt wäre, dass nur einige wenige pedantische Professores die thörigten Triebfedern davon sind, und dass zur Ehre der Universitaet es noch kluge und wahre gelehrte Männer daselbst giebt, die an solchem Unfug keinen Theil nehmen. So wie nun Se. Königliche Majestät denen letzteren Ihre Zufriedenheit darüber zuerkennen geben, so wird denen ersteren ihre durch obige Renitenz bezeigte einfältige Conduite hiermit ausdrücklich verwiesen, und ihnen alles anbefohlen, dem von Allerhöchstdenenselben für die sämtlichen Preussischen Staaten etablirten Ober-Schul-Collegio einen ganz unumschränkten Gehorsam um so mehr zu leisten, da Seine Königliche Majestät nicht gemeint sein, einigen unruhigen Köpfen unter den Hallischen Professoren zu erlauben, über landesherrliche Einrichtungen und Befehle zu klügeln, weil ihre Pflicht ist, ohne Widerrede schnell und geziemend zu gehorchen." Bornhak (= Anm. 5) 181 f.

[57] Neugebauer (= Anm. 54) 111, betont mit Blick auf die direkten Auswirkungen auf die Schulwirklichkeit zu Recht: „Die Geschichte des Oberschulkollegiums ist identisch mit dem Scheitern der organisatorischen Ideen der Aufklärung von Zedlitz. Die Schule war dem ‚Staat' durchaus nicht näher gerückt". Aber die zukunftsbestimmenden Strukturen wurden immerhin geschaffen.

tet[58] als ein unübersehbares Zeichen für das Interesse des Staates am neuen Berufsstand, wie es sich auch – in vorsichtiger und vorwegnehmender Weise – im Allgemeinen Landrecht manifestiert hat: „Die Lehrer bey den Gymnasiis und andern höhern Schulen werden als Beamte des Staats angesehen."[59]

Zum anderen wurde 1788 das Abiturexamen eingeführt[60], welches bestanden zu haben zwar noch längere Zeit keine zwingende Voraussetzung für ein Studium war[61], aber auch so eine doppelte Wirkung hatte. Es zog einen deutlichen Trennungsstrich zwischen Gymnasium und Hochschule, überließ es damit nicht mehr nur den Eltern, wann sie ihre Söhne zur Universität schicken wollten, und entlastete dadurch die Universität von der Repetition des Schulstoffes für die ungenügend Vorgebildeten; und außerdem strukturierte das Abiturexamen das ganze Schulwesen tendenziell als Verwaltungszweig, indem es zunächst die „Laufbahn" nur des Schülers wie diejenige der Justiz- und Verwaltungsbeamten in drei Stufen gliederte (niedere Schule, Gymnasium bzw. höhere Schule, Hochschule) und die Stufen, vorläufig hier allerdings nur die mittlere und die höchste, durch Prüfungen voneinander trennte.

Auf diese Weise kommt unauffällig, aber effizient System ins Bildungswesen, so daß eine direkte Verstaatlichung der Schulen, die zu dieser Zeit ohnehin nicht möglich gewesen wäre[62], auch gar nicht unbedingt nötig wurde. Zur

---

58 Karl-Ernst Jeismann, Das Preußische Gymnasium in Staat und Gesellschaft. Die Entstehung des Gymnasiums als Schule des Staats und der Gebildeten. (Industrielle Welt. 15) Stuttgart 1974, S. 100 ff.

59 Allgemeines Landrecht (= Anm. 20) 189, § 65. Man beachte die Nuance: die Lehrer „werden als Beamte des Staates angesehen", nicht etwa: „sie sind Beamte".

60 Der Text bei Paul Schwartz, Die Gelehrtenschule Preußens unter dem Oberschulkollegium (1787–1806) und das Abiturexamen. Band I. (Monumenta Germaniae Paedagogica. 46) Berlin 1910, S. 122–128. – Eine sorgfältige Darstellung der vielschichtigen Problematik und der Meinungsbildung im Oberschulkollegium bei Jeismann (= Anm. 58) 102 ff. – Über den Rahmen der preußischen Schul- und Hochschulpolitik dieser Zeit: Manfred Heinemann, Schule im Vorfeld der Verwaltung. Die Entwicklung der preußischen Unterrichtsverwaltung von 1771–1800. (Studien zum Wandel von Gesellschaft und Bildung im Neunzehnten Jahrhundert. 8) Göttingen 1974.

61 Noch im „Reglement für die Prüfung der zu den Universitäten übergehenden Schüler" vom 4. Juni 1834 war in den §§ 35 und 36 die „Verstattung der Immatriculation für die Nichtreifen" bzw. „für die gar nicht Geprüften" vorgesehen, allerdings nur unter Bedingungen und mit Einschränkungen der Studienmöglichkeiten: Johann Ferdinand Neigebaur, Die Preußischen Gymnasien und höheren Bürgerschulen. Eine Zusammenstellung der Verordnungen, welche den höheren Unterricht in diesen Anstalten umfassen. Berlin/Bromberg 1835, S. 224.

62 Nicht nur aus Rücksicht auf die Rechte von Kirchen und Städten, sondern weil dem Staat ganz einfach die finanziellen Mittel zur Übernahme der Unterhaltspflicht für die Gymnasien fehlten. – Zur Schulorganisation im 18. Jahrhundert: Hans Heckel, Die Städte und ihre Schulen. Leistung und Bedeutung der Städte für die Entwicklung und den Bestand des deutschen Schulwesens. Stuttgart 1959. – Besonders zu den preußischen Verhältnissen: Neugebauer (= Anm. 54). – Für das 19. Jahrhundert: Helga Romberg, Staat und Höhere Schule. Ein Beitrag zur deutschen Bildungsverfassung vom Anfang des 19. Jahrhunderts bis zum Ersten Weltkrieg. (Studien und Dokumentationen zur deutschen Bildungsgeschichte. 11) Weinheim/Basel 1979, S. 384–433.

vorläufigen Schließung des Systems fehlte nur noch ein Element: die Funktionalisierung der philosophischen Fakultät und also die Einführung einer staatlichen Prüfung auch für ihre Absolventen.[63] Es sagt recht viel über die Überregionalität der Verstaatlichungs- und Reorganisationsbewegung wie über die Aktualität der Regierungsarbeit, daß praktisch gleichzeitig in drei deutschen Staaten ein Examen für die langsam zur Eigenständigkeit gelangten Gymnasiallehrer verordnet wurde: 1809 in Bayern[64], 1810 in Schleswig-Holstein[65] und wenige Monate später noch im gleichen Jahre in Preußen.[66]

An der weiteren staatlichen Reglementierung des Lehrerberufs braucht uns hier nur noch zu interessieren, daß sie sich auf den bekannten und bewährten Gleisen bewegt hat: strukturelle Anpassung an die Verwaltungslaufbahn nach den Schülern nun auch für die Lehrer, das heißt Einführung der Dreistufigkeit durch ein praktisches Probejahr oder Referendariat und durch eine zweite staatliche Prüfung als seinen Abschluß. Und irgendwann muß jemand bemerkt haben, daß doch noch ein Loch im System geblieben war, indem nämlich die Universitäten ihren Dozentennachwuchs nach wie vor ohne staatliche Einwirkung allein durch die Promotion rekrutieren konnten. Der Staat geriet unter Wiederholungszwang: Einführung einer zusätzlichen Prüfung zur Erlangung der venia legendi, wohl oder übel von den besoldeten Professoren abzunehmen, aber doch erst durch staatliche Bestätigung wirksam. So geschehen zuerst in Göttingen 1831[67] und zuletzt in Kiel 1869.[68] Endlich also war auch das Do-

---

63 Über die Lehrerprüfungen allgemein: Romberg (= Anm. 62) 467–540. – Ergänzend dazu besonders über die Verhältnisse in Hessen-Nassau: Eberhard Jeuthe, Zum Problem der Zweckbestimmung von philologischen Staatsprüfungen. Eine vergleichende Untersuchung an ausgewählten Prüfungsverfahren des 19. Jahrhunderts unter Berücksichtigung der gegenwärtigen Ansätze zur Neuordnung der Lehrerbildung. Frankfurt 1980. – Über eine Lehrerprüfung (seit 1792) in Württemberg: Michael Herbert, Erziehung und Volksbildung in Altwürttemberg. Umbruch und Neuorientierung in der zweiten Hälfte des 18. Jahrhunderts. (Studien und Dokumentationen zur Bildungsgeschichte. 20) Weinheim 1982, S. 314.

64 Eugen Brand, Ueber Vorbildung und Prüfung der Lehrer an den bayerischen Mittelschulen seit 1773. (Texte und Forschungen zur Geschichte der Erziehung und des Unterrichts in den Ländern deutscher Zunge. 4) Berlin 1901, S. 2–5; dort ist auch über einen ersten Anlauf von 1777–1781 berichtet.

65 Blättner (= Anm. 43) 81; das Examen war vorerst den Stipendiaten des philologischen Seminars vorbehalten; 1820 wurden auch Nicht-Stipendiaten zugelassen.

66 Text bei Neigebaur (= Anm. 61) 229–232. – Über die Entstehungsgeschichte: Jeismann (= Anm. 58) 313 ff. – Über die Durchführung der Prüfung: Hans-Jürgen Apel, Die Auslese des Gymnasiallehrernachwuchses in Preußen (1815–1830). Beispiele aus den preußischen Rheinprovinzen zur Rekrutierung und beruflichen Qualifizierung von Gymnasiallehrern; in: Zeitschrift für Pädagogik 30 (1984) 297–322.

67 Wilhelm Ebel, Memorabilia Gottingensia. Elf Studien zur Sozialgeschichte der Universität. Göttingen 1969, S. 69–71. – Prüfungen von Kandidaten, die als Privatlehrer außerordentliche Vorlesungen an der Universität zu halten gedachten, gab es seit 1791 in Wien und seit 1799 in Ingolstadt: Kink (= Anm. 17) I/1. 595; Carl Prantl, Geschichte der Ludwig-Maximilians-Universität in Ingolstadt, Landshut, München [...]. München 1872, I 506.

68 Ebel (= Anm. 67) 58. – Allgemein zum Thema: Alexander Busch, Die Geschichte des

zieren zu einer richtigen Laufbahn geworden, und wie schon 1808 von den Bewerbern um die Aufnahme in das preußische Regierungsreferendariat der Nachweis verlangt wurde, daß sie während dieser gehaltlosen Zeit aus eigenen Mitteln sich „anständig zu erhalten" wüßten[69], so wurde nun auch von den Privatdozenten als Aspiranten auf eine bezahlte Professur de facto derselbe Eintrittspreis für die staatlich-akademische Laufbahn gefordert.

Ergebnisse

Vom Ende her übersieht sich alles viel leichter. In einem langen und nicht schmerzfreien, allmählich systematisch und dann geradezu mechanisch werdenden Prozeß ist die Universität verstaatlicht und als die höchste Stufe in das verwaltungsmäßig durchorganisierte Schulwesen eingefügt worden. Dadurch haben nacheinander alle Fakultäten, zuletzt und nicht ohne eigene Beteiligung auch die philosophische, ihren alten Charakter als autonome Korporationen aufgeben und den Status einer staatlichen Ausbildungsinstitution für den Staatsdienst und für die staatlich geregelten Akademikerberufe annehmen müssen.

Der Verstaatlichungsprozeß war nun aber nicht einfach nur eine Serie von gouvernementalen Handstreichen, obwohl es sich für die Universitäten manchmal so ausnehmen konnte. Der Staat hatte nur zu seinen eigenen Gunsten einen komplementären Prozeß ausgenutzt, den die Universitäten ihrerseits kräftig befördert hatten: die Vergesellschaftung der Wissenschaft. Die Universität hatte ja dem Drängen des Geldgebers Staat nach mehr Praxisbezug[70] zunächst zögernd und dann immer bereitwilliger nachgegeben und sich seit Thomasius zur Gesellschaft hin geöffnet durch die Einführung der deutschen Sprache, und sie hatte ihre Kooperationsbereitschaft bekundet durch mancherlei Nützlichkeitsversicherungen und -bemühungen und durch Taten wie die Einrichtung von Seminaren.

Darüber hinaus wurden auf der Grundlage der Deutschsprachigkeit im ganzen 18. Jahrhundert, also während der Verstaatlichungsprozeß seinem Ende entgegenging, immer mehr Bereiche von Staat und Gesellschaft für die Wissenschaft erschlossen und auf neue Weise als Wissenschaftsobjekte thematisiert. Das gesamte Staatshandeln wurde von den Cameral- und Policey-Wissenschaften genauso zum Thema gemacht wie Handel und Handwerk, Landwirtschaft und Bergbau von der Ökonomie, wie die Organisationsformen der Gesellschaft selbst – vorderhand nur in der Ferne, aber doch schon ansatzweise komparativ – von der Ethnologie oder Anthropologie in pragmatischer Hinsicht, wie die Erziehung der Jugend durch die Pädagogik und das individuelle

Privatdozenten. Eine soziologische Studie zur großbetrieblichen Entwicklung der deutschen Universitäten. (Göttinger Abhandlungen zur Soziologie. 5) Stuttgart 1959.

69 Bleek (= Anm. 31) 124 f.

70 Bücking (= Anm. 6) 363 f. berichtet von entsprechenden Wünschen der Landesherrn schon am Ende des 16. Jahrhunderts.

Seelenleben durch die neue Erfahrungsseelenkunde. Allein von der deutschen Literatur war noch nicht ganz klar, Thema welcher Wissenschaft sie sein sollte, wohl aber, daß sie Wissenschaftsobjekt sein konnte und würde sein müssen.

Die scheinbar gegenläufigen Prozesse der Verstaatlichung der Universität und der Vergesellschaftung der Wissenschaft machen zusammen den mühseligen und für beide Seiten unüberschaubaren Prozeß aus, in dem das Verhältnis der Universität und der Wissenschaft zum Staat und zur Gesellschaft neu definiert wurde. Die ehemalige äußere Autonomie und Extraterritorialität der Universität wurde zwar vom Staat beseitigt, unter universitärem Stöhnen selbstverständlich. Zugleich aber mußte der Staat, was nun wieder ihm nicht recht war, der Universität eine neue innere Autonomie konzedieren, die libertas philosophandi, die historisch ungemein korrekt zuerst in Halle ausgerufen wurde[71], dort also, wo der thomasisch-ratichianische Praxisbezug der Wissenschaft und die Staatlichkeit der Universität zum ersten Male eine feste Verbindung eingegangen waren. Die libertas philosophandi, vom Staate kaum und dann nur widerwillig respektiert, war der Anspruch der Wissenschaft, die Auswahl der Themen und die Zulässigkeit der Ergebnisse nach ihren eigenen Kriterien (und nicht nach denen von Staat und Kirche) zu bestimmen.

Wenn also die Universität zur Staatsanstalt geworden ist, so heißt das doch nur, daß der Staat sich ein eigenwilliges Instrument zur Durchleuchtung seiner selbst und der Gesellschaft angeschafft hatte, obwohl er eigentlich nur die Verwaltung hatte universalisieren wollen, und daß die Universität eine Autonomie gegen eine andere eingetauscht hatte, obwohl sie sich nur als gesellschaftlich nützlich hatte erweisen wollen. In Preußen hat das Verhältnis die angemessene Form der Paradoxie erhalten, seitdem der König selbst die Opposition unterlaufen und den Professoren genau das „Selbstdenken" zur Pflicht gemacht hat, das sie von sich aus gerade anfangen wollten.[72]

Am Ende dieses merkwürdig inversen Interessenausgleichs steht ein überaus empfindliches Gleichgewicht, das das 19. Jahrhundert im Postulat der staatlich garantierten und geforderten freien Forschung ideologisiert hat.[73] Wenn die Wissenschaft im Interesse ihrer Autonomie die Forschungsfreiheit für sich reklamierte, dann tat sie doch nicht mehr, als daß sie nicht unbedingt im Einvernehmen mit Staat und Gesellschaft, aber doch in deren Interesse beide davor bewahrte, sich in sich selbst zu schließen und zu erstarren. Dementsprechend war die größte Gefahr für die Wissenschaft nicht eigentlich die, den Wünschen und Aufträgen des Staates und der Gesellschaft allzu willfährig zu

---

[71] Richard Meister, Die Begründung der Lehrfreiheit an der Universität Halle; in: Anzeiger der österreichischen Akademie der Wissenschaften. Philosophisch-historische Klasse 96 (1959) 45–72; Abdruck der Rede De libertate Fridericiana (1711) von Nicolaus Hieronymus Gundling: 53–72.

[72] Darüber Heinrich Bosse, Der geschärfte Befehl zum Selbstdenken. Ein Erlaß des Ministers v. Fürst an die preußischen Universitäten im Mai 1770; in: Diskursanalysen II: Institution Universität. Hrsg. von Friedrich Kittler. Opladen 1990, S. 31–62.

[73] R. Steven Turner, The prussian universities and the concept of research; in: Internationales Archiv für Sozialgeschichte der Literatur 5 (1980) 68–93.

sein, sondern diejenige, ohne Not sich in ihrer internen Organisation und Reproduktion an gesellschaftlichen Normen zu orientieren und statt auf die Originalität und Produktivität der Forschung nur noch auf die soziale Akzeptabilität der Forscher zu achten.

Im Hinblick auf den Doppelprozeß der erzwungenen Verstaatlichung der Universität und der gewollten Vergesellschaftung der Wissenschaft und auf sein in sich gefährdetes Ergebnis, das allgemein kurz nach 1800 erreicht war, ergibt sich nun des kurzen Kapitels kurzer Sinn in Gestalt einer einfachen Folgerung. Da die philosophische Fakultät zur Lehrerausbildungsinstitution geworden war (und diesem nicht immer beliebten Umstand verdankte sie, beiläufig gesagt, ihr Überleben) und da in den Gymnasien seit längerem und mit zunehmender Bedeutung und Differenzierung Deutschunterricht erteilt wurde, war (mindestens) eine neue, auf den Deutschunterricht vorbereitende Universitätsdisziplin auf längere Sicht gar nicht zu vermeiden. Nach der Konstituierung ihres Gegenstandes war diese Wissenschaft möglich geworden, wenige Jahrzehnte später wurde sie durch die Strukturveränderung des Bildungssystems nötig; es war nur noch die Frage, wann und mit welchem Aussehen sie wirklich werden würde.

Eine erste Beantwortung dieser Frage war in der ersten Prüfungsordnung, der bayerischen, bereits gegeben. Die „Instruktionen der zum Lehramte an den Studienschulen oder Studien-Instituten sich anmeldenden Candidaten“ bestimmten im § 2, daß „auch den zu Lehrern der Philologie sich anbietenden Candidaten die Prüfung aus den Gegenständen der Philosophie, der Geschichte und Alterthumskunde, der deutschen classischen Literatur, der Mathematik und der Naturwissenschaften nicht erlassen werden“ könne[74]. Und wir erinnern uns, daß an der bayerischen Landesuniversität Ingolstadt bzw. Landshut seit 1799 die „Erklärung der teutschen Classiker“ auf dem Lehrplan stand[75], was durch den Zusatz in das richtige Licht gerückt wird, daß der erste, dem diese Erklärung oblag, Lorenz Kappler, Professor der Pädagogik war.[76]

Nur will es die Ironie der Geschichte, daß die Instruktionen schon bei ihrem Erscheinen am 30. September 1809 in diesem Punkte überholt waren; denn Georg Aloys Dietl, der zuletzt für die Erklärung der deutschen Klassiker zuständige Professor der Ästhetik, war am 17. Mai gestorben[77], und sein Nachfolger, durch die Aufhebung der Universität Altdorf stellenlos geworden und nach Landshut berufen als Professor der Litterargeschichte[78], war zu dergleichen Erklärungen weder bereit noch verpflichtet.

---

[74] Brand (= Anm. 64) 4 f.

[75] Vgl. oben S. 164.

[76] Günther Werk, Die Personalbibliographien der Mitglieder des Lehrkörpers der medizinischen und philosophischen Fakultät zu Landshut seit ihrer Gründung im Jahr 1800 bis zur Verlegung nach München mit biographischen Angaben. Diss. med. Erlangen 1970, S. 109 f.

[77] Werk 111.

[78] Es handelt sich um Johann Christian Siebenkees (Werk 157), der als Jurist und Historiker in Altdorf gelehrt hatte und nach Aufhebung der 1806 (zusammen mit seiner Vaterstadt Nürnberg) bayerisch gewordenen Universität versorgt sein mußte, wo-

Universitätsgeschichtlich gesehen, ist Dietls Tod ein Zufall; unter wissenschaftsgeschichtlichem Aspekt bedeutet er, daß die Erklärung deutscher Klassiker just in dem Moment ihre erste und einzige Bastion verloren hat, als die Frage zur Entscheidung anstand, wie die möglich und nötig gewordene Wissenschaft im Dienste der Deutschlehrerausbildung sich bei ihrem wirklichen Erscheinen gestalten würde.

durch man in Landshut gleich noch einen fähigen Universitätsbibliothekar gewonnen hatte. Er unterrichtete zuerst „Deutsche Sprachlehre, mit Übungen im Geschäftsstile verbunden“ und dann regelmäßig „Deutsche Sprache und Literatur“, worunter man sich eine Kombination von Stilübungen und Litterärhistorie vorzustellen haben wird. Rainer Albert Müller, Aspekte zur Geschichte der Deutschen Philologie an der Ludwig-Maximilians-Universität Ingolstadt-Landshut-München (1799–1849); in: Die Ludwig-Maximilians-Universität in ihren Fakultäten. Hrsg. von Laetitia Boehm und Johannes Spörl. Band 2. Berlin 1980, S. 185–256; 192.

Übergang zur Wissenschaft

Ein Student, der sich gern mit deutscher Literatur und Sprache beschäftigt hätte, wäre beim durchschnittlichen Lehrangebot auf deutschen Universitäten um 1800 zwar nicht voll auf seine Rechnung gekommen, aber doch auch nicht ganz leer ausgegangen. Während seines wahrscheinlich dreijährigen Studiums hätte er sicher mehrmals die Möglichkeit gehabt, sich in Litterärhistorie- oder Enzyklopädiekollegs über die wichtigsten Erscheinungen im Gebiet der deutschen Literatur informieren zu lassen oder wenigstens über die Bücher, in denen solche Information zu finden war. Desgleichen hätte er mehr als einmal Ästhetik- oder (als einen Teil davon) Poetikvorlesungen hören können, in denen die Kriterien zur Bewertung von Literatur theoretisch exponiert und zweifellos auch an deutschen Beispielen illustriert wurden. Auch hätte er jederzeit in Stilübungen seine Schreibfähigkeit trainieren und sich im gleichen Rahmen in der Deklamation fremder Gedichte, nur ganz ausnahmsweise jedoch im Schreiben eigener üben können. Ferner hätte er schon einen günstigen Zufall beanspruchen und zur richtigen Zeit am richtigen Ort sein müssen, um wenigstens einmal deutsche Literaturgeschichte vorgetragen zu bekommen oder um der Erklärung eines deutschen poetischen Textes beiwohnen zu können. Zu einer Lehrveranstaltung über deutsche Sprachgeschichte hätte ihm aber auch der freundlichste Zufall kaum je verholfen.

Vergleicht man dieses Bild mit dem Zustand am Anfang des 18. Jahrhunderts, so ist vor allem eines auffallend: Poesie, die eigene poetische Tätigkeit, hat ihre Stelle in Wissenschaftsorganisation und Wissenschaftssystem sang- und klanglos geräumt. Um die freigewordene Stelle bewarben sich vier Zugänge zu einem und demselben neuen Gegenstand „poetischer Text deutscher Sprache": der bibliographisch-litterärhistorische und der theoretisch-ästhetische, beide gut vertreten und aufgehoben in einem anerkannten Fach (Historie bzw. Philosophie), sowie der literaturgeschichtliche und der interpretatorische, beide ohne festen Anschluß und nur vereinzelt gepflegt. (Ein möglicher fünfter, der sprachgeschichtliche Zugang, kam praktisch überhaupt nicht vor.) Kombinationen dieser vier Zugänge hat es sozusagen nicht gegeben. Wer einen davon benutzte, hat sich in aller Regel nicht auch noch um die anderen bemüht. Das spricht dafür, daß jeder als ein relativ selbständiger Disziplinansatz gegolten hat.

Wie diese Disziplinansätze institutionell zu würdigen seien, war offensichtlich ein Problem, das durch die Professuren der dritten Generation nur angezeigt und nicht gelöst worden ist[1]. Kurz nach dem Abschluß der Gegenstands-

---

[1] Vgl. oben S. 168 f.

konstitution stand die Frage zur Entscheidung an, ob überhaupt ein und welcher Zugang zum neu konstituierten Gegenstand „poetischer Text“ deutscher Sprache als Wissenschaft anerkannt und folglich in Wissenschaftssystem und Wissenschaftsorganisation aufgenommen werden könne.

Die Turbulenzen, denen das Wissenschaftssystem durch das Ausscheiden der Poesie (und der Rhetorik) ausgesetzt war, haben ihren Reflex in terminologischen Verschiebungen und Verwerfungen gefunden, die dementsprechend auch erst in derselben Zeit zum Abschluß gekommen sind wie jene Gegenstandskonstitution. Betroffen davon waren naturgemäß die Bezeichnungen der Disziplinen und des nachmaligen neuen Gegenstandes, die Bezeichnungen also für Poesie. Eine terminologiegeschichtliche Rekapitulation wird zeigen, daß die Frage nach dem Wissenschaftscharakter der vier Thematisierungsweisen erst möglich geworden ist, als eine neue Benennung des neuen Gegenstandes gefunden war.

Disziplinenbezeichnungen

Den Ausgangspunkt bildet eine Konzeption, die aus den Barockpoetiken bekannt ist. „Poesis aber / die Poesy / Poeterey oder Tichterey / ist [...] die weise / form und gestalt / in welcher der Poet sein Werck verfertiget. Poetica, (nemlich Ars,) die Tichtkunst / ist die Kunst vnd Wissenschaft / die den Poeten lehret / wie er ein Getichte stellen soll.“[2] Nicht also die Poesie, sondern die Poetik heißt „Kunst“, bis in die Zeit von Gottscheds „Critischer Dichtkunst“. Und die Bezeichnung „Kunst“ kann ihrerseits verbunden werden mit oder erläutert werden durch „Wissenschaft“: „DIe VersKunst ist eine Wissenschafft recht und gewißmessiglich die Verse oder Reime zu machen“.[3]

Die Begriffe „Kunst“ und „Wissenschaft“ überschneiden also einander in ihrem Umfang oder haben durchlässige Grenzen gegeneinander.[4] „Kunst“ hat einen unverkennbaren kognitiven oder theoretischen Einschlag[5], und andererseits steht ebenso wie sie „Wissenschaft“ in enger Beziehung zum Machen,

---

[2] Johann Peter Titz, Zwey Bücher Von der Kunst Hochdeutsche Verse und Lieder zu machen. Danzig 1642, fol. A iiij ro.

[3] Justus Georgius Schottelius, Teutsche Vers- oder ReimKunst darin Vnsere Teutsche MutterSprache, So viel dero süßeste Poesis betrift, in eine richtige Form der Kunst zum ersten mahle gebracht worden (1645). 2. Aufl. Lüneburg 1656, S. 1.

[4] Vgl. Waltraud Bumann, Der Begriff Wissenschaft im deutschen Sprach- und Denkraum; in: Der Wissenschaftsbegriff. Historische und systematische Untersuchungen. Hrsg. von Alwin Diemer. (Studien zur Wissenschaftstheorie. 4) Meisenheim 1970, S. 64–75; 69.

[5] Hermann Fischer, Der Intellektualwortschatz im Deutschen und Französischen des 17. Jahrhunderts. Untersucht an Gerzans und Zesens Sofonisbe. (Neue deutsche Forschungen, Abt. Deutsche Philologie. 5) Berlin 1938, S. 90–93: Zesen setzt „wissenschaft“ als Übersetzung von „science“ oder „connoissance“ ein und „kunst“ mit etwas stärkerem Akzent auf dem praktisch wirksamen Wissen als Übersetzung ebenfalls von „science“, meist aber von „art“ und einmal von „exercices“.

zum Verfertigen eines Werks. „Wissenschaft" heißt: man weiß, wie man etwas macht; und „Kunst": man weiß es nicht nur, man kann es auch. „Kunst" kann also fast so etwas wie eine Steigerungsform von „Wissenschaft" sein: „Wer ist denn der erste / der dieser Wissenschaft [= der Homiletik] die Gestalt einer Kunst gegeben hat?"[6]

Diese Einheit von Wissen, Können und Machen, in unserem Falle also von Wissenschaft, Kunst und Poesie, gehörte vorzugsweise zur eruditio, und die wiederum war beheimatet in der philosophischen Fakultät, in der man zum Magister statt – wie in den „höheren" Fakultäten – zum Doctor promoviert werden konnte. Die entsprechenden Gelehrtentypen des eruditus und des doctus wurden folgendermaßen unterschieden: „Doctus heist derjenige / welcher allerhand in wissenschafften und also auch in denen Facultät studiis excelliret: In gegentheil eruditus wird der genennet / welcher vornehmlich die Literatur und humanitatis studia excoliret."[7]

Hier zeichnet sich schon eine folgenreiche Trennung in Wissenschaftsgruppen ab: auf der einen Seite die eigentlichen „wissenschafften" und die „Fakultätsstudien" (Theologie, Jurisprudenz und Medizin), auf der anderen Seite die „Literatur" oder (das „und" im Zitat ist explikativ zu verstehen[8]) die studia humanitatis, das heißt die Philologie in dem weiten Sinne, in dem sie auch z. B. die Wissenschaft der Vers- und Redekunst und die Historie umfaßt. „Jedoch nicht allein die Sprachen und die Beredsamkeit, sondern auch die übrigen Theile der Literatur, die Kenntniß der Müntzen, und Alles, was das Alterthum angehet, ist wieder hervorgesucht worden."[9]

Diese vorderhand ganz unpolemische Aufteilung in die beiden Gruppen der Wissenschaften bzw. Fakultätsstudien und der „Literatur" (also der später so genannten Geisteswissenschaften ohne die Philosophie) wurde zu einem polemischen Gegeneinander akzentuiert durch das Streben der Philosophie nach apodiktischer Gewißheit, wie es sich in Christian Wolffs Setzung ausspricht, „daß ich durch die Wissenschafft eine Fertigkeit des Verstandes verstehe, alles,

---

6 Jacob Friderich Reimmann, Versuch einer Einleitung in die Historiam Literariam so wohl insgemein als auch in die Historiam Literariam derer Teutschen insonderheit [...]. Band 3. Halle 1709, S. 152.

7 Adolph Clarmundus (Johann Christian Rüdiger), Vitae clarissimorum in re literariae Virorum. Das ist: Lebens-Beschreibung etlicher Hauptgelehrten Männer / so von der Literatur profess gemacht [...]. Erster Theil. 2. Auflage. Wittenberg 1704, S. 32.

8 „So wird die zur Erudition diensame schrifftliche Doctrin in dieser Absicht auch wohl mit dem Nahmen derer Bonarum Literarum, oder mit dem Nahmen der Literatur beleget." Johann Christian Lange, Protheoria eruditionis humanae universae: Oder Fragen von der Gelehrsamkeit insgemein [...]. Gießen 1706, S. 11. – Im gleichen Sinne befürchtete Johann Burchard May von der Vernachlässigung der literae humaniores an der Universität Kiel, daß „eine gäntzliche Barbarei hier einreiße, und diese Universität, welche der literatur halber vor vielen andern jederzeit berühmt gewesen, übele nachrede bekommen möge"; Brief von 1705 in: Moritz Liepmann (Hrsg.), Von Kieler Professoren. Briefe aus drei Jahrhunderten zur Geschichte der Universität Kiel. Berlin 1916, S. 6.

9 Nicolaus Hieronymus Gundling, Vollständige Historie der Gelahrheit, Oder Ausführliche Discourse, So er in verschiedenen Collegiis Literariis [...] gehalten [...]. Erster Band. Frankfurt/Leipzig 1734, S. 146, Anm.

was man behauptet, aus unwiedersprechlichen Gründen unumstößlich darzuthun. [...] so ist die Wissenschafft nichts anders als die Fertigkeit zu demonstriren."[10]

Wenn auf diese Weise „Wissenschaft" zum exklusiven Ehrentitel nur dessen wird, was more mathematico oder „demonstrativisch" vorgetragen werden kann[11], dann sind im gleichen Zuge alle Disziplinen diskriminiert, die einer solchen Darstellung nicht fähig sind. Das waren auf jeden Fall die Humaniora, also die Wissenschaftsgruppe „Literatur". Zu ihren Gunsten erfolgte zur gleichen Zeit eine Schutzreaktion gegen die mathematische Methode und gegen die Ansprüche der Wolffschen Philosophie auf eine Logifizierung der Wissenschaften, und zwar in Gestalt eines neuen Terminus: „schöne Wissenschaften". Das war die Errichtung eines Schutzdaches für all die Disziplinen, die auch ohne mathematische Methode Wissenschaften, das heißt Teile der Wissenschaftsorganisation und des Wissenschaftssystems, bleiben wollten.

Die Einführung des neuen Terminus wird dem Kreise der Gegner Christian Wolffs an dessen Wirkungsstätte in Halle zuzuschreiben sein. Mit dem Titel eines Büchleins, das Johann Friedrich Bertram, Lehrer am Pädagogium in Franckes Waisenhauskomplex, 1725 veröffentlicht hat, dürfte man – abgesehen von einigen früheren Fällen unterminologischer Verwendung[12] – zeitlich

---

[10] Christian Wolff, Vernünfftige Gedancken Von den Kräfften des menschlichen Verstandes Und ihrem Richtigen Gebrauch In Erkäntniß der Wahrheit [...]. Halle 1725, S. 141.

[11] Dazu: Tore Frängsmyr, Christian Wolff's mathematical method and its impact in the 18th century; in: Journal of the history of ideas 36 (1975) 653–668. – Fritz Wagner, Der Wissenschaftsbegriff im Zeitalter der Aufklärung; in: Klaus Hammer/Jürgen Voss (Hrsg.), Historische Forschung im 18. Jahrhundert. (Pariser historische Studien. 1) Bonn 1976, S. 14–26. – Gunter E. Grimm, Literatur und Gelehrtentum in Deutschland. Untersuchungen zum Wandel ihres Verhältnisses vom Humanismus bis zur Frühaufklärung. (Studien zur deutschen Literatur. 75) Tübingen 1983, S. 556 ff.

[12] Am Anfang steht ein Beleg von 1619: „Ich wolte dich sehr hoch, du Kron und Zier der Jugent, / Bis an des Himmels Feld erheben durch die Tugent / Der schönen Wissenschafft: dein Name sollte sein / In aller Ewigkeit Stammbuch geschrieben ein" (An den Edlen Johann von LandtsKron, als er von jhm verreiset, v. 29–32); Martin Opitz, Teutsche Poemata. Abdruck der Ausgabe von 1624 mit den Varianten der Einzeldrucke und der späteren Ausgaben. Hrsg. von Georg Witkowski. (Neudrucke deutscher Litteraturwerke des 16. und 17. Jahrhunderts. 189–192) Halle 1902, S. 141. – Es folgt einer von 1666 (Hinweis von Kurt Wölfel, Bonn): „Daß eben diese schöne Wissenschaft der Poesie mit guhtem Fuge für die Alleredelste Belustigung kunstliebender Gemühter könne gehalten werden"; Johann Rist, Die AllerEdelste Belustigung Kunst- und Tugendliebender Gemüther [...] Hamburg 1666, S. 216 f. – Angeschlossen sei einer von 1724: „Glaube, daß in Wissenschafft der so genannten gelehrten Sprachen zwar nicht die Weisheit bestehe, doch noch weniger in derselben Unwissenheit. Sie sind der Schlüssel zu den Thüren, dadurch man zu den schönsten Wissenschafften eingehen kann, welche dir Lebens=lang werden verschlossen bleiben, wenn du nicht in der Jugend schon darnach trachtest" (Der Patriot, Nr. 39, 28. September 1724); Der Patriot nach der Originalausgabe Hamburg 1724–26 in drei Textbänden und einem Kommentarband kritisch hrsg. von Wolfgang Martens. (Ausgaben deutscher Literatur des XV. bis XVIII. Jahrhunderts) Berlin 1969, I 335.

und örtlich sehr nahe am Ursprung jenes Terminus sein: „Summarische Einleitung in die so genannte Schöne Wissenschaften Oder litteras humaniores".[13] Er zeigt die Nicht-Selbstverständlichkeit und relative Neuheit des terminus technicus „schöne Wissenschaften" an („so genannt") und zusätzlich auch noch den Begriffsumfang („litterae humaniores"). Die Paragraphen des Büchleins zeugen allerdings noch von einer gewissen terminologischen Unfestigkeit: Bertram benutzt wohl nicht nur um der Abwechslung willen außerdem die Bezeichnungen „litterae elegantiores", „schöne Studien", „galante Wissenschaften", „gute Künste" und anderes mehr; darunter befaßt sein sollen – in stetem Gegensatz zu den „höheren" Wissenschaften – aber jedenfalls lateinische, griechische und deutsche Grammatik[14], Rhetorik und Poesie[15] und die Historie in ihrem weitestem Umfang.[16]

Die Bezeichnung dieser Disziplinen als Wissenschaften, wenn auch nur als „schöner", muß auf Kritik (und dann wohl von den Wolffianern) gestoßen sein, fühlte sich Bertram doch veranlaßt, in der Neuauflage seines Buches 1727 zu bemerken, er sei „über das Wort Wissenschafft mit niemand zu disputiren gesinnet"; man könne es sensu strictiore und logico nehmen oder eben auch, wie er das tue, sensu latiore & notiore.[17] Auch stehe es mit der Gewißheit in diesen Wissenschaften gar nicht so schlecht: „Die Art der Erkentniß ist zwar nicht so demonstrativisch, wie die Mathematische oder eine andere, sondern es kommt so wohl bey den Sprachen als historischen Wissenschaften grösten-theils auf fidem humanam und Wahrscheinlichkeit an, die aber nicht selten zu einem solchen Grad der Gewißheit gelanget, daß sie einer demonstrativischen Wahrheit wenig nach giebet."[18] So oder so, Bertram hat sich nicht davon abbringen lassen, von „schönen Wissenschaften" zu reden, immer das Bewußtsein andeutend, daß es sich um einen neuen Terminus handle.[19]

---

[13] Johann Friedrich Bertram, Summarische Einleitung in die so genannte Schöne Wissenschaften Oder litteras humaniores. Darinnen von derselben Ursprung, Namen, Beschaffenheit, Umfang, Werth, Nothwendigkeit, Nutzen, Hindernissen, Hülffs-Mitteln, Gebrauch und Mißbrauch, Zu- und Abnehmen, samt dessen Ursachen kurtze Nachricht gegeben wird. Halle 1725.

[14] Bertram (= Anm. 13) 14 f., 17 f.

[15] Bertram 15–17.

[16] Bertram 19–21.

[17] Johann Friedrich Bertram, Einleitung In die so genante Schöne Wissenschafften Oder litteras humaniores. Die zweyte und vermehrte Edition. Braunschweig 1728, Vorrede.

[18] Bertram (= Anm. 17) S. 24. – Es folgt ein fast drei Seiten langer Exkurs zum Thema: „Es ist bey den Alten viel disputiret worden, ob man die Wissenschaften, davon hier die Rede ist, auch also nennen solle, oder ob der Titul der Künste sich nicht besser vor dieselbe schicke?" (24). Eine Antwort lautet z. B.: „Ich meines Orts halte dafür, man habe nicht nöthig sich hierüber grosse Scrupel zu machen, sondern könne der Grammatic in Ansehung des ex testimonio humano fliessenden ziemlich hinlänglichen Grundes ihr diesen Titel so gut lassen, als nehmen" (25 f.). Eine Begründung, warum er sich in dieser Lage trotzdem für „Wissenschaft" und nicht für „Kunst" entscheidet, gibt Bertram nicht.

[19] Johann Friedrich Bertram, Anfangs-Lehren Der Historie der Gelehrsamkeit. Zum Gebrauch Der auf Schulen studirenden Jugend abgefast [...]. Braunschweig 1730,

Der Name „schöne Wissenschaften" hat sich als defensiver Schutzterminus von Halle aus[20] in den dreißiger Jahren des 18. Jahrhunderts schnell und allgemein durchgesetzt und den ganzen Begriffsumfang von „litterae humaniores" oder „Literatur" abgedeckt.[21] Das war die Zeit, da man es (wie erinnerlich, zuerst in Halle) mit der Einrichtung von Professuren für die Deutsche Rhetorik versucht hat[22], und es sieht jetzt so aus, als sei das ein Versuch gewesen, die Wissenschaftsgruppe „Literatur" unter dem Schutz des Terminus „schöne Wissenschaften" fester in der Wissenschaftsorganisation zu verankern.

Während dieser Versuch noch lief, konnte sich der fremdsprachliche Teil der Gruppe der „schönen Wissenschaften" aus der Gefahrenzone retten und sich institutionell absichern. Die Gründung von Gesners philologischem Seminar in Göttingen (1737)[23] war das sichtbare äußere Zeichen, daß die Philologie mit all ihren Annexen bis hin zur Historie des Schutzes durch den Terminus „schöne Wissenschaften" nicht mehr bedurfte. Dieser reagierte sofort auf die neue Lage, indem er seinen Begriffsumfang auf die beiden Disziplinen zusammenzog, die noch vom Ausschluß bedroht waren, auf die Dichtkunst nämlich und die Redekunst.[24] Siegmund Jacob Baumgarten, Professor der Theologie in

---

etwa der Titel des 3. Kapitels im 2. Teil: „Von den so genanten schönen Wissenschafften oder Litteris Humanioribus", mit der Erläuterung: „Die dazu gehörige Wissenschafften bestehen theils in Sprachen / theils in disciplinis litterariis und historicis" (S. 138).

20 „Man verstehet unter solchem Namen erstlich die Wissenschaft / und Übungen im Stilo, oder der Schreibart / besonders Griechischer / oder an deren Stelle nach heutiger Mode / Frantzösischer, Lateinischer / und seiner Mutter-Sprach / womit denn die Grammatic, und Critic verknüpfet ist. Ferner die Wissenschaft der Beredsamkeit beydes nach deren Regel / so man die Rhetorique nennet / und auch nach der Ausübung solcher Regeln / welche man mit dem Namen der Oratorie zu belegen pfleget. Ingleichen rechnet man zu den schönen Wissenschaften die Poesie, oder Dichtkunst / welche gleichfalls ihre Regeln / und Ausübung derselben hat. Nicht weniger gehöret dahin die Historie, und die damit verknüpfte Geographie, Chronologie, Genealogie, Heraldic, studium Antiquitatum, rei nummariae, und mythologicae. Man siehet gar leicht, daß der Inbegriff der schönen Wissenschaften so weit ist / daß / falls man darinnen was sonderliches praestiren will: man nicht alle zugleich auf eine Schulter nehmen könne" (Wöchentliche Hallische Anzeigen 1730, Nr. 19, S. 293); zitiert nach: Manfred Lemmer, Vorläufer und Wegbereiter der hallischen Universitätsgermanistik; in: Wissenschaftliche Zeitschrift der Martin-Luther-Universität Halle-Wittenberg, gesellschafts- und sprachwissenschaftliche Reihe 7 (1957/58) 1111–1128; 1113 f.

21 „Hingegen brauchen wir die Auslege-Kunst destomehr in denen schönen Wissenschafften, d.i. der Beredsamkeit, Poesie, Historie, Alterthümer, und der Rede-Kunst, als die wir meistens aus denen alten Römischen und Griechischen Autoren zu erlernen haben." Johann Martin Chladenius, Einleitung zur richtigen Auslegung vernünfftiger Reden und Schrifften. Leipzig 1742, S. 105, § 188.

22 Vgl. oben S. 41 ff.

23 Vgl. oben S. 183 f.

24 G. C. Ibbeken, Rede Von dem Einfluße der Wissenschaften in die Glückseligkeit der Länder; in: Der Deutschen Gesellschaft in Leipzig Eigene Schriften und Uebersetzungen in gebundener und ungebundener Schreibart. Der Dritte Theil. Leipzig 1739, S. 20–56, faßt unter „schöne Wissenschaften" schon nicht mehr Philologie und Hi-

Halle und älterer Bruder des Ästhetikerfinders, hat diese neue Fassung des Begriffs „schöne Wissenschaften“ noch als „engere Bedeutung“ von der alten „weitern Bedeutung“ abgehoben.[25] Aber spätestens ab 1750 war sie die einzige Bedeutung und war die alte, weitere Bedeutung so restlos vergessen, daß Basedow schon 1756 mit der Sicherheit des Unwissenden feststellen konnte: „Prose und Poesie sind schöne Wissenschaften. Ob man gleich nicht alles darinnen demonstrirt, so sind die gesammleten Lehrsätze von der guten Prose und Poesie doch rechtmäßige Wissenschaften. [...] so hat man sie schon lange mit dem Namen der schönen Wissenschaften beehret.“[26]

Diese schnelle Einengung des Begriffs „schöne Wissenschaften“ fällt zeitlich genau zusammen mit dem Scheitern des Versuchs, der Deutschen Rhetorik einen institutionellen Ort zu sichern. Er wurde abgelöst durch Baumgartens Bemühungen, die vom Ausschluß bedrohte Rede- und Dichtkunst nunmehr ihrerseits als „Ästhetik“ zu logifizieren, und durch den darauf folgenden Neuanlauf in der Einrichtung eigener Professuren für diese neue „Theorie der schönen Wissenschaften“ (darunter als erste diejenige Basedows in Sorö).[27]

Aber nicht nur eingeengt worden ist der Begriff „schöne Wissenschaften“, er ist unterderhand und lange Zeit unbemerkt auch verwandelt worden. Die „schönen Wissenschaften“ Prosa und Poesie sind nicht mehr selbständige Disziplinen, sondern Gegenstände einer philosophischen Theorie geworden, eben der „Theorie der schönen Wissenschaften“, wie ja Baumgarten selbst und besonders wirkungsvoll Meier die Ästhetik genannt haben. Diese Neubildung, auch nach damaligen Begriffen eigentlich ein terminologisches Unding[28], bewerkstelligt und verdeckt zugleich den Übergang der beiden allein noch übriggebliebenen „schönen Wissenschaften“ aus der alten Thematisierungsweise „Text als Produkt des Autors“ in die neue Thematisierungsweise „Text als Ob-

---

storie, sondern nur noch Dichtkunst und Redekunst und dazu (das ist eher persönlicher Sprachgebrauch) auch noch die „Weltweisheit“. – Eindeutig ist die Einschränkung auf Dicht- und Redekunst in einem Casualcarmen von 1742 bei Abraham Gotthelf Kästner, Der Nutzen der schönen Wissenschaften beym Vortrage philosophischer Lehren [...]; in: Abraham Gotthelf Kästner, Vermischte Schriften. Altenburg 1755, S. 94–96.

[25] „Wobey doch den gebrauchten Ausdruck anjetzo nur in der engern Bedeutung neme, daß dadurch eigentlich die Beredsamkeit und Dichtkunst, als die höchste Stufe der sinlichen Beredsamkeit, verstanden werde; obgleich nicht nur der gesamte gute und regelmäßige Geschmack, sondern auch manche Theile der übrigen Gelersamkeit damit dergestalt zusammenhängen, daß sie unter der weitern Bedeutung desselben füglich mit begriffen werden können.“ S. G. L. (Samuel Gotthold Lange), Oden Davids oder poetische Uebersetzung der Psalmen, mit einer Vorrede Sr. Hochwürden des Herrn Doctor Baumgarten. Erster Theil. Halle 1746, unpag. Vorrede.

[26] Johann Bernhard Basedow, Lehrbuch prosaischer und poetischer Wohlredenheit in verschiedenen Schreibarten und Werken zu academischen Vorlesungen eingerichtet. Kopenhagen 1756, S. 3, § 3.

[27] Vgl. oben S. 90.

[28] Es wäre z. B. niemandem in den Sinn gekommen, etwa analog von einer „Theorie der philologischen Wissenschaften“ oder einer „Theorie der philosophischen Wissenschaften“ zu sprechen, obwohl diese Wissenschaftsbezeichnungen genau so gebräuchlich waren wie „schöne Wissenschaften“.

jekt des Lesers". Unter dem – vom Terminus „schöne Wissenschaften" erweckten und aufrechterhaltenen – Schein, weiterhin Wissenschaften zu bleiben, sind Dicht- und Redekunst aus dem Wissenschaftssystem ausgeschieden und Gegenstand einer anderen Wissenschaft, eben der „Theorie der schönen Wissenschaften" geworden.

Mit diesem scheinbar so nützlichen Begriff hat deshalb eine neue Generation von Nur-Lesern zugleich auch unvorhersehbare Probleme geerbt. Wenn nämlich Leser und Dichter Theorie und Ausübung arbeitsteilig handhaben, der eine also die Produkte herstellt, die dem anderen Objekt sind, dann ist überhaupt nicht mehr einsichtig zu machen, unter welchem Wissenschaftsbegriff auch immer die Tätigkeit des Dichters noch „(schöne) Wissenschaft" heißen soll und diejenige des Lesers nur „Theorie".

Die nötigen Folgerungen hat allem Anschein nach als erster Sulzer gezogen, indem er stillschweigend die Terminologie geändert hat. In der ersten Auflage seiner Wissenschaftssystematik von 1745 firmiert die Poesie noch umstandslos als „Wissenschafft"[29], in Ankündigung und Probedruck (1756) seines geplanten Lexikons unausdrücklich, aber deutlich im Sinne des verengten Begriffs als eine von zwei „Schönen Wißenschaften"[30], in der zweiten Auflage der Enzyklopädie von 1759 dagegen kommentarlos nicht mehr als Wissenschaft, sondern als einer der „andern Theile der Gelehrsamkeit" unter den „Schönen Künsten"[31], und im Lexikon[32] selbst endlich sind Rede- und Dichtkunst so unter dem Begriff „redende Künste" zusammengefaßt wie vorher und auch noch gleichzeitig bei anderen unter dem verengten Begriff „schöne Wissenschaften".

Sulzers an sich auffälliger Verzicht auf den Terminus „schöne Wissenschaften" hat dessen Gebrauch aber in keiner Weise eingeschränkt. In seiner neuen Funktion, das Ausscheiden der Poesie aus dem Wissenschaftssystem zu verdekken, hatte er noch nicht ausgedient. Der zweite Versuch, die „schönen Wissenschaften" doch noch an den Universitäten zu etablieren, war in gewisser Weise noch erfolgloser als der erste mit den Rhetorikprofessuren: die Professuren für Theorie der schönen Wissenschaften waren eine regionale Angelegenheit des katholischen Südens geblieben.[33] Es war immer noch keine allgemein aner-

---

[29] „Die Poesie ist eine Wissenschafft die Worte einer Sprache und die Gedanken also zu setzen, daß auch das äußerliche davon dienet die Gemüther der Menschen zu lenken." (Johann Georg Sulzer), Kurzer Begriff aller Wissenschafften [...]. Leipzig 1745, S. 71, §87.

[30] Johann Georg Sulzer, Grundsäze der Schönen Wißenschaften und Freyen Künste. Nebst historischen und critischen Nachrichten von den berühmtesten Männern aller Nationen, welche sich darinn hervorgethan haben. In alphabetischer Ordnung. Leipzig (1756), fol. 2 f.

[31] (Johann Georg Sulzer), Kurzer Begriff aller Wißenschaften und andern Theile der Gelehrsamkeit [...]. Zweyte ganz veränderte und sehr vermehrte Auflage. Leipzig 1759, S. 58, §74.

[32] Johann George Sulzer, Allgemeine Theorie der Schönen Künste in einzeln, nach alphabetischer Ordnung der Kunstwörter auf einander folgenden, Artikeln. 2 Theile. Leipzig 1771/73.

kannte Wissenschaft gefunden, die die leer gewordene Stelle der Poesie in der Wissenschaftsorganisation hätte einnehmen können, obwohl die Theorie der schönen Wissenschaften unerkannt schon die Stelle der Poesie im Wissenschaftssystem besetzt hatte.

Alle, denen in dieser Sache noch die Augen gehalten waren und die deshalb die Bezeichnung „schöne Wissenschaften" zu rechtfertigen gesucht haben, sind unweigerlich ins Schleudern geraten, als erster Mendelssohn. Der Kernsatz seiner vielzitierten und noch mehr benutzten Abgrenzung von „Kunst" und „Wissenschaft", im Druck hervorgehoben, lautet: „Den Inbegrif der Erwägungssätze, die zur gewissesten Erkenntnis einer Sache übereinstimmen, nennet man Wissenschaft; der Inbegrif der Ausübungssätze aber, die zur Erhaltung eines Endzwecks übereinstimmen, wird Kunst genannt."[34] Liest man dies und die weiteren Ausführungen mit Blick auf die Poesie, so wird es eigentlich völlig klar: das Wissen, das ein Dichter von seinem Metier braucht, wird aus „Ausübungssätzen" bestehen, und die Poesie müßte folgerichtig „Kunst" heißen; hingegen wäre das Wissen, das ein informierter Theoretiker wie Mendelssohn selbst von dieser Kunst hat, da es aus Erwägungssätzen besteht, als „Wissenschaft" einzustufen, und zwar als Wissenschaft der Kunst Poesie, welche Wissenschaft aber für Mendelssohn gleichwohl nach wie vor mit jenem Unbegriff „Theorie der (schönen) Wissenschaften" heißt. Anderen wohlmeinenden Erklärern und Rechtfertigern des Terminus „schöne Wissenschaften" ist es nicht besser ergangen.[35]

Der Sprachgebrauch hat sich so zu helfen gewußt, daß er „schöne Wissenschaften" zu einer konventionalisierten Erkennungsmarke für Rede- und Dichtkunst abgeschwächt und der Beliebigkeit ausgesetzt hat.[36] Mit ihrem noch verbliebenen Kern hat sich die ehemalige Bezeichnung für eine Wissenschaftsgruppe den tatsächlichen Verhältnissen und also dem genähert, was sie nach Ausweis der neuen Disziplinenbezeichnung „Theorie der schönen Wis-

---

33 Vgl. oben S. 90–100.

34 (Moses Mendelssohn), Beschluß des hundert und sieben und dreyßigsten Briefes; in: Briefe, die neueste Litteratur betreffend. VIIIter Theil. Berlin 1761, S. 353–360; 354.

35 Beispielsweise: Friedrich Just Riedel, Theorie der schönen Künste und Wissenschaften (1767). Neue Auflage. Wien/Jena 1774, S. 30 f. – Johann Gotthelf Lindner, Kurzer Inbegrif der Aesthetik, Redekunst und Dichtkunst. 2 Theile. Königsberg/Leipzig 1771, I 77 f. – Philipp Gäng, Ästhetik oder allgemeine Theorie der schönen Künste und Wissenschaften. Salzburg 1785, S. 7–20.

36 Ein Beispiel, nicht ohne Karikatur, aber um so deutlicher die Tendenz zeigend: „So kenne ich verschiedne Hochadeliche Junker, die die schönen Wissenschaften recht in der Gewalt zu haben glauben, weil sie etwas Zeichnen, aus dem Clavier einige Töne hervorlocken, Pferde bändigen, Füchse zwingen, und gewisse maschinenmässige Bewegungen machen können, die sie Tänze nennen. Wie gewöhnlich ist es nicht, von einem schön frisirten und wohl gepuderten Herren zu sagen, daß er sich auf galante Wissenschaften lege, wenn er im Grunde außer den Wundern, die die schöpferische Hand des Friseurs und Schneiders in ihm würkt, nicht anders, als Händeküssen, Trillern, süß aussehen, und wenns hoch kömmt, kunstmäßig trenchiren kann." Gedanken über die verschiedenen Begriffe, die man sich von den schönen Wissenschaften macht; in: Hannoverisches Magazin 8 (1770) 257–272; 260 f.

senschaften“ bereits geworden war: einer Gegenstandsbezeichnung nämlich. Weil aber die Bedeutungskomponente „Wissenschaft“, doch nicht ganz zu eliminieren, dem entgegenstand, ist der Terminus „schöne Wissenschaften“ weniger zu einer Gegenstandsbezeichnung als vielmehr zum Ausdruck des Bedürfnisses nach einer solchen geworden.[37]

Gegenstandsbezeichnungen

Wie der Terminus „schöne Wissenschaften“ sich nach seiner Einengung auf Rede- und Dichtkunst schließlich unter langsamer Entleerung aus einer Disziplinenbezeichnung fast in eine Gegenstandsbezeichnung verwandelt hat, so hat dieselbe Verwandlung auch sein ursprüngliches Synonym „Literatur“ erfaßt (übrigens auch die Bezeichnung „Poesie“ selbst[38]) und ist sogar zum Abschluß gekommen.

„Litteratur“ hatte im 18. Jahrhundert mancherlei Bedeutungen von unterschiedlicher Beständigkeit, die im Einzelfall schwer voneinander abzugrenzen sind. Ziemlich privat, um das der Vollständigkeit halber zu erwähnen, dürften die Bedeutungen „Kunst des korrekten Schreibens“[39] und „Philologie“[40] gewesen sein. Wohl insgesamt nicht allzuhäufig stand die Bezeichnung „Litteratur“ für die Gesamtheit des Gedruckten aus welchen Disziplinen auch immer[41] oder

---

[37] Ein Beispiel für die Schwierigkeit, neben der allgemeinen Richtung auch noch anzugeben, wie weit in ihr die Verschiebung schon gediehen ist: laut Herder verstanden „junge, müssige Gemüther“ unter „schöne Wissenschaften“ „eine tändelnde, üppige Lektür, Verse und Romane, Kritiken und witzige Journale“, also wahrscheinlich eher bestimmte Texte als die Beschäftigung mit ihnen, und seine eigene Gegendefinition – „Schöne Wissenschaften sind die, welche die sogenannten untern Seelenkräfte [...] ausbilden“ – macht im Kontext zwar klar, daß es um die Ausbildung des Lesers (und nicht des Schreibers) geht, nicht aber, ob diese durch eine Gruppe von Texten oder durch ihre Lektüre gefördert wird. Johann Gottfried Herder, Über den Einfluß der schönen in die höhern Wissenschaften (1779); in: Herders Sämmtliche Werke. Hrsg. von Bernhard Suphan. Neunter Band. Berlin 1893, S. 289–306; 291, 295.

[38] Belege dazu: Albrecht Maas, „Poet“ und seine Sippe; in: Zeitschrift für deutsche Wortforschung 6 (1904/05) 233–298; 279–289.

[39] Potest autem Literatura finiri hunc in modum, vt sit ars aut scientia, quae de iusta pariter loquela ac idonea scriptione praecipit. Conrad Nahmmacher, Commentarius de literatura Romana. Braunschweig 1758, S. 49; offensichtlich orientiert am antiken Sprachgebrauch, z. B. bei Quintilian: grammatice quam in Latinum transferentes literaturam vocaverunt (Inst. or. II, 1,4). – Zum lateinischen Sprachgebrauch und zum deutschen um 1800 der einleitende Abschnitt „Ueber die Idee des Ausdrucks: Litteratur“ in: Friedrich August Wolf, Vorlesungen über die Geschichte der römischen Litteratur. (Vorlesungen über die Alterthumswissenschaft, hrsg. von J. D. Gürtler. 3) Leipzig 1832, S. 1–3.

[40] Sie ergibt sich aus der Aufzählung „der Sachen, womit die Litteratur sich beschäftiget“, bei Johann Friderich Christ, Abhandlungen über Litteratur und Kunstwerke vornemlich des Alterthums, durchgesehen und mit Anmerkungen begleitet von Johann Karl Zeune. Leipzig 1776, S. 32–36.

[41] „[...] da wir nemlich das / was von natürlichen Geschichten theils an Witterungen / [...] theils auch an denen mancherley hierüber vorgenommenen / oder hieher zielen-

für den Habitus „Gelehrsamkeit"[42], der den literatus auszeichnet[43] und zur Aufnahme in die historia literaria führt. Seit 1760 etwa wurde es allgemein üblich, „Litteratur" in der Bedeutung „Bibliographie" zu gebrauchen[44], und auch die Verwendung von „Litteratur" als Sammelbezeichnung für die erwähnte Wissenschaftsgruppe gehörte zu den Üblichkeiten.

So unterschiedlich wie die Verbreitung war auch die Dauer des Gebrauchs. „Litteratur" im Sinne von „Gesamtheit des Gedruckten" ist am Ende des 18. Jahrhunderts aus dem Hintergrund hervorgetreten und hat sich bis heute gehalten; „Litteratur" im Sinne von „Gelehrsamkeit" oder auch nur „Belesenheit" ist bald nach 1800 obsolet geworden[45]; „Litteratur" als „Bibliographie" hat auch kaum das erste Jahrzehnt des 19. Jahrhunderts überlebt[46]; die Wissenschaftsgruppe „Litteratur" schließlich – als Gegensatz zu den „höheren Wis-

---

den Bemühungen der Gelehrten / und was sonst zur physical- und medicinischen Literatur gehöret / [...] in möglicher Beschleunigung ans Licht zu stellen geflissen seyn." Sammlung Von Natur- und Medicin Wie auch hierzu gehörigen Kunst- und Litteratur-Geschichten, So sich An. 1717 in den 3. Sommer-Monaten in Schlesien und andern Ländern begeben [...]. Breslau 1718, fol. a3r (Vorbericht). – Der Titel selbst ist übrigens ein sehr früher Beleg für „Litteratur-Geschichte" (eine Pluralform!), allerdings im Sinne von „Vorkommnisse im Publikationsbereich".

42 Beispielsweise im Titel einer Rezension: Specimen variae literaturae, quae in urbe Brixiana ejusque ditione [...] florebat \ &c. Das ist: Eine Probe verschiedener zur Gelehrsamkeit gehörigen Sachen, wie dieselbe in der Stadt Brescia und deren Gebiete [...] geblühet; in: Zuverläßige Nachrichten von dem gegenwärtigen Zustande, Veränderung und Wachsthum der Wissenschafften. Drey und zwanzigster Theil. Leipzig 1741, S. 763.

43 Herbert Grundmann, Litteratus – illitteratus. Der Wandel einer Bildungsnorm vom Altertum zum Mittelalter; in: Archiv für Kulturgeschichte 40 (1958) 1–65.

44 Rudolf Blum, Bibliographie. Eine wort- und begriffsgeschichtliche Untersuchung; in: Archiv für Geschichte des Buchwesens 10 (1969) 1018–1248; 1167 f., nennt als ersten Beleg: Carl Ferdinand Hommel, Litteratura juris. Leipzig 1760. – Für unseren Bereich wäre als früher Beleg zu erwähnen Christian Heinrich Schmid, Litteratur der Poesie. Erster Theil. Leipzig 1775, S. 5: „Geschichte der Dichtkunst; Charakteristik der vorzüglichsten Dichter; und Litteratur der Poesie sind drey verschiedene Wissenschaften. [...] Ausser den Dichtern unsers Vaterlandes schränkt sich die Litteratur auf diejenigen Nationen ein, welche die Dichtkunst am meisten zur Vollkommenheit gebracht haben."

45 In seinen Berliner Vorlesungen von 1803/04 hat August Wilhelm Schlegel über Andreas Gryphius' Bekanntschaft mit Tragödien noch formuliert: „In diesem Fache besaß er sogar einen Umfang von Litteratur, wie einige nachgeahmte oder übersetzte Sachen [...] beweisen." August Wilhelm Schlegel, Vorlesungen über schöne Litteratur und Kunst. Hrsg. von Jacob Minor. (Deutsche Litteraturdenkmale des 18. und 19. Jahrhunderts. 17–19) Heilbronn 1884, III 66. – Nach wenigen Jahren hat er sich zu folgender Änderung veranlaßt gesehen: „Er besaß einen gewissen Umfang litterarischer Kenntniß in seinem Fach, wie einige nachgeahmte und übersetzte Stücke beweisen." August Wilhelm Schlegel, Ueber dramatische Kunst und Litteratur. Vorlesungen. Zweyter Theil, zweyte Abtheilung. Heidelberg 1811, S. 380.

46 Ein relativ später Beleg: Bernhard Joseph Docen, Versuch einer vollständigen Litteratur der ältern Deutschen Poesie [...]; in: Museum für Altdeutsche Literatur und Kunst 1 (1809) 126–137.

senschaften" – hat sich schon gegen 1770 aufgelöst, wie man etwa beim jungen Herder bemerken kann, der sie eher unscharf definiert[47] und an der „Allgemeinen Deutschen Bibliothek" bemängelt hat, daß „sie sich über die erst gezeichneten Gränzen der Litteratur auch den sogenannten höhern Wissenschaften mittheilet".[48]

Eine Umschichtung hat sich also in den sechziger Jahren vollzogen, als die Bedeutung „Bibliographie" aufkam und die Bedeutung „Wissenschaftsgruppe" zu verschwinden begann. Zur gleichen Zeit hat sich die noch junge Kombination „schöne Litteratur"[49] ausgebreitet, anfangs noch schwankend in ihrer Richtung. In Einzelfällen hat sie die Funktion, eine Wissenschaftsgruppe ähnlichen Umfangs zu bezeichnen wie „Litteratur" und wie Jahrzehnte zuvor „schöne Wissenschaften" (im älteren, weiteren Sinne), sieht also aus wie eine späte Kontamination beider.[50] Im allgemeinen jedoch war sie bestimmt, „schöne Wissenschaften" im jüngeren, engeren Sinne (Rede- und Dichtkunst) zu ersetzen, zunächst noch als Synonym und Wechselbegriff[51], dann eher in differen-

---

[47] „Sprache, Geschmackswissenschaften, Geschichte und Weltweisheit sind die vier Ländereien der Litteratur." Ueber die neuere Deutsche Litteratur. Erste Sammlung von Fragmenten (1767); in: Herders Sämmtliche Werke. Hrsg. von Bernhard Suphan. Erster Band. Berlin 1877, S. 142. – Dieser Literaturbegriff liegt auch den „Literaturbriefen" Nicolais, Lessings und Mendelssohns zugrunde. Die Angaben im „Deutschen Fremdwörterbuch" (Begonnen von Hans Schulz, fortgeführt von Otto Basler. Zweiter Band. Berlin 1942, S. 34) sind auch in diesem Punkte irreführend.

[48] Herder 143.

[49] Sie dürfte kaum viel älter sein als die folgende Äußerung Johann Erhard Kapps, ein Rezensent namens „Noblot hätte auch kein Bedenken gehabt, [...] die Stellen der Poeten, welche zu seinem Vorhaben gedienet, beyzubringen, und ist er der Meynung, daß diese Anführungen denenjenigen, welche die schöne Litteratur liebten, nicht mißfallen könnten". Juvenel de Carlencas, Versuch einer Geschichte der schönen, freyen und mechanischen Künste, wie auch aller Wissenschafften. Zweyter Theil. Leipzig 1752, Vorrede fol. a3r.

[50] „Dennoch begreifen wir hier unter dem Namen der schönen Litteratur, alle die lehrreichen und angenehmen Wissenschaften, mit denen sich das Gedächtniß und die Unterscheidungskraft beschäfftigt, und die sich weder zu den höhern Wissenschaften, noch zu den schönen Künsten, noch zu den mechanischen Künsten, noch zu Profeßionen u.s.w. rechnen lassen." Des Freyherrn (Jacob Friedrich) von Bielfeld Erste Grundlinien der allgemeinen Gelehrsamkeit, und andern Wissenschaften, als der freyen Künste und schönen Litteratur. Aus dem Französischen übersetzt. 3 Bände. Breslau/Leipzig 1767, III 5. – Nach dieser negativen Abgrenzung bleiben noch übrig: Mythologie, Geschichte allgemein, Geschichte der Wissenschaften, Philosophie, Bibliographie; Rede- und Dichtkunst sind nicht inbegriffen.

[51] „Obgleich Kayser Carl der Grosse und einige seiner Nachfolger die Wissenschaften beschützten, so hatten doch in diesen Zeiten der Verwirrung [...] die schönen Wissenschaften keinen grossen Fortgang. Dennoch verdient Carl den Ruhm, daß er der allgemeinen Verwüstung, darin die Wissenschaften lagen, ein Ende zu machen suchte, und die schöne Litteratur seines Landes nicht vergaß. Sein Pallast ward ein Tempel der Musen. Sprachkunst, Beredsamkeit und Poesie waren nebst einigen mathematischen, seine liebsten Wissenschaften." (Christoph Daniel Ebeling), Kurze Geschichte der deutschen Dichtkunst; in: Hannoverisches Magazin 5 (1767) Sp. 87 f.

zierter Verwendung je nach Kontext: „schöne Wissenschaften" nach wie vor in wissenschaftssystematischen Zusammenhängen, „schöne Litteratur" in anderen.[52] Und dabei ist „schöne Litteratur" geworden, was „schöne Wissenschaften" nie so recht hat werden können, zum Objektbegriff nämlich, der einen Teil der Objektgesamtheit „Litteratur" umfaßt[53], den „schönen" eben.[54]

Die Wendung von „Litteratur" zum Objektbegriff ist endgültig fixiert worden durch die Diskussionen, die der Preußenkönig Friedrich II. mit seiner Schrift über bzw. gegen die deutsche Literatur 1780 entfacht hat.[55] Auch seine Gegner haben sich durchwegs seinem und damit übrigens auch dem französischen Sprachgebrauch[56] angepaßt, und bisweilen sieht es so aus, als hätte man gleich auch noch auf die Spezifizierung „schön" für die Gesamtheit der poetischen Texte verzichten wollen.[57] Als Ergänzung gab es überdies noch den neu-

---

52 Ein Zitat verdeutliche den Übergang: „schöne Wissenschaften" nur noch als Kapitelüberschrift, „schöne Literatur" im Text. „Schöne Wissenschaften. § 19. Diese erwachten zu Ende des vorigen und mit dem Anfange des gegenwärtigen Zeitraumes in allen Theilen Europens mit weit lebhafterm Glanze [...]. Um nicht zu weitläufig zu werden, will ich bloß bey der schönen Litteratur der Deutschen stehen bleiben." (Johann Christoph Adelung), Versuch einer Geschichte der Cultur des menschlichen Geschlechts. Leipzig 1782, S. 461.

53 „Was man die Litteratur eines Volks nennt, ist der Inbegriff der Werke, die es in seiner eigenen Sprache besitzt." Christian Garve, Ueber den Einfluß einiger besondern Umstände auf die Bildung unserer Sprache und Litteratur. Eine Vorlesung; in: Neue Bibliothek der schönen Wissenschaften und der freyen Künste. Vierzehnten Bandes Erstes Stück. Leipzig 1773, S. 5–25; 5.

54 „Die Welt spricht von den hohen Tugenden und schätzbaren Eigenschaften, nebst Hochderoselben vortrefflichen Kentnissen der schönen Litteratur zu laute, als daß ich, der ich so wenig Fähigkeiten eines Lobredners besitze, davon schweigen sollte." (Christian David Hohl), Kurzer Unterricht in den schönen Wissenschaften für Frauenzimmer. Erster Theil. Chemnitz 1771, fol. *2 vo (Widmung an Auguste Stolberg).

55 De la littérature allemande; des défauts qu'on peut lui reprocher; quelles en sont les causes; et par quels moyens on peut les corriger. Berlin 1780. – Friedrich II., König von Preußen, und die deutsche Literatur des 18. Jahrhunderts. Texte und Dokumente. Hrsg. von Horst Steinmetz. (Reclams Universal-Bibliothek. 2211) Stuttgart 1985.

56 Emile Littré, Dictionnaire de la langue française. Tome 4. Paris 1957, S. 1660 f. – Ulrich Ricken, Zur Bezeichnungsgeschichte des Literaturbegriffs im 18. Jahrhundert; in: Geschichte und Funktion der Literaturgeschichtsschreibung. Hrsg. von Heinrich Scheel. (Sitzungsberichte der Akademie der Wissenschaften der DDR, Gesellschaftswissenschaften. 1982, Nr. 2/G) Berlin 1982, S. 173–182.

57 Carl Gottfried Schreiter, De litteraturae autonomia sive observationes ad indolem litterarum definiendam. Sectio prima. Leipzig 1784, versteht unter literatura durchgehend nur die „schöne" Literatur; ähnlich, nur noch enger gefaßt, folgendes Zitat aus dem Jahre 1782: „Erst seit etwa dreißig Jahren haben die Deutschen ihre eigene Litteratur: Schriften in ihrer Sprache für Weltleute. Gellert und Rabener sind die Stifter derselben. Vorher hatten sie wohl Verse [...]; aber Verse geben keine Litteratur, hiezu werden prosaische Schriften erfodert." Johann Carl Wezel, Kritische Schriften. Im Faksimiledruck hrsg. mit einem Nachwort und Anmerkungen von Albert R. Schmitt [...]. Zweiter Band. (Deutsche Neudrucke, 18. Jahrhundert) Stuttgart 1971, S. 678.

en Terminus „Nationallitteratur“[58], von gleichem Begriffsumfang wie „schöne Litteratur“.[59]

Um 1780 also hat die Thematisierungsweise „Text als Objekt des Lesers“ ihr terminologisches Manko beseitigt und sich eine Gegenstandsbezeichnung von solcher Eingängigkeit geschaffen, daß man sich schon 1784 fragen konnte, wie Sulzer nur ein gutes Jahrzehnt vorher überhaupt ohne Wort und Begriff „(schöne) Litteratur“ hatte auskommen können.[60] Da der Name des Gegenstandes gefunden war, konnte endlich versucht werden, den Gegenstand selbst in die Wissenschaftsorganisation einzuführen: so Reinhold und Cramer in ihren Vorlesungen.[61]

Wissenschaft

Die Wissenschaftsorganisation erprobte am Ende des Jahrhunderts einen neuen, zunächst noch sehr diffusen Typ von Professuren[62], das Wissenschaftssystem reagierte auf seine Weise ebenfalls. Mit der Einführung der neuen Gegenstandsbezeichnung „schöne Litteratur“ oder „Nationallitteratur“ hatte die Stunde für die nur noch scheinhafte Disziplinenbezeichnung „schöne Wissenschaften“ geschlagen. Sie war entbehrlich geworden und wurde prompt aus dem Verkehr gezogen, am wirkungsvollsten durch Kant[63], mit den besseren Gründen durch Karl Heinrich Heydenreich.[64] Wer fortan einigermaßen auf der

[58] Wohl zuerst belegt bei Herder: „Welches Volk, welches Jahrhundert hat sich je eine andre als Sekular- und National-Litteratur gebauet?“ Ueber die neuere Deutsche Litteratur. Fragmente. Zweite Sammlung. Zweite völlig umgearbeitete Ausgabe (Manuskript, ca. 1768); in: Herders Sämmtliche Werke. Hrsg. von Bernhard Suphan. Zweiter Band. Berlin 1877, S. 118.

[59] (Leonhard Meister), Beyträge zur Geschichte der teutschen Sprache und National-Litteratur. 2 Bände. London (Bern) 1777, benutzt als Kolumnentitel durchgehend „Nationallitteratur“, im Text selbst dagegen „schöne Litteratur“ (I 50, 55, 118 u. ö.). – Zur näheren Bestimmung von „National-Litteratur“: Samuel Simon Witte, Von der Litteratur, ihrem Begriffe und Werthe. (Rektoratsprogramm) Rostock 1795, S. 9. – Die Verwendung von „schöne National-Litteratur“ ist ein Ausnahmefall geblieben: Johann Christoph Adelung, Magazin für die Deutsche Sprache. Ersten Jahrganges viertes Stück. Leipzig 1783, S. 114, 144 u. ö.

[60] Schreiter (= Anm. 57) 10: in quo mirari certe quis possit, ipsius litteraturae et nomen et notitiam frustra quaeri. Nam quae in eo passim leguntur, vbi de artibus sermone vtentibus, (redende Künste) et de rhetorica (Rhetorik, Redekunst) praecipit, non obscure quidem ostendunt, desiderasse et quaesiuisse seueri iudicii virum iustiorem quandam eius artis, quae linguarum et orationis studia amplectitur, descriptionem.

[61] Vgl. oben S. 155.

[62] Vgl. oben S. 168.

[63] „Es gibt weder eine Wissenschaft des Schönen, sondern nur Kritik, noch schöne Wissenschaft, sondern nur schöne Kunst. [...] Was das zweite anlangt, so ist eine Wissenschaft, die, als solche, schön sein soll, ein Unding.“ Immanuel Kant, Werke in sechs Bänden. Hrsg. von Wilhelm Weischedel. Darmstadt 1963, V 403 (Kritik der Urteilskraft, A 174, B 176 f.).

[64] Und zwar durch Aufnahme der Mendelssohnschen Unterscheidung und ihre Spren-

Höhe sein wollte, mußte wenigstens zeigen, daß er die neue Sprachregelung kannte[65], und selbst Traditionalisten wie Johann August Eberhard[66], Johann Joachim Eschenburg[67] oder Johann Gottfried Dyk[68] änderten ihren Sprachgebrauch oder korrigierten sogar eingeführte Buchtitel. Die Produktion („schöne Redekünste") und das Produkt des Schreibers bzw. Objekt des Lesers („schöne Litteratur") waren terminologisch voneinander getrennt.

Die Reaktion auf diese terminologische Bereinigung hat sich darauf beschränkt, die „schönen Wissenschaften" zwar als selbständige Disziplin auszuscheiden, aber dennoch die „schönen Redekünste" im System zu belassen, als Gegenstand nämlich einer Theorie. Die Regel war, daß all die Verfasser von Enzyklopädien diese Umstellung stillschweigend vollzogen haben. Exempla-

---

gung von innen heraus: „[...] daß der so gewöhnliche Unterschied der schönen Künste, und schönen Wissenschaften [...] ohne allen Grund ist. Kunst ist doch wohl nichts anders, denn der Inbegrif der Ausübungssätze, welche zur Erreichung einer Absicht erfordert werden, und zu ihrer Anwendung eine Fertigkeit erfordern; bezieht sich also allezeit auf Hervorbringung von etwas außer sich, es sey nun dieß ein Werk oder eine andre Erscheinung. Wissenschaft, im strengsten Sinne des Wortes, ist der Inbegrif ineinander gegründeter allgemeiner Wahrheiten, und bezieht sich nie unmittelbar auf Ausübung. Wiefern nun Dicht- und Redekunst ebenfalls Werke hervorbringen, müssen auch sie Künste genannt werden." Karl Heinrich Heydenreich, System der Aesthetik. Erster Band. Leipzig 1790, S. 215 f.

65 Gottlieb Ernst August Mehmel, Ueber den Einfluß der schönen Wissenschaften auf die Veredelung der Menschheit. Erlangen 1792, S. 6 f.: es sei überflüssig, „zu zeigen, wie die Dichtkunst und Rhetorik in ihrem ganzen Umfange zu dieser Benennung gekommen sind", und es sei nicht darüber zu reden, „ob es besser sey, die Dichtkunst, wie die Redekunst unter dem allgemeinen Namen der schönen Künste zu betrachten". – Erduin Julius Koch, Grundriß einer Geschichte der Sprache und Literatur der Deutschen [...]. (Compendium der deutschen Literatur-Geschichte. 2) Berlin 1798, S. II: „Der nächst folgende [= Band] soll die Geschichte der Deutschen Beredsamkeit umfassen, und so die erste Abtheilung des Ganzen schließen, welche die Geschichte der schönen Wissenschaften, oder, wie man diese richtiger nennen sollte, der schönen Rede-Künste, enthalten soll."

66 Eberhard, der selbst eine einflußreiche „Theorie der schönen Wissenschaften" (Halle 1783) verfaßt hatte, erklärte in seinem „Handbuch der Ästhetik für gebildete Leser aus allen Ständen, in Briefen" (Dritter Theil. Halle 1804, S. 261, 266) kommentarlos: „es giebt zwey redende Künste, die Rhetorik und die Poetik", und: „die Redekünste, d. i. über die Poesie und Beredtsamkeit".

67 Eschenburg nannte seinen „Entwurf einer Theorie und Literatur der schönen Wissenschaften" (Berlin/Stettin 1783) in der 3. Auflage „Entwurf einer Theorie und Literatur der schönen Redekünste" (Berlin/Stettin 1805), mit dieser Erläuterung: „Daß ich auf dem Titel dieser dritten Auflage, anstatt des vormals gebrauchten Ausdrucks schöne Wissenschaften, den jetzt gebräuchlichern Ausdruck schöne Redekünste gewählt habe, wird man hoffentlich billigen" (S. XII).

68 Die „Bibliothek der schönen Wissenschaften und freyen Künste" (gegründet 1757 von Friedrich Nicolai) erschien in ihrer letzten Fortsetzungsreihe als „Bibliothek der redenden und bildenden Künste", also „unter einem etwas veränderten Titel", „welcher dem itzigen Sprachgebrauche gemäßer ist", wie der seit gut vierzig Jahren tätige Herausgeber in seinem „Vorbericht" (Ersten Bandes Erstes Stück. Leipzig 1806) bemerkte.

risch ist da die „encyklopädische Tafel“ von Christian Gottfried Schütz[69]: im vierzehnten „Fach“ „Schöne Künste“ figuriert unter „VII. Redende Künste“ als Nummer zwei die „Dichtkunst“ mit folgenden Unterabteilungen: „(1) Theorie und Geschichte. (2) Dichterwerke. a. allgemeine und vermischte Sammlungen. b. besondere Gattungen“. Der Titel „Dichtkunst“ steht nur noch pro memoria; die Fortsetzung („Theorie und Geschichte“) zeigt, daß er, an sich systemwidrig, nicht die Disziplin, sondern ihren Gegenstand bezeichnet.

Nur Wilhelm Traugott Krug hat die Umstellung deklariert und so begründet: „Auch ist es der Einheit des Systems entgegen, die Charakterisirung der schönen Künste und Wissenschaften oder gar der Handwerke und mechanischen Künste in eine Enzyklopädie aufzunehmen, da dieselben als bloße Fertigkeiten nicht in das Gebiet der menschlichen Erkenntniß gehören, die Theorien derselben aber ebenfalls in eigenen Wissenschaften abgehandelt werden“.[70] Der Effekt aber ist derselbe: die „schönen Redekünste“ bleiben im System als Gegenstand der auf sie gerichteten Theorie. Das heißt, die Produktion unter der neuen Bezeichnung „schöne Redekünste“ ist im System bedacht, das Produkt unter der neuen Bezeichnung „schöne Litteratur“ noch nicht, ganz zu schweigen von einer Wissenschaft oder Theorie, die für die Objektgesamtheit „schöne Litteratur“ zuständig wäre.

Sucht man in den enzyklopädischen Wissenschaftssystematiken der Zeit die vorhandenen Disziplinansätze mit dem Gegenstand „schöne Literatur“ dennoch irgendwie zu orten, so ergibt sich ein aufschlußreicher Befund. Die Ansätze innerhalb der Thematisierungsweise „Text als Produkt des Schreibers“ sind nämlich generell als eigene Disziplinen oder Teildisziplinen vorgesehen, die Litterärhistorie also (bei Schütz z. B. als „Funfzehntes Fach“) und die Ästhetik oder Theorie der Dichtkunst. Von den Ansätzen innerhalb der Thematisierungsweise „Text als Objekt des Lesers“ hat dagegen nur die Literaturgeschichte neuen Stils einen möglichen Unterschlupf als Anhang zur Poetik gefunden (bei Schütz „Theorie und Geschichte“ der Dichtkunst), aber nie unter dem an sich möglichen Namen „Geschichte der Nationallitteratur (schönen Litteratur)“ etwa als eine der historischen Wissenschaften, während die Erklärung deutscher Klassiker oder die Charakteristik geradezu absichtlich ausgespart zu sein scheinen und einfach nicht vorkommen; bei Schütz z. B. gibt es im „zweyten Fach: Philologie“ zwar parallel zur Rubrik „Lateinische Sprache“ auch eine für „Deutsche Sprache“ mit Grammatiken, aber nicht einmal aus Symmetriegründen eine Entsprechung zur Rubrik „Römische Literatur“, geschweige denn zu deren Unterrubriken „Ausgaben und Erläuterungen lateinischer Schriften“ oder „Geschichte und Literatur der lateinischen Schriftstel-

[69] „Auszug der encyklopädischen Tafel, nach welcher das systematische Register angelegt worden ist“, ohne Paginierung vor: Allgemeines Repertorium der Literatur für die Jahre 1785 bis 1790. Erster Band [...]. Jena 1793. Die Tafel war von beträchtlichem Einfluß nicht zuletzt deshalb, weil sie als Gliederungsprinzip auch der „Allgemeinen Litteratur-Zeitung“ zugrunde lag.

[70] Wilhelm Traugott Krug, Versuch einer Systematischen Enzyklopädie der Wissenschaften. Erster Theil. Wittenberg/Leipzig 1796, S. 12.

ler". Diese höchst ungleiche Behandlung läßt an Deutlichkeit nichts zu wünschen übrig.

Grund dafür war natürlich nicht einfach die Bosheit oder Ignoranz der Enzyklopädisten, jedenfalls um 1800 noch nicht, und als sich später das System des Wissens, repräsentiert durch Enzyklopädien und Bibliographien, weiterhin standhaft und bis zum Unsinn geweigert hat, eine mit neuerer deutscher Literatur befaßte Wissenschaft zur Kenntnis zu nehmen[71], da waren wohl wieder andere Gründe dafür verantwortlich. Um 1800 aber haben Zustand und Beschaffenheit der beiden letzten Disziplinansätze eine Einstufung als Wissenschaften noch nicht zugelassen. Dabei ist gar nicht an den strengen Wissenschaftsbegriff in „subjektiver" Fassung (Wolffs „Fertigkeit zu demonstriren") oder in „objektiver" Fassung (systematischer Aussagenkomplex)[72] zu denken, vor dem kaum eine der etablierten Disziplinen bestanden hätte und der deshalb für die Wissenschaftssystematik ungeeignet war.[73]

Doch selbst vor einem pragmatisch moderierten Begriff von Wissenschaft („Inbegriff gehörig bewährter und zweckmäßig geordneter Wahrheiten von gewissen Gegenständen"[74]), wie er – erkennbar an der Pluralform[75] – unter Wissenschaftssystematikern allgemein im Gebrauch war, konnten vorderhand nur zwei von jenen vier Disziplinansätzen bestehen: die Litterärhistorie als

[71] Unsinn ist es beispielsweise zu nennen, wenn eine maßgebende Bibliographie aller Philologien noch um die Mitte des 19. Jahrhunderts zwar selbst die belanglosesten „Erläuterungsschriften" zur griechischen, lateinischen und „altdeutschen Literatur" aufnimmt, diejenigen zur neueren deutschen Literatur aber strikt als nicht vorhanden betrachtet, und zwar unabhängig von deren philologischem Gehalt: Bibliographisches Handbuch der philologischen Literatur der Deutschen von der Mitte des achtzehnten Jahrhunderts bis auf die neueste Zeit. Nach Johann Samuel Ersch in systematischer Ordnung bearbeitet [...] von Christian Anton Geissler. Leipzig 1845.

[72] „Eine jede Lehre, wenn sie ein System, d. i. ein nach Prinzipien geordnetes Ganze der Erkenntnis sein soll, heißt Wissenschaft. [...] Eigentliche Wissenschaft kann nur diejenige genannt werden, deren Gewißheit apodiktisch ist; Erkenntnis, die bloß empirische Gewißheit enthalten kann, ist ein nur uneigentlich so genanntes Wissen. Dasjenige Ganze der Erkenntnis, was systematisch ist, kann schon darum Wissenschaft heißen, und, wenn die Verknüpfung der Erkenntnis in diesem System ein Zusammenhang von Gründen und Folgen ist, so gar rationale Wissenschaft." Kant (= Anm. 63) V 11 f. (Metaphysische Anfangsgründe der Naturwissenschaft, A IV f.). – Dazu Friedrich Kambartel, Theorie und Begründung. Studien zum Philosophie- und Wissenschaftsbegriff. Frankfurt 1976, S. 28–45.

[73] „Eigentlich sollte man durch dieses Wort nur den Umfang solcher in einander gegründeten allgemeinen Wahrheiten bezeichnen, welche durch die Nachforschung der Vernunft aus der Natur der Dinge, von denen sie handeln, auf eine unumstößliche Weise hergeleitet worden sind. Allein wie eng würde alsdann der Kreis des menschlichen Wissens werden?" Erduin Julius Koch, Encyklopädie aller philologischen Wissenschaften, für Schulen und Selbst-Unterricht. Berlin 1793, S. 1.

[74] Koch S. 1.

[75] Das Wort „Wissenschaften" kommt z. B. im Inhaltsverzeichnis der „Akademischen Propädevtik zu Vorlesungen" (Leipzig 1799) von Georg Niklas Brehm auf einer Seite nicht weniger als 23mal mit einer entsprechenden Fülle von Adjektiven vor.

eine von den historischen[76] und die Ästhetik als eine von den philosophischen Wissenschaften, und beide sind ja auch allgemein in den Enzyklopädien als (Teil-)Wissenschaft aufgeführt. Dem dritten Disziplinansatz, der Literaturgeschichte neuen Stils, muß man immerhin gute Aussichten bescheinigen, bei fortschreitendem Ausbau dem moderaten Wissenschaftsbegriff zu genügen; vom vierten dagegen, der Erklärung deutscher Klassiker, ist nicht abzusehen, wie er das Kriterium „gehörig bewährte und zweckmäßig geordnete Wahrheiten" selbst bei besserem Ausbauzustand jemals hätte erfüllen können.

Genau um dieselbe Zeit begann sich jedoch eine vollständige Umstellung des Wissenschaftsbegriffs abzuzeichnen, indem die alte Unterscheidung zwischen subjektiver und objektiver Bedeutung von „Wissenschaft" (Wissenschaft haben und Wissenschaft sein) unterlaufen wurde durch einen neuen Begriff, der sich an das relativ junge Adjektiv „wissenschaftlich"[77] geheftet hat. Er ist zweckmäßig als prozessualer Wissenschaftsbegriff zu bezeichnen; denn ihm zufolge ist „Wissenschaft" nicht mehr ein Prädikat des erkennenden Subjekts („Fertigkeit zu demonstriren") oder seiner Erkenntnisergebnisse (System, Begründbarkeit), sondern des Prozesses ihrer Gewinnung. Grammatisch gesprochen: der prozessuale Wissenschaftsbegriff kennt, wie der „subjektive" Begriff[78], „Wissenschaft" nur als Singularetantum und benutzt anders als dieser nicht „haben", sondern, wie der „objektive" Begriff von Wissenschaft, nur „sein", aber immer ohne den unbestimmten Artikel – „das ist Wissenschaft" statt „ich habe Wissenschaft" (subiective) oder „das ist eine Wissenschaft" (obiective). Anders: der prozessuale Wissenschaftsbegriff ersetzt das Kriterium „Wissenschaft" durch das Kriterium „Wissenschaftlichkeit".

Die Umstellung des Wissenschaftsbegriffs ist einer der wechselweise aufeinander verweisenden Aspekte, unter denen sich der fundamentale Wandel von Wissenschaft und Universität um 1800 darstellen läßt. Der Übergang von einer gesellschaftlich exterritorialen Gelehrtenkorporation zu einer staatlichen Ausbildungsinstitution hat ein Gegengewicht im Übergang von den Nützlichkeitsanforderungen an die Wissenschaften im frühen 18. zu den Autonomieidealen im 19. Jahrhundert, und beide treffen sich im Übergang vom alten Typ Wissen-

[76] Bei Brehm 77 als eine der „litterarischen Wissenschaften": „Die Hauptwissenschaft des Litterators ist die Litterärgeschichte selbst."

[77] In einer Rezension von Johann Andreas Stiehl, Versuch einer wissenschaftlichen Wapenkunde, wie auch eines wapenkündlichen Wörterbuches (Frankfurt 1757), beanstandete Gottsched solche Ableitungen auf -lich als unerlaubten Neologismus: „Allein gleich der Titel des Buches zeiget uns solche ungewöhnlichen Figuren und Gestalten, an dem wissenschaftlichen, und wapenkundlichen daß man davor, als vor Gespenstern erschrickt. Ohne Zweifel sind es Geschöpfe, die zur Sippschaft des kirchlichen und gottesdienstlichen gehören, womit die deutsche Sprache seit einiger Zeit heimgesuchet worden." Das Neueste aus der anmuthigen Gelehrsamkeit 1757, S. 509 f.

[78] „Mit Recht veraltet ist die Bedeutung des Wortes, in welcher man es ehemals, und jetzt nur noch im Curial-Styl, für Kenntniß, Erkenntniß, Erfahrung etc. nahm; z. B. ich habe eine Wissenschaft von der Sache; oder, die Sache ist zu meiner Wissenschaft gekommen." Koch (= Anm. 73) 1.

schaft, die sich als Vervollständigung und Systematisierung bewährten Wissens versteht, zu einem neuen Typ Wissenschaft, die sich dezidiert als Forschung und als Erzeugung neuen Wissens versteht und sich unter den Primat der „Methode" stellt.[79] Der prozessuale Wissenschaftsbegriff ist im 19. Jahrhundert schon bald zum alleinherrschenden geworden: es ging überall nur noch darum, ob eine bestimmte Erkenntnis (verstanden als nomen actionis) Wissenschaftlichkeit beanspruchen könne, nicht mehr darum, ob eine bestimmte Erkenntnis (verstanden als nomen acti) selbst Wissenschaft oder Teil einer solchen sei.

Das Potential des Adjektivs „wissenschaftlich" scheint als erster Johann Heinrich Lambert entdeckt und genutzt zu haben. Mit der ihm eigenen Luzidität beschreibt er, wie die „wissenschaftliche Erkenntniß" von der „gemeinen Erkenntniß", die „schlechterdings historisch" (das heißt empirisch[80]) sei, ausgeht und sie überbietet nicht unbedingt im Ergebnis, sondern auf jeden Fall in ihrem rationellen und rationalen Vorgehen, das auf reflexivem Vergleichen und tentativem Zusammenhangstiften beruht.[81] Ob am Ende die „eigentliche" oder gar die „rationale Wissenschaft" im Sinne Kants steht, ist sekundär gegenüber dem Interesse an der Wissenschaftlichkeit eines jeden Verfahrens.

Obwohl Lamberts prozessualer Wissenschaftsbegriff oder, was dasselbe meint, sein Wissenschaftlichkeitsbegriff in der philosophischen Diskussion nicht in erkennbarer Weise rezipiert worden ist, hat sich doch ein Gebrauch von „wissenschaftlich" gehalten, der nicht nur die Zugehörigkeit zur Wissenschaft, sondern eine Qualität eines Verfahrens meint. Während man unter „wissenschaftlichem Unterricht" den Unterricht in den Wissenschaften im Unterschied zum „sprachlichen Unterricht" verstehen konnte[82], war doch auch ein spezifischerer Gebrauch möglich, demzufolge ein „wissenschaftlicher Unterricht in der Muttersprache" ein (sprach)philosophisch gründlich durchdachter sein sollte.[83]

Daß sich diese Verwendung von „wissenschaftlich" in den letzten Jahren des 18. Jahrhunderts sprunghaft ausgebreitet und zu einem Wertprädikat verschärft hat, hängt zweifellos mit Fichtes „Wissenschaftslehre" zusammen. Fichte hat z. B. in seiner Schrift „Über den Begriff der Wissenschaftslehre oder der sogenannten Philosophie" (1794), mit den verschiedenen Bedeutungen von „Wissenschaft" spielend und weithin nur den Sprachgebrauch auslegend,

---

[79] R. Steven Turner, The Prussian universities and the concept of research; in: Internationales Archiv für Sozialgeschichte der Literatur 5 (1980) 68–93.

[80] Vgl. Arno Seiffert, Cognitio historica. Die Geschichte als Namengeberin der frühneuzeitlichen Empirie. (Historische Forschungen. 11) Berlin 1976.

[81] Johann Heinrich Lambert, Neues Organon oder Gedanken über die Erforschung und Bezeichnung des Wahren und dessen Unterscheidung vom Irrthum und Schein. Erster Band. Leipzig 1764, S. 386–450, das Kapitel „Von der wissenschaftlichen Erkenntniß", besonders die §§600–610 (S. 387–392).

[82] Friedrich Gedike, Ueber die Verbindung des wissenschaftlichen und philologischen Schulunterrichts (1780); in: F. G., Gesammlete Schulschriften. Berlin 1789, S. 20–25.

[83] Michael A. Köl, Handbuch zum Studium der teutschen Sprache und Litteratur. Nach Oberthürs allgemeinem Schulplane verfasset. Des ersten Bandes Erster Theil. Würzburg 1786, S. VIII, XII u. ö.

den Kantschen Wissenschaftsbegriff demontiert durch den Nachweis, daß die „systematische Form“ „der Wissenschaft bloß zufällig“ zukomme und „bloß etwa Mittel zum Zwecke“ sei[84], eine Gewißheit zu weiterzuleiten, die sie nicht aus sich selbst hat.

Zu sagen, daß Fichtes Explikation des Wissenschaftsbegriffs die Grundlage für die Wissenschaftsentwicklung im 19. Jahrhundert abgegeben hätte, wäre ohne Zweifel übertrieben; aber sie hat auf jeden Fall dem prozessualen Wissenschaftsbegriff seine emphatischen Hieb- und Stichworte geliefert: „wissenschaftliches Verfahren“[85], „Anspruch auf Wissenschaftlichkeit“ und, besonders wichtig, „unwissenschaftlich“.[86]

Der prozessuale Wissenschaftsbegriff, aufgestellt als zu erfüllende Bedingung, hat den Eintritt in das Wissenschaftssystem einerseits erschwert, andererseits erleichtert: erschwert, insofern eine jede Wissenschaft prinzipiell in jedem ihrer Akte ihre Wissenschaftlichkeit erweisen mußte und sich nicht auf dem einmal erhaltenen Wissenschaftscharakter berufen konnte; enorm erleichtert, insofern de facto nicht selten der Anspruch auf Wissenschaftlichkeit deren Nachweis ersetzen konnte oder auch mußte, da die Anwendung des Kriteriums „Wissenschaftlichkeit“ auf das unsichtbare Verfahren zumindest schwerer ist als die Anwendung des Kriteriums „Wissenschaft“ auf die sichtbaren Ergebnisse und ihrerseits Kriterien braucht, über die eine Einigung bis heute noch aussteht.

Unter diesen Umständen und Auspizien läßt sich recht genau beschreiben, wie um 1800 die vier Disziplinansätze innerhalb von Wissenschaftsorganisation und Wissenschaftssystem standen, die sich wenigstens unter anderem auch mit literarischen Texten deutscher Sprache befaßten. Die beiden, die innerhalb der Thematisierungsweise „Text als Produkt des Autors“ geblieben und daher produktions- und produzentenorientiert auf ihren Gegenstand „schöne Redekünste“ gerichtet waren, konnten entweder als selbständige Wissenschaft (Litterärhistorie) oder als Teilwissenschaft (Ästhetik) gelten, waren durch Professuren oder Teil von Professuren vertreten und gehörten zum normalen Veranstaltungsprogramm. Die beiden anderen Disziplinansätze, die zur Thematisierungsweise „Text als Objekt des Lesers“ übergegangen und daher leserorientiert auf ihren Gegenstand „schöne Litteratur“ oder „Nationallitteratur“ gerichtet waren, konnten nicht (Erklärung deutscher Klassiker) oder noch nicht (Literaturgeschichte) als Wissenschaft gelten, hatten keine direkt zuständige unter den Professuren und kamen nur ausnahmsweise im Vorlesungsprogramm vor. Alle vier zusammen aber sahen sich bald, dieser ihrer unterschiedlichen Stellung ungeachtet, vor die neue Aufgabe aller Disziplinen und Disziplinansätze gestellt, den Anspruch auf Wissenschaftlichkeit erst einmal zu erheben und ihn dann auch durchzusetzen.

---

84 Johann Gottlieb Fichte, Ausgewählte Werke in sechs Bänden. Hrsg. von Fritz Medicus. (Nachdruck) Darmstadt 1962, I 168.

85 Fichte I 196.

86 Fichte III 548 (Sonnenklarer Bericht an das größere Publikum, über das eigentliche Wesen der neuesten Philosophie; 1801).

Deutsche Philologie

So zufällig das bayerische Modell (Erklärung deutscher Klassiker als Vorlesungs- und Prüfungsthema) nicht verwirklicht worden ist[1], so zufällig ist – und fast möchte man sagen: statt dessen – die philologische Behandlung „altdeutscher“ Texte in das universitäre Programm gelangt. Nichts hatte während des 18. Jahrhunderts darauf hingedeutet, daß ausgerechnet diese Richtung der Beschäftigung mit deutscher Sprache und Literatur als erste zu institutionellen Ehren kommen könnte.

Deutschphilologisches im 18. Jahrhundert

Wie seinerzeit den Rhetorikprofessuren präludiert wurde durch entsprechende Wünsche[2], so auch den Professuren für deutsche Philologie. Ein Ungenannter wünschte 1801 frageweise, daß die vakante orientalistische Professur in Kiel aufgelöst und „vielleicht dafür ein Professor für Teutsche Sprache ernannt“ würde, und fügte hinzu: „Eine solche Professur müßte auch die Kultur der alten Teutschen SprachDialekte und die Bearbeitung der darin noch vorhandenen Denkmäler beabsichtigen.“[3] Und wenig später berücksichtigte Wilhelm Traugott Krug sie sogar schon in seiner organisatorisch ausformulierten Wissenschaftssystematik und notierte: „Für das philologische Fach wenigstens drey ordentliche Lehrer, Einer für orientalische, Einer für griechisch-römische, und Einer für vaterländische Sprachkunde und Literatur, welche lezte leider auf den meisten deutschen Universitäten noch keine eigne Lehrstelle hat.“[4] Die Frist zur Erfüllung der Wünsche war diesmal ausgesprochen kurz, obwohl, wie gesagt, kaum etwas zu besonderen Erwartungen berechtigt hätte.

An den Editionen mittelalterlicher Texte[5] und an der literaturgeschichtlichen Materialsammlung allgemein[6] waren ja die deutschen Professoren so gut wie unbeteiligt, und auch die beileibe nicht unbeträchtliche Sprachforschung[7]

---

1 Vgl. oben S. 191 f.

2 Vgl. oben S. 41.

3 Allgemeiner litterarischer Anzeiger, 16. April 1801, Sp. 549.

4 Wilhelm Traugott Krug, Versuch einer neuen Eintheilung der Wissenschaften zur Begründung einer besseren Organisazion für die höheren gelehrten Bildungsanstalten. Züllichau/Freystadt 1805, S. 37 f.

5 Vgl. oben S. 136.

6 Vgl. oben S. 137 ff.

7 Rudolf von Raumer, Geschichte der Germanischen Philologie vorzugsweise in Deutschland. (Geschichte der Wissenschaften in Deutschland. Neuere Zeit. 9) München 1870, S. 204–253. – Werner Salow, Die deutsche Sprachwissenschaft in der All-

hatte sich weitgehend außerhalb der Universitäten abgespielt. Bibliothekare, Schulmänner, Pfarrer, Privatgelehrte waren die Verfasser der zahlreichen Idiotika (Mundartwörterbücher)[8] und der beiden großen lexikalischen Darstellungen der hochdeutschen Gegenwartssprache[9], sie hatten die normative Grammatik nach Gottsched in ihre Hände genommen[10], auch die Grammatiken älterer deutscher Sprachstufen verfaßt[11], die wesentlichen Beiträge zur Etymolo-

---

gemeinen Deutschen Bibliothek. Ein Beitrag zur Geschichte der deutschen Philologie im Zeitalter der Aufklärung. Diss. Greifswald 1926. – Helmut Gipper/Peter Schmitter, Sprachwissenschaft und Sprachphilosophie im Zeitalter der Romantik. Ein Beitrag zur Historiographie der Linguistik. (Tübinger Beiträge zur Linguistik. 123) Tübingen 1979.

[8] Raumer (= Anm. 7) 242–247. – Adolf Bach, Deutsche Mundartforschung. Ihre Wege, Ergebnisse und Aufgaben. Heidelberg 1950, S. 14 f. – Richard J. Brunner, Johann Andreas Schmeller. Sprachwissenschaftler und Philologe. (Innsbrucker Beiträge zur Sprachwissenschaft. 4) Innsbruck 1971, S. 28–41. – Ulrich Knoop, Das Interesse an den Mundarten und die Grundlegung der Dialektologie; in: Dialektologie. Ein Handbuch zur deutschen und allgemeinen Dialektforschung. Hrsg. von Werner Besch (u. a.). Erster Halbband. (Handbücher zur Sprach- und Kommunikationswissenschaft. 1.1) Berlin/New York 1982, S. 1–23; 9–11.

[9] Johann Christoph Adelung, Grammatisch-kritisches Wörterbuch der Hochdeutschen Mundart, mit beständiger Vergleichung der übrigen Mundarten, besonders aber der Oberdeutschen. 4 Theile. 2. Auflage. Leipzig 1793–1801. – Wörterbuch der Deutschen Sprache. Veranstaltet und hrsg. von Joachim Heinrich Campe. 5 Theile. Braunschweig 1807–1811. – Helmut Henne, Semantik und Lexikographie. Untersuchungen zur lexikalischen Kodifikation der deutschen Sprache. (Studia Linguistica Germanica. 7) Berlin/New York 1972, S. 41 ff. – Deutsche Wörterbücher des 17. und 18. Jahrhunderts. Einführung und Bibliographie. Hrsg. von Helmut Henne. Hildesheim/New York 1975.

[10] Max Hermann Jellinek, Geschichte der neuhochdeutschen Grammatik von den Anfängen bis auf Adelung. 2 Bände. (Germanische Bibliothek. II 7) Heidelberg 1913/14. – Alan Kirkness, Zur Sprachreinigung im Deutschen 1789–1871. Eine historische Dokumentation. 2 Teile. (Forschungsbericht des Instituts für deutsche Sprache. 26) Tübingen 1975. – Sprache und Kulturentwicklung im Blickfeld der deutschen Spätaufklärung. Der Beitrag Johann Christoph Adelungs. Hrsg. von Werner Bahner. (Abhandlungen der Sächsischen Akademie der Wissenschaften zu Leipzig. Philosophisch-historische Klasse. 70,4) Berlin 1984. – Margrit Strohbach, Johann Christoph Adelung. Ein Beitrag zu seinem germanistischen Schaffen mit einer Bibliographie seines Gesamtwerkes. (Studia Linguistica Germanica. 21) Berlin 1984. – Bernd Naumann, Grammatik der deutschen Sprache zwischen 1781 und 1856. Die Kategorien der deutschen Grammatik in der Tradition von Johann Werner Meiner und Johann Christoph Adelung. (Philologische Studien und Quellen. 114) Berlin 1986.

[11] George Hickes, Institutiones Grammaticae Anglo-Saxonicae & Moeso-Gothicae (Oxford 1689). (English Linguistics 1500–1800. 277) Menston 1971. – Ders., Linguarum Vett. Septentrionalium Thesaurus Grammatico-criticus et Archaeologicus (2 vols., Oxford 1703–05). (English Linguistics 1500–1800. 248) Menston 1970. – Eine Grammatica Otfridiana im handschriftlichen Nachlaß Dietrich von Stades, bekannt aus: Johann Heinrich von Seelen, Memoria Stadeniana, sive de vita, scriptis ac meritis Diederici a Stade commentarius [...]. Hamburg 1725, S. 140. – Carl Michaeler, Tabulae parallelae antiquissimarum Teutonicae linguae dialectorum [...]. Innsbruck 1776. – (Johann Peter Willenbücher) Praktische Anweisung zur Kenntnis der Hauptveränderungen und Mundarten der teutschen Sprache, von den ältesten Zeiten bis ins vierzehnte Jahrhundert [...]. Leipzig 1789.

gie[12] und Sprachgeschichte[13] geliefert und die einschlägigen Zeitschriften herausgegeben.[14]

Als Ausnahmen von dieser Regel wären eigentlich nur fünf Universitätsprofessoren zu nennen: für die historische Lexikographie die beiden Juristen Johannes Schilter und Johann Georg Scherz[15] und der Philologe Jeremias Jacob Oberlin[16], alle drei in Straßburg[17], sowie der Königsberger Philosoph Christian

---

[12] Arthur Schmitt, Zum Fortschritt der etymologischen Erkenntnis des Deutschen in den Wörterbüchern des 17. und 18. Jahrhunderts. (Germanische Studien. 49) Berlin 1927. – Hans Aarsleff, The study and use of etymology in Leibniz; in: Akten des Internationalen Leibniz-Kongresses Hannover, 14.–19. November 1966. Band 3. (Studia Leibnitiana, Supplementum. 3,3). Wiesbaden 1969, S. 173–189. – Joann Vogt, The linguistic work of Friedrich Karl Fulda. (Janua linguarum, series minor. 199) Den Haag/Paris 1974.

[13] Johann Christoph Adelung, Über die Geschichte der Deutschen Sprache, über Deutsche Mundarten und Deutsche Sprachlehre. Leipzig 1781. – Leonhard Meister, Hauptepochen der deutschen Sprache seit dem achten Jahrhundert; in: Schriften der Kurfürstlichen deutschen Gesellschaft in Mannheim. Mannheim 1787, I 255–306 und II 5–307. – Wilhelm Petersen, Welches sind die Veränderungen und Epochen der deutschen Hauptsprache seit Karl dem Großen? In: Schriften der Kurfürstlichen deutschen Gesellschaft in Mannheim. Mannheim 1787, III 1–250. – Johann Friedrich August Kinderling, Geschichte der NiederSächsischen oder sogenannten Plattdeutschen Sprache vornehmlich bis auf Luthers Zeiten, nebst einer Musterung der vornehmsten Denkmahle dieser Mundart. Eine von der Königl. Groß-Britannischen Gesellschaft der Wissenschaften zu Göttingen gekrönte Preisschrift. Magdeburg 1800.

[14] Johann Friedrich Heynatz, Briefe die deutsche Sprache betreffend. 6 Theile. Berlin 1771–75. – Johann Nast (Hrsg.), Der teütsche Sprachforscher. 2 Bände. Stuttgart 1777–78. – Johann Christoph Adelung, Magazin für die Deutsche Sprache. 2 Jahrgänge à 4 Stücke. Leipzig 1782–84. – Bragur. Ein Litterarisches Magazin der Deutschen und Nordischen Vorzeit. 7 Bde. Hrsg. von Friedrich David Gräter. Leipzig 1791–1802; vgl. oben S. 138 Anm. 133. – Dazu: Friedrich David Gräter 1768–1830. (Württembergisch Franken. 52) Schwäbisch Hall 1968.

[15] Johannes Schilter, Thesaurus antiquitatum teutonicarum, ecclesiasticarum, civilium, litterariarum. Tomis tribus. (Hrsg. von Johann Christian Simon, Johann Georg Scherz und Johannes Frick). Ulm 1727/28.

[16] Johannis Georgii Scherzii [...] glossarium Germanicum medii aevi potissimum dialecti suevicae edidit illustravit supplevit Jeremias Jacobus Oberlin. 2 Bände. Straßburg 1781/84. – Théophile Frédéric Winckler, Notice sur la Vie et les Ecrits de Jérémie Jacques Oberlin; in: Magasin encyclopédique. Année 1807. Tome II, S. 72–140.

[17] Jürgen Voss, Das Elsaß als Mittler zwischen deutscher und französischer Geschichtswissenschaft im 18. Jahrhundert; in: Historische Forschung im 18. Jahrhundert. Organisation, Zielsetzung, Ergebnisse. Hrsg. von Karl Hammer und Jürgen Voss. (Pariser Historische Studien. 13) Bonn 1976, S. 334–363; 344: „Die Pflege deutscher Rechtsgeschichte und germanischer Philologie ist im 18. Jahrhundert im Elsaß intensiver betrieben worden als sonst im Reich. Die Motivation zur Beschäftigung mit den altdeutschen Texten war nicht antifranzösische Deutschtümelei, sondern im Elsaß ein juristisch-politisches Bedürfnis. Die neu im Elsaß geschaffenen Justiz- und Verwaltungsinstanzen mußten erst über die oft von der Krone bestätigten landesüblichen und historisch erklärbaren Rechtsgewohnheiten orientiert werden. Diese Arbeit haben Schilter und Scherz geleistet, wobei freilich auch der Germanistik ein wissenschaftlicher Dienst erwiesen wurde."

Jacob Kraus[18] und der Hallische Historiker Johann Christian Christoph Rüdiger.[19]

Rüdiger ist wohl der einzige gewesen, der sein Interesse für deutsche Sprache auch in den universitären Unterricht mit einiger Ausdauer eingebracht hat. Seit 1781 hat er immer wieder einmal „Geschichte der Sprachen und Schrift" gelesen, auch unter Titeln wie „Geschichte der Sprache, Anleitung zur Dechiffrierkunst und zur genaueren Kenntnis der deutschen Sprache" (1783, 1785) oder „Geschichte der Sprachen und Mundarten, Zeichen und Buchstaben" (1788/89), oder auch separat eine „Einleitung zur näheren Kenntnis der vaterländischen Sprache" (1790).[20]

Was sonst auf Akademien im Bereich der späteren germanischen Philologie geboten wurde, ist insgesamt bitter wenig und bald aufgezählt.

Semester	Universität	Dozent	Thema
1697	Greifswald	Christian Saalbach	de linguae nostrae Germanicae historia, natura et dignitate[21]
um 1750	Königsberg	Coelestin Christian Flottwell	Geschichte „unserer ehrwürdigen Muttersprache"[22]
1755/56	Göttingen	Johann Philipp Murray	(über Altertümer und Sprache der Deutschen derart,) „daß seine Zuhörer eine philologische und genauere Kenntniß ihrer Mutter-Sprache bekommen mögen"
1759/60–1762/63	Basel	Johann Jacob Spreng	(Erklärung altdeutscher Wörter)[23]

18 Gipper/Schmitter (= Anm. 7) 22–24.

19 Johann Christian Christoph Rüdiger, Neuester Zuwachs der teutschen, fremden und allgemeinen Sprachkunde in eigenen Aufsätzen, Bücheranzeigen und Nachrichten. 1.–4. Stück. Leipzig 1782–85; das erste Stück erschien in Halle 1796 in neuer Auflage, „mit einem Nachtrag über die Völkerstämme und Celtischen Namen in Teutschland an Herr Nikolai'en".

20 Die Endform dieser Vorlesung ist eine vergleichende historische Grammatik: „Einleitung in die altdeutsche Sprache von Ulphilas bis auf Hans Sachs in Vergleichung derselben mit der englischen, friesischen und isländischen" (1816/17).

21 Emil Clemens Scherer, Geschichte und Kirchengeschichte an den deutschen Universitäten. Ihre Anfänge im Zeitalter des Humanismus und ihre Ausbildung zu selbständigen Disziplinen. Freiburg 1927, S. 167 Anm. 4.

22 Laut Gottlieb Krause, Gottsched und Flottwell, die Begründer der Deutschen Gesellschaft in Königsberg [...]. Leipzig 1893, S. 55, „wiederholt" gehalten.

23 Den Zusammenhang der frühen Sprachgeschichtsforschung mit juristisch-historischen Interessen (vgl. Anm. 14) illustriert der vollständige Wortlaut von Sprengs Ankündigung in den akademischen Jahren 1759/60 bis 1762/63: Porro historiam medii & recentioris aevi explanabit, cursumque intra anni spatium absolvet, & quoties obvenerit occasio, praecepta quae ad illustrandas reconditas & obscuriores veterum Germanorum locutiones pertinent, Juris publici Studiosis & diplomatum Scrutatoribus tradet.

Semester	Universität	Dozent	Thema
1764	Göttingen	Murray	„Anfangsgründe der deutschen Sprache, critische Beurtheilung der besten Schriftsteller und Geschichte der deutschen Sprache"
1780	Göttingen	Friedrich Eckard	„von den Aehnlichkeiten und Unähnlichkeiten der deutsch-nordischen Sprachen und dem Gebrauche dieser Vergleichung bey deren Erlernung"
1781	Leipzig	Johann Joachim Schwabe	„Geschiche der deutschen Sprache, Poesie und Beredsamkeit" (mit Fortsetzung 1781/82)
1781/82	Königsberg	Johann Gottlieb Kreutzfeld	De originibus, structura et historia linguae Teutonicae duce Adelungio
1782	Königsberg	Kreutzfeld	De originibus [...]
1790	Halle	Rüdiger	„Einleitung zur näheren Kenntnis der vaterländischen Sprache"
1791/92	Jena	Johann Gottfried Müller	„Vorlesungen über den historischen Glauben, den die Minnesinger verdienen"
1793/94	Erlangen	Gottlieb Ernst August Mehmel	„Kenntniß der deutschen, vorzüglich der ältern Sprache"
1795/96	Kiel	Wilhelm Mackensen	de indole ac natura Linguae Germanicae
1795/96	Kiel	Johann Jacob Meno Valett	Germanorum Anglorumque linguam cum lingua Graecorum collaturus [...], earum demonstrabit & concentum & discrepantiam[24]
1796	Kiel	Mackensen	de lingua & sermone, praesertim Germanorum
1803	Kiel	Detlef Friedrich Bielfeld	Danorum Germanorumque Mythologia, ex Edda inprimis hausta
1804	Halle	Samuel Friedrich Günther Wahl	„Anleitung zur Kenntniß der nordischen Literatur"

[24] Karl Jordan/Erich Hofmann, Geschichte der Philosophischen Fakultät. Teil 2. (Geschichte der Christian-Albrechts-Universität Kiel 1665–1965. 5/2) Neumünster 1969, S. 119. – In der Klammer innerhalb des Zitats stehen übrigens noch Lateiner, Portugiesen, Italiener und Franzosen.

Einige ganz vereinzelte Grammatikkollegs gäbe es noch zu verzeichnen[25] und ansonsten eigentlich nur noch eine historische Hilfsdisziplin mit dem Namen „deutsche Alterthümer“ (parallel zu den griechischen oder römischen Antiquitäten oder Altertümern). Bevor sie in die allgemeine germanische Altertumskunde integriert wurde (Jacob Grimm kannte ja auch noch z. B. „Rechtsalterthümer“), wurde sie in einem der letzten ihr gewidmeten Lehrbücher so erklärt: „Die Alterthümer eines Volks beschäftigen sich (!) nicht mit der Folge vorübergehender Vorfälle und Thatsachen auf einander, wie es die Geschichte thut, sondern mit den Anstalten, Einrichtungen, Gebräuchen und herrschenden Grundsätzen eines Volks, in so fern sie nicht mehr in unmittelbarem Gebrauch sind.“[26] Diese Disziplin wurde ebenfalls nicht allzuhäufig angekündigt[27], war wohl auch eher Buchgelehrsamkeit als Vorlesungsstoff, kam aber zweifellos regelmäßig zum Zuge innerhalb der nun allerdings öfter angezeigten Vorlesungen über die Germania des Tacitus, in die sich vor allem Philologen und Historiker teilten.[28] Es liegt in der Natur der Sache, daß es dabei nicht um deutsche Texte und nur hypothetisch um deutsche Sprache gehen konnte.

Erste Professuren für deutsche Philologie: Benecke, von der Hagen

Nun also der besagte Zufall, der unversehens die deutsche Philologie als neues Element in diese Verhältnisse einführte: die Bibliothek der Börsenhalle in Hamburg suchte einen neuen Bibliothekar und richtete eine entsprechende Anfrage an Georg Friedrich Benecke, derzeit in untergeordneter Stellung an der Göttinger Universitätsbibliothek tätig. Benecke meldete dieses Angebot am 10. Oktober 1805 an die Regierung in Hannover und konnte sich schon eine Woche später, am 17. Oktober 1805, für die Ernennung zum Extraordina-

[25] Zum Beispiel: 1778/79 Georg Andreas Will in Altdorf über „Hauptgrundsätze der deutschen Grammatik“; 1790 Friedrich Theodor Kühne in Helmstedt über deutsche Sprache nach Adelung, Heynatz u. a.; 1790/91 Johann Christoph König in Altdorf über „Adelungs Auszug der teutschen Sprachlehre“; 1793 Johann Friedrich Heynatz in Frankfurt/Oder über „die vorzüglichsten Schwierigkeiten der deutschen Sprachlehre“; 1793/94 ein sonst nicht weiter bekannter Magister Hanf in Marburg über „Grundsätze der teutschen Sprache“. Am Ende der Reihe steht: Traugott Gotthold Voigtel, „Die grammatischen Grundsätze der deutschen Sprache“, 1810 in Halle.

[26] Karl Gottlob Rößig, Die Alterthümer der Deutschen in einem ausführlichen Handbuche dargestellt. 2. Aufl. Leipzig 1801, S. 1; das Buch enthält auch Kapitel über „Sprach-“ bzw. „Litteraturalterthümer“.

[27] Zum Beispiel: 1756 und 1756/57 Johann Philipp Murray und 1762 Johann Ulrich Christoph Tresenreuter in Göttingen; von 1770/71 bis 1773/74 jedes Semester Johann Gotthelf Lindner in Königsberg, 1789/90 und 1790/91 Wahl in Halle, 1790 und 1791/92 Julius August Remer in Helmstedt.

[28] Über die Bemühungen des 18. Jahrhunderts um Tacitus ist noch wenig bekannt; zum 17. Jahrhundert vgl. Else-Lilly Etter, Tacitus in der Geistesgeschichte des 16. und 17. Jahrhunderts. (Basler Beiträge zur Geschichtswissenschaft. 103) Basel 1966.

rius bedanken; am 21. Oktober 1805 wurde der Universität mitgeteilt, daß er ab sofort als „außerordentlicher Professor in der philosophischen Fakultät" zu führen sei.[29] So wurden damals Professoren kreiert.

Aller Geschwindigkeit ungeachtet, dürfte es sich um einen wohlerwogenen Beschluß gehandelt haben. In Göttingen lief damals in Personalangelegenheiten nichts ohne den großen Philologen Christian Gottlieb Heyne, der nicht nur graue Eminenz und heimlicher Rektor war, sondern auch Leiter der Universitätsbibliothek, also des Bibliotheksangestellten Benecke oberster Vorgesetzter. Mit ihm wird Benecke die ganze Angelegenheit gründlich vorbesprochen haben, und seine erste Meldung nach Hannover wird daher auf ein von Heyne schon bestens präpariertes Terrain gekommen sein. Wenigstens Heyne muß auch gewußt haben, was als Professor zu lehren Benecke im Sinne hatte[30], und so wird man, Heynes Stellung und Ansehen innerhalb seiner Wissenschaft einberechnend, sagen können, daß die deutsche Philologie[31] mit Genehmhaltung oder gar mit Vorschub der klassischen Philologie die universitäre Bühne betreten hat.[32]

Wenn Erduin Julius Koch 1793 gefragt hatte: „Wenn werden deutschgeborne Philologen, wie F. A. Wolf, C. G. Heyne, Dav. Ruhnken aufhören zu glauben, kritisches Studium der vaterländischen Sprache und Literatur sey Entwürdigung des neuern Philologen?"[33] und gefordert hatte, „daß der werdende Deutsche Philolog zuvor ein Griechischer und Römischer Philolog geworden sey"[34], so war durch Heyne jene Frage beantwortet und durch Benecke diese Forderung erfüllt. Es ist Göttingen die Ehre zu geben bzw. zu lassen, erstmals

29 Diese Darstellung nach Beneckes Personalakte (4 V b 70) im Universitätsarchiv Göttingen.

30 Bis dahin war Benecke der gelehrten Welt nur als Übersetzer aus dem Englischen bekannt (vgl. Johann Jacob Gradmann, Das gelehrte Schwaben; oder Lexicon der jetzt lebenden schwäbischen Schriftsteller. Ravensburg 1802, S. 33 f.) und in Göttingen natürlich als Privatlehrer für Englisch und Deutsch (als solcher einmal, 1798, auch im Vorlesungsverzeichnis am Schluß erwähnt).

31 Der Disziplinentitel „deutsche Philologie" ist nicht erst eine Errungenschaft des 19. Jahrhunderts. Auf den frühesten bisher bekannten Beleg von „deutsche Philologie" hat mich Uwe Meves (Trier) hingewiesen: Johann Bödiker, Grund-Sätze der Teutschen Sprache [...]. Verbessert und vermehrt von Leonhard Frisch. Berlin 1723, S. 4. – „Altdeutsche Philologie" kannte schon Gottsched. In der Rezension des Bünauschen Bibliothekskatalogs (Catalogus Bibliotheca Bunavianae. Tomus I. Leipzig 1750) werden nach kurzer Erwähnung der griechischen und lateinischen Philologie die deutschen Bestände als einmalig umfassend bezeichnet, darunter die „Sammlungen die zur altdeutschen Philologie gehören". Das Neueste aus der anmuthigen Gelehrsamkeit, Leipzig 1752, S. 499.

32 Übereinstimmend mit Karl Stackmann, Die Klassische Philologie und die Anfänge der Germanistik; in: Philologie und Hermeneutik im 19. Jahrhundert. Zur Geschichte und Methodologie der Geisteswissenschaften. Hrsg. von Hellmut Flashar, Karlfried Gründer und Axel Horstmann. Göttingen 1979, S. 240–259; 241.

33 Erduin Julius Koch, Ueber Deutsche Sprache und Literatur. Ein Aufruf an sein Vaterland. Nebst einer ausführlichen Nachricht von dem öffentlichen Auftritte der Gesellschaft Deutscher Sprach- und Literatur-Forscher. Berlin 1793, S. 15.

34 Koch 14.

eine Professur für deutsche Philologie eingerichtet zu haben[35], und dem tut es keinen Eintrag, daß eine entsprechende Amtsbezeichnung fehlt[36], denn dergleichen Nominalprofessuren waren damals in Göttingen generell nicht üblich.[37]

Da das Vorlesungsverzeichnis für das Wintersemester 1805/06 bereits erschienen war, wurde Beneckes Ankündigung für das Sommersemester 1806 zu einer Premiere, nicht nur für ihn, sondern auch für die mittelhochdeutsche Literatur an deutschen Universitäten: „Anleitung zur Kenntniß der ältern Deutschen Literatur, und zum Verständnisse der besonders aus dem Schwäbischen Zeitalter übrigen Gedichte". Diese Veranstaltung – man würde sie heute einen mittelhochdeutschen Lektürekurs für Anfänger nennen – hat Benecke von seinem ersten bis fast zu seinem letzten Semester unter wechselnden Titeln gut sechzigmal angekündigt.[38] Sie war der Schwerpunkt seiner akademischen Tätigkeit, und durch sie hat er – mit seinen eigenen Worten gesprochen – die „Altdeutsche Literatur [...], wie es scheint, zuerst in den Kreis akademischer Vorlesungen eingeführt".[39] Man kann es dezidierter mit Jacob Grimm ausdrücken: „Benecke, überhaupt der erste, der auf unsern universitäten eine grammatische kenntnis altdeutscher sprache weckte."[40]

Die sachliche und institutionelle Priorität Beneckes hat derjenige, dem sie sonst zugesprochen wird[41], hat Friedrich Heinrich von der Hagen selbst bestä-

---

35 Ebenso Stackmann (= Anm. 32). – Daß Benecke dauernd auch englischen Sprachunterricht und gelegentlich die Erklärung englischer Texte angekündigt hat, lag im Rahmen seiner gerade in Göttingen hochgehaltenen Lehrfreiheit. Seine englischen Vorlesungen waren übrigens insgesamt ein typisches Lektorenprogramm damaligen Zuschnitts; vgl. Thomas Finkenstaedt, Kleine Geschichte der Anglistik in Deutschland. Eine Einführung. Darmstadt 1983, S. 21 ff.

36 Die Bezeichnungen der Lehrgebiete in Wilhelm Ebels Catalogus professorum Gottingensium 1734–1962 (Göttingen 1962) sind, ohne daß es angemerkt wäre, bis etwa zur Mitte des 19. Jahrhunderts keine offiziellen, sondern in gewisser Weise anachronistische Extrapolationen aus den Vorlesungsthemen auf die Fächereinteilung des 20. Jahrhunderts.

37 Vgl. oben S. 43.

38 Seit 1818 ist „Schwäbisches Zeitalter" durch „13. Jahrhundert" ersetzt, seit 1822/23 „altdeutsch" durch „mittelhochdeutsch"; 1828/29 und die folgenden Jahre heißt es, er werde „über mittelhochdeutsche Dichter lesen", und zwar zuerst einen Abriß der Grammatik bieten und „dann ausgewählte Stücke theils selbst erklären, theils zur Erklärung angeben"; seit 1832 taucht die Kurzformel „ausgewählte Stücke mittelhochdeutscher Dichter" auf, und die letzte Ankündigung (1843/44) lautet, er werde „ausgewählte mittelhochdeutsche Gedichte, theils erklären, theils unter seiner Leitung von kundigen Zuhörern erklären lassen".

39 Aus einer autobiographischen Notiz von etwa 1830: Alexander Reifferscheid, Beiträge zur biographie und charakteristik Georg Friedrich Beneckes; in: Anzeiger für das deutsche Alterthum 22 (1895) 117–128; 119.

40 Jacob Grimm, Kleinere Schriften. Erster Band. Berlin 1864, S. 149 (Rede auf Lachmann, 1851).

41 Zuletzt und am besten begründet von Uwe Meves, Zur Einrichtung der ersten Professur für deutsche Sprache an der Berliner Universität (1810); in: Zeitschrift für deutsche Philologie 104 (1985) 161–184. – Meves hat (180–184) die einschlägigen Dokumente abgedruckt; danach die folgenden Zitate.

tigt, und es sieht sogar so aus, als wäre die Berliner Professur 1810 nicht oder kaum möglich gewesen ohne die Göttinger von 1805. Auf von der Hagens Gesuch (11. August 1810) um die Verleihung einer Professur für „Deutsche Alterthums-Wissenschaft" hatte die Sektion des Kultus und des öffentlichen Unterrichts im Innenministerium mitteilen lassen, es „müsse der Staat in solchen Dingen der öffentl. Meinung nur folgen, und könne ein neues Studium nicht eher als akademischen Lehrgegenstand aufstellen bis die allgemeine Stimme sich schon durch die That für diese Maaßregel erklärt habe".[42] Außerdem gab es finanzielle Bedenken.

Daß von der Hagen nach seinem zweiten Gesuch (1. September 1810) doch wenigstens zu einem unbesoldeten Extraordinariat kam (das Ernennungsschreiben datiert vom 21. September 1810), das wird er nicht nur seiner Zurücknahme finanzieller Wünsche, nicht nur seiner sichtlich engagierten Insistenz und nicht nur den gerade günstigen Zuständigkeitsverhältnissen im Ministerium[43] zu verdanken haben, sosehr all das mitgespielt haben mag. Von der Hagen hatte nämlich noch einen neuen Gesichtspunkt zur Geltung gebracht, der im ganzen 19. Jahrhundert vielleicht nicht das beste, dafür aber das wirksamste Argument zugunsten der Einrichtung von Professuren für deutsche Philologie war: die andern haben's auch schon.

Während er im ersten Gesuch die „auf einheimischen Universitäten schon bestehenden Lehrstühle für die Deutsche Sprache" erwähnt hatte, unter deren Namen die neue deutsche Altertumswissenschaft in Berlin eingeführt werden könne[44], sprach er im zweiten Antrag, implizit Bezug nehmend auf die Bedenken der Sektion wegen der öffentlichen Meinung[45], von „einer außerordentlichen Lehrstelle zur philosophischen Fakultät, welche in ihrem weiten Begriffe, ja auch wohl diesen Kenntnißzweig mit umfassen dürfte, ja zum Theil auch

---

[42] Meves 181 f.

[43] Meves 175 f.

[44] Meves 181.

[45] Von einer solchen Professur war schon am 20. Juni 1810 in einer „Korrespondenz-Nachricht" aus Berlin im Morgenblatt für gebildete Stände (S. 588) zu lesen: „Ein durch mehrere auswärtige Blätter verbreitetes Gerücht: als werde bey der hier sich bildenden Universität ein Lehramt für altdeutsche Literatur errichtet, wird wahrscheinlich nur höchstgläubigen Seelen einleuchtend gewesen seyn. Unser Staat ist nicht in der Lage, um verschwenden zu können, und deshalb möchte das Altdeutsche nur eine Abtheilung einnehmen, nicht aber ausschließend der Zweck eines Vortrages werden"; die Nachricht schließt mit einem wohl als Verhinderungsaufforderung zu lesenden Hinweis darauf, daß „übrigens" „der rastlos strebende, für Wissenschaften und Künste stets besorgte Staatsrath von Humboldt an der Spitze" stehe. – In einem Artikel „Einige Worte über die neu errichtete Universität in Berlin" (in: Minerva. Ein Journal historischen und politischen Inhalts. Erster Band. Berlin 1811, S. 67–75; gezeichnet „M-r") wird mit Hinweis darauf bemerkt, daß gerade die Berliner Korrespondenznachrichten einseitig und unzuverlässig seien; „eine auf keiner bisherigen Deutschen Universität gewesene Professur ist die, des Professors von der Hagen, der Vorlesungen über die Geschichte der ältern Deutschen Poesie, überhaupt und insonderheit über das Niebelungen-Lied in der Ursprache grammatisch und antiquarisch halten wird" (70).

wirklich schon umfaßt hat, z. B. in Göttingen".[46] Mit dem Stichwort „Göttingen" (das Vorschaltelement „z. B." ist reine Heuchelei) war der Ehrgeiz der Berliner Universitätsplaner angesprochen; denn Göttingen galt als die führende Universität und war also für die hohen Ambitionen Berlins der gegebene Bezugspunkt und die Konkurrenz, hinter der man nicht zurückstehen durfte. Wenn die Erwähnung Göttingens diese Wirkung hatte, und wie sollte sie nicht, dann hat der Zufall, der Benecke begünstigt hat, fernwirkend auch von der Hagen den Weg ins Amt geebnet.

Auf jeden Fall war die deutsche Philologie oder Altertumswissenschaft mit den Stützpunkten Göttingen und Berlin als Wissenschaft im umschriebenen Sinne provisorisch anerkannt und in der Wissenschaftsorganisation auf Zusehen hin (das heißt in Form von Extraordinariaten) etabliert, und dies an prominenten Orten, die gar nicht besser ausgesucht hätten sein können.

Benecke hatte für dergleichen wissenschaftspolitische Aspekte allem Anschein nach kein Interesse oder kein Sensorium, von der Hagen dafür um so mehr. Seine Bemühungen um eine Professur waren ja ihrerseits nur ein Teil, unentbehrlicher Teil allerdings[47], einer groß angelegten Kampagne, die darauf abzielte, der deutschen Altertumswissenschaft Rang, Status und Ansehen einer Wissenschaft zu verschaffen. Die Edition wichtiger Texte[48], die Herausgabe einer eigenen Fachzeitschrift[49], die Erarbeitung eines bibliographischen Grundlagenwerks[50] – alles zielt in dieselbe Richtung wie die Professur: Erwerbung öffentlicher Anerkennung und sämtlicher Insignien einer etablierten Universitätswissenschaft.

---

46 Meves (= Anm. 41) 182.

47 Die Wichtigkeit einer öffentlichen Anerkennung „auch von Seiten des Staats" für die von ihm vertretene „wirkliche, wenigstens in der Bildung begriffene Wissenschaft" hat von der Hagen denn auch in seinen beiden Gesuchen entschieden und dringend betont: Meves 180, 182.

48 Dazu die Liste der Editionen in Buchform im vollständigen Werkverzeichnis bei Eckhard Grunewald, Friedrich Heinrich von der Hagen 1780–1856. Ein Beitrag zur Frühgeschichte der Germanistik. (Studia Linguistica Germanica. 23) Berlin/New York 1988, S. 371–394; 371–380.

49 Museum für Altdeutsche Literatur und Kunst hrsg. von Friedrich Heinrich von der Hagen, Bernhard Joseph Docen, Johann Gustav Büsching (Band 2: und Bernhard Hundeshagen). 2 Bände. Berlin 1809/11. – Sammlung für Altdeutsche Literatur und Kunst. Hrsg. von F. H. v. d. Hagen, B. J. Docen, J. G. Büsching und B. Hundeshagen. Ersten Bandes erstes Stück. Breslau 1812.

50 Friedrich Heinrich von der Hagen/Johann Gustav Büsching, Literarischer Grundriß zur Geschichte der Deutschen Poesie von der ältesten Zeit bis in das sechzehnte Jahrhundert. Berlin 1812.

Vorlesungen über das Nibelungenlied und andere mittelalterliche Texte

Es überrascht deshalb nicht, daß von der Hagen auch seine neue akademische Tätigkeit sogleich in den Dienst dieser Aufgabe stellte und im Eröffnungssemester der Universität Berlin (1810/11) dasjenige Thema vorlesungsweise aufgriff, für das er durch August Wilhelm Schlegels Berliner Privatvorlesungen im Winter 1803/04 begeistert worden[51] und das nicht zuletzt durch seine kräftige Mitwirkung im Gespräche der Gebildeten aktuell war[52]: „Einleitung in die Geschichte der ältern Poesie überhaupt und insbesondere in das Nibelungenlied, mit grammatischer und antiquarischer Erklärung dieses Gedichts in der Ursprache".

Damit war erstmals in einem akademischen Hörsaal ein Thema angesprochen, das ganz oben auf der patriotischen Welle während der Napoleonischen Kriege schwamm, aber auch lange nach deren Verebben seine Aktualität behielt; es bildete eines der Zentren der deutschen Philologie im ganzen 19. Jahrhundert, und von der Hagen selbst hat es sein Leben lang unermüdlich wiederholt.[53] Nur für anderthalb Jahrzehnte allerdings war er in diesem Themenbereich dominierend; wer in dieser Zeit aber das Nibelungenlied zum Gegenstand von Vorlesungen machte, kam an seinen Ausgaben[54] nicht vorbei und stand nur schon dadurch in seiner Schuld.[55]

---

[51] Grunewald (= Anm. 48) 13. Weiterbearbeitete Teile aus der ausführlichen Besprechung des Nibelungenlieds konnten die Zeitgenossen erst Jahre später lesen: August Wilhelm Schlegel, Aus einer noch ungedruckten historischen Untersuchung über das Lied der Nibelunge. Deutsches Museum 1 (1811) 9–36, 505–536; 2 (1812) 1–23.

[52] Darüber und über den Zusammenhang von Nibelungenbegeisterung und allgemeiner nationaler Euphorie: Otfried Ehrismann, Das Nibelungenlied in Deutschland. Studien zur Rezeption des Nibelungenlieds von der Mitte des 18. Jahrhunderts bis zum Ersten Weltkrieg. (Münchner Germanistische Beiträge. 14) München 1975, S. 47–74.

[53] In Berlin von 1824 bis 1856 durchschnittlich jedes zweite Semester; vgl. die Zusammenstellung der Vorlesungen bei Grunewald (= Anm. 48) 26.

[54] Der Nibelungen Lied in der Ursprache mit den Lesarten der verschiedenen Handschriften, hrsg. von Friedrich Heinrich von der Hagen. Zu Vorlesungen. Berlin 1810. – Der Nibelungen Lied, zum erstenmal in der ältesten Gestalt aus der St. Galler Handschrift mit Vergleichung der übrigen Handschriften. Zweite mit einem vollständigen Wörterbuch vermehrte Auflage. Berlin 1816. – Der Nibelungen Noth zum erstenmal in der ältesten Gestalt aus der St. Galler Urschrift mit den Lesarten aller übrigen Handschriften. Dritte berichtigte, mit Einleitung und Wörterbuch versehene Auflage. Breslau 1820.

[55] Möglich gewesen wäre – außer dem Rückgriff auf Myllers Edition – die Benutzung der Zeuneschen Ausgabe (Das Niebelungenlied. Die Urschrift nach den besten Lesarten neu bearbeitet, und mit Einleit und Wortbuch zum Gebrauch der Schulen versehen von August Zeune. Berlin 1815), die jedoch ihrerseits nicht ohne von der Hagen denkbar ist; für eine solche Benutzung im universitären Bereich, außer natürlich durch Zeune selbst, gibt es nirgendwo Anhaltspunkte. Die Bestimmung der Ausgabe im kleinen Taschenbuchformat war es denn auch, „ein traulicher und treulicher Feld- und Zeltgesell zu werden" (S. XXI), ein Tornisterbuch. Der günstige Preis hat ihr außerdem Eingang in die Schulen verschafft. – 1821 gab Joseph von Laßberg im Pri-

Jedenfalls aber kann man von der Hagens Nibelungenvorlesungen eine ähnliche, zum Teil wohl durch seine Textausgaben übernommene oder verstärkte Signalwirkung zuschreiben wie weiland Reinholds Oberonischen Prälektionen. Eine Liste derer, die nach von der Hagens erstem Berliner Kolleg bis zum Erscheinen von Lachmanns Ausgabe Vorlesungen über das Nibelungenlied angekündigt bzw. gehalten haben, ist recht instruktiv, zeigt sich doch schon in ihrem Umfang die vergleichsweise plötzliche Hochkonjunktur eines vorher überhaupt nicht behandelten Stoffes.

Semester	Universität	Dozent
1812	Breslau	von der Hagen
1812/13	Berlin	Johann August Zeune[56]
1813	Breslau	von der Hagen
1813	Berlin	Zeune
1813	Greifswald	Karl Schildener[57]
1813/14	(Königsberg)	Karl Besseldt[58]
1814	Breslau	von der Hagen
1814	Gießen	Ludwig Christian Zimmermann[59]
1815	Breslau	von der Hagen
1815	Berlin	Zeune
1815	Gießen	Zimmermann
1816	Berlin	Zeune
1816	Breslau	von der Hagen
1816	(Frankfurt)	Zeune[60]
1816	Gießen	Zimmermann

vatdruck, der nur an wenige verschenkt wurde und daher längst nicht jedem zugänglich war, den Text seiner Nibelungenhandschrift heraus: Lieder Saal. das ist: Sammelung altteutscher Gedichte aus ungedrukten Quellen. Band 4. Eppishausen 1821.

56 Helmut König, Zur Geschichte der bürgerlichen Nationalerziehung in Deutschland zwischen 1807 und 1815. 2 Teile. (Monumenta Paedagogica. 12/13) Berlin 1972/73, II 151–155.

57 Johann Gustav Büsching, Wöchentliche Nachrichten für Freunde der Geschichte, Kunst und Gelahrtheit des Mittelalters. Dritter Band. Breslau 1817, S. 55.

58 Büsching (= Anm. 57) Zweiter Band. Breslau 1816, S. 367. – Gedruckt ist erschienen: Karl Besseldt, Von dem Verhältniß altdeutscher Dichtungen zur volksthümlichen Erziehung. Letzte Vorlesung über das Nibelungenlied. Königsberg 1814.

59 Die Universität Gießen von 1607 bis 1907. Beiträge zu ihrer Geschichte. Festschrift zur dritten Jahrhundertfeier. 2 Bände. Gießen 1907, I 393.

60 „Wie allgemein bereits die Empfänglichkeit des Publikums geweckt ist, hat sich bei den öffentlichen Vorlesungen, welche Professor Zeune im Herbst hier und in Frankfurt gehalten, auffallend genug gezeigt, da sich hier an diesem kleinen Ort schon eine Zahl von mehr als 300 Zuhörern zusammenfand." Sulpiz Boisserée an Goethe, Heidelberg, 7. November 1816; in: Sulpiz Boisserée, Briefwechsel/Tagebücher. Zweiter Band. Mit einem Nachwort von Heinrich Klotz. (Deutsche Neudrucke, Texte des 19. Jahrhunderts) Göttingen 1970, S. 145. – Öffentliche Vorlesungen auch noch in Worms nennt Albert Schott, Geschichte des Nibelungen-Liedes; in: Deutsche Vierteljahrs Schrift. 2. Heft 1843. Stuttgart/Tübingen 1843, S. 173–242; 209.

Semester	Universität	Dozent
1816	(Heidelberg)	Zeune
1816	(Köln)	Aloys Franz Joseph Dumbeck[61]
1816	(Worms)	Zeune
1816/17	Gießen	Zimmermann (Fortsetzung)
1817/18	Breslau	von der Hagen
1817/18	Heidelberg	Franz Joseph Mone[62]
1818	Marburg	Friedrich August Haubold Börsch[63]
1818/19	Breslau	von der Hagen
1818/19	Heidelberg	Mone
1819	Breslau	von der Hagen
1819/20	Breslau	von der Hagen
1819/20	Heidelberg	Mone
1820	Bonn	August Wilhelm Schlegel
1820	Breslau	von der Hagen
1820	Jena	Ferdinand August Wachter
1820	Tübingen	Kapff[64]
1820/21	Berlin	Zeune
1820/21	Heidelberg	Mone
1821	Berlin	Zeune
1821	Breslau	von der Hagen
1821	Königsberg	Lachmann[65]
1821/22	Heidelberg	Mone
1821/22	Königsberg	Lachmann[66]

61 Alexander Reifferscheid, Erinnerung an Eberhard von Groote (Fortsetzung); in: Monatsschrift für rheinisch-westfälische Geschichtsforschung und Alterthumskunde 1 (1875) 138–166; 142.

62 Jochen Lehmann, Die germanistischen Vorlesungen zwischen 1803 und 1900 an der Universität Heidelberg. Ein Beitrag zur Geschichte der Heidelberger Germanistik. Ruperto-Carola 19 (1967) Nr. 13/14, S. 205–239; 208 f.

63 Franz Gundlach, Catalogus professorum academiae Marburgensis. Die akademischen Lehrer der Philipps-Universität in Marburg von 1527 bis 1910. (Veröffentlichungen der historischen Kommission für Hessen und Waldeck. 15) Marburg 1927, S. 335 f.

64 Der Repetent Kapff bot zur Auswahl an: „über mathematische Geographie oder über das Nibelungenlied, verbunden mit einer Einleitung in die Geschichte der altdeutschen Sprache und Poesie". 1821/22 war es dann nur „der Niebelungen Lied".

65 Im Brief vom 3. Mai 1821 schreibt Lachmann an Jacob Grimm, er sei „zufällig, durch eine zu haltende Vorlesung, seit einigen Monaten wieder in die Nibelunge hineingerathen". Briefwechsel der Brüder Jacob und Wilhelm Grimm mit Karl Lachmann. Hrsg. von Albert Leitzmann. Jena 1927, S. 295. Das wird sich auf das laufende Sommersemester 1821 beziehen, obwohl die Veranstaltung nicht im Vorlesungsverzeichnis figuriert.

66 Jahrbuch der Königlich Preußischen Universitäten. Erstes Bändchen. 1821–1822. Berlin 1824, S. 165: Erläuterung ausgewählter altdeutscher Gedichte aus dem 13. Jahrhundert nebst einem Theil des Nibelungenliedes nach seiner Chrestomathie. – In

Semester	Universität	Dozent
1821/22	Tübingen	Kapff
1822	Basel	Karl Friedrich Sartorius[67]
1822	Breslau	von der Hagen
1822/23	Berlin	Zeune
1823	Berlin	Zeune
1823	Bonn	Schlegel
1823/24	Berlin	Zeune
1824	Berlin	von der Hagen
1824	Berlin	Zeune (Fortsetzung)
1824	(Köln)	Johann Baptist Rousseau[68]
1825	Berlin	von der Hagen
1825/26	Berlin	Lachmann
1825/26	Freiburg	Ernst Münch
1826	Berlin	von der Hagen
1826	Breslau	Johann Gustav Büsching

Dieses bunte Gemisch von berühmten Namen und germanistischen Nobodies, von akademischen und nicht-akademischen Veranstaltungen darf durchaus als von der Hagens Wirkungsintentionen gemäß betrachtet werden. Doch das Interesse für Altdeutsches hat sich nach dem Kulminationspunkt von 1816 als Modeerscheinung entpuppt, denn nachher waren die Mittelalterliebhaber mehr und mehr unter sich.

Und ihr gehöriges Profil bekommt die Aufstellung erst, wenn man berücksichtigt, welche anderen mittelalterlichen Texte im gleichen Zeitraum sonst noch Aufmerksamkeit fanden; das sind nämlich erstaunlich wenige, und bei ihnen findet man sich fast ganz im Kreise der Spezialisten. Benecke kündigte außer seiner Dauerveranstaltung zweimal Interpretationsvorlesungen an (Erläuterung der Überreste der altdeutschen Literatur, 1811/12, und Erläuterung der ältern Dichter, 1812); von der Hagen Vorlesungen über „Gottfrieds von Straßburg Rittergedicht Tristan“ (1811/12, 1821/22, 1824/25, 1825/26); Zeune über Reineke de Vos (1816), „das altdeutsche Gedicht von dem Kriege auf der Wartburg“ (1818, 1819/20) sowie über „die ältern deutschen Dichter“ (1817) und unbestimmte „andere altdeutsche Gedichte“ (1821); Büsching über „ein altdeutsches, noch zu bestimmendes Gedicht“ (1817) und über Reineke Fuchs

---

der „Auswahl aus den Hochdeutschen Dichtern des dreizehnten Jahrhunderts. Für Vorlesungen und zum Schulgebrauch“ (Berlin 1820) ist das Nibelungenlied nicht enthalten.

67 Andreas Staehelin, Geschichte der Universität Basel 1818–1835. (Studien zur Geschichte der Wissenschaften in Basel. 7) Basel 1959, S. 94.}

68 Rudolf Meißner, Das germanistische Seminar; in: Geschichte der rheinischen Friedrich-Wilhelms-Universität zu Bonn am Rhein. Band 2: Institute und Seminare 1818–1933. Bonn 1933, S. 214–238; 217: eine öffentliche Vorlesung auf eigene Initiative.

(1817/18); Ferdinand Diez in Bonn über „mittelhochdeutsche Dichter" im Rahmen einer jahrzehntelang angebotenen sprachgeschichtlichen Einführung (1823); Lachmann über den Iwein (1826). Hinzuzufügen wären zwei Beispiele von Nicht-Spezialisten, Joseph Görres' Heidelberger „Vorlesung über die altteutsche Literatur" von 1808[69] und Schildeners Greifswalder Vorlesung über den „Edelstein von Bonerius" von 1816.[70]

Nicht daß das Interesse am Nibelungenlied, das sich so wenig auf andere Texte übertragen hat, ganz verschwunden wäre, nachdem die Mode vorbei war; aber es hat in den zwanziger Jahren andere Äußerungsformen gefunden. Natürlich mögen die Karlsbader Beschlüsse von 1819 einige Zurückhaltung bewirkt haben, weil eine allzu schwungvolle Hingabe an altdeutsche Studien genau so subversions- und demagogieverdächtig hätte sein können wie die altdeutsche Tracht oder das Turnen. Das hätte nicht unbedingt auch an den Universitäten gelten müssen, aber auch da hat sich etwas geändert. Die altdeutschen Vorlesungen generell sind fest in die Hände der vorerst nur wenigen Spezialisten übergegangen, wie sich denn praktisch überhaupt keine nicht-germanistischen Dozenten an mittelhochdeutsche Texte herangetraut haben. Die Wissenschaft deutsche Philologie, heißt das, hatte sich konsolidiert und sich ein Terrain zu Eigentum abgesteckt, und das wurde respektiert.

Philologisierung und Wissenschaftlichkeit

Da war etwas geschehen, das auch die Person und Funktion von der Hagens betraf. Er hatte sich seine ganz unbestreitbaren Meriten damit erworben, das Interesse für altdeutsche Literatur zu wecken und die deutsche Philologie im öffentlichen Bewußtsein als eine Wissenschaft darzustellen. Ein rühriger Propagandist ist für eine entstehende Wissenschaft immer von unschätzbarem Wert. Nur war ihm schon sehr früh neben oder statt dieser selbstgewählten Rolle zunächst unbemerkt eine andere, sehr undankbare Rolle von seinen Fachkollegen zudiktiert worden: die des Buhmanns. Das wurde deutlich und immer deutlicher in eben jenen zwanziger Jahren und fand seinen sichtbaren Ausdruck z. B. darin, daß von der Hagens Nibelungenausgabe ersetzt und verdrängt wurde durch diejenige Lachmanns.[71]

---

69 Joseph Görres, Gesammelte Briefe. Hrsg. von Marie Görres. Erster Band. Familienbriefe. München 1858, S. 506. – Franz Schultz, Joseph Görres als Herausgeber, Literarhistoriker, Kritiker im Zusammenhange mit der jüngeren Romantik. (Palaestra. 12) Berlin 1902, S. 50. – Leo Just, Josef Görres' Heidelberger Vorlesungen von 1806 bis 1808; in: Festschrift zu Ehren des [...] Christian Eckert [...] anläßlich der Vollendung seines 75. Lebensjahres. Kultur und Wissenschaft im rheinischen Raum. Hrsg. von Anton Felix Napp-Zinn und Michel Oppenheim. Mainz 1949, S. 65–76; 69.

70 Karl Schildener, Ueber die Beschäftigung mit Denkmaalen unsrer Vorzeit. Ein gelegentliches Wort. Greifswald 1816, S. 30.

71 Der Nibelunge nôt mit der Klage. In der ältesten Gestalt mit den Abweichungen der gemeinen Lesart. Berlin 1826.

Der grundlegende Wandel, der sich darin andeutet, kann in einer Hinsicht als Professionalisierung bezeichnet werden, die sich vollzogen hat, als von der Hagen wegen einer Bibliothekarsstelle in der Provinz weilte, in Breslau (1811 bis 1824). Als augenfälligen Markstein der Professionalisierung kann man das Erscheinen des ersten Bandes von Jacob Grimms „Deutscher Grammatik" (1819) nennen, das deshalb auch seit jeher als eines der Gründungsdaten der deutschen Philologie gegolten hat, und dies zumindest mit dem Recht, daß hier eine Barriere zwischen Insidern und den anderen gesetzt war und daß unübersehbar wurde, wo und worin sich bei der Beschäftigung mit altdeutschen Texten die Professionellen von den Amateuren oder Dilettanten unterscheiden: in der Kenntnis der historischen Grammatik nämlich.

Ein zweiter Aspekt des Wandels ist die fortschreitende Philologisierung des Faches, die sich am besten am Status der altdeutschen Texte und dann an den Aufgaben der Edition erläutern läßt. Für von der Hagen waren die Texte Zeugnisse jener Lebensweise, von der in ihnen erzählt wird und der sie sich verdanken und die als solche eine Anregung und ein Vorbild für eine moralisch-politische „Erneuung" der Gegenwart hätte sein sollen[72]; für Benecke, Jacob und Wilhelm Grimm dagegen waren dieselben Texte in unterschiedlichen Graden der Entschiedenheit „Sprachdenkmahle"[73], Überreste eines vergangenen und rekonstruktionsbedürftigen Sprachstandes. Daraus ergeben sich grundverschiedene Zielsetzungen und Arbeitsweisen bei der Bearbeitung und Edition der Texte.

Für von der Hagen stellte sich die Aufgabe so, daß er möglichst viele solcher Zeugnisse der vorbildlichen Lebensweise aufzuspüren und zu sammeln hatte (Schwerpunkt Bibliographie und Handschriftenkunde) und daß er sie mit den allernötigsten Verständnishilfen (z. B. Zeileneinteilung und Interpunktion) möglichst vielen Leuten zugänglich zu machen und immer wieder vorzuzeigen hatte. Die Textgestalt war dabei eigentlich cura posterior; im Prinzip wäre eine Modernisierung wie in der Nibelungenausgabe von 1807 das geeignete Verfahren gewesen, aber von der Hagen hat sich „auf Verlangen der Schriftgelehrten"[74] zur Handschriftenkritik und zur Verzeichnung von Varianten bereit ge-

---

[72] „Ich habe es frühe für meinen Lebensberuf erkannt und fortwährend gehalten, solche vaterländische Werke, zuvorderst die volksthümlichen, ans Licht zu ziehen, zu erneuen und zu verbreiten, zur Erhebung, Gemüthsergetzung und sonstigen guten Wirkung; es trieb mich, meine Freude daran mitzutheilen. Das uralte Heidentum und Christliche Ritterthum erscheint nirgends so herrlich, es ist für uns mehr als klassisch und romantisch." Gesammtabentheuer. Hundert altdeutsche Erzählungen [...] hrsg. von Friedrich Heinrich von der Hagen. Erster Band. Stuttgart/Tübingen 1850, S. I.

[73] In Erduin Julius Kochs „Compendium der Deutschen Literaturgeschichte" (2. Aufl. Berlin 1795) verzeichnet die vorangestellte „Chronologische Übersicht der Deutschen Literaturgeschichte und Sprachgeschichte" zu jedem Zeitabschnitt zuerst in einer Tabelle historische und biographische Daten und dann unter der Überschrift „Deutsche Sprachdenkmahle" – jedenfalls für die älteren Zeiten – die erhaltenen Texte aller Art.

[74] Buch der Liebe. Hrsg. durch Johann Gustav Büsching und Friedrich Heinrich von der Hagen. Erster Band. Berlin 1809, S. XIV.

funden, und das war nicht klug von ihm. Denn für eine Breitenwirkung ging das schon zu weit und für Philologen vom Fach längst nicht weit genug. Das halbherzige Zugeständnis an philologische Zunftregeln hat ihn vor allem daran gehindert, sich auf einen „einfachen" Abdruck einer einzelnen Handschrift, auf die Darbietung eines historischen Textes zu konzentrieren; Argumente dafür hätten sich wohl schon damals finden lassen.

Betrachtet man dagegen die altdeutschen Texte mit Benecke und den Grimms als Sprachdenkmale, so stellt sich die Editionsaufgabe ganz anders dar, eindeutiger und zugleich schwieriger. Sie erfordert dann ein theoretisch ungemein anspruchsvolles Verfahren, mit dem man zuerst die uneinheitlichen Grapheme der Handschriften zurückübersetzt in einheitliche Phoneme[75], um dann – unter ständigem Handschriftenvergleich und Benutzung eigens angefertigter Reimregister[76] – eine mittelhochdeutsche Grammatik und Metrik zu konstruieren; deren Regeln schließlich wirken auf die Editionsarbeit zurück und leiten die Handschriften- und Textkritik.[77] Das Ergebnis sind die orthographisch, grammatisch und metrisch vereinheitlichten (normierten) Texte in den Ausgaben seit Benecke und den Brüdern Grimm, wie sie das Bild der mittelalterlichen deutschen Literatur durch viele Generationen hindurch bestimmt haben. Seit auch Lachmann sich diesem „Kleeblatt" angeschlossen und Friedrich August Wolfs epochemachende Fragestellung auf das Nibelungenlied übertragen hatte[78], konnte und mußte jeder so edierte Text mit dem Anspruch auftreten, nicht etwa (nur) der historisch „richtige", sondern der

[75] „Denn wir sind uns doch eins, dass die Dichter des dreizehnten Jahrhunderts, bis auf wenig mundartliche Einzelheiten, ein bestimmtes unwandelbares Hochdeutsch redeten, während ungebildete Schreiber sich andere Formen der gemeinen Sprache, theils ältere, theils verderbte, erlaubten." Karl Lachmann, Kleinere Schriften zur deutschen Philologie. Hrsg. von Karl Müllenhoff. Berlin 1876, S. 161; aus dem Vorwort zu seiner „Auswahl aus den Hochdeutschen Dichtern des dreizehnten Jahrhunderts" (1820).

[76] 1822 schrieb Lachmann in seiner Rezension von Mones Otnit-Ausgabe: „Erstes Geschäft des Herausgebers ist, ein Reimregister für sein Gedicht zu entwerfen, Merkwürdiges einzutragen in ein allgemeines Reimwörterbuch. So wird von des Dichters Sprache herausgefunden, was der Willkühr der Abschreiber noch am ersten entgangen ist." Lachmann (= Anm. 75) 279. – Dazu Jacob Grimm am 10. April 1822: „Wir wollens nun erwarten, daß kein herausgeber auftreten wird, an dem man nicht das reimregister spürt." Briefwechsel Grimm/Lachmann (= Anm. 64) 348.

[77] Magdalene Lutz-Hensel, Prinzipien der ersten textkritischen Editionen mittelhochdeutscher Dichtung: Brüder Grimm, Benecke, Lachmann. Eine methodenkritische Analyse. (Philologische Studien und Quellen. 77) Berlin 1975. – Sebastiano Timpanaro, La genesi del metodo del Lachmann. Nuova edizione riveduta e ampliata. Padova 1981; in deutscher Übersetzung: Die Entstehung der Lachmannschen Methode. Hamburg 1971 (vor allem über Lachmanns Lukrezausgabe und seine Ausgabe des Neuen Testaments).

[78] Karl Lachmann, Ueber die ursprüngliche Gestalt des Gedichts von den Nibelungen. Berlin 1816. – Wiederabgedruckt in Lachmann (= Anm. 75) 1–80. – Dieselbe Übertragung von Wolfs Homerkritik auf das Nibelungenlied im Grundsatz schon bei August Wilhelm Schlegel, vgl. unten S. 269 Anm. 67.

„ächte"[79], von allen Korruptelen (welch ein moralischer Begriff!) gereinigte Text zu sein – Philologie als moralische Aufgabe auch hier also. Man braucht „ächt" nur noch ein Stückchen weiter zu verschieben zu „ursprünglich"[80], um zu sehen, wie eng die Verbindung dieser Editionsprinzipien etwa mit Jacob Grimms quasi-religiöser Ursprungssuche und -verehrung ist.[81]

Daß nun von der Hagen seine Arbeitsweise theoretisch nicht zu fassen wußte, dürfte bei seiner Fixierung auf Inhalt und Ziele keine Verwunderung auslösen. Dafür sollte man bei den vier Grammatikern einige Reflektiertheit erwarten, zumal ihr nicht ohne Konsequenz geübtes Verfahren ein ungewöhnlich komplexes und in gewisser Weise vorbildloses, also nicht ein sich von selbst ergebendes war. Doch auch von ihnen sind keine reflexiv-theoretischen Erläuterungen und Rechtfertigungen zu vernehmen, und es bleibt allemal erstaunlich, daß besonders Lachmann, der nicht zu Unrecht viel berufene „Meister der Methode", in hermeneutischer und methodologischer Hinsicht bestenfalls nichts zu bieten hatte.[82]

Wo die eine Seite die Texte als Behälter vorbildhafter Lebensformen ansieht und die andere die Texte als sprachgeschichtliche Dokumente, wo demgemäß die eine Seite das moralische Ziel der Arbeit an und mit altdeutschen Texten außerhalb dieser Arbeit (in der Wirkung auf ein nicht-fachmännisches Publikum) ansetzt, die andere aber innerhalb ihrer (in der Erarbeitung einer historischen Grammatik als Durchgangsstation oder in der philologischen „Reinigung" der Texte), da ist an eine fruchtbare Auseinandersetzung nicht zu denken, solange beide Seiten ihre eigene Zielsetzung der jeweils anderen Seite als verbindlich unterstellen, statt sie zu problematisieren. Die erste, ganz am Anfang fällige Diskussion um Prinzipien und Ziel der deutschen Philologie bzw. Altertumswissenschaft und um ihre Wissenschaftlichkeit hat denn auch nicht stattgefunden oder jedenfalls nicht auf der Ebene, auf die sie gehört: auf der methodologischen.

Die Diskussion um die Wissenschaftlichkeit der deutschen Philologie wurde statt dessen als Kampf um die Vorherrschaft im sich bildenden Fach geführt.

---

[79] Aus der Rezension der Nibelungenausgabe von der Hagens und der Bonerausgabe Beneckes (1817): man müsse „soviel Handschriften als möglich zusammen zu bringen suchen. Weniger als vier oder fünf ziemlich gute werden wohl nie zu einem ächten Texte führen". Lachmann (= Anm. 75) 89; vgl. 163.

[80] „Wir sollen und wollen aus einer hinreichenden Menge von guten Handschriften einen allen diesen zum Grunde liegenden Text darstellen, der entweder der ursprüngliche selbst seyn oder ihm doch sehr nahe kommen muß." Lachmann 82; die Formel „dem ursprünglichen nahe kommen" auch sonst, z. B. 163, 216, 286.

[81] Ulrich Wyss, Die wilde Philologie. Jacob Grimm und der Historismus. München 1979. – Otfried Ehrismann, Philologie der Natur – die Grimms, Schelling, die Nibelungen; in: Brüder Grimm Gedenken. Band 5. Hrsg. von Ludwig Denecke. (Schriften der Brüder Grimm-Gesellschaft. 11) Marburg 1986, S. 35–59.

[82] Kurt Müller-Vollmer, The digested and the indigestible. Abandonment as a category in the history of German criticism; in: Stanford Literature Review 3 (1986), No. 1, S. 31–46; 37 f.

Die Arena waren die Zeitschriften.[83] Von der Hagen war anfangs hartnäckig in seinem Bemühen um eine hauseigene Fachzeitschrift, aber nach dem Scheitern seiner Projekte und auch derjenigen seines Freundes Büsching[84] sowie nach dem Ende der Beziehungen zu den Neugründungen des Außenseiters Friedrich David Gräter[85] stand er nach 1820 ohne ein Publikationsorgan von einiger Bedeutung da. Die Gegenseite war, abgesehen von einer ebenfalls kurzlebigen Zeitschriftengründung der Brüder Grimm[86], geschickter oder glücklicher und hatte freien Zugang zu einflußreichsten allgemeinen Rezensionsorganen: Benecke versah natürlich das „altdeutsche Fach“ bei den Göttingischen Gelehrten Anzeigen, Lachmann seit 1817 bei der Allgemeinen Jenaischen Literatur-Zeitung, und die Brüder Grimm hatten Verbindung zu den Heidelberger und Wiener Jahrbüchern der Literatur.[87]

Die Waffen in dem schon etwas ungleichen Kampf um die Vorherrschaft waren auf beiden Seiten moralische Argumente, vorgetragen innerhalb der Parteien in Briefen zur Stabilisierung des Gruppenzusammenhangs, zwischen den Parteien in Rezensionen und Vorwörtern zur Beeinflussung der universitären und öffentlichen Meinung. Vereinfachend kann man sagen, daß die eine Seite (von der Hagen, Mone und weniger Büsching) zur Charakterisierung der Gegenseite vorzugsweise Epitheta wie „hochfahrend“, „voreilig“, „einseitig“ verwendete, während die andere (Lachmann, die Brüder Grimm und weniger Benecke) nicht zurückstand mit Qualifizierungen wie „unehrlich“, „dumm“, „faul“.

Offensichtlich waren die Argumente der zweiten Partei durchschlagskräftiger, da sie die Kerntugenden des Gelehrten betreffen, der ja vielleicht hochmütig, aber nicht faul und unehrlich sein darf. Und wenn man einmal von der inneren Problematik der Herstellung „echter“ Texte absieht (und damit schon den Standpunkt der einen Seite übernimmt), dann ist es ganz unbestreitbar, daß für solche synthetischen Texte wesentlich mehr Aufwand nötig ist als für

---

83 Jürgen Storost, Zeitschriften und Rezensionen; in: Sprachwissenschaftliche Germanistik. Ihre Herausbildung und Begründung. Hrsg. von Werner Bahner und Werner Neumann. Berlin 1985, S. 282–328; 283–288.

84 Auch Büschings Wöchentliche Nachrichten (= Anm. 57) mußten 1819 nach dem vierten Jahrgang das Erscheinen einstellen.

85 Odina und Teutona. Ein neues litterarisches Magazin der Deutschen und Nordischen Vorzeit. Hrsg. von Friedrich David Gräter. Breslau 1812. – Idunna und Hermode. Eine Alterthumszeitung. Hrsg. von Friedrich David Gräter. 5 Bände. Breslau 1812–1813, Dinkelsbühl 1814–1816. – Zu Gräters früheren Zeitschriften vgl. oben Anm. 14.

86 Altdeutsche Wälder hrsg. durch die Brüder Grimm. 3 Bände. Kassel 1813, Frankfurt 1815/16.

87 Ludwig Denecke, Jacob und Wilhelm Grimm als Rezensenten; in: Sammeln und Sichten. Festschrift für Oscar Fambach zum 80. Geburtstag. Bonn 1982, S. 294–323. – Sibylle Obenaus, Die Brüder Grimm als Rezensenten an allgemeinen kritischen Zeitschriften. Überlegungen zu Rezeptionsbedingungen von Literatur in den ersten Jahrzehnten des 19. Jahrhunderts; in: Jacob und Wilhelm Grimm als Sprachwissenschaftler. Geschichtlichkeit und Aktualität ihres Wirkens. (Linguistische Studien. A 130) Berlin 1985, S. 176–186.

den Abdruck historischer Texte; so daß man, das Verfahren quantifizierend, um dessen Qualität es hätte gehen sollen, die beiden Seiten durchaus so einander gegenüberstellen kann wie Bequemlichkeit und Fleiß.

Der Sieg in einem Kampf um die Vorherrschaft und Moralität kann natürlich die Frage nach der Wissenschaftlichkeit der Wissenschaft weder ersetzen noch gar beantworten, es sei denn, man könne Sieger mit „Wissenschaftlichkeit" und Besiegte mit „Dilettantismus" gleichsetzen. Eben diese Gleichsetzung zu ermöglichen, ist die neue und undankbare Rolle gewesen, die von der Hagen allzu ahnungslos oder resignierend sich hat zuweisen lassen, und es war zugleich der eminente Dienst, den er der deutschen Philologie der siegreichen Richtung immer wieder geleistet hat. Solchermaßen beruhte die Wissenschaftlichkeit dieser Philologie zunächst nur auf der zwar unter ihren Voraussetzungen nachweisbaren, aber als solcher noch nicht beweiskräftigen und also leeren Differenz zum nur behaupteten Dilettantismus des Außenseiters.

Eine zweite Stütze des Anspruchs auf Wissenschaftlichkeit war, wiederum auf beiden Seiten, der Anschluß an die lateinische und griechische Philologie, wie ihn von der Hagen mit dem Titel „Alterthums-Wissenschaft" (der ein Hinweis auf Wolf war) und wie ihn Lachmann im Verfahren (und in seiner Person) vollzogen hat. Auch in diesem Belange hat von der Hagen den kürzeren gezogen; er hat sich seinen nicht illegitimen Nachfolgeanspruch ohne erkennbaren Widerstand aus der Hand winden lassen. Wolf selbst hatte als das letzte und vornehmste Ziel der Altertumswissenschaft „die Kenntniss der alterthümlichen Menschheit selbst"[88] proklamiert, und im gleichen Sinne hätte von der Hagen mit dem Disziplinentitel „Alterthums-Wissenschaft" auch eine Zielsetzung „Kenntnis der deutschen Menschheit" übernehmen können. Er hat es jedoch nicht oder nicht mit der gebotenen Deutlichkeit getan, so daß erst Lachmann allgemein als der Brückenbauer zwischen klassischer und deutscher Philologie in Erinnerung geblieben ist.

Doch selbst diese Parallele und Verwandtschaft mit der klassischen Philologie war nur eine implizite und allenfalls indirekte Begründung der Wissenschaftlichkeit oder doch eher nur das Vertrauen darauf, daß die Wissenschaftlichkeit der klassischen Philologie seit Wolf geklärt, erwiesen, anerkannt und also umstands- und begründungslos zu erben sei -- ein offenbar seinerseits nicht unbegründetes Vertrauen, insofern es sich auf einen consensus omnium berufen konnte, wie ihn Friedrich Schlegel schon 1798 sich notiert hatte: „Die Philologen behandeln die Dichter schon wissenschaftlich, aber nur für die einzelnen und mehr für Mythologie und Grammatik als für Poesie selbst."[89]

---

[88] Friedrich August Wolf, Darstellung der Alterthums-Wissenschaft; in: Museum der Alterthums-Wissenschaft. Hrsg. von Friedrich August Wolf und Philipp Buttmann. Erster Band. Berlin 1807, S. 1–145; S. 124 f. Es mag nicht unnütz sein, nochmals daran zu erinnern, daß „Menschheit" oder „Humantität" das Menschliche am Menschen meinte und nicht die Gesamtheit der Menschen.

[89] Friedrich Schlegel, Philosophische Lehrjahre 1796–1806 [...]. Hrsg. von Ernst Behler. (Kritische Friedrich-Schlegel-Ausgabe. 18) München/Paderborn/Wien 1963, S. 269, Nr. IV 891.

Der Wissenschaftlichkeitsanspruch der deutschen Philologie Benecke-Grimm-Lachmannscher Richtung wurde alsbald von der Wissenschaftsorganisation als Faktum akzeptiert, obwohl er zunächst kaum mit Worten angemeldet wurde, obwohl er expliziter Begründung entbehrte und nur entlehnt war von der „klassisch“ sich nennenden Mutterphilologie und von der Differenz zur moralisch deklassierten Gegenpartei. Als entscheidend für den Erfolg wird angesehen werden dürfen, daß die deutsche Philologie mit diesem ihrem Anspruch ausgezeichnet der wissenschafts- und universitätspolitischen Großwetterlage angepaßt war. Denn gesellschaftliche Nützlichkeit oder gar Wirksamkeit war nicht mehr gefragt im Universitätswesen, das seine äußere Autonomie verloren hatte an den Staat und um so heftiger sich um eine neue innere Autonomie bemühte. Angesagt war daher Wissenschaftlichkeit, verstanden als Form oder auch nur Indiz allein von sich selbst gesteuerter, methodischer Prozesse der Kenntniserweiterung, wenn nötig, in entschlossener und sehr weitgehender Spezialisierung. War der Heteronomieverdacht entkräftet oder von vornherein gegenstandslos, so waren philologische Mängel plötzlich gar nicht mehr so wichtig, und ein Amateur in jedem Sinne des Wortes wie Joseph von Laßberg[90] konnte die verdiente Anerkennung finden.

Verdrängung der Generalistenprofessuren

In ganz ungewöhnlichem Tempo hat sich so spätestens um 1820 ein neues Fach durchgesetzt und Anerkennung verschafft. Der Erfolg der deutschen Philologie, beruhend auf Ansätzen zur Professionalisierung, auf Philologisierung, Wissenschaftlichkeitsanspruch und Spezialisierung –- dieser Erfolg hat eine gegenteilige Entwicklung zum Stillstand gebracht, die ebenfalls am Anfang des 19. Jahrhunderts sichtbar geworden war und bereits vor Benecke und von der Hagen ihre ersten institutionellen Schritte hinter sich gebracht hatte. Es war eine andere, sich aus den Anfängen im 18. Jahrhundert herleitende Konzeption des Fachs, das Bestreben nämlich, die ganze Breite der damaligen Möglichkeiten einer Beschäftigung mit deutscher Literatur und Sprache in einer einzigen Disziplin zusammenzufassen. Dieses Bestreben hatte, noch in sehr diffuser Weise, Gestalt angenommen in den Verlegenheitsprofessuren der neunziger Jahre, und es hat nach 1800 ein schärfer umrissenes Profil erhalten, in der Benennung wie im Programm.

Am Anfang besagter neunziger Jahre überlegte man sich auch an der Universität Münster die Schaffung einer zeitgemäßen Professur für schöne Wis-

---

[90] Joseph von Laßberg. Mittler und Sammler. Aufsätze zu seinem 100. Todestag. Hrsg. von Karl S. Bader. Stuttgart 1955. – Eckhard Grunewald, Vom Liedersaal zu den Minnesingern. Joseph von Laßbergs Briefe an Friedrich Heinrich von der Hagen; in: Euphorion 75 (1981) 342–359. – Arthur Brunhardt, Eine Freundschaft über den Bodensee. Briefe zwischen Joseph von Laßberg und Carl Johann Greith. Ein Beitrag zur schweizerisch-deutschen Gelehrtengeschichte des 19. Jahrhunderts; in: Schriften des Vereins für Geschichte des Bodensees 103 (1985) 107–165.

senschaften, nahm dann aber doch Abstand davon, weil der regierende Fürstbischof meinte, sie vermehre „die Zahl von Dichterlingen, Romanschreibern und dergleichen Belletristereien, womit der Welt nicht gedient ist. Modephilosophie und poetische Schwärmerei haben am Unheil unserer Zeit den größten Anteil."[91] Erst während der Vakanz des bischöflichen Stuhls wurde die Sache wieder aufgenommen, und zwar bewarb sich Johann Christoph Schlüter in seinem ersten Semester als „Privatlehrer" an der Universität 1801 um eine Anstellung als „Lehrer der deutschen Litteratur"[92], „indem endlich auf der einen Seite durch den Vortrag einer Theorie des deutschen Stils, verbunden mit praktischen Uebungen, der epistolarische, didaktische, historische und oratorische Stil gebildet, somit ein vielseitig ins Leben eingreifender Nutzen gestiftet, anderer Seits durch solche Vorträge so wol, wie durch eine in deren Kreis gehörige kritische Geschichte der National-Literatur dem, Moralität und Geschmack verderbenden, Einflusse gewisser moderner Schriftsteller gesteuert werden könnte".[93] Er wurde am 18. Oktober 1801 „zum öffentlichen Lehrer des Deütschen Styls bey der hiesigen Hohen Schule angeordnet".[94] Als konkurrierende Amtsbezeichnungen sind in den Akten außerdem überliefert: „Professor der deutschen Literatur"[95], Professor für „Deutsche Sprache und Literatur"[96], „Professor des deutschen Stils und der deutschen Literatur"[97] sowie, nachdem Schlüter 1804 noch einen latinistischen Lehrstuhl dazu übernommen hatte, „Professor der alten (bzw. römischen) und deutschen Literatur".[98] Wie auch immer – sein deutsches Vorlesungsprogramm bestand bis zu seinem Tode (1841) aus drei Standardteilen: Stiltheorie und -übungen, (neuere) deutsche Literaturgeschichte, Ästhetik[99], aufgezählt in der Reihenfolge der Häufigkeit.

---

[91] Alwin Hansenschmidt, Die erste münstersche Universität 1773/80–1818. Vorgeschichte, Gründung und Grundzüge ihrer Struktur und Entwicklung; in: Die Universität Münster. 1780–1980. Hrsg. von Heinz Dollinger. Münster 1980, S. 3–28; 10.

[92] Nach einem Protokollextrakt; Auskunft des Nordrhein-Westfälischen Staatsarchivs Münster (Dr. Behr).

[93] Anton Aloys Schlüter, Mittheilungen aus dem Leben Johann Christoph Schlüter's [...]. Münster 1845, S. 99.

[94] Münstersch. Studienfonds Nr. 4945; Nordrhein-Westfälisches Staatsarchiv Münster.

[95] Professorenliste (letztes Drittel des 19. Jahrhunderts); Auskunft des Universitätsarchivs Münster (R. Müller-König).

[96] Monika Lahrkamp, Münster in napoleonischer Zeit 1800–1815. Administration, Wirtschaft und Gesellschaft im Zeichen von Säkularisation und französischer Herrschaft. (Quellen und Forschungen zur Geschichte der Stadt Münster. 7/8) Münster 1976, S. 426 (Professorenliste von 1802).

[97] Professoren-Album der philosophischen Fakultät (geschrieben 1878), Bl. 14; Auskunft des Universitätsarchivs Münster (R. Müller-König).

[98] Professorenliste wie Anm. 95.

[99] Die Titel variieren naturgemäß etwas: von „Theorie des Styls der deutschen Prosa" (1801/02) bis „Über den mündlichen Vortrag mit praktischen Übungen" (1841), von „Geschichte und Kritik der schönen Litteratur Deutschlands" (1805, vorher ein Teil der Stilvorlesung) zu „Geschichte und Kritik der neuern deutschen Literatur" (1841), von einem „Privatissimum über Aesthetik nach Bouterwek" (1808) zu „Literarische Aesthetik" (1838). Die Umwandlung der Universität Münster in eine theolo-

Für die philologische Fakultät der neugegründeten Akademie in Bern, die sich absichtlich nicht an deutschen Universitäten orientierte[100], war 1805 das „Pensum ‚Litteratur und Theorie der schönen Künste und Wissenschaften, nebst einem Practicum der deutschen Sprache'"[101] ausgeschrieben. Carl Christian Jahn, derzeit Lehrer an einem privaten Erziehungsinstitut in Bern, bewarb sich darum und wurde am 8. Mai 1805 zum „Professor der ‚Litteratur und deutschen Sprache'" ernannt.[102] Sein Vorlesungsprogamm (er befaßte sich auch mit der neueren westeuropäischen und insbesondere der lateinischen Literatur) ist praktisch ein Duplikat desjenigen Schlüters.[103]

1806 erhielt dann in Königsberg der Philosoph Karl Ludwig Pörschke, langjähriger Gesprächspartner und Tischgenosse Kants und seit 1803 Ordinarius der Poesie, zusätzlich noch die Professuren der Eloquenz und der Pädagogik und wurde verpflichtet, „auch über deutsche Literatur und Sprache zu lesen".[104] Als Pörschke 1809 auf das Ordinariat für praktische Philosophie überwechselte, wurde jene Verpflichtung offenbar wieder disponibel und in Form eines neuen Extraordinariats dem Regierungsrat Friedrich Ferdinand Delbrück übertragen unter dem Titel „Theorie, Critik und Litteratur der schönen Künste".[105] Delbrück, Philologe aus der Wolf-Schule, hatte sich dafür nicht nur durch seinen Privatunterricht für Prinz und Prinzessin qualifiziert[106], sondern auch durch Publikationen zu Fragen der Ästhetik und zur deutschen Literatur.[107] Als Königsberger Professor hat er bis 1816 alles geboten, was unter sei-

---

gisch-philosophische Akademie (1818) hat auf die Themen von Schlüters Lehrveranstaltungen keine Auswirkungen gehabt.

[100] Die neugeschaffene philologische Fakultät der Akademie, an der Jahn lehrte, war ein obligatorisches Vorbereitungsinstitut für das Theologiestudium, etwa in der Weise wie die philosophische Fakultät an den katholischen Universitäten des 18. Jahrhunderts: Friedrich Haag, Die Hohen Schulen zu Bern in ihrer geschichtlichen Entwicklung von 1528 bis 1834 [...]. Bern 1903, S. 175.

[101] (Albert Jahn) Biographie von Carl Jahn, Professor der Philologie in Bern, 1805–1834 an der Akademie, 1834–1854 an der Hochschule. Ein Lebensbild aus der bernischen Kulturgeschichte in der ersten Hälfte des XIX. Jahrhunderts. Bern 1898, S. 7.

[102] Jahn 8.

[103] Eine Zusammenstellung der Vorlesungsthemen bei Jahn 10–13. – Nach Haag (Anm. 100) 177, umfaßte Jahns Verpflichtung zu Anfang „6 Std. Geschichte und Kritik der schönen Litteratur, Practicum über die deutsche Sprache". Haag stellt zutreffend fest (196), daß Jahn „während der ganzen Zeit der Mediation und Restauration über die schöne Litteratur der Deutschen, Franzosen, Italiener und Spanier las, daraus die Gesetze der Aesthetik ableitete und in seinem Collegium practicum der deutschen Sprache den Stil der jungen Theologen übte".

[104] Hans Prutz, Die königliche Albertus-Universität zu Königsberg in Preußen im 19. Jahrhundert [...]. Königsberg 1894, S. 19. – Nach Prantl (ADB XXVI 442) datiert die Zusammenlegung der drei Professuren auf 1807.

[105] Ferdinand Delbrück, Ergebnisse akademischer Forschungen. Zweyte Sammlung. Hrsg. und mit einem Lebensumrisse des Verfassers begleitet von Alfred Nicolovius. Bonn 1848, S. 10, dort (in der Biographie von Nicolovius) allerdings auf 1810 datiert; das Jahr 1809 nach ADB V 36 (Prantl).

[106] Nicolovius 9. – König (= Anm. 56) II 65–59.

[107] Lyrische Gedichte, mit erklärenden Anmerkungen hrsg. von Ferdinand Delbrück. Nebst einer Untersuchung über das Schöne und einer Abhandlung über die Grund-

ner Amtsbezeichnung möglich war: Ästhetik, Stilübungen, deutsche Literaturgeschichte und Erklärungen einzelner deutscher Texte[108], allerdings keiner altdeutschen.

Diese dreifache Fortsetzung der dritten Generation von Deutschprofessuren am Anfang des 19. Jahrhunderts zeigt nun doch schon präzisere Umrisse als der Anfang in den neunziger Jahren. Es besteht Einigkeit über die Aufgaben: Stilübungen, deutsche Literaturgeschichte, Ästhetik und dazu möglichst noch etwas Literarisches, ein Kommentar, sei es zur deutschen, sei es zur lateinischen oder französischen Literatur, je nach Fähigkeit und Neigung. Das alles immerhin schon zweimal im Range eines Ordinarius (Münster und Bern), wenn auch vorderhand offenbar im Dienste der Allgemeinbildung besonders für angehende Theologen (wieder in Münster und Bern), doch der Anflug der Lehrerausbildung, der zumindest durch die Königsberger Kombination mit der Pädagogikprofessur entsteht, paßt ebenfalls nicht schlecht dazu.

In diesen drei Professuren waren die Thematisierungsweisen der Deutschen Rhetorik (in der Schwundform Stilübungen), der Ästhetik bzw. Theorie der schönen Wissenschaften, der Literaturgeschichte und der Erklärung einzelner deutscher Texte noch friedlich beieinander, am umfassendsten bei Delbrück. Sie stellen allesamt sozusagen die Summe des 18. Jahrhunderts dar, eine Zusammenfassung aller Hinsichten auf den deutschen Text, die während seiner Wanderschaft zum Ziel der Gegenstandswerdung eröffnet worden waren. Und das Altdeutsche ist dementsprechend fast sorgfältig ausgespart: keiner der Stelleninhaber hat ein Interesse dafür mitgebracht oder im Amt entwickelt.

Wenn nun von der Hagen in seinem ersten Gesuch die „schon bestehenden Lehrstühle für die Deutsche Sprache“ erwähnt, so bezieht sich das offenbar und mit vollem Recht zumindest auf die zu ihrer Reife gelangten Professuren jener dritten Generation. Die uneinheitlich benannten Extraordinariate in Kiel, Frankfurt/Oder und Greifswald[109] werden ihm bekannt gewesen sein, ebenso das Delbrücksche in Königsberg, falls es mitgemeint ist, und von den beiden Ordinariaten in Münster und Bern hat er Nachricht gefunden in einer Zeitschrift, in der er selbst publiziert hat.[110]

---

sätze der Erklärung und des Vortrags lyrischer Gedichte. Erster Band. Oden von Klopstock. Berlin 1800 (daraus auch separat: Das Schöne. Eine Untersuchung. Berlin 1800). – Ein Gastmahl. Reden und Gespräche über die Dichtkunst. Berlin 1809. – Eine Liste der Rezensionen bei Nicolovius (= Anm. 105) 33 f.

[108] Nach Nicolovius 15 unterrichtete Delbrück „Wohlredenheit und Dichtkunst“, „Geschichte der römischen und deutschen Literatur“, „Mythik des Mittelalters“ und hielt Übungen „im Lesen und Erklären deutscher Dichterwerke, im Sprechen und Schreiben der Muttersprache“. Dazu kamen 1811/12 „ästhetische Vorträge“ im Königsberger Schloß, von deren Inhalt man sich eine Vorstellung machen kann aus Max von Schenkendorfs Dankgedicht „An Ferdinand Delbrück, beim Schlusse seiner ästhetischen Vorlesungen. Königsberg, 12. März 1812“ (Max von Schenkendorf, Gedichte. Dritte Auflage. Hrsg. von A. Hagen. Stuttgart 1862, S. 84–86).

[109] Vgl. oben S. 168 f.

[110] J. K. Höck, Auf welchen teutschen Universitäten gibt es NominalProfessuren der teutschen Literatur? In: Neuer literarischer Anzeiger 1806, Nr. 7, Sp. 107.

Die vierte Generation von Deutschprofessuren, die von der Hagen unter der Mimikry des eingeführten Titels „für die Deutsche Sprache" laufen lassen wollte, obwohl ihr Gegenstandsbereich von vornherein viel enger gefaßt sein sollte (entweder als „altdeutsche Literatur" oder „altdeutsche Sprache"), hat die Generalistenprofessuren der dritten Generation verdrängt und dadurch das Monopol in der universitären Vertretung des Deutschen errungen. Die Entscheidung über Ende und Ablösung der dritten Generation ist im ausgehenden zweiten Jahrzehnt des 19. Jahrhunderts gefallen, zur gleichen Zeit, da die deutsche Philologie – innerhalb der vierten Generation – über die deutsche Altertumswissenschaft von-der-Hagenscher Provenienz den Sieg davongetragen hat.

Weitere Professuren für deutsche Philologie

Die Spezialprofessuren sind zunächst zügig vorangekommen, beginnend mit den Extraordinariaten Beneckes in Göttingen (1805) und von der Hagens in Berlin (1810) bzw. Breslau (1811). 1814 wurde Benecke zum Ordinarius ernannt[111], 1818 von der Hagen.[112] Zu des letzteren Partei sind die beiden nächsten Extraordinariate zu rechnen, eines 1817 in Breslau für seinen getreuen Mitarbeiter Johann Gustav Büsching[113], eines 1819 in Heidelberg für Franz Joseph Mone.[114]

Mit zwei neuen Ordinariaten im Jahre 1818 und einem 1819 schien die alte Schule der Generalisten noch mitzuhalten. Doch das war nicht von Dauer und eher ein letztes Aufflackern verjährter Vorstellungen. Auch waren die beiden Stellen von 1818 von sehr persönlichem Zuschnitt, und die erhoffte Universalität wurde in beiden Fällen nicht durchgehalten.

Einer davon war Delbrück, der sich 1816 als Regierungs- und Schulrat nach Düsseldorf hatte versetzen lassen, weil er das Königsberger Klima nicht vertrug.[115] Schon zwei Jahre später bekam er Gelegenheit, seine akademische Tätigkeit nun als Ordinarius wieder aufzunehmen, und zwar an der neuen Bonner Universität.[116] Er wünschte und erhielt viele Freiheiten in einer doch eher va-

---

[111] Ernennung am 24. März 1814; Personalakte 4 V b 70 (Universitätsarchiv Göttingen).

[112] Theodor Siebs, Zur geschichte der germanistischen studien in Breslau; in: Zeitschrift für deutsche Philologie 43 (1911) 202–234; 203 f. – Auch von der Hagen wurde wie Benecke ohne Nennung eines Fachgebiets zum „ordentlichen Professor in der philosophischen Fakultät der Universität in Breslau ernannt": Grunewald (= Anm. 48) 23.

[113] Siebs 204 f. – H. Jessen, Johann Gustav Büsching; in: Schlesier des 16.–19. Jahrhunderts. (Schlesische Lebensbilder. 4) Breslau 1931, S. 288–301.

[114] Mone firmierte zwar offiziell als Historiker, man erwartete von ihm mit Recht besonders Vorlesungen zur mittelalterlichen Literatur; in seinem Gutachten zur Ernennung Mones betonte Friedrich Christoph Schlosser die Wichtigkeit dessen, „daß jemand da sey, der die vaterländischen Dichtungen und Geschichten besonders berücksichtigt". Lehmann (= Anm. 62) 209.

[115] Nicolovius (= Anm. 105) 18.

[116] Nicolovius 26. – Christian Renger, Die Gründung und Einrichtung der Universität

gen Umschreibung seines Lehrgebietes: „die schönen Redekünste, die schöne Litteratur, beide so wohl im Allgemeinen als auch in besonderer Beziehung auf die deutsche Sprache und Litteratur und die practische Philosophie".[117] Die Letzterwähnte, die philosophische Moral, hat ihn indessen mehr und mehr in ihren Bann gezogen und endlich zur Theologie hinübergeführt, und die Vorlesungen über Ästhetik, Rhetorik und deutsche Literaturgeschichte (nicht mehr über einzelne deutsche Texte), die er abwechslungsweise anbot, erschienen mit wachsenden Abständen im Vorlesungsverzeichnis, bis sie in den vierziger Jahren praktisch zum Erliegen kamen.

Nicht viel anders erging es der zweiten neuen Professur des Jahres 1818. August Wilhelm Schlegel war vorgesehen für ein Ordinariat für „Litteratur und schöne Wissenschaft, deutsche Sprache und Litteratur" in Berlin und wurde auch am 20. Juli 1818 ernannt[118], konnte jedoch eine provisorische Übertragung der Professur ebenfalls nach Bonn erwirken, das er aus persönlichen Gründen in jenem Moment vorzog.[119] Ende 1819 reichte er wegen der Karlsbader Beschlüsse sein Entlassungsgesuch ein[120], ließ sich aber zum Bleiben bewegen, weil ihm alles Dienliche zugesagt wurde, „das Studium des Sanskrit und der indischen Literatur überhaupt in Deutschland auf eine gründliche Art einheimisch zu machen".[121] 1822 entschied er sich dann definitiv für das Bleiben in Bonn, womit Berlin eine Professur verloren, Bonn deswegen aber noch keinen Professor für deutsche Sprache und Literatur gewonnen hatte. Schlegel, der sämtliche Gebiete von der Ästhetik bis zur deutschen Philologie hätte nicht unwürdig vertreten können, hat alles Deutsche in Bonn immer schon eher mit links betrieben und nach 1830 zuerst die deutsche Literaturgeschichte einschlafen lassen, dann die Grammatik- und Nibelungenvorlesungen, schließlich ein spät hinzugekommenes literaturkritisches Kolleg; übrig blieben nach 1840 Kunstgeschichte und Sanskrit.

Eine ordentliche Professur für deutsche Sprache und Literatur, 1811 in Tübingen für Salomo Heinrich Michaelis eingerichtet[122], hatte sich in der Zwi-

---

Bonn und die Berufungspolitik des Kultusministers Altenstein. (Academica Bonnensia. 7) Bonn 1982, S. 105.

117 Renger 218 f.

118 Renger 219.

119 Renger 221.

120 Josef Körner, Einleitung; in: August Wilhelm Schlegel, Geschichte der deutschen Sprache und Poesie. Vorlesungen, gehalten an der Universität Bonn seit dem Wintersemester 1818/19. Hrsg. von Josef Körner. (Deutsche Literaturdenkmale des 18. und 19. Jahrhunderts. 147) Berlin 1913, S. I–XXXVI; XI f.

121 Körner XII.

122 Karl Klüpfel, Geschichte und Beschreibung der Universität Tübingen. Tübingen 1849, S. 370; als Kandidat war zuerst Friedrich Rückert vorgesehen, und Klüpfel wundert sich (ganz zu Unrecht) darüber, daß er auch eine „Anleitung zum Predigen" hätte geben sollen – das wäre nur eine spezielle Rhetorik gewesen. – Max Miller, Salomo Michaelis, Schützling, Mitarbeiter und Freund des Frhrn. von Wangenheim. Ein Beitrag zur Geschichte des politischen Schrifttums während der Verfassungskämpfe (1815/19) und zum List-Prozeß (1821); in: Zeitschrift für württembergische Landesgeschichte NF 3 (1939) 158–211; 171.

schenzeit schon als vorübergehende Erscheinung erwiesen, weil nach Michaelis' Rücktritt 1817 kein Nachfolger bestellt wurde.[123] So war schließlich die ordentliche Professur für deutsche Literatur einschließlich der Theorie der schönen Wissenschaften, die 1818 in Basel geschaffen und 1819 mit Carl Friedrich Sartorius besetzt wurde[124], der letzte Ausläufer jener dritten Professurengeneration. In der Vielseitigkeit der Themen konnte es Sartorius mit Delbrück und Schlegel aufnehmen; im Geiste eines hochgemuten und schwungvollen Humanismus[125] offerierte er regelmäßig Rhetorik, Stilübungen und deutsche Literaturgeschichte, dazu ausnahmsweise einmal eine Erklärung von Klopstocks Oden (1821) und die bereits erwähnte Nibelungenvorlesung von 1822, zuletzt auch Ästhetik, bevor er 1832 seinen Rücktritt einreichen mußte, um nicht entlassen zu werden.[126]

Delbrück, Schlegel und Sartorius waren die letzten, die eine Wissenschaft von deutscher Sprache und Literatur noch in umfassenderer Weise vertreten haben oder hätten vertreten können bzw. sollen, als es die altdeutsche Philologie beider Richtungen tat. Obwohl natürlich im gleichen Jahre 1818 noch niemand vom späteren Scheitern dieser drei Versuche hatte wissen können, hat man in Königsberg doch so gehandelt, als wisse man's. Es muß für Leute mit dem nötigen Gespür schon in der Luft gelegen haben, daß die Zeit der Generalisten vorbei und die der Spezialisten angebrochen sei und daß unter den Spezialisten die Entscheidung zugunsten der deutschen Philologie gefallen war.

Es ging um die Wiederbesetzung des Delbrückschen Extraordinariats nach einer Vakanz von zwei Jahren. Johann Friedrich Herbart, der ja in Schulangelegenheiten zuständig war, hatte vielleicht deshalb in einem Gutachten vom 30. Mai 1818 „der alten deutschen Poesie und den historischen Hilfswissenschaften die Bedeutung besonderer Lehrfächer"[127] bestritten. Berufen aber wurde Karl Lachmann, ein ausgewiesener Spezialist „der alten deutschen Poesie", und wenn auch Delbrücks Amtsbezeichnung „Theorie, Kritik und Litteratur der schönen Künste und Wissenschaften" beibehalten wurde[128], so konnte doch von Anfang an niemand im Zweifel darüber sein, wie und womit Lachmann sein Amt ausfüllen würde: mit altdeutscher (und natürlich klassischer) Philologie, und so geschah es denn auch.[129] Der einzige Tribut, den er an sei-

---

[123] Ursula Burkhardt, Germanistik in Südwestdeutschland. Die Geschichte einer Wissenschaft des 19. Jahrhunderts an den Universitäten Tübingen, Heidelberg und Freiburg. (Contubernium. 14) Tübingen 1976, S. 9 f.

[124] Andreas Staehelin, Geschichte der Universität Basel 1818–1835. (Studien zur Geschichte der Wissenschaften in Basel. 7) Basel 1959, S. 183.

[125] Davon zeugt seine Antrittsvorlesung: Einleitungsrede zu seinen diesjährigen Vorlesungen über teutsche Literatur und Sprache. Basel 1819.

[126] Er war untragbar geworden wegen seines Abrutschens in den Alkoholismus; Staehelin (= Anm. 124) 94, 183.

[127] Prutz (= Anm. 104) 67.

[128] Martin Hertz, Karl Lachmann. Eine Biographie. Berlin 1851, S. 46 f.

[129] Zusammenstellung der Vorlesungsthemen bei Hertz 49.

nen inzwischen unzeitgemäß gewordenen Titel entrichtet hat, war ein Ästhetikkolleg (1821).

Die Jahre 1818 (Lachmanns Berufung) und 1819 (Jacob Grimms „Deutsche Grammatik") markieren äußerlich den Punkt, an dem die Entscheidung zugunsten der deutschen Philologie wohl schon gefallen war, und die Berufungen und Beförderungen der nächsten gut zehn Jahre liefern die Folgerungen und Bestätigungen. 1822 wurde Mone in Heidelberg zum Ordinarius ernannt, fiel aber spätestens zu diesem Zeitpunkt für die akademische Lehre der deutschen Philologie ganz aus.[130] 1823 avancierte auch Büsching in Breslau zum Ordinarius[131], hatte aber keinen deutsch-philologischen Lehrauftrag mehr, sondern widmete sich fast ganz der mittelalterlichen Kunstgeschichte und gelegentlich einem Kolleg über die Kunst des Reisens. 1824 wurde von der Hagen, wieder als Ordinarius, nach Berlin versetzt[132] und wurde Eberhard Gottlieb Graff Extraordinarius in Königsberg.[133] 1825 kam auch Lachmann nach Berlin, wo er 1827 ebenfalls Ordinarius wurde[134] wie auch Graff im selben Jahre in Königsberg.[135] 1828 wurde Johann Andreas Schmeller Extraordinarius in München[136], und das Jahr 1829 brachte ein Ordinariat für Jacob Grimm in Göttingen[137] und je ein Extraordinariat für Hans Ferdinand Maßmann in München (Ersatz für Schmeller)[138] und Ludwig Uhland in Tübingen.[139] Es folgten noch zwei außer-

---

[130] Er hat die Vorlesungen über deutsche Sprache und Literatur nach seiner Ernennung zum Extraordinarius (1819) stark eingeschränkt und nach der Beförderung zum Ordinarius der Geschichte ganz aufgegeben: Lehmann (= Anm. 62) 209.

[131] Siebs (= Anm. 112) 204 f.

[132] Johannes Asen, Gesamtverzeichnis des Lehrkörpers der Universität Berlin. Bd. I: 1810–1945. Leipzig 1955, S. 68. – Grunewald (= Anm. 48) 25.

[133] Prutz (= Anm. 104) 179.

[134] Asen (= Anm. 132) 110.

[135] Prutz (= Anm. 104) 179.

[136] Rainer Albert Müller, Aspekte zur Geschichte der Deutschen Philologie an der Universität Ingolstadt-Landshut-München (1799–1949); in: Die Ludwig-Maximilians-Universität in ihren Fakultäten. Hrsg. von Laetitia Boehm und Johannes Spörl. Band II. Berlin 1980, S. 185–256; 201. – Brunner (= Anm. 8). – Johann Andreas Schmeller. 1785–1852. Bayerische Staatsbibliothek, Gedächtnisausstellung zum 200. Geburtsjahr. (Bayerische Staatsbibliothek, Ausstellungskataloge. 34) München 1985. – Hans-Jürgen Schubert, Bibliographie der Arbeiten von und über Schmeller; in: Zeitschrift für bayerische Landesgeschichte 48 (1985) 259–284.

[137] Ebel (= Anm. 36) 107. – Ludwig Denecke, Die Göttinger Jahre der Brüder Jacob und Wilhelm Grimm; in: Göttinger Jahrbuch 1977, S. 139–155. – Else Ebel, Jacob und Wilhelm Grimm und ihre Vorlesungstätigkeit in Göttingen 1830–1837; in: Brüder Grimm Gedenken. Band 4. Hrsg. von Ludwig Denecke. (Schriften der Brüder Grimm-Gesellschaft Kassel. 8) Marburg 1984, S. 56–95.

[138] Müller (= Anm. 136) 196.

[139] Burkhardt (= Anm. 123) 10–12. – Uhlands Briefwechsel. Hrsg. von Julius Hartmann. 4 Teile. (Veröffentlichungen des Schwäbischen Schillervereins. 4–7) Stuttgart/Berlin 1911–1916. – Ludwig Uhland, Werke Band III und IV. Hrsg. von Hartmut Fröschle. München 1981/84. – Ludwig Uhland 1787–1862. Dichter, Germanist, Politiker. Bearbeitet von Walter Scheffler und Albrecht Bergold. Mit einer Bibliographie von Monika Waldmüller. (Marbacher Magazin. 42) Marbach 1987.

ordentliche Professuren, 1830 für August Heinrich Hoffmann (von Fallersleben) in Breslau als Nachfolger Büschings[140] und 1831 für Wilhelm Grimm in Göttingen.[141]

Im Jahre 1831 war also der Bestand an deutsch-philologischen Professuren auf acht gewachsen: drei in Göttingen (Benecke, Jacob und Wilhelm Grimm), zwei in Berlin (von der Hagen und Lachmann) und je eine in Breslau (Hoffmann), München (Maßmann) und Tübingen (Uhland). Verluste waren auch schon zu verzeichnen: Mone in Heidelberg zählte nicht mehr mit, und Graff hatte Königsberg 1829 krankheitshalber und zugunsten seiner Wörterbucharbeit verlassen. In den nächsten Jahren aber passierte erst einmal nichts mehr.

Eine Zwischenbilanz an diesem Haltepunkt ergibt indessen, daß die deutsche Universität – man muß es so unpersönlich formulieren, weil Absprachen weder erkennbar noch nötig waren – um 1820 vier Grundsatzentscheidungen gefällt und danach gehandelt hatte.

Erstens: eine Wissenschaft von deutscher Sprache und Literatur wird endgültig in den Kreis der Wissenschaften aufgenommen. – Das wurde bezeugt einerseits durch die Einrichtung von ordentlichen Professuren, andererseits dadurch, daß frei werdende Stellen im Prinzip wieder besetzt wurden. Ausnahmsweise trat in Königsberg nach Graffs Beurlaubung und in Tübingen nach Uhlands politisch motiviertem Rücktritt eine Lücke ein; Göttingen, Berlin, Breslau und München aber weisen seit den jeweiligen Erstbesetzungen eine lückenlose Vertretung des Faches „deutsche Philologie“ auf.

Zweitens: die neue Wissenschaft wird als wissenschaftlich anerkannt allein in der Form, wie sie Benecke, die Grimms und Lachmann pflegten, also als deutsche Philologie, die sich auf Mittelalterliches spezialisiert hat. – Es scheint nur noch selten Opposition gegen die Spezialisierung gegeben zu haben, etwa in München vor der Ernennung Schmellers. Da empfahl der Senat mit Gutachten vom 9. April 1827 Ablehnung, „da die Mittel der Universität erschöpft seien [...] und noch dazu das von Schmeller gewählte Fach ‚so ganz speciell und nur für wenige interessant‘ sei, daß sich die Anstellung eines besonderen Lehrers dafür nicht lohne“.[142]

---

[140] Siebs (= Anm. 112) 208. – Heinrich Hoffmann von Fallersleben, Mein Leben. Aufzeichnungen und Erinnerungen. 6 Bände. Hannover 1868. – Germanistenbriefe von und an Hoffmann von Fallersleben. Ausgewählt und hrsg. von Fritz Behrend. (Mitteilungen aus dem Literaturarchiv in Berlin. NF 14) Berlin 1917. – Fritz Behrend, Briefwechsel zwischen Hoffmann von Fallersleben und Karl Goedeke; in: Euphorion 31 (1930) 249–292. – Danuta Weinmann, Heinrich Hoffmanns von Fallersleben kulturelles Wirken in Wroclaw und Schlesien in den Jahren 1823–1843 (polnisch mit deutscher Zusammenfassung); in: Germanica Wratislavensia 13 (1969) 35–55. – Peter H. Nelde, Hoffmann von Fallersleben und die Niederlande. (Beschreibende Bibliographien. 3) Amsterdam 1972. – Ingrid Heinrich-Jost, August Heinrich Hoffmann von Fallersleben. (Preußische Köpfe. 10) Berlin 1982.

[141] Ebel (= Anm. 36) 123. – Vgl. Anm. 137.

[142] Stefanie Seidel-Vollmann, Die romanische Philologie an der Universität München (1826–1913). Zur Geschichte einer Disziplin in ihrer Aufbauzeit. (Ludovico Maximilianea, Forschungen. 8) Berlin 1977, S. 72.

Drittens: die ebenfalls, nur nicht philologisch, auf Mittelalterliches spezialisierte Richtung von der Hagens wird unter Wahrung ihres Besitzstandes nicht weiter gefördert. – Nachdem Mone und Büsching ausgeschieden waren, konnte notfalls gerade noch Maßmann zu dieser Richtung gezählt werden; Hoffmann, obwohl die Gegenseite mit ihm auch nie ganz glücklich wurde, sicher schon nicht mehr.

Viertens: alle früheren, nicht-spezialisierten Formen des Faches werden unwiderruflich zum Aussterben verurteilt. – Jahn, Delbrück, Schlegel und Sartorius haben keine Nachfolger ihresgleichen erhalten, denn die gab es gar nicht mehr; allein Schlüters Nachfolger Ferdinand Deycks hat die alte Fahne der Generalisten noch eine Weile wenigstens halbhoch gehalten.

Diese grundsätzlichen Orientierungen und Entscheidungen hatten naturgemäß einschneidende Folgen und, wie es fast unvermeidlich ist, auch unerwünschte Nebenfolgen. Eine erste Folge, eine Langzeitwirkung, sei nur der Vollständigkeit halber erwähnt: noch in viel späteren Zeiten nach der Teilung des Faches gehörte die Sprachwissenschaft als Sprachgeschichte oder historische Grammatik ganz selbstverständlich zur „älteren Abteilung" und hatte dann große Mühe, den Anschluß an die moderne Linguistik zu finden. Die Weichen zu dieser deutschen Sonderentwicklung wurden um 1820 gestellt.

Die zweite Folge hängt mit der extensionalen Spezialisierung, der Beschränkung auf Altdeutsches, zusammen. Weitere denkbare Spezialdisziplinen für deutsche Literatur, etwa die Erklärung deutscher Klassiker oder die deutsche Literaturgeschichte, konnten gegen die deutsche Philologie nicht aufkommen, weil die Universität vorderhand nicht mehr als ein Spezialfach zu einem und demselben Gegenstand verkraften konnte und weil in dem nötig gewordenen Ausscheidungsprozeß der philologische Wissenschaftlichkeitsanspruch offenbar besser ankam als der literaturgeschichtliche. Alle älteren Zugänge zu deutscher Sprache und Literatur waren von dem Neuling deutsche Philologie überrumpelt und überrascht worden und entweder zum Aussterben verurteilt (wie die Generalisten und mit ihnen die Stilübungen) oder zum mühseligen Überwintern.

Die dritte Folge ist eine der intensionalen Spezialisierung, der Beschränkung der deutschen Philologie auf die enge Verbindung von Grammatik, Metrik und Edition, die zwar für ihre Zielsetzung erforderlich war, aber doch die interpretatorischen Flügel bis fast zur Untauglichkeit gerupft hat. Was die Philologen noch bis in unser Jahrhundert hinein zu den altdeutschen Texten zu sagen hatten, das war und blieb grammatischer, metrischer und Sachkommentar, ganz unvermittelt begleitet allenfalls von Ausdrücken der Bewunderung, und nur selten schwang man sich auf zu einer interpretatorischen oder literaturgeschichtlichen Charakteristik, wie sie schon vor und um 1800 geübt worden war. Das war eine willentliche und grundsätzlich gemeinte Selbstbeschränkung auf den gesicherten Bereich der Wissenschaftlichkeit und nicht nur eine Frage strategischer Arbeitsökonomie (Wichtiges und Neues zuerst). Wenn nämlich jemand einem mittelhochdeutschen Text mehr als Philologisches abgewinnen wollte und gar zu kühnen Flügen der Interpretation ansetzte, wie es z. B. Karl Rosenkranz mit dem Titurel versuchte, dann wurde er – suaviter in verbis, dure in re – zurückgepfiffen: „Hoffen läßt sich allerdings von ihm, dass er auf den Weg der treuen Forschung herabkommen und sich denen bescheiden anschliessen werde, welche Wissenschaftlichkeit und Fleiss gleich hoch schätzen."[143]

Eine vierte Folge jener Entscheidungen um 1820 ist es schließlich, daß die deutsche Philologie vorderhand ohne institutionelle Verbindung zum gymnasialen Deutschunterricht geblieben ist. Für von der Hagen wäre die Schule nun freilich als ein Distributionskanal wichtig gewesen, und es wurde in seinem Kreise eifrig Propaganda für altdeutsche Schullektüre getrieben und sorgfältig notiert, wo und wann das Nibelungenlied mit Schülern gelesen wurde: einundzwanzig Gymnasien brachte man bis 1817 zusammen.[144] Die siegreiche Partei war an einem Eindringen in den Deutschunterricht nicht vorrangig interessiert; die Lektüre der von ihr konstituierten Texte in der Schule war ihr wohl erwünscht oder gar selbstverständlich[145] (Lachmanns „Auswahl" war immerhin auch für Schulen bestimmt), ohne daß Hoffnungen oder Wünsche bestanden zu haben scheinen, die eigentlich wissenschaftliche Tätigkeit könne auf Schulniveau transformiert werden.[146] Keiner der frühen deutschen Philologen hat jedenfalls seine Lehrtätigkeit als Ausbildung für einen Beruf verstanden, und weder Lachmann noch Jacob Grimm haben ihre Mitgliedschaft in einer wissenschaftlichen Prüfungskommission[147] für die Kandidaten des Lehramts (eine an sich strategisch zentrale Position) in erkennbarer Weise dazu genutzt, ihr Fach an die Lehrerausbildung zu binden.

Das philologische Wissenschaftsverständnis des 19. Jahrhunderts hat sich noch stets von den „Brodstudien" distanziert, und dies im Falle der deutschen Philologie sogar mit doppeltem Recht; denn einerseits konnten ihr Arbeitsgebiet und ihre Arbeitsweise wirklich nicht als ausreichend oder auch nur als unentbehrlich für das Erteilen von Deutschunterricht gelten, und andererseits

---

[143] Lachmann (= Anm. 75) 357; Schlußsatz der Rezension von 1829. – Über Lachmanns Auffassung von „Wissenschaftlichkeit" als moralischer Qualität: Hendrikus Sparnaay, Karl Lachmann als Germanist. Bern 1948, S. 8 ff.

[144] Büsching (= Anm. 57) I 103, II 168, 367 f., III 56 f., 149, 351 f.; dazu der ausführliche „Bericht über die Lesung des Nibelungenliedes. 1817" von Kaspar von Orelli, IV 36–41.

[145] Uwe Meves, Jacob Grimms Stellungnahmen zum Altdeutschen im Unterricht; in: Brüder Grimm Gedenken. Band 5. Hrsg. von Ludwig Denecke. Marburg 1985, S. 83–93.

[146] In einem Brief vom 26. Februar 1821 bemerkte Lachmann über den Vortrag von Grimms Grammatik in einem Königsberger Gymnasium, es werde eine „hübsche Sauerei" gewesen sein: Briefwechsel Grimm/Lachmann (= Anm. 65) 277. Und in der Diskussion auf der Philologenversammlung von 1857 über die These: „Es ist Pflicht des deutschen Gymnasiums, seinen Schülern Zugang zu einem wissenschaftlichen Verständnis unserer Muttersprache zu eröffnen", konnte die Bemerkung noch einiges Gewicht erhalten: „Lachmann z. B. sei durchaus gegen die historische Grammatik in der Schule gewesen." Friedrich August Eckstein, Die siebzehnte Versammlung der deutschen Philologen, Schulmänner und Orientalisten in Breslau; in: Zeitschrift für das Gymnasialwesen 12 (1858) 455–474; 473.

[147] Vgl. unten S. 414.

war der damalige gymnasiale Deutschunterricht allgemein als Training in Sprachrichtigkeit und Sprachbeherrschung (mit einem gewissen Einschlag von literarischer Allgemeinbildung) und in Preußen zudem als Garant der Universalität und als Transformation beliebiger Sachen in Sprache konzipiert.[148]

Die deutsche Philologie blieb also vorderhand ein Orchideenfach ohne Ausbildungsverpflichtungen, aber ein Ende der Beschaulichkeit war abzusehen. Denn immerhin war inzwischen die deutsche Literaturgeschichte vielenorts gerade im Namen der Allgemeinbildung in den festen Bestand der Themen des Deutschunterrichts eingedrungen (darüber im nächsten Kapitel), und da wurde halt nach dem üblichen Verfahren auch eine Lektüre zumindest von mittelhochdeutschen Proben fällig (und also auch eine entsprechende Kenntnis des Lehrers), und andererseits war Deutsch das einzige Unterrichtsfach, für das keine spezielle Ausbildung verlangt wurde, was zur allgemeinen Überzeugung von seiner Wichtigkeit nicht so recht paßte.

Endgültige Etablierung der deutschen Philologie

Nach raschen institutionellen Erfolgen bis 1820, nach grundsätzlichen Entscheidungen um 1820 samt eben beschriebenen Nebenfolgen und nach einer Ausbreitungsphase in den zwanziger Jahren trat ab 1830/31 für fast ein Jahrzehnt Stagnation oder sogar Rückschritt ein. Zwar konnte der Lachmannschüler Wilhelm Wackernagel 1835 das Ordinariat des Generalisten Sartorius in Basel übernehmen[149], zwar wurden Wilhelm Grimm in Göttingen[150], Hoffmann in Breslau[151] und Maßmann in München[152] nun auch zu Ordinarien ernannt, allesamt im gleichen Jahre 1835, aber dafür waren, wie schon erwähnt, die beiden Professuren in Königsberg (Graff) und Tübingen (Uhland) verlorengegangen, ebenso die beiden Ordinariate der Brüder Grimm nach ihrer Entlassung wegen ihrer Zugehörigkeit zu den Göttinger Sieben.[153] Die Bilanz

---

[148] Ingrid Lohmann, Über den Beginn der Etablierung allgemeiner Bildung. Friedrich Schleiermacher als Direktor der Berliner Wissenschaftlichen Deputation; in: Zeitschrift für Pädagogik 30 (1984) 749–773; 766.

[149] Staehelin (= Anm. 124) 186. – Wilhelm Wackernagel, Kleinere Schriften. (Hrsg. von Moriz Heyne). 3 Bände. Leipzig 1872–1874. – Karl Goedeke, Grundriß zur Geschichte der deutschen Dichtung. 2. Aufl. Vierzehnter Band. Hrsg. von Herbert Jacob. Berlin 1959, S. 815–836. – Rudolf Wackernagel, Wilhelm Wackernagel. Jugendjahre 1806–1833. Basel 1885. – (Jakob Wackernagel), Zur Erinnerung an die Basler Zeit von Wilhelm Wackernagel, 1833–1869. Basel 1933. – Andreas Staehelin, Wilhelm Wackernagel; in: Professoren der Universität Basel aus fünf Jahrhunderten. Bildnisse und Würdigungen. Hrsg. von Andreas Staehelin. Basel 1960, S. 138 f.

[150] Ebel (= Anm. 36) 107.

[151] Siebs (= Anm. 112) 208.

[152] Müller (= Anm. 136) 197.

[153] Hans Kück, Die „Göttinger Sieben". Ihre Protestation und ihre Entlassung im Jahre 1837. (Historische Studien. 258) Berlin 1934, S. 106 f.; das Entlassungsreskript S. 213 f. – Ernst Gundelach, Die Verfassung der Göttinger Universität in drei Jahrhun-

der dreißiger Jahre fällt negativ aus: neue Namen waren, außer dem Wackernagels, nicht dazugekommen, jedenfalls nicht auf Professorenebene, und keine weitere Universität war sonst für die deutsche Philologie erobert worden. Statt der acht Professuren im Jahre 1831 waren es am Ende der dreißiger Jahre nur noch sechs: zwei in Berlin (von der Hagen, Lachmann), je eine in Göttingen (Benecke), München (Maßmann), Breslau (Hoffmann) und Basel (Wackernagel).

Der endgültige Durchbruch der deutschen Philologie an den Universitäten erfolgte in den vierziger Jahren, zur gleichen Zeit als außerdem noch Professuren für deutsche Literaturgeschichte eingerichtet wurden (worüber im nächsten Kapitel zu berichten sein wird). Die Universitäten und staatlichen Instanzen waren bereit, eine Wissenschaft zum festen Fächerkanon zu rechnen, die ihre Leistungsfähigkeit in der Generation ihrer Gründer erwiesen hatte. Es wurden allenthalben neue Professuren geschaffen, und es gab fortan keine mehr, die nicht wieder besetzt worden wäre.

Den Anfang mit der neuen Serie machten Greifswald und Würzburg mit je einem Extraordinariat im Jahre 1840, und es vergeht von diesem Jahre an kein Jahr, ohne daß nicht eine neue Professur, eine Berufung oder Beförderung zu vermelden wäre. Nur ein Jahrzehnt später verzeichnete man zwölf Ordinariate und zehn Extraordinariate, die ganz oder teilweise der deutschen Philologie gewidmet waren. Die Ordinariate: Basel (Wackernagel), Berlin (von der Hagen, Lachmann), Greifswald (Albert Hoefer seit 1847, vorher seit 1840 Extraordinarius[154]), Krakau (Karl Weinhold 1850[155]), Leipzig (Moriz Haupt seit 1843, Extraordinarius seit 1841[156]), Marburg (Franz Dietrich seit 1848, Extraordinarius seit 1844[157]), München (Schmeller seit 1846 als Nachfolger seines Nachfol-

derten. (Göttinger rechtswissenschaftliche Studien. 16) Göttingen 1955, S. 99. – Roland Feldmann, Jacob Grimm und die Politik. Kassel 1970, S. 175–208.

154 Fritz Tschirch, Vor- und Frühgeschichte der Greifswalder Germanistik; in: Festschrift zur 500-Jahrfeier der Universität Greifswald. Greifswald 1956, II 136–199; 147.

155 Herbert A. Egglmaier, Die Einrichtung von Lehrkanzeln für deutsche Philologie in Österreich nach der Universitätsreform der Jahre 1848/49; in: Beiträge und Materialien zur Geschichte der Wissenschaften in Österreich. Hrsg. von Walter Höflechner. (Publikationen aus dem Archiv der Universität Graz. 11) Graz 1981, S. 359–411; 377. – Friedrich Vogt, Karl Weinhold; in: Zeitschrift für deutsche Philologie 34 (1902) 137–162. – Conrad Müller, Germanistische Erinnerungen. Der Alma Mater Vratislavensi zum Jubelstrauße gebunden. Berlin 1911, S. 16–22, 45–56. – Theodor Siebs, Karl Weinhold; in: Schlesier des 19. Jahrhunderts. (Schlesische Lebensbilder. 1) Breslau 1922, S. 133–140.

156 Chr. Belger, Moriz Haupt als akademischer Lehrer. Mit Bemerkungen Haupts zu Homer [...], zu Wolfram von Eschenbach und einer biographischen Einleitung. Berlin 1879, S. 31.

157 Franz Gundlach, Catalogus professorum academiae Marburgensis. Die akademischen Lehrer der Philipps-Universität in Marburg von 1527 bis 1910. (Veröffentlichungen der historischen Kommission für Hessen und Waldeck. 15) Marburg 1927, S. 424 f. – Karl Helm, Zur Geschichte des Germanistischen Lehrstuhls; in: Die Philipps-Universität zu Marburg 1527–1927 [...]. Marburg 1927, S. 702–709; 704.

gers Maßmann[158]), Münster (Ferdinand Deycks als letzter Generalist und Nachfolger Schlüters seit 1843[159]), Prag (Karl August Hahn, ernannt 1849[160]), Tübingen (Adelbert Keller seit 1844[161]) und Wien (Theodor von Karajan 1850[162]). Die Extraordinariate: Berlin (Maßmann seit 1846[163]), Bern (immer noch der Generalist Jahn[164]), Bonn (Karl Simrock 1850[165]), Breslau (1843 Theodor Jacobi als Nachfolger des entlassenen Hoffmann[166], 1849 bis 1850 Weinhold als Nachfolger des verstorbenen Jacobi[167]), Erlangen (Rudolf von Raumer seit 1846[168]), Göttingen (Wilhelm Müller seit 1845 als Nachfolger Beneckes[169]), Heidelberg (Hahn von 1848 bis 1850[170]), Jena (Heinrich Rückert seit 1848[171]), Kiel (Karl Müllenhoff seit 1846[172]) und Würzburg (Friedrich Anton Leopold Reuss seit 1840[173]).

Die noch fehlenden Universitäten zogen bald nach, gleich mit Ordinariaten Graz 1851 (wiederum Weinhold)[174], Rostock 1858 (Karl Bartsch)[175], Innsbruck

---

158 Müller (= Anm. 136) 202.

159 ADB V 107 f.

160 Egglmaier (= Anm. 155) 374.

161 Burkhardt (= Anm. 123) 16.

162 Egglmaier (= Anm. 155) 376. – Heide Fuchs, Die Geschichte der germanistischen Lehrkanzel von ihrer Gründung im Jahre 1850 bis zum Jahre 1912. Diss. Wien 1967 (masch.), S. 10.

163 Asen (= Anm. 132) 126.

164 Vgl. oben S. 235.

165 Hugo Moser, Karl Simrock; in: Bonner Gelehrte. Beiträge zur Geschichte der Wissenschaften in Bonn. Sprachwissenschaften. Bonn 1970, S. 57–62; 59. – Hugo Moser, Karl Simrock. Universitätslehrer und Poet, Germanist und Erneuerer von „Volkspoesie“ und älterer „Nationalliteratur“. Ein Stück Literatur-, Bildungs- und Wissenschaftsgeschichte des 19. Jahrhunderts. (Academica Bonnensia. 5 = Philologische Studien und Quellen. 82) Bonn bzw. Berlin 1976, S. 34 f.

166 Siebs (= Anm. 112) 222–224.

167 Siebs (= Anm. 112) 227.

168 ADB XXVII 423–429 (Steinmeyer)

169 Ebel (= Anm. 36) 108.

170 Burkhardt (= Anm. 123) 30–32.

171 Dietrich Germann, Geschichte der Germanistik an der Friedrich-Schiller-Universität Jena, auf archivalischer Grundlage dargestellt. Diss. Jena 1954 (masch.), S. 82–93. – Amelie Sohr/Alexander Reifferscheid, Heinrich Rückert in seinem Leben und in seinen kleineren Schriften. 3 Bände. Weimar 1877–1880.

172 Jordan/Hofmann (= Anm. 24) 193. – Wilhelm Scherer, Karl Müllenhoff. Ein Lebensbild. Berlin 1886. – Um den Quickborn. Briefwechsel zwischen Klaus Groth und Karl Müllenhoff. Hrsg. von Volquart Pauls. (Sprache und Schrifttum. NF B 1) Neumünster 1938.

173 Ernst Schubert, Academiae Herbipolensis fontes. Friedrich Anton Leopold Reuss und seine Materialien zur Geschichte der Universität Würzburg. (Quellen und Forschungen zur Geschichte der Universität Würzburg. Beiheft 3) Würzburg 1967, S. 7.

174 Erich Leitner, Die neuere deutsche Philologie an der Universität Graz 1851–1954. (Publikationen aus dem Archiv der Universität Graz. 1) Graz 1973, S. 11.

175 Joseph Pischel (u. a.), 125 Jahre Germanistik an der Universität Rostock. 1858–1983. (Beiträge zur Geschichte der Wilhelm-Pieck-Universität Rostock. 5) Rostock 1983, S. 9. – Karl Bartsch, Jugenderinnerungen. Hrsg. von Hans-Joachim Koppitz. (Beihefte zum Jahrbuch der Schlesischen Friedrich-Wilhelms-Universität zu Breslau. 6)

(Ignaz Zingerle)[176] und Königsberg 1859 (Julius Zacher)[177]; erst einmal mit Extraordinariaten Gießen (Friedrich Weigand)[178] und Lemberg 1851 (Johann Nepomuk Hloch)[179], Halle (Julius Zacher)[180] und Zürich 1856 (Ludwig Ettmüller)[181] und zuletzt 1863 Freiburg (Matthias Lexer).[182] Diese neuen Extraordinariate und die schon vorher bestehenden wurden entweder bereits in den fünfziger Jahren, sonst aber bis zum Anfang der siebziger Jahre zu Ordinariaten aufgewertet; nur Jena leistete sich eine kleine Verspätung (1876 Eduard Sievers[183]) und Zürich eine große (1888 Jacob Baechtold[184]).

Das Ganze noch einmal in Tabellenform, von den Anfängen bis zum Jahre 1863, als die letzte Universität ein Extraordinariat für deutsche Philologie erhalten hat (die Jahreszahlen in der letzten Kolonne bezeichnen das Ende der Tätigkeit im betreffenden Status an der jeweiligen Universität).

Jahr	Universität	Extraordinariat	Ordinariat	
1801	Münster		Schlüter	1841
1805	Göttingen	Benecke		1814
1805	Bern		Jahn	1834
1809	Königsberg	Delbrück		1816

Würzburg 1966. – Franz Pfeiffer/Karl Bartsch, Briefwechsel. Mit unveröffentlichten Briefen der Brüder Grimm und weiteren Dokumenten zur Wissenschaftsgeschichte des 19. Jahrhunderts. Hrsg. von Hans-Joachim Koppitz. Köln 1969.

[176] Moriz Enzinger, Die Innsbrucker Universität und die deutsche Literatur; in: Die Universität Innsbruck. Aus Geschichte und Gegenwart. Innsbruck 1928, S. 33–50; 44. – Egglmaier (= Anm. 155) 382. – Leopold Wagner, Ignaz Vincenz Zingerle. Diss. Innsbruck 1962 (masch.).

[177] Prutz (= Anm. 104) 279. – Karl Weinhold, Julius Zacher. Beitrag zur geschichte der deutschen philologie; in: Zeitschrift für deutsche Philologie 20 (1888) 185–429; 401.

[178] Festschrift Gießen (= Anm. 59) I 464. – Otto Bindewald, Zur Erinnerung an Friedrich Ludwig Karl Weigand. Ein Lebensbild. Gießen 1879, S. 60.

[179] Egglmaier (= Anm. 155) 380.

[180] Manfred Lemmer, Die hallische Universitätsgermanistik; in: Wissenschaftliche Zeitschrift der Martin-Luther-Universität Halle-Wittenberg, gesellschafts- und sprachwissenschaftliche Reihe 8 (1958/59) 359–387; 361.

[181] Ernst Gagliardi/Hans Nabholz/Jean Strohl, Die Universität Zürich 1833–1933 und ihre Vorläufer. Festschrift zur Jahrhundertfeier. (Die Zürcherischen Schulen seit der Regeneration der 1830er Jahre. 3) Zürich 1938, S. 363. Ettmüller war seit 1833 in Zürich als Privatdozent tätig (mit einer Pause von 1843 bis 1856); ein Antrag auf Ernennung zum Extraordinarius war schon 1843 gestellt worden. – Karl Stackmann, Frauenlob, Ettmüller und das Mittelhochdeutsche Wörterbuch; in: Medium Aevum deutsch. Beiträge zur deutschen Literatur des hohen und späten Mittelalters. Festschrift für Kurt Ruh zum 65. Geburtstag. Hrsg. von Dietrich Huschenbett (u. a.). Tübingen 1979, S. 335–348.

[182] Burkhardt (= Anm. 123) 48.

[183] Dietrich Germann, Die Gründung des Ordinariates für deutsche Philologie an der Universität Jena 1876; in: Wissenschaftliche Zeitschrift der Friedrich-Schiller-Universität Jena, Gesellschafts- und sprachwissenschaftliche Reihe 5 (1955/56) 703–707.

[184] Gagliardi u. a. (= Anm. 181) 855. – Jakob Bächtold, Kleine Schriften. Mit einem Lebensbilde von Walther von Arx. Hrsg. von Theodor Vetter. Frauenfeld 1899.

Jahr	Universität	Extraordinariat	Ordinariat	
1810	Berlin	von der Hagen		1811
1811	Breslau	von der Hagen		1818
1811	Tübingen		Michaelis	1817
1814	Göttingen		Benecke	1844
1817	Breslau	Büsching		1823
1818	Bonn		Delbrück	1848
1818	Bonn	Radlof		1822
1818	Bonn		Schlegel	1845
1818	Breslau		von der Hagen	1822
1818	Königsberg	Lachmann		1824
1819	Basel		Sartorius	1832
1819	Heidelberg	Mone		1822
1822	Heidelberg		Mone	1827
1823	Breslau		Büsching	1829
1824	Berlin		von der Hagen	1856
1824	Königsberg	Graff		1827
1825	Berlin	Lachmann		1827
1827	Berlin		Lachmann	1851
1827	Königsberg		Graff	1832
1828	München	Schmeller		1830
1829	Göttingen		Jacob Grimm	1837
1829	München	Maßmann		1835
1829	Tübingen	Uhland		1833
1830	Breslau	Hoffmann		1835
1831	Göttingen	Wilhelm Grimm		1835
1834	Bern	Jahn		1854
1835	Basel		Wackernagel	1869
1835	Breslau		Hoffmann	1842
1835	Göttingen		Wilhelm Grimm	1837
1835	München		Maßmann	1842
1840	Greifswald	Hoefer		1847
1840	Würzburg	Reuss		1855
1841	Leipzig	Haupt		1843
1841	Tübingen	Keller		1844
1843	Breslau	Jacobi		1848
1843	Leipzig		Haupt	1850
1843	Münster		Deycks	1867
1844	Marburg	Dietrich		1848
1844	Tübingen		Keller	1883
1845	Göttingen	Wilhelm Müller		1852
1846	Berlin	Maßmann		1874
1846	Erlangen	Raumer		1852
1846	Kiel	Müllenhoff		1854
1846	München		Schmeller	1852
1847	Greifswald		Hoefer	1880

Jahr	Universität	Extraordinariat	Ordinariat	
1847	Heidelberg	Hahn		1849
1848	Jena	Rückert		1852
1848	Marburg		Dietrich	1859
1849	Breslau	Weinhold		1850
1850	Bonn	Simrock		1852
1850	Krakau		Weinhold	1851
1850	Lemberg	Hloch		1865
1850	Prag		Hahn	1851
1850	Wien		Karajan	1851
1851	Gießen	Weigand		1868
1851	Graz		Weinhold	1861
1851	Krakau	Bratranek		1853
1851	Wien		Hahn	1857
1852	Bonn		Simrock	1876
1852	Breslau	Rückert		1867
1852	Erlangen		Raumer	1876
1852	Heidelberg		Holtzmann	1870
1852	Jena	Liliencron		1855
1852	Tübingen	Rapp		1880
1853	Berlin		Haupt	1874
1853	Krakau		Bratranek	1881
1853	München	Hofmann		1856
1854	Kiel		Müllenhoff	1858
1854	Leipzig	Zarncke		1858
1856	Bern	Pabst		1871
1855	Jena	Wegele		1857
1856	Göttingen		Wilhelm Müller	1890
1856	Halle	Zacher		1859
1856	München		Hofmann	1890
1856	Würzburg	Kelle		1857
1856	Zürich	Ettmüller		1877
1857	Jena	Schleicher		1868
1857	Prag		Kelle	1899
1857	Wien		Pfeiffer	1868
1858	Leipzig		Zarncke	1891
1858	Rostock		Bartsch	1871
1859	Berlin		Müllenhoff	1884
1859	Innsbruck		Zingerle	1889
1859	Königsberg		Zacher	1863
1859	Münster	Storck		1868
1861	Kiel		Weinhold	1876
1862	Graz		Tomaschek	1868
1863	Freiburg	Lexer		1868
1863	Halle		Zacher	1887
1863	Königsberg		Schade	1906

Seit 1840 etwa war die deutsche Philologie allseits akzeptiert, und mit der Einrichtung neuer Stellen (zuerst meist Extraordinariate) hat es nirgends grundsätzliche Probleme gegeben (allenfalls finanzielle auf staatlicher Seite), ob nun junge Wissenschaftler sich darum beworben haben (z.B. Reuss in Würzburg[185]), ob die Initiative von den Fakultäten ausgegangen ist, wie es die Regel war, oder ob die Ministerien sie von sich aus beschlossen haben (so generell in Österreich nach 1849 unter dem Ministerium Thun[186]). Anlaß oder Voraussetzung ist es (außer in Österreich, wo das Ministerium ein bildungspolitisches Konzept hatte) immer gewesen, daß man einen spezialisierten jungen Mann – möglichst am Ort – hatte, der versorgt sein wollte und sowohl einer Fakultäts- und Senatsmehrheit persönlich und wissenschaftlich unterstützenswürdig als auch dem zuständigen Ministerium vertrauenswürdig erschien. War das alles gegeben, so konnten die „sachlichen" Argumente subsidiär bleiben und fast schon rituell wiederholt werden; es waren – in unterschiedlicher Mischung und Gewichtung – stets dieselben drei, wie sie Adelbert Keller 1844 in Tübingen bündig formuliert hat: „die nationale Wichtigkeit und die großartige Entwickelung, welche diese Wißenschaft in unserer Zeit gewonnen und welche ihr auch an anderen Universitäten des Vaterlandes die gebührende Anerkennung verschafft hat".[187] In Heidelberg kam dazu noch der stehende Hinweis auf die Handschriftenschätze der Bibliothek[188], in Jena fand man schon 1852 die zwingende Minimalbegründung, daß das Fach einfach „nicht mehr unvertreten sein" konnte[189], und der österreichische Minister Leo Graf Thun-Hohenstein sprach 1858 die Überzeugung aus: „Das unabweisbare Bedürfnis des Bestandes einer bleibenden Lehrkanzel für deutsche Sprache und Literatur an jeder Hochschule des Kaiserreiches bedarf wohl keiner näheren Begründung."[190]

Namengebung, Fachzeitschriften, Organisation, Parteiungen

Nach dem Stillstand oder leichten Rückschritt der dreißiger Jahre hat die deutsche Philologie von 1840 bis 1863 alle deutschsprachigen Universitäten auf diese Weise erobert. Die Eckdaten sind eher zufällig gesetzt durch lokale Gegebenheiten und persönliche Bedürfnisse, auf ein paar Jahre mehr oder weniger kann es da eigentlich nicht ankommen. Trotzdem schließen sie ziemlich genau drei weitere Aspekte der Institutionalisierung zwischen sich ein: die Namengebung, die Schaffung einer spezialisierten wissenschaftlichen Zeitschrift und die Organisation des Personals.

[185] Schubert (= Anm. 173) 7.
[186] Egglmaier (= Anm. 155) 372 ff. – Ein illustratives Beispiel: Leitner (= Anm. 174) 7 f.
[187] Burkhardt (= Anm. 123) 16.
[188] Burkhardt 33.
[189] Germann (= Anm. 183) 704.
[190] Egglmaier (= Anm. 155) 373.

Präzise am Anfang dieser Phase ist es möglich geworden, die Vertreter der deutschen Philologie mit einem eigenen Namen, als „Germanisten", zu benennen, mit einem Namen also, den vorher die Spezialisten des deutschen Rechts führten[191] und der nunmehr ohne Umstand und Erläuterung auf die Spezialisten der deutschen Sprache übertragen werden konnte: „Ich weiß zwar nicht, ob es Jemandem gelingen wird, die moderne Philologie in ihrer Totalität zu umfassen, in der Regel wird sich der Eine auf die romanischen, der andere auf die germanischen Nationen beschränken müssen, freilich so, daß der Romanist die Resultate des Germanisten kennt und umgekehrt."[192]

Präzise am Anfang dieser Phase auch sind die erneut aufgenommenen Bemühungen um die Einrichtung einer Fachzeitschrift zu einem Erfolg gekommen, der die fachinterne Auseinandersetzung der früheren Jahre im Zeitraffer noch einmal rekapituliert. Auch diesmal ist die unterlegene Partei vorangegangen mit zwei Zeitschriftengründungen, die sich ohne Ansehen der Fachzugehörigkeit allen öffnen wollten, denen der Gegenstand der deutschen Altertumskunde wichtig war: der „Anzeiger für Kunde des teutschen Mittelalters"[193] und die „Germania" oder „Neues Jahrbuch der Berlinischen Gesellschaft für deutsche Sprache und Alterthumskunde".[194] Anders hat es die siegreiche Partei gehalten, als sie sich – nach dem nicht ganz geglückten Versuch mit den „Altdeutschen Blättern"[195] – 1841 in der „Zeitschrift für deutsches Alterthum"[196]

---

[191] Adalbert Erler, Art. „Germanisten"; in: Handwörterbuch zur deutschen Rechtsgeschichte. Hrsg. von Adalbert Erler und Ekkehard Kaufmann. I. Band. Berlin 1971, S. 1582–1584. In diesem Sinn gebraucht von Jacob Grimm, Deutsche Rechtsalterthümer. Andere Hälfte. Göttingen 1828, S. 844: „Die germanisten stellen zwar als eine besondere art der gerichtlichen vorladung eine adhramitio auf, die durch dargereichten ast geschehen soll."

[192] Karl Mager, Die moderne Philologie und die deutschen Schulen; in: Pädagogische Revue 1 (1840) 95 (auch als Separatum Stuttgart 1840); wiederabgedruckt in: Karl Wilhelm Eduard Mager, Gesammelte Werke. Hrsg. von Heinrich Kronen. Zweiter Band. Baltmannsweiler 1985, S. 97. – Ein noch etwas früherer Parallelbeleg aus einer Eingabe des Breslauer Privatdozenten Gustav Freytag bei Uwe Meves, „Wir armen Germanisten ...". Das Fach deutsche Sprache und Literatur auf dem Weg zur Brotwissenschaft. Unveröffentlichtes Manuskript eines Vortrags in Bielefeld, November 1986, S. 24.

[193] Hrsg. von Hans Freiherr von und zu Aufseß. 1.–2. Jahrgang. Nürnberg 1832–1833. – Jahrgang 3: Anzeiger für Kunde des deutschen Mittelalters unter allgemeiner freier Mitwirkung hrsg. von Hans Freiherr von und zu Aufseß und Franz Joseph Mone, Nürnberg 1834. – Jahrgang 4–8: Anzeiger für Kunde der deutschen Vorzeit. Hrsg. von Franz Joseph Mone, Karlsruhe 1835–1839. – Die Fortsetzung: Anzeiger für Kunde der deutschen Vorzeit. Neue Folge. Organ des germanischen Museums. Nürnberg 1853 ff. – Vgl. auch Storost (= Anm. 83) 290 ff.

[194] Hrsg. durch Friedrich Heinrich von der Hagen. 1.–10. Band. Leipzig 1836–1853.

[195] Altdeutsche Blätter. Hrsg. von Moriz Haupt und Heinrich Hofmann. 2 Bände. Leipzig 1835–1840.

[196] Zeitschrift für deutsches Alterthum. Hrsg. von Moriz Haupt. Jahrgang 1–9. Leipzig 1841–1853. – Karin Morvay, Die Zeitschrift für deutsches Altertum unter ihren ersten Herausgebern Haupt, Müllenhoff, Steinmeyer und Scherer (1841–1890); in: Archiv für Geschichte des Buchwesens 15 (1975) 470–520.

ihr zentrales Publikationsorgan schuf; der Herausgeber Moriz Haupt hat sich selbst als Einlaßkontrolle vorgestellt („ich werde dafür sorge tragen daß hier nur würklich merkwürdiges gedruckt wird") und den Inhalt der Zeitschrift klar umrissen: wichtige Texte in wissenschaftlicher Bearbeitung (also keine diplomatischen Handschriftenabdrucke, „oft nur eine beschönigung der arbeitsscheu") und bewußt ohne „spracherklärungen" (also brauchbar nur für einen Leser, „der mehr dazu mitbringt als träge bequemlichkeit, leichtfertige neugier oder den wunsch bald aburtheilen zu können"), literaturgeschichtliche „erforschung des einzelnen" im Hinblick auf eine erst in ferner Zukunft mögliche Geschichte der deutschen Literatur und sprachhistorische „betrachtung grammatischer dinge bis in das genaueste und feinste"[197] – eine bewußt exklusive Zeitschrift von philologischen Spezialisten für philologische Spezialisten.

Auch die Versuche, die Germanisten zu organisieren (das ist der dritte der erwähnten Aspekte) und ihnen nach dem Vorbild der „Gesellschaft Deutscher Naturforscher und Ärzte" (gegründet 1822)[198] ein Forum öffentlicher Selbstdarstellung, persönlichen Kennenlernens und wissenschaftlichen Austauschs zu geben, haben in derselben Zeit einen ähnlichen Gang genommen. Als nationaler Zusammenschluß aller Freunde des deutschen Altertums war die „allgemeine Gesellschaft für deutsche Alterthumskunde und Geschichte" gedacht, die 1833 in Nürnberg gegründet wurde, aber schon mit ihrer ersten Versammlung nicht reüssierte.[199] Immer noch in der Einheit des Gegenstandes bzw. des Erkenntniszieles („das deutsche Wesen kennen zu lernen"[200]) gründend, aber doch schon differenzierter diejenigen ansprechend, „die sich der Pflege des deutschen Rechts, deutscher Geschichte und Sprache ergeben"[201], haben die Germanistenversammlungen von Frankfurt (1846) und Lübeck (1847) zwar auch ihren internen Zweck als Gelehrtenversammlungen erfüllt, vor allem aber – wie es besonders die juristischen Initianten wünschten – als eine Kundgebung deutscher Einheit von hohem politischem Aufmerksamkeitswert ge-

[197] Moriz Haupt, Vorwort zum ersten hefte; in: Zeitschrift für deutsches Alterthum 1 (1841) III–VIII. – Das Vorwort und das Inhaltsverzeichnis des ersten Heftes sind wiederabgedruckt in: Eine Wissenschaft etabliert sich. 1810–1870. Mit einer Einführung hrsg. von Johannes Janota. (Texte zur Wissenschaftsgeschichte der Germanistik III. – Deutsche Texte. 53) Tübingen 1980, S. 212–217.

[198] R. Hinton Thomas, Liberalism, nationalism, and the German intellectuals (1822–1947). An analysis of the academic and scientific conferences of the period. Cambridge, Mass., 1951. – Rainald von Gizycki, Prozesse wissenschaftlicher Differenzierung. Eine organisations- und wissenschaftssoziologische Fallstudie. (Soziologische Schriften. 21) Berlin 1976.

[199] Freiherr Hans von und zu Aufseß, Sendschreiben an die erste allgemeine Versammlung deutscher Rechtsgelehrten, Geschichts- und Sprachforscher zu Frankfurt am Main. Nürnberg 1846, S. 5 ff.

[200] Ludwig Reyscher, (Kommentar zur offiziellen Einladung); in: Zeitschrift für deutsches Recht und deutsche Rechtswissenschaft 10 (1846) 183.

[201] Verhandlungen der Germanisten zu Frankfurt am Main am 24., 25. und 26. September 1846. Frankfurt 1847, S. 5 (aus der „Einladung an die Germanisten zu einer Gelehrten-Versammlung in Frankfurt a.M.").

wirkt.[202] Die Verhandlungen der drei „Abtheilungen" außerhalb der allgemeinen öffentlichen Sitzungen in Frankfurt illustrieren aber doch die großen Unterschiede in organisatorischer Hinsicht zwischen den beteiligten drei Wissenschaften: die Juristen haben vor allem über ein großes aktuelles Thema debattiert (über die Einführung von Geschworenengerichten, das heißt die Öffentlichkeit des Gerichtsverfahrens), die Historiker haben einen eigenen „Verein der deutschen Geschichtsforscher" gegründet, die Mitglieder der „Sprachabtheilung" haben die Geselligkeit gepflegt und sich über zufällige Detailprobleme unterhalten.

Daher überrascht es nicht, daß einzig die Sprach- und Literaturforscher nach dem schnellen Aufhören der allgemeinen Germanistenversammlungen (die dritte, Nürnberg 1848, mußte abgesagt werden[203]) von sich aus geraume Zeit gar nichts unternommen haben, um ihrem Fach organisatorischen Zusammenhalt und öffentliche Präsenz zu geben. Erst 1861 hat sich die deutsche Philologie in jene Richtung endgültig organisiert, die die „Zeitschrift für deutsches Alterthum" schon zwanzig Jahre zuvor gewiesen hatte, als philologische Spezialdisziplin nämlich, nun allerdings mit dem gewichtigen Unterschied, daß die organisatorische Heimat der neuen „germanistischen Sektion" der „Verein deutscher Philologen und Schulmänner" war.[204]

Am Ende der Phase also, da die deutsche Philologie sich fest an allen deutschsprachigen Universitäten einrichtete, hat sie durch den Beitritt zu einem Verein von Lehrern und Lehrerausbildern ihre Bereitschaft dokumentiert, sich in den Dienst der Lehrerausbildung zu stellen. Das ist in gewisser Weise auch zu lesen als Gegenleistung für die Einrichtung der Professuren; denn auf staatlicher Seite hat man zwar die hehren oder pragmatischen Argumente der Universitäten akzeptiert, scheint aber doch die Funktionalisierung der deutschen Philologie für schulische Zwecke nie ganz aus den Augen gelassen zu

---

202 Klaus Röther, Die Germanistenverbände und ihre Tagungen. Ein Beitrag zur germanistischen Organisations- und Wissenschaftsgeschichte. (Pahl-Rugenstein Hochschulschriften Gesellschafts- und Naturwissenschaften. 42) Köln 1980, S. 15–85. – In einem zeitgenössischen Artikel erscheinen die Germanistenversammlungen als Vorläufer des Frankfurter Vorparlaments: „Wahr bleibt es aber, der erste Tag der frankfurter Versammlung 1846, als gleichzeitig mit dem Bundestag die Germanisten die schleswig-holsteinische Sache behandelten, und der zweite Tag der lübecker Versammlung 1847, als die Germanisten das Schwurgericht durch überzeugende Worte vom Norden wie vom Süden einmüthig der künftigen Reichsverfassung des Vaterlands einverleibten – die beiden Tage waren die Vorspiele der parlamentarischen Zukunft." (Ch. Wurm), Das deutsche Vorparlament; in: Die Gegenwart. Eine encyklopädische Darstellung der neuesten Zeitgeschichte für alle Stände. Zweiter Band. Leipzig 1849, S. 682–707; 688.

203 Hanns Hubert Hofmann, Der Plan der Nürnberger Germanistenversammlung von 1848; in: Mitteilungen des Vereins für Geschichte der Stadt Nürnberg 41 (1950) 443–447.

204 Der Gründungsantrag wurde gestellt von Bartsch, von Raumer und Wackernagel; vgl. Verhandlungen der zwanzigsten Versammlung Deutscher Philologen und Schulmänner in Frankfurt am Main vom 24. bis 27. September 1861. Leipzig 1862, S. 30. – Röther (= Anm. 202) 88 f.

haben.[205] Das Entgegenkommen der deutschen Philologie war, so gesehen, auch nicht ganz uneigennützig: wenn die Ansprüche staatlicher Heteronomie ein Stück weit befriedigt waren, durfte man vielleicht weiterhin auf die Autonomie der Wissenschaftsentwicklung hoffen.

Die Öffnung zur Schule hin war denn auch vorbereitet durch eine zunächst sehr vorsichtige innere Umorientierung von der reinen Formalphilologie zur moderierten Realphilologie und Literaturgeschichte, wie sie etwa Haupt nicht ohne Drohgebärde im Vorwort zur „Zeitschrift für deutsches Alterthum" angedeutet hat.[206] Diese Umorientierung wurde abrupt sichtbar und akzentuiert durch den „Nibelungenstreit"[207], der die nunmehr institutionell abgesicherte Germanistik in zwei feindliche Lager gespalten hat.

Es ging vordergründig um die Geltung der ersten textkritischen Großtat aus den Anfangszeiten der deutschen Philologie, um Lachmanns „Liedertheorie", das heißt um die Annahme, man könne durch genaues Abwägen der Unstimmigkeiten im Nibelungenlied die einzelnen „Lieder" textkritisch isolieren, aus denen das Ganze nachträglich so zusammengesetzt worden sei wie – nach Friedrich August Wolf – Ilias und Odyssee aus einzelnen „Rhapsodien".[208] Ins Zentrum dieser Theorie hat wenige Jahre nach Lachmanns Tod der Heidelberger Ordinarius Adolf Holtzmann gezielt mit der Behauptung, sie sei nur durch eine Handschrift gestützt und umgekehrt der von Lachmann statuierte Echtheitsanspruch nur durch die Theorie.[209] Was sich in Holtzmanns provokativer Widmung an von der Hagen und in einzelnen Bemerkungen[210] andeutete, wur-

---

[205] Vgl. unten S. 413 ff.

[206] „Der literaturgeschichte soll, wie ich hoffe, diese zeitschrift auf dem wege gewinn bringen auf dem man nur langsam und mit mancher kleinlich scheinenden mühe vorwärts dringt, der aber der allein sichere ist; ich meine damit die erforschung des einzelnen. die geschichte der literatur in einem allgemeinen gemälde darzustellen, mag das letzte ziel aller dieser bestrebungen sein, aber wenn gar zu früh oder mit ungenügender vorbereitung, obwohl mit lebendigem geiste, ein solches bild entworfen wird [...]". Haupt (= Anm. 197) VI.

[207] Zur ersten Orientierung: Werner Hoffmann, Das Nibelungenlied. 5. Auflage. (Sammlung Metzler. 7) Stuttgart 1982, S. 10 f. – Ausführlich: Hermann Fischer, Die Forschung über das Nibelungenlied seit Karl Lachmann. Gekrönte Preisschrift. Leipzig 1874.

[208] Lachmann (= Anm. 75) 3 f.: „Ich glaube nämlich und werde in dem Folgenden zu beweisen suchen, daß unser so genanntes Nibelungenlied, oder bestimmter, die Gestalt desselben, in der wir es, aus dem Anfange des dreizehnten Jahrhunderts uns überliefert, lesen, aus einer noch jetzt erkennbaren Zusammensetzung einzelner romanzenartiger Lieder entstanden sei."

[209] Adolf Holtzmann, Untersuchungen über das Nibelungenlied. Stuttgart 1854, S. 17: „Es kommt daher, dass der Text von A für die vorgefasste Theorie Lachmanns über die Entstehung des Nibelungenlieds besonders günstig ist. Wenn erwiesen werden sollte, dass das Gedicht nichts sei als eine Sammlung von Volksliedern, so musste derjenige Text, der am meisten innere Widersprüche, am meisten Abgerissenes und Holperiges hatte, der willkommenste sein."

[210] Holtzmann 59: von der Hagens Ausgabe, orientiert an der Handschrift C, gebe „im allgemeinen einen besseren Text als die Lachmannsche", habe aber ihrerseits wieder Mängel. „Es fehlt uns also an einer brauchbaren Ausgabe des Nibelungenlieds."

de in Karl Müllenhoffs ausfälliger Rezension seiner Schrift vollends deutlich.[211] Nicht um die richtige Auffassung eines noch so wichtigen mittelalterlichen Textes und seiner Handschriften wurde da gegen Lachmanns Verteidiger Müllenhoff und Haupt gestritten, sondern um eine andere Erbschaft Lachmanns, um die Vorherrschaft im Fach, und außerdem um die zukünftige Gestalt des Faches.

Die Gegner der Lachmannpartei haben sich im zweiten Grundsatzstreit der deutschen Philologie weitaus geschickter verhalten als von der Hagen im ersten, was ihnen allerdings auch leichter fiel, da sich Müllenhoff in seiner Unbeherrschtheit eine Blöße gegeben hatte. Ein Ergebnis war, daß Franz Pfeiffer, einer der fleißigsten Mitarbeiter der „Zeitschrift für deutsches Alterthum“ und damals noch Bibliothekar in Stuttgart, vom Herausgeber Haupt alle noch ungedruckten Beiträge zurückforderte und die Mitarbeit an einer Zeitschrift aufkündigte, an der auch Müllenhoff beteiligt war.[212] Pfeiffer gründete 1856 eine Konkurrenzzeitschrift, indem er den Namen vom unlängst eingegangenen Jahrbuch von der Hagens übernahm: „Germania. Vierteljahrsschrift für deutsche Alterthumskunde“. Und es ist ihm gelungen, für den ersten Jahrgang unter anderen Jacob Grimm zu gewinnen und Ludwig Uhland, der sich noch an keiner germanistischen Zeitschrift beteiligt hatte.[213]

Obwohl die Atmosphäre so vergiftet war, daß beide Parteien die Arbeiten der jeweils anderen nur mehr mit dem bösen Blick wahrnehmen konnten und unter der Obsession standen, Fehler und Ahnungslosigkeiten zu finden, ist der sachliche Kern des Streits doch im unterschiedlichen Charakter der „Zeitschrift für deutsches Alterthum“ und der „Germania“ sichtbar geblieben: die Umorientierung der deutschen Philologie zur Literaturgeschichte hin[214] und also die Überschreitung der Grenzen von Altertumskunde, Textkritik und historischer Grammatik. Und daß es dabei um den Abschied von einer Wissenschaft ging, die Gegenstände und Verfahrensweise autonom aus innerer Dynamik setzt, wurde – die Gründung der germanistischen Sektion im Philologenverband bestätigend – bald nach Pfeiffers Tod durch eine dritte Zeitschrift klar.

---

[211] Karl Müllenhoff, Zur Geschichte der Nibelungen Not; in: Allgemeine Monatsschrift für Wissenschaft und Literatur. Jahrgang 1854, S. 877–979 (die eigentliche Rezension S. 943–979).

[212] Der Brief an Haupt ist abgedruckt in: Briefwechsel zwischen Joseph Freiherrn von Laßberg und Ludwig Uhland. Hrsg. von Franz Pfeiffer. Mit einer Biographie Franz Pfeiffers von Karl Bartsch. Wien 1870, S. LVII f.

[213] Das Inhaltsverzeichnis des ersten Bandes und der Prospekt der Germania sind abgedruckt bei Janota (= Anm. 107) 218–220 und 320–322.

[214] Pfeiffer hat das hervorgehoben im Titel seiner ersten selbständigen Veröffentlichung nach dem Schisma (Zur deutschen Litteraturgeschichte. Drei Untersuchungen. Stuttgart 1855) und es im Titel seiner Aufsatzsammlung programmatisch-polemisch akzentuiert (Freie Forschung. Kleine Schriften zur Geschichte der deutschen Litteratur und Sprache. Wien 1867).

Julius Zacher, wie Wackernagel „von dem cliquentreiben in dem Hauptschen wie in dem Pfeifferschen organ längst aufs höchste angewidert“[215], gründete 1869 die „Zeitschrift für deutsche Philologie“ und setzte den Namen des Realschullehrers Ernst Höpfner vor den seinen auf das Titelblatt, obwohl er sich von ihm keine Entlastung in der Redaktionsarbeit versprechen konnte. Die Zeitschrift sollte die Brücke zwischen Wissenschaft und Schule schlagen, „sie solte den freunden und pflegern der deutschen philologie, und darunter namentlich auch den gymnasiallehrern, es erleichtern, sich in zusammenhang mit den fortschritten der wissenschaft zu erhalten“.[216]

Gut zwanzig Jahre nach dem Ausbruch des „Nibelungenstreits“ hatten sich die Fronten des Kampfes um die Vorherrschaft im Fach verschoben, und auch der Einbezug der Literaturgeschichte in die deutsche Philologie sowie deren Verbindung zur Schule waren keine Diskussionspunkte mehr. Unter diesen veränderten Voraussetzungen konnte Wilhelm Scherer, inzwischen ein führendes Mitglied der Lachmannpartei, den sachlichen Kern und vordergründigen Anlaß des „Nibelungenstreits“ wieder aufgreifen und an Lachmanns textkritische Grundlage eine nüchterne Frage stellen, die eigentlich gar nicht mehr direkt beantwortet zu werden brauchte, ob nämlich Uneinheitlichkeit und innere Widersprüchlichkeit eines Textes (sein Beispiel war Goethes „Faust“) ein tragfähiger Grund für den Schluß auf eine Mehrheit von Verfassern sei.[217] Das war nun auch innerhalb der deutschen Philologie die unausdrückliche und selbstverständliche Anerkennung der Grenze zwischen den Thematisierungsweisen „Text als Schreiberprodukt“ und „Text als Leserobjekt“, der Verlust nämlich der letzten Gemeinsamkeit von Autor und Leser, also die Liquidation des letzten heimlichen Erbstücks aus der alten Litterärhistorie: der stillschweigenden Voraussetzung, ein Dichter sei ein Gelehrter und Widerspruchsfreiheit sein Ethos.

---

[215] Weinhold (= Anm. 177) 406.

[216] Weinhold 408. – Pfeiffer war übrigens seit 1857 in Wien tätig, wo die Germanistik schon in die Lehrerausbildung eingespannt war; vgl. unten S. 415 f.

[217] Vgl. unten S. 477.

Geschichte der deutschen Nationalliteratur

Es geschieht bekanntlich nicht allzu selten, daß die endliche Lösung eines Problems unmittelbar die Geburt eines neuen ist. So ist es auch den sich langsam heranbildenden Disziplinen ergangen, die sich mit der deutschen Literatur befaßten. In den Turbulenzen des Wissenschaftssystems und in den begleitenden terminologischen Verschiebungen während des 18. Jahrhunderts war „Litteratur" zu einem Objektbegriff geworden[1], und damit war das dringliche Problem behoben, daß man für die neue Thematisierungsweise „Text als Objekt des Lesers" einen solchen Begriff brauchte und nicht hatte.

Zugleich aber, und daraus entsteht das neue Problem, hatte natürlich auch der Terminus „Litteratur-Geschichte", der mit seinen Äquivalenten wie „Litterärhistorie" noch zur alten Thematisierungsweise „Text als Produkt des Schreibers" gehörte, dieselbe Bedeutungsveränderung mitgemacht. Geschichte der Literatur hätte nunmehr ihrem Namen zufolge die Geschichte der Objekte in ihrer Gesamtheit sein müssen, das heißt die Geschichte des Weitergereichtwerdens und Gebrauchtwerdens der Texte, der Handschriften und Bücher. Das aber wäre (z. B. unter dem Titel „Überlieferungsgeschichte") etwas ganz anderes gewesen, als die alte Thematisierungsweise meinte und forderte.

Die alte Sichtweise, die auf eine Geschichte der Gelehrsamkeit und der Gelehrten aus war, mußte also unter neuen Umständen („Litteratur" als Objektbegriff) in Konflikt geraten mit ihrem angestammten Titel „Litteratur-Geschichte". In diesem Kompositum ist seither das neu entstandene Problem schier unauffindbar und doch anschaulich versteckt. Die Literatur qua Gesamtheit der Leserobjekte kann keine andere Geschichte haben als die ihrer Überlieferung und ihres Gebrauchs[2], und da eben diese nicht gemeint war, kann diejenige Geschichte, die trotzdem erzählt und geschrieben wird, nicht die der Literatur sein, – aber welche dann? Die faktische Verbindung aber oder der Bindestrich zwischen der Objektgesamtheit Literatur und der fremden Geschichte, die ihr

---

1 Vgl. oben S. 205 f.

2 Eine solche Geschichte ist tatsächlich geschrieben worden: Arnold Herrmann Ludwig Heeren, Geschichte des Studiums der classischen Litteratur seit dem Wiederaufleben der Wissenschaften. Mit einer Einleitung, welche die Geschichte der Werke der Classiker im Mittelalter enthält. Zwei Bände. (Geschichte der Künste und Wissenschaften ... IV 1) Göttingen 1797/1801. Die Einleitung, die den ganzen ersten Band füllt, gibt eine „Uebersicht von den Schicksalen der Werke der Classiker an und für sich selbst, von ihrer Erhaltung und von ihrem Untergange" (I, S. IX), als nötige Vorgeschichte zur Geschichte der klassischen Philologie im zweiten Band. Erweiterte Neuauflage der Einleitung: Geschichte der classischen Litteratur im Mittelalter, in zwei Theilen. Göttingen 1822.

zugeschrieben wird, ist allemal des Literaturgeschichtsschreibers eigene Lektüre literarischer Texte und seine Interpretation derselben.

Das Problem der Literaturgeschichtsschreibung am Ende des 18. Jahrhunderts, das sich so aus dem Wechsel der Thematisierungsweise und aus den entsprechenden terminologischen Verschiebungen ergeben hat, läßt sich angehen mit zwei Fragen. Erstens: wie verbindet man Aussagen über Texte mit Aussagen über Autor und Zeit, wie Interpretation bzw. Kritik der Literatur mit einer Historie, die nicht die ihre ist? Und zweitens: da ein Poet nicht mehr als Gelehrter und die Poesie nicht mehr als Wissenschaft gilt und „Litteratur" zu einem Objektbegriff geworden ist – wer soll diejenige Geschichte gehabt haben, die wir „Literaturgeschichte" nennen, wer ist ihr Subjekt?[3]

Die literaturgeschichtlichen Charakteristiker am Ende des 18. Jahrhunderts haben eine Antwort auf die zweite Frage (die erste, die davon abhängt, wird später zu behandeln sein) nicht gefunden, weil sie gar nicht wußten, daß sie sie suchten. Gleichwohl, das Problem des Zusammenhangs, vor dem sie scheinbar nur aus Gründen der Überlieferungsgenauigkeit und des Kenntnisumfangs resignierten[4], ist nur eine andere Form der Frage nach dem Subjekt der Literaturgeschichte. Denn das Subjekt, von dem wir sagen, daß es eine Geschichte habe, ist es ja, das uns beliebige Ereignisse, sofern es in ihnen vorkommt, als Teile seiner Geschichte erscheinen läßt, und nur wo ein und dasselbe Subjekt die einzelnen Ereignisse als Teilhaber aller zu einer und derselben, zu seiner Geschichte verbindet, da wird auch eine zusammenhängende Erzählung dieser Geschichte als der Geschichte eines und desselben Subjekts möglich oder denkbar. Insofern sind die Porträt- und Charakteristikensammlungen, da ihnen erklärtermaßen der Zusammenhang fehlt, als solche bereits die unerkannte Aufgabenstellung.

Das Subjekt der Literaturgeschichte: Schlegelsche Konzepte

Gesucht wurde demnach das Subjekt, das der Literaturgeschichte neuen Stils Zusammenhang geben könnte. Nach der Konstituierung des Objekts Literatur war dasjenige Subjekt namhaft zu machen, in dessen Geschichte all die literarischen Werke als produzierte und überlieferte Gegebenheiten (Daten) zu erwähnen wären. Man kann wieder nicht sagen, daß diese Aufgabe als solche er-

---

[3] Fragen dieser Art behandelt in vorwiegend systematischer Absicht auch Jürgen Fohrmann, dessen Arbeit (Das Projekt der deutschen Literaturgeschichte. Habilitationsschrift Bielefeld 1987) als willkommene Ergänzung und Erweiterung zu diesem Kapitel zu betrachten ist; die Richtung deutet an: Jürgen Fohrmann, Literaturgeschichtsschreibung als Darstellung von Zusammenhang; in: Deutsche Vierteljahrsschrift für Literaturwissenschaft und Geistesgeschichte 61 (1987) Sonderheft, S. 174*–187*.

[4] Vgl. oben S. 141.

kannt worden wäre, aber sie wurde, wie es der Fahrplan vorsah, in Angriff genommen, und zwar von den Brüdern August Wilhelm und Friedrich Schlegel.

Das Schlegelsche Konzept, pünktlich zur Jahrhundertwende in Erscheinung getreten, wäre geeignet gewesen, Herders Warten auf einen „Winkelmann in Absicht der Dichter“[5] zu beenden und die Hoffnung der literaturgeschichtlichen Charakteristiker auf eine vollständige deutsche Literaturgeschichte zu erfüllen, wenn es nur ausgeführt worden wäre. Es zeichnet sich nämlich dadurch aus, daß es jene Frage nach dem Subjekt der Literaturgeschichte zwar nicht explizit stellt, aber doch beantwortet: es ist die Poesie, die diese Geschichte hat.

Eine solche Antwort in dieser Form steht natürlich unter Trivialitätsverdacht, aber zu Unrecht. Denn was die Schlegels zu dieser Zeit unter Poesie verstanden, das ist nicht mehr, wie es etymologisch korrekt wäre, das Machen im Sinne des 18. Jahrhunderts, es ist auch nicht die Gesamtheit des Gemachten (unter Ausschluß der Prosa) im Sinne des 19. Jahrhunderts; eher liegt es in der Richtung, wie man von jemandem sagen kann, er habe Poesie im Leibe.

So unterscheidet Friedrich Schlegel „die formlose und bewußtlose Poesie“, die in allem Schönen der Natur und des Menschen lebt, von der „Poesie der Worte“[6] und innerhalb dieser zwischen der jedem Dichter „eigentümlichen Poesie, wie sie ihm angeboren und angebildet wurde“, und ihrem „Ausdruck“ „in bleibenden Werken“.[7] Und August Wilhelm Schlegel spricht gleichsinnig von der „poetischen Kraft“[8] und „der in den Gemüthern und Dingen vorhandenen Poesie“[9] und setzt sie gleich „mit der ersten Regung des menschlichen Daseyns“.[10]

Diese habituelle, angeborene Poesie hatte Friedrich Schlegel früher schon als „notwendige Anlage des Menschen“ und als „ewig“ bezeichnet[11]; und August Wilhelm Schlegel zählt sie gleichermaßen zu den „ursprünglichen und ewigen Anlagen des menschlichen Gemüths“.[12] Jener nennt als die „vier Elemente

---

[5] Herders Sämmtliche Werke. Hrsg. von Bernhard Suphan. Erster Band. Berlin 1877, S. 294. – Dieses Dictum, von Herder auf die „Geschichte der Griechischen Dichtkunst und Weisheit“ bezogen, hat Friedrich Schlegel in abgewandelter Form auf seinen Bruder August Wilhelm übertragen: „In der Geschichte der Poesie würdest Du in Deiner Art gewiß so einzig werden, wie Winckelmann in der seinigen.“ Friedrich Schlegels Briefe an seinen Bruder August Wilhelm, hrsg. von Oskar F. Walzel. Berlin 1890, S. 19 (Oktober 1791).

[6] Kritische Friedrich-Schlegel-Ausgabe. Hrsg. von Ernst Behler unter Mitwirkung von Jean-Jacques Anstett und Hans Eichner. München/Paderborn usw. 1958 ff., II 285 (Gespräch über die Poesie, 1800).

[7] F. Schlegel, KA (= Anm. 6) II 286.

[8] August Wilhelm Schlegels Vorlesungen über Philosophische Kunstlehre [...]. Hrsg. von August Wünsche. Leipzig 1911, S. 211; – eine Mitschrift von Friedrich Ast (Jena 1798).

[9] August Wilhelm Schlegel, Vorlesungen über schöne Litteratur und Kunst. Drei Teile. Hrsg. von Jacob Minor. (Deutsche Litteraturdenkmale des 18. und 19. Jahrhunderts. 17–19) Heilbronn 1884, III 157.

[10] A. W. Schlegel, Berliner Vorlesungen (= Anm. 9) I 268.

[11] F. Schlegel, KA I 266 (Über das Studium der griechischen Poesie, 1795).

[12] A. W. Schlegel, Berliner Vorlesungen II 46.

der Menschheit" „Poesie, Philosophie, Moral, Religion"[13], dieser als die „vier Weltgegenden des menschlichen Geistes" „Philosophie, Poesie, Religion und Sittlichkeit".[14] Für Übereinstimmung ist also gesorgt.

Gerade durch ihre Ewigkeit und Natürlichkeit qualifiziert sich die Poesie zum Subjekt der Literaturgeschichte; „denn in meinem Sinne giebt es nur davon eine Geschichte, was dem Menschen kraft seiner höheren Natur aufgegeben ist"[15]; „denn nur das Belebte und Beseelte hat eine Geschichte"[16], nur dasjenige also, „worin ein unendlicher Fortschritt Statt findet".[17]

Das Konzept einer Geschichte des ewigen Subjekts Poesie als einer „ursprünglichen Hauptanlage des menschlichen Gemüths", die „zugleich mit dem Menschengeschlecht entstanden und auch nicht anders als mit ihm gänzlich aussterben"[18] kann, dieses Konzept ist anspruchsvoll und im klaren Bewußtsein seiner Neuheit entworfen.[19] Es wird in August Wilhelm Schlegels Berliner Vorlesungen in ständiger Abgrenzung zu traditionellen Konzepten entwickelt, erreicht jedoch weit mehr als die daraus resultierende nur negative Klarheit.

Die allerdings ist in vollem Maße auch da, weil sich das neue Konzept scharf distanziert von den „gewöhnlichen Literargeschichten"[20] mit ihrem Vollständigkeitstick und ihrer „Chroniken-Methode", die nichts weiter produziere als ein „Aggregat von Vorfallenheiten ohne Zusammenhang und ohne Sinn und Bedeutung im Ganzen, [...] und worin keine Ordnung zu entdecken ist als die der Zeitfolge: das ist die Geschichte in ihrer rohesten Gestalt".[21]

Deshalb fehlen alle „literarischen Notizen", das heißt bibliographische Angaben, und es ist eine strenge Selektion dessen getroffen, was überhaupt als Teil der Geschichte genannt zu werden verdient.[22] Das „Prinzip für die Auswahl der Thatsachen" ist, ob „ein Streben der Annäherung an etwas unerreich-

13 F. Schlegel, KA XVIII 309, Nr. IV 1382 (1799).
14 A. W. Schlegel, Berliner Vorlesungen II 47.
15 III 5.
16 III 9.
17 I 16.
18 II 12.
19 Ein ähnliches Konzept liegt dem Versuch Daniel Jenischs zugrunde, Geschichte überhaupt als Prozeß der Kultivierung und Vervollkommnung natürlicher Anlagen darzustellen, deren jede – unter Umständen unabhängig von den anderen oder zeitverschoben gegen sie – dieselben fünf „Haupt-Epochen der allgemeinen menschlichen Entwickelungsgeschichte" durchläuft („Thiermenschheit", „Vermenschlichung", „Verfeinerung", „Ueberfeinerung oder Verunsittlichung", „Versittlichung"), darunter auch die „ästhetische Anlage" oder „ästhetische Cultur": Daniel Jenisch, Universalhistorischer Ueberblick der Entwickelung des Menschengeschlechts als eines sich fortbildenden Ganzen. Eine Philosophie der Culturgeschichte in zwey Bänden. Berlin 1801, II 113–188.
20 A. W. Schlegel, Berliner Vorlesungen (= Anm. 9) III 9.
21 I 11.
22 Dem entspricht der delectus classicorum bei Friedrich Schlegel; vgl. Hans Dierkes, Literaturgeschichte als Kritik. Untersuchungen zu Theorie und Praxis von Friedrich Schlegels frühromantischer Literaturgeschichtsschreibung. (Studien zur deutschen Literatur. 63) Tübingen 1980, S. 152 ff.

bares"[23] zu beobachten ist oder nicht, weshalb denn auch all die Poeten gar nicht vorkommen, „deren Werke niemand liest, die eigentlich auch gar nicht existiren"[24] – alles, „was rein null ist, bloß zufällige falsche Richtungen und verfehlte Versuche".[25]

Der Verzicht auf „Litterarisches" wird ergänzt durch eine nicht weniger entschiedene Elimination des Biographischen, die etwas anderes ist als seinerzeit Ebelings Diskretion.[26] „Ob dieser Dichter oder Mahler Sophokles oder Raphael, oder wie er sonst heißen mag, das ist gleichgültig; [...] die äußerlichen Begebenheiten seines bloß irdischen Lebens gehen uns da nichts an."[27]

Die Begründung für den restlosen Ausschluß der Biographien leitet über von der negativen zur positiven Klarheit des Konzepts. Ein Werk nämlich, das überhaupt als „Thatsache" in der Literaturgeschichte in Betracht kommt, muß, „seinem Wesen nach, irgend einmal im Ganzen der Kunstwelt zum Vorschein kommen, die Person des Künstlers aber ist dabey ganz zufällig".[28]

Geschichte, wie August Wilhelm Schlegel sie versteht, ist mehr und anderes als eine Registratur von „Vorfallenheiten". Bedenkend, daß „alles Wirkliche [...] wahrhaft nothwendig"[29] ist, „würde die Geschichte eben auf dem Übergange zwischen dem Wirklichen und Nothwendigen ihr Geschäft zu treiben haben"[30], das heißt, sie würde zeigen müssen, wie und warum aus der ewigen Poesie die wirklichen poetischen Werke notwendig hervorgegangen sind.

Zusammenfassend: „Die Geschichte soll, wie wir gesehen haben, nicht ein bloßes Aggregat von Wirklichkeiten seyn, sondern zur Einsicht ihrer Nothwendigkeit führen"[31], wobei das nur Zufällige und insofern „eigentlich gar nicht" Existierende und Wirkliche natürlich schon ausgeschlossen ist. Würde sie das leisten, „so wäre die Historie im eigentlichen Sinne (von der wir es unentschieden lassen wollen, ob man auch nur angefangen hat, sie auszuführen) die Wissenschaft vom wirklich werden alles dessen, was praktisch nothwendig ist".[32] Oder, auf die Strategien der Darstellung bezogen: „Darstellung dessen, was allgemein und nothwendig ist in der Entwicklung des Menschengeschlechts, teils aus der Natur des menschlichen Geistes, teils aus den äußeren Verhältnissen abzuleiten, müßte dann eine wissenschaftliche Geschichte der Menschen sein."[33]

An diesen grundsätzlichen Ausführungen verdient neben dem offenkundigen Hegelianismus avant la lettre außerdem noch der Umstand Beachtung, daß

---

[23] A. W. Schlegel, Berliner Vorlesungen I 12.
[24] I 20.
[25] I 20.
[26] Vgl. oben S. 131, Anm. 99.
[27] I 17 f.
[28] I 17.
[29] I 11.
[30] I 12.
[31] I 17.
[32] I 14. Der Schluß dieses Satzes ist ein Selbstzitat aus dem Athenäumsfragment 90; vgl. F. Schlegel, KA II 178 (ohne Zuweisung an A. W. Schlegel).
[33] A. W. Schlegel, Philosophische Kunstlehre (= Anm. 8) 6 f.

August Wilhelm Schlegel zwar die mögliche Wissenschaftlichkeit der Geschichte erwähnt, aber immer nur im Modus des Dahingestellt-sein-Lassens oder im Irrealis. Er hat, auch darin übrigens mit seinem Bruder Friedrich einig[34], den Anspruch auf Wissenschaftlichkeit nicht erhoben, wohl aber ihn – in Übereinstimmung mit dem prozessualen Wissenschaftlichkeitsbegriff Lambert-Fichtescher Provenienz – umschrieben. Wissenschaftlich wäre demnach eine Geschichtsdarstellung, wenn sie zur Einsicht in die Notwendigkeit des Wirklichen führt, und das würde sie erreichen durch dessen doppelte Ableitung aus der Natur des Geistes und aus den äußeren Verhältnissen.

Konzepte sind eine Sache, ihre Ausführung eine andere. Zwischen beiden vermittelt eine Theorie der Ausführung, die, auch das ein Qualitätsmerkmal, August Wilhelm Schlegel keineswegs vernachlässigt hat. Wenn es darum geht, daß Wirkliches in seiner Notwendigkeit einsichtig gemacht werden soll durch zwingende Ableitung, dann ist in einer Theorie der Ausführung dreierlei von grundsätzlichem Interesse: der Punkt, an dem die Ableitung beginnt, derjenige, an dem sie endet, und die Verbindung zwischen beiden, die „Form der Verknüpfung".[35]

Der Punkt, an dem die Ableitung ansetzt, ist die Poesie, das Subjekt der Literaturgeschichte; allgemeiner gefaßt: es ist der „Genius der Menschheit" (die Einheit jener vier notwendigen Grundanlagen des Menschen)[36], der in seiner Modifikation als Geist der jeweiligen Zeit der eigentliche Autor ist und die poetischen Werke schafft, mit Hilfe der zufälligen künstlerischen Individualitäten oder eher noch durch sie hindurch. Diese wirklichen poetischen Werke in ihrer Notwendigkeit einsichtig zu machen heißt daher sie aus dem Geist der Zeit als ihrem Autor herzuleiten.

Der unabdingbare erste Schritt dazu (und damit sind wir wieder bei Herder) ist das Sich-Versetzen in den Geist der Zeit: der Historiker muß sich beim Studium der Dichter „wieder in die Mitte ihres Zeitalters, ihrer Nation versetzen, um von da aus ihre Weltsicht zu theilen, welches denn nicht geschehen kann,

[34] In einem Zusatz zur zweiten Auflage seiner „Geschichte der alten und neuen Literatur" (1822) stellt Friedrich Schlegel fest: „Wir, mit diesem Reichtum von Hülfsmitteln und Quellen, von Urkunden des Alterthums, und Schätzen der Erd- und Völkerkunde umgeben, so viele Zeitalter schon vor uns überschauend, stehen gerade auf dem Standpunkte, wo die Welthistorie eine Wissenschaft in wahrem Sinne des Worts werden könnte" (KA VI 340); auch zitiert, allerdings in gegenteiligem Sinne, von Dierkes (= Anm. 22) 78. – Ernst Behler begründet seine Wahl des Titels „Wissenschaft der europäischen Literatur" für die Publikation der Vorlesungen mit einem Schlegelzitat („Alle vollendete Wissenschaft ist Geschichte"), das sich wohl nicht umkehren läßt; eher dürfte das Fragment von 1827 gelten, das Behler auch zitiert: „In meinen früheren historischen Versuchen, die alle schon Tendenz zur Wissenschaft hatten". FS KA (= Anm. 6) XI, S. XXIII f., XXV.

[35] A. W. Schlegel, Berliner Vorlesungen (= Anm. 9) I 12.

[36] Poesie als eine der vier „Seiten und Erscheinungen von dem Einen großen Genius der Menschheit" (I 18). „Menschheit", um das sicherheitshalber nochmals anzumerken, ist nicht die Gesamtheit der Menschen, sondern das, was sie zu Menschen macht.

ohne daß man sich persönlicher Neigungen und Gewöhnungen entäußert".[37] Wenn es wegen der Ungunst der Überlieferung nicht anders geht, darf man „aus Mangel an näheren Nachrichten den Geist einer gewissen Zeit aus einem Gedicht diviniren, das uns als einziges Denkmal aus derselben übrig geblieben ist, und doch selbst wieder erst nach der Versetzung in den damaligen Standpunkt beurtheilt werden kann".[38] Sonst aber kommt es darauf an, „daß man den anders woher bekannten Geist des Zeitalters auf den Charakter des Gedichts beziehe" – anders woher bekannt: aus der politischen Geschichte (Sittlichkeit), der Geschichte der Wissenschaft (Philosophie) oder der Geschichte der Religion, so daß z. B. „politische und Kunstgeschichte gegenseitig Licht aufeinander"[39] werfen.

Der Endpunkt der Ableitung, das Abzuleitende selbst, sind dann die wirklichen poetischen Werke, aber natürlich nicht alle, sondern nur diejenigen, die als Tatsachen in der Geschichte der Poesie (bzw. des Geistes) Erwähnung verdienen. Die Entscheidung über die Erwähnung und Nicht-Erwähnung fällt die Kritik. „Die kritische Reflexion" macht die Werke allererst zu „Thatsachen" der Literaturgeschichte, sie macht sie „erst zum Objekte für die Kunstgeschichte", indem sie sie verwandelt; denn die Kunstgeschichte „hat es ja nicht mit den Kunstwerken zu thun, in so fern sie eine äußerliche Masse in der Sinnenwelt ausmachen, sondern mit ihrem Geiste, den wir nur in uns selbst erforschen können".[40]

Die Kritik, die reflexiv die Objekte für die Darstellung der Kunstgeschichte allererst konstituiert (den Geist nämlich, das Subjekt der Literaturgeschichte), handhabt demnach das erwähnte „Prinzip für die Auswahl der Thatsachen" so, daß sie prüft, ob der Geist eines Werkes ein „Streben der Annäherung an etwas unerreichbares"[41] ist oder nicht. Dergleichen Verwandlung der Werke und Prüfung ihres Geistes ist natürlich nur durch Lektüre zu bewerkstelligen, und es bleibt befremdlich genug, daß in diesem Zusammenhang keinerlei hermeneutische Überlegungen auftauchen. Das soll indessen noch kein Einwand sein. Denn das Prinzip für die Auswahl der Tatsachen ist in der vorliegenden Fassung ohnehin eine Überdetermination und insofern überflüssig. Streng immanent gedacht, käme nämlich als Auswahlprinzip nur die Ableitbarkeit selbst in Frage: was nicht aus der Poesie (dem Geist) und den Verhältnissen abgeleitet werden kann, ist nicht notwendig und daher nicht erwähnenswert innerhalb der Geschichte der notwendigen und ewigen Poesie.

Neben den Anfangs- und Endpunkten der Ableitung ist die Ableitung selbst das dritte und zentrale Problem einer Theorie der Ausführung des literaturgeschichtlichen Konzepts. Da gilt es zu unterscheiden: die Verbindung zwischen der Poesie und den Tatsachen (Werken) einerseits und die Verbindung der Tatsachen untereinander.

---

[37] II 14.
[38] I 20.
[39] III 10.
[40] I 27.
[41] I 12.

Die Verbindung zwischen der Poesie und den Tatsachen ihrer Geschichte wird, wie erwähnt, hergestellt durch „Ableitung" und soll die Einsicht in die Notwendigkeit des Wirklichen (das heißt der Werke) produzieren. Sie müßte demgemäß eine zwingend argumentierende „Konstruktion" der einzelnen Tatsachen aus dem Geist und den Verhältnissen sein: „Aus diesem beydem (= „Christenthum" und „Deutsche Stammesart") zusammen mit den Trümmern des classischen Alterthums muß die neuere Geschichte construirt werden."[42]

Neben dieser sozusagen vertikalen Verbindung zwischen der unsichtbaren Poesie und den sichtbaren Tatsachen ihrer Geschichte ist noch eine zweite Verbindungsvariante zu berücksichtigen, die quasi horizontale Verbindung der Tatsachen untereinander. „Ferner steht jedes Kunstwerk [...] vermöge der Einflüsse, welche sein Geist von seinen Vorgängern erfahren, bey seiner Entstehung in einem wirklichen historischen Zusammenhange mit früheren Productionen [...]. Ein solcher regelmäßig fortgepflanzter Einfluß auf die Nachfolger in der Kunst vermittelst eingeführter Maximen und Methoden heißt eine Schule."[43]

Wie der wirkliche historische Zusammenhang einer Schule ermittelt wird, bleibt allerdings unerläutert (es müßte wieder in entscheidender Weise die Lektüre beteiligt sein). Es sieht ganz danach aus, als sei das nicht als ein zweiter Typ von (horizontaler) Konstruktion gedacht, sondern als Beschreibung von Vorfindlichem. Und dann hätte die Beschreibung der Verbindung, in welcher die Tatsachen untereinander durch Schulen und Einflüsse stehen, immerhin eine wichtige systematische Funktion; „denn nur das unter sich zusammenhängende läßt sich zu einer Geschichte verknüpfen".[44] Durch den Nachweis oder wenigstens die Behauptung von „Einflüssen" wäre dem Mißtrauen begegnet, die Konstruktion schaffe Zusammenhang, wo kein „wirklicher historischer Zusammenhang" sei.

Wie auch immer, das Konzept einer Literaturgeschichte als der Geschichte der ewigen Poesie, das beiden Brüdern Schlegel um 1800 gemeinsam ist, und die Theorie der Ausführung, die in einiger Explizitheit nur bei August Wilhelm Schlegel anzutreffen ist, weisen eine Geschlossenheit und Durchdachtheit auf, die sie weit über frühere hinaushebt. Erstens ermöglicht die Einheit und Einzigkeit des Subjekts Poesie durch alle Zeiten hindurch die Kontinuität und Kohärenz der Geschichtsdarstellung. Zweitens ist dieses Subjekt zwar ein unsichtbares, aber doch nicht Ziel der Erkenntnis, das mittels der sichtbaren Texte zu erkennen wäre, sondern umgekehrt der Erklärungsgrund für das notwendige Dasein der Texte. Drittens versteht sich die Historie deswegen grundsätzlich nicht als nachträgliche Auf- und Erzählung von Vergangenem, sondern als Konstruktion des Werdens der gegenwärtig immer noch vorhandenen Texte und als Beschreibung ihres historischen Zusammenhangs. Viertens wird die Tätigkeit des Historikers aus einem rückblickenden Referieren zu einem be-

42 III 89.
43 I 26 f.
44 III 17.

weglichen und produktiven Verhalten, das von den Texten aus den Geist diviniert und aus dem Geist die Werke ableitet, sie wird zu einem vorwärts blickenden Nachvollzug, sozusagen zu einem Aufrollen der Geschichte von hinten her. Das macht fünftens die historische Tätigkeit kompatibel mit einer als Bedürfnis bereits sichtbar gewordenen Hermeneutik[45], die das Verstehen als Wiederholung und nicht mehr als Umkehrung des Produzierens denkt. Und sechstens wäre Wissenschaftlichkeit, falls sie beansprucht würde, präzise zu orten in der mehrfach erwähnten Ableitung und Konstruktion.[46]

Wie sich Konzept und Theorie der Ausführung dann in der Ausführung selbst bewähren, das ist, wie gesagt, eine andere Frage, die für jede Ausführung gesondert zu beantworten ist: für August Wilhelm Schlegels Berliner (1801/02–1803/04)[47], Wiener (1808) und Bonner Vorlesungen (1818/19 usw.) wie für Friedrich Schlegels Paris-Kölner (1803/04) und Wiener Vorlesungen (1812)[48], während dessen Aufsatz „Epochen der Dichtkunst“ im „Gespräch über die Poesie“ (1800) wohl doch zu sehr enthusiastischer Entwurf und provokatives Aperçu ist, als daß er als Ausführung eines Konzepts und einer Theorie behaftbar wäre.[49]

Verlust des Geschichtssubjekts: August Wilhelm Schlegel

In seinen Berliner Vorlesungen hat August Wilhelm Schlegel schon gewisse Vorbehalte gegenüber allzu hohen Erwartungen angebracht, daß nämlich die Historie immer nur eine „bedingte Nothwendigkeit“ erreiche und „nie zur Einsicht der unbedingten Nothwendigkeit gelangen“[50] könne und daß er nicht wage, „eine der Größe des Gegenstandes angemeßne historische Darstellung zu versprechen“.[51] Trotzdem bleibt es allemal verblüffend, daß er offenbar all

---

45 Vgl. oben S. 161.

46 Zum Zusammenhang von Wissenschaftlichkeit und Konstruktion vgl. besonders: Friedrich Wilhelm Joseph Schelling, Sämmtliche Werke. Erste Abtheilung. Fünfter Band. Stuttgart/Augsburg 1859, S. 125–151 („Uber die Construction in der Philosophie“, 1803).

47 Über ihren Zusammenhang mit Schlegels „Enzyklopädie der Wissenschaften“: Frank Jolles, August Wilhelm Schlegel und Berlin: sein Weg von den Berliner Vorlesungen von 1801–04 zu denen vom Jahre 1827; in: Kunsterfahrung und Kulturpolitik im Berlin Hegels. Hrsg. von Otto Pöggeler und Annemarie Gethmann-Siefert. (Hegel-Studien, Beiheft. 22) Bonn 1983, S. 153–175; 159 ff.

48 Über Umstände und Verlauf der einzelnen Vorlesungen orientieren die Einleitungen zu den jeweils zitierten Ausgaben, über A. W. Schlegels Wiener Vorlesungen: Josef Körner, Die Botschaft der deutschen Romantik an Europa. (Schriften zur deutschen Literatur für die Görresgesellschaft. 9) Augsburg 1929, S. 16–22. – Herbert Seidler, August Wilhelm Schlegels Vorlesungen über dramatische Kunst und Literatur 1808; in: Jahrbuch des Wiener Goethe-Vereins 78 (1976) 54–75.

49 Über die „Epochen der Dichtkunst“ unter anderem Aspekt: Dierkes (= Anm. 22) 234 ff.

50 A. W. Schlegel, Berliner Vorlesungen (= Anm. 9) I 12.

51 III 10.

seine theoretischen Vorüberlegungen vollständig vergessen hat, sobald er sich den Texten zuwendet. Kaum jemals wohl haben Konzept und Theorie so wenig mit ihrer angeblichen Ausführung zu tun gehabt wie in diesen Berliner Vorlesungen.

Das fängt damit an, daß die tragende Säule des ganzen Konzepts, das ewige Subjekt „Poesie", nicht mehr aufzufinden ist. Der Begriff „Poesie" hält sich bestenfalls im Ungefähren zwischen hervorbringender Kraft und hervorgebrachten Werken, ist jedoch meist, besonders in Verbindung mit Adjektiven (klassische, epische, römische usw. Poesie) ganz eindeutig der Inbegriff der poetischen Werke. Ein Beispiel für die Unschärfe und Uneindeutigkeit dieses Begriffs aus dem Kapitel über das Nibelungenlied: „Poesie und Geschichte hängen innigst zusammen, besonders die epische Poesie ist oft nur ein andrer und wahrerer Reflex des Geschehenen als die prosaische Erzählung. [...] Allein nicht bloß ein Wunderwerk der Natur ist dieses Heldengedicht: nach allen meinen Ansichten muß ich es auch für ein erhabnes Werk der Kunst erklären, dergleichen noch nie wieder in Deutscher Poesie aufgestellt worden."[52] Der Objektbegriff „Litteratur" affiziert auch denjenigen der Poesie, und in einem solchen Maße, daß der abweichende Sprachgebrauch, wie ihn das Konzept erfordert, verhindert wird und mit ihm zusammen natürlich auch die Realisierung des Konzeptes selbst.

Nachdem Schlegel durch seine eigene Praxis das Subjekt der Literaturgeschichte zerstört hat, zerbricht ihm auch die Kontinuität der Geschichte und die Kohärenz der Darstellung unter den Händen. Trotz aller guten konzeptionellen Vorsätze erreicht die Ableitung die wirklichen poetischen Werke nicht mehr und läßt sie daher auch durchaus nicht in ihrer Notwendigkeit einsichtig werden. Das zeigt sich etwa am Abschnitt über das Mittelalter, dem Paradestück der ganzen Vorlesung[53], in dem ja angekündigt war, aus den Elementen Völkerwanderung, deutsche Stammesart und Altertum könne „die neuere Geschichte construirt werden", und man könne „hieraus die charakteristischen Erscheinungen des sogenannten Mittelalters gleich in der Kürze ableiten".[54]

Bei den Aussagen über die Völkerwanderung und vor allem über die deutsche Stammesart muß sich Schlegel naturgemäß mit Vermutungen oder gar Fiktionen behelfen. Die versprochene „Ableitung" aber entpuppt sich als zügige Kombinatorik: „Aus der Combination der kernigten und redlichen Tapferkeit des Deutschen Nordens mit dem Christenthum [...] ging der ritterliche Geist hervor." Ihm steht sodann „das Mönchthum symmetrisch gegenüber" als Ergebnis der Kombination von Christentum und „Autorität des classischen Alterthums", und es hat „seinen Geist als Scholastik fixirt".[55] Und schließlich: „Die Synthesis des Ritterlichen und Mönchischen sehen wir in der Geschichte in den geistlichen Ritterorden, und in der entsprechenden Mythologie."[56]

---

[52] III 120.

[53] Schlegel hat ihn noch Jahre später separat veröffentlicht im Deutschen Museum 2 (1812) 432–462.

[54] A. W. Schlegel, Berliner Vorlesungen III 89.

[55] III 89.

[56] III 90.

Nimmt man diese Kombinationsprodukte erster und zweiter Ordnung als Zentrum, so lassen sich in der Tat mancherlei inzwischen befremdlich gewordene mittelalterliche Erscheinungen um es herum gruppieren und als sinnvoll verstehen: Kreuzzüge und Heraldik, ritterliche Ehre und Liebe. Von eigentlicher Ableitung und gar von einem Erweis der Notwendigkeit wird man aber nicht sprechen wollen. Es wird nur intuitiv deutlich, daß alles gut zueinander paßt und in einem „Geist“ zentriert ist. In dieser Hinsicht kann Schlegel dann allerdings mit einigem Recht resümieren: „Somit hätte ich den Geist des Zeitalters von den wichtigsten Seiten geschildert. Da dieß bestimmt in der Absicht geschehen, zu zeigen, wie die romantische Poesie daraus hervorgegangen, so gehen wir nun zu der heroischen Mythologie des Mittelalters fort, in welcher sich jener Geist auf verschiedenen Stufen am unmittelbarsten abspiegelt.“[57]

Die Präsentation dieser Mythologie anhand der Texte, die zu den vier großen Sagenkreisen um Artus, Karl den Großen und Amadis gehören, ist dann auch schon fast die ganze Geschichte der romantisch-mittelalterlichen Literatur in Deutschland. Nur der Minnesang wird später noch kurz gestreift, und da werden bei den Überlegungen zu seiner Abhängigkeit von den provenzalischen Troubadours noch einmal Erinnerungen wach an die Definition einer Schule[58], mit der ein horizontaler Zusammenhang hergestellt werden könnte. Aber einerseits ist dafür die Quellenlage zu Schlegels Zeit noch zu dürftig gewesen, andererseits sieht man dann doch an den wenigen, notgedrungen hypothetischen Andeutungen, daß es um kaum mehr ginge als um die Abklärung der Frage, ob die deutschen Minnesänger bestimmte provenzalische Gedichtformen schon gekannt oder oder ohne solche Kenntnis selbst entwickelt haben.[59]

Die Geschichte der Literatur ritterlicher Mythologie dagegen besteht aus chronologisch gereihten, unverbundenen kürzeren oder längeren Besprechungen einzelner Werke, die einen ähnlichen Stoff haben. Der Anschein jedoch, die gemeinsame Thematik wenigstens stifte den horizontalen Zusammenhang wie etwa der Begriff der Schule (des Stils, des Dialekts) und der Geschichte der griechischen Lyrik[60], dieser Anschein täuscht. Denn je weiter die Darstellung historisch voranschreitet, desto schwächer wird das Moment der ritterlichen Mythologie, und zum Abschluß ist von den Volksbüchern und vom Ritter Galmy die Rede, von Eulenspiegel, den Schildbürgern und dem Doktor Faust. Allen besprochenen Texten gemeinsam ist schließlich nur noch, daß sie episch im weitesten Sinne sind. Die Zugehörigkeit zu einer weit gefaßten Gattung ist ein darstellerisches Ordnungsprinzip, das gar nicht mehr vorgibt, historischen Zusammenhang zu reproduzieren.

So wenig nun die einzelnen Glieder z. B. der epischen Reihe (Nibelungenlied, Heldenbuch, Parcival, Titurel usw.) untereinander in einen Zusammenhang gebracht werden, so wenig wird jener vertikale Zusammenhang zwischen

---

57 III 110.

58 Vgl. oben S. 264.

59 III 178, 181–183.

60 I 102, 232, 242.

ihnen und dem Geist bzw. der Poesie explizit hergestellt. Das Verhältnis der Texte zum ritterlichen Geist der Zeit ist vielmehr das einer schlichten und nicht explikationsbedürftigen Verdoppelung und Entsprechung: die Texte sind im ritterlichen Geiste geschrieben und können daher anschauliche Zeugnisse des ritterlichen Ethos sein, und die epischen Helden leben und handeln so, wie es vorher von den mittelalterlichen Rittern beschrieben war.

Jene einleitende Beschreibung des mittelalterlichen Geistes kann daher nicht beanspruchen, Basis der Geschichtskonstruktion, sondern nur, negative Vorbereitung der Lektüre zu sein. Sie produziert nicht die Einsicht in die Notwendigkeit der Werke, sie beseitigt mögliche Verständnisbarrieren. Wenn man weiß und sich fest eingeprägt hat, wie die Ritter lebten und dachten, dann wird man sich z. B. nicht an irgendwelchen wunderbaren Ereignissen oder unvertrauten Verhaltensweisen in den Texten stoßen. Man versteht so die Texte aus dem Geist ihrer, nicht aus dem Geist unserer Zeit, und der Blick wird frei für das Wesentliche an ihnen.

Das Wesentliche an den poetischen Texten scheinen für Schlegel wohl auch die dargestellten Charaktere[61], vor allem aber die Komposition, auch Kunst genannt, zu sein. Über Andeutungen kommt er zwar selten hinaus, aber nur schon die Gesichtspunkte, die er erwähnt, erweisen diesen Sektor als den seiner Stärke. So rühmt er z. B. am Nibelungenlied die „Feinheit der Darstellung in den Verhältnissen der Charaktere“, die „Verkettung der Begebenheiten mit innerer Nothwendigkeit“ und die „Strenge und Reinheit“ der poetischen Gerechtigkeit.[62] Das Meisterstück in dieser Hinsicht ist zweifellos die knappe und doch glänzende Analyse der Zahlenverhältnisse und des „Geometrischen“ in der Divina commedia.[63] Um so auffallender, daß Schlegel diese Gesichtspunkte und Analysen theoretisch nicht bedacht hat[64] und daß sie in der Konzeption gar nicht vorkommen.

An den Rändern aber der unverbundenen Einzelinterpretationen sehr unterschiedlichen Umfangs und Formats wuchert das gelehrte Wissen. Es nistet sich dort ein, wo, dem Konzept gemäß, die horizontale oder vertikale Verknüpfung zur Geschichte zu erwarten wäre, und weil es meist dysfunktional ist, reißt es die Lücken zwischen den Interpretationen noch weiter auf. Alles füllt den Raum der fehlenden Verknüpfung und Ableitung, was in der Theorie explizit und dezidiert verworfen worden war[65]: „literarische Notizen“[66], philologische

[61] Etwa in der Ilias: II 129 ff.
[62] III 121–123.
[63] III 196–200.
[64] Ähnlich schon Franz Jagenlauf, August Wilhelm Schlegel und die Lehre vom Verstehen. Diss. Leipzig 1934, S. 2.
[65] Vgl. oben S. 261.
[66] Als solche bezeichnet vor der Besprechung des Nibelungenliedes (III 111) und auch sonst gelegentlich offenbar mit einiger Ausführlichkeit dargeboten, etwa beim Reineke Fuchs (III 151).

Erörterungen[67], Streit mit früheren Interpreten[68] und schließlich auch noch mehr als nur beiläufige Biographien.[69] Sie allein haben eine erkennbare Funktion, dieselbe nämlich wie die Beschreibung des mittelalterlichen Geistes, die Funktion der Vorbereitung auf Lektüre und Interpretation; nur ist in ihnen der Geist der Zeit zusammengeschrumpft zum Geist des Autors wie weiland bei den literaturgeschichtlichen Charakteristikern.[70]

In seinen Berliner Vorlesungen hat Schlegel seine literaturgeschichtliche Konzeption zurückbuchstabiert auf den Stand der inneren Organisation, den Herwig schon dreißig Jahre zuvor erreicht hatte.[71] Die Literaturgeschichte ist in ihrer Ausführung wieder zu einer Sammlung kleiner Monographien (Inhaltsangaben, Charakteristiken, Kritiken, angereichert mit litterärhistorischem Material) ohne inneren, das heißt mehr als darstellerischen Zusammenhang geworden, geordnet zunächst nach den Gattungen und innerhalb ihrer dann nach der Chronologie. Verborgen bleibt dies alte Schema deshalb, weil Schlegel nur noch drei Gattungen kennt (die epische, lyrische und dramatische Poesie) und deshalb sehr große Blöcke bildet, weil ferner die theoretischen, kritischen und interpretatorischen Aussagen, abwechslungsreich, modisch und bisweilen kühn, wie sie sind, alle Aufmerksamkeit auf sich ziehen, und weil nicht zuletzt die konzeptionellen Vorüberlegungen einen auf alles mögliche vorbereiten, nur nicht auf ihr eigenes praktisches Desaster.

Nur die „Kurze Übersicht der Geschichte der Deutschen Sprache und Poesie"[72], die das einer ausführlicheren Besprechung Unwürdige arrangiert, weicht von der kombinierten ästhetisch-chronologischen Gliederung ab. Sie kommt ganz ohne die Gattungseinteilung aus und orientiert sich, abgesehen von einzelnen summarischen Gruppenbildungen, allein an der Chronologie. Das bedeutet, daß sich die Kunstlehre, in der die drei „Dichtarten" entwickelt wurden[73], nun ihrer Funktion, das historische Material vorzuordnen, ganz entledigt hat und ihm gegenübertritt als das Inventar der Kriterien zu seiner Beurteilung. Auf den ersten Blick sieht es so aus, als wenn Schlegel in der chronologischen Aufzählung der Werke und Autoren die sonst üblichen Wertungen nur geflissentlich in ihr Gegenteil verkehre, indem er scharf negativ bewerte, was sonst als der positive Höhepunkt angesehen wird (z. B. die ganze deutsche Literatur seit 1750), und umgekehrt. Tatsächlich aber ist das nicht oder doch nicht nur eine gewollte Provokation, sondern konsequentes Ergebnis einer radikalen Änderung der Kriterien, die sich aus der Theorie ergibt.

---

[67] Darunter die Übertragung der Wolfschen Homerhypothese auf das Nibelungenlied (das „seine Diaskeuasten gehabt haben möge, welche die einzelnen dazu gehörigen Rhapsodien zusammengerückt"; III 118 f.), die Lachmanns Liedertheorie im Ansatz und in den Grundzügen vorwegnimmt.

[68] Etwa zu Dante: III 188–191.

[69] Besonders zu Petrarca: III 203–205.

[70] Vgl. oben S. 143.

[71] Vgl. oben S. 131 f.

[72] III 37–86.

[73] I 356–358.

Das schärfste und vor allen anderen und oft fast allein benutzte Instrument der Kritik ist die Unterscheidung zwischen klassischer und moderner bzw. romantischer Poesie, die weit mehr ist als nur eine theoretische Typologie. Zum einen nämlich trennt sie zwei literaturgeschichtliche Zeiträume scharf voneinander, und zum anderen verpflichtet sie jeden der beiden Zeiträume gebieterisch darauf, genau das zu sein, was er nach der genaueren Definition dieser Unterscheidung[74] zu sein hätte. Das Mittelalter und die Neuzeit haben romantisch zu dichten. Jeder Autor, der nicht begriffen hat, daß seit der Christianisierung Westeuropas die romantische Dichtung angesagt ist, erhält die posthume Quittung dafür in der Literaturgeschichte, in der sein ganzes Werk als ein verfehltes figuriert.

Aus jener Unterscheidung, vor allem aber aus dem dogmatischen Gebrauch, den Schlegel von ihr macht, resultiert die Umkehrung der Wertungen von selbst. Ganze Jahrhunderte, die nur schon aus Gründen der Chronologie romantisch zu sein hätten, sich aber trotzdem die klassische Literatur zum Vorbild genommen haben, sie haben sich eben dadurch für Schlegel bereits disqualifiziert. Er verweigert ihren Werken sogar die Wohltat des Verstehens aus dem Geiste der Zeit, indem er gleich zu Anfang apodiktisch festsetzt, daß jede der vier Hauptepochen der deutschen Literaturgeschichte (mönchische, ritterliche, bürgerliche, gelehrte seit Opitz) „dem Geiste der Zeiten entsprach, nur die letzte ausgenommen; weil die Gelehrsamkeit, welche auf die Bildung unsrer poetischen Formen angewandt wurde, nicht so ganz die rechte war, und man Bekanntschaft mit anderen Mustern hätte wünschen mögen“.[75] Diese – gemessen an der Konzeption – recht unsinnige Behauptung (wie könnte ein Werk nicht dem Geiste der Zeit entsprechen, der sein eigentlicher Autor ist?) markiert den Sieg des ästhetischen Wunschdenkens über eine historische Kritik, zu der Schlegel so beherzigenswerte Worte gesagt hatte[76] und die offenbar doch nur den Werken zugute kommt, die den vorausgesetzten Kriterien entsprechen bzw. aus denen diese gewonnen sind.

Unter solchen Prämissen wird die Darstellung der Geschichte zu einer Kette von knapp charakterisierenden Urteilen, und die dargestellte Geschichte zeigt sich als ein stetiger Verfall und als ein Abnehmen der romantischen Poesie in fast gerader Linie vom Nibelungenlied bis hin zu Wieland.[77] Nur selten nimmt sich Schlegel die Mühe einer Nachlese und verzeichnet die letzten Spuren romantischer Poesie noch in den Zeiten ihrer Abwesenheit, und das sind dann z. B. die phantastischsten Züge an Lohensteins Werk, die sonst als Gipfel poetischer Übertreibung galten und die Schlegel als „verlohrne Bruchstücke von

[74] I 7: „[...] eine romantische, d. h. eigenthümlich moderne, nicht nach den Mustern des Alterthums gebildete, und dennoch nach den höchsten Grundsätzen für gültig zu achtende, nicht bloß als wilde Naturergießung zum Vorschein gekommene, sondern zu echter Kunst vollendete, nicht bloß national und temporär interessante, sondern universelle und unvergängliche Poesie [...]“.

[75] III 38.

[76] I 23–27, III 9 f.

[77] III 80–83 (der fulminante Verriß des Wielandschen Gesamtwerks).

Poesie" wertet, denn die Poesie könne „nicht zu fantastisch seyn, in einem gewissen Sinne also auch nicht übertreiben".[78]

Das alte historiographisch-theologische Schema eines unaufhaltsamen Verfalls, in dessen scheinbar terminaler Phase sich die Wiedergeburt (Renaissance) ereignet, war den Litterärhistorikern die selbstverständliche Basis ihrer Geschichtsdarstellung. Wo Schlegel aus der ästhetisch-chronologischen Gliederung seiner Literaturgeschichte (erst Gattung, dann Zeitfolge) das ästhetische Moment herausnimmt, in der „Kurzen Übersicht" also, da bleibt ihm unversehens jenes Schema in der Hand, nur daß er es streckt und den tiefsten Punkt des Verfalls in seine eigene Gegenwart verlegt[79], „fest überzeugt, daß jedes Zeitalter in Rücksicht auf Poesie und Kunst vorzüglicher sey als das unsrige"[80]; woraus er dann, schemagerecht, die Hoffnung schöpft, daß die romantische Renaissance nahe herbeigekommen sei oder schon begonnen habe[81], und sofort zu Bestimmungen schreitet, wie das Neugeborene auszusehen habe.[82]

Das ist eine eschatologisch-dialektische Ummontierung der konservativen Teleologie Ebelings innerhalb desselben Schemas.[83] Ebelings Geschichtsziel „Geschmack" müßte und würde seine Begründung als Urteilskriterium ganz unabhängig von der Literaturgeschichte in Vernunftgründen suchen. Schlegels Urteilskriterium „romantische Poesie" zieht dagegen seine Berechtigung allein aus der Literaturgeschichte, und zwar per negationem. Die kontrafaktische Theorie der romantischen Poesie, die als historisch typisierende beständig durch die Literaturgeschichte widerlegt wird (man kann die nachantike Poesie im historischen Sinne nicht generell als romantisch bezeichnen, wo sie doch im normativen Sinne größtenteils es nicht ist), rettet ihre Geltung als Urteilskriterium, indem sie eine radikale Änderung des Geschichtverlaufs zu ihren Gunsten proklamiert und herbeizuführen sucht[84], und sie widerlegt sich selbst im selben Zuge gerade und nur dann, wenn sie damit Erfolg hat. Denn die neue romantische Poesie wäre, da theorieinduziert[85], eine andere als die alte, deren Wiedergeburt[86] sie sein soll; der gemeinsame Name „romantisch" ist eine Äquivokation. So findet die Theorie der romantischen Poesie die einzige Möglich-

[78] III 74.

[79] II 44: „daß die Künste insgesamt in tiefem Verfall sind".

[80] II 84.

[81] Über den „Anfang einer neuen Zeit": II 86–90.

[82] III 85 f.

[83] Vgl. oben S. 129.

[84] Insofern ist Friedrich Schlegels Bezeichnung „ästhetische Revolution" im Studiumsaufsatz (KA I 217–367; 271 u. ö.) ungemein korrekt: es ist eine aus der Theorie namens Ästhetik stammende und keine poetische Revolution.

[85] „Gelehrt muß unsre Kunstübung seyn, so gelehrt, wie sie noch nie gewesen, aber von einer ächten Gelehrsamkeit": III 86.

[86] „So sehe ich nicht, was in der Hoffnung auf Erneuerung, auf einen großen Umschwung in den Richtungen des geistigen Strebens so widersinniges seyn soll. Regeneration heißt der vermittelnde Begriff": II 85.

keit sich zu bewahrheiten darin, daß sie, sich literaturpolitisch wendend, tätig sich selbst als falsch erweist.[87]

Wir nähern uns damit sozusagen von der Rückseite her dem erwähnten Problem der Literaturgeschichtsschreibung am Anfang des 19. Jahrhunderts[88] und finden uns mitten in einer Antwort auf die zweite Frage, wie nämlich Aussagen über die Texte und historische Aussagen, das heißt, wie die beiden Thematisierungsweisen (Text als gegenwärtiges Objekt für Leser und als Produkt vergangenen Schreibens) miteinander verbunden werden können.

August Wilhelm Schlegel hat zwischen beide ein drittes Element eingeschoben, die „Kunstlehre", die weniger die Verbindung herstellt als der Vermischung Vorschub leistet, dergestalt, daß die Aussagen über die gegenwärtigen Texte und die Aussagen über das vergangene Schreiben gleichermaßen zur Kritik werden, zur Anwendung einer Theorie der romantischen Poesie, die ihre Legitimation aus derselben Geschichte herleitet, auf die sie als Kritik angewandt wird. Der Erfolg der unvermittelten Vereinigung von Theorie, Kritik und Geschichte[89] ist die beschriebene Selbstvernichtung der Legitimation. Die Gelehrsamkeit, von der die poetischen Texte unter litterärhistorischem Aspekt Zeugnis sind und die die Ursache ihrer unter theoretischem Aspekt zu beurteilenden faktischen Gestalt ist, diese Gelehrsamkeit also ist nichts anderes als das Wissen oder Nichtwissen von romantischer Poesie (das Nichtwissen ist z. B. für die Orientierung an falschen, klassischen Mustern verantwortlich), also das Urteilskriterium selbst oder sein Gegenteil. Die Theorie, auf Legitimationssuche in die Historie geschickt, findet nur sich selbst oder ihre Abwesenheit und hält das für Legitimation genug sowohl der historischen Kritik wie auch der progressiven Literaturpolitik. Daran ist Schlegels gescheites Literaturgeschichtskonzept gescheitert.

Der Kollaps der Konzeption als Folge des Zusammenfalls von Kritik und Historie auf Anstiften der Theorie wäre aber nicht schon zu vermeiden gewesen durch den bloßen Verzicht auf literaturpolitische Ambitionen. Denn der Einsatz der Theorie in dieser Funktion ist nicht beliebig oder zufällig, sondern eine Konsequenz aus dem Wechsel der Thematisierungsweisen. Eine nicht mehr zunftinterne Literaturgeschichte braucht, wenn oder weil sie mehr als nur eine chronologische Bibliographie sein will oder muß, notwendigerweise so etwas wie ein externes Auswahl-, Urteils- und Gliederungskriterium, und diesem Bedürfnis gegenüber ist es relativ belangslos, ob dasselbe Kriterium auch noch in der aktiven Literaturpolitik eingesetzt wird. Wohl aber hätte literaturpolitische Enthaltsamkeit das Wesentliche erleichtern können, die Unterscheidung nämlich des Amts des Historikers von dem des Kritikers und damit die Entdekkung eines Dritten, das de facto immer schon zwischen ihnen steht und also

[87] Analog liegt die (schon im Titel angedeutete) Pointe von Peter Szondi, Das Naive ist das Sentimentalische; in: Euphorion 66 (1972) 174–206.

[88] Vgl. oben S. 258.

[89] „Die enge gegenseitige Verbindung dieser drey Dinge wäre hiermit wohl genugsam ins Licht gesetzt" (I 27). Zum Ineinander-Übergehen von Geschichte und Theorie vgl. I 14.

auch zwischen ihnen zu vermitteln berufen wäre. Das sind die Leser und ihre Lektüre (repräsentiert durch den Bindestrich oder die Wortfuge von „Litteratur-Geschichte"), die zwischen der Theorie und ihrer Anwendung in der Kritik (die Benutzung eines kritischen „Maßstabs" ist ja nicht von gleicher Art wie die eines Längenmaßstabs zum Messen der Körpergröße) genauso den Übergang bilden wie zwischen der bibliographischen Registrierung und der historischen Einordnung eines Textes.

Die Lektüre und Interpretation ist diese Schaltstelle, angesichts der man nur die Wahl hat sie zu übersehen oder sie zu beachten, nicht aber die, sie zu umgehen. In ihr ereignet sich sowohl der Übergang von der Allgemeinheit des theoretischen Kriteriums zur Besonderheit des kritischen Urteils (das, genaugenommen, das jeweilige Verständnis des Textes betrifft und nicht den „Text an sich") als auch der Übergang vom Präsens der Kritik und der Bibliographie zum Präteritum der Historie. Eine theoretische Entdeckung der Lektüre, die nicht mehr nur davon beseelt wäre, die fremde auf erwünschte Gegenstände zu lenken und so die unerwünschte Produktion mangels Nachfrage verschwinden zu lassen – die theoretische Reflexion auf die je eigene Lektüre und Interpretation, die Hermeneutik also –, müßte vermitteln zwischen Kritik und Geschichtsschreibung und wäre allein geeignet, unkontrollierte Gleichsetzungen, unbedachte Vermischungen und usurpatorische Übergriffe der einen auf die andere zu verhindern.

Die Literaturgeschichtsschreibung im 19. Jahrhundert nach August Wilhelm Schlegel ist demnach nicht zuletzt daraufhin zu befragen, inwieweit es ihr gelungen ist, die fundamentale Funktion der Lektüre und Interpretation sowohl für das Zustandekommen des kritischen Urteils als auch – deshalb – für die historische Einordnung der Texte als auch – wiederum deshalb – für die Konstruktion von Entwicklungslinien zu bemerken und zu markieren. Eine solche Markierung und ein recht zuverlässiges Erkennungszeichen für die Schärfe des hermeneutischen Bewußtseins ist übrigens die Distribution der konventionell unterschiedenen Verbaltempora. Wie das Präsens des Lesers und Kritikers (und des Bibliographen) mit dem Präteritum des erzählenden Historikers abwechselt, das sagt in der Regel recht viel aus über die Bewußtheit, mit der das Geschäft der Literaturgeschichtsschreibung jeweils betrieben wurde (und wird).

Mit dem Auseinanderklaffen von Konzeption und Ausführung hat August Wilhelm Schlegel unwissentlich den Rahmen abgesteckt, innerhalb dessen sich die Literaturgeschichtsschreibung seines Jahrhunderts bewegt hat. Die eine Grenzlinie ist das historisch konstruierende Begreifen des Wirklichen in seiner Notwendigkeit (wie es die Konzeption vorgesehen hatte), die andere die pragmatische Vermischung von Historie und Kritik (wie sie in der Ausführung vorliegt). Das sind jedoch nicht die beiden Endpunkte einer linearen Skala von beliebigen Möglichkeiten, sondern eben die disparaten Elemente einer ursprünglich gemeinten Einheit von Konzeption und Ausführung, die offenbar nur durch Vermittlung der Hermeneutik heraufzuführen gewesen wäre. Dies, weil es bei Schlegel anfänglich nicht unmöglich schien, soll weiterhin nicht vergessen sein.

Schlegel selbst allerdings hat sich davon immer weiter entfernt, in unterschiedliche Richtungen je nach seiner Stellung und seinem Publikum. In den Wiener Vorlesungen von 1808, die er als Gastredner vor einer glänzenden Zuhörerschaft gehalten hat, ist die Historie fast nur noch ein bequemes Stützgerüst für die theoretischen und kritischen Erörterungen. Mit seinen eigenen Worten: „Meine Absicht war, einen allgemeinen Ueberblick zu geben, und die Begriffe zu entwickeln, wonach der Kunstwerth der dramatischen Hervorbringungen verschiedener Zeitalter und Völker zu schätzen ist.“[90] Und so macht er sich denn daran, nach der Entwicklung der ersten Grundbegriffe (dramatisch, theatralisch, tragisch, komisch)[91], „mit der Fackel der Kritik [...] die Geschichte der dramatischen Kunst“ abzuschreiten und zu „beleuchten“[92], nicht ohne bei Bedarf die weiteren Begriffe nachzuliefern, sobald sie im Verfolgen der historischen Reihe gebraucht werden.[93]

Nicht unbeträchtliche Teile hat Schlegel dabei aus dem Berliner Manuskript übernommen, aber er hat das heterogene Material geglättet und vereinheitlicht. Da es nur noch um eine einzige Gattung geht, ist die Chronologie nur dadurch gebrochen, daß die unter Umständen gleichzeitige Dramenproduktion der neueren europäischen Völker nationenweise in Blöcken nacheinander behandelt wird. Außerdem werden Besprechungen einzelner Werke in die historische Übersicht eingehängt, und es kommt deutlicher zum Vorschein, daß der „Kunstwerth“ ausschlaggebend ist für die Ausführlichkeit der Darstellung: „Wir bleiben unserm Grundsatze getreu, blos bey demjenigen, was wir als ein Höchstes der Poesie betrachten, lange zu verweilen, und alles übrige, was nur die zweyte oder dritte Stelle einnimmt, in kurzen Uebersichten abzuhandeln.“[94]

Die Ergebnisse der Kritik (in Form eines Urteils über den „Kunstwerth“) bestimmen aber nicht nur den Rhythmus der Darstellung, sondern auch ihren Inhalt, der bei den Erstklassigen sehr anders ausfällt als bei den Zweit- und Drittklassigen. Während die minderen Autoren wieder mit meist recht summarischen kritischen Urteilen abgefertigt werden, bedenkt Schlegel die Meisterwerke nach wie vor reicher: mit Inhaltsreferaten, mit knappen Autoren- und umfangreichen Figurencharakteristiken, mit historischen Informationen über die „Lebensumstände“ der Autoren und mit Exkursen über die Theater- und Bühnenverhältnisse der jeweiligen Zeit.

Darüber gerät dann die literaturgeschichtliche Intention phasenweise ganz aus dem Blick. Besonders die Schilderungen der wichtigsten Personen in den ausgezeichneten Dramen sind so gehalten, als wollte ein Dramaturg seinen

---

90 August Wilhelm Schlegel, Ueber dramatische Kunst und Litteratur. Vorlesungen. Zwei Theile in drei Bänden. Heidelberg 1809–1811, I, S. III.

91 A. W. Schlegel, Wiener Vorlesungen (= Anm. 90) I 46–67.

92 I 4.

93 So etwa die detaillierteren Begriffe des Komischen, Lächerlichen und des Lustspiels, mit dem Abschluß: „So viel zur Erörterung der allgemeinen Begriffe, die uns als Leitfaden bey Prüfung des Verdienstes der einzelnen Dichter dienen müssen“ (I 354).

94 II/2.244.

Schauspielern erklären, wie sie ihre Rolle auffassen sollen, und das nimmt einen solchen Umfang an, daß die Selbstbezeichnung als „Dramaturgische Vorlesungen“[95] die Sache fast noch besser trifft als der Buchtitel, der eine Literaturgeschichte zu versprechen scheint.[96]

Die Kritik ist dabei selbstbewußter geworden und hat die Historie aus jener problematischen Berliner Dienstbarkeit weitgehend entlassen. Das Verstehen aus dem Geiste der Zeit wird zwar weiterhin proklamiert[97], aber doch noch seltener praktiziert, wie man schon daran sieht, daß die famose Schilderung des mittelalterlichen Geistes aus ihrer ehemaligen historischen Stelle herausgerückt und in die theoretische Bestimmung des Begriffs „romantische Poesie“ integriert ist.[98] Demzufolge fungiert dann, trotz einiger anthropologischer Implikationen, „romantische Poesie“ nur noch als historischer Ordnungsbegriff und umfaßt die Dramen vom Spätmittelalter bis Calderón.[99] Und dies wiederum hat zur Folge, daß die spätere Zeit nicht mehr als Abwesenheit der romantischen Poesie erscheint, sondern als die „Ebbe des Geschmacks“.[100]

Mit der Restitution des Geschmacksbegriffs schließlich ändert die Historie ihren Status. Statt die den Texten zugrunde liegende Gelehrsamkeit (das Wissen von romantischer Poesie) zu ermitteln, wird sie wieder zur Schilderung des Sinkens und Steigens des Geschmacks, nur ohne Teleologie und sogar fast ohne das eschatologische Element. Die Proklamation einer neuen Zeit in den Berliner Vorlesungen ist am Schluß der Wiener Vorlesungen heruntergestimmt zu „Aussichten für die Zukunft“[101] in Frageform: „Welchen Weg sollen wir nun einschlagen?“[102] Die Vorlesungen „Ueber dramatische Kunst und Litteratur“ geben sich zu erkennen als eine Parteischrift, in der die Ideen und Ansichten einer Gruppe über theoriekonforme Dramenproduktion, Spielplan und Aufführungspraxis niedergelegt sind. Als solche hat sie auch in ganz Europa ihre Wirkung entfaltet[103], und die Form der literaturgeschichtlichen Darstellung ist nur zu werten als lockere Hülle des literatur- und theaterpolitischen Interesses, auf die die gebildeten Stände, wie gewohnt[104], besonders gut angesprochen haben.

---

95 I 3 (Vortitel zur ersten Vorlesung).

96 Schlegel scheint tatsächlich bestimmte berufliche Hoffnungen mit der Publikation der Vorlesungen verbunden zu haben, schrieb er doch am 15. März 1811 an Goethe: „Auch hat mir nach Erscheinung meiner Schrift noch kein deutscher Fürst angetragen, ihm ein Theater einzurichten und zu leiten.“ August Wilhelm und Friedrich Schlegel im Briefwechsel mit Schiller und Goethe. Hrsg. von Josef Körner und Ernst Wieneke. Leipzig 1926, S. 159.

97 I 5 f.: „[...] uns in die Eigenheiten anderer Völker und Zeitalter zu versetzen, sie gleichsam aus ihrem Mittelpunkte heraus zu fühlen“.

98 I 19–24.

99 Calderón als „der letzte Gipfel der romantischen Poesie“: II/2.374.

100 II/2.374.

101 II/2, S. VII (Inhaltsverzeichnis).

102 II/2.425.

103 Körner (= Anm. 48) 56–74.

104 Vgl. oben S. 143 f.

Eine ganz andere Entflechtung von Historie und Kritik hat Schlegel in den Bonner Vorlesungen vorgenommen, die er seit 1818/19 als Professor vor Studenten gehalten hat. Das ist keine kritische Revue mehr wie in Wien, und von der verwegenen literaturpolitischen Legitimationsstrategie der Berliner Vorlesungen ist so wenig übrig geblieben[105] wie von deren Konzeption. Es ist, nur in Stichworten erhalten, ein chronologisch geordnetes Kompendium gelehrten Wissens zuerst über die alten Deutschen, ihr Leben und ihre Sprache, dann über die poetischen Texte und ihre Autoren, mit dem Fortschreiten der Chronologie durchsetzt von einzelnen kritischen Urteilen, gelegentlich mit Angabe von Schulen; aber Inhaltsangaben kommen selten vor, Figurencharakteristiken fehlen ganz, ebenso theoretische Überlegungen. Ausführlicher bedacht ist nur das Nibelungenlied mit einer historischen Deutung der Personen[106] und mit Andeutungen über die „vortreffliche Composition".[107] Generell aber sieht es so aus, als hänge der jeweilige Umfang der Darstellung weniger vom „Kunstwerth" ab als von der Menge verfügbaren Wissens oder der Aktualität gelehrter Kontroversen oder, nicht zuletzt, von den vorausgesetzten Kenntnissen der Hörer.

Will man nicht annehmen, daß August Wilhelm Schlegel all die früher zusätzlich gebotenen Elemente (Inhaltsübersicht, Figuren- und Autorencharakteristik, Äußerungen über den „Kunstwerth") in den Zwischenräumen seiner Notizen extemporiert hat, und zu dieser Annahme gibt es keinen Grund[108], so hat ihm der Titel „Geschichte der deutschen Sprache und Literatur" den Anlaß und Rahmen geboten, sein philologisches Wissen über Texte und Autoren, geordnet allein nach deren Zeitfolge, vorzutragen. Das Ergebnis kann nicht sehr weit von dem entfernt gewesen sein, was er in Berlin „die Geschichte in ihrer rohesten Gestalt" genannt hatte.[109]

---

[105] Der Rest: „Hoffnung alte Gedichte noch wieder volksmäßig zu machen. Bereicherung der modernen Litteratur hieraus". August Wilhelm Schlegel, Geschichte der Deutschen Sprache und Poesie. Vorlesungen, gehalten an der Universität Bonn seit dem Wintersemester 1818/19. Hrsg. von Josef Körner. (Deutsche Literaturdenkmale des 18. und 19. Jahrhunderts. 147) Berlin 1913, S. 13.

[106] 98–101.

[107] 105–107.

[108] Es fehlen im überlieferten Manuskript jegliche Stichworte, die den Übergang zu solchen Elementen markieren könnten. Offenbar hat der englische Student George Toynbee denn auch aus Schlegels Vorlesung „Neuere Geschichte der deutschen Literatur" (1833/34) nicht mehr entnehmen können als bio-bibliographische Daten: A. W. Schlegel's lectures on German literature from Gottsched to Goethe, given at the University of Bonn and taken down by George Toynbee in 1833. Together with Toynbee's „Continuation to Heine" with introduction, notes, and a portrait edited by H. G. Fiedler. Oxford 1944.

[109] Vgl. oben S. 260, Zitat zu Anm. 21.

Literaturgeschichte als Geschichte des Geistes: Friedrich Schlegel

Auch Friedrich Schlegel hat sich von der ehemals gemeinsamen, philosophisch zu nennenden Konzeption einer Geschichte des ewigen Subjekts Poesie abgewandt, nur ist er nicht wie sein Bruder über Kritik und Dramaturgie zur Philologie gegangen, sondern gleich und mit einiger Entschiedenheit zur Geschichtswissenschaft. Die entscheidenden Änderungen sind in den Paris-Kölner Privatvorlesungen „Geschichte der europäischen Literatur" von 1803/04[110] bereits vollzogen, allerdings noch eher versteckt unter der Unausgewogenheit der Materialdisposition. Schlegel hat diese Vorlesungen sichtlich sozusagen frisch vom Schreibtisch weg gehalten und ist gegen Ende zu offenbar immer mehr in Zeitnot geraten, ganz abgesehen davon, daß er sich zu jener Zeit sicher wesentlich besser in der antiken Literatur auskannte als in der neueren. So ist denn für die gesamte „Literatur der christlichen Zeiten" nur gerade ein längerer kursorischer Anhang von einem Viertel des Gesamtumfangs übriggeblieben.[111]

Die Wiener Vorlesungen von 1812 über die „Geschichte der alten und neuen Literatur" (publiziert 1815)[112] präsentieren sich ebenmäßiger und übersichtlicher, gedrängter und kenntnisreicher zugleich: Ergebnis überlegterer Disposition und jahrelanger Arbeit, nicht aber konzeptioneller Änderung oder Weiterentwicklung. Denn die Ausweitungen (Einbezug der indischen Literatur) und Einengungen des behandelten Stoffs (Ausschluß einiger Wissenschaften aus dem Kreis der Literatur) berühren die Konzeption selbst nicht, und der Verzicht auf die – übrigens nicht uninteressanten – Bemühungen um eine historische Poetik, die er in Köln anläßlich der griechischen Literatur unternommen hatte[113], ist zwar aufschlußreich, aber ebenfalls nicht zentral.

Das ewige Subjekt Poesie aus der Zeit des Athenäums ist in der neuen Konzeption, die geradezu eine Konversion der alten darstellt, zwar verabschiedet, hat aber doch Spuren hinterlassen in Gestalt terminologischer Unschärfe. „Poesie" meint nun zwar im Normalfall die Gesamtheit der poetischen Texte[114], hat sich also dem Objektbegriff „Litteratur" angeglichen, aber doch nicht ganz und immer; denn bisweilen ist „Poesie" offensichtlich immer noch eines der ursprünglichen Vermögen des menschlichen Geistes.[115] Umgekehrt bleibt auch „Literatur" davon nicht unbeeinträchtigt, so daß drei Verwendungsweisen ungeschieden ineinandergehen. Es dominiert zwar der Objektbegriff,

[110] KA (= Anm. 6) XI 3–185.
[111] KA XI 138–185.
[112] KA VI.
[113] Besonders KA XI 61–65.
[114] „Romanzen, Lieder und Ritterbücher sind wohl die einfachsten natürlichen Formen der romantischen Poesie" (KA XI 156).
[115] „Es war die Epoche der Naturpoesie, wo die Poesie nicht in einem einzelnen Kunstwerke zusammengedrängt wird" (KA XI 154).

kenntlich an Wendungen wie „Studium der Literatur“[116], doch gerade in definitorischen Zusammenhängen, wo Klarheit am nötigsten wäre, erlebt einerseits die alte Wissenschaftsgruppe „Litteratur“[117] eine unerwartete Wiederbelebung[118] und werden andererseits sogar „geistige Kräfte“[119] und „intellektuelle Fähigkeiten“[120] in den Literaturbegriff einbezogen, und zwar jeweils zusammen mit ihren „Hervorbringungen“, den Texten.

Daß Schlegel das alles, vom subjektiven Vermögen vor aller Betätigung über die Tätigkeit selbst bis hin zum Produkt, mit der einen terminologischen Klammer „Literatur“ umspannt, ist der Reflex eines Problems, das sich ihm wohl als erstem in dieser Weise gestellt hat. Dieses Problem ist der Sonderstatus, den literarische Texte für jedwedes Interesse an so etwas wie Literaturgeschichte haben, seit die Poesie aus dem Kreise der Wissenschaften ausgeschieden ist. Wen oder was man auch als Subjekt dieser Geschichte ansetzt – die literarischen Texte sind sowohl Quellen für die Kenntnis dieser Geschichte als auch Ereignisse oder, um mit August Wilhelm Schlegel zu sprechen, „Thatsachen“ in ihr.

Für eine vernünftige Behandlung dieser Zwiegestalt standen zu Schlegels Zeiten (und stehen wohl heute noch) keine probaten Lösungen bereit. Sie zwingt, sobald sie wahrgenommen ist, den Historiker zu ganz ungewöhnlichen Arrangements. Es wäre so, wie wenn einer etwa politische Geschichte so schreiben wollte, daß er vorzugsweise von den überlieferten Urkunden, ihrer Aussagekraft und allenfalls ihrem Aussagegehalt handeln würde. Bestandteile der gemeinten Geschichte würden dabei sichtbar, vielleicht sogar mit einiger Vollständigkeit, aber ihr Zusammenhang als kontinuierliche Geschichte eines und desselben Subjekts wäre so gerade nicht herzustellen. Die Urkunden schöben sich vor die Geschichte, die aus ihnen erkannt wird.

Historiker pflegen sich dem zu entziehen, indem sie die Urkundenbeschreibung und -kritik allenfalls in Exkursen oder Anmerkungen erledigen, und sie tun das mit gutem Grund, weil ihnen nämlich das Subjekt der zu beschreibenden Geschichte (z. B. ein Volk) nicht als Autor der Urkunden gilt, aus denen man von ihm weiß, so daß die Urkunden auch nicht als Ereignisse in jener Geschichte figurieren müssen. Eben dies aber stellt sich für den Literarhistoriker Schlegel anders dar. Die Geschichte, um die es ihm geht, ist, da es nicht die Geschichte der Texte in ihrer Gesamtheit sein kann[121], die „Bildung und Geschichte des menschlichen Geistes“[122] oder, in der meist benutzten Kurzform,

---

116 „Die Wichtigkeit des Studiums der Literatur leuchtet von selbst ein“ (KA XI 5).

117 Vgl. oben S. 195 f.

118 „Man rechnet zur Literatur gewöhnlich alle Wissenschaften und Künste, die in der Sprache wirken: Poesie, Beredsamkeit, Geschichte, insofern sie in der Darstellung als Beredsamkeit gelten kann: Geschichtskunst, ferner die Werke (!) der Sittenlehre [...], Gelehrsamkeit und endlich Philosophie“ (KA XI 6 f.).

119 „Jene ganze Mannigfaltigkeit von geistigen Kräften und Hervorbringungen, die wir unter dem Namen Literatur zusammenfassen“ (KA VI 14).

120 „Hier zeigt sich die Literatur als der Inbegriff aller intellektuellen Fähigkeiten und Hervorbringungen einer Nation erst in ihrem wahren Wesen“ (KA VI 15).

121 Vgl. oben S. 257.

122 KA VI 90.

die „Geistesbildung".[123] Deshalb müssen die Texte als die Werke und Taten des Geistes beschrieben werden, und daraus resultiert eben die Gefahr, daß die Beschreibung der Werke des Geistes seine Geschichte verdeckt, in der sie erst Taten sind und die man nur aus ihnen erkennt.

Die Not und das Dilemma, zwischen der Beschreibung der gegenwärtigen Werke und der Beschreibung der aus ihnen zu erkennenden und bestehenden vergangenen Geschichte wählen zu müssen und doch auf keine von beiden verzichten zu dürfen, bestimmt Schlegels ganze Literaturgeschichtsvorlesungen. Die Unschärfe des Literaturbegriffs deutet an, wie er der Not zu entkommen und das Dilemma aufzulösen versucht hat, durch eine kühne und erstaunlich konsequent durchgehaltene, obwohl nicht explizierte Operation nämlich, alles, was zwischen ihm als dem Historiker einerseits und dem Geist andererseits vermittelnd steht, gedanklich zu annihilieren: die Lektüre und das Schreiben und möglichst auch noch den Schreiber. Gelingt das, so werden die hervorbringenden „geistigen Kräfte" und ihre Hervorbringungen vereinigt und mit dem einen Begriff „Literatur" begreifbar, und der Historiker hat den Geist, das Subjekt der zu erkennenden und zu beschreibenden Geschichte, unmittelbar in den Texten vor sich, er hört ihn in ihnen „atmen"[124], „wehen"[125], „sich aussprechen".[126]

Im Interesse dieser Unmittelbarkeit zum Geiste eliminiert Schlegel aus dem traditionellen Bestand der Litterärhistorie alles, was irgend an die Lektüre oder an das Schreiben erinnern könnte. Es fehlen Inhaltsangaben, Figurencharakteristiken oder Ansätze zu Strukturanalysen (Spuren der Lektüre) noch bei den unbekanntesten Werken, die niemand unter seinen Hörern oder Lesern gekannt haben wird; es fehlen biographische oder Publikationsdaten, Spuren des Schreibens, in solchem Maße, daß die erstmalige Nennung einer (allerdings auch noch falschen) Jahreszahl – in der fünfzehnten und vorletzten Vorlesung[127] – wie ein abrupter Stilbruch wirkt; und es fehlt jeglicher Hinweis auf Sinn und Bedeutung der Texte ebenso wie eine Auswertung ihrer limitierten Referentialität, wie sie für August Wilhelm Schlegel mit der Parallele etwa zwischen der Lebens- und Denkweise der Personen in den höfischen Epen und der mittelalterlichen Ritter so wichtig war.

Die Beseitigung der Lektürespuren zugunsten der Konzentration auf die Unmittelbarkeit zum Geist als dem Geschichtssubjekt ist ein unübersehbares

---

[123] KA VI 22 f., 30, 35, 86 f., 90, 97 usw.; auch „Geistesentwicklung" (35) oder „Geisteskultur" (154).

[124] „Was darin zuerst auffällt, ist der sanfte Geist, den sie [die deutschen Minnelieder] atmen" (KA VI 184).

[125] „Ritterbücher nach dem Geist, der darin weht" (KA VI 205).

[126] „Literatur als den Inbegriff der ausgezeichnetsten und eigentümlichsten Hervorbringungen, worin der Geist eines Zeitalters, der Charakter einer Nation sich ausspricht" (KA VI 171).

[127] „Dies schrieb er [Gottsched] im Jahre 1751, in demselben Jahre also, wo die ersten Gesänge der Messiade erschienen sind" (KA VI 376). Vorher und meist auch nachher rechnet Schlegel nur nach Jahrhunderten und allenfalls nach deren Anfang oder Ende.

Indiz dafür, daß bei Friedrich Schlegel sich die Verhältnisse radikal gewendet haben. Ein Begriff mit ehemals hermeneutischer Funktion wird hypostasiert zum Objekt der Erkenntnis: der Geist, „aus dem" man fremd gewordene Texte verstehen wollte, mutiert zum Autor, dessen Beschaffenheit man mittels der Texte erschließt; die Voraussetzung für das Verständnis der Texte wird zum Grund ihres Daseins objektiviert und zum Erkenntnisziel, für dessen Erreichung die Texte nur noch Mittel sind. Diese Einstellung, gleichzeitig mit und unabhängig von Schlegel auch von anderen eingenommen (darüber bald), hat die Beschäftigung mit deutscher Literaturgeschichte im 19. Jahrhundert dauerhaft bis ins Innerste imprägniert und unterscheidet sie von derjenigen im 18. Jahrhundert.[128]

Wo die Texte durch diese Wendung und Vertauschung instrumentalisiert und zu desemantisierten Quellen für die Geschichte des in ihnen lebenden Geistes werden, da ändert auch die Lektüre grundsätzlich ihre Gestalt. Sie wird bei Friedrich Schlegel sozusagen zur Auskultation der Texte. Die desemantisierten Texte auf das Atemgeräusch des Geistes abhorchend, erkennt der Historiker, geeignete Untersuchungskriterien vorausgesetzt, direkt etwas über den Entwicklungsstand des menschlichen Geistes zu einer bestimmten Zeit, etwa so, wie einem Arzt ein Symptom Aufschluß über den momentanen Gesundheitszustand des Patienten gibt. Der Historiker diagnostiziert den Zustand des Geistes aus einer Auswertung symptomatischer Texte. Schlegel betreibt mit Entschiedenheit diagnostische Historie.

Wie die diagnostische Auswertung der Symptome, die natürlich auf Lektüre beruht, im einzelnen vonstatten geht, teilt er nicht mit. Er präsentiert nur ihre Ergebnisse: Urteile über die Qualität literarischer Texte. Berücksichtigt sind dabei in der Regel zwei Aspekte, die sprachliche Qualität und die Qualität der Gegenstandswahl und -darstellung. Die Kriterien für die Beurteilung der sprachlichen Qualität werden nicht expliziert, sondern nur angewandt, möglicherweise einheitlich.[129] Die Kriterien für die Beurteilung der inhaltlichen Qualität werden vorgestellt in einer „Theorie des Inhalts", auf die sich Schlegel einiges zugute gehalten hat[130]; sie legt fest, welche Gegenstände sich zur Darstellung überhaupt und in welcher Gattung und unter welcher Perspektive eignen. Die Kriterien nun, sprachlich-künstlerische, „sittlich-nationale" und religiöse[131], ausformuliert in einem erstaunlich reichen kritischen Vokabular, mögen

[128] Zum Übergang von „Zeitgeist" zu „Geist der Nation": Hinrich C. Seeba, Zeitgeist und deutscher Geist. Zur Nationalisierung der Epochentendenz um 1800; in: Deutsche Vierteljahrsschrift für Literaturwissenschaft und Geistesgeschichte 61 (1987) Sonderheft, S. 188*–215*.

[129] Der Gesichtspunkt der „Sprachentwicklung" (KA VI 377) spielt z. B. in der Beschreibung der deutschen Literatur des 18. Jahrhunderts eine wichtige Rolle.

[130] „Eine Theorie von dem der Dichtkunst angemessenen Inhalt gibt es noch kaum, ungeachtet eine solche für ihre Beziehung auf das Leben doch ungleich wichtiger wäre. Ich habe mich in den gegenwärtigen Vorlesungen bemüht, diese Lücke auszufüllen, und eine solche Theorie zu geben, überall, wo sich dazu die Gelegenheit darbot" (KA VI 175).

[131] „Es ist eine bloß künstlerische und ästhetische Ansicht, vorzüglich seit jener Zeit

an sich problematisch sein; auch der verborgen bleibende Prozeß ihrer Anwendung (das heißt Lektüre und Interpretation), in dem das Herdersche Sich-Versetzen in ein fremdes Zeitalter[132] eine unklare und vielleicht auch nur behauptete Funktion hat, mag bei allem vorgezeigten Bemühen um Gerechtigkeit[133] dogmatisch und arbiträr verlaufen.[134] Das Entscheidende ist jedoch der Punkt, an dem die Werturteile über die gegenwärtigen literarischen Texte sich verwandeln in historische Aussagen über eine Vergangenheit.

Der Ort dieser Verwandlung ist der Name des Autors[135] in seiner Ambiguität als Metonymie seines Gesamtwerks[136] und als Eigenname einer historischen Person. Schlegel hat, wiewohl das nicht seine Absicht gewesen sein kann, immer wieder vorgeführt, wie die Metamorphose im Autorennamen sich ereignet. Die magische Operation ist der Wechsel der Verbaltempora, der Übergang vom Präsens ins Präteritum, beispielsweise so: „Ein Dichter sehr verschiedener Art und von einem ganz andern Gefühle beseelt, ist Äschylus. [...] Als Dichter ringt er noch mit einer Form, die erst im Werden ist; jene große, den Griechen eigentümliche Form der Tragödie, die Äschylus zuerst entwarf und erschuf, ohne sie ganz vollenden zu können. Groß war er, als Dichter besonders in der Darstellung des Furchtbaren."[137]

Durch den Zauberstab des Präteritums wird ein Qualitätsurteil zur historischen Aussage, ohne sich ansonsten zu verändern, und eine Quelle für die Kenntnis der Geschichte zu einem Ereignis in dieser. Der Übergang von einem Tempus zum andern geschieht in raschem, nicht erkennbar geregeltem Wechsel fast auf jeder Seite von Schlegels Vorlesungen. Nur bisweilen wird er unterbrochen von längeren theoretischen Erörterungen im Präsens und ausführlicheren präteritalen Passagen[138], die die Verbindung herstellen zwischen den

---

[...], in der deutschen Literatur und Denkweise fast die allein herrschende geworden, die oft auch da gefunden wird, wo allerdings noch eine andere, sittlich nationale Beziehung oder religiöse Gesinnung den Vorrang behaupten und das Erste sein sollte" (KA VI 379; vgl. 263 über den einfachen und sicheren „Standpunkt für den Wert einer Literatur").

132 „Wollen wir ihn [Aristophanes] als Schriftsteller und Dichter beurteilen, so müssen wir uns freilich ganz und durchaus in sein Zeitalter versetzen" (KA VI 39; vgl. 272).

133 Dieses Bemühen kommt vor allem den Protestanten (z. B. Luther oder Klopstock) zugute, bevor dann die Gesamtbilanz doch negativ abschließt.

134 Dies gilt besonders für die Auseinandersetzung mit vielen Philosophen, denen nach kärglichem Referat unumwunden die Falschheit ihrer Gedanken attestiert wird, aber auch für andere Zusammenhänge, etwa wenn es mit Bezug auf Rousseau heißt: „So ward auch von der so herrlichen erweiterten Menschen- und Völkerkunde im achtzehnten Jahrhundert vielfältig eine ganz verkehrte Anwendung gemacht" (KA VI 324), oder über Ronsard: „Auch die Wahl des Gegenstandes in seiner Franciade, kann nicht anders als verfehlt erscheinen" (KA VI 298).

135 Ähnlich kann das Wort „Dichter" gebraucht werden, z. B.: „Die meisten Dichter und Schriftsteller sind ohnehin bis auf einzelne Bruchstücke verloren".

136 Vorzugsweise in den zahllosen Wendungen wie „im Sophokles", „im Virgil", „im Shakespeare" usw.

137 KA VI 32.

138 Etwa KA VI 239–242 über den „Einfluß" der Reformation auf den Gang der Geistesbildung.

sich immer wieder als retrospektive Momentaufnahmen enthüllenden kritischen Dichtercharakteristiken. Diese werden dadurch sozusagen zu einem historischen Film, und so wird verhindert, daß die präsentische Beschreibung der Quellen die aus ihnen zu erkennende präteritale Geschichte des Geistes verstellt.

Der Höhepunkt der Magie aber ist erreicht, wenn dem Historiker die grammatisch produzierte Vergangenheit zur eigenen Gegenwart wird und er in quasi potenziertem Präsens sich als unmittelbarer Zeitgenosse und Augenzeuge des Geistes gibt:

> Wir sehen Schillern in seinen ersten leidenschaftlichen Jugendwerken durchgehends in dem gewaltsamsten Zustand eines solchen innern Kampfs; wir sehen ihn sogar erfüllt von jenen schwärmerischen Hoffnungen [...]. Welche gewaltsame Übergänge sehen wir später in Schillers reifer Laufbahn; [...] rastlos in sich und unruhig umhergeschleudert, sehen wir ihn aber auch hier und da von der äußern Erschütterung des Zeitalters ganz ergriffen.[139]

Solches Überwältigtwerden von der Fiktion bleibt allerdings seltene Ausnahme, und es kann eine Aufgabe vielleicht vergessen machen, aber nicht lösen, die Aufgabe nämlich, die qualitative Entwicklung des Geistes, die ja das Erkenntnisziel ist, als solche zu schildern. Die präteritalen Passagen, die „historischen Betrachtungen", die sich „auf den allgemeinen Gang der Entwicklung" beschränken[140] und gegen Ende mehr und mehr die diagnostische Auswertung des Einzelnen verdrängen, können auch nur summarisch sein[141] und keinen vollgültigen Ersatz für eine zusammenhängende Geschichte des Geistes geben. Dieser Mangel, wenn es denn einer ist, scheint Schlegel nicht verborgen geblieben zu sein. Jedenfalls können einige unvermittelte Metaphern dazu dienen, ihn teilweise zu beheben oder weniger fühlbar werden zu lassen. Ihnen zufolge beschreibt die Geistesbildung jeder Nation immer eine Kurve gleichen Typs wie diejenige, in der sich pflanzliches Wachstum veranschaulichend darstellen läßt.[142] Die Verbindung zwischen den zu historischen Tatsachen gewordenen Qualitätsurteilen sollte, würde sie ausgezogen, so etwas wie eine nach unten geöffnete Parabel für jede Nation ergeben, darstellend „den Geist und Gang des Ganzen, sein allmähliges Emporsteigen, volles Aufblühen und dann wieder erfolgtes Sinken oder Verlöschen".[143] Die Kurven der Geistesbildung einzelner

---

[139] KA VI 393 f.

[140] KA VI 380.

[141] Zum Beispiel so: „Überhaupt neigte sich die philosophische Denkart in der letzten Hälfte des siebzehnten Jahrhunderts immer mehr zum Schlechtern" (KA VI 317).

[142] „In jeder Art der Geistesentwicklung gibt es, wie in dem Stufengange der Natur, einen Moment der Blüte" (KA VI 35). „Das Schauspiel, welches uns die griechische Bildung bei allen Wissenschaften und Künsten darbietet, wie sie gleich einer Pflanze frisch und kräftig aufschießen, sich in die herrlichsten Blüten entfalten und, wenn sie die höchste Blüte erreicht haben, welken und absterben" (KA XI 80). – Zu Tradition und Implikationen dieser Metapher: Wolfgang Pfaffenberger, Blütezeiten und nationale Literaturgeschichtsschreibung. Eine wissenschaftsgeschichtliche Betrachtung. (Europäische Hochschulschriften. I 353) Frankfurt/Bern 1981.

[143] KA VI 146.

Nationen sind als in Stufen voneinander abgesetzt zu denken, und während für den „bloß historischen Forscher" sich aus ihrem Anblick noch nichts ergibt, sieht man „bei tieferer Forschung"[144] die Kurvensequenzen als Stufen auf dem Wege zur „Wiedervereinigung des gesunkenen Menschen mit der Gottheit".[145]

Die Erkenntnis, welchen Sinn die Geschichte hat und welche Richtung der Gang der Menschheit durch die Zeit nimmt, ist der letzte Fluchtpunkt des Unternehmens „Literaturgeschichte", liegt aber schon jenseits seiner Grenzen. Die Explikation des Sinns und damit die eigentliche Beschreibung der Geschichte des menschlichen Geistes ist Aufgabe einer „Philosophie der Geschichte", wie sie Schlegel kurz vor seinem Tode noch vollendet hat.[146] Zu ihr ist die „Geschichte der alten und neuen Literatur" nur Vorbereitung und Belegsammlung, im Hinblick allerdings auf eine mögliche Vereinigung beider.[147]

In der nicht überwundenen Trennung beider kehrt die Aufgabenteilung der alten Litterärhistorie unerkannt wieder: die „Geschichte der alten und neuen Literatur" entspricht funktional der notitia auctorum, die „Philosophie der Geschichte" dem Abschnitt de fatis disciplinarum.[148] Erkennbar wird nun aber, was der Vereinigung beider entgegensteht, ihre gegenläufigen inneren Richtungen nämlich. Die notitia auctorum bewegt sich in immer neuen Ansätzen von den gegenwärtigen Texten hin zu den Vergangenheiten, in denen sie jeweils geschrieben wurden; die erzählten fata disciplinarum dagegen beginnen in der entferntesten Vergangenheit und nähern sich sukzessive nach der Zeitordnung der Gegenwart des schreibenden Historikers. Daß auch die notitia auctorum (also die „Geschichte der alten und neuen Literatur") von Kapitel zu Kapitel derselben Zeitordnung folgt und nicht der Ordnung der Bibliotheken oder der Lektüre oder des Alphabets, das kann nur als unbedachte Gewohnheit und als ein äußerlicher Notbehelf gelten, der ihre bei jedem einzelnen Text und Autor immer neu ansetzende Rückläufigkeit insgesamt zwar überformt und kaschiert, aber beileibe nicht aufhebt.

Schlegels „Geschichte der alten und neuen Literatur" ist die nicht-thematische Selbstdarstellung dieses diagnostischen Erkenntnisprozesses (Bildung eines Qualitätsurteils über die symptomatischen Texte und dessen Verwandlung in eine historische Aussage), seine „Philosophie der Geschichte" die Beschreibung der so erkannten Geschichte. Die Selbstdarstellung des Erkenntnisprozesses, der von Text zu Text stets neu zu beginnen und zu vollziehen ist, drängt sich derart in den Vordergrund, daß die eigentlich intendierte Beschreibung der Geschichte des Geistes immer wieder unterbrochen wird, lückenhaft bleibt

[144] KA VI 100.

[145] KA XI 9. – Klaus Behrens, Friedrich Schlegels Geschichtsphilosophie. (1794–1808). Ein Beitrag zur politischen Romantik. (Studien zur deutschen Literatur. 78) Tübingen 1984, besonders S. 185–206.

[146] KA IX.

[147] Sofern die früher konzipierte Universalgeschichte als Vorstufe der Philosophie der Geschichte aufzufassen ist, kann hier zitiert werden: „Meine Universalgeschichte und Litteraturgeschichte künftig zu verbinden" (KA XVIII 579, Nr. 168) – eine Notiz vermutlich noch aus der Kölner Zeit.

oder praktisch ausfällt und also, da die Selbstverzauberung des Historikers sich nur selten ereignet, in einem separaten Neuansatz nachgetragen werden muß.

Erkenntnisdarstellung und Geschichtsschreibung sind ganz offensichtlich zweierlei. Sie unterscheiden sich so voneinander wie die alte Hermeneutik, die das Lesen und Verstehen als Umkehrung des Schreibens denkt, von der neuen, die es als dessen Wiederholung zu erfassen sucht und zu deren Promotoren Schlegel in früheren Jahren ja gehörte.[149] Seine Abwendung von seinem ursprünglichen Konzept der Literaturgeschichte, das mit der neuen Hermeneutik kompatibel war[150], ist zugleich eine Konversion zur alten Hermeneutik und eine Zuordnung des Unternehmens „Literaturgeschichte" zur Geschichtswissenschaft.

Hinderlich für dessen Integration in die Geschichtswissenschaft ist und bleibt allerdings der Sonderstatus, den auch Historiker nolens volens den literarischen Texten, als Quellen betrachtet, einräumen müssen. Er blockiert die übliche Geschichtsschreibung, indem er ein ungewöhnliches Maß von Erkenntnisdarstellung erzwingt, da literarische Texte für historische Zwecke recht unergiebig bis unerheblich sind, sofern sie intentione recta als Mitteilungen über das in ihnen Berichtete genommen werden, und das wäre die einzige Möglichkeit, die Texte selbst in der Darstellung zu vernachlässigen. Weil aber ein Literarhistoriker allemal bei ihnen wird verweilen müssen, ist ihr Sonderstatus zwar Blockade oder Erschwernis der Geschichtsschreibung, als solcher aber auch die permanente Erinnerung daran, daß das Geschichtssubjekt „Geist" sich der Objektivation eines hermeneutischen Begriffs verdankt[151] und daß die systematisch ausgeklammerte Lektüre und Interpretation gerade als nicht-referentielle mehr und andere Ergebnisse zu erbringen hätte als ein bloßes Qualitätsurteil – Erinnerung also daran, daß die Literaturgeschichte die Lösung ihres Dilemmas, wenn überhaupt, dann vielleicht erwarten könnte von einer neuen Lektüre und Interpretation literarischer Texte, die bereits möglich und unterwegs war.[152]

Geschichte des nationalen Geistes und historiographische Technik

All das wird an Schlegels Literaturgeschichtsvorlesungen nur besonders deutlich dank ihrer Radikalität und Konsequenz, ist aber keineswegs ihr exklusives Eigentum. Vielmehr kennzeichnet es auch die zeitgenössischen Parallelunternehmungen. Sie folgen alle derselben Struktur, die nur versteckt und bisweilen gebrochen ist durch mancherlei Zutaten. Generell besteht unausdrückliche Ei-

[148] Vgl. oben S. 125.
[149] Vgl. unten S. 363.
[150] Vgl. oben S. 264.
[151] Vgl. oben S. 280.
[152] Darüber mehr im nächsten Kapitel.

nigkeit darüber, daß die literarischen Texte symptomatisch zu nehmen sind, als desemantisierte Quellen für eine diagnostische Historie; Einigkeit dementsprechend auch darüber, daß die Erkenntnisdarstellung den Vorrang hat vor der Geschichtsschreibung; Einigkeit schließlich darüber, daß all die retrospektiven Auswertungen einzelner Texte und Textgruppen einzuhängen seien in ein sozusagen prospektives Schema, in eine chronologische Reihe, die – anders als die Auswertungen – stetig auf den Historiker zuläuft. Die Unterschiede, die reichlich vorhanden sind, tangieren diese dreifache konzeptionelle Einigkeit nicht.

Das gilt noch für die Frage nach dem Subjekt, dessen Geschichte in jener chronologischen Reihung beschrieben werden soll. Bei Johann Gottfried Eichhorn herrschen da noch vor-Herdersche Verhältnisse: das Geschichtssubjekt ist dasselbe wie das Inventar der Urteilskriterien – der Geschmack[153]; demzufolge ergeben sich auch die Probleme der Ebelingschen Teleologie.[154] Ähnlich liegen die Dinge bei Franz Horn, nur daß Geschichtssubjekt und Urteilskriterium moderner oder modischer „die wahre Poesie" heißen.[155] Die Trennung beider voneinander kann man dagegen bei Friedrich Bouterwek beobachten; „Geistescultur"[156] lautet der neue Name für den Prozeß, der zu beschreiben wäre, im gleichen Sinne wie „Geistesbildung" bei Friedrich Schlegel und Theodor Heinsius.[157] Sie alle haben die Objektivierung und Nationalisierung des hermeneutischen Begriffs „Geist" stillschweigend mitgemacht.

---

[153] Beispielshalber erkennbar in einer Äußerung über die deutschen Dichter des 12. Jahrhunderts wie dieser: „In ihnen dämmert schon Geschmack." Johann Gottfried Eichhorn, Allgemeine Geschichte der Cultur und Litteratur des neueren Europa. Erster Band. (Geschichte der Künste und Wissenschaften ... Erste Abtheilung. Einleitung. 1) Göttingen 1796, S. 230. – „Mit Lessing trat darauf [...] die deutsche Poesie in ihre völlige Mündigkeit: er gab dem guten Geschmack Berichtigung und Festigkeit durch eine männliche Kritik." Johann Gottfried Eichhorn, Geschichte der schönen Redekünste in den neuern Landessprachen. Zweyte Abtheilung. (J. G. E., Geschichte der Litteratur von ihrem Anfang bis auf die neuesten Zeiten. 4/2) Göttingen 1808, S. 762–1116; 789.

[154] Vgl. oben S. 132.

[155] „Nur Heinrich Frauenlob [...] strebte nach der wahrhaften Poesie, die von jedem Nebenzweck entfernt ist, und nur von der Schönheit die Gesetze leihet." – „Die Poesie, so darf man vielleicht sagen, überfliegt jenen [Opitz] nur zu gewissen Zeiten." Franz Horn, Geschichte und Kritik der deutschen Poesie und Beredsamkeit. Berlin 1805, S. 45 f., 112. – Lisel Grützmacher, Franz Horn, ein Nachfahre der Romantik. (Diss. Münster) (Universitas. 5) Münster 1927.

[156] „Aber gerade durch diese Epoche, die wir die schwäbische nennen, zeigt sich in der Geschichte der Geistescultur der Deutschen zum ersten Male, in welchem Sinne die Deutschen eine poetische, und zugleich eine unpoetische Nation genannt werden dürfen." Friedrich Bouterwek, Geschichte der Poesie und Beredsamkeit seit dem Ende des 13. Jahrhunderts. 12 Bde. (Geschichte der Künste und Wissenschaften ... Dritte Abtheilung) Göttingen 1801–19; IX (1812) 172 f. – Gustav Struck, Friedrich Bouterwek. Sein Leben, seine Schriften und seine philosophischen Lehren. Diss. Rostock 1919.

[157] Theodor Heinsius, Geschichte der Sprach- Dicht- und Redekunst der Deutschen. 2 Bände. (Th. H., Teut oder theoretisch-praktisches Lehrbuch des gesammten Deutschen Sprachunterrichts. 4/1–2) Berlin 1811, I S. II f.: „Ueberall war es mir darum

Bezüglich der Urteilskriterien besteht offenbar kein Bedürfnis nach Explikation. Recht wahllos (denn liberal wird man das nicht nennen können) wird über die Sittlichkeit der Autoren oder ihrer Darstellungen geurteilt, über das Darstellungsvermögen, die Einheitlichkeit der Texte oder über die erreichte Geschmeidigung der Sprache. Bei Horn erscheint gelegentlich die „wahre Poesie" in etwa derselben Funktion wie die „romantische Poesie" bei August Wilhelm Schlegel[158], während die „Idee der Deutschheit"[159], programmatisch sehr exponiert, dann in der Ausführung praktisch doch keine Rolle spielt. All diese Unklarheiten sorgen dafür, daß das Auf und Ab des eigentlich gemeinten und zu beschreibenden Prozesses, obwohl es immer wieder angesprochen wird, doch von der Serie der unverbundenen Autoren- und Werkbewertungen ganz in den Hintergrund gedrängt wird.

Zu diesem Effekt trägt der Umstand das Seine bei, daß all diese Verfasser von Literaturgeschichten wesentlich stärker auf die einfachen Informationsbedürfnisse der Leser Rücksicht nehmen als Friedrich Schlegel. Eichhorn und Heinsius bieten eine Fülle von nicht integriertem bio-bibliographischem Material; Bouterwek widmet, bei immer noch (vor allem für das 17. Jahrhundert) erstaunlichem Materialreichtum, mehr Aufmerksamkeit den Werk- bzw. Autorencharakteristiken und der Inhaltsangabe bzw. zumindest Angabe der Themen unbekannterer Werke; Horn dagegen liefert wenig mehr als eine chronologisch eingerichtete Galerie von Autorenporträts.[160]

Der Zusammenhang innerhalb jener zu beschreibenden Geschichte, dadurch schon mannigfach geschwächt, wird zusätzlich gebrochen, indem Eichhorn sein Material nach vielen Gattungen unterteilt und für jede Gattung die Chronologie erneut ablaufen läßt; ähnlich, wenn auch weniger schematisch, verfährt Heinsius. In dieselbe Richtung schließlich wirkt die Paragrapheneinteilung: bei Eichhorn ein Paragraph je Gattung, bei Horn und Heinsius einer pro Autor.

Je energischer oder mechanischer die Einteilung in Paragraphen, ein Erbstück der Litterärhistorie und der alten Geschichtsschreibung überhaupt, ge-

---

zu thun [...], auf den innern Zusammenhang der Erscheinungen als Ursach und Folge aufmerksam zu machen, und so auf die Nothwendigkeit in dem Gang der Geistesbildung unseres Volkes hinzuführen." – Helmut König, Zur Geschichte der bürgerlichen Nationalerziehung in Deutschland zwischen 1807 und 1815. 2 Teile. (Monumenta Paedagogica. 12/13) Berlin 1972/73, I 134–138.

[158] Vgl. oben S. 270 und etwa Horn (= Anm. 155) 163: „Wobei es sich freilich von selbst versteht, daß ein Mann wie Morhof, über das eigentliche Wesen der Poesie, über das, was wir das Göttliche derselben nennen dürfen, nicht werde reden können."

[159] Horn 9 ff.

[160] Gleich gebaut sind noch die späteren literaturgeschichtlichen Werke Horns: Die schöne Literatur Deutschlands, während des achtzehnten Jahrhunderts. 2 Theile. Berlin 1812/13. – Umrisse zur Geschichte und Kritik der schönen Literatur Deutschlands, während der Jahre 1790 bis 1818. Berlin 1819. Reprint, hrsg. von Ernst Keller: (Seltene Texte aus der deutschen Romantik. 8) Bern/Frankfurt 1984, mit einer Einführung von Ernst Keller (S. 5*–33*). – Die Poesie und Beredsamkeit der Deutschen, von Luthers Zeit bis zur Gegenwart. 4 Bde. Berlin 1822–1829.

übt wird, desto mehr zerstückelt sich natürlich auch der Zusammenhang der zu erzählenden Geschichte, und desto nötiger werden Surrogate, die zur Kompensation dieses Schadens dienen können: Übersichten, wie wir sie aus August Wilhelm Schlegels Berliner Vorlesungen kennen[161] und wie sie Eichhorn dem Ganzen[162] und Horn sowie Heinsius jedem Epochenabschnitt vorangestellt haben. Besonders wichtig und nützlich für die Rettung des Zusammenhangs scheinen dabei immer noch die eigentlich unvermittelten Hinweise auf die politische und Herrschergeschichte zu sein, von denen anläßlich der literarhistorischen Charakteristiker vom Ende des 18. Jahrhunderts schon zu reden war.[163] Nur Bouterwek kommt – wie Friedrich Schlegel – ohne Paragrapheneinteilung und (fast möchte man sagen: folglich) ohne zusätzliche Übersichten aus; der Zusammenhang der Geschichte ist allein dadurch zwar noch nicht beschrieben, aber ersatzweise und unthematisch durch den Zusammenhang des fortlaufenden literarhistorischen Textes repräsentiert.

Einen Sonderfall in dieser Umgebung stellt der zweite Teil von Johann Caspar Friedrich Mansos unvollendeter Literaturgeschichte dar.[164] Zwar kennt auch diese Literaturgeschichte das Stichwort „Geistesbildung"[165] und ist als diagnostische Historie angelegt; trotzdem verschwindet die Erkenntnisdarstellung vermöge einer ganz eigenen historiographischen Technik über weite Strecken zumindest aus dem Vordergrund, und der erzählerische Standpunkt liegt mit ungewöhnlicher Entschiedenheit im Präteritum der zu erzählenden Geschichte. Die ist nun nach dem Vorbild Ebelings[166] wieder eine Streit- und Kampfgeschichte, die Geschichte des Streites zwischen Dichter und Literaten um die Beantwortung der „Frage: was denn nun eigentlich wahre Poesie sey".[167] Organisierende Zentren sind für Mansos Erzählung zuerst Gottsched und Bodmer/Breitinger, dann Klopstock mit dem „Messias" und den Oden und schließlich die deutsche Bühne bzw. die Vorherrschaft auf ihr[168], und dank dieses Arrangements können alle poetischen, theoretischen und kritischen Schriften als gleichberechtigte und direkt oder vermittels des Zentrums aufeinander Bezug nehmende Aktionen erwähnt werden.

---

161 Vgl. oben S. 269.

162 Eichhorn (1808) (= Anm. 153) 764–799: „Umriß ihrer Schicksale".

163 Vgl. oben S. 142 f.

164 (Johann Caspar Friedrich Manso) Uebersicht der Geschichte der deutschen Poesie seit Bodmers und Breitingers kritischen Bemühungen; in: Charaktere der vornehmsten Dichter aller Nationen [...]. Achten Bandes erstes (und zweytes) Stück. (Nachträge zu Sulzers allgemeiner Theorie der schönen Künste. 8/1–2) Leipzig 1806/8, S. 5–295. – Konrad Lux, Johann Kaspar Friedrich Manso, der schlesische Schulmann, Dichter und Historiker. (Breslauer Beiträge zur Literaturgeschichte. 14) Breslau 1908.

165 Manso 292.

166 Vgl. oben S. 129.

167 Manso 82.

168 Die Behandlung der nicht-dramatischen Texte aus der Zeit zwischen 1759 und 1787 wird allerdings in Ermangelung eines solchen Zentrums mehr und mehr zu einer Musterung des Bestandes nach Gruppen (Gattungen, Bekanntschaften usw.).

Selbstverständlich beschränkt sich auch Manso nicht auf das Rapportieren der Kämpfe, der Akteure und Aktionen, und selbstverständlich verzichtet er nicht darauf, Texte zu beurteilen und etwa „Fortschritte" oder ein „Aufblühn der Kunst und Wissenschaft"[169] zu prädizieren, also Qualitätsänderungen auf verschiedenen Ebenen festzustellen. Indessen hat er aus der Relativierung des Geschmacksbegriffs[170] etwas gelernt: „Es ziemt dem Geschichtschreiber der Litteratur nicht, an verdienstliche Werke aus früherer Zeit den Maßstab der späteren anzulegen."[171] Dieser Einsicht entspringt sein Bemühen, das eigene Geschmacksraisonnement hintanzuhalten und nur noch als Schiedsrichter über historische Positionen in Erscheinung zu treten.

Dazu dient die erwähnte neue historiographische Technik, die aus zwei Schritten besteht: zuerst die uns bekannte Historisierung von Qualitätsurteilen, das heißt deren Verwandlung durch den Übergang von Präsens zu Präteritum im Autornamen, und dann die Approbation eines gleichlautenden fremden, möglichst auch schon historisch gewordenen Urteils, das vorzugsweise im Perfekt referiert wird. In einem übersichtlichen Modellfall nimmt sich das so aus:

> Aber am meisten bearbeitete Friedrich Matthisson, der überhaupt in seiner Empfindungsweise sich merklich an Hölty anschmiegt, diese Gattung (= ‚mahlerische Gedichte') und gab einige Naturgemählde, die durch ihre Frische und ihren lieblichen Farbenton anzogen und erfreuten. Da nicht nur die spätern Kunstrichter diese von den frühern übersehene Eigenheit seiner Muse erkannt und gewürdigt, sondern auch die, obwohl beschränkte, Manier mehrere Nachahmer gefunden hat, so schien hierin ein hinlänglicher Grund zu liegen, sie als Auszeichnung zu bemerken.[172]

Die Approbation fremder Qualitätsurteile, verbunden mit der Historisierung eigener, sorgt für eine deutliche Präponderanz der Vergangenheitstempora. So schaffen beide Verwandlungstechniken jenen Eindruck von Objektivität, der aus der scheinbaren Absenz einer präsentischen Urteilsinstanz resultiert, das heißt aus der scheinbaren Verwandlung des Historikers in einen Augenzeugen. Ohne daß Manso auch noch zur Technik der Selbstverwandlung[173] greifen müßte, ähnelt seine Literaturgeschichte grammatisch doch schon zum Verwechseln der eigentlich intendierten Geschichtsschreibung, obwohl sie nach wie vor Erkenntnisdarstellung ist, nur eben bereits doppelt kaschierte.

---

[169] Manso 156.

[170] Vgl. oben S. 133.

[171] Manso 149. – Der erste Teil seiner Literaturgeschichte war noch kaum mehr als eine Abhandlung über die Ursachen für das Steigen und Sinken des Geschmacks bis zum Anfang des 18. Jahrhunderts: Kurze Uebersicht der Geschichte der deutschen Poesie, bis zum Jahre 1721; in: Charaktere der vornehmsten Dichter aller Nationen [...]. Ersten Bandes zweyter Theil. (Nachträge zu Sulzers allgemeiner Theorie der schönen Künste. I/2) Leipzig 1792, S. 197–254.

[172] Manso (= Anm. 164) 205.

[173] Vgl. oben S. 281. – Die Grundfigur, die Vermischung der Tempora, auch bei Horn (= Anm. 155) 26 u. ö.: „Und wenn auch die Bemühungen des großen Karl [...] für die wissenschaftliche Cultur der Deutschen im Ganzen nur wenig wirken konnten, so sehen wir doch bald darauf ein Gedicht entstehen [...]".

Einmal nur gibt er fast unfreiwillig eine Andeutung einer weiteren, der vierten Verwandlungstechnik, wo er nämlich Einzelheiten aus der Jugendgeschichte Klopstocks ausbreitet.[174] Die Bewunderung der Werke, durch Historisierung des Werturteils schon zur Verehrung des Dichters geworden, äußert sich in neuer Wendung als Interesse am Leben des Menschen Klopstock[175] und unterbricht auf scheinbar dysfunktionale Weise das sonst so sorgsam gewahrte Kontinuum der Erzählung vom vergangenen literarischen Kampfgeschehen.

Der Sinn dieser vierten Technik wird vollkommen deutlich bei ihrem ersten großen Meister, bei Ludwig Wachler[176]: sie vollendet die Objektivierung der literaturgeschichtlichen Erkenntnis, das heißt die Selbstelimination des Historikers, indem sie seine bereits historisierten Qualitätsurteile biographisch im Autor inkorporiert und damit diesen, den historischen Menschen, fiktionalisiert.

> Die Natur hatte Hans Sachs mit seltenem Bildungsvermögen begabt; er fühlte tief und wahr, was er leicht und lebendig aufgefaßt hatte; seine Vorstellungskraft war eben so beweglich und empfänglich, als nachhaltig; sein Gemüth sittlich rein, voll Strebens nach Wahrheit und Recht; für evangelische Glaubensfreyheit glühete sein überall rechtsinniger Geist.[177]

Die altbekannte Autorencharakteristik, versetzt ins Präteritum, wird so zu einer säkularen Heiligenvita oder zur Episode eines historischen Romans, in der der Historiker als allwissender Erzähler Augenzeuge vergangener Gesinnungen und Gefühle sein kann. Ansätze dazu finden sich in vielen Autorencharakteristiken bei Wachler; in voller Ausführlichkeit kommt die hagiographische Technik aber nur „den Auserwählten des teutschen Volkes“[178] zugute: Luther[179], Ulrich Hutten[180], Hans Sachs[181], Klopstock[182], Lessing – „diesem Herolde der Freyheit und Wahrheit“[183], Goethe – „dem musterhaften Inbegriffe des teutschen Lebens in Wissenschaft und Kunst“[184], und Schiller, „dessen Anden-

---

174 Manso 109 ff.

175 Manso 112: „Hier an den Ufern der Pleiße fand Klopstock, der Dichter und Mensch, ohne Mühe und unerwartet, was beyde (!) an der Saale so eifrig gesucht und nicht gefunden hatten.“

176 Ludwig Wachler, Vorlesungen über die Geschichte der teutschen Nationallitteratur. Zwei Theile. Frankfurt 1818/19. – Volkmar Braunbehrens, Nationalbildung und Nationalliteratur. Zur Rezeption der Literatur des 17. Jahrhunderts von Gottsched bis Gervinus. Berlin 1974, S. 81–91. – Max Wachler, Ludwig Wachler (1767–1838); in: Lebensbilder aus Kurhessen und Waldeck 1830–1930. Hrsg. von Ingeborg Schnack. Vierter Band. (Veröffentlichungen der Historischen Kommission für Hessen und Waldeck. 20) Marburg 1950, S. 404–415.

177 Wachler I 179.

178 Wachler II 180.

179 Wachler I 161 ff.

180 Wachler I 184 f.

181 Wachler I 178 f.

182 Wachler II 135 ff.

183 Wachler II 161.

184 Wachler II 294.

ken dem teutschen Herzen theuer ist".[185] Für alle anderen Autoren setzt Wachler ein sehr reichhaltiges und differenziertes Beschreibungsrepertoire ein, das von einer biographischen Erzählung mit eingesprengten – vorzugsweise atemporalen oder partizipialen – Charakterisierungen[186] bis hin zur rein präsentischen Erwähnung kurz qualifizierter Werke reicht, und es sieht so aus, als sei in dieser Reihenfolge der Rückgang des präteritalen Anteils ein Zeichen abnehmender Sympathie und Emphase.

Auch für Wachler sind die Texte desemantisierte Quellen, aus denen in Form eines Qualitätsurteils etwas zu diagnostizieren ist. Nur ist das nicht direkt der „teutsche Volksgeist" und seine jeweilige Beschaffenheit, obwohl er immer wieder genannt wird; denn der hat eigentlich keine Geschichte:

> Des teutschen Volkes Eigenthümlichkeit darf nicht nach dem bestimmt werden, was einem einzelnen Zeitalter, Stamme oder Verhältniße ausschließlich angehöret; vielmehr liegt sie darin, was überall durchscheint und hervortritt, immer bleibt und vorherrscht, wenn auch Anderes der Denkart beygemischt und in das Leben aufgenommen wird.[187]

Zu diagnostizieren bleibt aus den Texten nur der jeweilige Grad der Mischung oder Reinheit, und das ist eine Frage der „Denkart" oder der individuellen „Gesinnung", die sich in Leben und Werken beweist; ihr Maßstab allerdings ist die „Teutschheit".[188]

Die unwandelbare Norm der „Teutschheit"[189] ist also das Wesen des eben deshalb auch unwandelbaren Geschichtssubjekts, und ihre allen Individuen aufgetragene Herstellung in Reinheit ist das Ziel der deutschen Geschichte.[190] Der Begründung der zirkulär gewonnenen Norm und der Legitimation des Zukunftsauftrags[191], den Problemen der Teleologie[192], sogar dem Nachdenken über die massive Äquivokation, die darin liegt, einen – im deskriptiven Sinne – Deutschen aufzufordern, ein – im normativen Sinne – Deutscher zu sein[193], all

---

[185] Wachler II 303.

[186] „Hier wirkte der Mann, welcher nach Luther den wohlthätigsten Einfluß auf teutsche Mitwelt und Nachkommenschaft gehabt hat, Christian Thomasius aus Leipzig, immer und unwandelbar treu der Wahrheit, der Gerechtigkeit und der Liebe zum Volke [...]; in der Jugend stürmisch heftig und schonungslos das Vorurtheil und den herkömmlichen Zunftwahn mit Ernst und Spott angreifend und entlarvend [...]." (II 85).

[187] Wachler I 12.

[188] Dazu aufführlich die „zweyte Vorlesung" unter dem Titel „Teutschheit an sich und in Anwendung auf Sprache, Kunst und Wissenschaft" (I 12–20).

[189] „Das Unwandelbare der Teutschheit hat seine Grundlage in ernster Besonnenheit und beharrlicher Treue, in Tiefe des Gemüths und kindlichem Bedürfnisse des Glaubens" (I 12).

[190] „Wenn diese Richtung auf das Vaterländische, das höchste Ziel aller Anstrengungen der Kunst, einst vorherrschend geworden ist, [...]" (II 307).

[191] Vgl. oben S. 271 über die Begründung des Geschichtsziels aus der Geschichte bei August Wilhelm Schlegel.

[192] Vgl. oben S. 129 f. über Analoges bei Ebeling.

[193] „Es ist uns leid um den, der auf teutscher Erde geboren, diese Gesinnung in sich vermißt und darum bezweifelt, daß unter Teutschheit so etwas verstanden werden kön-

dem entgeht Wachler durch den gläubigen Hinweis auf das Ergehen eines göttlichen Kollektivauftrags „in den Jahren schmachvoller Knechtschaft“:

> Bald mußte als Einzige Hülfe in der Noth erkannt werden Rükkehr zu teutscher Gesinnung, zu teutschem Glauben, zu teutscher Frömmigkeit. Es war Gottes Stimme, die das teutsche Volk in sein Inneres zurückwies; dieses vernahm sie mit Ergebung und Vertrauen, und erwachte zu einem neuen Leben.[194]

Entscheidend ist es für diesen eschatologisch-aggressiven, politisch übrigens kräftig oppositionellen Glauben[195], sich historisch zu beglaubigen. Dafür gibt es kein besseres Medium als die „Geschichte der teutschen Nationallitteratur“.[196] Denn in ihr sichert man noch die schwächsten Spuren der „Teutschheit“, und vollends die hagiographischen Porträts sind die Erfüllungsmomente, in denen jener Glaube sich selbst feiern kann als die bereits geschehene Koinzidenz von Ideal und Wirklichkeit, von kollektiv aufgegebener Norm und individuellem Leben. Die Beschäftigung mit der deutschen Literaturgeschichte hört auf, Angelegenheit privaten kulturellen Interesses zu sein, sie wird geradezu zur unentbehrlichen, heilsnotwendigen Erziehung des deutschen Volkes durch die Selbsterkenntnis in lebendiger Anschauung seines historisch schon verwirklichten Wesens[197], wie es sich zumal in jenen „Auserwählten“ offenbart.

Obwohl diese spekuläre Vollendung der diagnostischen Historie in der stellvertretenden Selbsterkenntnis des Historikers sich einfachen grammatischen Techniken verdankt und insofern, weil sie gerade das nicht durchschaut, eine Illusion ist, so hat sie doch ganz entschiedene Folgen für den Status der literarischen Texte und für das Ziel der Lektüre. Während für die Brüder Schlegel, für Eichhorn und Bouterwek und noch für Horn und Manso die Autoren allgemein nur von Interesse waren, weil sie die symptomatischen Texte geschrieben haben, ist das Verhältnis bei Wachler endgültig gekippt: die Gesinnung der Dichter ist das Wichtigste, und die Texte verdienen nur Interesse, weil sie sie aussprechen. Die scheinhafte Selbstelimination des Historikers vermittels jener Techniken macht es ihm so unnötig wie unmöglich, seine konstitutive

---

ne; er gehe in sich, thue Buße, und werde ein Teutscher, so wird er der Teutschheit keine Schande machen und sich schämen, sie zu verläugnen“ (II 315).

[194] I 3 f.

[195] Wachler hat sich in seiner Literaturgeschichte deutlich zum Wartburgfest und zur Turnerei bekannt (I 6, II 238, 318) und die entsprechenden Passagen auch in der 2. Auflage (Leipzig 1834) stehen lassen.

[196] Der Nachdruck liegt übrigens auf „teutsch“ und nicht auf „National-“; „Nationallitteratur“ ist auch bei Wachler ein neutraler terminus technicus für die Werke der Poesie und Beredsamkeit (vgl. oben S. 206), weshalb Kombinationen vom Typ „vaterländische Nationallitteratur“ (II 172) nicht pleonastisch und Vorlesungstitel wie „Geschichte der europäischen Nationallitteratur seit dem 16. Jahrhundert“ (1824/25) nicht in sich widersprüchlich sind.

[197] „Und darauf beruhet die Sicherstellung des wahren Heiles des teutschen Volkes, daß die rechte Gesinnung, die gute Sitte, der tüchtige Wille desselben gründlich hervorgerufen und fest bewahret werden. Für diese Volkserziehung im Großen ist nichts Irrdisches so tief und dauernd wirksam, als vertraute Bekanntschaft mit des Volkes Kunst- und Geistes-Leben in Sprache und Schrift“ (I 6).

Leseleistung und den Sinn der Texte zu thematisieren. Weil er, wie „richtige" Historiker, die Quellen und ihre Lektüre fast nur als unthematisch bleibendes Mittel zum Erkenntniszweck behandelt, kann er meinen, den störenden Sonderstatus der literarischen Texte aufgehoben und die „Literaturgeschichte" zu einer historischen Disziplin nach Art der allgemeinen oder politischen Geschichte gemacht zu haben.

Unter methodologischem Aspekt ist die Entstehung des Scheins und dieser Meinung so zu beschreiben: das Erste ist die Hypostasierung des hermeneutischen Geistbegriffs als Geschichtssubjekt, das Zweite die pragmatisch durchaus einsichtige Beschränkung nur auf die deutsche Literatur, das Dritte als Folge daraus die Etablierung des Geschichtssubjekts „deutscher Geist"[198] und das Vierte – bewirkt durch die dogmatische Verfestigung des Deutschen – dann das scheinbare Ausradieren von Fremdheit, als deren Artikulation der hermeneutische Geistbegriff ja an seinem Ursprung aufzufassen war.[199] Und wo zwischen dem erkennenden Historiker und dem erkannten Geist (wie in rhetorischer Poetik und Litterärhistorie zwischen Lesern und Schreibern) Gleichheit besteht oder auch nur erhofft oder ertrotzt wird, da wäre es um die Differenzierung der Thematisierungsweisen vollends geschehen und ein Rückfall auf die Stufe der alten Litterärhistorie zu konstatieren, wenn nicht jene Techniken auf ihrer Spitze in den hagiographischen Porträts doch wieder oder immer noch die Differenz zwischen dem (diesmal) immer noch strebenden Leser und dem schon vollendeten „auserwählten" Schreiber offengehalten hätte. In dieser Differenz, die bei Wachler zur Selbsterkenntnis eines Deutschen im Spiegel der Deutschheit genutzt wird, kündigt sich aber doch die längst verloren geglaubte Reflexivität der historia litteraria[200] wieder an. Der Kreis beginnt sich zu schließen.

So hat die „Geschichte der deutschen Nationalliteratur" ein unverwechselbares Gesicht erhalten und sich langsam als eine Disziplin formiert.[201] Sie hat in der Tat in den ersten beiden Jahrzehnten des 19. Jahrhunderts ein historiographisches Verfahren von ganz eigener Struktur herausgebildet, das um 1820 allgemeine Verbindlichkeit erlangt hat, ohne daß man Einzelne als seine Schöpfer namhaft machen könnte. Es läßt bei aller Verbindlichkeit viele Freiheiten, ist recht variabel in der Handhabung und besteht aus drei Komponenten.

Innerhalb der ersten Komponente sind obligatorisch die präsentischen Aus- und Bewertungen symptomatischer literarischer Texte, wodurch dem Geschichtssubjekt, dem Geist, die Diagnose gestellt wird; fakultativ ist eine zirkulär-äquivoke Gleichsetzung von Geschichtstelos und Urteilsnorm, wie sie

---

[198] Dazu Seeba (= Anm. 126).

[199] Vgl. oben S. 134 f.

[200] Vgl. oben S. 109, 114 f.

[201] Eine vollständige Bibliographie der Literaturgeschichtsdarstellungen wird Michael S. Batts im zweiten Band seiner „History of histories of German literature" (vgl. oben S. 119, Anm. 59) vorlegen; auf sie sei an dieser Stelle ein für allemal verwiesen.

Wachler mit seiner „Teutschheit" vollzogen hat, und natürlich auch die Wahl der Urteilsnorm selbst.

Die zweite Komponente enthält die frei einsetz- und kombinierbaren historiographischen Techniken, mit denen die diagnostische Historie ihren Status als Erkenntnisdarstellung vor sich selbst und ihren Lesern verbirgt: die Historisierung eigener und die Approbation fremder Qualitätsurteile über Texte, die Selbstverwandlung des Historikers und die hagiographische Inkorporation von Autorencharakteristiken. Diese Techniken transformieren das Präsens der ersten Komponente in das Präteritum der dritten.

Die dritte Komponente umfaßt präteritale Aussagen bibliographischer, biographischer und allgemein-historischer Art, welche auf jeden Fall die Chronologie als Prinzip für die Reihung der diagnostischen Bewertungen einführen; vorzugsweise die allgemein-historischen Aussagen können zusätzlich Blöcke von text- bzw. autorenbezogenen Aussagen zu einem narrativen Zusammenhang verbinden und dem Ganzen das Aussehen von Geschichtsschreibung verleihen, die aber nie der eigentlich intendierten Geschichte des (nationalen) Geistes gilt.

Der Effekt dieses Dreikomponentenverfahrens besteht nun darin, daß Aussagen über den Wert von Texten oder von Gesinnungen der Autoren, daß also Wertaussagen überhaupt auf derselben Stufe zu stehen scheinen wie Aussagen etwa über die Lebensdaten eines Autors: alle erscheinen als Feststellung historischer Tatsachen. Die Möglichkeit, auf diese Weise Äquivalenz von historischen und Wertaussagen technisch-grammatisch herzustellen, scheint dasjenige Moment zu sein, das die Textsorte „Literaturgeschichte" für das 19. Jahrhundert so überaus attraktiv hat werden lassen. Es macht die Literaturgeschichten anfällig dafür bzw. geeignet dazu, Vehikel zur Verbreitung von historisch kaschierter Gesinnung zu werden.

Welche Gesinnung dann jeweils in die Struktur eingefüllt wird, das ist, so penetrant sie auch sein mag, sekundär. Das Entscheidende ist, daß jener Äquivalenzeffekt selbst schon ein weltanschaulicher ist, ein positivistischer nämlich. Der literarhistorische Positivismus, der Werte oder Ideen für positiv (das heißt für historisch gegeben) hält, beginnt als allgemeine Praxis hier, am Anfang des 19. Jahrhunderts, nicht erst später. Und auch sein ständiger Begleiter, der Nationalismus, datiert aus derselben Zeit und hat seither seinen bevorzugten Platz und sicheren Tempel in den Literaturgeschichten, in denen säkulare Vorbilder (historisch gegebene Normerfüllungen) angeboten und nationale Selbsterkenntnis versprochen wird.

Die Beschäftigung mit der Geschichte der deutschen Literatur stand ja immer schon im Zeichen internationaler Konkurrenz und von Prioritäts- und also Superioritätsfragen, erkannte damit aber einen Maßstab an, der für alle Nationen zu gelten und jene Fragen zwischen ihnen zu entscheiden hatte. Seit jedoch etwa Franz Horn[202] und Adam Müller[203] programmatisch, wenn auch

202 Horn (= Anm. 155) 9 ff. über die „Idee der Deutschheit"; vgl. auch sein Kapitel „Die Periode der Undeutschheit und der irrenden Bestrebungen" (170–189).

203 Adam Müller, Vorlesungen über die deutsche Wissenschaft und Literatur (1806). 2.

eher beiläufig und ohne praktische Folgen, und seitdem Ludwig Wachler auch noch entschieden praktisch die Deutschheit als Exklusivnorm der deutschen Literatur installiert haben, kann man von literarhistorischem Nationalismus sprechen, ihn als Ersatzreligion (man denke an Wachlers Pathos der biblischen Sprache) und die zugehörigen Literaturgeschichten als Erbauungsbücher bezeichnen.

Das Bedürfnis nach Anschauung nationaler Identität, dem die Literaturgeschichten unterstützend zunehmend entsprachen, scheint mit den traumatischen Erfahrungen der französischen Okkupation zusammenzuhängen, nicht nur nach der Darstellung Wachlers:

> Den einzigen irrdischen Trost gewährte damals der Hinblick auf eine großartige Vergangenheit; er wurde geschöpft aus der Geschichte und aus den Denkmälern teutschen Lebens in Wissenschaft und Kunst; als Kleinod wurde bewahret die heere Muttersprache, die reine Tochter freyer Mannheit; ihr Geist weissagte Errettung aus unwürdigen Banden.[204]

Wissenschaftlichkeitsanspruch und Institutionalisierung

Im zweiten Jahrzehnt des 19. Jahrhunderts war also das beschriebene Strukturmodell der diagnostischen Historie zur verbindlichen Üblichkeit geworden. Wer immer um diese Zeit literaturgeschichtlich gearbeitet hat, der hat sich an der Etablierung und Ausarbeitung des Modells beteiligt, wobei es sicher kein Nachteil war, daß es sich als aufnahmefähig für nationale Bedürfnisbefriedigung erwiesen hat.

Ein verbindliches Modell war, wiewohl nirgends expliziert, in den Köpfen vorhanden, die Verfahrensweise der Darstellung hatte sich konsolidiert, Gesamtdarstellungen und Standardwerke gab es genug, und überhaupt war in den zwei Jahrzehnten seit Kochs „Compendium"[205] eine große Menge an literarhistorischer Klein- und Entdeckungsarbeit geleistet worden, besonders auf dem Gebiete der älteren Literatur.[206] Das alles konnte sowohl wegen der Einheitlichkeit der Verfahrensweise als auch wegen des Umfangs und der relativen Geschlossenheit des Kenntnisbestandes mit gutem Recht im pragmatisch-moderierten objektiven Sinne[207] als Wissenschaft bezeichnet werden. Der nächste Schritt war fällig oder überfällig, die Einrückung dieser Wissenschaft in den Raum möglicher Wissenschaftlichkeit.[208]

Aufl. Dresden 1807, S. 15, über die „kräftige deutsche Intoleranz" gegen jeden, der Deutsches als solches kritisiert: „Verfassung, Gesetze, edle Gewohnheit des Gehorsams, kurz, der ganze heilige Boden, auf dem sich unsre Bildung entwickelte, den wollen wir nicht zertreten lassen."

204 Wachler (= Anm. 176) I 6.

205 Vgl. oben S. 139, Anm. 135.

206 Schon von der Hagens und Büschings „Grundriß" (vgl. oben S. 222, Anm. 50) zeigt den Fortschritt in der Materialerschließung seit Kochs Zeiten.

207 Vgl. oben S. 208 f.

208 Vgl. oben S. 211 f.

Ähnlich wie bei der deutschen Philologie hat sich auch auf diesem Sektor der Anspruch auf Wissenschaftlichkeit faktisch eingebürgert, und es läßt sich auch kein genaues Datum und keine entscheidende Tat angeben, durch die das geschehen wäre. Ein Gründungsmythos ist in diesem Falle nicht erhältlich, nicht einmal ein Richtungsstreit hat mitgeholfen. Es ist einfach so geschehen, sicher ohne Begründung und auch nur an zufälligen Daten nachweisbar.

Ein solches Datum ist der pauschale Wissenschaftlichkeitsanspruch, den z. B. Carl Friedrich Sartorius in Basel in einem öffentlichen Programm 1819 erhoben hat:

> Es veranlaßt mich die mir so ehrenvolle Einladung mehrer sehr hochgeschätzten Personen, während dieses Winterhalbjahrs in einer zusammenhängenden Folge wissenschaftlicher Vorträge vor einem gewählten Kreise von Männern und Frauen einen literarischen Verein in's Leben zu rufen, in welchem sich an die Geschichte der teutschen Literatur die Lektüre namentlich unserer lyrischen und dramatischen Meister ketten soll.[209]

Über solche Beiläufigkeiten wird man kaum hinauskommen.

Eine löbliche Ausnahme stellt es schon dar, wenn ein Gymnasiallehrer, dem an der Wissenschaftlichkeit offenbar sehr gelegen war, wenigstens deren Ort angibt:

> Ich habe als Grundlage des Ganzen zuvörderst die in jedem Zeitalter angebauten einzelnen Dichtungsarten systematisch geordnet und dann die Dichter in ihre Fächer eingeschoben. Diese wissenschaftliche Bearbeitung ging aus meinen Privatvorlesungen über die schönen Redekünste der Deutschen, als die naturgemäße und wohl allein richtige Methode zum einleuchtenden Nutzen für die lernende Jugend hervor, und erscheint als eine in den Ursachen und Folgen systematisch zusammenhängende Erzählung des Ursprungs und der Hauptveränderungen der schönen Redekünste unter dem Titel Literärgeschichte hiermit für Deutschlands Jugend.[210]

Daß eine Systematik der Dichtarten, die ihrerseits weder begründet noch erläutert wird und nur als Gliederungsprinzip für einen Teil des Buches fungiert[211], die Wissenschaftlichkeit des Ganzen begründen soll und nicht etwa die Gewinnung der Aussagen über Texte oder die Sicherung der Daten oder die Verbindung zwischen beiden, das mag befremdlich und unzulänglich sein. Aber es

---

[209] Andreas Staehelin, Geschichte der Universität Basel 1818–1835. (Studien zur Geschichte der Wissenschaften in Basel. 7) Basel 1959, S. 94.

[210] Hellmuth Winter, Literärgeschichte der Sprach- Dicht- und Redekunst der Deutschen zum Leitfaden beim Schul- und Selbstunterricht für Deutschlands Jugend. Berlin 1821, S. IV; die Vorrede ist vollgestopft mit dem Begriff „wissenschaftlich".

[211] Jeder Abschnitt über einen der „acht Zeiträume" hat dieselben vier Teile: zuerst eine „chronologische Übersicht dieses Zeitalters", daran anschließend die Autorenporträts, die bei jeder Dichtungsart (hier allein spielt die Systematik) chronologisch in ihr „Fach eingeschoben" werden, und schließlich die „Sprachproben dieses Zeitalters". Die Übersichten übrigens weisen, wie gesehen, auf ein anderweitiges Zusammenhangsdefizit hin; Winter hat denn auch sein Versprechen aus dem Vorwort, nach Grund und Folge systematisch zusammenhängend zu erzählen, genausowenig eingehalten wie sein Berliner Kollege Heinsius sein fast gleichlautendes (vgl. oben S. 285, Zitat zu Anm. 157).

kommt für unsere Zwecke nur darauf an, daß überhaupt Wissenschaftlichkeit im Zusammenhang mit Literaturgeschichte prädiziert werden kann, und das ist um 1820 offensichtlich der Fall gewesen, und zwar auch für Literarhistoriker, die sicher nicht zur ersten Garnitur zählen.

Wissenschaftlichkeit beansprucht und Wissenschaftscharakter besessen hat da eine Disziplin, die noch gar keinen praktikablen Namen hatte. „Literaturgeschichte" war noch besetzt für die alte Litterärhistorie[212], aber der häufiger anzutreffende Zusatz „allgemein"[213] signalisiert doch, daß gewisse Verwechslungsmöglichkeiten schon vorhanden gewesen sein müssen, und zwar durch eine stillschweigende Einschränkung des Literaturbegriffs, wie sie bereits Heinsius aus praktischen Gründen vorgenommen hat:

> Die Geschichte der Litteratur eines Volks ist ein sehr umfassender Theil der historischen Wissenschaft, da wir durch ihn den Gang der wissenschaftlichen Bildung in den gesammten Geistesbestrebungen dieses Volks aus seinen schriftlichen Denkmalen erkennen wollen. Hieraus ergibt sich die Nothwendigkeit, den Begriff der Litteraturgeschichte, in so fern sie als Gegenstand des Schulunterrichts da steht, enger zu fassen, und ihn auf eine Geschichte der Sprach- Dicht- und Redekunst – als die Hauptzweige der menschlichen Erkenntniß – zu beschränken.[214]

Bis diese Einschränkung zur unmißverständlichen Gewohnheit geworden war, mußte man sich mit umständlicheren Formulierungen behelfen, unter denen „Geschichte der deutschen Nationalliteratur" in Ansehung des allgemeinen Sprachgebrauchs allemal die präziseste war, nur eben nicht als Disziplinenname taugte, dafür um so mehr als Buch- und Vorlesungstitel oder als Bezeichnung des Gegenstandes der neuen namenlosen Wissenschaft.

Die Namenlosigkeit hat indessen die geradezu sprunghafte Ausbreitung der neuen Disziplin an den Universitäten nicht erkennbar beeinträchtigen können. Die Approbation einer historiographischen Struktur samt einem Set von Techniken, das Erscheinen materialreicher Gesamtdarstellungen, die Aktualität des Bedürfnisses nach nationaler Identität (von der Literaturgeschichte befriedigt, unterhalten oder geweckt) – das alles trifft zeitlich sehr genau zusammen mit einer auffälligen Mehrung der Literaturgeschichtsvorlesungen.

Waren zuvor die vereinzelten Vorlesungen über dieses Thema in aller Regel ein einmaliges oder transitorisches Angebot Einzelner[215], so sind sie um 1820 so etwas wie eine Standard- oder Dauereinrichtung geworden. An den meisten Universitäten hat von da an mindestens ein Dozent mehr als nur vorübergehend über deutsche Literaturgeschichte gelesen, ohne offiziellen Lehrauftrag

---

[212] Zu ihr gehört z. B. noch Ludwig Wachlers „Lehrbuch der Literaturgeschichte" (Leipzig 1827).

[213] Etwa auf dem Titel eines Werks von etwa gleichem thematischem Umfang wie Wachlers Lehrbuch: Karl Förster, Abriß der allgemeinen Literaturgeschichte. 4 Bändchen. Dresden 1828–31. – Wachler pflegte entsprechende Vorlesungen in Breslau als „Allgemeine Literaturgeschichte der neueren Zeit" (z. B. 1822) anzukündigen, und umgekehrt zeigte von der Hagen, ebenfalls in Breslau, die Eingrenzung an durch einen Titel wie „Geschichte der deutschen Literatur, besonders der Poesie" (1818 u. ö.).

[214] Heinsius (= Anm. 157) S. I.

[215] Vgl. oben S. 147.

und ohne Verabredung. Wenn auch die persönlichen Motive sehr unterschiedlich gewesen sein können (zwischen dem gelehrten Interesse August Wilhelm Schlegels und dem nationalpädagogischen Wachlers war vieles möglich), so kann man doch von einer zustimmenden Reaktion der Wissenschaftsorganisation als ganzer auf die neue Wissenschaft sprechen. Diese war plötzlich, innerhalb nur eines Jahrzehnts, auf die erste Stufe der Institutionalisierung, die überpersönliche Kontinuität des Themas, befördert worden, und es sieht so aus, als wenn der alte Zweck, das unter Gebildeten selbstverständliche Wissen zu vermitteln, dergleichen Umschwung allein nie hätte bewerkstelligen können.

Die Verbindung mit dem 18. Jahrhundert wurde aber mindestens an einem Ort aufrechterhalten, in Kiel in der Person Johann Adolph Nassers, der unverdrossen in der Erzählung der Schicksale deutscher Poesie fortfuhr.[216] Unter den Generalisten[217] kam ihm Schlüter[218] in Münster gleich, später auch Sartorius in Basel[219], während Jahn in Bern das Thema gemieden hat.[220]

Die anderen Generalisten sind in der folgenden Aufstellung der selbsternannten Literarhistoriker enthalten, die nach dem jeweiligen Beginn der regelmäßigen Vorlesungen geordnet ist: Bouterwek in Göttingen seit 1807[221], eine Zeitlang abwechselnd mit Benecke[222]; Christian August Heinrich Clodius in Leipzig seit 1808[223]; von der Hagen in Breslau seit 1813[224], gelegentlich ergänzt

---

[216] In enarrandis poeseos Teutonicae fatis perget, lautete die Ankündigung des zweiten Teils seiner Vorlesung, die er von 1789/90 bis zu seinem Tode (1828) oft auch zweisemestrig durchgeführt und durchschnittlich etwa jedes zweite Semester angekündigt hat.

[217] Vgl. oben S. 233.

[218] Geschichte der schönen Litteratur Deutschlands (seit 1805), Litteratura poeseos et eloquentiae (seit 1812), Litterarum a Germanis tractatarum elegantiorum historia critica (seit 1824), zuletzt wieder Geschichte und Kritik der neueren deutschen Literatur (bis 1841).

[219] Seit 1818/19 meist unter dem Titel „Deutsche Literaturgeschichte“ oder auch „Geschichte der deutschen Literatur“, gelegentlich zweisemestrig, sonst öfter mit Beschränkung auf das letzte Jahrhundert (z. B. „Geschichte der deutschen Nationalliteratur von 1748 bis 1828“; 1830/31).

[220] Nur einmal ist eine – offenbar internationale – Geschichte der Poesie verzeichnet (1822); vgl. (Albert Jahn) Biographie von Carl Jahn [...]. Bern 1898, S. 12.

[221] Historisch-kritischer Abriß der deutschen Literatur, besonders der Poesie und Beredsamkeit (1807–14 jedes Sommersemester), Historische und kritische Anleitung zur Kenntnis der deutschen Literatur, der ältern sowohl als der neuern (1820–22), Historisch-kritische Vorlesung über die deutsche Literatur (1825–28).

[222] Neuere Literaturgeschichte von der Wiederherstellung der Wissenschaften an (1806/07–1811/12 jedes Wintersemester).

[223] Literargeschichte der Poesie (1808, 1808/09, 1809, 1810, 1811 usw. bis 1822, manchmal mit dem Zusatz „der deutschen Poesie“; daneben zweimal Karl Heinrich Ludwig Pölitz, Theorie und Geschichte der deutschen Prosa, Poesie und Beredsamkeit (1816, 1818/19).

[224] Geschichte der deutschen Poesie (1813), Geschichte der neuern und mittlern Literatur (1814/15), Geschichte der deutschen Literatur (1815/16, 1818, 1819, 1820/21, 1821/22, 1822/23, seit 1818 mit Zusätzen wie „besonders der Poesie“.

durch Wachler[225]; Michaelis in Tübingen seit 1815 für kurze Zeit[226]; Johann Christian Siebenkees in Landshut ebenfalls seit 1815[227]; Friedrich Karl Julius Schütz in Halle dauerhaft seit 1818/19[228]; August Wilhelm Schlegel in Bonn seit demselben Semester 1818/19[229], bisweilen auch Delbrück[230]; Ferdinand August Wachter in Jena seit 1819/20, allerdings ohne Konstanz[231]; Friedrich Wilhelm Valentin Schmidt in Berlin seit 1820[232], ergänzt durch von der Hagen seit 1824/25[233]; Friedrich Christoph Schlosser in Heidelberg seit 1820[234]; Johann Heinrich Schreiber in Freiburg seit 1821/22[235]; Joseph Hillebrand in Gießen seit 1822/23[236].

---

[225] Geschichte der deutschen Nationalliteratur (1816/17, 1817), Das Merkwürdigste aus der neueren Geschichte der deutschen Nationalliteratur (1820/21), Darstellung des Ganges der deutschen Nationalliteratur seit dem 16. Jahrhundert (1824/25).

[226] Geschichte der deutschen, sowohl ältern als neueren, besonders schönen Litteratur (1815, 1815/16), historischcritische Vorlesungen über die deutsche schöne Litteratur (1816/17, 1817, 1817/18).

[227] „Ab 1815 im Rhythmus von zwei Jahren, ab 1823 jährlich über ‚deutsche Sprache und Literatur'". Rainer Albert Müller, Aspekte zur Geschichte der deutschen Philologie an der Universität Ingolstadt-Landshut-München (1799–1949); in: Die Ludwig-Maximilians-Universität in ihren Fakultäten. Hrsg. von Laetitia Boehm und Johannes Spörl. Zweiter Band. Berlin 1980, S. 192.

[228] Geschichte der deutschen Poesie (1818/19, 1820/21, 1821, 1821/22, 1823/24, 1824/25).

[229] Geschichte der deutschen Sprache und Literatur (1818/19, 1821/22, 1823/24, 1824, 1824/25, 1828).

[230] Geschichte der deutschen Literatur (1818/19, 1821/22, 1823/24, 1825).

[231] Geschichte der deutschen Sprache und Dichtkunst des Mittelalters (1819/20), Geschichte der deutschen Sprache und Poesie (1820/21), Geschichte der Deutschen, mit besonderer Rücksicht auf Sprache, Beredsamkeit und Dichtkunst (1826), Geschichte der nordischen Völker Europas, mit Rücksicht auf die Mythologie und Poesie derselben (1828, 1830 usw.).

[232] Geschichte der deutschen Poesie (1820, 1820/21, 1830/31), Geschichte der Literatur des Mittelalters und der neueren Zeit (1821/22, 1823, 1824/25, 1828, 1829, 1831/32).

[233] Geschichte der deutschen Literatur (1824/25), Literaturgeschichte des Mittelalters und der neueren Zeit (1825/26, 1826/27 usw.).

[234] Geschichte der Geistescultur und Litteratur, von den ersten christlichen Schriftstellern bis auf die neuesten Zeiten (ab 1820 praktisch jedes Semester, mit wechselnden Einschränkungen des Gesamtthemas).

[235] Geschichte der deutschen Sprache und Literatur (1821/22, 1822, 1823/24). Schreiber wurde abgelöst von Franz Joseph Zimmermann (Geschichte der deutschen Poesie und Beredsamkeit von Lessing bis auf unsere Zeit; 1824, 1828) und Wilderich Weick (Geschichte der deutschen Sprache und Literatur von der ältesten Zeit bis zu Anfang des 19. Jahrhunderts; 1828, 1831 usw.), bevor er ab 1836/37 die Literaturgeschichtsvorlesungen wieder aufnahm. – Robert William Rieke, Heinrich Schreiber 1793–1872. (Beiträge zur Freiburger Wissenschafts- und Universitätsgeschichte. 9) Freiburg 1956.

[236] Aesthetik, verbunden mit einer historisch-kritischen Uebersicht der schönen Literatur Deutschlands (1822/23, 1823/24, 1824/25, 1827, 1829/30 usw.); dieselbe Vorlesung auch schon ab 1819/20 in Heidelberg. – Hans Ulrich Schreiber, Joseph Hillebrand. Sein Leben und Werk. Diss. Gießen 1937. – Karl Hillebrand, Unbekannte Essays. Aus dem Französischen und Englischen übersetzt und mit einem biogra-

Ganz unversorgt blieben vorderhand Erlangen, Greifswald, Königsberg mit einer Ausnahme[237], Marburg[238], Rostock, Tübingen ab 1818 und Würzburg, wobei aber doch in Erlangen[239], Greifswald[240] und Würzburg[241] (wie auch an einzelnen Universitäten mit speziellen literarhistorischen Vorlesungen) ständig die traditionelle Litterärhistorie angeboten wurde, die ja üblicherweise auch ein Kapitel über Poesie und Beredsamkeit enthielt.

Die Aufstellung zeigt, daß der Unterricht in deutscher Literaturgeschichte sich um 1820 einen festen Platz in der Wissenschaftsorganisation erobert hat, sie zeigt aber auch, daß er wissenschaftssystematisch noch nicht so recht eingeordnet war. Neben den Generalisten finden wir Philosophen (Bouterwek, Clodius und Hillebrand), Historiker (Wachler, Siebenkees, Wachter, Schlosser) und auch die ersten deutschen Philologen (Benecke, von der Hagen, Lachmann). Der Weg zur deutschen Literaturgeschichte war offenbar zu dieser Zeit von drei Disziplinen aus gleich kurz oder gleich lang.

Eine besonderer und isolierter Versuch, zwar nicht der Entscheidung über die Zugehörigkeit, aber doch über die Art der Verselbständigung des neuen Faches, wurde in Berlin gewagt. Seit der Gründung der Universität war eine sozusagen komparatistische Literaturprofessur geplant, für die anfangs auch Ludwig Tieck vorgesehen war.[242] Nachdem die Angelegenheit zugunsten „wichtigerer" Dinge lange geruht hatte, wurde 1821 Valentin Schmidt zum „außerordentlichen Professor der Geschichte der Litteratur und der neuern Sprachen" ernannt[243], zunächst ohne Gehalt, aber sobald klar war, daß August Wilhelm Schlegel endgültig in Bonn bleiben würde[244], erhielt Schmidt quasi als sein Ersatzmann 1822 auch ein Gehalt zugesprochen.[245] Der Zusammenhang zwischen beiden Professuren ist kein zwingender, aber es hat doch einen guten Sinn, daß eine Generalistenprofessur zugunsten einer Professur neuen Typs gestrichen wurde.

Deren Zweck hat der preußische Minister Altenstein bündig umschrieben:

---

phischen Nachwort „Joseph und Karl Hillebrand" versehen von Hermann Uhde-Bernays. Bern 1955, S. 283–314.

237 Lachmann, Geschichte der deutschen Dichtkunst (1820/21).

238 Friedrich Theodor Kühne kündigte von 1816 bis 1828 praktisch jedes Semester „Abendländische Literaturgeschichte" an, wird sich aber wohl auf die englische, französische, italienische und spanische Literatur beschränkt haben.

239 Johann Ernst Fabri jedes Semester „Literaturgeschichte" (bis 1825).

240 Johannes Florello jedes Semester „Geschichte der Literatur" (bis 1850).

241 Franz Joseph Caspar Goldmayer jedes Semester „Allgemeine Literaturgeschichte" (bis 1838).

242 Max Lenz, Geschichte der königlichen Friedrich-Wilhelms-Universität zu Berlin. Band II/1. Halle 1910, S. 14 ff.

243 Neuer Nekrolog der Deutschen. 9. Jahrgang 1831. Ilmenau 1833, S. 903 f.

244 Christian Renger, Die Gründung und Einrichtung der Universität Bonn und die Berufungspolitik des Kultusministers Altenstein. (Academica Bonnensia. 7) Bonn 1982, S. 219.

245 Alfred Risop, (Die romanische Philologie an der Universität) Berlin; in: Kritischer Jahresbericht über die Fortschritte der Romanischen Philologie. Hrsg. von Karl Vollmöller. 10. Band, 1906. Erlangen 1910, S. IV 26.

> Auf Universitäten muß nach meiner Überzeugung der Unterricht in lebenden Sprachen auf eine dem Unterricht in den alten Sprachen analoge Art erteilt und dadurch das Studium allgemeiner Sprachkunde unterstützt, zugleich aber auch der Studierende mit der ausländischen Literatur auf eine würdige Art bekannt gemacht und sein Geschmack an solcher richtig geleitet und fest begründet werden. So lange ersteres nicht der Fall ist, hat man keine Hoffnung, für das Lehrfach Männer von umfassender Sprachkenntnis zu bilden, und dieses Studium bleibt immer lückenhaft und einseitig.[246]

Eine Professur also zu Zwecken der Lehrerausbildung, die mehr bieten sollte als die reinen Sprachkurse der Sprachmeister.

Schmidt hat sie zweckmäßig verwaltet und sogar noch ein übriges getan: er hat sich nicht nur der ausländischen (spanischen, französischen und italienischen) Literatur zugewandt, sondern auch die deutsche in seinen Tätigkeitsbereich einbezogen, und aus all diesen Literaturen hat er einzelne Texte oder Textgruppen erklärt[247], über Teile[248] oder das Ganze der Literaturgeschichte gelesen[249] und gattungsgeschichtliche Längsschnitte vorgetragen.[250] Die Vertrautheit mit mehreren Literaturen hat er in stoff- und motivgeschichtlichen Untersuchungen fruchtbar gemacht.[251] Ein vielfältigeres Programm konnte damals niemand bieten.

Einsam steht Schmidt auch da mit seiner Konzentration auf literarhistorische Themen. In ihr zeichnet sich die theoretische Möglichkeit ab, eine neue Disziplin zu bilden, die sich allein die Literatur, ohne Rücksicht auf deren sprachliche Zugehörigkeit und ohne Anschluß an ein bestehendes Fach, zum Gegenstand gewählt hätte. Diese anspruchsvolle und vielleicht zu anspruchsvolle Variante ist über gewisse Anfänge nie hinausgediehen. Der bereits erwähnte Marburger Kühne[252], Oscar Ludwig Bernhard Wolff in Jena[253], Johann Valentin Adrian in Gießen[254] und vor allem Victor Aimé Huber (zuerst in Rostock, dann in Marburg und von 1843 bis 1852 Berlin)[255] haben diese Variante

---

246 Risop IV 33 (Schreiben an Hardenberg vom 19. Juli 1819).

247 Ich nenne nur Beispiele aus der deutschen Literatur: Von den Quellen mehrerer Balladen und Romanzen der deutschen Dichter (1820; publiziert: Balladen und Romanzen der deutschen Dichter, Bürger, Stolberg und Schiller. Erläutert und auf ihre Quellen zurückgeführt. Berlin 1827); über die Quellen der Gedichte des Hans Sachs (1822, 1828).

248 Geschichte der deutschen Literatur seit dem 16. Jahrhundert (1831).

249 Vgl. oben Anm. 232.

250 Literarisch-kritische Geschichte der Romane, Novellen, Märchen, Sagen und Volksbücher (1822/23, 1827).

251 Ein Überblick über die Publikationen bei Risop (= Anm. 245) 23–25.

252 Vgl. oben Anm. 238. – Neuer Nekrolog der Deutschen 12 (1834) 532–536.

253 ADB XLV 9–12 (Edward Schröder). – Dietrich Germann, Geschichte der Germanistik an der Friedrich-Schiller-Universität Jena, auf archivalischen Grundlagen dargestellt. Diss. Jena 1954 (masch.), S. 33–82.

254 ADB I 121 f. (Kelchner).

255 Gerhard Heilfurth, Victor Aimé Huber und die Brüder Grimm auf dem Hintergrund der lebens- und zeitgeschichtlichen Zusammenhänge; in: Brüder Grimm Gedenken. Band 6. Hrsg. von Ludwig Denecke. (Schriften der Brüder Grimm-Gesellschaft Kassel. 13) Marburg 1986, S. 87–134.

noch eine gute Weile am Leben gehalten; nach 1850 ist sie dann, ohne sich je wirklich entwickelt zu haben, dem allgemeinen Zug zur Spezialisierung zum Opfer gefallen. Die deutsche Literatur ist zuerst ausgeschieden, die Geschichte der Literatur der übrigen lebenden europäischen Sprachen ist in die „neuere Philologie" eingegangen und hat sich mit dieser in Romanistik und Anglistik aufgeteilt.[256]

In den zwanziger Jahren, um zu ihnen zurückzukehren, war die deutsche Literaturgeschichte ansonsten weiterhin nur ein Nebenbetätigungsfeld für nicht wenige Angehörige jener drei etablierten Nachbardisziplinen. Kaum einer dieser nebenamtlichen Literarhistoriker hat sich mit Publikationen zu diesem Thema vor die außeruniversitäre Öffentlichkeit gewagt; von den zahlreichen Überblicksvorlesungen ist außer denen von Bouterwek und Wachler nur noch diejenige Hillebrands im Druck erschienen.[257] Schlüsse e silentio zu ziehen ist eine heikle Angelegenheit; aber in diesem Falle wird sich sagen lassen, daß niemand Innovatives mitzuteilen hatte und daß alle die Verbreitung des Modells der diagnostischen Historie einstweilen anderen überlassen haben, den Gymnasiallehrern nämlich.

Deutsche Literaturgeschichte als Thema des Deutschunterrichts gab es vereinzelt schon seit den letzten beiden Jahrzehnten des 18. Jahrhunderts[258], und ähnlich wie an den Universitäten scheint an den Schulen ihr Vorkommen ganz vom Interesse einzelner Lehrer abgehangen zu haben. Immerhin ist schon Heinsius' Literaturgeschichte aus dem Deutschunterricht hervorgegangen, und er hat sie als vierten Teil seines fünfbändigen Handbuchs für den Deutschunterricht[259] erscheinen lassen, ohne für die Einführung des Themas zu werben oder es zu rechtfertigen; es war ihm offenbar bereits eine Selbstverständlichkeit.

Die Parallelität von Universität und Schule hat in dieser Sache fortgedauert. Das Thema deutsche Literaturgeschichte in der beschriebenen Behandlungsweise der diagnostischen Historie hat sich in derselben Zeit und in ähnlichem Tempo wie an den Universitäten auch in den Schulen ausgebreitet, natürlich noch mit Unterstützung obrigkeitlicher Anordnung. In dem Lehrplanentwurf, den August Ferdinand Bernhardi 1810 im Auftrage der wissenschaftlichen Deputation im preußischen Unterrichtsministerium ausgearbeitet hat, figuriert

---

[256] Zur Romanistik: Martin Gauger/Wulf Oesterreicher/Rudolf Windisch, Einführung in die romanische Sprachwissenschaft. Darmstadt 1981, S. 14–94. – Zur Anglistik: Thomas Finkenstaedt, Kleine Geschichte der Anglistik in Deutschland. Eine Einführung. Darmstadt 1983.

[257] Joseph Hillebrand, Lehrbuch der Literar-Aesthetik, oder Theorie und Geschichte der schönen Literatur, mit besonderer Berücksichtigung der deutschen zum Selbststudium und zum Gebrauche bei Vorträgen. 2 Bände (mit durchgehender Paginierung). Mainz 1827, S. 584–717: Geschichte der deutschen Nationalliteratur.

[258] Vgl. oben S. 144.

[259] Teut oder theoretisch-praktisches Handbuch für den gesammten Deutschen Sprachunterricht. 5 Theile. Berlin 1807–1811 (das „Handbuch des Deutschen Geschäftsstyls", schon 1806 in erster Auflage, wurde erst ab 1836 als 6. Teil des „Teut" gezählt).

deutsche Literaturgeschichte unter den Unterrichtsgegenständen für die Prima.[260] Und noch bevor der Lehrplan in Kraft gesetzt wurde, verlangte die Prüfungsordnung von 1812 von den preußischen Abiturienten Kenntnis der deutschen Literaturgeschichte[261], die also wohl unterrichtet worden sein muß. Wie an den Universitäten hat sich schließlich die deutsche Literaturgeschichte in den zwanziger Jahren als Unterrichtsgegenstand (außer in den katholischen Ländern) durchgesetzt.[262]

Das merkt man auch an der einsetzenden Flut von Literaturgeschichtsbüchern. In Ermangelung universitärer Konkurrenz haben die Gymnasiallehrer den Büchermarkt für sich erobern können. Von ihnen stammen all die Handbücher mit Textproben[263], die Nachfolger der Charakteristikensammlungen[264], von ihnen auch die einbändigen „Leitfäden" oder „Grundrisse"[265], unter denen

---

[260] Paul Schwarz, Die Gründung der Universität Berlin und der Anfang der Reform der höheren Schulen im Jahre 1810; in: Mitteilungen der Gesellschaft für deutsche Erziehungs- und Schulgeschichte 20 (1910) 151–208; 188.

[261] Adolf Matthias, Geschichte des deutschen Unterrichts. (Handbuch des deutschen Unterrichts. I 1) München 1907, S. 228 und S. 403, Anm. 1.

[262] Matthias 389. – Georg Jäger, Schule und literarische Kultur. Band 1: Sozialgeschichte des deutschen Unterrichts an den höheren Schulen von der Spätaufklärung bis zum Vormärz. Stuttgart 1981, S. 39 f., 48.

[263] K. L. Schaller, Handbuch der deutschen Dicht- und Redekunst, aus Beispielen entwickelt. Wien 1806. – Karl August Schaller, Handbuch der neuern deutschen klassischen Literatur von Lessing bis auf die gegenwärtige Zeit. Erster Band, die poetische Literatur enthaltend. Halle 1811. – Johann David Erdmann Preuß, Die schönen Redekünste in Deutschland von ihrem ersten Anfange bis auf die neueste Zeit. 2 Theile. Berlin 1814/16. – Friedrich Erdmann Petri, Opitz. Ueber die Dichtkunst und ihre Geschichte. Ein Unterrichts-Heft für Gelehrten-Schulen und Handbuch für Dichter-Freunde. Erster Theil. Leipzig 1817. – Friedrich August Pischon, Handbuch der deutschen Prosa, in Beispielen von der frühesten bis zur jetzigen Zeit. Erster Theil. Berlin 1818. – Johann Gottlieb Kunisch, Handbuch der deutschen Sprache und Literatur. 3 Bände. Leipzig 1822–24. – Deutscher Dichtersaal, von Luther bis auf unsere Zeiten. Auswahl des Gediegensten, geschichtliche Einleitungen, Biographien und Charakteristiken, hrsg. von Christian August Gebauer. 4 Bändchen. Leipzig 1824. – Karl Heinrich Ludwig Pölitz, Das Gesammtgebiet der teutschen Sprache nach Prosa, Dichtkunst und Beredsamkeit theoretisch und praktisch dargestellt. 4 Bände. Leipzig 1825. – August Adolf Ludwig Follen, Bildersaal deutscher Dichtung. [...] Geordnete Stoffsammlung zum Behuf einer allgemeinen, poetischen und ästhetischen Schulbildung. 2 Bände. Winterthur 1828/29.

[264] Vgl. oben S. 145 f.

[265] Winter (= Anm. 210). – Georg Reinbeck, Die Geschichte der Dichtkunst und ihre Literatur. Zum Gebrauche für die obern Klassen der Gymnasien und Lyceen. (G. R., Handbuch der Sprachwissenschaft, mit besonderer Hinsicht auf die deutsche Sprache. III 1) Duisburg/Essen 1824. – Grundzüge der deutschen Literaturgeschichte, als Leitfaden auf Gymnasien. Oppeln 1827. – August Koberstein, Grundriß zur Geschichte der deutschen National-Literatur, zum Gebrauche auf gelehrten Schulen. Leipzig 1827. – L. Böbel, Tabellarische Uebersicht der deutschen Literaturgeschichte. Als Leitfaden beim Unterrichte (mit 1.–3. Fortsetzung). Programm Chemnitz 1829/34/39/40. – Friedrich August Pischon, Leitfaden zur Geschichte der deutschen Literatur. Berlin 1830. – Tobias Gottfried Schröer, Kurze Geschichte der deutschen Poesie und Prosa. Ein Leitfaden zu Vorlesungen und zum Privatunterrichte. Preßburg 1830.

der von Pischon der bei weitem erfolgreichste war und Heinsius' Handbuch verdrängte[266], derjenige von Koberstein als einziger den „Aufstieg" schaffte und auch in Universitätskreisen benutzt und geschätzt wurde.[267]

Mit der deutschen Literaturgeschichte hat die Universität die Verbindung zum gymnasialen Deutschunterricht gefunden, die der deutschen Philologie bis auf weiteres verwehrt blieb. Das literaturgeschichtliche Lernen, an der Schule begonnen, konnte im gleichen Sinne an der Universität fortgesetzt und dann als Lehre wieder in die Schule zurückgetragen werden. Obwohl die deutsche Literaturgeschichte nicht durch besoldete Spezialisten an den Universitäten vertreten und obwohl sie kein Prüfungsfach für Lehrer war, konnte auf diese Weise doch die endlose Zirkulation literaturgeschichtlichen Wissens von der Schule über die Universität zur Schule in Gang gesetzt und gehalten werden, da es allenthalben in dasselbe Strukturmodell der diagnostischen Historie eingehängt wurde.

Das Modell in seiner monopolartigen Stellung war stark genug, der sich bildenden namenlosen Wissenschaft so weit Halt und Einheitlichkeit zu geben, daß sie nicht als Teildisziplin in die Hauptfächer der nebenamtlichen Literarhistoriker integriert wurde. Gegen eine einfache Eingliederung in die Geschichtswissenschaft sperrte sich der immer noch spürbare Sonderstatus der literarischen Texte, gegen die Vereinnahmung durch die Philosophie das Fehlen von Zusammenhangskonzepten, gegen den Anschluß an die Philologie das Desinteresse an der Textgestalt und vollends am „ächten" Text.

Zugleich jedoch war das Modell der diagnostischen Historie doch wieder nicht stark genug, den Grund für die Selbständigkeit der neuen Disziplin abzugeben; vielmehr war es mit seiner fundamentalen Uneindeutigkeit ein fast unüberwindliches Hindernis auf ihrer Suche nach einem festen Ort im System der Wissenschaften. Solange nicht theoretisch oder strukturell geklärt war, ob nun die Literatur ihr Gegenstand sein sollte, wie es die Buch- und Vorlesungstitel insinuierten, oder nicht doch eher der deutsche Geist, wie es den programmatischen Erklärungen und zum Teil auch der Praxis entsprach, solange das nicht klar war, gab es für diese Wissenschaft keinen Platz in einem Wissenschaftssystem, das nach Wissenschaftsgegenständen organisiert ist und nicht nach (obendrein noch unformulierten) Modellen wissenschaftlichen Verfahrens.

Nach der Konsolidierungsphase der zwanziger Jahre wurde die Arbeit in Angriff genommen, die immer noch namenlose Wissenschaft im System der Wissenschaften zu orten und dem Modell der diagnostischen Historie seine gravierenden und hinderlichen Mängel zu nehmen: die Unklarheit über den Wissenschaftsgegenstand bzw. das Subjekt der darzustellenden Geschichte, die Gegenläufigkeit von Diagnose und Geschichtsverlauf, den dadurch verursachten Mangel an Zusammenhang sowohl in der Erkenntnisdarstellung als auch in

[266] Heinsius' Literaturgeschichte erlebte sechs Auflagen (1811, 1819, 1823, 1828, 1835, 1846), Pischons war innerhalb von fast gleich viel Jahren (bis 1868) bereits bei der 13. Auflage angelangt.

[267] Der „Grundriß", zuerst ein schmales Buch, umfaßte in der 4. Auflage (1847–66) drei, in der 5., von Karl Bartsch hrsg. Auflage (1872/73) fünf stattliche Bände.

der darzustellenden Geschichte. Der vollständige Zusammenfall von schulischer und universitärer Lehre und die Gefahr der Sterilität ist durch eine Art Arbeitsteilung verhindert worden: die Gymnasiallehrer haben die Routinearbeit geleistet und Lehrbücher geschrieben, die Universitätslehrer mit Interesse für Literaturgeschichte haben das Modell modifiziert, das zwar weiterhin die Grundlage aller Arbeit blieb, sich aber doch durch die Modifikationen so verändert hat, daß es wissenschaftssystematisch neutral und unbedenklich wurde.

Innere Literaturgeschichte: Karl Rosenkranz

Die Modifikation, die für alles weitere entscheidend geworden ist, hat der Philosoph Karl Rosenkranz in Halle vorgenommen, indem er das diagnostische Material ausgewechselt bzw. die auszuwertenden Symptome umdefiniert hat. Seine „Geschichte der Deutschen Poesie im Mittelalter" annonciert sich als Ergebnis „innerer Geschichtschreibung"[268], genauso wie im selben Jahr der „Grundriß der Römischen Litteratur" seines Kollegen Gottfried Bernhardy[269], und Bernhardy mag ihn auch darauf hingewiesen haben, daß die Unterscheidung zwischen innerer und äußerer Geschichte von Friedrich August Wolf getroffen wurde.[270] Wolf war ausgegangen von einer „zwiefachen Ansicht und Behandlung" aller überlieferten Werke[271]: in der „äußeren Geschichte der Litteratur"

> betrachten wir die Werke fürerst als Continentia, als Denkmäler ihrer Zeitalter und Urheber; weshalb uns hier die Biographik der Schriftsteller am meisten beschäftigt, mit beständigem Bezug auf die Staats-Geschichte und die Fortgänge der höheren Cultur. Die zweite Abtheilung muß auf die Contenta der Werke gerichtet seyn, und sie ergiebt die innere Geschichte der alten Erudition.[272]

---

[268] Karl Rosenkranz, Geschichte der Deutschen Poesie im Mittelalter. Halle 1830, S. IV. – Briefwechsel zwischen Karl Rosenkranz und Varnhagen von Ense. Hrsg. von Arthur Warda. Königsberg 1926. – Richard Quäbicker, Karl Rosenkranz. Eine Studie zur Geschichte der Hegelschen Philosophie. Leipzig 1879. – Erwin Metzke, Karl Rosenkranz und Hegel. Ein Beitrag zur Geschichte der Philosophie des sogenannten Hegelianismus. (Diss. Königsberg) Leipzig 1929. – Lotte Esau, Karl Rosenkranz als Politiker. Studien über den Zusammenhang der geistigen und politischen Bewegungen in Ostpreußen. (Schriften der Königsberger Gelehrten Gesellschaft. Geisteswissenschaftliche Reihe. 12. Jahr, Heft 2) Halle 1935. – John Edward Toews, Hegelianism. The path toward dialectical humanism, 1805–1841. Cambridge 1980, S. 155–164.

[269] Gottfried Bernhardy, Grundriß der Römischen Litteratur. Halle 1830, S. X.

[270] Gottfried Bernhardy, Grundlinien zur Encyklopädie der Philologie. Halle 1832, S. 51, 266.

[271] Friedrich August Wolf, Darstellung der Alterthums-Wissenschaft; in: Museum der Alterthums-Wissenschaft. Hrsg. von Friedrich August Wolf und Philipp Buttmann. Erster Band. Berlin 1807, S. 3–145; 33.

[272] Wolf 60 f.

Der Übergang von der „äußeren“ Literaturgeschichtsschreibung zur „inneren“ ändert nicht einfach nur die Proportionen, er beseitigt die vorher praktizierte Desemantisierung der literarischen Texte. Während Bouterwek und Heinsius, Friedrich Schlegel und Wachler und ihre Zeitgenossen die Texte bestenfalls so begutachtet haben wie heutzutage die Punktrichter eine Kür von Eiskunstläufern (eine Note für die technische Schwierigkeit, eine für den künstlerischen Ausdruck), sind für Rosenkranz Qualitätsurteile dieser Art nicht gefragt, obwohl auch er natürlich gelegentlich notiert, welche Texte ihm besser gefallen und vollkommener erscheinen als andere. Im Zentrum der Aufmerksamkeit stehen einzig und allein die Contenta, steht der Inhalt.

Rosenkranz' Literaturgeschichte besteht zu einem sehr großen Teil aus Inhaltsangaben, insbesondere aus Zusammenfassungen der Geschichten, die in den Epen erzählt werden. Das heißt, daß die unterdrückte Lektüre des Literarhistorikers selbst sich wieder im literaturgeschichtlichen Text zu dokumentieren wagt, der auf ihr beruht. Und wo die konstitutive Lektüreleistung nicht mehr technisch-grammatisch zum Verschwinden gebracht wird zugunsten einer vermeintlichen Objektivität, da wird auch die Identität des erkennenden mit dem erkannten Geist aus einer dogmatisch-nationalistischen Setzung wieder zu einer zu lösenden Aufgabe. Die alte Reflexivität der Litterärhistorie[273] tritt erneut hervor und wird als eine gewollte und gewußte[274] nunmehr einer spekulativen Bearbeitung zugänglich: Literaturgeschichtsschreibung ist der Vorgang, in dem der Geist „seiner Vergangenheit sich erinnert“.[275]

Der Geist nun erinnert sich nicht, indem er erzählt und berichtet, sondern indem er die vergessenen „Momente seines Lebens“ begreift als solche, die zu ihm gehören, indem er also sie sich aneignet.

> Die innere Geschichtschreibung hat das Werden und den Gehalt solcher hervorragenden Gebilde zu enthüllen und so sie selbst zu begreifen. Nur auf diesem genetischen Wege kann es gelingen, der Anschauung des vergangenen Lebens die Fremdheit zu nehmen, welche an ihm haftet. Diese Dunkelheit soll verschwinden und soll erkannt werden, daß der Geist, welcher jene Producte erzeugte, derselbe ist mit dem, welcher nun ihrer sich erinnert.[276]

Das sich erinnernde Begreifen kann nicht im Modus „und dann“, es muß im Modus „und darum“ progredieren. Die Erzählung ist verabschiedet zugunsten einer argumentativen Begründung und Ableitung. Es geht – mit August Wilhelm Schlegels Worten[277] – um die Einsicht in die Notwendigkeit der Werke, das heißt darum, sie dem Geiste als sein vergessenes Eigentum zu vindizieren. Rosenkranz schickt sich an, unter veränderten Bedingungen und innerhalb des Modells der diagnostischen Historie einen Teil des Konzepts zu verwirklichen, das die Brüder Schlegel drei Jahrzehnte zuvor entworfen und verfehlt oder ver-

---

[273] Vgl. oben S. 109.

[274] Rosenkranz (= Anm. 268) S. 5: „Sich aber in seinem ihm verflossenen Dasein wieder zu erblicken, hat der erkennende Geist die ruhigste Gewißheit.“

[275] Rosenkranz 4.

[276] Rosenkranz 4.

[277] Vgl. oben S. 261.

worfen hatten. Die Voraussetzungen waren für ihn natürlich ungleich günstiger; denn er konnte zurückgreifen auf die voll entwickelte Hegelsche Philosophie. Seine Literaturgeschichte ist angewandter Hegelianismus in seiner ganzen Breite von Geistes-, Geschichts-, Rechts-, Religions- und Kunstphilosophie, angewandt, insofern die strenge selbstbezügliche Spekulation nicht um ihrer selbst willen betrieben wird, sondern „nur" die Denkformen und die Terminologie bereitstellt zur Beschreibung, wie eins aus dem anderen hervorgeht und sinnvoll sich ihm anschließt.

Vor den eigentlich literaturgeschichtlichen Erörterungen steckt Rosenkranz die Grundlage ab, auf der er sich zu bewegen gedenkt. Sie besteht aus sorgfältigen und umsichtigen Herleitungen zuerst des Romantischen als der (nach dem Symbolischen und dem Plastischen) dritten Gestalt der Kunst, das heißt der Weise, wie der Geist sein Inneres in die Äußerlichkeit hineinlegt und ein Bewußtsein davon hat; sodann des Mittelalters als der Zeit, in der das Romantische historisch in Erscheinung getreten ist in der Spannung zwischen dem partikulären Geist eines jeden Volkes und dem universellen Geist der Kirche als die Ausdrucksweise des letzteren und die Verbindung zwischen beiden; schließlich des „Elementarischen in der romantischen Poesie des Mittelalters", das die Besonderheiten eines Volks, auch seiner Sprache, umfaßt und ebenso die gemeinsamen stoffartigen Vorstellungen (das Wunderbare, das Sittliche, das Religiöse).[278]

Diese Herleitungen haben eine doppelte Funktion: einerseits sind sie Basis und Ausgangspunkt für die späteren literaturgeschichtlichen Konstruktionen[279], andererseits schaffen sie in hermeneutischer Hinsicht das Vorverständnis, unter dem die einzelnen Texte ausgelegt werden sollen.[280] In konstruktiver Absicht werden sie sozusagen nahtlos weitergeführt und verfeinert durch Bestimmungen aus der Ästhetik, welche Gattungen unter den umschriebenen Bedingungen „fällig" sind, weil sie ihnen am genauesten entsprechen, und wie sie sich folgerichtig zu entwickeln haben; bei den Textinterpretationen dienen die Herleitungen samt ihren Ergebnissen als Gesichtspunkte der diagnostischen Auswertung. So ergibt sich ein der Idee nach lückenloser Zusammenhang sowohl auf der Ebene der literaturgeschichtlichen „Erzählung" als auch auf der Ebene der „erzählten" Ereignisse: der erkennende Geist und der erkannte bewegen sich im gleichen Kontinuum.

Den Einstieg in die literaturgeschichtliche Darstellung bewerkstelligt Rosenkranz mit einem kurzen, deutlich markierten „Uebergang", in dem die Beschränkung auf die Poesie erklärt, die Dreizahl der „Kunstformen" (episch, ly-

---

[278] Rosenkranz 8–92.

[279] „Die allgemeinsten Bestimmungen, welche in der Geltung von Principien unserer ganzen Untersuchung zu Grunde liegen und die ganze Sphäre im Umriß beschreiben, sind 1, das Romantische; 2, das Mittelalter und 3, das Elementarische in der romantischen Poesie des Mittelalters" (Rosenkranz 7).

[280] „Wollen wir Neuere Kunstwerke dieser frühern Stuffen genießen, so müssen wir uns den Standpunct derselben vergegenwärtigen, um sie in dem Recht ihrer besonderen Welt zu erkennen" (Rosenkranz 13).

risch, didaktisch) mit den „Krisen des Geistes" parallelisiert und ihre historische Reihenfolge als sachlich gemäße erläutert wird: die „Anschauung" (episch) geht der „Empfindung" (lyrisch) voran und diese dem „Gedanken" (didaktisch).[281]

Die nun beginnende Darstellung ist gegliedert in drei Bücher (für jede „Kunstform" eines) von ungleicher Länge, aber gleicher Struktur. Auf einer einleitenden Seite[282] werden die Etappen in der historischen Bewegung des jeweiligen Stoffes (Anschauung, Gefühl, Gedanke) überblicksmäßig vorgestellt, wobei der erste der Überblicke zum zweiten hinführt, der zweite an den ersten anschließt und die Bewegung bis an die Grenze zum dritten verfolgt, der dritte den zweiten mit dem Schluß verbindet und der Schluß nach einer rückblickenden Zusammenfassung den Ausblick auf die historische Fortsetzung in der dramatischen Kunstform öffnet.[283]

Die großen Umrisse aus den einleitenden Überblicken werden danach in jedem Buch ausgefüllt durch Einstellungen von zunehmender Tiefenschärfe. Vom jeweils gegebenen Ausgangspunkt des Buches führt Rosenkranz die Entwicklung des Stoffes – gliedernd, argumentierend, ableitend – bis zu dem Punkte weiter, da ein poetisches Werk sozusagen von hinten her erreicht ist, und es schließt sich zur willkommenen Erholung eine Nacherzählung oder Inhaltsangabe des betreffenden Werkes an.

Jedesmal aber zeigt sich, daß die Nacherzählungen ebenfalls in die Erinnerungsarbeit des Geistes eingespannt sind, als rückwirkende Bestätigung, daß die gedanklichen Konstruktionen den Kontakt zur historischen Produktion poetischer Texte nicht verloren haben, als ergänzende Illustrationen und zugleich als Vorbereitung und Übergang zur Weiterführung der Konstruktion. Diese vor- und zurücklaufenden Bezüge werden den Nacherzählungen verliehen von ihrer diagnostischen Auswertung unter den jeweils leitenden Fragestellungen. Auf diese Weise gelingt Rosenkranz die erste und auf lange Zeit, wenn nicht überhaupt, einzige Lösung des Problems, das allen Historikern durch jenen Sonderstatus literarischer Texte (Ereignis in derjenigen Geschichte zu sein, für deren Kenntnis sie Quelle sind)[284] aufgegeben wird.

Überaus bemerkenswert ist, besonders im Vergleich mit den früheren Literaturgeschichten, daß die Diagnose nicht den Autoren gestellt wird. Die Symptome sind zusammengefaßt in den Nacherzählungen und Inhaltsangaben, und die diagnostische Auswertung ist gerichtet auf die Erkenntnis z. B. der bestimmten Sittlichkeit oder Religiosität, die den nacherzählten Taten und Handlungsweisen (den Symptomen) eines Siegfried oder Hagen, eines Parcival oder Titurel zugrunde liegt. Ganz offensichtlich ist das natürlich vor allem im Buch über die epische Poesie, aber auch in denen über die lyrische und die didaktische Poesie kommen die – ihre Empfindung oder Gedanken aussprechenden –

---

[281] Rosenkranz 93 f.

[282] Rosenkranz 97, 433, 553.

[283] Rosenkranz 612–620.

[284] Vgl. oben S. 278.

Autoren nie als biographische Personen in Betracht, jedenfalls nicht im Zuge der diagnostischen Auswertung; denn Lebens- und Abfassungs- und andere historische Daten sind – anders als bei Friedrich Schlegel – durchaus nicht gemieden, sofern sie erhältlich und irgendwie nützlich sind.

Was die früheren Literarhistoriker so ausschließlich bis obsessiv beschäftigt hat, die stilistischen oder undefinierten poetischen Qualitäten der Texte oder auch die Gesinnung der Autoren, das interessiert Rosenkranz entweder gar nicht oder nur am Rande. Stilistisches wird fast nur komparativ erwähnt: der Pfaffe Konrad z. B. schreibt besser als der Stricker[285]; politische oder andere Gesinnung kommt allenfalls als ein historisches Datum unter anderen vor, nie als Ziel der Diagnose; und nicht anders verhält es sich mit den vereinzelten Hinweisen auf die „Composition" eines Textes[286], die durchwegs eine Zugabe bleiben. Die Wertschätzung unterschiedlichen Grades, die er bei Bedarf ebenfalls äußert, hat als ihr Kriterium nur den inhaltlichen Reichtum, die Ergiebigkeit der Texte, ihre Repräsentativität für möglichst alle Seiten des Geistes auf seinem jeweiligen Stand.[287]

Weil eine jede Diagnose wieder einbiegt in den Gang der gedanklichen Konstruktion und sich spätestens dann als dessen Bestätigung und Weiterführung erweist, entsteht ein stetig weiter wachsendes, unerhört dichtes Gewebe von philosophischen Ausführungen, historischer Bewegung und poetischem Stoff ohne jeglichen funktionslosen Wissensballast. Einzelne gedankliche Verbindungen mögen gezwungen oder diffus sein; dafür gibt es erhellende Ein- und Durchsichten genug, und wer einer gewissen Gedanklichkeit nicht ganz abgeneigt ist, für den kann die Lektüre dieser Literaturgeschichte partienweise sogar regelrecht spannend sein, was man von Büchern dieser Gattung ja wahrhaftig nicht allzu oft behaupten kann.

Wo historische Konstruktion und Textauslegung so eng ineinandergreifen, bekommt natürlich auch die übliche Distribution der Verbaltempora ein anderes Gesicht. Ohne daß er sich jemals der hierher gehörigen grammatischen Techniken zur Historisierung von Qualitätsurteilen[288] bedienen würde (dazu besteht ja angesichts der Nebensächlichkeit solcher Urteile auch kein Anlaß), handhabt Rosenkranz doch die Abgrenzung zwischen Präsens und Präteritum

[285] „Die Verse haben nicht die stürmische Rauhheit, und die Anschauung leidet an keiner Ueberfülle, wie bei Konrad, wo sie nicht selten schroff wird; aber durch diese formelle Präcision und Glätte der Periodisirung ist auch Alles wieder etwas in's Matte und Bedachte verfärbt" (Rosenkranz 230 f.).

[286] Über den „großen Rosengarten" z. B.: „Sieht man näher in das Innere, so entdeckt sich eine ungemeine Kunst der Composition, indem hier auch das Kleinste von größter Besonnenheit, von der anschaulichsten Phantasie und vom regsten Feuer durchdrungen ist" (Rosenkranz 114).

[287] So lautet etwa die Begründung dafür, die Wolframschen „Trümmer" des „Titurel" seien „mit das Vollendetste in Inhalt und Darstellung, was je geschrieben worden": „In keinem Dichter hat sich das Positive des Deutschen Mittelalters so, wie in ihm, concentrirt und einen solchen Umfang im Verein mit einer solchen Tiefe gewonnen" (Rosenkranz 269).

[288] Vgl. oben S. 281.

sehr locker und eigenwillig. Unter weitgehender Beachtung der Regel (historische Aussagen im Präteritum, Aussagen über Texte im Präsens) gibt es auch ihr gerades Gegenteil (historische Aussagen im Präsens und sogar Paraphrasen partienweise im Präteritum[289]), und es scheint, wenn es nicht einfach so passiert ist, außerhalb jeglicher Konsequenz allein von einer ganz okkasionellen Laune abzuhängen, auch einmal andersherum die Identität in der historischen Differenz oder die historische Differenz in der Identität von sich erinnerndem und erinnertem Geist grammatisch abzubilden.

Wie immer man sich zu Rosenkranz' „Geschichte der Deutschen Poesie im Mittelalter" mit ihrer Theoriehaltigkeit und ihrer Distanz zu gewöhnlichen Vorstellungen von Geschichtsschreibung stellen mag: ein wissenschaftsgeschichtliches Ereignis allerersten Ranges bleibt sie allemal. Kritik[290] und Nachwelt[291] waren ihr zwar nicht wohlgesonnen, und Nachfolger hat sie – abgesehen von Rosenkranz' eigenen Arbeiten[292] – nur wenige gefunden[293], aber sie hat doch so einschneidend gewirkt, daß die Literaturgeschichten nach ihr anders aussehen als die vor ihr und daß von den früheren eigentlich nur zwei oder drei die Grenzscheide von 1830 mit Neuauflagen haben überschreiten können.[294]

---

289 Rosenkranz 159 f., 232 f., 247 f., 259, 276 f. u. ö.

290 Ursula Rautenberg, Ein Hegelianer unter Germanisten. Karl Rosenkranz' mediaevistische Studien; in: Welt und Wirkung von Hegels Ästhetik. Hrsg. von Annemarie Gethmann-Siefert und Otto Pöggeler. (Hegel-Studien, Beiheft. 27) Bonn 1986, S. 340–361; 355–357.

291 Über Rosenkranz' literaturgeschichtliche und -kritische Arbeiten hat als erster nicht mit grundsätzlicher Ablehnung gehandelt: Eugen Japtok, Karl Rosenkranz als Literaturkritiker. Eine Studie über Hegelianismus und Dichtung. Diss. Freiburg 1964. – Eine aufmerksame Würdigung seiner mediävistischen Arbeiten zeichnet sich ab seit Helmut Brackert, Eine romantische Parzival-Allegorese; in: Festschrift Gottfried Weber [...]. Hrsg. von Heinz Otto Burger und Klaus von See. (Frankfurter Beiträge zur Germanistik. 1) Bad Homburg 1967, S. 237–254. – Hauptsächlich referierend und nur mit beiläufigem Bezug auf die „Geschichte der Deutschen Poesie im Mittelalter": Heinz Boddin, Karl Rosenkranz als Literarhistoriker. Unter besonderer Berücksichtigung seiner Goethe- und Diderotstudien. Diss. Akademie der Wissenschaften Berlin-Ost 1981 (masch.).

292 Karl Rosenkranz, Handbuch einer allgemeinen Geschichte der Poesie. 3 Theile. Halle 1832–33, III 274–394: Die Deutsche Poesie. Das „Handbuch" hat natürlich wegen seines gewaltigen thematischen Umfangs ein anderes Aussehen; es fehlen namentlich die Nacherzählungen; die historiographische Struktur ist aber ansonsten praktisch unverändert geblieben.

293 Karl Friedrich Rinne, Innere Geschichte der Entwickelung der deutschen National-Litteratur. Ein methodisches Handbuch für den Vortrag und zum Selbststudium. 2 Theile. Leipzig 1842/43. – Wolfgang Robert Griepenkerl, Der Kunstgenius der deutschen Literatur des letzten Jahrhunderts, in seiner geschichtlich organischen Entwikkelung. Vorlesungen. Erster Theil. Leipzig 1846.

294 Dauerhaft nur der Grundriß von Koberstein (= Anm. 265, 267) und, wenn man ihn (1830 zuerst erschienen) dazu rechnen will, der von Pischon (= Anm. 265); der dritte wäre der Teut von Heinsius (= Anm. 157) mit der 5. Aufl. 1835 und der 6. Aufl. 1846. Neu aufgelegt worden ist auch die Literaturgeschichte von Friedrich Schlegel (Berlin 1841), dies aber wohl nur, damit diejenige von Theodor Mundt (Geschichte der Lite-

Besagtes wissenschaftsgeschichtliches Ereignis steht auf der unsichtbaren Grenze zwischen Ende und Anfang. Die heimliche Reflexivität der Litterärhistorie[295] war die sich selbst unklare Erscheinungsweise des Bewußtseins, in ihrem Gegenstand selbst inbegriffen zu sein: das litterärhistorische Wissen von der Geschichte der Gelehrsamkeit ist selbst ein Teil dieser Geschichte und dieser Gelehrsamkeit, und nicht der unwichtigste, insofern er ihr Zusammenhang selbst ist. Die Gemeinsamkeit von wissendem Historiker und historischen Wissenden ist die Grundlage für die Thematisierungsweise „Text als Produkt eines (grundsätzlich gleichartigen) Schreibers", die der Litterärhistorie sozusagen eingeboren ist. Rosenkranz nun hat diese implizite Reflexivität explizit gemacht in der Identifikation des erkennenden Geistes mit dem erkannten. Damit hat er das Stadium der expliziten Reflexivität, das Reineccius verlassen hatte[296], wieder erreicht, wohlvorbereitet auf die Aufgaben, die sich in ihm stellen. Denn die Identität zwischen erkennendem und erkanntem Geist ist nicht ohne Differenz: der eine wirkt durch den Poeten und Schreiber, der andere durch den Historiker und Leser; das Gemeinsame beider ist der Inhalt. Indem Rosenkranz unter dem Stichwort „innere Literaturgeschichte" das Formale und Künstlerische ausblendet, trennt er sich von der Tradition der „äußeren" Literaturgeschichte mit ihren formalen Qualitätsurteilen und bereitet endlich auch für die Literaturgeschichtsschreibung die Loslösung von der Baumgartenschen Ästhetik vor, jenen irreversiblen Schnitt, den auf dem Gebiete der Theorie schon Sulzer vollzogen hatte.[297] Das ist, wenn auch noch nicht die Vollendung, so doch eine entscheidende Beförderung des Bewußtwerdens, daß man als Literarhistoriker und Leser eben doch nicht mehr Teil der Geschichte ist, die man zu beschreiben unternimmt.

Eine Anerkennung, daß die Thematisierungsweise „Text als Objekt des Lesers" auch für die Literaturgeschichtsschreibung gültig ist, steht seit Rosenkranz als Möglichkeit auf der Tagesordnung. Obwohl diese Anerkennung zumindest im 19. Jahrhundert nicht ausgesprochen wurde, hat sich das Auseinanderdriften von Poeten und Historikern fortgesetzt, haben sich, mit anderen Worten, die Literarhistoriker seit Rosenkranz fortschreitend aus der Literaturgeschichte herausdifferenziert, durch ihre Arbeit immerhin stillschweigend anerkennend, daß die unübersehbar gewordene erläuterungsbedürftige Fremdheit der Texte eine Aufgabe darstellt, die durch eine rein formale und scheinhaft zunftinterne Kritik unmöglich mehr zu lösen ist, die unverwechselbare Aufgabe historischer Betrachtung poetischer Texte nämlich, im unhintergehbaren Leserobjekt das Schreiberprodukt zu entdecken und jenes aus diesem zu entwickeln.

Diese Aufgabe scheint die Philosophen vom Fach nicht mehr interessiert zu haben, da sie in der Ästhetik auf die theoretische Erzeugung von Poesie fixiert

ratur der Gegenwart. Vorlesungen. Berlin 1842) als ihre Fortsetzung deklariert werden konnte.

[295] Vgl. oben S. 109.

[296] Vgl. oben S. 109 f.

[297] Vgl. oben S. 82.

waren und nicht auf die Auswertung der bereits erzeugten Werke. In Rosenkranz' expliziter Reflexivität hat sich die Philosophie von der Literaturgeschichte verabschiedet und sie aus der Bindung an die Ästhetik entlassen. Der Jenaer Philosoph Carl Fortlage, der als einer der letzten seines Fachs[298] eine Literaturgeschichte geschrieben hat[299], hat denn auch das Verhältnis beider Disziplinen zueinander umgekehrt, indem er durch „empirische Methode in der Geschichte der Poesie"[300] und „unbefangenen historischen Blick" die Schönheitsideale ermitteln wollte, wodurch das in der Ästhetik entwickelte „deducirte Gebilde der Vernunft, welches wir dann Poesie nennen"[301], von seinen möglichen oder sogar wahrscheinlichen Fehlern befreit werden könne, solange der „Begriff der Poesie selbst" noch „in der Entwicklung liegt"[302].

Wenn Rosenkranz' Literaturgeschichte, weil sie die Tradition der Litterärhistorie vollendet und überschreitet sowie die Lösung von der philosophischen Ästhetik vorbereitet, betrachtet werden könnte als Gründungsurkunde einer selbständigen Wissenschaft, die nicht mehr Bildbeilage zur Ästhetik und nicht mehr Teil der Litterärhistorie ist, so kann sie doch in anderer Hinsicht auch als bruchlose Fortführung einer jüngeren Tradition erscheinen, der Tradition nämlich der diagnostischen Historie, die hinter die symptomatischen Texte zurück will, hin zum (nationalen) Geist. Rosenkranz hat die diagnostische Historie zwar so umgemodelt, daß sie kompatibel wurde mit der neuen Hermeneutik (Verstehen als Wiederholung)[303], wie es schon August Wilhelm Schlegels Konzeption zu attestieren war[304]; aber weil er das ins Werk gesetzt hat durch jenes hegelianisch konstruierende Aufrollen der Geschichte von hinten her, konnte die hergestellte Verbindung von Interpretation und Literaturgeschichte (sie ist die Lösung der im Sonderstatus literarischer Texte gestellten Aufgabe) als Marotte einer bestimmten philosophischen Schule abgetan werden.

Es hat deshalb geraume Zeit gedauert, bis auch Literarhistoriker als Interpreten aufzutreten riskiert haben, wie es Rosenkranz mehrmals getan hat.[305] Literaturgeschichtsschreibung und Textinterpretation sind vorderhand getrennte Disziplinen geblieben, wobei die erstere als diagnostische Historie (außer in der Form, die ihr Rosenkranz gegeben hat) der alten Hermeneutik verpflichtet blieb.

---

[298] An späteren Arbeiten von Philosophen wären nur zu nennen diejenigen von Rosenkranz (Die Poesie und ihre Geschichte. Eine Entwicklung der poetischen Ideale der Völker. Königsberg 1855) und von Moriz Carriere (Die Kunst im Zusammenhang der Culturentwicklung und die Ideale der Menschheit. 5 Bände. Leipzig 1863–1873. – Die Poesie. Ihr Wesen und ihre Formen mit Grundzügen der vergleichenden Literaturgeschichte. 2. Auflage. Leipzig 1884).

[299] Carl Fortlage, Vorlesungen über die Geschichte der Poesie, gehalten zu Dresden und Berlin im Jahre 1837. Stuttgart/Tübingen 1839. – Felix Würffel, Karl Fortlage in seinem Verhältnis zum deutschen Idealismus. Diss. Gießen 1939.

[300] Fortlage XVI.

[301] Fortlage XV.

[302] Fortlage XIV.

[303] Vgl. oben S. 161.

[304] Vgl. oben S. 265.

[305] Vgl. unten S. 383, 385.

Politische Literaturgeschichtsschreibung: Gervinus und andere

Derjenige nun, der Rosenkranz' epochemachende Veränderung der Literaturgeschichte weitergetragen und dem Programm der „inneren Geschichtsschreibung" zum Durchbruch verholfen hat, ist niemand anders als Georg Gottfried Gervinus gewesen. Seine „Geschichte der poetischen National-Literatur der Deutschen"[306], oft und nicht ganz zu Unrecht als Beginn einer Wissenschaft angesetzt, methodologisch dabei die uneinheitlichste, die es je gegeben hat, ist Rosenkranz in wenigstens zwei Hinsichten verpflichtet. Erstens lesen sich ihre beiden ersten Bände über das Mittelalter wie eine Rosenkranzsche Literaturgeschichte, aus der die spekulative Luft herausgelassen ist, wovon gleich noch zu handeln sein wird. Zweitens wird das kolossale Gebäude in all seiner Uneinheitlichkeit nur zusammengehalten dadurch, daß Gervinus etwas beweisen will (daß nämlich die „Geschichte der deutschen Dichtung"[307] abgeschlossen und in Selbständigkeit vollendet sei[308]); dieser „Beweis" aber – seinerseits Hoffnungsgrund für die politische Zukunft[309] – funktioniert nur, wenn sowohl der letzte Geschichtsabschnitt als Epoche des Dramas angesehen werden als auch das Drama als Höhepunkt der Poesie gelten kann[310], und beides ist bei Rosenkranz grundgelegt, der seine Literaturgeschichte an der Schwelle zum Drama hat aufhören lassen und abschließend die dramatische Poesie als „die Wahrheit der ihr vorausgehenden Formen" und als „die Vollendung der Poesie" bezeichnet hat.[311]

Zugunsten dieses Beweisganges hat Gervinus allerdings die Identität des erkennenden mit dem erkannten Geist aufgekündigt. Übrig geblieben ist einerseits der „Geschichtskünstler", der mit seinem „geschichtlichen Kunstwerk" „wie die Kunst, zu Ruhe führen"[312] und Trost für die Gegenwart wie Hoffnung

---

[306] Georg Gottfried Gervinus, Geschichte der poetischen National-Literatur der Deutschen (Bd. 4–5: Neuere Geschichte ...). 5 Bände. (G. G. G., Historische Schriften. 2–6) Leipzig 1835–1842.

[307] So der Titel des Werkes auf dem Vortitel der „Historischen Schriften".

[308] Die „Geschichte der deutschen Dichtung" „ist, wenn anders aus der Geschichte Wahrheiten zu lernen sind, zu einem Ziele gekommen, von wo aus man mit Erfolg ein Ganzes überblicken" kann; das „Ziel in der Geschichte unserer deutschen Dichtkunst, auf das ich hindeutete, liegt bei der Scheide der letzten Jahrhunderte" (I 8).

[309] „Der Wettkampf der Kunst ist vollendet; jetzt sollten wir uns das andere Ziel stekken, das noch kein Schütze bei uns getroffen hat, ob uns auch da Apollon den Ruhm gewährt, den er uns dort nicht versagte" (V 735, der letzte Satz des ganzen Werkes).

[310] In seinem „Handbuch der Geschichte der poetischen National-Literatur der Deutschen" (Leipzig 1842), „wo man Schematismus und Ordnung mehr hervorheben darf" (S. VII), unterteilt Gervinus die ganze deutsche Literaturgeschichte in die drei Darstellungsabschnitte „Epos", „Lyrik und Didaktik" und „Drama".

[311] Rosenkranz (= Anm. 268) 619.

[312] Gervinus I 8. – Daß die Historiographie eine eigene Kunst sei, ist – innerhalb der „Geschichte der poetischen National-Literatur der Deutschen" mehrfach betont – eigens ausgeführt in: Georg Gottfried Gervinus, Grundzüge der Historik. Leipzig 1837.

auf die Zukunft vermitteln möchte, und andererseits der darstellerisch zu verarbeitende „Geschichtstoff", der nur deshalb ausgewählt zu sein scheint, weil er – als dem gleichen Volke angehörig – der Gegenwart Beruhigung, Erhebung und „die größten Belehrungen" zu schenken vermag.[313]

Das Subjekt der Geschichte der deutschen Dichtung verharrt jedoch in eigentümlicher Undeutlichkeit: bisweilen scheint es der „Geist"[314] zu sein, bisweilen seine Inhalte, die „Ideen"[315], bisweilen auch die Nation[316] oder etwas recht Diffuses wie „die herrschenden Bestrebungen der Zeit"[317] oder eine „Weltansicht"[318] oder „Stimmung".[319]

Bei solcher Unklarheit ist es nicht gut möglich, die Veränderungen und Schicksale des Subjekts, die seine Geschichte ausmachen, als solche zu verfolgen und zusammenhängend darzustellen. Trotzdem scheint Gervinus nicht darauf verzichten zu wollen, dieser Geschichte so etwas wie Notwendigkeit zuzusprechen, damit sie als Erklärungsgrund für die jeweilige Gestalt der Poesie fungiere; nur kann diese Notwendigkeit natürlich nicht mehr die immanente der Selbstbewegung des Geistes sein.[320] Die Veränderungen des Subjekts, wie immer es gefaßt sei, werden als irgendwie einleuchtendes „von selbst" dargeboten[321] oder aus der „Natur der Sache" erklärt[322] oder mit einem indirekten Appell an allgemeine Lebenserfahrung und Menschenkenntnis als notwendig insinuiert, etwa in Form eines „mußte"[323] oder einer Analogie zur politischen

---

313 Gervinus (= Anm. 306) I 8.

314 Gervinus I 57 f.: „Das Epos dankt überall seine Entstehung und im Mittelalter insbesondere seine ungeheuere Verbreitung und Mannichfaltigkeit demselben Geiste, der, wie er hier das Zerstreute und Vereinzelte in der Poesie, so in anderen Verhältnissen die Mönche in Orden, die Edlen in einen Ritterstand, die Handwerker in Gilden verband und schloß."

315 Gervinus I 97: „Sonst pflegen die Ideen, welche sich in einer Zeit zu entwickeln streben, zuerst die Kunst, die Wissenschaft und die schreibende und denkende Welt zu ergreifen." Über historische Ideen in der Historik (= Anm. 312) 65 ff.

316 Gervinus I 321: „[...] deutet uns die ungemeine Bedeutsamkeit dieses Gesanges in der moralischen Geschichte unserer Nation an."

317 Gervinus I 162.

318 Gervinus I 289.

319 Gervinus I 290: „[...] während sie [die Lyrik] sich hier muß von jener Einen Stimmung der ganzen Welt und der ganzen Generation, jener Stimmung zwischen Freude und Leid bestimmen lassen! Diese Stimmung trägt unstreitig jede Zeit, die eine nationale lyrische Poesie pflegt."

320 Vgl. oben S. 305.

321 Gervinus I 76: „Sobald nun aber die Geistlichen einmal anfingen, sich mit Versmachen abzugeben, und sobald der biblische Stoff, der für sie taugte – und dessen war so gar nicht viel – erschöpft war, so führte dies wohl von selbst auf den Gesang des Volkes hin."

322 Gervinus I 308: „Daß aber in der That das zarte Verhältniß dieser höfischen Dichter zu den Frauen, das im ersten Keim dieses Gesanges eine reizende Blüthe gehabt haben mochte, sehr bald ausarten mußte, wird wohl jedermann aus der Natur der Sache von selbst erklärt finden."

323 Gervinus I 199: „Habe ich also Recht gehabt, wenn ich in Mischung und Durchdringung von vielerlei unklaren Vorstellungen eine Hauptquelle romantischer Kunst nicht nur, sondern auch in der Reibung und Rivalität der Stämme eine Hauptveran-

Geschichte[324], oder im schwächsten Falle auch nur, nach dem Modell der alten Charakteristiker[325], als direkte Wirkung aus der Veranlagung der jeweiligen Herrscher.[326]

Der gesunde Menschenverstand des Historikers als Ersatz für das spekulative Argumentieren behält gleichwohl noch die Richtung seiner Herkunft bei: wie Rosenkranz erreicht Gervinus die einzelnen Texte meist sozusagen „von hinten“[327], aus dem Referat der ihnen historisch vorangehenden Subjektveränderungen heraus. Das Mittelglied zwischen diesen und den Texten ist ganz im Sinne der „inneren Literaturgeschichte“ der „Stoff“, eine abstrakte Größe, für deren Art der jeweilige Zustand des wie auch immer gefaßten Geschichtssubjekts verantwortlich ist (jede Zeit „liebt“ andere Themen) und die dem Dichter, allenfalls als schon bearbeitete, vorgegeben ist als das Material, in dessen Bearbeitung er seine Kunst zeigt.

Über die Qualität der allgemeinen Stoffe und über ihre Eignung für Dichtungszwecke äußert sich Gervinus in der Regel sehr ausführlich; recht sparsam dagegen, nicht nur verglichen mit Rosenkranz, geht er mit Inhaltsangaben um, hier jedenfalls getreu dem Grundsatze, daß Stoffe „in der Dichtungsgeschichte [...] nur ein untergeordnetes Interesse haben“, und zwar um so unwichtiger werden, „je bedeutender die dichterische Thätigkeit der Individuen wird“.[328]

Die Inhaltsangaben, die Gervinus manchmal recht anspruchsvoll „Analysen“[329] nennt (was vielleicht mit „Prosaauflösung“ zu verdeutlichen ist), sind denn auch mehr oder weniger durchsetzt von Aussagen und Urteilen über die „Darstellungsweise des Dichters“[330], und diese scheint den „poetischen Werth der Dinge“ zu begründen, von dem Gervinus ankündigt, daß er ihn allein „im Auge“ haben wolle[331], und den er durch Vergleiche mit anderen Texten einzukreisen, auch nach den Kriterien seiner ausgesprochen doktrinären Kunsttheorie[332] zu beurteilen, aber begreiflicherweise nicht eigentlich zu beschreiben weiß.

---

lassung zum dichterischen Preis der alten Heroen entdeckte, so sieht man sogleich, wie England auch einer der ersten Heerde der epischen Poesie werden mußte.“

324 Die wichtigste darunter die der Revolution, schon in der Vorrede (I 17) erwähnt und später oft wiederkehrend.

325 Vgl. oben S. 142 f.

326 Gervinus I 96 f.: „Wir sahen Karls Streben in Heinrich und Otto erwachen und wie diese ganze Regentenfamilie sich ihre weiten Entwürfe vererbte, und treffen jetzt auf die ganze Reihe der fränkischen Regenten, die mit geringen Ausnahmen ohne Bildung und höhern Sinn nur aufs Practische und Politische gerichtet sind, und aus ihrer Zeit der Prosa, des Ungeschmacks, und der nüchternen Verhältnisse treten wir plötzlich wieder in die glänzende Periode der Hohenstaufen, deren kühne und ideale Tendenzen dann die Nation in Kunst und Staat so erschöpften, daß von da an eine Anarchie, [...] ja ein vollkommener Umsturz aller Dinge erfolgte.“

327 Vgl. oben S. 307.

328 Gervinus I 381.

329 Gervinus I 276, 332, 381.

330 Gervinus I 376.

331 Gervinus I 12.

332 Rolf Peter Carl, Prinzipien der Literaturbetrachtung bei Georg Gottfried Gervinus. (Literatur und Wirklichkeit. 4) Bonn 1969, S. 53–63.

Andererseits sieht sich Gervinus in nicht wenigen Fällen genötigt, umgekehrt gerade wieder von der „Kunst“ und der poetischen Sprache zu abstrahieren, um von der „Gewalt und Größe des Stoffes“ „einen reinen Eindruck“ davonzutragen[333], das „äußere Gewand“ wegzudenken und nur „auf die Sache selbst“ zu sehen.[334] Das verträgt sich dann schon eher mit einer anderen Angabe über „das eigentliche Geschäft des Literarhistorikers“, daß er nämlich „das unumstößliche Verhältniß der erhaltenen dichterischen Schöpfungen zu der Zeit, die sie schuf, mit scharfen Zügen“ festzustellen habe.[335]

Doch auch dabei hat es noch nicht sein Bewenden. In wenigstens zwei Fällen, bei Parcival und Tristan, ist ihm der Charakter der dargestellten Hauptperson[336] offenbar fast wichtiger als alles andere, als der Stoff und die Darstellungsweise. Angesichts anderer Texte wird wieder die Person des Autors das Wesentliche, der „ächt deutsche Mann“[337] und seine „Gesinnung“[338], die „sich ausspricht“[339]; und wo es um Gesinnung geht, da dürfen natürlich auch die Techniken nicht ganz fehlen, mit denen man die längst gestorbenen Dichter in ihrem Denken und Fühlen belauschen[340] oder, eine Neuerung, sich sogar in eine Figur eines Epos verwandeln kann.[341]

Ob nun aber der Stoff oder die Darstellungsweise, der Charakter einer literarischen Person oder der des Autors im Mittelpunkt des Interesses steht, die diagnostische Auswertung der Texte kommt kaum über Bestätigung und Illustration des vorher schon über die jeweilige Zeit Gesagten hinaus. Dessen Weiterführung ist sie jedenfalls nie, eher schon eine Störung und Unterbrechung. Und da das Subjekt der zu erzählenden Geschichte proteushaft unfaßbar bleibt, verschwimmt vieles, wenn nicht alles, im Ungefähr eines verständigen oder aufgeregten Raisonnements über mancherlei Historisches und Literarisches.

Viel und vieles wird einem da geboten, eine Revue von Urteilen, anregende Vergleiche, kursorische Durchblicke durch Jahrhunderte europäischer Literaturgeschichte und Zitate aus zahlreichen damals noch ungedruckten Heidelberger Handschriften, Gelehrtendiskussion und private Exkurse, kräftige Töne zur Stärkung des nationalen wie männlichen Selbstbewußtseins[342] und kosmo-

[333] Gervinus (= Anm. 306) I 262.
[334] Gervinus I 263.
[335] Gervinus I 139.
[336] Gervinus I 362, 384.
[337] Gervinus I 306 (über Walther von der Vogelweide); vgl. I 307 f., 309, 410, 441.
[338] Gervinus I 329, 343, 344, 410 u. ö.
[339] Gervinus I 190.
[340] Gervinus I 70 f., 324, 379; vgl. oben S. 289.
[341] Das leistet eine Paraphrase in Ich-Form und Präteritum: I 230 f.
[342] Gervinus I 303: „Nur wo, wie in Deutschland, das Weib, indem man ihm jene größte und schönste Gewalt einräumte, von jeder Anmaßung einer weiteren Herrschaft abstand, nur wo es dieser Aufopferung des Mannes jene andere entgegenbrachte, mit der sich jeder ächt weibliche Charakter des Mannes und seiner kleinen Bedürfnisse pflegend und dienstfertig annimmt, nur da füllt das Weib die würdige Stellung würdig aus, die ihm die Natur angewiesen hat. Wir dürfen es freudig sagen, kein Volk der Welt kann sich in alter und neuer Zeit hier mit uns vergleichen.“

politische Relativierungen. Mancherlei ließe sich herausheben, nur von einem kann nicht die Rede sein, von einer – doch ausdrücklich beanspruchten[343] – Einheit des Gesichtspunktes, statt dessen fast schon von einem „anything goes" ohne Absicht oder gar gegen sie.

Der erste Band, von dem allein bisher die Rede war, ist dabei noch der einheitlichste des ganzen Werks; der zweite, bis ins 16. Jahrhundert reichend, profitiert noch davon, daß er in der Reformation ein Ziel hat, das seit langem historiographisch vollständig schematisiert war. Und doch sind beide schon Ergebnisse eines unfreiwilligen und insofern unfrohen methodologischen Anarchismus, der im dritten Band und vollends in den beiden letzten Bänden[344] kein Korrektiv oder Zentrum mehr findet. Es lockern und lösen sich die Bande, mit denen zuvor die Ausführungen über Texte und Autoren an eine diagnostisch zu erschließende oder wenigstens als verbindliche Parallele zu statuierende Geschichte eines (ihnen fremden) Subjekts gebunden waren. Dieses Referenzsubjekt der Diagnose, schon in den ersten beiden Bänden nicht klar umrissen und bestimmt, verliert sich mehr und mehr, und die Geschichte der deutschen Literatur vom Ende des 16. bis zum Anfang des 18. Jahrhunderts (das war ja immer schon der am schwierigsten zu bewältigende Zeitabschnitt) hebt sich sozusagen von ihrem früheren Boden ab und erreicht ihn auch im 18. Jahrhundert nicht wieder.

Der Verlust des „vertikalen" Zusammenhangs[345] mit dem Geist der Zeit oder seinen Äquivalenten, also mit dem Subjekt der Geschichte, wird allerdings in gewisser Weise kompensiert durch drei andersartige Mittel. Vom dritten Band an organisiert Gervinus in zunehmendem Maße die Einheitlichkeit seiner Darstellung durch das Konzept des „rothen Fadens" und den („horizontalen") Zusammenhang der Texte untereinander durch das Konzept „Einfluß", und das Referenzsubjekt „Geist" löst sich in seiner – Notwendigkeit stiftenden – Allgemeinheit auf, indem es sich zu bedeutenden Persönlichkeiten individualisiert.

Das Konzept „rother Faden" besteht im wesentlichen aus zwei Metaphern. Die erste ist eigentlich eine Metaphernkombination; sie macht die Poesie selbst zum pflanzenartigen Subjekt, das sich auf Wanderschaft begibt:

> Eben so charakteristisch ist es, daß sich die neu aufkeimende Poesie einen jungen Boden suchte, der durch längeres Brachliegen neue Kräfte gesammelt hätte. Sie wich aus dem erschöpften Schlesien und Sachsen, sie concentrirte sich in Preußen nach Berlin, und im katholischen Deutschland nach Wien, ohne jedoch zum Flore kommen zu können. Sie drängte aus dem gesammten Osten weg nach der Schweiz, die nun nach langer Pause fortwährend geschäftig bleibt, nach Niedersachsen und dem Norden [...]. Nachdem auf diese Weise die Peripherie des Kreises beschrieben war,

---

[343] Gervinus I 284.

[344] Ein Hinweis auf einen „Bruch in der Konzeption des Werks" zwischen den Bänden drei und vier, erklärt aus der Ungeduld, fertig zu werden, und dem „Zweifel am Sinn der schier endlosen Arbeit" bei Gangolf Hübinger, Georg Gottfried Gervinus. Historisches Urteil und politische Kritik. (Schriftenreihe der Historischen Kommission bei der Bayerischen Akademie der Wissenschaften. 23) Göttingen 1984, S. 58.

[345] Vgl. oben S. 264.

> strömte eine Zeit lang das Mark der deutschen Literatur nach dem Mittelpunkte hin und sammelte sich in Weimar und Jena[346]

usw. Diese „Winke aus der Binnenlehre historischer Weisheit"[347] begründen vorübergehend eine Gliederung der literarhistorischen Darstellung nach Landschaften[348] (methodus topographica nannten das die Litterärhistoriker), die aber selbstverständlich auch nicht konsequent gehandhabt[349] und alleweil noch durchkreuzt wird von der traditionellen Gliederung nach Gattungen.[350]

Die andere Variante des roten Fadens ist die auch bereits in den ersten beiden Bänden benutzte Analogie aus der politischen Geschichte, die Revolution, und diese Analogie bestimmt die beiden letzten Bände ganz, jedenfalls der proklamierten Intention nach.

> Den Revolutionscharakter unserer Literatur im vorigen Jahrhundert hat man bisher kaum im Allgemeinen nur erkannt; geschildert ist jene Bewegung ihrem inneren Zusammenhange nach noch gar nicht worden, weil wir noch keine Literargeschichte hatten, die eigentlich das wäre, was sie ihrem Namen nach sein will: Geschichte. Und es war doch so leicht, nur mit Uebertragung der Symptome einer politischen Revolution die ähnlichen Erscheinungen in unserem Literaturstaate zu gliedern.[351]

Irritierend und gleichwohl nicht überraschend kommt Gervinus' offenes Eingeständnis, daß die Metaphern, mit denen er seiner Darstellung überhaupt so etwas wie Geschlossenheit verleiht, durchaus arbiträr und auswechselbar sind:

---

[346] Gervinus IV 14. – Diese Doppelmetapher leitet schon die Darstellung der weltlichen Lyrik nach Opitz, die aus einem Vergleich mit dem 14. Jahrhundert heraus über einen Stichwortanschluß („Das Wandern endlich der Dichter und der Dichtung in Deutschland umher trafen wir damals und auch jetzt treffen wir es wieder") ihren Anfang findet: „Diese Wanderung wollen wir in der weltlichen Lyrik zum Faden durch das Labyrinth von Namen und Dichtungen nehmen, die nach Opitz aufschossen" (III 243).

[347] Gervinus IV 14.

[348] Ansätze dazu sind schon im ersten Band vorhanden, etwa im Vergleich zwischen Otfrieds Werken und dem Heliand, der ein Vergleich zwischen dem Entwicklungsstand im Süden und im Norden ist (I 68 f.). Der Ortswechsel als Darstellungsbehelf macht sich aber vom dritten Band an bemerkbar, z. B. so in der Überleitung zur Oper: „Indem ich hier aus Schlesien dem Drama nach der Lausitz, Sachsen und Thüringen nachgehe, bietet sich von selbst Gelegenheit, uns des Oertlichen auch in der Geschichte des Drama's zu erinnern" (III 460).

[349] Im dritten Band ist der Übergang vom 17. ins 18. Jahrhundert („Anfänge der Polemik, Kritik und Theorie") mit einer einfachen Gruppengliederung bewältigt: zuerst die „Obersachsen" (darunter allerdings auch Morhof), dann die „Schlesier" und schließlich die „Niedersachsen" (III 483–556). Im vierten Band gibt es ein Kapitel „Preußens Theilnahme an der poetischen Literatur" (wiederum großzügig z. B. Gleim, Uz und Jacobi miteinbeziehend) (IV 198 ff.), eines mit dem Titel „Preußen (Herder)", das mit Winckelmann anfängt (IV 426 ff.), und eines „Der Rhein", an den auch Möser und Sturz gesetzt werden (IV 496 ff.).

[350] Der dritte Band ist mit Ausnahme des topographisch gegliederten Schlußkapitels ganz in Gattungskapitel unterteilt, der vierte und der fünfte Band enthalten nur je zwei Gattungskapitel („Christliche Dichtung nach Klopstock" und „Schauspiel" bzw. „Romanliteratur" und „Schauspiel").

[351] Gervinus IV 7.

> Wem dieser Faden durch den labyrinthischen Gang unserer Literaturgeschichte nicht sicher genug scheint, dem lassen sich zahllose andere von einfacherem Gespinste bieten.[352]

Wie auch immer – Revolutions- und Wanderungs- bzw. Selbstverpflanzungsmetapher implizieren einen „inneren Zusammenhang" in der Geschichte der Literatur, einen von anderen Faktoren nicht beeinträchtigten Zusammenhang der Texte untereinander ohne den Umweg über ein Geschichtssubjekt wie den „Geist der Zeit". Diesen inneren Zusammenhang formuliert Gervinus weniger, als daß er ihn anzitiert, in inhaltlich-stofflicher Hinsicht mit dem Stichwort „Quelle", bezüglich der Darstellungsweise mit dem Stichwort „Einfluß", beides schon vom ersten Bande an; nicht unbedingt häufiger, aber auffälliger wird das Zusprechen von Einfluß oder Wirkung, Nachfolge oder Schulzugehörigkeit vom dritten Band an, da das Geschichtssubjekt in Auflösung übergeht.[353]

Von dessen freigewordener Systemstelle besetzt aber das Konzept „Einfluß" nur den Aspekt „Zusammenhang"; für den Aspekt „Referenzsubjekt der Diagnose" tritt mehr und mehr die Person des Dichters und seine Gesinnung in die Lücke, wofür es günstig ist, daß der Dichter biographisch als Angehöriger einer Gruppe oder Schule und aufgrund seiner Lektüre als Empfänger von Einfluß betrachtet werden kann.

Die beiden Nachfolger des Geistes, „Einfluß" und „Autor", stehen allerdings in einem Konkurrenzverhältnis zueinander, durch das sogar die Einheitlichkeit der Geschichtsdarstellung bedroht wird. Je stärker nämlich das biographische Interesse an den vorbildhaften Dichterpersönlichkeiten wird, desto länger muß die eigentlich intendierte Geschichtsdarstellung unterbrochen werden[354] und desto schwächer wird selbst bei wiederholter Behauptung von Einfluß jener „innere Zusammenhang": die darzustellende Geschichte der Literatur wird zu einer Reihe von Personen, die durch persönliche Bekanntschaften und durch das ideelle Moment „Einfluß" unthematisch zu einer Kette verbunden werden, und die Darstellung selbst fällt auseinander in eine Sammlung von Monographien unterschiedlichen Umfangs. Recht starke Tendenzen dazu ma-

---

[352] Gervinus IV 11.

[353] Ausgangspunkt von Einflüssen ist z. B. die Fruchtbringende Gesellschaft: „Es ist thöricht dieser Gesellschaft große Einflüsse abreden zu wollen. Sie hat die bedeutendsten und wohlthätigsten gehabt, sie sind nur schwer aufzuzählen, weil sie meist immateriell und mittelbar sind" (III 180; vgl. 232, 461). Nachfolge größeren oder kleineren Ausmaßes haben z. B. Opitz (III 246), Gryphius (III 447), Lohenstein und Hoffmannswaldau (III 458). Die erste und die zweite schlesische Schule werden natürlich öfter genannt; zum Gliederungsprinzip aufgestiegen ist das Konzept „Schule" am Anfang des fünften Bandes in den Kapiteln „Wielands Schule" (V 3–22) und „Klopstocks Schule (die Göttinger)" (V 22–76).

[354] Schon die Kapitel über Klopstock, Wieland und Lessing (im vierten Band) sind solche Unterbrechungen, am stärksten dann aber die biographischen Kapitel über Goethe und Schiller (IV 498–592, V 76–157, 363–523), auch wenn Gervinus sich Mühe gibt, aus Anlaß von persönlichen Bekanntschaften oder literarischen Beziehungen immer wieder andere Autoren kurz einzublenden.

chen sich im vierten und fünften Band bemerkbar, so daß am Ende der Zusammenhalt wenigstens der Darstellung einzig, wie anfangs erwähnt, durch das Beweisverlangen zu politischem Zweck garantiert ist, während die dargestellte Geschichte sich schließlich fast nur noch als eine Versammlung von Einzelpersonen gleichen Métiers präsentiert, die unter Berücksichtigung ihres biographischen Zusammenhangs nacheinander auftreten.

Wieder einmal ein Fall, so könnte man sagen, daß einem Literarhistoriker während der Arbeit seine Konzeption zerbrochen oder doch aus den Händen geglitten ist. So spektakulär wie der Fall August Wilhelm Schlegel liegt indessen der Fall Gervinus nicht, weil seine Konzeption trotz gegenteiliger plakativer Behauptungen von Anfang an alles andere als geschlossen und durchdacht war. Aber die Wandlungen, die sie vom ersten bis zum letzten Band durchgemacht hat, sind doch keine bloß individuellen. Die stets wachsende Entfernung von der spekulativen Konzeption Rosenkranz', die Fixierung der diagnostischen Aufmerksamkeit auf die (bisweilen, wie bei Manso und Wachler[355], auch hagiographisch gesehenen) Autoren und die Ersetzung des Einheit gebenden externen Geschichtssubjekts „Geist" durch das Konzept des Einflusses – das alles liest sich wie ein Präludium zu Kommendem.

Wenn, wie es wahrscheinlich ist, ein früh gefaßter Vorsatz Gervinus' sich auf die Literaturgeschichte bezieht, dann hat er ihn jedenfalls erfolgreich in die Tat umgesetzt.

> Darum reift bei mir immer mehr der Plan, alles andere liegen zu lassen und auf ein Werk zu denken, was erfahrungsmäßig die Lage von Deutschland aufhellt und zugleich durch Gründlichkeit die Gründlichen überzeugen, wie durch populären Vortrag die größere Masse bestechen könnte.[356]

Die Gründlichen waren vielleicht nicht überzeugt, aber doch mindestens sehr beeindruckt, und das mit Recht. Fünf stattliche Bände innerhalb von sieben Jahren auf den Markt zu bringen und daneben noch eine schier unendliche Lektüremenge zu bewältigen, das verdient schon allein Bewunderung, und wenn einer dabei auch noch Neues aus einem schon gut bearbeiteten Gebiet bringt und sich allenthalben als auf der Höhe der Diskussion befindlich ausweist, so ist ihm, unbeschadet sachlicher Differenzen, die Anerkennung der Fachleute sicher. Gervinus hat, wie sich dann gezeigt hat, ein Standardwerk geschrieben, an dem jahrzehntelang niemand vorbeigehen konnte; seine Literaturgeschichte ist auf lange Zeit das Referenzwerk schlechthin für Literaturgeschichtsschreiber geworden, eine Autorität, auf die man sich beziehen und an der man sich auch reiben konnte.

Ob es ihm auch gelungen ist, die größere Masse zu bestechen, ist eine kaum

---

[355] Vgl. oben S. 289.

[356] Brief an Karl Sell, 22. Juli 1832. Hermann Oncken, Georg Gottfried Gervinus und das Programm seines Lebens im Jahre 1832; in: Quellen und Darstellungen zur Geschichte der Burschenschaft und der deutschen Einheitsbewegung. Band IV. Heidelberg 1913, S. 354–366; 363.

entscheidbare Frage. Vier Auflagen in weniger als zwanzig Jahren[357], das ist für ein Werk dieses Umfangs immerhin sehr beachtlich; aber es ist sehr daran zu zweifeln, daß tatsächlich viele von den Käufern die doch recht mühsame Lektüre bewältigt haben. Jedenfalls aber ist die politische Botschaft beachtet worden, zumal Gervinus es verstanden hat, seine Literaturgeschichte in Zusammenhang mit der Aufsehen erregenden Affäre der „Göttinger Sieben" zu bringen und seine Empörung über die (möglicherweise sogar von ihm provozierte[358]) Entlassung in der Vorrede zum dritten Band zu bekunden[359], welche Vorrede zu unterdrücken ihm der Leipziger Zensor den Gefallen getan hatte.[360]

Bestochen vor allem aber hat Gervinus eine große Schar von Nachfolgern – Nachfolgern durchaus nicht nur in einigermaßen verwandter politischer Richtung.[361] Sie haben von ihm allerdings nur die methodologische Sorglosigkeit gelernt und dabei die Politisierung trivialisiert. Gervinus hat ja immerhin unter einer Generalthese gearbeitet, die sich auf die Struktur der Darstellung entscheidend auswirkt und umgekehrt erst durch die Darstellung ihre Evidenz erhält, eben unter der These von der – nur literaturgeschichtlich zu begründenden – Überfälligkeit entschieden politischen Handelns. Bei seinen Nachfolgern sieht es dagegen nicht so aus, als müßten sie ihre politisch-weltanschauliche Überzeugung in einem Durchgang durch die Literaturgeschichte prüfen, erhärten oder begründen. Es ging um Vollzug, nicht um Prüfung.

---

[357] Die 4. Auflage mit dem Titel „Geschichte der Deutschen Dichtung" erschien 1853; die 5. Auflage, hrsg. von Karl Bartsch, 1871–1874.

[358] Der eigentliche Anlaß der Entlassung war, wie alle Beteiligten wußten, nicht die Protestation selbst, sondern ihre Publikation, und wenn es auch nicht vollständig zu klären ist, wer diese veranlaßt hat, so führen doch die „heißesten" Spuren in Richtung Gervinus: Hans Kück, Die „Göttinger Sieben". Ihre Protestation und ihre Entlassung im Jahre 1837. (Historische Studien. 258) Berlin 1934, S. 60; der Wortlaut der „unterthänigsten Vorstellung" vom 18. November 1837: S. 198 f.

[359] Georg Gottfried Gervinus, Gesammelte kleine historische Schriften. (G. G. G., Historische Schriften. 7) Karlsruhe 1838, S. XI–XVI.

[360] Gervinus VIII.

[361] Zu erwähnen wären da die Darstellungen unterschiedlichen thematischen Umfangs von Heinrich Gelzer (Die deutsche poetische Literatur seit Klopstock und Lessing. Nach ihren ethischen und religiösen Gesichtspunkten. Leipzig 1841), August Friedrich Christian Vilmar (Vorlesungen über die Geschichte der deutschen National-Literatur. Marburg/Leipzig 1845), Wilhelm Zimmermann (Geschichte der prosaischen und poetischen deutschen Nationalliteratur. Für die Leser aller Stände. Stuttgart 1846), Heinrich Kurz (Geschichte der deutschen Literatur mit ausgewählten Stücken aus den Werken der vorzüglichsten Schriftsteller. 3 Bände. Leipzig 1853–1859), Julian Schmidt (Geschichte der deutschen Nationalliteratur im neunzehnten Jahrhundert. 2 Bände. Leipzig 1853; ab 2. Auflage, Leipzig 1855, in 3 Bänden; ab 4. Auflage, Leipzig 1858, unter dem Titel „Geschichte der Deutschen Literatur seit Lessing's Tod"), Joseph von Eichendorff (Geschichte der poetischen Literatur Deutschlands. 2 Bände. Paderborn 1857), Wolfgang Menzel (Deutsche Dichtung von der ältesten bis auf die neueste Zeit. 3 Bände. Stuttgart 1858/59). – Karl-Heinz Götze, Grundpositionen der Literaturgeschichtsschreibung im Vormärz. (Europäische Hochschulschriften. I 343) Frankfurt/Bern 1980. – Peter Uwe Hohendahl, Literarische Kultur im Zeitalter des Liberalismus 1830–1870. München 1985, S. 224–240.

Das offenbar erheblich gewachsene gesellschaftliche Bedürfnis nach Urteilsvollzug, nach Diskriminierung und Ausschließung des Unerwünschten und nach Aufbau positiver Vorbilder und heroisierter Identifikationsfiguren wurde in der Beschäftigung mit deutscher Literaturgeschichte ausgelebt und im Schreiben von Büchern über sie befriedigt. Politisch ist diese Form von Literaturgeschichtsschreibung nicht deswegen zu nennen, weil sie einen bestimmten politischen Standpunkt zur Geltung bringt – das tut sie natürlich auch, und daraus macht sie auch kein Geheimnis. Politisch ist sie, weil sie Gesellschaft durchspielt am Objekt Literaturgeschichte. Sie führt vor, wie eine Gesellschaft aussehen würde, in der ein bestimmter weltanschaulicher, politischer oder religiöser Maßstab ganz allein über die soziale Rangierung und Geltung entscheiden würde. Die literarischen Texte samt ihrem Inhalt und ihren meist nicht mehr lebenden Autoren sind zum Spielmaterial geworden, an dem man die praktische Auswirkung bestimmter Normen ausprobieren kann, ohne mit dem sonst unvermeidlichen Widerstand der Beurteilten rechnen und sich auseinandersetzen zu müssen – Literaturgeschichtsschreibung als Manövergelände für eine vorbereitende oder vorwegnehmende Simulation des gesellschaftlichen Ernstfalls.

Daß ein solches proleptisches Spielen von Gesellschaft seinen eigenen Ernst hat und auch nicht einfach nur Surrogat für „wirkliches“ gesellschaftliches Handeln sein muß, dürfte unbestritten sein. Die historiographischen Techniken der „Objektivierung“, mit deren Hilfe Literaturgeschichtsschreiber seit dem Anfang des 19. Jahrhunderts sich und ihre konstitutive Lektüreleistung aus dem literarhistorischen Text eliminiert oder sich fiktionalisiert haben, finden in der politischen Literaturgeschichtsschreibung ihren Flucht- und Vereinigungspunkt darin, daß der Historiker sich mit dem Anspruch auf das Üben historischer Gerechtigkeit verwandelt in die nun tatsächlich nicht mehr personal zu denkende und insofern objektiv zu nennende Instanz der gesellschaftlichen Normenanwendung, die in der klassischen Ästhetik „poetische Gerechtigkeit“ heißt.

Die Literaturgeschichtsbücher seit und nach Gervinus sind also in gewisser Weise potenzierte Literatur, und dies nicht deshalb, weil sie Texte über literarische Texte wären (was man den meisten eigentlich sogar bestreiten müßte), sondern weil sie in ihrer eigenen Struktur reproduziert oder redupliziert haben, was als der historiographische Sonderstatus literarischer Texte zu kennzeichnen war: Teile nämlich derselben Geschichte zu sein, von der man durch sie (und weniger aus ihnen) weiß. Indem sie eine Gesellschaft simulieren, die nur aus Büchern und Autoren besteht, und in ihr als Schicksal walten, imitieren die Literaturgeschichtsbücher einerseits die Struktur literarischer Texte (in denen ja Erzähler und Autor bzw. poetische Gerechtigkeit in ähnlicher Personalunion stehen wie Historiker und Schicksal bzw. historische Gerechtigkeit), und andererseits erzielen sie durch die Simulation einen Effekt außerhalb der Simulation, der die literarische Geltung von Texten und Autoren, das heißt die gesellschaftliche Geltung literarischer Darstellungsweisen und bestimmter Strategien poetischer Gerechtigkeit mitbestimmt.

Dieser politische Effekt, indirekt erzielt über Simulation von Gesellschaft und Potenzierung von Literatur, scheint für unterschiedliche Kreise gleichermaßen attraktiv gewesen zu sein. Lehrer und Journalisten, Theologen und Dichter, Professoren und wer sonst immer Interesse an jener indirekten Einwirkung auf die sich neu formierende Gesellschaft hatte – aus jeder Ecke hat es Literaturgeschichtsbücher gegeben, für Schule und Selbstunterricht, für das weibliche Geschlecht und die gebildeten Stände, und sie alle machen aus ihrer Gesinnung kein Geheimnis, sei sie nun konservativ oder demokratisch oder irgend etwas dazwischen. Neue Quellen zu erschließen war für das Gesellschaftsspiel nicht nötig, und konzeptionelle Überlegungen anzustellen wäre obendrein noch hinderlich gewesen. Beides, das Spielmaterial zu liefern und sich über die Spielregeln Gedanken zu machen, blieb anderen überlassen.

Die Wissenschaft „deutsche Literaturgeschichte“: Prutz, Hettner

Diese Sorglosigkeit hat die Wahl des Namens für die entstehende Wissenschaft mitbestimmt. Irgendwie hat es sich eingebürgert, daß sie „Literaturgeschichte“[362] hieß, genau gleich wie ihr Gegenstand und wie die Bücher, die sie produzierte, und es hat den Anschein, als habe sich niemand an einer Mehrdeutigkeit gestört, die mit keinen Regeln wissenschaftlicher Begriffsbildung in Einklang zu bringen ist. Voraussetzung für die Möglichkeit dieser Namengebung war einerseits, daß die Litterärhistorie, am Ende ihrer Karriere angelangt, ihren moderneren Disziplinentitel „Literaturgeschichte“ freigeben mußte, andererseits und damit zusammenhängend die Einengung des Literaturbegriffs derart, daß „Literatur“ ohne jeglichen Zusatz das bezeichnen konnte, was man zuvor mit dem spezifizierenden Beiwort „schön“ auszeichnen oder aber „Nationalliteratur“ nennen mußte.

Daß die erste Voraussetzung nahezu erfüllt ist, deutet sich in einem Wechsel der Kennzeichnungspflicht an. Wachler vertraute noch 1827 auf die alte Bedeutung von „Literaturgeschichte“ als der Geschichte alles Geschriebenen oder der Gelehrsamkeit[363], während etwa Karl Förster zur gleichen Zeit sich schon veranlaßt sah, die Kennzeichnung „allgemein“ beizufügen, damit wenigstens klar werde, daß die „Geschichte“ immer noch die ganze Literatur umfasse, die ihrerseits aber nicht der Kennzeichnung als „allgemeine“ bedurfte.[364] Umgekehrt konnte Gervinus „Literargeschichte“ ohne kennzeichnenden Zu-

[362] Ablesbar etwa aus einer Formulierung wie dieser: „Wenn Grimms Reinhart alle Interessen befriedigt, welche die deutsche Literaturgeschichte an die deutsche Thierfabel nehmen kann […].“ W. B. Mönnich, Altdeutsche Dichtkunst; in: Morgenblatt für gebildete Stände. Literatur-Blatt 1834, S. 327.

[363] Vgl. Anm. 212.

[364] Förster (= Anm. 213) I 3: „Fassen wir diese in den Schriftwerken eines Volks vorliegende Gesammtheit der geistigen Bestrebungen desselben unter dem Namen der Literatur zusammen, so ergibt sich aus dem Gesagten von selbst, wie eine allgemeine Geschichte der Literatur […]“

satz als Synonym von „Geschichte der schönen Literatur“ nehmen.[365] Um 1840 war das Kompositum „Literaturgeschichte“ offenbar eindeutig genug geworden und vor Fehldeutungen soweit geschützt, daß man es als Titel eines Buches über die Geschichte der deutschen Nationalliteratur einsetzen konnte[366], zumal die letzten Ausläufer der Litterärhistorie obligatorisch als „allgemeine Literaturgeschichte“ gekennzeichnet waren.[367]

Die zweite Voraussetzung wurde gelegt dadurch, daß sich etwa in gleicher Weise die Bedeutung des Simplex „Literatur“ so verengt hat, daß man auf den Zusatz „schön“ oder „National-“ verzichten konnte. Ansätze zu einer solchen Verengung, die ganz am Anfang schon möglich schien[368], haben sich immer wieder einmal bemerkbar gemacht, z. B. bei Adam Müller in der ersten seiner „Zwölf Reden über die Beredsamkeit“ (1812)[369], aber noch 1836 handelte Wolfgang Menzel unter dem Titel „Die deutsche Literatur“ Publikationen aus allen Sparten ab, von der Religion bis zur Naturwissenschaft, bevor er sich besonders ausführlich der „schönen Literatur“ widmete.[370] August Wilhelm Bohtz dagegen benutzte schon 1832 „Literatur“ ohne jedes Attribut abwechselnd und synonym mit „Poesie“, „Dichtkunst“ und Ähnlichem.[371] Die spezifi-

---

[365] G. G. Gervinus, (Rezension von A. W. Bohtz, Geschichte der neuern deutschen Poesie, und von Karl Herzog, Geschichte der deutschen National-Literatur), in: Heidelberger Jahrbücher der Literatur 26 (1833) 1194–1239; 1195: „So wird auch Jeder aus unseren Bemerkungen über das Mangelnde in diesen Literargeschichten unser Urtheil über ihren Werth leicht errathen, womit wir indessen mehr auf das Erstere deuten, als auf das Letztere, das namentlich in der letzten Periode viel anspruchsloser mehr einen einfachen Faden durch die Geschichte der schönen Literatur geben, als diese selbst vollendet vorlegen will.“

[366] Gottlob Heinrich Friedrich Scholl/Traugott Ferdinand Scholl, Deutsche Literaturgeschichte in Biographien und Proben aus allen Jahrhunderten, zur Selbstbelehrung und zum Gebrauche an höheren Unterrichtsanstalten. Stuttgart 1841.

[367] Johann Georg Theodor Gräße, Handbuch der allgemeinen Literaturgeschichte aller bekannten Völker der Welt von der ältesten bis auf die neueste Zeit [...]. Ein Auszug aus des Verfassers größerem Lehrbuche der allgemeinen Literärgeschichte. 4 Bände. Dresden 1844–1849.

[368] Vgl. oben S. 205 f.

[369] „Die gesamte deutsche Literatur zerfällt in zwei Teile: der eine und bei weitem größere Teil begreift die wissenschaftlichen, die Lehrbücher [...]. Der andere, der schöne Teil unserer Literatur, die insonderheit sogenannte Literatur [...].“ Adam Müller, Kritische/ästhetische und philosophische Schriften. Kritische Ausgabe hrsg. von Walter Schroeder und Werner Siebert. 2 Bände. Neuwied/Berlin 1967, I 299.

[370] Wolfgang Menzel, Die deutsche Literatur. 2. Auflage. 4 Theile. Stuttgart 1836, III 114 bis IV 373 (Schluß). In der ersten Auflage (Zwei Theile. Stuttgart 1828) trug das entsprechende Kapitel den Titel „Kunst“ (II 45–290), behandelte aber fast nur die Poesie („Wir gehn zur Poesie über“; 54).

[371] August Wilhelm Bohtz, Geschichte der neuern deutschen Poesie. Vorlesungen. Göttingen 1832, S. 11 f.: „Wenn auch der große Friedrich unmittelbar für die Wiedererweckung der deutschen Nationalpoesie nichts that, wenn derselbe, welcher ganz durch französische Sprache und Sitten gebildet war, die seit seiner Regierung allmählig sich erhebende Literatur der Deutschen nicht in ihrer wahren Bedeutung zu würdigen vermochte, so hatte der große König doch mittelbar den bedeutendsten, am tiefsten eingreifenden Einfluß auf die Entwickelung der jetzt sich erhebenden deutschen Dichtkunst.“

zierende Kennzeichnung „schön“ ist zwar um 1830 fortgefallen, sie hat aber in ihrem Verschwinden einen semantischen Nullwert hinterlassen, der seither durch den jeweiligen Kontext gefüllt wird.

Pragmatisch mag das hinreichend deutlich sein, aber es ist nicht sonderlich dienlich zur einigermaßen präzisen Festlegung, welche Texte zusammengenommen die Literatur ausmachen, deren Geschichte zu schreiben wäre. Was zu dieser ehemals „schön“ genannten Literatur gehört und als solches wenigstens grundsätzlich Anspruch auf Erwähnung in einer Geschichte der deutschen Nationalliteratur hat – auch damit hat man es wieder nicht genau genommen. In den Literaturgeschichtsbüchern kommt vieles vor (etwa die Streitschriften zwischen Gottsched und den Schweizern), was jeder Literarhistoriker ausdrücklich oder stillschweigend ausgeschlossen hätte, wenn er hätte sagen sollen oder können, was er unter „Literatur“ verstehe.

Beide Voraussetzungen also, das Freiwerden des Disziplinentitels und die Bedeutungsverengung von „Literatur“, waren zwischen 1830 und 1840 erfüllt, zur gleichen Zeit, da im Übergang zur „inneren“ Literaturgeschichtsschreibung sich das Augenmerk von den Graden der Schönheit auf die Bedeutsamkeit des Inhalts umlenkte[372]; und wenn kaum genau anzugeben ist, wann die „erst werdende Wissenschaft“[373] von der neuen Möglichkeit der Selbstbenennung Gebrauch gemacht hat, so liegt das eben an den Unklarheiten, die an dem neuen Namen haften.

Wo „Literatur“ kontextuell und okkasionell bestimmt wird und „Literaturgeschichte“ sowohl den Gegenstand der Wissenschaft als auch diese selbst und ihre Produkte bezeichnen kann, da kann es leicht passieren, daß die bis anhin namenlose Wissenschaft anfangs ihren eigenen neuen Namen mit dem ihres Gegenstands verwechselt und sowohl sich, „die Literaturgeschichte“, als auch die Literatur selbst fast im gleichen Atemzuge als eine „besondere Wissenschaft“ bezeichnet.[374] Theoretisches und Definitorisches konnte, so scheint es, einfach nicht an diese Wissenschaft herankommen, die seit den vierziger Jahren des 19. Jahrhunderts allgemein den Namen „deutsche Literaturgeschichte“ trug.

Mit dem Namen einer Wissenschaft ist natürlich nicht auch schon ihr Ort im Wissenschaftssystem gefunden, und es ist – bei aller Hochachtung vor Gervinus' Leistung – sehr zu bezweifeln, ob die Wissenschaft „deutsche Literaturgeschichte“, hätte es nur seine direkten Nachfolger aller politischen Couleur gegeben, jemals mehr geworden wäre als die historische Abteilung der laufenden

---

372 Vgl. oben S. 302.

373 Gervinus (= Anm. 365) 1195.

374 Theodor Mundt, Geschichte der Literatur der Gegenwart. Vorlesungen. Berlin 1842, S. 2: „Auch den Begriff der Literatur, wie wir ihn in unsern Darstellungen vorzugsweise hervortreten lassen wollen, und wie er einzig die Mühe belohnt, die man sich mit Literaturgeschichte als einer besonderen Wissenschaft geben mag, haben wir aus jenen Umwälzungen des europäischen Geisteslebens überkommen, welche aus der französischen Revolution entstanden waren. Dies ist der Begriff der Literatur als einer zusammenhängenden, nationalen Wissenschaft [...].“

Literaturkritik. Sosehr Gervinus sich um die junge Wissenschaft verdient gemacht hat, so sehr bedurfte es anderer, die sich doch wenigstens auch auf konzeptionelle Arbeit verlegt haben, statt jenes proleptische Spielen von Gesellschaft unbesehen mitzumachen und in ihm aufzugehen.

Einen oder vielmehr den entscheidenden Schritt dazu, daß die Wissenschaft „deutsche Literaturgeschichte“ vor den geltenden Standards der Nachbardisziplinen (nach dem Ausscheiden der Philosophie[375] nur noch die Geschichtswissenschaft und die Philologie) bestehen konnte, hat Robert Prutz mit seinem literarhistorischen Erstlingswerk[376] getan. Er hat angesetzt im Zentrum des Problems, in das Gervinus am Schluß mit seiner Konzentration auf die großen Personen schon unwissentlich eingedrungen war.

Prutz hat das Subjekt der diagnostisch zu ermittelnden Geschichte – den Ansatz Arnold Ruges aus dessen Essay über Wilhelm Heinse[377] aufnehmend – neu bestimmt als das menschliche Subjekt oder die Subjektivität schlechthin, und er hat „das thätige Motiv aller geschichtlichen Entwicklung und alles Lebens“ situiert im „reformatorischen, ja revolutionären Verhalten der Subjectivität, gegenüber einer fest gewordenen Allgemeinheit“.[378] Der „energische Trieb“ des Subjekts, „seinen vollen und gänzlichen Inhalt geltend zu machen“, führt zum ständigen Kampf mit einer unwahren Allgemeinheit,

> dessen wahrhaftiger Sieg ja doch nur demjenigen Inhalt der Subjectivität aufbewahrt ist, vermittels dessen sie Theil hat an dem Absoluten und durch den sie daher mit dem eigenen Siege zugleich diesem den Sieg verschafft. Denn es giebt überhaupt keinen andern Sieg, als den im Geist und durch den Geist.[379]

Die Geschichte ist demnach der Prozeß, in dem das Absolute „die Subjectivität zu seiner Offenbarung“ gebraucht[380], und ihr erstes Ziel ist erreicht, wenn das Subjekt selbst ganz die Signatur des Absoluten angenommen hat und „zu dem

---

375 Vgl. oben S. 310 f.

376 Robert Eduard Prutz, Der Göttinger Dichterbund. Zur Geschichte der deutschen Literatur. Leipzig 1841. – Georg Büttner, Robert Prutz. Ein Beitrag zu seinem Leben und Schaffen 1816–1842. (Diss. Leipzig 1912) (Teutonia. 25) Leipzig 1913.

377 Arnold Ruge, Rezension von Heinses sämmtlichen Schriften, hrsg. von Heinrich Laube; in: Hallische Jahrbücher für deutsche Wissenschaft und Kunst 3 (1840) 1665–1694. – Else von Eck, Die Literaturkritik in den Hallischen und Deutschen Jahrbüchern (1838–1842). Ein Beitrag zur Geschichte der deutschen Literaturwissenschaft. (Germanische Studien. 42) Berlin 1926. – Hans Rosenberg, Arnold Ruge und die „Hallischen Jahrbücher“; in: Archiv für Kulturgeschichte 20 (1930) 281–308. – Über Prutz' „ausdrückliche Übereinstimmung mit Ruges politischen und philosophischen Ansichten“ vor 1843: Ingrid Pepperle, Junghegelianische Geschichtsphilosophie und Kunsttheorie. (Literatur und Gesellschaft. 57) Berlin 1978, S. 109–113.

378 Prutz (= Anm. 376) 10.

379 Prutz 10 f.

380 Prutz 11.

poetischen, dem schönen Subject" geworden ist.[381] Der Weg zu diesem Ziel geht geradezu gesetzlich[382] durch Gegensätze und Negationen derart,

> daß immer gegen die starre, conventionell und äußerlich gewordene Allgemeinheit ein lebendiger, innerlicher Trieb des Subjects geltend gemacht, und aus dem Subject heraus eine Vermittlung zwischen Äußerlichkeit und Innerlichkeit sowohl versucht, als gewonnen ward.[383]

Diesen Prozeß als einen auch literaturgeschichtlichen nachzuweisen, unternimmt Prutz in einem raschen und doch konzentrierten Gang durch die Jahrhunderte bis zum Jahre 1770[384], und dieser Gang ist zwar nicht eigentlich spekulativ, aber doch philosophisch zu nennen[385], im gleichen Sinne wie bei Rosenkranz[386] und auch gleichartig „von hinten her" durch Argumentation die poetischen Werke erreichend, so daß ihnen mit gewissem Recht Notwendigkeit zugesprochen werden kann[387], auch wenn vor allem im 17. und 18. Jahrhundert der Gang der darzustellenden Geschichte überlagert wird von Gervinus' dar-

---

381 Prutz 58; über die „Herausbildung des erfüllten, werthvollen und schönen Subjects" als Geschichtsziel auch 51, 81, 182, 404 f. – Auch Ruge (= Anm. 377) handelt mehrmals von der „schönen Subjektivität" und dem „schönen Subjekt" (1670, 1692, 1693) und spricht die Überzeugung aus, „daß der schöne und freie Mensch mit seinen wahrhaft humanen Anforderungen sowohl der Zweck als auch das Vorbild des Staates sei, und die Forderung, diesen Besitz und Genuß der wahren Menschlichkeit an alle Staatsbürger zu bringen, ist in der That die Forderung der Freiheit und das Princip der Religion der Freiheit, des Christenthums, dessen immer breitere Verwirklichung die Ehre der Geschichte, ja die Geschichte selbst ist" (1692).

382 Prutz 33: „Dieser Wechsel von Flüssigem, das sich befestigt, von Festem, das flüssig wird, ist vielmehr der eigentliche Proceß der Geschichte und des Lebens; wie ja auch die Physiologen uns erzählen, daß der menschliche Körper selbst während seines Lebens in einem bestimmten Cyklus sich ausscheidet und erneut, und eben dadurch als ein lebendiger fortbesteht." Dieselbe Parallele unter dem Aspekt der Nahrungsaufnahme: 47.

383 Prutz 13; dieser Prozeß heißt ihm übrigens „Aufklärung". – In einer Anmerkung, die Ruge in die von Prutz' Stettiner Lehrer Albert Wellmann verfaßte Rezension des „Göttinger Dichterbundes" eingeschaltet hat (ein einmaliger Vorgang in allen Bänden der Hallischen bzw. Deutschen Jahrbücher), kritisiert er, daß „Aufklärung" als logische und nicht als historische Kategorie gebraucht sei, und schließt: „Freilich hätte unser Verf. mit dieser Fassung der Sache ungleich mehr anfangen können, als mit dem bloßen Proceß, den das Subject macht. Er redet zu viel in solchen Abstractionen, als ‚Subjectivität' und dergleichen. In einer zweiten Auflage, die das Buch höchstwahrscheinlich erlebt, dürfen wir in dieser Partie einige ‚Aufklärung' hoffen". Deutsche Jahrbücher für Wissenschaft und Kunst 1 (1841) 601 f.

384 Prutz 3–184 (Erstes Buch).

385 Prutz 85: „Denn alle Wissenschaft ist es nur dadurch, daß sie speculativ ist, und von historischen und positiven Wissenschaften kann daher nur insofern die Rede sein, als man dabei die speculative, die philosophische Behandlung des historischen Stoffes ohne Weiteres voraussetzt."

386 Vgl. oben S. 307.

387 Prutz kann deshalb auch in „Verirrungen nothwendige Stadien der Entwicklung" sehen (37); dementsprechend setzt er die Stichworte „nothwendig" und „mußte" in beträchtlicher Dichte und mit vollem Bedeutungsgehalt; vgl. 43, 54, 55, 56, 65, 98, 105 usw.

stellerischer Metapher einer Migration der Poesie durch die deutschen Lande.[388]

Genau besehen allerdings, sind die poetischen Werke nur pauschal oder ganz knapp andeutend erwähnt; ihre Qualität wird bündig konstatiert, aber nicht eigentlich aus der in sich notwendigen Geschichte der Subjektivität abgeleitet, wie es denn aus Mangel an Inhaltsangaben auch nicht klar wird, ob nun das Werk als ganzes davon zeugt, daß der Autor eine bestimmte Stufe der Entwicklung erreicht habe und repräsentiere[389], oder ob er diese Gestalt der Subjektivität in seinen Personen dargestellt habe. Und bisweilen scheint es, als ob die Ableitung in der Biographie eines Autors sozusagen steckenbleibe und die Werke selbst gar nicht mehr direkt erreiche[390], wie denn Prutz selbst auch den „Einfluß der Persönlichkeit unserer Dichter“ für zunehmend wichtig hält, „so daß endlich Göthe und Schiller uns fast mehr als Individuen, denn als Dichter interessiren“.[391]

Dieses Interesse nun macht sich unübersehbar geltend, sobald Prutz sein eigentliches Thema historisch ableitend erreicht hat, und das ist eine Gruppe von Leuten und nicht von Texten, eben der Göttinger Dichterbund. Unter sorgfältiger Auswertung vor allem der inzwischen publizierten Briefwechsel schildert er anschaulich Entstehung, Ablauf und Ausgang von Bekanntschaften, Beziehungen, gemeinsamen Unternehmungen und schriftstellerischen Karrieren. Auf diese Weise kann und muß er ihre Geschichte als einen Handlungszusammenhang erzählen, der dieselbe Verlaufsrichtung (auf die Gegenwart des Historikers zu) hat wie der Argumentationszusammenhang der Subjektivitätsgeschichte. Das Problem der Gegenläufigkeit von Erkenntnisdarstellung und Geschichtsschreibung, das die Literarhistoriker seit Friedrich Schlegel umgetrieben hat, ist auf verblüffend einfache Weise gelöst, indem die literarischen Texte nur noch in darzustellenden Handlungszusammenhängen vorkommen und nicht mehr als Material der diagnostischen Erkenntnis. Darum braucht Prutz auch nicht zu den Verwandlungstechniken[392] zu greifen, die die Lektüre schamhaft objektivieren, und wenn er es doch tut, dann im Sinne eines Historikers, der aus Unachtsamkeit oder zur Spannungssteigerung ins „historische Präsens“ wechselt.[393]

---

388 Prutz 116 ff.; am auffälligsten wird der Übergang vom Halle-Halberstädtischen Kreis nach Wien gemacht, indem die Darstellung sich an Personen orientiert und andeutungsweise den reisenden Riedel begleitet (159). Zu Gervinus vgl. oben S. 316 f.

389 Für diese Annahme spricht die im ersten Buch allerdings noch selten angewandte historiographische Technik der Verwandlung des Historikers in einen der Poeten (Präsens für innere Vorgänge), etwa in Brockes (68).

390 Etwa bei Fleming (53) oder Günther (61).

391 Prutz 64 f.

392 Vgl. oben S. 288 f.

393 Zum Beispiel über das 17. Jahrhundert: „dies wird jetzt die unausgesprochene Aufgabe unsrer Poeten, bei welchen Allen die poetische Begabung sehr viel geringer ist, als das sprachliche Verdienst“ (37); oder: „Alles daher, was die Stolberge treiben, jede Richtung, die sie ergreifen, jede Thätigkeit, der sie sich widmen, Alles ergreifen, treiben, thun sie, als wären es Adelsrechte und Privilegien weniger, von Gott selbst bevorzugter Naturen“ (240).

Dasjenige Kippen des Prioritätsverhältnisses zwischen Autoren und Texten für das gegenwärtige Interesse, das bereits bei Wachler[394] festzustellen war und bei Gervinus sich erneut bemerkbar gemacht hat, ist bei Prutz zum Abschluß gekommen und auf Dauer festgeschrieben worden. Im Mittelpunkt des Interesses stehen die Autoren, und daß die literarischen Texte, die sie geschrieben haben, noch heute vorliegen und gelesen und verstanden sein wollen, das bleibt nur noch als selbstverständliche und nicht erwähnenswerte Rand- und Eingangsbedingung erhalten. Die Thematisierungsweise „Text als Leserobjekt", deren Einbeziehung den Literarhistorikern so viel Mühe gemacht hat, ist bis auf einen kleinen und nicht mehr störenden Rest eliminiert.

Bewerkstelligt wird das durch eine erneute Auswechslung oder eher Ausweitung des diagnostischen Materials, die den Wechsel von „Form" zu „Inhalt" im Übergang zur „inneren" Literaturgeschichtsschreibung voraussetzt und ergänzt. Diagnostisch auszuwerten sind nicht mehr zuerst die überlieferten literarischen Texte, sondern Leben und Taten von literarisch tätigen Persönlichkeiten, und die literarischen Texte erscheinen dadurch zwar unweigerlich als Ergebnisse der Tätigkeit jener Persönlichkeiten und als Ereignisse in ihrer Geschichte, werden aber an Wichtigkeit und diagnostischer Ergiebigkeit offenbar übertroffen von den Briefen; denn sie vor allem, die Briefe nämlich, zitiert und erörtert Prutz, während er die literarischen Texte wohl erwähnt, aber eben nur erwähnt als biographische Ereignisse und allenfalls kurz charakterisiert, nie aber offen interpretiert oder auch nur referiert. Er hält sich mit aller möglichen Konsequenz an die Thematisierungsweise „Text als Schreiberprodukt".

Der doch nicht ganz zu beseitigende Rest der anderen Thematisierungsweise hat sich so gut versteckt, daß er nicht mehr stört. Ein Versteck dieser Art ist natürlich das Faktum der literaturgeschichtlichen Darstellung selbst, undenkbar ohne das Vorliegen und die Lektüre literarischer Texte, die zumindest als Indikatoren dafür fungieren müssen, daß die Autoren als Persönlichkeiten vermutlich besonders interessant sind im Hinblick auf eine Subjektivitätsgeschichte. Wenn dann dieselben literarischen Texte als Teil des diagnostischen Materials in der Biographie wieder erscheinen, dann befindet man sich längst in der Thematisierungsweise „Text als Schreiberprodukt", und die Erwähnung der literarischen Texte geschieht etwa so, wie auch der Schreiber einer Stadtchronik und diese Chronik selbst in der Geschichte ihrer Stadt Erwähnung finden werden. So ist der irritierende historiographische Sonderstatus literarischer Texte zwar nicht ganz zum Verschwinden gebracht, aber doch in vertrauter Historikermanier bewältigt.

Ein zweites Versteck der Lektüre ist der Spalt im Subjekt der Geschichte oder zwischen ihm und seinen individuellen Statthaltern. Die Darstellung gibt nämlich keineswegs den Charakter der diagnostischen Historie preis und begnügt sich nicht mit der planen Aufzählung von Ereignissen. Immer bleibt präsent, daß die geschilderten Persönlichkeiten nur repräsentative Fälle von Subjektivität und nicht unmittelbar das allgemeine Referenzsubjekt selbst sind.

[394] Vgl. oben S. 291.

Die historiographische Ausblendung von Lektüre und Diagnose reicht nur bis zur Ebene der Repräsentanten von Subjektivität, der Mitglieder des Göttinger Dichterbunds also, und zwischen ihrer und „der“ Subjektivität bleibt eine Lükke offen, ohne indessen zu stören. Denn die philosophische Kategorie „Subjektivität“ ist zwar zuverlässig unterschieden von der historischen Kategorie „Persönlichkeit“, steht ihr aber doch so nahe, daß der genauen und quellenmäßig gestützten erzählenden Ausbreitung dessen, was man von einer Persönlichkeit weiß, nur noch als ein leichtes Fazit der subjektivitätsgeschichtliche Sinn zugewiesen zu werden braucht. Und das wiederum gleicht einem allgemeinen historiographischen Verallgemeinerungsverfahren bis zur Unauffälligkeit: der Hinweis auf den größeren Geschichtsrahmen läßt sich widerstandslos lesen, als hätte er dieselbe Funktion wie in einer Darstellung etwa einer regionalen oder lokalen politischen Geschichte der Verweis auf den allgemeinen Wandel der Herrschaftsformen.

Trotzdem wird natürlich der Spalt zwischen Persönlichkeit und Subjektivität dadurch nicht beseitigt. Er läßt Prutz' literarhistorische Geschichtserzählung zu einem wiedergängerhaften Abbild der ausgeklammerten Interpretation werden. Die Subjektivitätsgeschichte ist der Ort des geschehenden Sinns, der auf Abschluß und Vollendung im schönen und freien Subjekt zielt, die Literaturgeschichte selbst dagegen ist der Ort des gemeinsamen Handelns von Persönlichkeiten, das als solches für den Historiker so sinnfrei ist wie ein literarischer Text für den Interpreten.[395] Wenn Prutz die beschriebenen Handlungszusammenhänge als Persönlichkeitsgeschichte auswertet und überschreitet auf den Sinn hin, den sie nicht in sich, sondern in der Subjektivitätsgeschichte haben, dann tut er an anderem Material dasselbe wie ein Interpret, der die Handlungszusammenhänge literarischer Personen etwa in einem Roman auf die Sinnebene „Autor“ zurückführt. Und wenn er die Subjektivitätsgeschichte und nur sie historisch konstruiert, so ist das mutatis mutandis eine literaturgeschichtliche Entsprechung eines bestimmten interpretativen Verfahrens.[396]

Die Geschichten von Persönlichkeiten zu erforschen und zu beschreiben und so den Durchblick auf die sinngebende Subjektivitätsgeschichte freizulegen und ständig freizuhalten ist weit mehr als ein nötiges, wiewohl lästiges Vorbereitungsgeschäft, nach dessen Erledigung man mit Gervinus endlich zur Tagesordnung des Eigentlichen übergehen könnte, es ist auch nicht jenes proleptische Spielen von Gesellschaft. Die Wissenschaft „deutsche Literaturgeschichte“ hat für Prutz ihre eigene Rechtfertigung und Notwendigkeit. Wie die Poesie „in dem gemeinen, wirklichen Leben“ steht und sich doch von ihm unterscheidet, indem sie „im Leben ein zweites Leben“ erzeugt[397], so hat auch die Wissenschaft Literaturgeschichte nicht die Aufgabe, die Geschichte der Literatur abzuschließen und die Energien auf Wichtigeres umzulenken. Sie wird viel-

[395] Zur Wiederkehr dieser Voraussetzung vgl. unten S. 465.
[396] Der „historischen Rekonstruktion“ nämlich; vgl. unten S. 394.
[397] Prutz 60.

mehr die auch in Zukunft sich weiterentwickelnde und bleibende Poesie[398] in unabschließbarer Forschung begleiten und ihr helfen, daß sie „durch sie", das heißt durch die Wissenschaft Literaturgeschichte, „wahrhaft eine selbstbewußte werden und damit dieselbe Aussöhnung und lebendige Vereinigung von Kritik und Production erreichen wird, die wir bisher nur in Göthe und Schiller allein bewundern".[399]

Dieser spekulative Rest ist Garant dafür, daß Prutz seine politische Überzeugung in die Darstellung einfließen lassen kann, ohne deswegen die Konzeption vernachlässigen oder zerbrechen zu müssen, und er verdankt sich seinerseits der Unterscheidung zwischen Subjektivität und Persönlichkeit, die ein restloses Aufgehen der Autoren im Geschichtssubjekt[400] verhindert und den Historiker mehr als nur äußerlich[401] mit der von ihm behandelten und erforschten Geschichte verbindet: als ihren mitwandernden Erkenntnis- und damit Verwandlungsspiegel nämlich.

Indem die Wissenschaft Literaturgeschichte auf das Spielen von Gesellschaft wie auf den Übergang in die Politik verzichtet, sagt sie dennoch nicht dem junghegelianischen Postulat einer „Verwirklichung der Philosophie"[402] ab, unter das Prutz sie mit dem Stichwort „Aufklärung" gestellt hat. Auf ihre Weise, in der thematischen Beschränkung auf das „zweite Leben im Leben", trägt auch die Wissenschaft Literaturgeschichte dazu bei,

> daß das Subjekt, indem die vollkommenste Aussöhnung und Uebereinstimmung mit dem Ewigen sein Ziel ist, auch mit der geschichtlichen und praktischen Erscheinung desselben, mit dem Staat, zur vollkommensten Harmonie, zu Theilnahme und Freiheit gelangt. Der Weg ist uns gewiesen, der Begriff muß sich vollenden.[403]

Der Weg ist die historische Erforschung der Persönlichkeitgeschichten, und ihn zu beschreiten zwingt geradezu zur Ausgleichung eines Defizits, das die Wissenschaft „deutsche Literaturgeschichte" noch aufzuweisen hatte: sie bekommt ein veritables Forschungsprogramm. Denn allein die genaueste Kenntnis von Einzelheiten des darzustellenden Handlungszusammenhangs kann die zuverlässige Erschließung des geschehenden Sinnes in der Subjektivitätsgeschichte sichern. Nur noch einen dreifachen Preis mußte die Wissenschaft

---

[398] Prutz 278: „Die Poesie wird auch uns bleiben, was sie immer und überall gewesen, die ideelle Geschichte nämlich unsers Volkes."

[399] Prutz 146.

[400] Das ist Gervinus widerfahren, indem er die einzelnen Autoren zu Verlegenheitsnachfolgern des Geschichtssubjekts „Geist" hat werden lassen; vgl. oben S. 318.

[401] Wie etwa durch die Zugehörigkeit zum gleichen Volk und die Gleichheit des Historikers mit dessen Geist bei Wachler; vgl. oben S. 292.

[402] Horst Stuke, Philosophie der Tat. Studien zur Verwirklichung der Philosophie bei den Junghegelianern und den Wahren Sozialisten. (Industrielle Welt. 3) Stuttgart 1963. – William J. Brazill, The Young Hegelians. (Yale historical publications, miscellany. 91) New Haven/London 1970, S. 55 ff. – Reinhard Lahme, Zur literarischen Praxis bürgerlicher Emanzipationsbestrebungen: Robert Eduard Prutz. Ein Kapitel aus den Anfängen der akademischen Literaturwissenschaft im 19. Jahrhundert. (Erlanger Studien. 7) Erlangen 1977, S. 60 ff.

[403] Prutz 10.

„deutsche Literaturgeschichte“ erlegen, um mit der Geschichtswissenschaft und der Philologie gleichzuziehen: den Verzicht auf die Konstruktion des Sinns in der Geschichte, den unmittelbar damit gegebenen Verzicht auf die Parallelität von Literaturgeschichtsschreibung und Interpretation eines Einzeltextes und schließlich das Eingeständnis, unter dem Titel „Literaturgeschichte“ nun wirklich nicht mehr die Geschichte derjenigen Texte zu erforschen, die zusammen die Literatur ausmachen.

Das Programm historischer Forschung hat Prutz nicht formuliert, aber befolgt, und zwar so, daß er diejenigen Elemente des Programms, die wie ein Stecker in die Steckdose Philologie passen würden, energisch bearbeitet und besagten dreifachen Preis stillschweigend entrichtet hat; historische Konstruktionen der Subjektivitätsgeschichte jedenfalls hat er fortan unterlassen.[404]

Geliefert hat er von den unexplizierten Programmpunkten einen Längsschnitt durch die ganze Literaturgeschichte unter dem Aspekt des Politischen[405], Erkundungen in mißachteten oder unbeachtet gebliebenen Sektoren der Literaturproduktion[406], die umfassend angelegte und Fragment gebliebene historische Darstellung des gesamten Zeitschriften- und Rezensionswesens[407], den großen historischen Überblick über die Theater- und Aufführungspraxis[408], biographische Arbeiten[409] und natürlich die literaturgeschichtliche

---

404 Eine Literaturgeschichtsdarstellung größeren Umfangs, die wenigstens in ihrer Ausrichtung auf die „Subjektivität“ und in deren Ernennung zum Geschichtssubjekt fast so etwas wie eine Erweiterung und Fortsetzung von Prutz’ Monographie über den „Göttinger Dichterbund“ ist: Joseph Hillebrand, Die deutsche Nationalliteratur seit dem Anfange des achtzehnten Jahrhunderts, besonders seit Lessing, bis auf die Gegenwart, historisch und ästhetisch-kritisch dargestellt. 3 Bände. Hamburg/Gotha 1845–1846.

405 Robert Eduard Prutz, Die politische Poesie der Deutschen; in: Literarhistorisches Taschenbuch. Hrsg. von R. E. Prutz. Erster Jahrgang. Leipzig 1843, S. 251–459 (auch als Buchausgabe Leipzig 1845).

406 Robert Eduard Prutz, Kleine Schriften. Zur Politik und Literatur. 2 Bände. Merseburg 1847; darin etwa: „Zur Geschichte der deutschen Uebersetzungs-Literatur: Sophokles“ (I 109–189), „Ueber Reisen und Reiseliteratur im Deutschen“ (I 232–257), „Ueber die Unterhaltungsliteratur, insbesondere der Deutschen“ (II 168–212). – Wolfgang R. Langenbucher, Robert Prutz als Theoretiker und Historiker der Unterhaltungsliteratur. Eine wissenschaftsgeschichtliche Erinnerung; in: Studien zur Trivialliteratur. Hrsg. von Hans Otto Burger. (Studien zur Philosophie und Literatur des 19. Jahrhunderts. 1) Frankfurt 1968, S. 117–136.

407 Geschichte des deutschen Journalismus. Zum ersten Male vollständig aus den Quellen gearbeitet. Theil 1. Hannover 1845. Neuausgabe mit einem Nachwort von Hans Joachim Kreutzer in der Reihe „Deutsche Neudrucke“, Göttingen 1971. – Werner Spilker, Robert Prutz als Zeitungswissenschaftler. (Diss. Leipzig 1937) (Wesen und Wirkungen der Publizistik. 10) Leipzig 1937.

408 Robert Eduard Prutz, Vorlesungen über die Geschichte des deutschen Theaters. Berlin 1847.

409 Robert Eduard Prutz, Ludwig Holberg. Sein Leben und seine Schriften. Stuttgart/Frankfurt 1857; Menschen und Bücher. Biographische Beiträge zur deutschen Literatur- und Sittengeschichte des achtzehnten Jahrhunderts. Leipzig 1862 (als Fragment veröffentlicht).

Begleitung der aktuellen Literatur.[410] Die Notwendigkeit und Fruchtbarkeit einer weiteren Arbeit hat er gesehen, ohne sie allerdings in Angriff zu nehmen: die Sammlung von Varianten, den Vergleich verschiedener Fassungen von Goethes Jugendgedichten[411], was in der gewünschten Form wohl nur zu bewerkstelligen gewesen wäre als historisch-kritische Ausgabe. Berücksichtigt man noch, daß Prutz der neuen Wissenschaft „deutsche Literaturgeschichte" ein öffentliches Zentrum in Gestalt einer facheigenen Zeitschrift gegeben hat[412], so wird man nicht fehlgehen, seine wissenschaftsgeschichtliche Bedeutung wesentlich höher einzuschätzen als diejenige Gervinus'.

Prutz hat, beginnend mit seiner Monographie über den Göttinger Dichterbund, in den vierziger Jahren die Grenzen und den Charakter des neuen Faches „deutsche Literaturgeschichte" verbindlich bestimmt und sie dann festgeschrieben in programmatischen Äußerungen[413] und zuletzt noch in einer Geschichte der Literaturgeschichtsschreibung von der Antike bis zu seiner Gegenwart.[414] Obwohl er, anders als Gervinus, nicht die Gabe hatte, produktives Aufsehen zu erregen und Anerkennung bei allem Widerspruch zu erringen, und obwohl er seinem Werk[415] nicht die wohl angestrebte Geschlossenheit hat

---

[410] Robert Eduard Prutz, Vorlesungen über die deutsche Literatur der Gegenwart. Leipzig 1847; Die deutsche Literatur der Gegenwart. 1848 bis 1858. 2 Bände. Leipzig 1859 (2. Aufl. 1860). – Karl-Heinz Wiese, Robert E. Prutz' Ästhetik und Literaturkritik. Diss. Halle 1934.

[411] Dazu gibt es zwei lange Anmerkungen in der Monographie über den Göttinger Dichterbund (= Anm. 376) 276 f., 281 ff., deren letzte endet: „Eine ähnliche (philologische) Bearbeitung Göthe's ist gleichfalls sehr wünschenswerth und würde für das wahre Verständniß des Dichters vermuthlich fruchtbarer sein, als all das Gesalbadere unsrer sogenannten Aesthetiker, zumal die mystischen Tractätlein der neuesten Göthe-Scholiasten" (285).

[412] Literarhistorisches Taschenbuch. Hrsg. von Robert Eduard Prutz. 6 Jahrgänge. Leipzig 1843–44, Hannover 1845–48. (Vorausgegangen war ein erfolgloses Einmannunternehmen ähnlichen Titels: Taschenbuch für deutsche Literatur-Geschichte. Von Friedrich Steinmann. 1. Jahrgang. Münster 1834). Die Erneuerung dieser Zentrumsfunktion wurde zwar vielleicht angestrebt, aber nicht mehr erreicht durch das Nachfolgeorgan: Deutsches Museum. Hrsg. von Robert Prutz und Karl Frenzel. 17 Jahrgänge. Leipzig 1851–67. – Eva D. Becker, Das Literaturgespräch zwischen 1848 und 1870 in Robert Prutz' Zeitschrift „Deutsches Museum"; in: Publizistik 12 (1967) 14–36. – Ulf Eisele, Realismus und Ideologie. Zur Kritik der literarischen Theorie nach 1848 am Beispiel des „Deutschen Museums". Stuttgart 1976. – Auch drei Versuche von anderer Seite, der jungen Wissenschaft ein eigenes Organ zu geben, waren ohne Dauer: Jahrbuch für Deutsche Literaturgeschichte. Hrsg. von August Henneberger. Erster Jahrgang. Meiningen 1855; Weimarisches Jahrbuch für deutsche Sprache, Litteratur und Kunst. Hrsg. von Hoffmann von Fallersleben und Oskar Schade. 6 Bände. Hannover 1854–1857; Jahrbuch für Litteraturgeschichte. Hrsg. von Richard Gosche. Erster Band. Berlin 1865.

[413] Abgesehen von den allenthalben eingestreuten Grundsatzerklärungen, besonders: Die Literaturgeschichte und ihre Stellung zur Gegenwart; in: Prutz, Die deutsche Literatur der Gegenwart (= Anm. 410) I 1–38.

[414] Prutz, Menschen und Bücher (= Anm. 409) 1–114 (erste Paginierung): Die Literaturgeschichte in Deutschland und das achtzehnte Jahrhundert.

[415] Auswahlausgaben: Robert Prutz, Schriften zur Literatur und Politik. Ausgewählt und mit einer Einführung hrsg. von Bernd Hüppauf. (deutsche texte. 27) Tübingen 1973.

verleihen können, ist sein Erfolgsausweis doch außerordentlich. Nach Prutz ist in der Wissenschaft „deutsche Literaturgeschichte“ für geraume Zeit nichts Neues in methodologischer Hinsicht mehr passiert, nur noch – meist undeklarierte – Nachfolge, Variation und Ergänzung.

Die dezidiert historische Ausrichtung oder, anders ausgedrückt, die Fixierung auf die Aufgaben der Realphilologie (mit Andeutung einer Verbindung zur Formalphilologie der historisch-kritischen Edition) hat der neuen Wissenschaft einen festen Rahmen für eigenständige und systematische Forschung gegeben. Von Theodor Wilhelm Danzels Gottsched- und Lessingmonographien[416] bis hin zu Rudolph Hayms großen Werken über die romantische Schule und über Herder[417] hat die literaturgeschichtlich-biographische Forschung auch in der Benutzung von archivalischen Quellen eine professionelle Kultur bewiesen, die sich vor Fachhistorikern nicht zu verstecken brauchte. Die Geschichte des Journalismus ist zwar in der von Prutz entworfenen Weise nicht fortgesetzt worden, aber dafür sind die Wirkungen der literarischen Texte in der jeweils zeitgenössischen Kritik in wachsendem Maße in die Darstellungen der Literaturgeschichte integriert worden, insbesondere durch den Bonner Historiker Johann Wilhelm Loebell.[418] Die Literarhistoriker aus Prutz' Generation haben zwar noch die Domäne der deutschen Philologie respektiert; sie haben sich fast ausschließlich im 18. und 19. Jahrhundert umgetan und auch die historisch-kritische Edition in der Nachfolge von Lachmanns Lessingausgabe nur zögernd in Angriff genommen[419]; aber der zukünftigen Vereinigung von

– Robert Eduard Prutz, Zwischen Vaterland und Freiheit. Eine Werkauswahl. Hrsg. und kommentiert von Hartmut Kirchner. Mit einem Geleitwort von Gustav W. Heinemann. Köln/Frankfurt 1975. – Robert Eduard Prutz, Zu Theorie und Geschichte der Literatur. Bearbeitet und eingeleitet von Ingrid Pepperle. (Deutsche Bibliothek. 10) Berlin 1981.

416 Theodor Wilhelm Danzel, Gottsched und seine Zeit. Auszüge aus seinem Briefwechsel. Leipzig 1848. – Th. W. D., Gotthold Ephraim Lessing, sein Leben und seine Werke. Nebst einigen Nachträgen zur Lachmann'schen Ausgabe. Erster Band. Leipzig 1850. (Der 2. Band, erschienen Leipzig 1854, ist weitgehend von Gottschalk Eduard Guhrauer verfaßt).

417 Rudolph Haym, Die romantische Schule. Ein Beitrag zur Geschichte des deutschen Geistes. Berlin 1870. – Rudolph Haym, Herder nach seinem Leben und seinen Werken dargestellt. 2 Bände. Berlin 1880/85.

418 Johann Wilhelm Loebell, Die Entwicklung der deutschen Poesie von Klopstock's erstem Auftreten bis zu Goethe's Tod. Vorlesungen, gehalten zu Bonn im Winter 1854 vor einer Versammlung von Männern und Frauen. 3 Bände (Bd. 3 hrsg. von August Koberstein). Braunschweig 1856–62. Unter den „Erörterungen“ befindet sich im ersten Band eine ausführliche „Geschichte der Beurtheilung Klopstock's“ (216–272) und ein kurzes Kapitel „Die Kritik der Geßnerschen Idyllendichtung“ (319–323), im zweiten Band „Wielands Schicksale in den Urtheilen der Zeitgenossen“ (350–378). Dazu im ersten Band: „Einer Geschichte der Poesie ohne Rücksicht auf die sie begleitende bewundernde, zweifelnde, verwerfende Kritik scheint mir eines der wesentlichsten Stücke zu fehlen“ (IX).

419 Im Vordergrund stand natürlich die zuverlässige Edition von Texten, die nicht mehr im Buchhandel erhältlich waren, ohne Anspruch auf letzte philologische Raffinesse. Als vorbildlich können zwei Reihen gelten: Deutsche Dichter des sechzehnten Jahr-

Philologie und Literaturgeschichte war doch schon vorgearbeitet durch Karl Goedekes grundlegende bibliographische Aufarbeitung der gesamten deutschen Literatur bis zum Anfang des 19. Jahrhunderts[420], die direkt auf Kochs „Compendium" Bezug nahm[421] und den längst überholten „Grundriß" von der Hagens und Büschings ersetzte.

Die Summe aber und die so irenische wie durchdachte Vereinigung aller Tendenzen der neuen Wissenschaft ist Hermann Hettners „Literaturgeschichte des achtzehnten Jahrhunderts".[422] Sie ist selbstverständlich diagnostische Historie, und das Referenzsubjekt der Diagnose heißt ihr mit der gleichen Selbstverständlichkeit „Volksgeist" oder „deutsches Gemüth", weshalb denn auch die in ihr dargestellte Geschichte nicht diejenige der Literatur, sondern in einem sehr genauen Sinne „Geistesgeschichte" ist.[423] Das entspricht dem Konsens der Literarhistoriker seit Friedrich Schlegel, Horn und Bouterwek.[424]

Wie es seit Rosenkranz unabdingbar ist[425], gehört Hettners Werk zur „inneren" Literaturgeschichtsschreibung; das heißt, die contenta, die „Inhalte" der Texte bilden das bevorzugte diagnostische Material, ohne daß deswegen die

---

hunderts. Mit Einleitungen und Worterklärungen. Hrsg. von Karl Goedeke und Julius Tittmann. 18 Bände. Leipzig 1867–1883; und: Deutsche Dichter des siebzehnten Jahrhunderts. Mit Einleitungen und Anmerkungen. Hrsg. von Karl Goedeke und Julius Tittmann. 15 Bände. Leipzig 1869–1885.

420 Karl Goedeke, Grundriß zur Geschichte der deutschen Dichtung. Aus den Quellen. 2 Bände. Dresden 1856/59. Der dritte Band erschien in Teilen von 1862 bis 1880.

421 Goedeke I, S. VII: „Meine Aufgabe [...] war wesentlich dieselbe, die Koch sich gestellt und für seine Zeit auf ausgezeichnete Weise gelöst hatte. Wie er strebte auch ich nach innerer Vollständigkeit und äußerer Reichhaltigkeit. Seine Arbeit stand mir als Muster vor Augen, aber ich durfte mich nicht dabei beruhigen."

422 Hermann Hettner, Literaturgeschichte des achtzehnten Jahrhunderts. In drei Theilen (und 6 Bänden). Braunschweig 1856–70. Die „Geschichte der deutschen Literatur im achtzehnten Jahrhundert" umfaßt die Bände III/1–4 (1860–70). – Neuausgaben: Geschichte der deutschen Literatur im 18. Jahrhundert. Hrsg. von Gotthard Erler. 2 Bände. Berlin 1961; Literaturgeschichte der Goethezeit. Hrsg. von Johannes Anderegg. München 1970. – Auswahlausgaben kleinerer Schriften: Schriften zur Literatur. Zusammenstellung und Textrevision von Jürgen Jahn. Berlin 1960; Schriften zur Literatur und Philosophie. Hrsg. von Dietrich Schäfer. (sammlung insel. 31) Frankfurt 1967. – Ewald A. Boucke, Aufklärung, Klassik und Romantik. Eine kritische Würdigung von Hettners Literaturgeschichte des 18. Jahrhunderts. (Sonderdruck aus der 7. Auflage der „Literaturgeschichte"). Braunschweig 1925. – Reinhard Lahme, Literaturgeschichte zwischen Parteilichkeit und Objektivität. Ein Kapitel aus den Anfängen der akademischen Literaturbetrachtung im 19. Jahrhundert; in: Dietrich Harth (Hrsg.), Propädeutik der Literaturwissenschaft. (UTB 205) München 1973, S. 52–94; 65–80. – Hartmut Gründel, Der Beitrag Hermann Hettners zur Herausbildung der deutschen Literaturgeschichtsschreibung. Diss. PH Potsdam 1984 (masch.).

423 Hettner III/2.4: über die „Regierungsgrundsätze" Friedrichs II., „welche ganz Deutschland umgestalteten und verjüngten, und die deutsche Geistesgeschichte des achtzehnten Jahrhunderts zu einer der glänzendsten Epochen in der Geschichte der Menschheit machten"; in gleichem Sinne „Geschichte des deutschen Geistes- und Gemüthslebens" (143).

424 Vgl. oben S. 285 f.

425 Vgl. oben S. 310.

„Form“, der Stil, die Behandlungsweise irgendwie ausgeschlossen wäre. Ferner zählt die Biographie der Autoren grundsätzlich zum diagnostisch Erheblichen, nur nicht in jener Entschiedenheit oder gar Ausschließlichkeit wie bei Prutz in seiner ersten Monographie.[426] Dafür hat Hettner das Material in andere Richtung erweitert, indem er Philosophie, Theologie, Philologie, Jurisprudenz und Geschichtswissenschaft zum diagnostischen Material „Literatur“ geschlagen hat, wie das auch Friedrich Schlegel in seinen frühen Privatvorlesungen vorgesehen und versucht hatte[427]; und obendrein kommt noch die bildende Kunst und die Musik dazu. Sofern es ernsthaft um die „Geistesgeschichte“ geht, scheint weder Anlaß noch Bedürfnis zu bestehen, mit Hilfe irgendeiner begrifflichen Eingrenzung von „Literatur“ das diagnostische Material zu verkürzen.

Dessen Auswertung nun erfolgt nach wie vor im Urteil, das heißt im proleptischen Spiel von Gesellschaft. Hettners Urteile sind allerdings nicht direkt weltanschauliche (wie bei den politischen Literarhistorikern und schon bei Wachler), sondern scheinbar ästhetische, die indessen voller politisch-moralischer Implikationen stecken. Sein oberstes Urteilskriterium – in emphatischer Formulierung: „das Urewige ächter Kunstidealität“[428] – ist nämlich seinerseits ein politisches Postulat. Es meint eine „realistische Kunst“[429], die ihren Stoff aus der „Gegenwart und Wirklichkeit“ bezieht und ihn „zur ächten Verklärung der Wirklichkeit“ führt[430], wobei der Haken darin liegt, daß eben nicht jeder Zeitstoff sich dazu eignet und als wahrhaft poetischer in Frage kommt:

> Der rechte Stoff wird nichtsdestoweniger erst dann vorhanden sein, wenn die Völker frei, wenn geordnete würdige Zustände, wenn wahre Staatsmänner, wenn andere Träger der Bildung vorhanden sind.[431]

Das Insistieren auf der endlichen Erfüllung des Urteilskriteriums ist ganz im Sinne Prutz' eine direkte literaturpolitische Stellungnahme und indirekt eine politische[432], ohne daß – bei ähnlicher Tendenz – mit Gervinus die Literaturgeschichte als beendet erklärt werden müßte. Die Zukunft bleibt offen.

Die diagnostische Auswertung also fällt ein Urteil darüber, inwieweit der „Volksgeist“ sich der allezeit gleich verbindlichen Aufgabe bewußt war, jene „ächte Kunstidealität“ wenigstens zu erstreben, wenn er sie schon wegen der

---

426 Vgl. oben S. 325.

427 Vgl. oben S. 277 f.

428 Hettner (= Anm. 422) III/1.430

429 Hermann Hettner, Die romantische Schule in ihrem inneren Zusammenhange mit Göthe und Schiller. Braunschweig 1850, S. 194.

430 Hettner (= Anm. 429) 42.

431 Hermann Hettner, Das moderne Drama. Aesthetische Untersuchungen. Braunschweig 1852, S. 178. – Hans Lorenz, Hermann Hettners Schrift: „Das moderne Drama“ (1852). Ein Beitrag zur Geschichte der deutschen Dramaturgie. Diss. Heidelberg 1932.

432 Prutz, Menschen und Bücher (= Anm. 409) 35, hat das in eine einfache Formel gebracht: „Nur worin sich ein Keim der Freiheit zeigt, darum kümmert sich die politische Geschichte; nur worin er eine Entfaltung der Schönheit erkennt, darum kümmert sich der Literarhistoriker.“

Ungunst der Verhältnisse nicht hat verwirklichen können. Dieses Bewußtsein des Volksgeistes, erschlossen aus den Texten, manifestiert sich in historischen „Ideen“[433], an die sich ja auch Gervinus hatte halten wollen.[434] „Gelehrte Renaissance“ und „Volksmäßigkeit“ (Hettner kennt dafür noch zahlreiche andere Doppelformulierungen gleichen Sinnes) sind die antagonistischen „Ideen“[435], die nach Maßgabe der „allein richtigen Ansicht“[436] jederzeit hätten so vereinigt werden müssen, wie sie erst in Goethes „Iphigenie“[437] und „Hermann und Dorothea“ vereinigt sind.[438]

Wieweit nun wenigstens ein Streben nach der geforderten Vereinigung von Kunst und Leben, wie sie schon Friedrich Schlegel eingeschärft hatte[439], festzustellen ist, wird im Urteil statuiert, und das ist dann der erste Akt einer bereits von Ebeling ein Jahrhundert zuvor praktizierten doppelten Vermessung[440]: die Feststellung des „höheren Dichterwerthes“, auf die eine Bestimmung der „geschichtlichen Stellung“[441] als ergänzender zweiter Akt zu folgen hat. (Dem „höheren Werth“ poetischer Werke entspricht übrigens bei Werken aus den Wissenschaften das Maß der verwirklichten denkerischen Freiheit.) Die so vermessenen Punkte im Koordinatenkreuz von Norm und Zeit verbin-

---

433 Im knappen Vorwort zur 2. Auflage des ersten Bandes (Braunschweig 1865, S. V) dekretiert Hettner: „Die Literaturgeschichte ist nicht Geschichte der Bücher, sondern Geschichte der Ideen und ihrer wissenschaftlichen und künstlerischen Formen.“ In seiner Kampfschrift „Gegen die spekulative Aesthetik“ hatte er schon 1845 betont, „daß das künstlerische Genie nicht nur den ganzen Welt- und Lebensproceß in seiner vollen sinnlich-individuellen Frische und Fülle erfaßt und in sich hindurchziehen und wiederklingen läßt, sondern daß es auch eben so sehr diese innere Spiegelung aus sich heraus zu gestalten weiß und darstellt jene ewigen Mächte und Ideen, wie sie nur sind und leben und weben in der Lebensfülle des Individuellen“. Hermann Hettner, Kleine Schriften. Braunschweig 1884, S. 189.

434 Gervinus, Historik (= Anm. 312) 65: „Wichtig aber ist in der Geschichte, was sich einer historischen Idee anschließt.“

435 Hettner III/2.94 f.: „[...] jenes jahrhundertelangen Kampfes, welcher seit den siegreichen Eroberungszügen der italienischen Renaissance, wie in allen Ländern, so ganz besonders auch in Deutschland, sich um den Gegensatz der unveräußerlichen Rechte und Forderungen des hohen und idealen Kunststils und der ebenso unveräußerlichen Rechte und Forderungen der jenen fremden Formen widerstrebenden volksthümlichen Eigenart bewegt hatte.“

436 Hettner, Romantische Schule (= Anm. 429) 20. – Hermann Kinder, Poesie als Synthese. Ausbreitung eines deutschen Realismus-Verständnisses in der Mitte des 19. Jahrhunderts. (Ars poetica, Studien. 15) Frankfurt 1973, S. 200–243.

437 Hettner III/4.75 f.

438 Hettner III/4.228: „Es ist ein durch und durch deutsches Gedicht, warm aus dem tiefsten Gemüth gequollen, von Grund aus volksthümlich. Und doch giebt es in der gesammten Literatur keine zweite Dichtung, die der Art der griechischen Phantasie und Formempfindung in gleicher Weise nahekommt.“

439 Vgl. oben S. 277 f.

440 Vgl. oben S. 129 f.

441 Hettner III/2.142. Sehr klar hat Loebell (= Anm. 418) diesen Doppelakt der Vermessung formuliert: „Die Aufgabe der historischen Betrachtung ist es, zwischen dem objectiven, allgemeingültigen Werth poetischer Werke und der Bedeutung, die sie von der Zeitströmung empfangen, zu unterscheiden“ (I S. XIV).

det Hettner „horizontal“ miteinander durch ein ganzes Netz von Linien, von „Anregungen“ durch Früheres (er scheint Gervinus' Wort „Einfluß“ zu meiden), die, wo immer möglich, biographisch nachgewiesen werden.

Das ist die genetische Beschreibung eines Verfahrens, das in der Darstellung geradezu umgekehrt wird. Hettner erreicht, wie August Wilhelm Schlegel in seiner Konzeption, wie Rosenkranz und Prutz die jeweiligen Texte „von hinten“ her, indem er seine Erzählung von der Geschichte des Geistes an der Chronologie orientiert und, ansetzend in der Biographie der Autoren, die Texte als Ereignisse in ihr aufführt. Natürlich nimmt er das Prutzsche Konzept des lokalen Handlungszusammenhangs auf, wo immer es sich machen läßt (nicht zuletzt deswegen ist übrigens das „Zusammenwirken Goethe's und Schiller's“ in Weimar für diese Art Literaturgeschichte so wichtig). In den anderen Fällen stellt er Zusammenhang her durch das Notieren von „Anregungen“, von virtuellen Handlungszusammenhängen sozusagen. Dadurch erscheint in der Darstellung die diagnostische Auswertung der Texte nur noch als Beleg für die tatsächliche Wirksamkeit der vorher angegebenen „Anregungen“, als selbst historische Bestätigung historischer Aussagen.

Der Darstellung ihrerseits ist kaum noch anzumerken, daß sie auf dem historiographischen Sonderstatus literarischer Texte beruht; die diagnostischen Urteile treten als historische auf. Dementsprechend kann Hettner auch fast vollständig auf die bewährten historiographischen Techniken zur Eliminierung des Historikers und zur Objektivierung seiner Aussagen verzichten. Ja, er kann es sich sogar leisten, Inhaltsangaben und sogar ausführlich paraphrasierende Untersuchungen etwa zur Psychologie der Figuren in Goethes „Tasso“[442] einzuschalten; das verstärkt nur die Legitimationsbasis der Urteile und liest sich wie ein historisches Referat darüber, was den jeweiligen Autor zur Abfassungszeit innerlich so beschäftigt hat. Die Wissenschaft „deutsche Literaturgeschichte“ ist so stilsicher geworden, daß sie Spuren der nach wie vor verborgen gehaltenen Lektüre stehenlassen kann, weil sie gar nicht mehr als solche auffallen. Sie hat sich vollkommen den Gepflogenheiten und Anforderungsstandards der zeitgenössischen Philologie und Geschichtswissenschaft angepaßt.

Die perfekte Mimikry ist überdies zweifach mit philosophischem Anspruch versehen, einmal durch die Integration der Ästhetik in Gestalt des organisierenden Urteilskriteriums[443], zum anderen durch den Nachweis oder die Behauptung von so etwas wie Notwendigkeit in der erzählten Geschichte, der seit August Wilhelm Schlegel zum Geschäft anspruchsvoller Literaturgeschichtsschreibung gehört. Hettner scheint wie Prutz die Vorwärtsbewegung in Gegensätzen (dem Rest der spekulativen Negation) zu favorisieren und spricht hier und da einer Entwicklung „Nothwendigkeit“ zu, dann allerdings wie Gervinus

---

442 Hettner III/4.78–88.

443 Der Schlußsatz von „Gegen die spekulative Aesthetik“ (= Anm. 433) 208: „Aesthetik und Kunstgeschichte sind nicht zwei voneinander geschiedene Wissenschaften, sondern verschiedene Zweige einer einigen, organischen Kunstwissenschaft, und nur die beiden Theile derselben.“

im Sinne von Plausibilität gemäß den Regeln der Alltagserfahrung. Die Validierung historischer Analysen, die durch den Begriff der Notwendigkeit geleistet würde, insinuiert Hettner ansonsten aber durchwegs auf andere Weise, durch die Parallele nämlich zwischen den Vorgängen in den verschiedenen Wissenschaften und Künsten einerseits und durch die Parallele zwischen dem Gesamtprozeß in den verschiedenen Nationen andererseits. Dies, und nicht nur die Möglichkeit zum genaueren Nachzeichnen der Anregungen, ist die Funktion der Einbeziehung von englischer und französischer Literaturgeschichte. Die „vergleichende Literaturgeschichte"[444] ist Nachfolgerin und Ersatz der philosophischen Argumentation auf Notwendigkeit hin.

Die Wissenschaft „deutsche Literaturgeschichte" präsentiert sich so als eine Einheitswissenschaft, die zwei der drei noch nicht institutionell gebundenen Zugänge zu deutscher Literatur, die moderne Fassung der Litterärhistorie und die philosophische Ästhetik, doch noch in sich vereinigt, obwohl es bei Rosenkranz noch ganz nach einer endgültigen Scheidung beider ausgesehen hatte.[445] Möglich geworden ist diese Vereinigung zweier Zugänge, die zur Thematisierungsweise „Text als Schreiberprodukt" gehören, nur durch die Elimination des dritten, der wegen seiner Zugehörigkeit zur Thematisierungsweise „Text als Leserobjekt" die Gegenläufigkeit von Erkenntnisdarstellung und Geschichtsschreibung erzwungen und so die Einheit nur hätte stören und die geschichtswissenschaftliche Mimikry nur hätte verhindern können. Die Interpretation einzelner Texte ist das Opfer, das die Wissenschaft „deutsche Literaturgeschichte" zugunsten ihrer Verselbständigung gebracht hat, und das offenbar ohne Bedauern.

Dafür verspricht sie Erkenntnisse, die keine andere Wissenschaft bieten kann. Sie erforscht und erzählt eine Geschichte, die den mit gewöhnlichen Urkunden arbeitenden Historikern ebenso entgeht wie den historisch interessierten Philosophen; denn es ist die umfassende Geschichte des Geistes und Gemüts, nicht nur die der Taten oder des spezialisierten philosophischen Denkens. Sie hat damit eine Statur angenommen, die gar nicht besser zur Funktion des gymnasialen Deutschunterrichts passen könnte, der ja mit gleichem Universalitätsanspruch zwischen allen anderen Schulfächern stand.[446] Darin kommt übrigens die Litterärhistorie, die ehemals als Universalwissenschaft begonnen hatte[447], doch noch zu einem unerwartet schönen Abschluß ihrer Geschichte.

---

[444] Hettner III/1.28.
[445] Vgl. oben S. 311.
[446] Vgl. oben S. 244.
[447] Vgl. oben S. 107 ff.

Professuren und Professoren für deutsche Literaturgeschichte

Daß da eine Wissenschaft im Entstehen war, die vorzüglich zum Deutschunterricht paßte, muß sich schon vor Prutz und sogar schon vor Gervinus abgezeichnet haben. Denn seit Mitte der vierziger Jahre sind die Universitäten daran gegangen, für den versorgungsbedürftigen Nachwuchs eine fünfte Generation von Deutschprofessuren zu eröffnen: nicht mehr Generalisten-, nicht mehr Philologie-, sondern nunmehr Literaturgeschichtsprofessuren, und zwar – anders als der kurzlebige Versuch mit der europäischen Literaturgeschichte[448] – auf deutsche Literatur allein beschränkte und auffällig oft mit Ästhetik verbundene.

Der Anfang dieser fünften Generation wurde in Königsberg gemacht. Statt den lange verwaisten deutsch-philologischen Lehrstuhl Graffs endlich wieder zu besetzen, ernannte man 1835 Christian Theodor Ludwig Lucas zum Extraordinarius für deutsche Literatur.[449] Dessen Werdegang zeigt, daß es dabei tatsächlich um die Verbindung zur Schule ging. Lucas, ursprünglich Jurist, war 1822 mit einer Habilitation für Geschichte gescheitert, weil er wegen früherer Beziehungen zu Burschenschaften als politisch kompromittiert galt; 1826 wurde er doch als Privatdozent zugelassen, allerdings für deutsche Sprache und Literatur.[450] 1828 wurde er Schulrat, 1832 erhielt er die Stelle als Direktor des Kneiphöfischen Gymnasiums in Königsberg, die er neben seinem Extraordinariat beibehielt bis 1842, als er Provinzialschulrat wurde, ebenfalls neben der Professur.[451] Noch in seiner ersten Schulratszeit hatte er 1831 die erste (ost-)preußische Direktorenkonferenz geleitet, zu deren Ergebnissen ein Lehrplan für den Deutschunterricht gehörte, in dem ungewöhnliches Gewicht auf die deutsche Literaturgeschichte (auch unter sprachgeschichtlichem Aspekt) gelegt wurde.[452] Diese Ergebnisse gefielen der vorgesetzten Behörde so sehr, daß sie an alle anderen preußischen Provinzialschulräte verschickt wurden.[453]

Lucas' Vorlesungsprogramm an der Universität war auf den unter seiner Leitung gutgeheißenen Lehrplan abgestimmt und weist eine Breite und Vielfalt auf, die von keinem anderen zu dieser Zeit erreicht wurde, auch nicht von den deutschen Philologen. Dabei konnte er außerdem noch auf die Unterstützung

---

448 Vgl. oben S. 299 f.

449 Hans Prutz, Die königliche Albertus-Universität zu Königsberg in Preußen im 19. Jahrhundert. Zur Feier ihres 350jährigen Bestehens. Königsberg 1894, S. 179.

450 Prutz 78 f.

451 Altpreußische Biographie. Hrsg. von Christian Kollmann. Band I. Marburg 1974, S. 409 f.

452 W. Erler, Die Direktoren-Conferenzen des preußischen Staates. Sämmtliche auf ihnen gepflogene Verhandlungen, geordnet, excerpirt und eingeleitet durch eine Darstellung der geschichtlichen Entwickelung dieser Conferenzen. Berlin 1876, S. 58–60.

453 Erler 14. – Ein Beispiel für den Versand: Philipp Wegener, Zur Geschichte des deutschen Unterrichts. (Beilage zum Jahresbericht des Gymnasiums und der Realschule zu Greifswald, Ostern 1906). Greifswald 1906, S. 20–27.

durch interessierte Privatdozenten rechnen. Der Altphilologe Friedrich Zander[454] nahm sich vor allem der Themen an, die zum Repertoire der deutschen Philologen gehörten: historische Grammatik, Nibelungenlied, Walther von der Vogelweide, Reinecke Fuchs usw. Julius Rupp[455] las über einzelne Werke Goethes, über Schiller, Lessing und neueste Literaturgeschichte, und der Historiker und Philologe Eduard Gervais[456] versah die literaturgeschichtlichen Vorlesungen, offenbar mit besonderer Neigung zum Mittelalter. Das Königsberger Vorlesungsangebot auf dem Gebiet der deutschen Sprache und Literatur dürfte bis in die vierziger Jahre hinein vielleicht nicht das umfangreichste (da standen Berlin und zeitweise Göttingen an der Spitze), aber doch das reichhaltigste von allen deutschen Universitäten gewesen sein und vor allem das am besten koordinierte (Doppelveranstaltungen kommen nicht vor).

Professoren, die sich mit deutscher Literatur anders befaßten als die deutschen Philologen, sind von den Universitäten seit der Mitte der vierziger Jahre offenbar als eine zeitgemäße Notwendigkeit angesehen worden, und die sich bildende Wissenschaft „deutsche Literaturgeschichte“ schien die gegebene Adresse dafür zu sein, wobei die oft anzutreffende Kombination mit Ästhetik (und auch die seltenere mit einem historischen Fach) als eine Anweisung für die gewünschte oder beabsichtigte Behandlungsart zu lesen ist. Die hierher gehörigen Professuren sind in folgender Tabelle zusammengestellt.

Jahr	Universität	Extraordinarius	Ordinarius	Titel
1835	Königsberg	Christian Theodor Ludwig Lucas		Deutsche Literatur
1837	Rostock		Christian Wilbrandt	Ästhetik und neuere Literatur[457]
1837	Tübingen	Friedrich Theodor Vischer		Ästhetik und deutsche Literatur[458]

[454] Altpreußische Biographie. Hrsg. von Christian Kollmann, fortgesetzt von Kurt Forstreuter und Fritz Gause. Band II. Marburg 1967, S. 833.

[455] Altpreußische Biographie II 577.

[456] Altpreußische Biographie. Hrsg. von Kurt Forstreuter und Fritz Gause. Band III. Marburg 1975, S. 922.

[457] So die Bezeichnung im Vorlesungsverzeichnis 1837/38. Vgl. auch Joseph Pischel u. a., 125 Jahre Germanistik an der Universität Rostock. 1858–1983. (Beiträge zur Geschichte der Wilhelm-Pieck-Universität Rostock. 5) Rostock 1983, S. 7.

[458] Ministerialreskript vom 9. Februar 1837 (Universitätsarchiv Tübingen; Signatur: 55/12a, 46). – Fritz Schlawe, Friedrich Theodor Vischer. Stuttgart 1959, S. 100. – Ursula Burkhardt, Germanistik in Südwestdeutschland. Die Geschichte einer Wissenschaft des 19. Jahrhunderts an den Universitäten Tübingen, Heidelberg und Freiburg. (Contubernium. 14) Tübingen 1976, S. 15; Vischer hatte außerdem Vorlesungen am neugegründeten Reallehrerseminar zu halten – eine ungeliebte Verpflichtung, die er erst 1841 an Keller abschieben konnte (194). – Hannalene Kipper, Die Literarkritik Friedrich Theodor Vischers. Diss. Gießen 1941. – Kinder (= Anm. 436) 63–114. – Gottfried Willems, Das Konzept der literarischen Gattung. Untersuchungen zur

Jahr	Universität	Extraordinarius	Ordinarius	Titel
1840	Breslau	August Kahlert		Neuere Literaturgeschichte[459]
1843	Breslau	Gottschalk Eduard Guhrauer		Deutsche Sprache und Literatur[460]
1844	Tübingen		Vischer	(Philosophie)[461]
1846	Bonn	Gottfried Kinkel		Neuere Kunst-, Literatur- und Kulturgeschichte[462]
1848	Breslau	Theodor Mundt		Neuere Literatur und Literaturgeschichte[463]
1849	Halle	Robert Eduard Prutz		Literaturgeschichte[464]
1850	Jena	Franz Xaver Wegele		Politische Geschichte und Literaturgeschichte[465]

klassischen deutschen Gattungstheorie, insbesondere zur Ästhetik Friedrich Theodor Vischers. (Hermaea. NF 42) Tübingen 1980. – Wendelin Göbel, Friedrich Theodor Vischer. Grundzüge seiner Metaphysik und Ästhetik. Würzburg 1983.

459 Theodor Siebs, Zur geschichte der germanistischen studien in Breslau; in: Zeitschrift für deutsche Philologie 43 (1911) 202–234; 227 f.

460 Siebs 228 f. – Theodor Siebs, Deutsche Sprache und Literatur; in: Festschrift zur Feier des hundertjährigen Bestehens der Universität Breslau. Hrsg. von Georg Kaufmann. Breslau 1911, II 403–411; 404.

461 Die Beförderung Vischers auf ein frei gewordenes philosophisches Ordinariat war die einzige Möglichkeit, die von der Fakultät angestrebte Zweiervertretung für deutsche Sprache und Literatur zu erhalten; im gleichen Zuge wurde Adelbert Keller zum Ordinarius für deutsche Philologie ernannt: Burkhardt (= Anm. 458) 16.

462 Rudolf Meißner, Das germanistische Seminar; in: Geschichte der Rheinischen Friedrich-Wilhelm-Universität zu Bonn am Rhein. II. Band: Institute und Seminare. 1818–1933. Bonn 1933, S. 214–238; 229. – Gottfried Kinkels Selbstbiographie 1838–1848. Hrsg. von Richard Sander. (Veröffentlichungen aus der Handschriftensammlung der Universität Bonn. 1) Bonn 1931, S. 246. – Kurator Bethmann-Hollweg mit Bezug auf „die durch August Wilhelm von Schlegels Tod erledigte Besoldung“: Martin Bollert, Gottfried Kinkels Kämpfe um Beruf und Weltanschauung bis zur Revolution. (Studien zur rheinischen Geschichte. 10) Bonn 1913, S. 137. – Über das Anstellungsverfahren: Wolfgang Beyrodt, Gottfried Kinkel als Kunsthistoriker. Diss. Bonn 1979, S. 156–167. – Hermann Rösch-Sondermann, Gottfried Kinkel als Ästhetiker, Politiker und Dichter. (Veröffentlichungen des Stadtarchivs Bonn. 29) Bonn 1982.

463 Siebs (= Anm. 459) 229 f. – Walter Prinz, Theodor Mundt als Literarhistoriker. Diss. Halle 1912. – Hanna Quadfasel, Theodor Mundts literarische Kritik und die Prinzipien seiner „Ästhetik“. Diss. Heidelberg 1932. – Annemarie Gethmann-Siefert, Hegelsches gegen Hegel. Zu Theodor Mundts antihegelschem Entwurf einer Ästhetik; in: Hegel-Studien 15 (1980) 271–278.

464 Manfred Lemmer, Die hallische Universitätsgermanistik; in: Wissenschaftliche Zeitschrift der Martin-Luther-Universität Halle-Wittenberg. Gesellschafts- und sprachwissenschaftliche Reihe 8 (1958/59) 359–387; 361 f.

465 Dietrich Germann, Geschichte der Germanistik an der Friedrich-Schiller-Universität Jena, auf archivalischer Grundlage dargestellt. Diss. Jena 1954 (masch.), S. 109–113.

Jahr	Universität	Extraordinarius	Ordinarius	Titel
1851	Jena	Hermann Hettner		Kunst- und Literaturgeschichte[466]
1852	München	Emanuel Geibel		deutsche Literatur und Ästhetik[467]
1852	Wien	Oskar von Redwitz		Literaturgeschichte und Ästhetik[468]
1858	Tübingen	Karl Köstlin		Ästhetik, Literatur- und Kunstgeschichte[469]
1860	Halle	Rudolph Haym		Geschichte der Literatur, besonders der deutschen[470]
1861	Berlin	Richard Gosche		allgemeine Literaturgeschichte[471]
1861	Leipzig	Johannes Minckwitz		allgemeine Literaturgeschichte[472]
1863	Tübingen		Köstlin	Ästhetik, Literatur- und Kunstgeschichte[473]
1867	Heidelberg	Carl Lemcke		Ästhetik, Literatur- und Kunstgeschichte[474]
1868	Halle		Haym	Philosophie, Geschichte der Literatur[475]

466 Adolf Stern, Hermann Hettner. Ein Lebensbild. Leipzig 1885, S. 110.

467 NDB 6.139 f. (Adalbert Elschenbroich).

468 ADB LIII 249–255; 251 (B. Lips).

469 Burkhardt (= Anm. 458) 18.

470 Rudolf Haym, Aus meinem Leben. Erinnerungen. Aus dem Nachlaß hrsg. Berlin 1902, S. 274 (Nachfolger Prutz'). – Manfred Lemmer, Vorläufer und Wegbereiter der hallischen Universitätsgermanistik; in: Wissenschaftliche Zeitschrift der Martin-Luther-Universität Halle-Wittenberg, gesellschafts- und sprachwissenschaftliche Reihe 7 (1957/58), S. 1111–1128; 1123: Extraordinariat „mit der Verpflichtung, die ‚Geschichte der Litteratur, besonders der deutschen' zu vertreten". Über die Vorgänge in der Fakultät: Ausgewählter Briefwechsel Rudolf Hayms. Hrsg. von Hans Rosenberg. (Deutsche Geschichtsquellen des 19. Jahrhunderts. 27) Stuttgart 1930, S. 191. – Hans Rosenberg, Rudolf Haym und die Anfänge des klassischen Liberalismus. (Historische Zeitschrift, Beihefte. 31) München/Berlin 1933. – Wolfgang Heßler, Die philosophische Persönlichkeit Rudolf Hayms. Diss. Halle 1935. – Wolfgang Harich, Rudolf Haym und sein Herderbuch. Beiträge zur kritischen Aneignung des li te ra turwissenschaftlichen Erbes. Berlin 1955. – Günter Klieme, Rudolf Hayms „Romantische Schule". Historiographische und methodische Betrachtungen. Diss. Leipzig 1969 (masch.).

471 Albert Fränkel, Rückblicke auf Richard Gosches Leben; in: Richard Gosche. Erinnerungsblätter für seine Freunde. Biographie und ausgewählte Aufsätze. Halle 1890, S. V–XXV; XIX.

472 ADB LII 411–417; 413 (Ludwig Fränkel).

473 Burkhardt (= Anm. 458) 18: „unter der Auflage der Erweiterung seiner literaturgeschichtlichen Vorlesungen".

474 Dagmar Drüll, Heidelberger Gelehrtenlexikon 1803–1932. Berlin, Heidelberg etc. 1986, S. 159.

475 Lemmer, Vorläufer (= Anm. 470) 1124: als Nachfolger Schallers zum Ordinarius er-

Die größten institutionellen Erfolge der Wissenschaft „deutsche Literaturgeschichte" fallen in die vierziger Jahre, in die Zeit also, als die Vertretung der deutschen Philologie an den Universitäten zur Selbstverständlichkeit zu werden begann. Die Literaturgeschichtsprofessuren hatten denn auch, abgesehen von den drei ersten für Lucas, Vischer und Wilbrandt, durchaus den Charakter der Ergänzung zur deutschen Philologie. In Tübingen wurde dieses Nebeneinander 1841 zum ersten Male festgeschrieben, als Adelbert Keller ebenfalls, wie Vischer vier Jahre zuvor, zum Extraordinarius ernannt wurde[476], und es wurde schon 1844 zur Einrichtung auf Dauer, als die beiden Extraordinarien Vischer und Keller gleichzeitig und gleichberechtigt zu Ordinarien befördert wurden.[477]

An anderen Orten wurde dieses Niveau noch lange nicht erreicht, wohl aber, wie es scheint, die Ergänzung gesucht, wobei die Reihenfolge von den örtlichen Gegebenheiten abhing. Kahlert hat in Breslau neben dem Ordinarius Hoffmann (von Fallersleben) begonnen, und nach der Entlassung Hoffmanns wurde gleichzeitig mit dessen direktem Nachfolger Theodor Jacobi auch Guhrauer als Extraordinarius berufen.[478] In Bonn lebte noch der alte Generalist Delbrück und erledigte der Romanist Diez die deutschphilologischen Arbeiten[479], als Kinkel Extraordinarius wurde. Mundt kam in Breslau in die Vakanz nach dem Tode Jacobis, erhielt aber schon 1849 in Karl Weinhold einen philologischen Extraordinarienkollegen.[480] Zur Zeit der Berufung von Hettner, Geibel und Redwitz lehrten in Jena der Extraordinarius Heinrich Rückert und in München und Wien die Ordinarien Schmeller und Hahn.[481] Nur Prutz trat in Halle in eine Situation, in der es noch keine Professur für deutsche Philologie gab oder gegeben hatte und deren Obliegenheiten seit langem vom Historiker Heinrich Leo wahrgenommen wurden[482], bis 1856 Julius Zacher eingestellt wurde.[483]

Trotz der relativen Einheitlichkeit täuscht wohl doch der Anschein, es handle sich bei der Ergänzung der deutschen Philologie durch die Literaturgeschichte um die Verwirklichung einer wissenschaftspolitischen Konzeption; dafür ist der Anteil der personenbezogenen Not- und Verlegenheitslösungen für universitäre Problemfälle denn doch zu hoch. Eher sieht es nach einer erneuten Übergangs- und Unsicherheitsphase aus, ähnlich wie bei den ersten Generalistenprofessuren um 1800.[484] Darauf deutet hin, daß dieser Professurentyp mit wenigen Ausnahmen auf Extraordinarienstufe stehengeblieben ist

---

nannt und „wiederum angewiesen, neben der Philosophie die Geschichte der Literatur zu lehren".

476 Burkhardt (= Anm. 458) 15.

477 Burkhardt 16.

478 Vgl. oben S. 248.

479 Vgl. oben S. 227.

480 Siebs (= Anm. 459) 227.

481 Vgl. oben S. 248 f.

482 Lemmer (= Anm. 470) 1125 f.

483 Vgl. oben S. 249.

484 Vgl. oben S. 168 ff.

und nach 1850 sich ständig rückwärts entwickelt hat. Zu dieser Entwicklung hat allerdings auch beigetragen, daß die Wissenschaft „deutsche Literaturgeschichte" mit ihrem hohen Weltanschauungsgehalt stärker als andere von den Folgen des Revolutionsversuchs von 1848 betroffen wurde.

Die Auswirkungen der 1848er Ereignisse waren indessen alles andere als einheitlich. Einerseits wurde Lucas 1849 nach Posen sozusagen strafversetzt, weil er sich als inzwischen Ultrakonservativer zu stark exponiert hatte.[485] Andererseits wurde Kinkel als notorischer Revolutionär im gleichen Jahr zuerst suspendiert und dann entlassen und gefangengesetzt[486], und 1850 mußte auch Wilbrandt gehen, weil man bei ihm Verbindung mit Carl Schurz und mit der Befreiung Kinkels vermutete.[487] Mundt wiederum scheint, nachdem er sich lange vergeblich um ein universitäres Amt bemüht hatte, seine Breslauer Professur nicht zuletzt seiner unerwartet gemäßigten Haltung in den kritischen Monaten von 1848 zu verdanken zu haben[488], und auch im Falle Prutz hat wohl das preußische Ministerium, das ihn vor 1848 nicht einmal als Privatdozenten hatte dulden wollen[489], die Befürchtungen über seine politische Gefährlichkeit durch die Erfahrungen von 1848 widerlegt gesehen.

Auch wo Politisches nicht hineinspielte, war der Abbau der neuen Professuren nach 1850 offenbar nicht mehr aufzuhalten. Guhrauer war 1854 gestorben, Mundt wurde 1850 nach Berlin versetzt, stellte aber seine Vorlesungsaktivitäten bald ein[490], Redwitz kam schon nach einem Semester zur Einsicht, daß das nicht sein Posten war[491], Geibel versah sein Amt kaum je ernsthaft und kehrte 1868 nach Lübeck zurück[492], Kahlert mußte die Universität 1859 krankheitshalber verlassen[493], Hettner war 1855 Direktor der berühmten Antikensammlung und des Museums der Gipsabgüsse in Dresden geworden[494], Wegele 1857 Ordinarius für Geschichte in Würzburg[495], Prutz mußte vor Behinderungen durch diejenigen Kollegen kapitulieren, die seine Zugehörigkeit zum Kreis um die Hallischen Jahrbücher eben doch nicht vergessen wollten, und reichte 1858 ein

---

485 Altpreußische Biographie (= Anm. 451) I 409 f.

486 Meißner (= Anm. 462) 229.

487 Geschichte der Universität Rostock. 1419–1969. Festschrift zur Fünfhundertfünfzig-Jahr-Feier der Universität. Hrsg. von Günter Heidorn, Gerhard Heitz (u. a.). 2 Bände. Berlin 1969, I 104 f.

488 ADB XXIII 10–12; 10 (Brümmer). – Max Lenz, Geschichte der königlichen Friedrich-Wilhelms-Universität zu Berlin. Band II/1. Halle 1910, S. 139 f.

489 Die Akten der Auseinandersetzung mit den preußischen Behörden hat Prutz in seinen Vorlesungen über die deutsche Literatur der Gegenwart, Leipzig 1847, auf den Seiten XXII–LXXI abgedruckt. Vieles dazu auch im Briefwechsel mit Adolf Stahr: Rudolf Göhler, Robert Prutz und Adolf Stahr; in: Unser Pommerland 4 (1917) 1–8, 38–41, 81–85, 188–194, 205–211, 234–238.

490 ADB XXIII 10 (Brümmer).

491 ADB LIII 251.

492 NDB 6.139.

493 Siebs (= Anm. 459) 228.

494 Stern (= Anm. 466) 165 f.

495 Germann (= Anm. 465) 113.

erstes Entlassungsgesuch ein und, nach einem Urlaub, 1859 ein erzwungenes zweites und endgültiges.[496]

Die Professuren dieses Typs, die noch nach 1860 eingerichtet wurden, hörten nach dem Ausscheiden ihrer ersten und einzigen Inhaber ebenfalls auf. Gosche wechselte schon nach einem Jahr auf eine Professur für orientalische Sprachen in Halle[497], Minckwitz allerdings blieb bis 1883, aber Lemcke hat seinen Posten in Heidelberg schon 1870 de facto und 1872 auch offiziell aufgegeben.[498]

Übrig blieben von der ganzen Herrlichkeit schließlich nur noch ein persönlicher und ein lokaler Sonderfall, zugleich die einzigen Fortführungen von Literaturgeschichtsprofessuren neben solchen für deutsche Philologie. Nach Prutz' Rücktritt konnte das preußische Ministerium endlich etwas für Haym tun, den Redakteur der „Preußischen Jahrbücher", und verlieh ihm 1860, gegen den energischen Widerstand der Fakultät[499], die frei gewordene Professur, und als dann eine Philosophieprofessur erledigt war, erhielt sie Haym 1868 mit der Auflage, auch weiterhin literaturgeschichtliche Vorlesungen zu halten[500]; sie wurde nach Hayms Tod 1902 wieder von dieser Auflage befreit. In Tübingen gedachte man das Nebeneinander von ästhetischer Literaturgeschichte und deutscher Philologie weiterzuführen, als Vischer 1855 nach Zürich ging, und ernannte Köstlin zu seinem Nachfolger, zuerst als außerordentlichen und dann als ordentlichen Professor; nach seinem Tode 1894 beschloß die Fakultät aber, einen Kunsthistoriker als Nachfolger zu berufen, „weil die Verbindung der Aesthetik und Kunstgeschichte mit Litteraturgeschichte nach Art des Verstorbenen sich zur Zeit in einer Person nicht mehr findet".[501]

Außer in Tübingen und Halle ist der Versuch mit dem selbständigen Fach „deutsche Literaturgeschichte" eine typische Erscheinung der vierziger und fünfziger Jahre geblieben und wieder abgebrochen worden, bevor er ernsthafte Formen angenommen hätte. Demzufolge mußte die Wissenschaft „deutsche Literaturgeschichte", die ja niemand hätte abschaffen wollen, sich einen neuen Platz innerhalb der staatlichen Wissenschaftsorganisation suchen, und zwar je nach innerer Schwerpunktsetzung einen anderen. Das Fach hat sich sozusagen seiner Länge nach geteilt.

---

496 Hans Hübner, Robert Prutz als Student und Professor an der Universität Halle-Wittenberg; in: Wissenschaftliche Zeitschrift der Martin-Luther-Universität Halle-Wittenberg 16 (1967), Heft 2/3, S. 197–205; 203.

497 Fränkel (= Anm. 471) XXI. Gosche hielt allerdings weiter Vorlesungen zur deutschen Literatur.

498 1871 hat er in München ohne Habilitationsverfahren die venia legendi für Ästhetik und neuere deutsche Literaturgeschichte erworben, 1872 ist er an die Kunstakademie in Amsterdam gegangen: Stefanie Seidel-Vollmann, Die Romanische Philologie an der Universität München (1826–1913). Zur Geschichte einer Disziplin in ihrer Aufbauzeit. (Ludovico-Maximilianea, Forschungen. 8) Berlin 1977, S. 184 f.

499 Dazu Hayms Briefe an Max Duncker: Briefwechsel Rudolf Hayms (= Anm. 470) 191, 195–197.

500 Lemmer (= Anm. 470) 1124.

501 Protokoll vom 5. Mai 1894 (Universitätsarchiv Tübingen; Signatur: 133/44a, 19). – Burkhardt (= Anm. 458) 18.

Der Teil, der mit ästhetisch-moralischer Beurteilung den überlieferten Bestand deutscher Literatur im Dienste der Allgemeinbildung sichtete, fand seinen Platz an den Technischen Hochschulen, die damals meist gerade noch polytechnische Schulen hießen und sich wie auf Verabredung Professuren für Literaturgeschichte (verbunden mit Ästhetik oder Geschichte) zulegten, sobald sie ungefähr Hochschulstatus bekamen. Angefangen hat das wohl[502] in Zürich, wo das neugegründete Polytechnikum zusammen mit der Universität 1855 keinen Geringeren als Friedrich Theodor Vischer als Professor für deutsche Literatur engagierte[503]; nach dem Zwischenspiel einer Kombination von Professur in Tübingen und Lehrauftrag in Stuttgart (seit 1866) konnte sich Vischer seit 1869 in erwünschter Weise ganz allein seinen Aufgaben an der Polytechnischen Schule in Stuttgart widmen[504], während am Polytechnikum in Zürich der Kunstgeschichtsprofessor Gottfried Kinkel[505] und der Geschichtsprofessor Johannes Scherr sich in sein Fach teilten.[506] Literaturgeschichtsprofessuren ähnlichen oder gleichen Zuschnitts, meist der „Allgemeinen Abteilung" zugeordnet, gab es in Karlsruhe (Hermann Baumgarten seit 1860[507]), in Wien (Karl Julius Schröer seit 1867[508]), in Dresden (Adolf Stern seit 1868[509]),

---

[502] Angemerkt sei immerhin, daß das Collegium Carolinum in Braunschweig vor seiner Umgestaltung zur polytechnischen Schule in Friedrich Conrad Griepenkerl von 1825 bis 1849 einen Professor der Philosophie und schönen Wissenschaften hatte, neben dem von 1839 bis 1847 auch sein Sohn Wolfgang Robert als (unbesoldeter) Professor der deutschen Sprache wirkte: Theodor Müller, Lehrkräfte am Collegium Carolinum zu Braunschweig zwischen 1814 und 1862. (Beiträge zur Geschichte der Carolo-Wilhelmina. 1) Braunschweig 1973, S. 32 f. – Eberhard Meckel, Wolfgang Robert Griepenkerl. Seine allgemeinen Grundlagen und ihre Auswirkung in seiner Literaturgeschichtsschreibung. Diss. Freiburg 1930, S. 4.

[503] Wilhelm Oechsli, Geschichte der Gründung des eidg. Polytechnikums mit einer Uebersicht seiner Entwicklung 1855–1905. (Festschrift zur Feier des fünfzigjährigen Bestehens des eidg. Polytechnikums. 1) Frauenfeld 1905, S. 200, 219. – Zusätzlich wurde Vischer Ordinarius für Philosophie an der Universität: Ernst Gagliardi/Hans Nabholz/Jean Strohl, Die Universität Zürich 1833–1933 und ihre Vorläufer. Festschrift zur Jahrhundertfeier. (Die Zürcherischen Schulen seit der Regeneration der 1830er Jahre. 3) Zürich 1938, S. 598 f., 980.

[504] Theodor A. Meyer, Friedrich Theodor Vischer als Dozent des Polytechnikums; in: Festschrift der Technischen Hochschule Stuttgart zur Vollendung ihres ersten Jahrhunderts. 1829–1929. Berlin 1929, S. 250–260; 255.

[505] Otto Henne am Rhyn, Gottfried Kinkel. Ein Lebensbild. Zürich 1883, S. 84.

[506] Oechsli (= Anm. 503) 330; ein eigentlicher Nachfolger Vischers wurde erst 1885 bestellt.

[507] Festgabe zum Jubiläum der vierzigjährigen Regierung seiner königlichen Hoheit des Grossherzogs Friedrich von Baden. Karlsruhe 1892, S. XIV (Professur für Geschichte und Literatur).

[508] Erwin Streitfeld, Karl Julius Schröer. Beiträge zur Kenntnis seines Lebens und seiner Werke. Diss. Graz 1969, S. 274: Extraordinarius der deutschen Literatur; 1891 erhielt Schröer den Titel eines Ordinarius, 1894 wurde er zum Ordinarius ad personam ernannt (327).

[509] Adolf Bartels, Adolf Stern. Der Dichter und der Literarhistoriker. Zu seinem 70. Geburtstage. Dresden/Leipzig 1905, S. 8: außerordentlicher Professor der Literaturgeschichte 1868, ordentlicher Professor 1869.

in Darmstadt (Otto Roquette seit 1869[510]) und in München (Wilhelm Hertz seit 1869[511]).

Der andere Teil des Faches „deutsche Literaturgeschichte", der sich dem philologisch-historischen Forschungsprogramm unterstellte, blieb an den Universitäten, fand aber neuen Anschluß. Sobald die Wissenschaft „deutsche Literaturgeschichte" sich der deutschen Philologie in ihrer inneren Verfassung assimiliert hatte, also seit Prutz' Arbeiten vom Anfang der vierziger Jahre, wurde sie mehr und mehr von eben dieser deutschen Philologie absorbiert. Die nie aussetzenden Literaturgeschichtsvorlesungen gingen – hier langsamer, dort schneller – in die Zuständigkeit der deutschen Philologie über, die ja bald an fast jeder Universität einen Vertreter hatte[512], und Angehörige anderer Fächer (Historiker, Philosophen) lasen in der zweiten Jahrhunderthälfte immer seltener über dieses Thema.

Die Entscheidung über die Zugehörigkeit der Literaturgeschichte war etwa um dieselbe Zeit gefallen, als die für sie bestimmten Professuren auf ihrem Höhepunkt angekommen waren, Ende der vierziger Jahre also. Die deutsche Literaturgeschichte war, wie es naheliegt, denen zugeteilt worden, die sich ex officio mit der mittelalterlichen deutschen Literatur befaßten und mittlerweile auch andere Aufgaben in Angriff nehmen konnten als Edition und Sprachgeschichte. Die Universitätsgermanisten betrachteten ihren Neuerwerb zwar weiterhin als ein Nebenwerk und taten sich in der Regel wohl eher schwer mit den nachmittelalterlichen Jahrhunderten, aber es erschienen denn doch 1847 und 1848 die ersten Literaturgeschichtsbücher aus ihrem Kreise, verfaßt von Ettmüller[513] und von Wackernagel[514], den beiden Wahlschweizern aus der Generation nach Grimm und Lachmann.

Mit den Literaturgeschichtsbüchern wollte es in der Folge zwar nicht so recht voranrücken; erst das von Wilhelm Scherer war das nächste „richtige" aus der Zunft.[515] Aber die Umrisse des zukünftigen Faches „Geschichte der

---

[510] Festschrift zu der Jubelfeier des Fünfzigjährigen Bestehens der Großherzoglichen Technischen Hochschule zu Darmstadt. Darmstadt 1886, S. XXXII: ordentliche Professur für Geschichte und Literatur.

[511] Zuerst als Extraordinarius „der allgemeinen und deutschen Litteraturgeschichte", seit 1878 als Ordinarius „für deutsche Sprache sowie für allgemeine und deutsche Litteraturgeschichte": Richard Weltrich, Wilhelm Hertz. Zu seinem Andenken. Stuttgart/Berlin 1902, S. 38. – Technische Hochschule München 1868–1968. München 1968, S. 83.

[512] Vgl. oben S. 245–247.

[513] Ludwig Ettmüller, Handbuch der deutschen Literaturgeschichte von den ältesten bis auf die neuesten Zeiten, mit Einschluß der angelsächsischen, altscandinavischen und mittelniederländischen Schriftwerke. Leipzig 1847.

[514] Wilhelm Wackernagel, Geschichte der deutschen Litteratur. Ein Handbuch. Basel 1848. Das in Lieferungen erschienene, zu Lebzeiten des Verfassers unvollendet gebliebene Buch hört auf S. 496 bzw. am Ende des 16. Jahrhunderts mitten in einem Satz abrupt auf.

[515] Vorher ist noch erschienen eine in Gesprächsform gehaltene Literaturgeschichte, die allerdings – ähnlich wie die Wackernagels – mit dem 16. Jahrhundert aufhört: Ludwig Ettmüller, Herbstabende und Winternächte. Gespräche über Deutsche Dichtungen und Dichter. 3 Bände. Stuttgart 1865–1867. – Von den Professoren für Literaturge-

deutschen Sprache und Literatur" waren um 1850 schon recht gut erkennbar. Als die Wissenschaft „deutsche Literaturgeschichte" gemerkt und entwickelt hatte, was sie zu selbständigem Bestehen brauchte, ein Forschungsprogramm nämlich, da verlor sie ihren Gegenstand an eine ältere Konkurrenzwissenschaft, die das Werkzeug und auch das ausgebildete Personal zur Ausführung des Programms besaß. Die gerade selbständig gewordene Wissenschaft „deutsche Literaturgeschichte" hat, was kein Wunder ist, diese Enteignung nicht überlebt. Darunter zu leiden hatten die Inhaber der Literaturgeschichtsprofessuren, die nie in den inneren Kreis der philologischen Forschung aufgenommen worden sind, auch Prutz nicht. Nachträglich jedoch sieht es so aus, als hätte ihre Wissenschaft zielstrebig auf ihre Selbstauflösung in der deutschen Philologie hingearbeitet.

Diese gewissermaßen teleologische Beharrlichkeit der Wissenschaftsentwicklung, die sich mit der allgemeinen Tendenz zur Spezialisierung eigentlich gar nicht besonders gut vertrug, hatte jedenfalls „außerwissenschaftlich" ihren guten Sinn. Es ging, kurz gesagt, darum, die Wissenschaft „deutsche Literaturgeschichte" mit philosophischem Anspruch zu einer historischen Wissenschaft damaligen Zuschnitts zu machen und sie dadurch der deutschen Philologie in die Arme zu treiben, die ihrerseits nur darauf wartete, Ausbildungswissenschaft für staatliche Berufe zu werden, und dazu einen Anknüpfungspunkt zum bestehenden Deutschunterricht brauchte: die Literaturgeschichte. Als sie den erobert hatte, war es allerdings mit den konzeptionellen Höhenflügen der Literaturgeschichtsschreibung erst einmal vorbei. Das anspruchsvolle Unternehmen „Literaturgeschichte", dessen Konzept sich um den heiklen Doppelstatus der literarischen Texte historisch wendete und das von August Wilhelm Schlegel über Rosenkranz bis hin zu Prutz und noch Hettner kühne und gedankenreiche Bearbeiter gefunden hatte, war mit dem Übergang des Themas zur deutschen Philologie gestorben. Literaturgeschichte wurde für eine ganze Weile erst einmal zur Deponie von philologisch erarbeiteten „Bausteinen" für eine grundsätzlich immer noch angestrebte Wiederaufnahme des Bauunternehmens in ungewisser Zukunft.

Der Zusammenschluß beider Wissenschaften, obwohl mit innerer Zielstrebigkeit herbeigeführt, hat also doch eine gewisse Verarmung in der Sache gebracht. Er war um ein weniges zu spät (oder, anders gesehen, zu früh) erfolgt, als daß er auch noch eine konzeptionell hochstehende Kultur der Interpretation einzelner Texte hätte einschließen können, die den auf beiden Seiten ausgeklammerten Aspekt „Text als Objekt des Lesers" bearbeitet hätte und noch am ehesten sowohl die Philologen als auch die Literarhistoriker zum Nachdenken über ihre – ja immer auch interpretatorischen – Tätigkeiten hätte anregen und beide in ein fruchtbareres und theoretisch anspruchsvolleres Verhältnis zueinander hätte setzen können, als es das von Wissensproduktion und Deponie ist.

---

schichte haben Otto Roquette vor seinem Amtsantritt (Geschichte der deutschen Literatur, von den ältesten Denkmälern bis auf die neueste Zeit. 2 Bände. Stuttgart 1862/63) und Carl Lemcke im Amt (Geschichte der deutschen Dichtung neuerer Zeit. Leipzig 1871) einschlägige Werke geschrieben.

Kunst der Interpretation

Als der poetische Text deutscher Sprache seinen langen Weg hin zu einem neuen Ort im System des Wissens begann, da entfernte er sich aus dem geschlossenen Zusammenhang des Schreibens, und es änderten sich sogleich die Zuständigkeiten. In früheren Zeiten waren die Dichter selbst dafür zuständig gewesen, über ihre Werke zu schreiben, was eben über sie zu schreiben war: eine Theorie als Anleitung zur Fortsetzung poetischen Schreibens, einen Kommentar etwa in den gelehrten Anmerkungen, die von Opitz über Gryphius und Lohenstein bis hin zu Haller anspruchsvolle Werke begleiteten, oder einen Lesartenapparat, wie ihn Haller, als er sich selbst historisch geworden war, seinem „Versuch schweizerischer Gedichte“ (seit der 6. Auflage von 1751) beigegeben hatte.

Ein erstes Zeichen dafür, daß das Schreiben über literarische Texte sich vom Schreiben von literarischen Texten zu trennen begann, ist die frühe Literaturkritik seit den vierziger Jahren des 18. Jahrhunderts, die, als schon halb externe Instanz auf die Einhaltung der Regeln achtend, die alte Einheit von Poesie (Schreiben von literarischen Texten) und Poetik (Schreiben über literarische Texte) zu verteidigen dachte und doch zugleich durch sich selbst, durch ihre zumindest partielle Nicht-Zugehörigkeit, die beginnende Auflösung jener Einheit unaufhörlich dokumentierte.

Als Sulzer die Selbstzerreißung der Ästhetik inszenierte und den poetischen Text als Leserobjekt theoretisch etablierte[1], hat er diese Tat gleich mit der entsprechenden unmißverständlichen Praxis begleitet, indem er einen poetischen Text deutscher Sprache zum philologischen Objekt gemacht hat. In einer Zeitschrift, die er damals herausgab, erschien 1750 ein Abdruck von Karl Wilhelm Ramlers „Ode über den Granatapfel“ mit Fußnoten, in denen einzelne Wörter und Wendungen und die speziellen Berliner Anlässe zu dem Gedicht von einem offenbar Ortskundigen, wohl von Sulzer selbst, erklärend kommentiert werden.[2] Philologisches Objekt war der Text des Klopstockschen „Messias“ auch für Lessing, als er 1759 im 19. Literaturbrief seine „Vergleichung der ersten und neuern Lesarten“ anstellte.[3]

Objekt philologischer Tätigkeiten wurden zuerst allerdings nur die besonders schwierigen oder die besonders angesehenen zeitgenössischen poetischen Texte, das Werk Klopstocks also und Wielands „Oberon“. Mit den Kommen-

---

[1] Vgl. oben S. 81 f.

[2] Critische Nachrichten aus dem Reiche der Gelehrsamkeit. Auf das Jahr 1750. Nr. 6, S. 52–54.

[3] Gotthold Ephraim Lessing, Sämtliche Schriften. 3. Aufl. hrsg. von Karl Lachmann und Franz Muncker. Achter Band. Stuttgart 1892, S. 48–53.

taren zum „Messias“ machte Carl Friedrich Cramer seit 1777 den Anfang[4]; andere folgten ihm darin[5] und auch in der kommentierenden Erklärung von Klopstocks Oden.[6] Lesartensammlungen gab es wiederum zum „Messias“[7] und außerdem zum „Oberon“.[8] Das alles kam vorerst nur zögernd in Gang und blieb ohne kontinuierliche Fortsetzung. Die Entwicklung der Editionstechnik vollzog sich unter den deutschen Philologen an mittelhochdeutschen Texten, und erst als sie ausgereift war, kam sie auch neuhochdeutschen zugute.

Kommentar und Variantenapparat konnten zum Verstehen schwieriger Wörter und Wendungen einiges beitragen, aber natürlich nicht ersetzen, was die Texte als Leserobjekte durch ihre Herauslösung aus dem Zusammenhang poetischen Schreibens verloren hatten: den Sinn nämlich. Als der poetische Text deutscher Sprache an seinem neuen Ort im System des Wissens oder überhaupt erst an einem Ort angekommen war und als es wenigstens einen Begriff für die Gesamtheit der Texte gab, den der „Litteratur“[9], da stand der einzelne Text sozusagen neu und fremd in der Welt und ermangelte jeglicher sinngebender Einbettung in einen Zusammenhang wie den des Schreibens, der ihn hätte tragen können. Mit poetologischer Objektivierung reagierte eine neue

4 (Carl Friedrich Cramer) Klopstock. (In Fragmenten aus Briefen von Tellow an Elisa). Hamburg 1777, S. 312–431: Kommentar zum 20. Gesang. – Klopstock. Er; und über ihn hrsg. von Carl Friedrich Cramer. Fünf Theile. Hamburg 1780 (I), Dessau 1781–1790 (II–IV), Leipzig/Altona 1792 (V): Kommentar zu den Gesängen 1 bis 10 und zu einzelnen Oden.

5 (Benjamin Weiske) Die kleine Messiade, eine heroische Chrestomathie aus Klopstocks Messias gezogen und mit den nöthigsten Anmerkungen, zum Gebrauch in Schulen, versehen. Zur Allgemeinen Schul=encyklopädie gehörig. Braunschweig 1795. – (Johann Heinrich Brumleu) Ueber Klopstocks Messias. Erster Theil. Stendal 1805: Kommentar zu den beiden ersten Gesängen.

6 (Johann Christian Jahn) Praktische Anleitung, Geist und Herz durch die Lektüre der Dichter zu bilden. Ein Beytrag zur Philosophie des Lebens. 2 Theile. Bayreuth 1793/94, II 131–172: über Klopstocks „Friedrich der Fünfte“, „An Bodmern“, „Der Zürichersee“ und Ramlers „Ode auf einen Granatapfel“. – August Gottlieb Meißner, Die Epoken. Elegie (von Klopstock); in: Apollo, eine Monatsschrift, Prag 1794, 6. Stück, S. 128–137. – (Christian Friedrich Rudolph Vetterlein) Hemis und Telon von Klopstock; in: Kritische Bibliothek der schönen Wissenschaften. Sechstes Heft. Köthen 1795, S. 448–455. – Georg Gustav Fülleborn, Einige Bemerkungen über den deutschen Sprachunterricht in obern Klassen, nebst zwey Vorlesungen über Klopstocksche Oden; in: Beyträge zur Critik des Schulunterrichts. Hrsg. von Carl Friedrich Etzler. Drittes Stück. Leipzig 1798, S. 70–105; 77–93: „An Giseke“, 94–104: „Wingolf“, 6. Lied.

7 Johann Daniel Schulze, Ideenmagazin für Lehrer in den obern Klassen der Gymnasien und Lyceen zu zweckmäßigen schriftlichen Arbeiten für ihre Schüler. Weißenfels/Leipzig 1804, S. 240–261.

8 Rezension in: Allgemeine Literatur-Zeitung, 22. Oktober 1791, Sp. 153–155; 153: „Man sammelt ängstlich alle Varianten alter Schriftsteller, die doch großentheils nur bloße Schreibfehler sind, und oft für die Kritik sehr geringhaltige Ausbeute liefern. Wie viel unterhaltender ist es, die Veränderungen aufzusuchen, die ein Wieland mit seinen Werken vorgenommen hat!“ – Ähnlich empfiehlt Fülleborn (= Anm. 6) 76, die drei Fassungen von Ramlers „Ode auf den Granatapfel“ „wie eine Pindarische oder Horazische Reliquie“ zu behandeln.

9 Vgl. oben S. 202 f.

Dichtergeneration auf das hermeneutische Problem der fundamentalen Fremdheit und Sinnfreiheit: man verstand sich und alle großen Dichter als Genie, das heißt als jemanden, der von ganz anderem Schlage ist als seine Leser und nur ihnen Fremdes produzieren kann.

Die Leser, denen damit naturgemäß wenig gedient war und die doch unter der Faszination des Fremden von der viel beredeten „Lesewut" befallen waren, hatten in der Lektüre ganz Ungewohntes zu leisten, Fremdes eben und potentiell Sinnfreies heimzuführen in vertraute Zusammenhänge, in denen ihr Sinn geborgen sein mochte. Daß die neu benannte Literatur zur Sinnfindung nötigte, stellte sie in das Zentrum aktueller Probleme einer Zeit, da der gemeinsam geteilte Sinn sich in gesellschaftliche Gruppierungen zersplitterte und da sich die Auflösung überkommener, auch religiöser, Sinnordnungen abzeichnete. Das Reden und Schreiben über literarische Texte hatte stellvertretend sich um die Ausgleichung des Sinndefizits zu bemühen, das in die abendländische Kultur eingebrochen war. Die theologischen und christologischen Prädikate und die quasi-religiöse Verehrung, die sich seit dem letzten Drittel des 18. Jahrhunderts um Kunstwerke allgemein und Dichtungen insbesondere scharen, dürfen als deutliche Spuren des Bewußtseins gelten, daß die Interpretation literarischer Texte ein Erbe anzutreten im Begriff war, das sich nur religiöser Ausdrucksweise erschloß. Philologischer Kommentar und Lesartensammlung konnten da, bei all ihrer Dignität, nicht genügen. Die Vor-Leser, Lehrer vor allem, mußten neue Lesetechniken entwickeln.

Der Lehrer Sulzer suchte die befremdliche Lücke zwischen dem Geschriebenen und dem in ihm abwesenden Sinn zu überbrücken durch das traditionelle Postulat, „bey jeder Stelle die Gedanken des Verfassers genau treffen (zu) lernen", und doch verwandelte sich ihm das Ziel unter der Hand in die Erkenntnis dessen, „was der Verfasser hat sagen wollen"[10], also mit dem, was er tatsächlich „gesagt" hat, eben gerade ungesagt gelassen hat.[11] Der Lehrer Trapp hatte, über eine solche Umschreibung der Aufgabe hinaus, durch paraphrastische Reformulierung die Ode „Theodicee" von Uz angeschlossen an das sichere Sinndepot der Philosophie[12]; der Lehrer Christian Wilhelm Snell versuchte auf gleichen Paraphrasenwegen das Sinndepot der Alltagserfahrung und wohl auch des Glaubens zu erreichen[13]; der Hochschullehrer Reinhold rettete den Sinn eines Feenmärchens durch dessen Integration in eine theologisch

[10] Vorübungen zur Erweckung der Aufmerksamkeit und des Nachdenkens. Vierter Theil. Allein zum Gebrauch der Lehrer. 3. Aufl. Berlin 1782, S. XXV, XXVI aus Sulzers Vorwort zur 1. Aufl. von 1768.

[11] Zu den Implikationen dieser Formel: Klaus Weimar, Gibt es eine literaturwissenschaftliche Hermeneutik? in: Sprache und Literatur in Wissenschaft und Unterricht 57 (1986) 11–19; 13.

[12] Vgl. oben S. 152.

[13] Christian Wilhelm Snell, Ueber frühe Bildung des Geschmacks für Eltern, Schullehrer und Hofmeister. Gießen 1782, S. 160–164: Interpretation von „Der Mond ist aufgegangen", eines der Beispiele im Kapitel „Wie man deutsche Schriftsteller in Schulen lesen und erklären soll" (102–202).

imprägnierte Theorie der schönen Wissenschaften[14] – alles Rettungsaktionen, die das sinnfreie Leserobjekt anzuschließen suchten an altbewährte Sinnzusammenhänge.

Kühner und ohne solche Rückversicherungen bewegte sich da schon eine neue Leseweise namens „Charakteristik“, die ein Theologe, Pädagoge und Klopstockverehrer, August Hermann Niemeyer, in einem vielgelesenen Werk über die Bibel besonders ausführlich gepflegt[15] und folgendermaßen gerechtfertigt hat: „Das Fortrücken in einer der nuzbarsten und schwersten Wissenschaften, der Kenntniß des Menschen, gehört ohnstreitig unter die wichtigeren Vorzüge unsers Jahrhunderts, vor den vergangenen.“[16] Und: „Es ist möglich, bey der biblischen Geschichte, so gut als bey jeder andern, Karakteristik anzuwenden, und es kann zugleich, so wie jede Untersuchung des Menschen, nüzlich seyn.“[17]

Charakteristik als Beitrag zur Kenntnis des Menschen, gesichert durch ihre säkulare Nützlichkeit, konnte ebensogut auch mit literarischem Material arbeiten, und zwar auf zweierlei Weise. Die eine Möglichkeit ist die „Karakteristik der Dichter“, die aus einer „Zergliederung“ der Werke[18] – auch Reinhold hatte ja diesen Begriff benutzt[19] – hervorgehen muß und von der als von einer literaturgeschichtlichen Verfahrensweise schon die Rede war.[20] Die andere Variante, die hier von größerem Interesse ist, beschäftigt sich nicht mit den Dichtern selbst, sondern mit den von ihnen geschaffenen Figuren und scheint sich vor allem als dramaturgische Charakteristik entwickelt zu haben[21], die den Schauspielern (und dann wohl auch Zuschauern) eine Rolle so erklärte wie der Lehrer seinen Schülern den Text. Voll entwickelt zeigt sie sich bei Daniel Jenisch (auch er übrigens Lehrer), dessen Buch über den „Wilhelm Meister“ praktisch ganz aus Beschreibungen der Romanfiguren besteht und in der Darlegung der

---

14 Vgl. oben S. 157.

15 August Hermann Niemeyer, Charakteristik der Bibel. 5 Theile. Halle 1775–82.

16 (August Hermann Niemeyer) An das Publikum, die Karakteristik betreffend; in: Deutsches Museum 1776, I 337–345; 337.

17 Ebd. 340.

18 „Was die Karakteristik der Dichter betrift, so erklärte sich Herr Eschenburg in der Vorrede zu seinem Lehrbuche darüber schon ganz unzweydeutig. Und jezt zeigt er offenbar, in welchem Umfange er die Forderung, sich in die Geistesschilderung der vorzüglichsten Dichter einzulassen, an die Lehrer der Theorie thut, indem er mit einer Beyspielsammlung zur Theorie und Litteratur der schönen Wissenschaften auftritt, wo sich von jedem der vorzüglichsten Dichter aus jeder Gattung ein oder ein paar Stücke befinden, durch deren Zergliederung der Lehrer ihn genau würdigen und charakterisiren soll.“ Kritische Uebersicht der neusten schönen Litteratur der Deutschen. (Hrsg. von Carl Heinrich Heydenreich). Zweiten Bandes erstes Stück. Leipzig 1788, S. 6.

19 Vgl. oben S. 157.

20 Vgl. oben S. 142 f.

21 In Ansätzen etwa in zwei anonymen Schriften von Christian Heinrich Schmid: Ueber einige Schönheiten der Emilia Galotti (Leipzig 1773) und: Ueber Götz von Berlichingen. Eine dramaturgische Abhandlung (Leipzig 1774). Zu einem englischen Vorbild vgl. oben S. 142 Anm. 161.

Einheitlichkeit ihres Wesens und Handelns „eine Art von Commentar zu Meisters Lehrjahren" zu sein beansprucht.[22]

Die anthropologische Neugier befriedigt und bereichert sich also auch an literarischen Texten, sie entdeckt deren Lektüre als einen Teil ihrer selbst und macht zwar noch nicht die Texte, aber doch das Lesen so sinnvoll wie das Leben selbst und gar noch sinnvoller, indem sie nachweist, daß man auch und gerade in literarischen Texten moralische Charaktere von einer Geschlossenheit und Einmaligkeit[23] und von einer höheren Wahrheit kennenlernen kann, wie sie das Leben gar nicht zu bieten vermag; denn der Roman zeigt – in der Gestalt Wilhelm Meisters – „das höchste Ideal der Menschheit, welches wir, mit einem eigenthümlichen Ausdruck, die reine Menschheit benahmen wollen".[24] Im Lesen begegnet die Humanität „leibhaftig", die zu verkörpern im Leben immer noch Ziel bleibt.

Aber nicht das Anschauen des Ideals ist das Wesentliche an dieser Art der Lektüre (nicht jeder Roman ist schließlich ein „Wilhelm Meister"), das Wesentliche ist vielmehr, worauf sie ihre ganze Aufmerksamkeit richtet. Nicht mehr nur der Stil und die Darstellungsweise in ihrer Fremdheit werden an vertraute und sichere Sinndepots angeschlossen, auch wird nicht die Unvertrautheit einzelner Wörter erklärend und kommentierend behoben. Das Dargestellte selbst, sei es nun Ideal oder nicht, wird durch Charakteristik in seiner Bedeutung erklärt.

Auf diese Weise sind die dargestellten Inhalte literarischer Texte zurückgefallen oder aufgestiegen in den Status historischer Vorkommnisse, deren innerer Sinn erst noch durch verständige Auslegung zu ermitteln ist. Und die Auslegung hätte an andersartigem, aber analogem Material so das Geschäft der Theodizee oder der Geschichtsphilosophie zu betreiben: sie müßte den zuversichtlich vorausgesetzten, verborgenen fremden Sinn aus erzählten Geschichtsverläufen heben.

In der Tat hat die Auslegung diese Aufgabe als die ihre akzeptiert, nur vorderhand nicht sehr weit bearbeiten können, nicht zuletzt deswegen, weil sie von der Theorie, von der Hermeneutik, dabei im Stich gelassen wurde. Die traditionelle Hermeneutik konnte ihr grundsätzlich keine Hilfe leisten; denn sie ging seit Aristoteles davon aus, daß „Wörter eigentlich nichts anders, als Zeichen unsrer Gedanken sind, die man aussprechen kann", und also beim Verstehen wieder in dieselben Gedanken zurückzuverwandeln seien, so daß „ihrer zween einander" dann und nur dann „verstehen", „wenn sie mit einerley Worten auch allezeit einerley Begriffe verknüpfen"[25], oder, wie es ein Lehrer am Ende des Jahrhunderts formuliert hat: „Man versteht überhaupt eigentlich nur

[22] Daniel Jenisch, Ueber die hervorstechendsten Eigenthümlichkeiten von Wilhelm Meisters Lehrjahren oder über das, wodurch dieser Roman ein Werk von Göthen's Hand ist. Ein ästhetisch-moralischer Versuch. Berlin 1797, S. 217.

[23] Etwa Philine in ihrer ganzen „Philinität": Jenisch 197.

[24] Jenisch 27.

[25] Johann Christoph Gottsched, Erste Gründe der gesammten Weltweisheit [...]. Theoretischer Theil. 3. Aufl. Leipzig 1739, § 49. Formulierungen dieser Art sind der allenthalben anzutreffende hermeneutische Standard im 18. Jahrhundert.

dann seinen Autor, wenn man im Lesen das nähmliche denkt und fühlt, was er beym Schreiben im Sinn hatte“[26], oder noch schärfer: Zweck der „Interpretationskunst“ sei es, „alles zu denken, was, und so zu denken, wie, es der Autor gedacht hat“.[27] In solchen überschwenglichen Formulierungen, und das ist ihr Vorteil, ist es fast mit Händen zu greifen, daß Deckungsgleichheit von Gemeintem und Verstandenem und insofern auch dieses Verstehen ganz und gar unmöglich ist, und daß, wenn sie sich doch ereignen sollte, wir den archimedischen Punkt nicht haben, von dem aus wir die Selbigkeit und Einerleiheit unseres Verständnisses und der Begriffe des Autors neutral vergleichend feststellen könnten.

Das grundlegende Einverständnis über den überhaupt nur möglichen Sinn vor und in allen Texten mochte jedoch als valabler Ersatz jenes archimedischen Punktes gelten und die irgendwie ja doch schöne Fiktion aufrechterhalten, daß der Leser von den Wortzeichen am Leitfaden des Sprachgebrauchs zu den Begriffen und dann zu genau denselben Sachen geführt werde, die der Schreiber gemeint hatte. Jenes Einverständnis mochte dafür gelten, solange alle Texte als anzitierende Variationen dieses Sinns die Zirkulation des Identischen in Gang hielten. Sobald aber die literarischen Texte als Leserobjekte fremd und sinnfrei geworden sind, nützt eine Hermeneutik rein gar nichts, die das Lesen und Verstehen als Umkehrung des Schreibens denken lehrt und demgemäß jede Lektüre anhält, die unzugänglichen Gedanken der Urheber zu verdoppeln. Sie würde damit nur insistieren auf der Aktualisierung grundsätzlicher Vertrautheit (weshalb sie übrigens ohne die uns vertraute Kategorie „Sinn“ auskam[28]), wo es doch um die Überwindung grundsätzlicher Fremdheit ging.

Eine neue Hermeneutik, die dieser Aufgabe gewachsen gewesen wäre und das Zeichen für den Schreiber vom Zeichen für den Leser unterschieden hätte, war nur in enigmatischen Andeutungen bei Johann Georg Hamann und inkorporiert in einzelnen Auslegungen bei Johann Gottfried Herder vorhanden[29], als Theorie aber noch nicht formuliert, auch von den Philologen nicht. Der

---

26 Jahn (= Anm. 6) II 211.

27 Christian Jacob Kraus, Encyklopädische Ansichten einiger Zweige der Gelehrsamkeit. Nach dessen Tode hrsg. von Hans von Auerwald. Erster Theil. (Ch. J. K., Vermischte Schriften über staatswissenschaftliche, philosophische und andere Gegenstände. 3) Königsberg 1809, S. 108.

28 Das Wort gab es natürlich, und wäre es nur als Übersetzung des lateinischen „sensus“; aber es ist schon viel, wenn es von „Bedeutung“ als einer kleineren Einheit unterschieden wird, etwa so, daß „Bedeutung“ zum Einzelwort oder zu „Ausdrücken“ gehört, „Verstand“ oder „Sinn“ aber zur ganzen Rede; „der Sinn der Rede ist also der Inbegrif aller einzeln Bedeutungen derjenigen Worte, welche die Rede ausmachen“: Georg Friedrich Meier, Versuch einer allgemeinen Auslegungskunst (Halle 1757). Hrsg. von Lutz Geldsetzer. (Instrumenta philosophica, series hermeneutica. 1) Düsseldorf 1965, § 104.

29 Klaus Weimar, Historische Einleitung zur literaturwissenschaftlichen Hermeneutik. Tübingen 1975, S. 66–88. – Zu Herder auch: Hans Dietrich Irmscher, Grundzüge der Hermeneutik Herders; in: Bückeburger Gespräche über Johann Gottfried Herder 1971. Hrsg. von Johann Gottfried Maltusch. Bückeburg 1973, S. 17–57.

Ratschlag, den Friedrich August Wolf mit Herder und anderen zu geben wußte[30], sich nämlich „in das Zeitalter und in eine ganze Reihe von Dingen“ zu versetzen[31], konnte nicht das Nötige treffen, da Fremdheit ja unter Angehörigen desselben Zeitalters eingetreten war, nicht nur für die wenigen Aufmerksamen, sondern ganz allgemein, überall da nämlich, wo der literarische Text deutscher Sprache überhaupt Leserobjekt und damit Gegenstand der Erkenntnis geworden war.

Die Gegenstandswerdung des literarischen Textes hat ihre sinnenfällige Entsprechung darin gefunden, daß ebenfalls gegen Ende des 18. Jahrhunderts das laute Lesen aufgehört hat, das zuletzt noch an poetischen Texten praktiziert wurde.[32] Die Leser hatten gelernt oder waren gezwungen gewesen, ihre Stimme, ihr körperliches „Mitgehen“, auch ihren Zeigefinger und überhaupt sich selbst aus dem gelesenen Text herauszunehmen[33] und ihm grundsätzlich so gegenüberzutreten, wie er ihnen gegenüberstand, fremd nämlich, aber doch durch die Empathie des Leseerlebnisses aneinandergefesselt.

Wem es nach dem stummen Lesen nicht ein für allemal die Sprache verschlagen hatte, der mußte etwas Neues lernen: wie man über Erlebnisse reden oder schreiben kann, die so leise und so intim vonstatten gehen wie Träume und doch von vielen anderen geteilt werden. Der Leser selbst hatte dann die Vermittlung zu leisten zwischen sich und dem fremden Text und den anderen Lesern. Eine Auslegung auch literarischer Texte, vorher nicht nötig, war unvermeidlich geworden und hatte die verlorene Gemeinsamkeit des Sinns immer wieder von Grund auf neu zu erarbeiten, und zwar auf eigene Faust. Und es hat sich dabei gezeigt, daß nicht eine Konstruktion neuen Sinns die Absicht sein konnte (dies blieb denn doch die Aufgabe der Philosophen und Ideologen), sondern eine Rekonstruktion des alten aus Texten, die ihn voraussetzen und verkörpern.

---

30 Anthony Grafton, Prolegomena to Friedrich August Wolf; in: Journal of the Warburg and Courtauld Institute 44 (1981) 101–129. – Ders., „Man muß aus der Gegenwart heraufsteigen“. History, tradition, and traditions of historical thougt in Friedrich August Wolf; in: Aufklärung und Geschichte. Studien zur deutschen Geschichtswissenschaft im 18. Jahrhundert. Hrsg. von Hans Erich Bödeker (u. a.). (Veröffentlichungen des Max-Planck-Instituts für Geschichte. 81) Göttingen 1986, S. 416–429.

31 Friedrich August Wolf, Vorlesungen über die Encyclopädie der Alterthumswissenschaften hrsg. von J. D. Gürtler. (Vorlesungen über die Alterthumswissenschaften. 1) Leipzig 1831, S. 283, mit ausdrücklicher Betonung des dazu nötigen Aufwandes; die traditionellen hermeneutischen Grundsätze auf S. 272–276.

32 Erich Schön, Der Verlust der Sinnlichkeit oder Die Verwandlungen des Lesers. Mentalitätswandel um 1800. (Sprache und Geschichte. 12) Stuttgart 1987, S. 99–122: „Das Ende des lauten Lesens“; vgl. S. 103: „Für das späte 18. Jahrhundert haben wir denn auch anzunehmen, daß das laute Lesen von Prosa, Romanen etwa, schon länger unüblich war. (Für Romane dürfte es seit je auch leises Lesen gegeben haben). Für Schauspiele, soweit man sie las – ‚Verzeiht! Ich hört' euch deklamieren; Ihr last gewiß ein griechisch Trauerspiel‘ – wird sicher die Unterscheidung Verse oder Prosa bedeutsam gewesen sein. Für Lyrik aber muß das laute Lesen noch so geläufig gewesen sein, daß es gar nicht erwähnt zu werden brauchte.“

33 Schön 118.

Rationale Rekonstruktion und neue Hermeneutik

Möglicherweise haben einige der Dozenten, die im Gefolge Reinholds deutsche Texte in eigenen Vorlesungen erklärt haben[34], sich der Sinnrekonstruktion angenommen, aber darüber weiß man nichts. Am ehesten wäre es zu erwarten von den jungen Philosophen unter ihnen; denn für die Generation Schellings und Hegels waren unter den umschriebenen Voraussetzungen deutsche literarische Texte unversehens wahrheitsfähig und potentiell sinnhaltig geworden.

Kant hatte in dieser Hinsicht von den Poeten eine eher geringe Meinung. Noch in der „Anthropologie in pragmatischer Hinsicht" (1798) stellte er trokken fest, daß die von den Jungen seit Herder so geschätzten „alten Gesänge, vom Homer an bis zum Ossian, oder von einem Orpheus bis zu den Propheten, das Glänzende ihres Vortrags bloß dem Mangel an Mitteln, ihre Begriffe auszudrücken, zu verdanken" hätten.[35] Und ganz allgemein waren ihm Genies, ob sie nun Homer oder Wieland heißen, solche, von denen man nichts lernen kann[36], wie ihm denn auch die Betrachtung der vollkommensten Werke auf „interesseloses Wohlgefallen" und auf nichts anderes ausgerichtet war bzw. sein durfte. Dem entspricht bei den Anhängern Kants in hermeneutischer Hinsicht die Furcht, gegen die sich schon Reinhold gewandt hatte[37], daß man nämlich

> durch die Auflösung und Zergliederung eines Gedichts den Genuß desselben mehr stöhrt, als befördert. Unser Wohlgefallen am Schönen beruht großentheils auf dunkeln Vorstellungen, und es gehört viel Kunst dazu, diese grade in dem Maaße aufzuhellen, daß unser Vergnügen nicht zugleich zerstreut wird.[38]

Für die jungen Philosophen dagegen galten solche Vorbehalte und Befürchtungen überhaupt nicht, da sie literarische Texte nicht mehr als Genußmittel betrachteten, sondern sich in der Lektüre an der Quelle von Einsichten sahen, die hinter denen der Philosophie nicht zurückstanden. In diesem Sinne empfahl Schelling „das eigenthümlichste Gedicht der Deutschen", den „Faust", zur Lektüre:

> Wer in das Heiligthum der Natur eindringen will, nähre sich mit diesen Tönen einer höheren Welt und sauge in früher Jugend die Kraft in sich, die wie in dichten Lichtstrahlen von diesem Gedicht ausgeht und das Innerste der Welt bewegt.[39]

---

34 Vgl. oben S. 162 ff.

35 Kant, Werke in sechs Bänden. Hrsg. von Wilhelm Weischedel. Darmstadt 1964, VI 498.

36 Kant V 408 (Kritik der Urteilskraft, A 183).

37 Vgl. oben S. 159.

38 Fülleborn (= Anm. 6) 80; es folgt übrigens eine interessante Erklärung, warum „bey poetischen Kunstwerken in einer fremden Sprache" „die Erklärung immer noch leichter" sei „als bey Gedichten in unserer Muttersprache".

39 Friedrich Wilhelm Joseph Schelling, Vorlesungen über die Methode des academischen Studium. Tübingen 1803, S. 259. – Zum Teil gleichlautend in den Jenaer Vorlesungen über die „Philosophie der Kunst": Sämmtliche Werke. Erste Abtheilung. Fünfter Band: 1802. 1803. Stuttgart/Augsburg 1859, S. 731–733.

Dieses neue Zutrauen zur Literatur, für das sie weit mehr ist als die angenehme und vielleicht schöne Einkleidung vorher schon bestehender Wahrheiten, hat sich ein neues Interpretationsverfahren geschaffen, mittels dessen der verborgene fremde Sinn erarbeitet werden kann. Es beruht auf der Voraussetzung, daß selbst das Erzählen von bislang höchstem Sinn, das Wiedererzählen der nicht oft genug zu erzählenden Heilsgeschichte, nicht schon als solches Sinn genug sei.

Von Moses in Klopstocks „Messias" stammt das Motto der christlichen Erzähltradition: „Zwar was ich dir sage, / Weißt du alles; doch ist es gut, die gesehene Wahrheit / Wieder zu sehen" (IX 247–249). Die neue Interpretationsweise hat aufgehört, das iterative Erzählen kommentierend und erklärend zu unterstützen oder paraphrasierend fortzuführen; auch sucht sie keine Verbindung zu Sinndepots herzustellen, sondern produziert selbst erst den Sinn, und dies nicht aus Übermut, sondern aus der grundsätzlichen, wiewohl selten formulierten Einsicht, daß ein Text als Buchstabenkonglomerat vermöge seiner Äußerlichkeit und Materialität ein sinnfreies und auf externe Sinngebung angewiesenes Phänomen ist[40] und daß er die Sinnintentionen seines Autors im Übergang in die Materialität sowohl hinter sich gelassen als auch überschritten hat.[41]

Als Zeichen dieser Einsicht hat der Wittenberger Philosoph Johann Christian August Grohmann in seinem Buch über Klopstocks „Messias"[42] ganz auf Kommentar, Bibelstellennachweis, Paraphrasen, Variantensammlung[43] und ähnliche philologische Operationen verzichtet, wie sie sonst in den zeitgenössischen Erläuterungsschriften[44] üblich waren, und seine Hauptaufgabe auch nicht mit Reinhold darin gesehen, die Vollkommenheit des Werks als Übereinstimmung mit der Theorie nachzuweisen.[45] Statt dessen verlagert er seine ganze

---

40 „Ich bringe vor Sie ein Produkt, dem ich einige Ideen eingehaucht zu haben glaube: aber ich gebe Ihnen nicht die Ideen selbst, diese kann ich Ihnen nicht geben: ich gebe Ihnen den bloßen Körper. Diese Worte an sich sind nichts, als ein leerer Schall, ein Stoß in die Luft, die uns beide umgiebt. Den Sinn, den sie für Sie haben [...], gebe nicht ich denselben: Sie geben ihn: Sie legen für sich einen Sinn darein." Johann Gottlieb Fichte, Gesamtausgabe. Hrsg. von Reinhard Lauth und Hans Jacob. Band II/3: Nachgelassene Schriften 1793–95. Stuttgart-Bad Cannstatt 1971, S. 320 (Ueber den Unterschied des Geistes, und des Buchstabens in der Philosophie).

41 Das begründet nach Friedrich Schlegel den Stolz des Künstlers auf „das Werk, was alle Absicht göttlich überschreitet, und dessen Absicht keiner zu Ende lernen wird" (KA II 270.136).

42 Johann Christian August Grohmann, Aesthetische Beurtheilung des Klopstockischen Meßias. Eine von der Amsterdammer Akademie der Dichtkunst und schönen Wissenschaften gekrönte Preisschrift. Leipzig 1796.

43 Daß die Bekanntschaft mit den verschiedenen Fassungen gleichwohl vorhanden ist, zeigt die Erörterung einer Änderung in der „neuern Ausgabe" von 1780 (Grohmann 36–39).

44 Vgl. Anm. 6.

45 Dem „Beweis" des Satzes „Der Messias ist unter allen Heldengedichten, die von Homer an bis auf unsere Zeiten erschienen, das vortreflichste" ist eine Konkurrenzschrift gewidmet: Carl Friedrich Benkowitz, Der Messias von Klopstock, ästhetisch beurtheilt und verglichen mit der Iliade, der Aeneide und dem verlohrenen Paradie-

Aufmerksamkeit von semantischen Phänomenen auf sozusagen parasemantische, vom Erzählten auf die Art des Erzählens, und darin zuerst auf die Anordnung der Erzählsequenzen. Die Leitfrage ist, warum die Szenen gerade in der im Text gegebenen Reihenfolge erzählt werden, und das Mittel zur Beantwortung ist der Begriff der Versöhnung, den das Proömium des „Messias" nennt („er thats, und vollbrachte die grosse Versöhnung").

Die Interpretation, die sich daraus entwickelt, schreitet etwa so voran:

> Nach dieser allgemeinen Dichtung der Größe des Versöhners und der zu stiftenden Versöhnung mußte es nun des Dichters HauptWerk seyn, die Heiligung des meßianischen Willens selbst zu singen, und uns sein freies heiliges sich Dahingeben zu zeigen, um jene Achtung, womit wir gegen den Meßias erfüllt wurden, wahrer, ernster und heiliger zu machen; da für Vernunft und VernunftIdeal heiliger Wille das erste Substrat zum Erhabenen und zum Gefühl der Achtung ist. Gleich nach jener allgemeinen Schilderung und Angabe der Größe des VersöhnungsWerkes, gehet der Dichter daher sogleich zu der Darstellung dieses heiligen Willens über.[46]

Die übernommene Terminologie des Kantianers Grohmann soll uns nicht von seiner eigenen ablenken; denn in ihr stecken die hermeneutischen Implikationen, die mit einem doppelten Einerseits-Andererseits zu erläutern sind.

Einerseits gibt sich eine solche Interpretation, indem sie dem Textverlauf von Anfang an Schritt für Schritt folgt, zu erkennen als eine Wiederholung des Schreibprozesses dem Richtungssinn nach. Andererseits folgt sie dem Text nicht referierend, sondern argumentierend und behauptet damit ihre Selbständigkeit. Die Argumentation entfaltet sich in den Schnitten zwischen den einzelnen Erzählsequenzen, und zwar so, daß sie die Temporalität des Textfortschritts (bei Klopstock markiert z. B. durch das stereotype „Jetzo" oder „Itzt") bereichert und verwandelt. Durch Begründungen hinterlegt sie der ihr vorgegebenen Wirklichkeit des Textes die Modalität der Notwendigkeit und kann dann, Temporalität und Modalität verbindend, resümieren: „[...] gehet der Dichter daher (Modalität der Notwendigkeit) sogleich (Temporalität) zu der Darstellung des heiligen Willens über". Die rationale Rekonstruktion des Textfortschritts ist nur formaliter, dem Richtungssinn nach, eine Wiederholung des Schreibprozesses; materialiter ist sie eine kreative, argumentative Ableitung parasemantischer Phänomene und als solche eine Konkurrenz zu deren poetischer Herstellung.

Trotzdem legt die Interpretation strukturellen Wert einerseits darauf, Verständnis des fremden Textes und kein freies Spiel schöpferischer Beliebigkeit zu sein, und andererseits darauf, nicht als Schilderung der psychischen Vorgänge im Autor des Textes beim Schreiben zu gelten. Beides ist niedergelegt in der Formel „der Dichter mußte", dem Schibboleth einer neuen Interpretationspraxis. Daß „der Dichter", und dazu noch im Präteritum, bemüht wird, bekundet den Anspruch auf wirkliches Fremdverstehen, und dieselbe Funktion

---

se. Eine Preisschrift, die von der Amsterdammer Gesellschaft zur Beförderung der schönen Künste und Wissenschaften eine doppelte Medaille erhalten hat. Breslau 1797, S. 6.

[46] Grohmann (= Anm. 42) 12.

hat die Wahl des Ausgangspunktes für die rationale Rekonstruktion im Begriff der Versöhnung aus dem auszulegenden Text selbst. Daß aber „der Dichter" zitiert wird und nicht „Klopstock", daß es unter dem Vorzeichen der Notwendigkeit geschieht und auch im Präsens möglich ist („gehet der Dichter daher sogleich"), das alles zeugt vom präzisen Bewußtsein, es mit dem gegenwärtigen Leserobjekt Text zu tun zu haben[47] und nicht mit dem vergangenen Schreiberhandeln, dem er sich verdankt. Und dennoch werden beide stets beieinander behalten, indem die gegenwärtige Konstruktion der Notwendigkeit, die als argumentierend-konkurrierende Wiederholung das vergangene Schreiberhandeln vertritt, ständig abzielt auf „uns", die Leser und etwa ihr „Gefühl der Achtung".

Das ist eine praktizierte Absage an die theoretische Usurpation jenes archimedischen Punktes, auf dem allein man die Selbigkeit und Einerleiheit der Gedanken bei Autor und Leser neutral vergleichend feststellen könnte, eine Absage also an die alte Hermeneutik. Kriterium der Wahrheit ist nicht mehr, ob die Interpretation eines Textes mit den unzugänglichen Gedanken seines Verfassers deckungsgleich ist, also nicht ihre Übereinstimmung mit etwas anderem, ihr Fremdem. Wahrheitskriterium der Interpretation ist vielmehr ihre Übereinstimmung mit sich selbst, die sie herstellt und zugleich beweist, wenn sie aus dem hypothetischen Schreibhandeln „des Dichters" (das sie selbst ist), aus der Entwicklung der allgemeinen Aufgabenstellung, die Versöhnung zu dichten, die vorliegende Textgestalt und den wirklichen Effekt beim Leser, der sie auch ist, schlüssig ableiten kann.

Von ihrer, der Interpretation, eigenen Konsistenz hängt es ab, ob der interpretierte Text sinnvoll geworden ist. Das Argumentieren auf Notwendigkeit hin ist somit selbst die Sinnstiftung, indem es die Elemente des Textes, die für den Leser sich zunächst nur addieren, zusammenfügt zu einem in sich geschlossenen, gedanklich nachvollziehbaren Kontinuum. Die Interpretation ist dabei keine, die den großen Gedanken des Autors noch einmal denkt. Sie weist nach, daß die Darstellung einem einheitlichen, vernünftig explizierbaren Prinzip der Zweckmäßigkeit[48] derart folgt, daß „der Dichter" es befolgt „haben muß".

Trotzdem kann man nicht gut sagen, daß Kants „Kritik der Urteilskraft", die das Vokabular des Nachweises liefert, als Depot fungieren würde, woraus

---

[47] Daß „Dichter" metonymisch für „Text" stehen kann, wird deutlich in der gelegentlich benutzten Fügung „in unserm Dichter", etwa anläßlich der Parallele mit Malern, die sich unter die Figuren in ihrem Gemälde hinstellen: „So auch in unserm Dichter! man findet gerade das Porträt, von unserm Klopstock nicht; sondern unter einer fremden Hülle, in Gedor, Gelimar, die andere Personen als Er sind, findet man ihn gedichtet" (Grohmann 317).

[48] Grohmann 8: „Wir müssen uns verwundern, wenn wir zu dem Dichter gehen, der die Dichtung dieses Ideals zu dem Stof seines Gesangs genommen hat, – wie er erstlich mit der größten Zweckmäßigkeit die Bilder, die die Humanität und jene Göttlichkeit bezeichnen, entworfen, wie er aus dem zartesten Stof sie zusammengesezt; und mit welcher Weisheit er sie zweitens zusammengestellt und zu Einer Wirkung verbunden hat."

dem Text Sinn zugeführt wird, so wenig wie der „Stoff", die ehrwürdigste aller Geschichten. Denn: „Die Erzählung wäre in dem Munde des Dichters langweilige Monotonie, – Erzählung der Geschichte, aber nicht Dichtung der Geschichte geworden."[49] Der Text hat den Sinn, Versöhnung nicht einfach nochmals zu erzählen und die schon so oft gesehene Wahrheit wieder zu sehen, sondern sie im emphatischen Sinne erstmals zu dichten. Garant dieses Sinnes ist allein die interpretativ nachgewiesene Kohärenz, und ihretwegen setzt die Interpretation das erzählte Was als bekannt und verstanden voraus und wendet sich ganz dem Wie des Dichtens zu.

Immer wieder geht es Grohmann um dieses Wie, um die Darstellungsart, die er anvisiert mit Fragen dieser Art: „Wie hat ihn der Dichter in seinen Leiden [...] aufgestellt – [...] welche Veranstaltungen hat er getroffen, uns zugleich den Endzweck dieser Leiden sehen zu lassen?"[50] Desgleichen ist ihm nicht die Frage wichtig, was der Dichter aus der Sprache der Bibel übernommen hat, sondern „wie weit er ihr folgen und sie nachahmen mußte".[51] Auch die Betrachtung „Ueber Charaktere und Charakter-Schilderung"[52] richtet sich auf die Untersuchung dessen, wie die Figuren (besonders die Teufel) charakterisiert sind, und geht nur ergänzend auf Jenischs Hauptaugenmerk in der Charakteristik ein, auf die Erklärung dessen, als was die Figuren charakterisiert sind. Und ganz klar wird das Interesse am Wie in der letzten Betrachtung „Ueber Komposition einzelner Dichtungen und des ganzen Gedichts".[53]

Mit ungewöhnlicher Konsequenz hat sich Grohmann ganz auf die Ausbreitung und Auswertung parasemantischer Sinnträger im Dienste des Kohärenznachweises und der Sinnkonstruktion fixiert. Das Verfahren der rationalen Rekonstruktion fremden Sinnes aus allgemeinen Vernunftgründen (er selbst nennt es übrigens durchgehend „Kritik") hat er schlafwandlerisch sicher geübt, ohne jemals seine theoretische Aufmerksamkeit auf es selbst zu richten. So ist ihm und seiner Mitwelt die neue Hermeneutik entgangen, die in seiner Interpretation inkorporiert ist, indem er diese als Wiederholung und nicht mehr als Umkehrung des Schreibens inszeniert hat. Selbst ein aufmerksamer Zeitgenosse wie August Wilhelm Schlegel wußte über Grohmanns Buch wenig mehr zu bemerken, als daß es schlecht geschrieben sei.[54]

Die Interpretation nach Maßgabe der neuen Hermeneutik ist eine eminent heikle Wanderung auf dem schmalen Streifen zwischen jenen erwähnten beiden Einerseits-Andererseits: die rationale Rekonstruktion will Wiederholung des Schreibens sein und doch selbständig begründende Argumentation bleiben, sie will selbst kreativ sein und doch Fremdverstehen bleiben, ohne deswegen historische Psychologie werden zu wollen. Diese Balance ist schwer zu hal-

[49] Grohmann 17.

[50] Grohmann 48 f.

[51] Grohmann 148 f.

[52] Grohmann 197–252.

[53] Grohmann 253–298.

[54] (August Wilhelm Schlegel), Rezension, in: Allgemeine Literatur-Zeitung, Nr. 351, 4. November 1797, Sp. 305–309.

ten, zumal dann, wenn man keine Theorie hat, und die hat weitgehend gefehlt. Es gibt einige Interpretationen, die Analoga des Grohmannschen Verfahrens aufweisen, und es gibt einige Theorieansätze, die das Verfahren wenigstens partiell ins Bewußtsein heben, aber Praxis und Theorie der Interpretation konnten zusammen nicht kommen.

Interpretationen von ähnlicher Konstruktivität wie diejenige Grohmanns sind solche, die sich der Elemente des Dargestellten argumentativ zu Sinnfindungszwecken bedienen und ihre Argumentation am Textfortschritt orientieren. Viele von dieser Art hat es nicht gegeben. Der Duktus des Argumentierens im Modus der Notwendigkeit zeigt sich ganz streng und gegenstandsorientiert in Friedrich Hölderlins Sophokles-Anmerkungen, besonders im insistierenden viermaligen „Daher" in den „Anmerkungen zum Oedipus".[55] Die Aufmerksamkeit auf und argumentative Aus- bzw. Verwertung von Strukturen des Dargestellten findet sich, eingespannt in andere als nur interpretative Interessen, ganz gelegentlich bei Friedrich Schlegel[56] und Wilhelm von Humboldt[57], die Synchronisierung von Interpretation und Handlungsfortgang im Text bei Wilhelm Süvern.[58] Dessen Wallenstein-Interpretation läßt auch erkennen, wie und daß die Figurencharakteristik in die Rekonstruktion zu integrieren ist: während „das äschyleische Drama" „die bloße Handlung" darstellt, „ohne sie aus den Charakteren zu erklären"[59], und deshalb sich der Interpret nur „des Punctes der Handlung"[60] für ein Verständnis zu vergewissern braucht, muß die Interpretation eines so ganz anders gearteten modernen Stücks durch die Analyse der Charaktere hindurchgehen, um schließlich zum „Thema" zu gelangen, zum „Schlüssel des Ganzen, und seiner Ökonomie".[61]

Die Theorie hat es kaum geschafft, auch nur die vorhandenen Interpretationsweisen zu erfassen, geschweige denn ein weitergehendes Konzept zu ent-

---

[55] Hölderlin, Sämtliche Werke. Fünfter Band: Übersetzungen. Hrsg. von Friedrich Beißner. Stuttgart 1952, S. 198 f.

[56] Dazu gehören einzelne Bemerkungen im Aufsatz „Über Goethes Meister", die den Inhalt des Romans sozusagen vor der Lektüre aus der „Absicht" oder dem Thema ableiten, z. B.: „Bei dieser Absicht mußte die Schauspielerwelt die Umgebung und der Grund des Ganzen werden, weil [...]", oder: „Daher mußte das dritte Buch eine starke Annäherung zur Komödie erhalten; um so mehr, da [...]". Friedrich Schlegel, Charakteristiken und Kritiken I. Hrsg. von Hans Eichner. (Kritische Friedrich-Schlegel-Ausgabe. 2) München/Paderborn usw. 1967, S. 126–146; 132, 136.

[57] Wilhelm von Humboldt, Ästhetische Versuche. Erster Theil. Über Göthe's Hermann und Dorothea. Braunschweig 1799, etwa die §§ XXIX–XXXIII (S. 95–110) über das Arrangement von Dorotheas Auftreten.

[58] Wilhelm Süvern, Über Schillers Wallenstein in Hinsicht auf griechische Tragödie. Berlin 1800. – Paul Schwartz, Johann Wilhelm Süvern als Gymnasialdirektor; in: Zeitschrift für Geschichte der Erziehung und des Unterrichts 14 (1924) 48–86. – Wilhelm Süvern, Johann Wilhelm Süvern. Preußens Schulreformer nach dem Tilsiter Frieden. Ein Denkmal zu seinem 100. Todestage am 2. Oktober 1929. Langensalza 1929.

[59] Süvern 283.

[60] Süvern 223.

[61] Süvern 156.

wickeln. Immerhin gibt es allenthalben Andeutungen sowohl über die Prozedur der Interpretation als auch über ihre Arten und ihr Verhältnis zum Produzieren, die wenigstens grundsätzlich gleich gedacht zu sein scheinen und einander ergänzen können.

Für die Aussagen über die Prozedur der Interpretation ist entscheidend die Einsicht, daß man einen Punkt brauche, von dem aus man die verstandenen Elemente eines Textes konstruktiv verbinden und also mit Sinn ausstatten kann. Diesen Punkt hat Karl Philipp Moritz gesprächsweise den „Mittelpunkt" genannt, den jeder Text habe und den aufzusuchen für das Verständnis des Werks entscheidend sei.[62]

Was bei Moritz ein hermeneutischer Einfall ohne sichtbare Konsequenzen für eigene Interpretationen[63] geblieben ist, hat bei Süvern doch schon die Umrisse einer in sich gegliederten Theorie gewonnen. Er unterscheidet zwei Stufen des Verstehens, wobei die erste in eben jenem „Mittelpuncte"[64] ansetzt mit einer Konstruktion:

> Diesen einen Punct des Lebens gefunden, ihn in der Anschauung klar aufgefaßt, und in seinem Bildungsgange verfolgt zu haben, heißt, ein Kunstwerk verstehen. Ohne dies ist kein ächtes Verständnis desselben möglich; und nur wer seine Organisation so ab- und zurückzuleiten vermag, ist berufen, es zu erklären.[65]

Die Ableitung aus dem Mittelpunkt ist überdies in aller Klarheit gedacht als vom Werk gelenkte Reproduktion, nicht als dessen Auflösung:

> So viel können wir sehn, daß man durch Selbstthätigkeit des Geistes (welche von der Thätigkeit des Künstlers nur darin unterschieden ist, daß dieser völlig frey schaffend, der Beschauer hingegen, geleitet durch das beschaute Werk und folgend jener freyen Thätigkeit, bildet) das Kunstwerk in sich gleichsam producire, sich so auf den Punkt hebe, aus welchem es hervorwächst und man in sein inneres Geheimniß blikken kann.[66]

Die zweite, „höhere Stuffe" des Verstehens wird erstiegen, „wenn du von dem Geiste des Werkes zu dem seines Schöpfers geleitet wirst".[67] Dann nämlich sucht und findet man „den Punct, worin es mit seinem Leben zusammenhing", „den Keim seines Werks", und „hier ist die Vollendung des Verstehens":

> Denn so verstehst du nicht bloß das Werk mehr, sondern den Künstler selbst [...]. Jetzt erst hebt das vollständige Erklären an, jetzt ist man im Stande, die Bildung der

[62] Caroline Herder an Johann Gottfried Herder, 25. Dezember 1788; in: Herders Reise nach Italien. Herders Briefwechsel mit seiner Gattin, vom August 1788 bis Juli 1789. Hrsg. von Heinrich Düntzer und Ferdinand Gottfried von Herder. Gießen 1859, S. 203–205. – Zum Thema „Gesichtspunkt" und „Mittelpunkt": Claudia Kestenholz, Die Sicht der Dinge. Metaphorische Visualität und Subjektivitätsideal im Werk von Karl Philipp Moritz. München 1987, S. 71–75.

[63] Etwa „Ueber ein Gemählde von Göthe"; in: Deutsche Monatsschrift, März 1792, S. 243–250.

[64] Süvern (= Anm. 58) 1.

[65] Süvern 2.

[66] Süvern 3.

[67] Süvern 6.

einzelnen Theile, ihr Ausbreiten und Zusammenfließen nicht nur, sondern des ganzen Werkes genetisch nachzuweisen.[68]

Die genetische Erklärung aus dem „Keim" also vollendet die ableitende Konstruktion aus dem „Mittelpunct", und sie hat zugleich die systematische Funktion, abzusichern, daß das Verstehen tatsächlich eine gelenkte Reproduktion heißen darf und nicht zur freien Produktion sich verselbständigt.

Der Süvernsche Umriß einer neuen Hermeneutik deckt sich in vielen Belangen mit demjenigen, den Friedrich Schlegel in seinen unfesten und vielfältig kombinierbaren Denknotaten aus dem Projektumfeld einer Kritik der Philosophie mehr vorausgesetzt als expliziert hat.[69] Süverns Interpretation ist eine Reaktion auf die grundlegende Wahrnehmung der Sinnfreiheit von Texten[70] und insofern eine Konsequenz aus der Unterscheidung zwischen Autor- und Werkintention, wie sie Schlegel formuliert hat: „Die Frage was der Verfasser will, läßt sich beendigen, die was das Werk sei, nicht".[71] Auf dieser Grundlage stehen die Gemeinsamkeiten in Sachen Hermeneutik; dazu gehört die Vorstellung, daß ein Werk aus einem „Keim" hervorgegangen[72] und daß das Verstehen „ein Aneignen des Keims" sei[73], ferner die Nachbarschaft von Verstehen bzw. Kritik und „Construction"[74], von „Construction" und „Mittelpunkt"[75], von

[68] Süvern 7 f.

[69] Weimar (= Anm. 29) 90–110. – Norbert W. Bolz, Der Geist und die Buchstaben. Friedrich Schlegels hermeneutische Postulate; in: Ulrich Nassen (Hrsg.), Texthermeneutik. Aktualität, Geschichte, Kritik. (UTB 961) Paderborn 1979, S. 79–112. – Robert Scott Leventhal, From semiotic interpretation to critical hermeneutics: the emergence of hermeneutic critique in the early writings of Friedrich Schlegel. Diss. Stanford University 1982, besonders S. 219 ff. – Ernst Behler, Friedrich Schlegels Theorie des Verstehens: Hermeneutik oder Dekonstruktion? In: Ernst Behler/Jochen Hörisch (Hrsg.), Die Aktualität der Frühromantik. Paderborn etc. 1987, S. 141–160.

[70] Vgl. oben S. 351.

[71] Kritische Friedrich-Schlegel-Ausgabe (= Anm. 56) XVIII 318.1515; im folgenden zitiert als „KA" mit Band- und Seitenangabe.

[72] „Projekt ist ein subjektiver Keim eines Objekts"; KA XVIII 86.683.

[73] KA XVIII 317.1503; ähnlich KA XVIII 253.713: „Daß ein Mensch den andern versteht, ist philosophisch unbegreiflich, wohl aber magisch. Es ist das Geheimniß der Gottwerdung; die Blüthe des Einen wird Saame für den andren."

[74] „Bis jezt hat mans noch nie so weit bringen können, eine Sprache im Ganzen und in Masse zu verstehn, – daß man sie aus Einem Princip construiren könnte" (KA XVIII 394.885). „Um jemand zu verstehn muß man erstlich klüger seyn als er, dann eben so klug und dann auch eben so dumm. Es ist nicht genug daß man den eigentlichen Sinn besser versteht, als der Autor es verstanden hat. Man muß auch die Confusion selbst bis auf die Principien kennen, charakterisiren und selbst construiren können" (KA XVIII 63.434). „Construction ist innigst mit Kritik verbunden und ist ganz dasselbe" (KA XIX 168.115).

[75] „Das Construiren d. h. die Dualität gleich in der Einheit zu deduciren, unmittelbar aus dem Mittelpunkt" (KA XVIII 414.1113).

„Mittelpunkt" und „Ideal"[76], das am Anfang der Produktion[77] wie am Anfang der Reproduktion in Verstehen und Kritik steht[78], schließlich die Forderung einer „psychologische(n) Genesis".[79] Das alles ist bei Friedrich Schlegel da, manches auch beim symphilosophierenden Friedrich von Hardenberg[80], und es ist mitbestimmend für den Gang seiner Kritiken und Rezensionen[81]; von der Theorie selbst aber haben die Zeitgenossen nur pointierte und provozierende Fragmente von Fragmenten[82] und allenfalls beiläufige Sätze[83] zu sehen bekommen.

Bei zwei anderen Autoren hat sich die neue Hermeneutik weniger in Andeutungen über die Prozedur des Verstehens geäußert als in Klassifikationen der Verstehensarten. Georg Gustav Fülleborn kennt fünf Arten, ein Gedicht zu „kommentiren": den „grammatischen" Kommentar, die Darlegung der vom Gedicht ausgelösten „Empfindungen", den Vergleich des Gedichts „mit der Theorie der ganzen Dichtungsart", den Vergleich mehrerer Gedichte „von ähnlichem Inhalt" und schließlich die Zusammenfassung aller, wenn sich der Kommentator bemüht,

> den (wirklichen oder scheinbaren) Plan des Dichters zu entwickeln, seinen Empfindungen und Gedanken nachzugehen, und seine Ausdrücke und Wendungen zu prüfen; also zu untersuchen: was der Dichter empfunden und gedacht, und wie er es gesagt hat.[84]

Für Ferdinand Delbrück heißt „eine Poesie auslegen" generell „den Eindruck, welchen sie hervorbringt, in seine Theile zerlegen und jeden einzelnen dersel-

---

76 „Ideal vielleicht der Mittelpunkt, Schönheit das Ganze, das umgebende Chaos" (KA XVIII 208.136). – Aus dem „Brief über den Roman" innerhalb des „Gesprächs über die Poesie" (1800): „Der dramatische Zusammenhang der Geschichte macht den Roman im Gegenteil noch keineswegs zum Ganzen, zum Werk, wenn es nicht durch die Beziehung der ganzen Komposition auf eine höhere Einheit, als jene Einheit des Buchstabens, über die er sich oft wegsetzt und wegsetzen darf, durch das Band der Ideen, durch einen geistigen Zentralpunkt wird" (KA II 336).

77 „In jedem Werke wird eine Materie formirt, ein Ideal realisirt, und etwas Subjektives objektiv gemacht" (KA XVIII 338.184).

78 „Die Kritik vergleicht das Werk mit seinem eignen Ideal" (KA XVI 1149). „Kritisiren heißt einen Autor besser verstehen als er sich selbst verstanden hat" (KA XVI 168.992).

79 KA XVI 9.24; zur „genetischen Methode" vgl. auch KA XVIII 564.41.

80 Willy Michel, Der „innere Plural" in der Hermeneutik und Rollentheorie des Novalis; in: Behler/Hörisch (= Anm. 69) 33–50.

81 Dazu Willy Michel, Ästhetische Hermeneutik und frühromantische Kritik. Friedrich Schlegels fragmentarische Entwürfe, Rezensionen, Charakteristiken und Kritiken (1795–1801). Göttingen 1982, beispielsweise S. 261–290 über den „Über-Meister".

82 Etwa das Athenäum-Fragment 401 (KA II 241), das eine Kurzfassung der oben in Anm. 66 an zweiter Stelle zitierten Notiz ist.

83 Etwa im „Übermeister" die Ausführungen darüber, daß man sich dem „Eindruck eines Gedichts" zwar zuerst ganz hingeben, sich dann aber über ihn erheben müsse wie einer, der zwar auch die Natur genießt, aber doch mehr will: „Er möchte immer tiefer dringen, bis in den Mittelpunkt wo möglich, und möchte wissen, wie das Ganze konstruiert ist" KA II 131.

84 Fülleborn (= Anm. 6) 78 f.

ben klar machen".[85] Die Mittel dazu sind zunächst „die grammatische Interpretation", die deutlich macht, „was der Dichter durch die Sprache wirklich ausgedrückt hat", und dann „die historische Interpretation", die erklärt, was dem Dichter „bey seinen Compositionen vorschwebt, und Einfluß hat auf die Wahl und Behandlung seines Gegenstandes". Durch die grammatische und die historische Interpretation gelangt man zum Verständnis des Dichters, „und erst, nachdem man ihn verstanden hat, kann man ihn fühlen, d. h. mit ihm die Begeisterung theilen".[86] Nötig dazu ist dem Leser

> ein helles Anschaun von der Stimmung der Seele [...], worin die Poesie ihn versetzet. Das geschieht durch die ästhetische Erklärung. Diese zeigt zuerst, ob eine Poesie rein schön sey, oder zugleich interessant [...]; sie zeigt, durch welche Mittel die Einbildungskraft schöpferisch gemacht worden [...]; sie zeigt, in wie fern die an einander gereiheten Bilder zweckmäßig sind.[87]

Fülleborns fünfte und höchste Art des Kommentars kommt Süverns genetischer Erklärung ebenso nahe wie Delbrücks historische und ästhetische Interpretation zusammen, aber allesamt sind im schlechten Sinne Theorie, indem die jeweils eigene Interpretationspraxis sie einzulösen nicht imstande ist. Süverns Interpretation bewegt sich vornehmlich in Paraphrase und psychologischer Figurencharakteristik, Fülleborn und Delbrück kommen trotz ihres besseren theoretischen Wissens nicht über die Stufe der grammatischen Erklärung in Anmerkungen zum Textabdruck hinaus.

Die rationale Rekonstruktion im Stile Grohmanns hat sich in den Jahren um 1800 nur selten gezeigt und verwirklicht, und die zugehörige neue Hermeneutik hat sich wieder verflüchtigt, bevor sie noch ausformuliert war. Geblieben ist in den ersten Jahren des 19. Jahrhunderts zunächst noch das Bewußtsein, daß eine konstruierende Erklärung möglich und (zur Rettung des Sinns) wohl auch nötig sei[88]; festgehalten worden, und das hat sich als das Dauerhafteste erwiesen, ist auch die Einsicht in die Parallelität von Produzieren und konstruierender Reproduktion des Verstehens[89]; geblieben schließlich ist vorderhand

---

[85] Lyrische Gedichte, mit erklärenden Anmerkungen hrsg. von Ferdinand Delbrück. Nebst einer Untersuchung über das Schöne und einer Abhandlung über die Grundsätze der Erklärung und des Vortrags lyrischer Gedichte. Erster Band: Oden von Klopstock. Berlin 1800, S. 194.

[86] Delbrück 197 f.

[87] Delbrück 199.

[88] Etwa in einer Ankündigung, die dann praktisch doch nicht eingelöst wird: „Um dies zu beweisen, muß ich mich jetzt auf die künstliche Zusammensetzung dieser Tragödie einlassen, und sie gleichsam von neuen aus ihrem innersten Gesetz vor Ihnen entstehen lassen." August Klingemann, Ueber Schillers Tragödie: Die Jungfrau von Orleans. Leipzig 1802, S. 61. – „Die Bedeutung alter Kunstwerke zu entwickeln ist das Geschäft eines eigenen philologisch historischen Studiums, welches unter uns selten in dem Sinne betrieben wird, den die historische Construktion des Alterthums fordert." Johann Jakob Wagner, System der Idealphilosophie. Leipzig 1804, S. 285.

[89] „So ist das Verstehen und Erklären eines Werkes ein wahrhaftes Reproduciren oder Nachbilden des schon Gebildeten." Friedrich Ast, Grundlinien der Grammatik, Hermeneutik und Kritik. Landshut 1808, S. 187.

wenigstens eine Erinnerung an die Modalität der Notwendigkeit[90], die eine Verwechslung der Interpretation des Textes mit einer psychologischen Analyse des Autors verhindert.

So ist die neue Interpretationspraxis um 1800 vorerst Episode geblieben. Der, historisch gesehen, kurze Moment, da literarische Texte deutscher Sprache in einen sinnfreien Raum geraten waren und einer rechtfertigenden Rekonstruktion bedurften, war offenbar vorbei. Als Zeichen dessen setzten nach 1815 die Belege für Vorlesungen über einzelne neuere deutsche Texte sozusagen schlagartig aus[91], und an ihre Stelle traten die Vorlesungen über das Nibelungenlied.[92]

Das Lesen literarischer Texte war nach einem kurzen Interludium der Ungebundenheit wieder in Sinnzusammenhänge eingebunden. Wer sich mit deutscher Literatur befaßte, der wußte wieder, was ihr allgemeiner Sinn und wozu sie gut war: aus ihr als einem Produkt des nationalen Geistes war die Erkenntnis von dessen jeweiligem Zustand in seiner Geschichte zu gewinnen und damit ein forderndes komparatives oder kontrastives Vorbild für gegenwärtige deutsche Leser. Folgerichtig verlagerte sich das Schwergewicht des Schreibens über deutsche Literatur von den Interpretationen auf die Literaturgeschichtsbücher, und was über einzelne Texte geschrieben wurde, war kritische Beurteilung von Neuerscheinungen oder Wort- und Sachkommentar[93] oder die sich weiterhin durchhaltende Figurencharakteristik[94], wie sie auch von August Wil-

---

90 „Unter Interpretiren denken wir uns die Fertigkeit, den Sinn eines Schriftstellers aufzufinden und zwar diesen Sinn aus den vorliegenden Wörtern und Begriffen so zu entwickeln, wie er, wenn anders der Schriftsteller sich deutlich und bestimmt ausdrückt, und für die Bezeichnung seiner Begriffe den angemessensten Ausdruck wählt, der Seele des Schriftstellers vorgeschwebt haben muß." Karl Heinrich Ludwig Pölitz, Vorlesungen über Fragmente aus teutschen Autoren, als Versuche in der Interpretation; für die reifere Jugend, die sich des Geistes der Muttersprache bemächtigen will, geschrieben (K. H. L. P., Versuch eines Systems des teutschen Styls ... 2) Görlitz 1800, S. 29. – Als Kontrast zur Verdeutlichung mögen die Formulierungen der alten Hermeneutik von Jahn und Kraus dienen (vgl. oben S. 354, Zitat zu Anm. 26, 27).

91 Vgl. oben S. 167.

92 Vgl. oben S. 223 f.

93 Insbesondere in einem neuen Typ (meist nur sehr dürftig) kommentierter Anthologien, beispielsweise: Pantheon der deutschen Dichter. Hrsg. von Karl Wilhelm Hermann. Frankfurt 1803. – Karl Heinrich Ludwig Pölitz, Practisches Handbuch zur statarischen und kursorischen Lektüre der teutschen Klassiker, für Lehrer und Erzieher. 4 Theile. Leipzig 1804–1806. – Johann Gottfried Sauer/Gerhard Adam Neuhofer, Vorlesungen über deutsche Klassiker für Gebildete und zum Gebrauch in den höhern Lehranstalten. Erster Cursus für die höhere Classe. 2 Bände. Tübingen 1810. – Karl August Schaller, Handbuch der neuern deutschen klassischen Literatur von Lessing bis auf die gegenwärtige Zeit. Erster Band, die poetische Literatur enthaltend. Halle 1811. – Christian Friedrich Rudolph Vetterlein, Kommentar, oder erklärende Anmerkungen zur deutschen Anthologie. Erste Abtheilung, welche die Anmerkungen zum ersten Bande der Anthologie enthält. Halle 1811.

94 Von Georg Gustav Fülleborn („Der Lord Horion. Kommentar über eine Stelle in Jean Pauls Hesperus", in: G. G. F., Kleine Schriften zur Unterhaltung. Zweyte Sammlung. Breslau/Leipzig 1798, S. 224–240) und Karl Ludwig Pörschke (Ueber

helm Schlegel in die Literaturgeschichte eingebaut worden ist[95], oder es hatte den diagnostischen Blick der Literarhistoriker in individualisierter Form übernommen und handelte anläßlich der Texte von ihren Autoren.

Die heikle Balance, in der sich die rationale Rekonstruktion und insbesondere die „genetische Erklärung“ bewegt hatte[96], war gekippt, und wie die Literarhistoriker mit Hilfe ihrer Verwandlungstechniken durch die Werke hindurch in deren Autor einzudringen meinten[97], so wirkten einzelne Texte für die Leser offenbar vorzugsweise nur als Stimulans des biographischen Interesses[98], das auch sonst fleißig genährt wurde[99] und sich als „nützliche Vorbereitung zur Lektüre“ ausgab, sich aber die Dichter als säkulare Heiligenbilder auserwählt hatte.[100]

Die Hermeneutik, die solche Umschaltungen hätte wenigstens problematisieren und definieren können, ist ihnen statt dessen gefolgt. Friedrich Daniel Schleiermacher meinte mit „psychologischer Interpretation“ die Ausrichtung auf die Psyche des Textautors und nicht wie Fülleborn, Delbrück und Pörschke

---

Shakspeare's Macbeth. Königsberg 1801) bis hin zu Franz Horn (Freundliche Schriften für freundliche Leser. Zweiter Theil. Nürnberg 1820, S. 243–258, über Götz von Berlichingen) und so weiter.

[95] Vgl. oben S. 274.

[96] Süvern (= Anm. 58) 7 hatte noch gewußt, daß er das Werk nur „gleichsam“ in seinem Entstehen „belausche“, ähnlich Pörschke (= Anm. 94) 41, daß die psychologische Analyse sich in ihm selbst abspiele: „Unsre Betrachtungen des Schauspiels Macbeth sollen nur Wiederhohlungen der vor unsern Augen vorüber gegangenen Bilder, während des Lesens seyn; wir analysiren die uns schon etwas vertraut gewordenen Empfindungen und Gedanken, und suchen ihre Gründe auf.“

[97] Vgl. oben S. 288 f.

[98] Besonders auffällig wird das in den frühen Schillerbiographien: (K. W. Oemler), Schiller, oder Scenen und Charakterzüge aus seinem spätern Leben, nebst Bruchstükken einer künftigen Biographie desselben. Allen Verehrern des großen Dichters gewidmet. Stendal 1805. – (Johann Gottfried Gruber), Friedrich Schiller. Skizze einer Biographie und ein Wort über seinen und seiner Schriften Charakter. Leipzig 1805. – Schiller nach den Hauptzügen seiner Lebensgeschichte. Reutlingen 1805. – Friederich von Schillers Leben und Beurtheilung seiner vorzüglichsten Schriften. Den Verehrern seiner Muse geweiht. Reutlingen 1810.

[99] Zum Beispiel von Christian Friedrich Rudolph Vetterlein (Handbuch der poetischen Litteratur der Deutschen, d. i. Kurze Nachricht von dem Leben und den Schriften deutscher Dichter. Ein Anhang zu seiner Chrestomathie deutscher Gedichte. Köthen 1800) oder von einem Anonymus (Pantheon der deutschen Dichter mit biographischen und litterarischen Notizen. 2 Theile. Halle 1806).

[100] Samuel Bau'r, Gallerie der berühmtesten Dichter des achtzehnten Jahrhunderts. Leipzig 1805, S. X: „Unser Zweck ist erreicht, wenn der Freund vaterländischer Poesie diese Biographien unterhaltend und lehrreich findet, und wenn man sie für eine nützliche Vorbereitung zur Lektüre der vornehmsten deutschen Dichter erklärt“; aber S. IV: „Wer in der Geschichte auf ehrenvolle Art fortleben will, muß mit seinem Pfunde treulich wuchern, und in seinem Kreise nützlich werden. Wir können freilich nicht alle als Helden, Staatsmänner, Erfinder, Dichter etc. glänzen […]. Den Weg, auf dem man zu wahren Verdiensten gelangt, zeigt uns die Lebensgeschichte derer, die dieses Ziel erreicht haben. Schau in diesen Spiegel, und ahme nach, was für deine Lage, Kräfte und Umstände paßt.“

die Zergliederung der eigenen Empfindungen beim Lesen; dementsprechend ist ihm der „Mittelpunkt“, an dem die Konstruktion ansetzt, in den „Künstler“ selbst hineingewandert[101], und das Kernstück der neuen Hermeneutik, das Theorem der Wiederholung des Produzierens im „Nachconstruiren“ des Verstehens[102], steht unversöhnt neben seinem geraden Gegenteil, dem Umkehrungsmodell der alten Hermeneutik[103] und dessen Reduktionsform, dem „hermeneutischen Zirkel“.

Aber in diesen Dingen gibt es ja keine einfache Rückkehr zu früheren Zuständen. Die Lektüre konnte sich zwar als diagnostischen Durchgriff durch den Text und damit wie zuvor als Rückgängigmachung des Textes verstehen, doch dabei mußte sie jedenfalls den Autor und seinen Stellvertreter, den Namen, passieren, und weil sie durch jenes Interludium die Unschuld verloren hatte, mußte sie fortan den Namen des Autors historisch nehmen statt, wie früher, metonymisch. Die Charakteristik eines Gesamtwerks wurde zur Biographie seines Autors. Das Interesse an der Persönlichkeit des Dichters, obwohl geweckt nur durch seine Werke, überformte und überwältigte das Interesse an den literarischen Texten.

Philosophische Reproduktion

Als in den zwanziger Jahren des 19. Jahrhunderts unversehens etwas auftauchte, das dem Grohmannschen Rekonstruktionsverfahren sehr ähnlich sah, da kam es in gewandelte Verhältnisse. Das Repertoire der Zugänge zu deutschen literarischen Texten hatte sich inzwischen konsolidiert und erweitert: neben der fortlaufenden Beurteilung dichterischer und der Diskussion moralischer Qualitäten in aktuellen Rezensionen gab es weiterhin die Figurencharakteristik[104], die Kommentare für Schulzwecke[105], die diagnostische Auswertung in

---

[101] Friedrich Daniel Ernst Schleiermacher, Hermeneutik, nach den Handschriften neu hrsg. und eingeleitet von Heinz Kimmerle. (Abhandlungen der Heidelberger Akademie der Wissenschaften. Philosophisch-historische Klasse. 1959/2) Heidelberg 1959, S. 38: „Wenn man alles Gesprochene aus dem Mittelpunkt des Künstlers versteht so verschwindet Alles Gegebene und ‚Heutige‘ an Werth der Sprache, außer in so ferne sie den Künstler selbst ergreift und in seinem Denken bestimmt.“

[102] Schleiermacher 87: „Die Kunst kann ihre Regeln nur aus einer positiven Formel entwickeln, und diese ist ‚das geschichtliche und divinatorische objective und subjective Nachconstruiren der gegebenen Rede‘.“

[103] Schleiermacher 80: „jeder Akt des Verstehens ist die Umkehrung eines Aktes des Redens; indem in das Bewußtsein kommen muß welches Denken der Rede zum Grunde gelegen.“

[104] Zum Beispiel: Friedrich Ludwig Schmidt, Dramaturgische Aphorismen. Hamburg 1820, S. 56–104: Der Charakter des Marinelli. – Johann Friedrich Schink, Friedrich Schillers Don Karlos, Wallenstein, Maria Stuart, die Jungfrau von Orleans, die Braut von Messina und Wilhelm Tell, ästhetisch, kritisch und psychologisch entwickelt. Dresden/Leipzig 1827 (eine Sammlung älterer Rezensionen, die vorwiegend der psychologischen Charakteristik der Figuren gewidmet sind).

[105] Zum Beispiel: Johann Joseph Dilschneider/Bernhard Willmann, Kommentar zur Se-

den Literaturgeschichten, Sammlungen von Autorenporträts[106] und in zunehmender Menge die Dichterbiographien, erste Personalbibliographien[107], Ansätze zur stoffgeschichtlichen[108] und Quellenforschung[109], und natürlich die sprachgeschichtlich und metrisch begründete Herstellung „ächter" mittelhochdeutscher Texte nicht zu vergessen.

Die Einheit in dieser Vielfalt liegt darin, daß überall die Texte als Schreiberprodukt im Blick sind, außer bei der Charakteristik der Figuren, die im Niemandsland zwischen Autor und Leser zu stehen scheinen, und beim Kommentar, der sich ambivalent verhält und sowohl angeben kann, was sich der Autor gedacht hat, als auch, was der Leser nicht von selbst versteht. Geltend gemacht hat sich die verdrängte genuine Leserperspektive zuerst wieder in der Metrik, dem lesernächsten Teil der Poetik, und zwar mit einer überraschend dichten Reihe von Abhandlungen, die dem Leser von Poesie dienen wollten.[110] Zwar

ber'schen Muster-Sammlung deutscher Gedichte. Für Lehrer und zur Selbstbelehrung. 2 Abtheilungen. Köln 1822/28. – Johann Gottlieb Kunisch, Handbuch der deutschen Sprache und Literatur. 3 Bände. Leipzig 1822–24.

[106] Zum Beispiel: Deutscher Ehren-Tempel. Erster/Zweiter Band. Bearbeitet von einer Gesellschaft Gelehrten und hrsg. von Wilhelm Hennings. Gotha 1821; im ersten Band Porträts von Wieland, Schiller, Herder, Thümmel und Anna Amalia, im zweiten von Klopstock; vereinzelte Dichterporträts auch noch in den folgenden fünf Bänden der Reihe.

[107] Johann Otto Thieß, Friedrich Gottlieb Klopstock. Wie Er seit einem halben Jahrhundert als Dichter auf die Nazion und als Schriftsteller auf die Literatur gewirkt hat. Altona 1805. – Das nächste Werk von vergleichbarer bibliographischer Gründlichkeit war erst: Ueber Goethe. Literarische und artistische Nachrichten. Hrsg. von Alfred Nicolovius. Erster Theil. Leipzig 1828.

[108] Christian Ludwig Stieglitz, Doctor Faust; in: Deutsches Museum 2 (1812) 312–336; erweiterte Neubearbeitung: Die Sage vom Doctor Faust; in: Historisches Taschenbuch 5 (1834) 125–210. – Friedrich Raßmann, Uebersicht derjenigen ältern und neuern deutschen Dichter, welche Dichtungen nach der heiligen Schrift geliefert haben. Helmstedt 1819 (Neudruck Leipzig 1971).

[109] Franz Passow, Ueber die romantische Bearbeitung hellenischer Sagen; in: Philomathie von Freunden der Wissenschaft und Kunst. Hrsg. von Ludwig Wachler. Zweiter Band. Frankfurt 1820, S. 103–130 (am Schluß über Goethes „Zauberlehrling" und „Braut von Korinth"); wiederabgedruckt in: Franz Passow, Vermischte Schriften. Hrsg. von W. A. Passow. Leipzig 1843, S. 97–110. – 1820 hat Friedrich Wilhelm Valentin Schmidt in Berlin eine Vorlesung „Von den Quellen mehrerer Balladen und Romanzen der deutschen Dichter: Bürger, Stolberg, Schiller und Goethe" gehalten, die später auch in Buchform erschienen ist: Balladen und Romanzen der deutschen Dichter, Bürger, Stolberg und Schiller. Erläutert und auf ihre Quellen zurückgeführt. Berlin 1827.

[110] Christian Gottlieb Perschke, Orthometrie. Frankfurt/Oder 1809 (2. Aufl. Leipzig 1817). – Karl Besseldt, Beiträge zur Prosodie und Metrik der deutschen und griechischen Sprache. Halle 1813. – August Apel, Metrik. 2 Theile. Leipzig 1814/16. – Georg Friedrich Grotefend, Anfangsgründe der deutschen Prosodie. Ein Anhang zu Roth's Sprachlehre. Gießen 1815. – Johann Heinrich Friedrich Meineke, Die Verskunst der Deutschen aus der Natur des Rhythmus entwickelt, in Vergleichung mit der griechisch-römischen. Zum Schulgebrauch, wie auch für Liebhaber der Dichtkunst und Musiker. 2 Theile. Quedlinburg 1817. – (Constantin Carl Falkenstein), Mythologie (in lateinischer Sprache) und deutsche Prosodie. Solothurn 1818. –

war schon Karl Philipp Moritz' „Prosodie" nicht mehr auf Schreiber berechnet – die Gesprächs- und Briefpartner Arist und Euphem sind Leser[111] –, doch noch bis zu Johann Heinrich Voß' „Zeitmessung"[112] verstand sich Metrik ansonsten als eine praktische Hilfsdisziplin für Poeten; danach aber ist sie übergewechselt in die Thematisierungsweise „Text als Leserobjekt" und hat sich, als nunmehr theoretische Disziplin, ausgerichtet auf die Bedürfnisse des Lesers, dem sie Kategorien zur Beschreibung seines Objektes Text liefert. „Das Studium der Prosodie ist nicht nur dem Dichter, sondern auch dem Leser dichterischer Werke unentbehrlich"[113] lautet die allgemeine Überzeugung, und es sei keine Frage, „ob Gymnasien, d. h. Werkstätten höherer Bildung, ihre Schüler auch anleiten sollen, die Meisterwerke vaterländischer Dichter, nicht bloß zu lesen, sondern ihr innerstes Wesen, wie ihre äussere von jenem untrennbare Form, zu verstehen".[114]

Der deutsche literarische Text hat in diesen Werken einen weiteren Ruck seiner Verwandlung in ein philologisches Objekt hinter sich gebracht; er wird grundsätzlich gleichgestellt mit den griechischen und lateinischen Texten, weshalb denn auch diese theoretischen Abhandlungen zur deutschen Metrik selbstverständlich Bezug nehmen (und zwar durchaus nicht immer zustimmend) auf Gottfried Hermanns epochemachende systematische Metrik der griechischen und lateinischen Sprache.[115] Zur selben Zeit also, da die sich neu bildende deutsche Philologie für mittelhochdeutsche Texte die Grundsätze der Textkritik und mit ihnen den Anspruch auf Wissenschaftlichkeit aus der klassischen Philologie übernommen hat[116], hat auch die weiterhin namenlose Beschäftigung mit neuhochdeutscher Literatur eine Anleihe bei derselben Instanz aufgenommen, und beinahe selbstverständlich hat die deutsche Metrik ihrerseits dieselbe Wissenschaftlichkeit beanspruchen können[117] wie diejenige der klassischen Philologen.

Friedrich August Gotthold, Hephästion oder Anfangsgründe der griechischen römischen und deutschen Verskunst. Erster und zweiter Lehrgang. Königsberg 1820. – Friedrich August Gotthold, Kleine Schriften über die deutsche Verskunst. Königsberg 1820. – K. W. L. Heyse, Kurzer Abriß der Verskunst der deutschen Sprache. Besonders hrsg., zunächst für die Besitzer der ersten Ausgabe des größern Lehrbuchs der deutschen Sprache von J. C. A. Heyse. Hannover 1820.

111 Karl Philipp Moritz, Versuch einer deutschen Prosodie. Dem Könige von Preussen gewidmet. Berlin 1786.

112 Johann Heinrich Voß, Zeitmessung der deutschen Sprache. Beilage zu den Oden und Elegieen. Königsberg 1802.

113 Falkenstein (= Anm. 110) 80.

114 Gotthold, Hephästion (= Anm. 110) S. V.

115 Gottfried Hermann, De metris poetarum graecorum et romanorum libri III. Leipzig 1796. – Ders., Handbuch der Metrik. Leipzig 1799.

116 Vgl. oben S. 232 f.

117 Apel (= Anm. 110) S. V, in Rechtfertigung seiner Darstellungsweise: „Sobald man eine Wissenschaft nicht bloss erlernt, sondern sich selbst von Grund aus entwickelt hat, und sie nun im Ganzen sowol, als Einzelnen, klar übersieht, so ist es nicht eben schwer, dem Vortrag dieser Wissenschaft eine systematische Form zu geben. Damit ist aber noch nicht erreicht, was der Zweck des Vortrags, besonders bei neuen Ansichten, seyn muss, nämlich allgemein verstanden zu werden". Und S. XV: „Uibri-

Selbst wenn die neuhochdeutsche Grammatik mitgezogen, den Sprachreinigungseifer aufgegeben, sich – wie die historische Grammatik – deskriptiv gewendet und verwissenschaftlicht hätte, wäre es der Beschäftigung mit neuhochdeutscher Literatur doch wohl sehr schwer gefallen, sich als Paralleldisziplin zur deutschen Philologie zu installieren; denn für ihren Gegenstand haben sich eben allemal nicht nur die Fachleute interessiert. Aus der Beschreibung und Analyse der „äusseren Form" wäre nicht so einfach das Aufschließen des „innersten Wesens", eine Interpretation also, auszublenden gewesen, wie es der deutschen Philologie möglich geworden ist. Die Interessenten am Gegenstand „neue deutsche Literatur" hätten von einer Wissenschaft mehr erwartet: die Artikulation dessen, was Leser unmittelbar von der Lektüre haben und was Bücher ihnen bedeuten. Das ist, man kann es kaum nicht-trivial sagen, ein Eindruck, etwas gelernt oder erfahren zu haben, und zwar nicht in erster Linie über den Autor, sondern z. B. über die Welt und das Leben.

Davon zu handeln hat sich allerdings auf Dauer nicht vermeiden lassen, und so hat sich zur selben Zeit, als die deutsche Metrik, die deutsche Philologie und die Literaturgeschichtsschreibung[118] sich als wissenschaftlich präsentiert haben, im Schreiben über neuere deutsche Literatur zunächst ein neuer Ton bemerkbar gemacht, der der üblichen Kritik am Schreiberprodukt überdrüssig war und die genuinen Leserinteressen wieder zur Geltung bringen wollte. Anlaß dazu war Goethe, und zwar nicht in erster Linie der schriftstellernde Geheimrath in Weimar, sondern das Buch namens Goethe.[119] Gesucht wurde in ihm, was Karl Ernst Schubarth, nach heutigen Begriffen erbaulich und unbeholfen genug, „den allgemein menschlichen Werth" genannt hat.[120] Ihn zu ermitteln, wurde auch wieder die Sulzer-Grohmannsche Frage in abgeänderter Form gestellt: „Was denn nun Göthe mit seinem Wilhelm Meister eigentlich – gewollt habe?" Karl Julius Schütz, der diese Frage formuliert hat[121], hat das (mit Autorbezug) gefragte Was sofort textbezogen und zeitgemäß „die wahre Tendenz dieses Romans" genannt. In Frage steht wieder der kommunikative

gens glaube Niemand, dass das leichte, angenehme Spiel des Verses durch eine wissenschaftliche Begründung dem freien Gebrauch des Lebens entzogen werden solle. Durch jenes Spiel geschieht dem Ernst der Sache so wenig Eintrag, als jenem Spiel durch den wissenschaftlichen Ernst."

118 Vgl. oben S. 230 f., 294 f.

119 „Drey Bücher: Horaz, Goethe und die Bibel sind mir jetzt zur stehenden Lectüre geworden, aus denen ich jeden Tag, um ihn nicht für verloren zu halten, Freude, Ruhe und Trost schöpfe." J. St. Zauper, Studien über Goethe. Als Nachtrag zur deutschen Poetik aus Goethe. Wien 1822, S. 17.

120 Karl Ernst Schubarth, Zur Beurtheilung Göthe's. Breslau 1818, S. VII. – Briefe Goethe's an K. E. Schubarth. Mitgetheilt von Hettner; in: Deutsche Rundschau 5 (1875) 23–40. – Alexander Rudolf Hohlfeld, Karl Ernst Schubarth und die Anfänge der Fausterklärung; in: Internationale Forschungen zur deutschen Literaturgeschichte. Julius Petersen zum 60. Geburtstag dargebracht. Leipzig 1938, S. 101–126.

121 Karl Julius Schütz, Göthe und Pustkuchen, oder über die beiden Wanderjahre Wilhelm Meister's und ihre Verfasser. Ein Beitrag zur Geschichte der deutschen Poesie und Poetik. Halle 1823, S. 367.

Sinn eines schwierigen literarischen Textes, wie ein Vierteljahrhundert zuvor, und das Problem kehrt wieder, wie man über ihn schreibt.

Schubarth wählt den direkten Weg und legt dar, was er für den Sinn des Goetheschen Werks hält; was die Darlegungen leitet, ist seine, Schubarths, Anschauung von Welt und Leben, in deren Entwicklung an passend erscheinenden Orten als Bestätigung und Fortführung interpretative Äußerungen über einzelne Werke Goethes eingeschaltet werden. Daß und ob und inwieweit diese Äußerungen überzeugend werden, hängt weniger von ihnen selbst ab als von der Überzeugungskraft des Kontextes; allerdings werden zusätzliche bekräftigende Ausführungen in langen Anmerkungen untergebracht.

Joseph Stanislaus Zauper weiß zwar anzugeben, wie er Goethe liest:

> Ich lese, um ihn recht und vollständig zu genießen, Goethe mit dreyfacher Rücksicht; einmahl auf den Inhalt seiner Werke gewendet, der unendlich viel Ideen befruchtet; das anderemahl betrachte ich die allgemeine Form, die Folge der Gegenstände, und die Zusammenstellung des Ganzen, eine ebenso reichhaltige Untersuchung, als es die erste ist, sie gehört der höhern Kunst an; daß mir drittens der einzelne Ausdruck und die Bindung der Gedanken mit reichlichem Genuß entgegentritt, will ich nicht für Pedanterie angesehen haben, die der geniale Meister selbst überall mit Leichtigkeit ablehnt. Ein solches Studium Goethes hat eine Fülle geistiger Freuden, und bildet mit Erfolg.[122]

Die „Studien“ selbst sind aber nur die Früchte der Freuden, eingebracht in unzusammenhängende kurze Notizen, wie sie ein hin und her lesender Verehrer in sein Tagebuch eintragen mag.

Schütz dagegen verhält sich wie ein moderner Literaturwissenschaftler. Er arbeitet zunächst einmal die Sekundärliteratur auf, referiert sie und druckt sie in extenso ab, Referat und Abdruck mit spöttischen bis höhnischen Kommentaren begleitend und die divergierenden Meinungen genüßlich gegeneinander ausspielend. Dann endlich resümiert er die Forschungsmeinung über den Roman: nach Ansicht nämlich der meisten habe „Göthe damit eine Darstellung des Höchsten der menschlichen Bildung und Lebenskunst beabsichtigt“[123], und er unterstützt das noch durch den Hinweis, daß man von Goethe selbst sie „bestätigt zu sehen, allerdings glauben dürfte“, bevor er zum großen Aufräumen ansetzt:

> Gesetzt aber auch, Göthe habe wirklich diese Intention, gleich bei dem ersten Entwurf seines Wilhelm Meister gehabt; so läßt sie sich doch aus dem Roman selbst, so weit ihn der Dichter bis jetzt dem Publikum vorgelegt hat, nimmermehr nachweisen.[124]

Da wäre sie also wieder, wie beim ersten Erscheinen der Rekonstruktion, die fundamentale Unterscheidung zwischen Autorintention und Textaussage[125], die für Schütz allerdings ein praktisch unlösbares Problem darstellt. Zwar ver-

[122] Zauper (= Anm. 119) 64 f.
[123] Schütz (= Anm. 121) 386.
[124] Schütz 387.
[125] Vgl. oben S. 359, 363.

hält er sich ihr entsprechend, indem er Elemente der erzählten Geschichte sehr ausführlich als Argumente gegen die Erfüllung der behaupteten Autorintention im Text aufführt, aber einen eigenen Sinnentwurf, in den sich jene Elemente einfügen könnten, wagt er nicht, oder er resigniert vor ihm und hat am Ende nur „die, nunmehr allerdings sehr räthselhaft werdende, Tendenz seines Wilhelm Meister"[126] und das Warten auf den Abschluß „dieser, von ihrer Vollendung noch so weit entfernten, ja kein Ende absehen lassenden, Dichtung".[127]

Schütz erweist sich als der vollkommen kritische Interpret, der selbst nichts riskiert, aber doch gegenüber seinen Kollegen und auch dem Autor an die Instanz des noch ausstehenden Textes appelliert; eine jede Sinnannahme, so unausweichlich sie sich in der individuellen Lektüre einstellt und so stimmig sie in sich sein mag, muß sich, da sie ebenfalls unvermeidlich anderen widerspricht, legitimieren an ihrem Ursprung und Gegenstand, das heißt, sie muß auf eine überindividuell-allgemeine Weise ihr eigenes Zusammenhängen mit dem erweisen, was allen Lesern gemeinsam ist, mit den Buchstaben, dem materiellen Text. Schubarth und Zauper haben im Vertrauen darauf, daß sie von allgemein Menschlichem handelten und daß ihre Erkenntnisse auch für andere so evident wären wie für sie selbst, sich die Mühe der Legitimation weitgehend erspart, aber die Aufgabe wurde in Angriff genommen, noch bevor sie von Schütz in negativer Klarheit gestellt worden war.

Sie wurde in Angriff genommen als Erweiterung des philologischen Kommentars über die Satzebene hinaus, und das heißt als seine Radikalisierung. Denn der Stellenkommentar als die autoritative Belehrung über Bedeutungen zuhanden derer, die das nötige Wissen von Grammatik, Provinzialwortschatz, Mythologie, Geschichte usw. noch nicht haben, vorzugsweise also zuhanden der Schüler, bewegt sich im Bereich des eindeutig zu Machenden auf der Basis einer nicht expliziten Sinnannahme und bekommt die Sinnfreiheit und Uneindeutigkeit des Ganzen gar nicht erst in den Blick. Sobald aber der Kommentar die Lücken zwischen den kommentierten Stellen, statt sie auszulassen, zu überspannen versucht mit einem durchgehenden Sinnzusammenhang, ändert er seine Qualität.

So ist Carl Franz Christian Wagner vorgegangen in seiner Interpretation von Klopstocks Ode „Der Bach"[128], so Karl Ludwig Kannegießer in seiner Interpretation von Goethes „Harzreise im Winter"[129]. Die Voraussetzungen sind in beiden Fällen günstig: ein Text, der nicht zu umfangreich für einen Abdruck

---

126 Schütz 439.

127 Schütz 444.

128 Carl Franz Christian Wagner, Odarum Klopstockii illius, quae „der Bach" inscripta est, interpretatio. Progr. Marburg 1818; wiederabgedruckt in: Car. Fr. Chr. Wagneri Opuscula academica. Volumen primum. Marburg 1823, S. 183–200.

129 Karl Ludwig Kannegießer, Ueber Goethe's Harzreise im Winter, als Probe einer Erklärung auserlesener deutscher Gedichte. Progr. Prenzlau 1820; wiederabgedruckt in: K. L. K., Vorträge über eine Auswahl von Göthe's Gedichten gehalten an der Universität Breslau. Breslau 1835, S. 34–44; danach zitiert.

zusammen mit der Interpretation ist und dem Verständnis kaum lexikalische Probleme, dafür aber solche der Satzkonstruktion aufgibt. Das Verfahren der Interpretation kann dann darin bestehen, die Basisschwierigkeiten mit ständigem Verweis auf den allen präsenten (mit abgedruckten) Text aufzulösen und die Auflösungen fortlaufend einzufügen in eine Paraphrase, die den Formulierungen des Textes nahe bleibt.

Kannegießer hat seine Interpretation angelegt als Erzählung der Lektüre; er löst innerhalb der Paraphrase die Verständnisschwierigkeiten auf und folgt dem Gang des Textes mit gelegentlichen Kommentaren zu Einzelheiten. Es ist eine Erzählung von den Erlebnissen der Textinstanz „Ich", die er in uns vertrauter Weise „der Dichter" nennt, nicht etwa „Goethe", und die Differenz markiert er in ebenfalls vertrauter Weise durch die Verwendung des Präsens („Der Dichter reist also im Harze") und zusätzlich noch dadurch, daß er selbst bisweilen als die Textinstanz „Ich" auftritt, etwa so:

> Der Geier ist das Bild seiner Seele oder vielmehr des dichterischen Triebes, der sich in ihm regt. So ruhig soll sein Blick, seine Einbildungskraft über der winterlichen Natur schweben; von dem höheren Standpunkte der geistigen Betrachtung herab will er, wie der Raubvogel nach Beute, umherblicken nach Gegenständen, die der Muse würdig sind. So schwebe mein Lied! Denn ich bin begeistert, ein Gott hat mir diese Bahn, wie einem jeden die seine, vorgezeichnet, und wohl dem, welchen das Schicksal begünstigte.[130]

Verglichen mit der rationalen Rekonstruktion Grohmanns, fehlt einzig das Moment der Notwendigkeit. Die narrative Interpretation Kannegießers vertraut statt dessen darauf, daß sie in ihrer Subjektivität anderen Subjekten deren wiederum subjektives Erlebnis des Textes klarer werden läßt, und sie behauptet die – von ihr selbst hergestellte – intersubjektive Gemeinsamkeit, indem sie am Schluß in die Wir-Form wechselt („Uebersehen wir nun noch einmal das Gedicht"). Der Sinn eines solchen Lektüreerlebnisses und damit des Textes ist dann wie bei jedem Erlebnis einfach der, es gehabt zu haben, Neues und Wichtiges erfahren zu haben, wie es der Rückblick zusammenfaßt:

> Wir werden nicht bloß an den Fuß des Brockens, wir werden zugleich in die altdeutschen Wälder versetzt, und die reine, menschliche Empfindung des Dichters, fast kunstlos in kurzen Reihen hingeworfen, hat uns mit fortgeführt und mit sanftem Fittig emporgehoben, den Blick über das diesseitige Leben aufgehellt und verklärt, und der Seele eine Ahndung des höheren, von den Schranken der irdischen Sinne befreiten, geistigeren Daseins eingeflößt.[131]

Eine solche Interpretation mit ihrer Selbstbeglaubigung in der Insinuation von Gemeinsamkeit entspricht zwar der hermeneutischen Maxime, die Johann Peter Eckermann aufgestellt hat: „Auch der Leser muß produzieren können, wenn er den Schriftsteller verstehen will; was er von einem Buche nicht produ-

[130] Kannegießer 37. Vgl. oben S. 293 zur Technik der Verwandlung des Interpreten.
[131] Kannegießer 44.

zieren kann, das bleibt tot“[132], einer individualistischen Fassung der Einsicht in die Aktivität und Produktivität des Verstehens, die die neue Hermeneutik gewonnen hatte. Sie findet sich auch, was Eckermann noch nicht wissen konnte, bei Goethe in seiner Lesertypologie:

> Es giebt dreierley Arten Leser: Eine, die ohne Urtheil genießt, eine dritte, die ohne zu genießen urtheilt, die mittlere die genießend urtheilt und urtheilend genießt; diese reproducirt eigentlich ein Kunstwerk auf's neue.[133]

Aber eine Lösung des Problems, das Schütz negativ umrissen hatte, ist das zumindest für Interpreten noch nicht; denn das Sich-Berufen auf Begabung und das Sich-Verlassen auf Evidenz, wie es Kannegießer mit Schubarth, Zauper und auch Eckermann[134] praktiziert hat, hält subjektivistisch genau da ein, wo es intersubjektiv ernst wird: vor der Vermittlung subjektiv einleuchtenden Sinns an eine Allgemeinheit, die schon andere Meinungen hat.

Die Willkür des Beharrens jedes Interpreten auf seiner Meinung zu beenden war offenbar das oder ein Motiv, die rationale Rekonstruktion wieder zu beleben. Jedenfalls begründet Carl Friedrich Göschel, der das versucht hat, die Notwendigkeit einer neuen Faustinterpretation mit dem Hinweis darauf, daß gerade aus Goethes Werken geradezu einander Entgegengesetztes herausgelesen worden sei, aus dem „Werther“ und „Prometheus“ so gut wie aus dem „Faust“ und den „Wahlverwandtschaften“[135], und daß gerade die Resignation vor dem Erfassen des Sinns der letzte Freipaß zu allgemeiner Beliebigkeit sei:

> Je mehr man darüber einverstanden ist, daß die eigentliche Einsicht fehlt, um so mehr sind die Ansichten freygegeben, um so willkührlicher muß das Verfahren seyn, sich eine Ansicht zu verschaffen, die man seine Idee nennt.[136]

Göschels ambitiöses Vorhaben ist es, das beliebige Meinen und den Streit der „Ansichten“ über den „Faust“ zu schlichten durch die Aufstellung einer nicht nur korrigierenden, sondern überbietenden „Einsicht“. Deshalb muß er das Hervorgehen der Einsicht aus der Lektüre vorzeigen, und er tut es, indem er zwar einerseits, kannegießernd, die Lektüre wie ein aktuelles Erlebnis paraphrastisch im Präsens und oft in Wir-Form rekapituliert[137], andererseits aber

---

[132] Johann Peter Eckermann, Beyträge zur Poesie mit besonderer Hinweisung auf Goethe. Stuttgart 1824; zitiert nach dem Neudruck Berlin 1911, S. 90.

[133] Goethe an Johann Friedrich Rochlitz, 13. Juni 1819 (WA IV 31. 178).

[134] Etwa in den „Bemerkungen über Goethes Wahlverwandtschaften“ die ja gar nicht so unumstrittene Feststellung: „Denn die höchstsittliche Tendenz des ganzen Romans spricht die Warnung aus: das Geheiligte des Ehestandes nicht anzutasten und dagegen auf keine Weise zu freveln.“ Eckermann 135–170; 138.

[135] (Carl Friedrich Göschel), Ueber Göthe's Faust und dessen Fortsetzung. Nebst einem Anhange von dem ewigen Juden. Leipzig 1824, S. 38–47. – C. Schmieder, Karl Friedrich Göschel. Berlin 1863 (Separatdruck aus den Jahrgängen 1862 und 1863 der Evangelischen Kirchenzeitung). – Johannes Fock, Karl Friedrich Göschel (1781–1861), der Verteidiger der spekulativen Philosophie. Diss. Kiel 1939.

[136] Göschel 12.

[137] „Jetzt werden wir nun zugleich mit Faust in mancherlei Gesellschaft eingeführt“, „so

seine meist sehr textnahe Paraphrase[138] durchsetzt mit philosophischer Begrifflichkeit, das heißt fortlaufend das vorgezeigte und nachprüfbare Resultat der Lektüre in eine philosophische Deutung transponiert.

Die philosophische Deutung ihrerseits beginnt damit, aus der Paraphrase heraus Personen oder Szenen einer Entwicklungsstufe des Bewußtseins zuzuordnen, und in ihrer Entfaltung zeigt sie durch gelegentlich einmontierte Textfragmente, daß die spezifischen Momente dieser Entwicklungsstufe in der jeweiligen Szene gegeben sind und daß somit der Sinn des Textes philosophisch expliziert worden ist. Ein Beispiel:

> Mephistopheles verkündigt sich selbst als den Geist, der stets verneint, als das böse Princip der Kreatürlichkeit und Particularität, ein Theil des Theils, der Anfangs Alles war, aber vom Ganzen eigenmächtig sich losgerissen hat. Somit ist er der Widerspruch zwischen dem Einzelnen und Ganzen, zwischen Natur und Geist, das hemmende Gefühl des Endlichen, welches Faust in sich fühlt und nunmehr im Pudel und im Kern des Pudels außer sich erblickt, womit er sich selbst gegenübertritt. Und wenn der Kern des Pudels die verdammte Hundeseele selbst ist, so ist das Verdammende eben diese Trennung im Ich.[139]

Es fehlt allerdings der Grohmannsche Zug durchs Ganze, weil Göschel sich tunlichst auf der Handlungsebene von Szene zu Szene bewegt und nur sehr selten den Arrangeur der lesend zu erlebenden Ereignisse, die Instanz „der Dichter“ bemüht.[140] Die Unterscheidung zwischen Autorintention und Textaussage (bei ihm heißt das „Sinn des Dichters“ und „Sinn des Gedichtes“[141]) ist ihm dabei durchaus geläufig; er bringt sie jedoch erst ganz am Schluß ins Spiel, wenn es ihm darum geht, Faust als „das allgemeine Individuum der Menschheit“[142] zu unterscheiden von demjenigen, der ihn dargestellt hat, von dem „ruhigen Geiste, der versöhnend darüber schwebt“ und sich „an der durch die ganze Dichtung Vers vor Vers dahin fließenden Ironie zu erkennen“ gibt als

---

werden wir jetzt nach dieser Vorbereitung mitten in das Thierleben selbst versetzt“, „wir finden ihn in Wald und Höhle“ usw.; Göschel 102, 104, 111.

138 Im Extrem z. B.: „Auch Gretchen hat ihre Ruhe nicht mehr, ihr Herz ist schwer“; Göschel 113.

139 Göschel 86 f.

140 Über den Osterspaziergang z. B.: „Jetzt werden wir auf einmal in die mannigfaltigsten Verhältnisse beschränkter Behaglichkeit gemeiner und roher Art eingeführt, womit uns der Dichter zeigt, wie die Menschen auf verschiedenen Stufen der Geistesbildung sich genügen, und erst mit dem Ueberschreiten der Stufe sich unbefriedigt fühlen, aber eben dadurch diese Stufe selbst vernichten, und den Uebergang zur höheren unbewußt sich bereiten“; Göschel 75 f.

141 Göschel 116.

142 Göschel 142 f.: „Der Weg, den Faust geht, ist aber der nothwendige Weg, den der Gedanke gehen muß, denn dieser geht im Laufe seiner Entwickelung durch alle Weisen des Zwiespalts zwischen Mensch und Gott, zwischen Subject und Object, zwischen Einzelnem und Allgemeinem, zwischen Dießseits und Jenseits. Darum sucht er, einmal in sich entzweit, Vermittlung, Versöhnung. Und auf jeder Geistesstufe drückt sich mehr oder weniger bewußt das Gefühl der Nothwendigkeit einer Vermittlung aus“ usw.

„sicherste Beurkundung" dessen, „daß der Meister außerhalb und oberhalb des bewegten Oceans und des Schiffbruchs, den er schildert, sich befindet".[143]

So kann Göschel zusammenfassend feststellen, „daß sich in dieser Tragödie der Geist auf allen seinen Stufen, und mithin die Geschichte des Geistes offenbart".[144] Wenn dies das Ergebnis der Interpretation ist, so bleibt es trotz allem eine unausgewiesene Behauptung; denn weder hat die Interpretation den Zusammenhang der Stufen untereinander beschrieben, noch hat sie systematisch dargelegt, daß es wirklich alle sind. Die narrativ angelegte Interpretation muß sich immer noch auf die Überredungskraft des „Wir" verlassen. Sie hat sich mimetisch der Geschichte Fausts angeglichen und deren Temporalität angenommen, so daß weder sie selbst noch die Geschichte Fausts jene Modalität der Notwendigkeit erhalten, die der Geschichte und Phänomenologie des Geistes eigen ist.[145] Göschels „Einsicht" trägt bei aller philosophischen Imprägnierung immer noch den Charakter einer „Ansicht", den sie eigentlich hätte ablegen wollen.

An eben diesem Punkt, und das ist genau der Punkt der Wissenschaftlichkeit, gedachte Hermann Friedrich Wilhelm Hinrichs mit seiner Faustinterpretation[146] diejenige Göschels so zu überbieten wie dieser die der früheren Interpreten. Göschels Schrift, „die im Sinne wissenschaftlicher Beurtheilung gar nicht berücksichtigt zu werden verdient", sei zwar „ein klein wenig mehr als wohl gewöhnlich zu geschehen pflegt, bemüht gewesen [...], die etwaige Ansicht zur Einsicht erheben zu wollen", bleibe aber trotzdem „nur eine subjective Einsicht, welche nicht ihren Inhalt selbst in seiner Entwicklung und Fortbildung als nothwendig aufzeigt, und denselben nicht in allen seinen Bewegungen durch den Gedanken schöpferisch mit verwirklicht".[147]

Eben darum ist es Hinrichs zu tun. Der Erweis, daß die Szenenfolge der Tragödie „Faust" die in sich wirklich notwendige Entwicklung ihres Inhalts ist, kann nur durch die spekulative Philosophie geführt werden und erhebt deshalb wie sie den Anspruch auf Wissenschaftlichkeit, und zwar in einer scharf apodiktischen Weise, die vorher und seither nicht erhört worden und doch nur konsequent ist. Sofern nämlich jene Philosophie allein „wissenschaftlich" genannt zu werden verdient[148], kann die wissenschaftliche Auslegung gar nicht

---

[143] Göschel 149.

[144] Göschel 151.

[145] Göschel zitiert Hegels „Phänomenologie des Geistes" (52, 87) und weist direkt anschließend an den eben zitierten Satz unmißverständlich auf Hegels Werk hin: „So ist denn auch der Geist in seiner letzten und höchsten Entwickelung, die Wissenschaft auf ihrem letzten und höchsten Standpunkt poetisch dargestellt, ja noch vor dem wirklichen Erscheinen prophetisch verkündigt, wie es denn in der Ordnung ist, daß die Poesie der Philosophie vorausgeht" (151).

[146] Hermann Friedrich Wilhelm Hinrichs, Aesthetische Vorlesungen über Goethe's Faust als Beitrag zur Anerkennung wissenschaftlicher Kunstbeurtheilung. Halle 1825. – Hans Rosenberg, Geistige und politische Strömungen an der Universität Halle in der ersten Hälfte des 19. Jahrhunderts; in: Deutsche Vierteljahrsschrift für Literaturwissenschaft und Geistesgeschichte 7 (1929) 560–586; 571–577.

[147] Hinrichs LI f.

[148] Hinrichs VIII f., XXXIII ff.

umhin, ihrer selbst gewiß und wahr zu sein. Hinrichs präsentiert denn auch seine Vorlesungen als solche, die

> nicht für einen sogenannten Versuch, nemlich, wie es wohl gewöhnlich heißt, die Tragödie verständlich zu machen, gelten wollen, sondern, indem jeder Versuch und alles Versuchen der Art so viel als nichts ist, geben sie sich für die wirkliche und deshalb allein wahre Auslegung derselben aus, und ihre darstellende Entfaltung der Tragödie für den Beweis dieser Auslegung selbst.[149]

Wie sich auf den Erweis der Notwendigkeit der Wissenschaftlichkeitsanspruch gründet, so auf das schöpferische Mitverwirklichen des Inhalts der Anspruch auf Ebenbürtigkeit der Auslegung mit dem ausgelegten Kunstwerk. Die Vorlesungen seien „eben so sehr als ein Gedankenkunstwerk zu betrachten, als die Tragödie ein poetisches Kunstwerk ist“[150]; denn, so wäre zu ergänzen, die Tragödie verständlich zu machen kann nicht heißen, hie und da ein paar Erläuterungen zu geben, sondern nur – der Eckermannschen Maxime eingedenk – ihren ganzen Inhalt erneut zu produzieren, zu reproduzieren:

> Soll nemlich die Nothwendigkeit eines Kunstwerks in ihrem ganzen Zusammenhange aufgezeigt werden, so kann das nur insofern geschehen, als dasselbe wirklich und wahrhaftig auch reproducirt wird.[151]

Und da die philosophische Reproduktion sich im Medium des Gedankens bewegt wie die poetische Produktion im Medium der Vorstellung, bewirkt und bezweckt sie eine verwandelnde Wiedergeburt der Tragödie in einem Gedankenkunstwerk, „vermittelst welches das poetische Kunstwerk wiedergeboren in dem Elemente des Gedankens sich beweiset“.[152]

Das Verhältnis der Reproduktion zur Produktion ist formaliter gedacht als Wiederholung[153], materialiter aber als Offenbarung: die Reproduktion nimmt die „wissenschaftliche Form der Methode“ an im Wissen, daß die Kunst, die das Kunstwerk produziert hat, „schon selbst die verhüllte Methode [ist], die sich noch nicht selber offenbar ist“. Die Reproduktion soll demnach „die sich selbst wissende Methode“ der Produktion und „ihr sich selbst Offenbaren“ sein, und um das rein zur Geltung zu bringen, sucht sie sich ein Kunstwerk aus, das sich nicht nur der „verhüllten Methode“ verdankt, sondern seinerseits „jene verhüllte Methode selbst zu seiner Darstellung hat“[154], eben Goethes „Faust“.

---

[149] Hinrichs VII.

[150] Hinrichs VIII.

[151] Hermann Friedrich Wilhelm Hinrichs, Das Wesen der antiken Tragödie in ästhetischen Vorlesungen durchgeführt an den beiden Oedipus des Sophokles im Allgemeinen und an der Antigone insbesondere. Halle 1827, S. IV.

[152] Hinrichs (= Anm. 146) VIII.

[153] In diesem Sinne im Art. „Hinrichs“ Wilhelm Traugott Krug, Allgemeines Handwörterbuch der philosophischen Wissenschaften. Nach dem heutigen Standpunkt der Wissenschaft bearbeitet und hrsg. Zweiter Band. Leipzig 1827, S. 377: „Neuerlich hat er auch eine Art von Commentar geschrieben, wo das, was der Dichter poetisch construirt hat, reconstruirt werden soll.“

[154] Hinrichs XXXV.

Jenes offensichtlich vorausgesetzte Wissen vom Verhülltsein der Methode im Kunstwerk entnimmt Hinrichs der Hegelschen Ästhetik, und so versteht sich denn seine Reproduktion des „Faust" als Verlängerung und Abschluß und Vollendung der Ästhetik[155] wie auch als Abschied von einer Zeit, in der die Poesie zentral war, und als Präludium und Beginn einer anderen Zeit, da die Philosophie alles ist.[156] Die Reproduktion verspricht den nicht deskriptiven, sondern faktitiven Nachweis, den Hegel in seiner Ästhetik in der Tat nicht geführt hat, daß es nämlich mindestens ein Kunstwerk gibt, das seinem eigenen Begriff entspricht, wie ihn die Ästhetik aufgestellt hat.

Die Hegelsche Ästhetik führt die Entfaltung der Idee in die besonderen Kunstformen und die einzelnen Künste vor, und wenn Hegel dabei einzelne bestehende Kunstwerke erwähnt, sie ausschließend oder an ihnen etwas exemplifizierend, so ist das jedemal eigentlich eine Übereilung und ein unbegründeter Machtspruch, weil die jeweils erwähnten Kunstwerke in keinem der Fälle ihrerseits zuvor schon aus der Idee abgeleitet bzw. als aus ihr nicht ableitbar gekennzeichnet worden sind. Hier setzt Hinrichs ein mit wohlüberlegten Modifikationen.

Einerseits übernimmt er die Denkbewegung, und das heißt zum Beispiel, daß auch er nach dem Modell der theologischen Inspirationslehre denkt und den Künstler selbst nur als das „Werkzeug" der Produktion in Anschlag bringt, die sich durch ihn hindurch und „vermittelst" seiner[157] vollzieht, weshalb dann auch die gelegentlichen Hinweise auf Goethes Autobiographie durchaus nur den Charakter einer willkommenen, aber auch entbehrlichen Zusatzbestätigung haben.

Andererseits muß Hinrichs Modifikationen anbringen, da die Ästhetik die Kunstwerke von der Seite der Produktion und des Schreibers her andenkt, während die Reproduktion in der „wissenschaftlichen Kunstbeurtheilung" von der Leserseite herkommt, und da ist das unhintergehbare Datum die Sinnleere des materiellen Textes. Hinrichs' Modifikation an der Denkbewegung der Ästhetik besteht darin, daß er – über Hegel hinaus – seine eigene Leserposition in ihre Struktur einsenkt. Grundlage dessen ist die Klarheit darüber, daß erst die Lektüre oder „das anschauende Bewußtseyn" (kurz „das Anschauende" genannt[158]) „das seinem Begriffe nach freie Kunstwerk von seinem äußerlichen Daseyn befreit", oder umgekehrt, daß die Freiheit des Kunstwerkes sich erst

---

[155] „Wenn deshalb die Wissenschaft des Schönen und der Kunst in der geistigen Idee gegründet und durch dieselbe sich verwirklichend erkannt worden, so ist noch übrig, dieselbe an dem Kunstwerk selbst und vermittelst desselben zu entwickeln." Hinrichs X.

[156] „Denn wenn die Zeit der bildenden Kunst gewesen, und die der redenden zur Neige geht, so ist es an der Zeit, daß die wissenschaftliche Beurtheilung oder die Wissenschaft derselben hervortrete, indem überhaupt die Kunstanschauung nicht mehr der Angel und der Mittelpunkt unsers geistigen Lebens ist, sondern die höchsten Ideen des Geistes eine andre Weise der geistigen Gewißheit gewonnen haben." Hinrichs XXXIX.

[157] Hinrichs 9.

[158] Hinrichs 4.

„vermittelst des anschauenden und vorstellenden Menschen [...] verwirklicht", so daß gesagt werden kann, „daß das Anschauende die Seele des Kunstwerkes ausmache, oder das Daseyn desselben ohne seine Beziehung auf dieses Bewußtseyn überhaupt bedeutungslos wäre".[159]

Dies berücksichtigend, kann die Reproduktion nicht so tun, als sei sie einfach ein Urteil über einen ihr äußerlichen Gegenstand. Den hat nämlich „das Anschauende" in der Lektüre sich einverleibt und verwirklicht. Deshalb „ist diese Einheit des Anschauenden mit dem seine Wesenheit enthüllenden Kunstwerke der wahre Gegenstand unserer Betrachtung".[160] Und das heißt, daß die „Betrachtung" oder Reproduktion sich in sich differenziert und zwischen drei Positionen spielt statt nur zwischen zweien (dem Interpreten und seinem Gegenstand). Die erste Position ist, gedacht in der Weise der Ästhetik, der Inhalt, der sich „vermittelst des Dichters" „vorstellt"; die zweite ist der Leser oder „das Anschauende", das den vom Dichter vorgestellten Inhalt anschaut; die dritte ist der Ausleger (auch „die Darstellung" genannt), der die Einheit der Vorstellung mit der Anschauung im Gedanken darstellend vermittelt und, da er alle drei Positionen ist, dadurch sich mit sich selbst vermittelt.

In diesem einzigartigen Arrangement versucht Hinrichs seinen unerhörten Anspruch einzulösen. Am Anfang steht in aller Regel eine freie philosophische Entfaltung des Inhalts, das heißt „des allgemein geistigen Bewußtseyns".[161] Danach wird zweitens die jeweils erreichte Stufe der Entfaltung mit dem Text korreliert, wofür Hinrichs in abnehmender Häufigkeit diese vier Techniken einsetzt: entweder ersetzt er das grammatische Subjekt der philosophischen Argumentation durch einen Namen aus dem Text (naturgemäß meistens „der Faust"), oder er montiert nach der Art Göschels bisweilen recht überraschende Halbzitate in die Argumentation[162], oder er bietet ein kurzes Referat zur Erinnerungsstütze, oder aber er bezieht sich auf „den Dichter" als die Instanz des Textfortgangs, jedoch möglichst unter Vermeidung von Narrativität und Tem poralität.[163]

Auf die derart hergestellte Korrelation von Inhaltsentfaltung und Textfortgang folgt drittens (oft am Ende einer Vorlesung) die Bestimmung des Verhältnisses zwischen dem in der Tragödie Vorgestellten einerseits und dem Anschauenden andererseits und das überwölbende Begreifen der Einheit beider. Wenn beispielsweise auf einer bestimmten Stufe der Entwicklung in der Freiheit das Böse sich äußern muß und dementsprechend in der Tragödie so vorgestellt wird, daß „der durch Saat und Stoppel streifende schwarze Pudelhund selbst das äußerlich gewordene Gemüth des Faust ausmacht", dann bedeutet

[159] Hinrichs 5.

[160] Hinrichs 8.

[161] Hinrichs 42.

[162] Etwa zusammen mit dem schon eingesetzten Namen: „Denn Faust ist als das Bewußtseyn, Nichts wissen zu können, selber die Form dieses Inhaltes, nemlich des Nichts, was ihm denn schier das Herz verbrennen will"; Hinrichs 48.

[163] „Mit dem Eintritt in die Welt führt unser Dichter das Anschauende nicht ohne Bedeutung am Ostertage in dieselbe ein, und der Uebergang des Himmels in die Welt vermittelst der Osterfeyer zeugt von dem tiefen Sinne desselben"; Hinrichs 86.

das für Faust selbst, daß ihm „sein eigenes Gemüth [...] in dem schwarzen Hunde gegenständlich geworden", und für das Anschauende, daß ihm das Gegenständlichwerden des Gemüts gegenständlich geworden ist[164]; wenn nun noch dargelegt werden kann, daß und inwiefern in Faust die Wahrheit des Anschauenden vorgestellt wird, dann ist diese Darlegung selbst das

> Bewußtseyn der wahren Erkenntnißweise, welche darin besteht, daß die Wahrheit als Gegenstand des Erkennens die eine Seite und das erkennende Bewußtseyn die andre Seite in der Erkenntniß als der durchdringenden Einheit des erkannten Gegenstandes und des erkennenden Bewußtseyns ausmacht.[165]

Die Reproduktion hat dann in der Tat die Tragödie „wiedergeboren"; sie hat erstens durch den selbstbewußten Gedanken den Inhalt der Tragödie selbst erzeugt; sie hat sich zweitens durch die Korrelationstechniken von der Identität der reproduzierten mit der produzierten Tragödie überzeugt; drittens hat sie auch die Einheit des Tragödieninhalts mit dem Bewußtseinsinhalt des Anschauenden erkannt. Und indem sie über all das hinaus noch aufzeigen kann, daß Faust, der zwar am Ende des ersten Teils in der Vorstellung der Tragödie die „Versöhnung nicht gewinnt"[166], im Elemente des Gedankens aber mit „Nothwendigkeit" „die Versöhnung gewinne"[167], erweist sie sich der Tragödie nicht nur als ebenbürtig, sondern als überlegen – sie gibt sich zu erkennen als

> die weitere Gestaltung der Tragödie, oder eines zweiten Theiles derselben, die ihrem wahren Begriffe nach von Seiten des Gedankens aus unsern Vorlesungen von selbst ergiebt, oder vielmehr diese Vorlesungen selbst ist.[168]

Hinrichs hat immerhin vorausgesehen, daß seine Vorlesungen, ihrem Anspruch zuwider, „auch nur für eine subjective Auslegung, Ansicht u.s.f. genommen und ausgegeben" werden würden, aber den Grund dafür in recht unangenehmer Weise allein in der Flachheit und Seichtheit des Zeitalters finden wollen.[169] Das ist die Argumentation eines Denkens, das auf Geschlossenheit und Unanfechtbarkeit versessen ist und deshalb noch seinen möglichen Fehler ins System einbaut, indem es schon prophylaktisch diejenigen zu disqualifizieren sucht, die ihn allenfalls entdecken würden. Wie üblich, tut man gut daran, solche Argumentation umzukehren und sich nicht auf einen Überschuß von Subjektivität gefaßt zu machen, sondern auf ein systematisches Unterdrücken und Verleugnen von Subjektivität. Die Denkfigur, die dem entspricht, ist denn in Hinrichs' Vorlesungen auch zu entdecken: sie sind eine durchgehende petitio principii.[170]

---

[164] Hinrichs 94.
[165] Hinrichs 51.
[166] Hinrichs 219.
[167] Hinrichs 220.
[168] Hinrichs 218 f. So schon S. VIII: „daß unsre Vorlesungen in der Weise des Gedankens den weitern Inhalt eines etwanigen zweiten Theiles der Tragödie erzeugen, und darum dem Begriffe nach selbst diesen zweiten Theil ausmachen müssen."
[169] Hinrichs XLIII ff.
[170] Rüdiger Bubner, Hegel und Goethe. (Beihefte zum Euphorion. 12) Heidelberg 1978, S. 35, nennt das einen „spröden Versuch begrifflicher Rechthaberei".

Zugestanden, daß die philosophischen Ableitungen des Inhalts in sich konsistent sind, liegen doch die Schwachpunkte „der Methode“ in ihren Kontaktstellen mit der Empirie. Die erste ist unvermeidlicherweise der Anfang der Ableitungen, den Hinrichs (wie übrigens auch Göschel) im „Entstehen der Tragödie“ und also in der Übernahme des Stoffes aus der Volkssage vom Doktor Faustus nimmt. Daß diese eine „Vorstellung des allgemein geistigen Bewußtseyns seines Volkes“ und „näherhin“ des religiösen Bewußtseins sei[171], ist eine interpretative Aussage, die zwar einiges für sich haben mag, aber weder ausgewiesen noch begründet ist und doch die Basis für das Ganze bildet; denn alle Entfaltung des Inhalts ist, wie erwähnt, eine Ableitung aus dem „allgemein geistigen Bewußtseyn“, welche also, logisch gesprochen, zu ihrer Grundlage eine Erschleichung (subreptio) hat.

Der zweite Schwachpunkt ist der Übergang von der Entfaltung des Inhalts zur Tragödie selbst, den Hinrichs mit den ebenfalls erwähnten Korrelationstechniken bewältigt. Sie erweisen sich als Reduktions- oder Selektionstechniken, indem sie unvermeidlicherweise nur einige wenige Details erfassen. Zuzugestehen ist wiederum die Schwierigkeit, vor der alle spekulative Realphilosophie steht, daß es nämlich keine Regel gibt, welche realen Phänomene der Ableitung aus der Idee fähig und bedürftig sind. Aber selbst unter dieser Voraussetzung bleibt das Ärgernis, daß das nicht Abgeleitete (und das ist ziemlich viel) nicht einmal erwähnt, geschweige denn als das Unwesentliche und Zufällige erwiesen wird. Und außerdem ist auch in den Fällen der hergestellten Korrelation und Identifikation dieser Übergang unmöglich als ein zwingender und selbstverständlicher zu gestalten, sondern immer eine Deutung (daß z. B. besagter Pudel gerade Fausts „äußerlich gewordenes Gemüth“ ist), die nicht schon dadurch, daß sie gegeben wird, die Zustimmung zu sich als einer notwendigen erzwungen hat. Die selektive Entfaltung der Tragödie „Faust“ könnte erst dann unmittelbar als eine Entfaltung des allgemeinen religiösen Bewußtseins gelten, wenn schon gesichert wäre, daß die Tragödie die Gestaltung von dessen Inhalt ist; aber eben dies, das durch die Reproduktion noch zu erweisen wäre, wird von ihr bereits vorausgesetzt (petitio principii), weshalb die Lückenhaftigkeit der Wiedergeburt unheilbar ist und der Anspruch, die allein wahre Auslegung zu sein, in sich zusammenfällt.

Da die Ableitung in ihrem Kontakt mit dem Text von ihm nur erfaßt, was zu ihr paßt, ist es für die Haltbarkeit „der Methode“ nicht mehr wichtig, daß auch „das Anschauende“ nicht hält, was es halten müßte. Es ist ein Konstrukt, unter dem sich ganz allein die Lesersubjektivität des Auslegers versteckt, und das nur anschaut, was er selbst ihm durch die Ableitung als Anzuschauendes vorgegeben hat – wer sonst würde z. B. den Pudel als Fausts „äußerlich gewordenes Gemüth“ anschauen? Der Verzicht darauf, „ich“ zu schreiben, ist kein geeignetes Mittel, in „das Anschauende“ alle anderen Leser hineinzuzwingen. Die Anschauung „des Anschauenden“ ist, hermeneutisch gesprochen, nur die Selbstbestätigung und Vollstreckung des Vorverständnisses, das die Ableitung leitet.

[171] Hinrichs 8 f.

Ironischerweise ist dieser gescheiterte, unvermeidlich gescheiterte Versuch, die Interpretation in einem schlechthin abschließenden Sinne zu verwissenschaftlichen, durchaus kein Abschluß, sondern ein Auslöser geworden und hat sowohl eine ganze Welle von Fausterklärungen nach sich gezogen als auch Goethe selbst wohl veranlaßt, die Arbeit am zweiten Teil des „Faust" doch wieder mit Entschiedenheit aufzunehmen.[172]

Was die Nachfolger von Hinrichs unterscheidet, ist ein moderaterer Anspruch und ihm entsprechend ein strukturelles Moment. Der Anspruch auf Wissenschaftlichkeit wurde zwar fortgeführt, aber „wissenschaftlich" hieß dann nur noch so viel wie „gedanklich sauber" und hatte nicht mehr die Implikation von absolutem Wissen. Das strukturelle Moment ist eine Reduktion der Hinrichsschen Komplexität. Dran glauben müssen hat „das Anschauende". Nur Karl Rosenkranz hat in einer seiner Schriften noch einmal „das anschauende Bewußtsein" eingesetzt, doch was es anschaut, wenn der Vorhang aufgeht, ist nicht eine Gestalt des Bewußtseins, sondern ganz simpel z. B. eine Landschaft.[173] Statt sich so gespreizt zu geben, hat Rosenkranz sonst wie seine gleichgesinnten Mitinterpreten wieder mit Kannegießer „Wir" geschrieben, wenn man alle Leser einbeziehen zu dürfen oder zu müssen meinte.

Gegenstand war nach dieser Reduktion also wieder der Text, nicht mehr das Verhältnis von Text und „anschauendem Bewußtsein", und die Aufgabe wieder, den Sinn des Textes zu ermitteln und mitzuteilen, wobei „die Forderung des Zusammenhanges" nicht mehr zu unterdrücken war.[174] Sie zu befriedigen allerdings war nach Hinrichs nicht einfacher geworden, und es haben sich vorerst fast nur Philosophen daran gewagt, dem Erfinder „der Methode" unter Reduktion von Anspruch und Komplexität zu folgen.

Geblieben ist vorderhand die Scheu, Spontaneinfälle und private Evidenzen direkt als solche zu präsentieren; sie drückt sich aus zumindest in der Verwendung philosophischer, und zwar meistens Hegelscher Terminologie und in einem Bemühen um nachvollziehbare Argumentation, eher selten zusätzlich

---

[172] Jedenfalls hat Goethe im Tagebuch für den Abend des 24. Februar 1825 die Lektüre von Hinrichs' Buch notiert und für den 25. Februar 1825 – nach langer Pause – den Beginn der Arbeit am „Faust II": Erich Seemann, Ein Beitrag zur Entstehungsgeschichte von Goethes Faust II. Goethe und Hinrichs. Hannover 1938, S. 5.

[173] Karl Rosenkranz, Ueber Calderon's Tragödie vom wunderthätigen Magus. Ein Beitrag zum Verständniß der Faustischen Fabel. Leipzig 1829, S. 79: „Das die Tragödie anschauende Bewußtsein erblickt zuerst einen anmuthigen Hain, und durch die Aussicht im Hintergrunde die Stadt Antiochia."

[174] Rosenkranz 6: „Die Zeit ist vorüber, wo die Vertheilung eines Prädicates an irgend ein Werk der Kunst zur Beurtheilung hinreichend war. Diese objectivische Erkenntniß, in welcher das Gefühl seine Affection zwischen den Extremen der Erhabenheit und Annehmlichkeit ausstammelte, ist jetzt als trivial verbannt. Die Forderung des Zusammenhanges ist erwacht und nur momentan wieder einzuschläfern. Eben so, wie die psychologische Anatomie und detaillirende Charakterschilderung, wie prosaische Beschreibung und langweilende Erzählung von Kunstwerken, ist auch die moralische Ansicht der Kunst mit Recht als einseitig entfernt. […] Auch die Periode ist mit ihrem schillernden und lieblichen Schaum verweht, welche die Erscheinung des Absoluten und Unendlichen in der Kunst anstaunte und anpries, aber nicht zur Bezwingung des ahndungsvollen Gefühles kam."

noch in einem förmlichen Vollzug dialektischen Denkens. Geblieben ist ferner das Bemühen, das sogar Kannegießer mit Hinrichs einte, dem Textfortgang zu folgen. Geblieben ist schließlich der Wille, die philosophische Argumentation und die Paraphrase miteinander zu korrelieren, miteinander abwechseln zu lassen, ineinander zu fügen, so daß die Temporalität der Paraphrase überformt wird von der Schlüssigkeit der Argumentation und ein jedes „dann" ausgetauscht werden kann gegen ein „deshalb".

Die unterschiedlich enge Verflechtung von argumentativen und narrativen Passagen hat dabei doch immer dieselbe Funktion, den Zusammenhang der Argumentation nämlich in den Text zu übertragen als Sinn, und wenn es gut geht, ist die Argumentation eine freie und stiftet also selbst neuen Sinn, statt nur vorliegende philosophische Schriften zu rekapitulieren und so die Philosophie als Sinndepot zu benutzen. Ferner dient die Parallelität in der Fortbewegung von Argumentation und Paraphrase als immanenter Beleg dafür, daß wirklich eine Reproduktion stattfindet und nicht eine Neuproduktion. Und schließlich bekunden der weitgehende Verzicht auf den Autornamen und oft sogar auf den metonymischen Ausdruck „der Dichter" sowie die entschiedene Konzentration auf die Handlung und die handelnden Personen, daß die philosophische Reproduktion auf dem Fundament der neuen Hermeneutik steht und demgemäß nicht intendiert, den Text zu vernichten und die Gedanken des Textautors möglichst genau noch einmal zu denken.

Bei gleicher Struktur und gleicher hermeneutischer Grundlage unterscheidet sich die philosophische Reproduktion von der Grohmannschen Rekonstruktion dadurch, daß es ihr ebenso entschieden um das Was, um den „geistigen Inhalt" geht wie dieser um das Wie, die Organisation „des Dichters".[175] Rosenkranz erklärt „diese Manier" in seiner Schrift über Calderons „Wundertätigen Magus" fast entschuldigend so:

> Die Tendenz der Dichtung selbst geht darauf hinaus, die Metamorphose des Bewußtseins hervorzukehren und darum wird wohl so leicht Niemand Anstoß nehmen, wenn er diese vom Dichter so genial entfaltete Phänomenologie hier für das Verständniß des innern Ganges in prosaischer Dialektik reproducirt findet, und nun in dieser einfachen Form die Nothwendigkeit der Idee als die Weberin in der Gedankentiefe Calderons ruhig anschauen kann.[176]

Diese Erklärung zeigt noch einmal in voller Deutlichkeit die Stufungen des Verfahrens und seinen Anspruch: wenn die „Tendenz der Dichtung", die man in der Lektüre kennenlernt, sich „reproduciren" läßt als das, was „der Dichter" entfaltet, dann kann man endlich guten Gewissens den Autor beim Namen nennen in der Überzeugung, daß im produktiv-poetischen wie im reproduktiv-interpretatorischen Schreiben dieselbe Weberin (textrix) durch die schreibenden Individuen hindurch am Werke war und sich gleichermaßen in beider Texte eingewoben hat.

Die philosophische Reproduktion versteht sich als Neuvertextung derselben Idee, die sich in den literarischen Texten schon einmal vertextet hat. Da-

---

[175] Vgl. oben S. 359.

[176] Rosenkranz (= Anm. 173) 8.

mit kommt der Idee dieselbe funktionale Stellung zu wie dem „Mittelpunct“ in den Andeutungen Süverns und anderer[177], nur ist sie das Organisationszentrum des Was, des „geistigen Inhalts“, auf den sich alles Interesse richtet. Dieser Übergang von der rationalen Rekonstruktion zur philosophischen Reproduktion ist auf dem Gebiet der Interpretation die genaue Entsprechung und Vorbereitung des Wechsels von der „äußeren“ zur „inneren Literaturgeschichte“, den wiederum Rosenkranz kurz danach vollzogen hat.[178]

Der literarische Text deutscher Sprache, der als Leserobjekt im Wissenschaftssystem immer noch nicht seinen Ort gefunden hatte und zwischen 1800 und 1820 sogar exkommuniziert worden zu sein schien, hat in den zwanziger Jahren des 19. Jahrhunderts ein Asyl, noch keine Heimat, in der Philosophie gefunden, wo seine unfreiwillige Geburtshelferin, die Ästhetik, längst heimisch geworden war. Sie hat ihn pfleglich empfangen, um ihn dem Inhalte nach wiederzugebären bzw. neu zu vertexten.

Beteiligt haben sich daran mit unverkennbarem Eifer aber eigentlich doch nur drei aus der jüngeren Generation der Hegelschüler: Karl Rosenkranz mit Arbeiten über den „Parcival“[179], das Heldenbuch und das Nibelungenlied[180], den jüngeren „Titurel“ und Dantes „Divina commedia“[181], über den „Wunderthätigen Magus“ und die Faustsage und endlich, nach dem Abschluß der Literaturgeschichten[182], über den Faust II[183]; Heinrich Gustav Hotho mit Studien über Heinrich von Kleist, Goethes Romane überhaupt und „Wilhelm Meisters Wanderjahre“ insbesondere[184]; und Heinrich Theodor Rötscher, zunächst nur mit zwei Arbeiten, einer umfangreichen über Aristophanes[185] und einer kurzen über Byrons „Manfred“.[186]

---

[177] Vgl. oben S. 362.

[178] Vgl. oben S. 304 ff.

[179] Karl Rosenkranz, Aesthetische und Poetische Mittheilungen. Magdeburg 1827, S. 205–256: „Ueber Wolfram's von Eschenbach Parcival. Eine ästhetische Abhandlung“.

[180] Karl Rosenkranz, Das Heldenbuch und die Nibelungen. Grundriß zu Vorlesungen. Halle 1829.

[181] Karl Rosenkranz, Ueber den Titurel und Dante's Komödie. Mit einer Vorerinnerung über die Bildung der geistlichen Ritterorden und Beilagen contemplativen Inhalts aus der größeren Heidelberger Handschrift. Halle/Leipzig 1829.

[182] Vgl. oben S. 309.

[183] Karl Rosenkranz, Rez. von „Goethe's Faust. Zweiter Theil der Tragödie“; in: Jahrbücher für wissenschaftliche Kritik 1833, I 801–824; mit anderen kleinen Abhandlungen zusammen unter dem Titel „Zur Literatur der Faustsage“ in: Karl Rosenkranz, Zur Geschichte der deutschen Literatur. Königsberg 1836, S. 95–161.

[184] Jahrbücher für wissenschaftliche Kritik 1827, Sp. 685–724; 1829, II 863–891; 1830, I 321–382.

[185] Heinrich Theodor Rötscher, Aristophanes und sein Zeitalter. Eine philologisch-philosophische Abhandlung zur Alterthumsforschung. Berlin 1827. – Robert Klein, Heinrich Theodor Rötschers Leben und Wirken. Ein Beitrag zur Geschichte der literarischen Kritik. (Schriften der Gesellschaft für Theatergeschichte. 30) Berlin 1919. – Walter Schnyder, Hebbel und Rötscher unter besonderer Berücksichtigung der beiderseitigen Beziehungen zu Hegel. Diss. Basel 1923.

[186] Manfred. Eine Tragödie von Lord Byron, übersetzt von E. Tollin. Mit einem erläuternden Vorwort von Heinrich Theodor Rötscher. Magdeburg 1828, S. III–XXIV.

Nach 1830 ist der Eifer der ersten Jahre schnell erlahmt. Rosenkranz hat sich der Philosophie zugewandt, Hotho der Kunstgeschichte, Rötscher ist als Lehrer in die Provinz nach Bromberg gegangen. Zwar gab es noch gelegentlich Zuzug, von einem Angehörigen der Schule, Eduard Gans[187], und von zwei mehr oder weniger Nahestehenden, August Wilhelm Bohtz[188] und Friedrich August Rauch[189], aber die Fortsetzung war doch sozusagen die Privatangelegenheit Einzelner geworden. Göschel hat in seinen späteren Schriften, besonders in den „Unterhaltungen“[190], sein Verfahren der Transformation von Goethe in Hegel und Christentum konsequent fortgesetzt und verdeutlicht[191]; Hinrichs ist noch einmal hervorgetreten mit seiner dreibändigen Schillermonographie[192], in der „die Methode“ kaum noch ein Schatten ihrer selbst ist; nur in den ersten vier Bänden von Rötschers „Abhandlungen“ über die „Wahlverwandtschaften“, den zweiten Teil „des Göthischen Faust“ und drei Dramen Shakespeares („König Lear“, „Romeo und Julia“, „Der Kaufmann von Venedig“[193]), ergänzt durch eine späte Revision seiner Interpretation des „Manfred“[194], erscheint die philosophische Rekonstruktion unvermittelt nochmals in voller Kraft, als wäre die Zeit stillgestanden, doch im fünften Band, einem Nachzügler[195], hat sich Rötscher mit einer dramaturgischen Figurencharakteristik begnügt, mit der „psychologischen Betrachtungsweise“ der „Charakterentwicklung“ also, die nach seiner früheren Ansicht bei allen Vorzügen doch „für die Erkenntniß des ganzen Kunstwerks“ nicht ausreicht.[196]

Im Rück- und Überblick bemerkt man, daß die Beteiligung an der Rekonstruktion insgesamt eher schwach war und daß nur recht wenige Werke von ihr

---

[187] Eduard Gans, Vermischte Schriften, juristischen, historischen, staatswissenschaftlichen und ästhetischen Inhalts. Band 2. Berlin 1834, S. 269–344.

[188] August Wilhelm Bohtz, Geschichte der neuern deutschen Poesie. Vorlesungen. Göttingen 1832, S. 84–206 über Goethe, S. 133–172 über den „Faust“.

[189] Friedrich August Rauch, Vorlesungen über Göthe's Faust. Büdingen 1830.

[190] Carl Friedrich Göschel, Herolds-Stimme zu Göthe's Faust, ersten und zweiten Theils, mit besonderer Beziehung auf die Schlußscene des ersten Theils. Leipzig 1831. – Ders., Aus Dante Alighieri's göttlicher Komödie. Von den göttlichen Dingen in menschlicher Sprache zu einem fröhlichen Ausgange. Naumburg 1834. – Ders., Unterhaltungen zur Schilderung Göthescher Dicht- und Denkweise. 3 Bde. Schleusingen 1834–38. – Ders., Dante Alighieri's Unterweisung über Weltschöpfung und Weltordnung diesseits und jenseits. Ein Beitrag zum Verständnisse der göttlichen Komödie. Berlin 1842.

[191] Vgl. Weimar (= Anm. 29) 140–143.

[192] Hermann Friedrich Wilhelm Hinrichs, Schillers Dichtungen nach ihren historischen Beziehungen und nach ihrem inneren Zusammenhange. 3 Bände. Leipzig 1837–1839; vgl. Weimar (= Anm. 29) 144–149.

[193] Heinrich Theodor Rötscher, Abhandlungen zur Philosophie der Kunst. 4 Abtheilungen. Berlin 1837–1840.

[194] Heinrich Theodor Rötscher, Manfred. Eine Tragödie von Lord Byron, in ihrem inneren Zusammenhange entwickelt. Eine Abhandlung zur Philosophie der Kunst. Berlin 1844.

[195] Heinrich Theodor Rötscher, Abhandlungen zur Philosophie der Kunst. Fünfte Abtheilung. Berlin 1847.

[196] Rötscher (= Anm. 193) I 43 f.

erfaßt wurden. Das war bei weitem nicht ausreichend, etwa einer Fortsetzung von Rosenkranz' „Geschichte der Deutschen Poesie im Mittelalter" vorzuarbeiten und so die Literaturgeschichtsschreibung in die Philosophie zu ziehen als Fortsetzung der Reproduktion und mit ihr als empirische Ergänzung der Ästhetik. Das Projekt, ein „philosophisches Wiedererschaffen der Kunstwerke und ihrer Geschichte"[197] in die Wege zu leiten, ist nach wenigen Jahren eingegangen.

Unausführbar wäre es nicht gewesen. Hotho hatte an Kleist und Hinrichs an Schiller vorgeführt, daß und wie die Neuvertextung auch auf ein Gesamtwerk auszuweiten war, indem nämlich die Entfaltung einer Idee in die Reihenfolge von Werken eines Autors grundsätzlich ebenso Zusammenhang und Sinn bringen kann wie in die Reihenfolge von Szenen innerhalb eines einzelnen Werks. Und Rosenkranz' „innere Literaturgeschichte" hatte demonstriert, daß und wie die „Wiedererschaffung" von Einzel- und Gesamtwerken zu verlängern gewesen wäre in eine „Wiedererschaffung" der Literaturgeschichte.[198]

Weil das alles nicht fortgesetzt wurde, ist die Literaturgeschichtsschreibung endgültig aus der Philosophie entlassen worden und hat sich alsbald verselbständigt zur Disziplin „deutsche Literaturgeschichte"[199], die zwar die Konzentration auf den „geistigen Inhalt" übernommen, aber ihn unreproduziert als Symptom und Quelle für die Geschichte des deutschen Geistes genommen hat, weil sie auf das Schreiberprodukt literarischer Text eingestellt war. Die Philologie, soweit sie betroffen war (also die klassische[200] und die neu etablierte deutsche[201]), hat sich ohnehin sofort energisch dagegen verwahrt, daß man ihre philologischen Objekte und Sprachdenkmäler als Leserobjekte zu behandeln und einer sinnschaffenden Wiedergeburt zu unterziehen gewagt hat. Nach kurzem Asyl in der Philosophie ist der literarische Text als Leserobjekt wieder heimatlos geworden, mehr noch, durch die Art, wie ihn die philosophische Reproduktion behandelt hat, ist er als Gegenstand einer möglichen Wissenschaft in weiten Kreisen nachhaltig diskreditiert worden.

Die philosophische Reproduktion hat nicht nur das Ausscheiden ihrer wenigen Pioniere nicht verkraften können, sie hat auch keine neuen Mitarbeiter gewinnen und sich in ihnen das Überleben sichern können. Sie zu gewinnen, wäre eine Theorie vonnöten gewesen, die nicht einfach nur das Verfahren in seinen Ansprüchen vorgestellt (das taten regelmäßig die Vorreden), sondern es selbst untersucht und erklärt und übertragbar gemacht hätte. Die Notwendig-

---

[197] Heinrich Gustav Hotho, Vorstudien für Leben und Kunst. Stuttgart/Tübingen 1835, S. 279.

[198] Vgl. oben S. 304 ff.

[199] Vgl. oben S. 322 ff.

[200] Karl Friedrich Hermann, Aeltere komische Literatur. Erster (–Zweiter) Artikel; in: Heidelbergische Jahrbücher der Literatur 22 (1829) 581–611, 1205–1226; diese Rezension von Rötschers Aristophanesbuch und Bohtz' Dissertation über Aristophanes auch als Separatum: Ein Wort über das Verhältnis der neuern speculativen Philosophie zur classischen Alterthumsforschung. Heidelberg 1829.

[201] Vgl. oben S. 243 das Zitat aus Lachmanns Rezension von Rosenkranz' Titurelbuch.

keit einer solchen Theorie scheint aber ausgerechnet den Philosophen nicht einsichtig geworden zu sein, weil sie sich wohl auf ihre fachliche Kompetenz in der Entfaltung von Ideen verlassen haben.

Die Theorieabstinenz wäre von seinem Ansatz her gerade noch für Hinrichs vertretbar gewesen, aber nachdem man aus diesem Ansatz die Position „das Anschauende“ eliminiert hat, war mit ihr auch die Lektüre aus dem Bereich theoretischer Aufmerksamkeit verschwunden. Gerade deshalb wäre eine explizite Hermeneutik hochnötig gewesen, weil in der Lektüre und nirgends sonst die Idee gewonnen wird, aus der dann das Werk abgeleitet und reproduziert wird. Aus der Sicht der Hermeneutik ist also die Reproduktion zunächst und vor allem die Überprüfung einer Deutungshypothese aus der Lektüre, und die stellt halt, wenn man sie im Alleingang betreibt, wesentlich höhere oder jedenfalls andere Anforderungen als die freie philosophische Entfaltung einer Idee unter Herstellung gelegentlicher Beziehungen zum Text.

Die ausführlichere Erläuterung „der wissenschaftlichen Methode“, die Rötscher recht spät gegeben hat[202], ist denn auch rein methodologisch ausgefallen, das heißt, sie erläutert, ohne es zu wissen, nur die Methode der Darstellung von Einsichten, nicht deren Gewinnung und Validierung. Das Problem der Hermeneutik dagegen ist reduziert auf die Feststellung, es beginne alles mit dem „Decomponiren“, dem „Zerbrechen der Form“ oder der Zerstückelung des Dionysos Zagreus[203], während dann die Reproduktion als ein zweiter Zeus „den ganzen prachtvollen Bau des göttlichen Körpers wiederherstellt und so das im Feuer des Gedankens erhaltene und gleichsam wiedergeborene Gebilde gewinnt“.[204] Aus dem „zerrissenen Leibe des Dionysos Zagreus das noch schlagende Herz“ zu retten, die Idee also zu finden, aus der die Wiedergeburt sich ereignen kann, mithin das Werk überhaupt erst einmal zu verstehen, wird dann, ähnlich wieder wie bei Eckermann, als ein Problem persönlicher Befähigung ausgegeben: „Nur wer philosophischen Gehalt mitbringt wird auch die vom Künstler dargestellte Idee aufzufinden vermögen.“[205] Es ist noch immer das Bekenntnis der eigenen Unzulänglichkeit gewesen, wenn eine Hermeneutik die theoretische Darstellung des Verstehens auf die Forderung einer bestimmten subjektiven Disposition des Auslegers beschränkt hat.

Den Zeitgenossen sind denn auch die Produkte der hermeneutisch unaufgeklärten philosophischen Reproduktion bald auf die Nerven gegangen, und in der Tat konnten sie erscheinen als das sophistische Durchboxen einer fixen Idee durch oder sogar gegen den Text. Gervinus' Distanzierung von „der ästhetischen Beurtheilung der Sachen“[206] bezieht sich genau und nur auf die philosophische Reproduktion, und am Ende der dreißiger Jahre sind die öffentli-

[202] Rötscher (= Anm. 193) I 1–72: „Das Verhältniß der Philosophie der Kunst und der Kritik zum einzelnen Kunstwerke“.

[203] Rötscher 19 f.

[204] Rötscher 23.

[205] Rötscher 20.

[206] Georg Gottfried Gervinus, Geschichte der poetischen National-Literatur der Deutschen. Erster Theil. Leipzig 1835, S. 11.

chen Reaktionen auf die Bücher von Göschel, Hinrichs und Rötscher immer gereizter ausgefallen. Friedrich Theodor Vischers so blendendes wie unsachliches Erledigen der „Sinnhuber“[207] war keine einsame Heldentat, sondern ein vielleicht nötiger Rufmord, der von vornherein allenthalben freudiger Zustimmung gewiß sein konnte.

Es hatte sich nicht nur die spezielle Interpretationsweise einer bestimmten philosophischen Schule diskreditiert; die Interpretation literarischer Texte aus der Leserperspektive war als solche in Verruf geraten, und davon hat sie sich noch bis ans Ende des Jahrhunderts kaum einigermaßen erholt. Einer, der auf seine Weise dennoch nicht von ihr lassen wollte, Heinrich Viehoff, hat genau das anläßlich von Hinrichs' Schillermonographie befürchtet und vorausgesehen:

> Wenn unsere Dichter keine andere Erläuterung als ein so selbstgefälliges, geziertes, ins Vage verfließendes, das Wesentliche und Schwierige umgehendes Gerede erwarten dürfen, so haben diejenigen nicht Unrecht, welche in Beziehung auf die neuern Classiker alle Interpretation zu verdächtigen und in Verachtung zu bringen suchen.[208]

Der literarische Text als Leserobjekt war erneut ohne Heimat im Wissenschaftssystem. Einige Philosophen, die nun einmal damit angefangen hatten und offenbar ein Bedürfnis der Studenten erfüllten, haben die Tradition der Faustvorlesungen als Privatsache hors concours fortgeführt.[209] Die Wissenschaftsorganisation als ganze hat darin (und in den zugehörigen Publikationen[210]) mit einigem Recht noch keine Erfüllung der Anforderungen an eine

[207] Friedrich Theodor Vischer, Die Litteratur über Göthe's Faust. Eine Uebersicht; in: Hallische Jahrbücher für deutsche Wissenschaft und Kunst 2 (1839) 65–66, 73–77, 81–94, 209–213, 217–219, 225–228, 233–237, 393–399, 401–424, 497–534; wiederabgedruckt in: F. Th. V., Kritische Gänge. Band 2. Tübingen 1844, S. 49–245.

[208] Heinrich Viehoff, Schiller's Gedichte in allen Beziehungen erläutert und auf ihre Quellen zurückgeführt, nebst einer vollständigen Nachlese und Varianten zu denselben. Für die Freunde des Dichters überhaupt und für die Lehrer des Deutschen an höhern Schulanstalten insbesondere. Erster Theil. Stuttgart 1839, S. X.

[209] Hinrichs (Halle 1831/32, 1836, 1836/37), Friedrich Theodor Vischer (Tübingen 1834, 1836, 1838/39 u. ö.), Jakob Sengler (Marburg 1835/36, 1836/37, 1838, 1839, 1841), Karl Alexander von Reichlin-Meldegg (Heidelberg ab 1836/37), Johann Leutbecher (Erlangen 1837), Karl Heinrich Althaus (Berlin 1839/40, 1841/42, 1844/45).

[210] Als Beispiele seien genannt: Christian Hermann Weiße, Kritik und Erläuterung des Goethe'schen Faust. Nebst einem Anhange zur sittlichen Beurtheilung Goethe's. Leipzig 1837. – Johann Leutbecher, Ueber den Faust von Göthe. Eine Schrift zum Verständniß dieser Dichtung nach ihren beiden Theilen für alle Freunde und Verehrer des großen Dichters. Nürnberg 1838. – Heinrich Theodor Rötscher, Abhandlungen zur Philosophie der Kunst. Dritte Abtheilung. Der zweite Theil des Göthischen Faust nach seinem Gedankengehalte entwickelt. Berlin 1840. – Zur Orientierung über Titel und Inhalt: Hans Titze, Die philosophische Periode der deutschen Faustforschung (1817–1839) nebst kurzen Überblicken über die philologische und philosophisch-ästhetische Periode zur Beleuchtung der Gesamtentwicklung der deutschen Faustphilologie bis zur Gegenwart. Ein Beitrag zur Entwicklung der deutschen Faustphilologie. Diss. Greifswald 1916. – Unter dem Gesichtspunkt der Wort- und

selbständige Disziplin sehen können und also das Leserobjekt „literarischer Text“ immer noch nicht aufgenommen als einen der möglichen Forschungsgegenstände. Er wurde erst einmal wieder relegiert ins Gymnasium, um dort sozusagen die Reifeprüfung zu bestehen.

Metamorphosen der Rekonstruktion

Beim Übergang des literarischen Textes in die Schulen ist die philosophische Reproduktion nicht einfach verschwunden. Sie hat sich hineinbegeben in zwei Metamorphosen, in denen sie, wie das vor Schülern naturgemäß ohnehin nötig gewesen wäre, die Rigidität von Anspruch und Durchführung abgestreift hat. Sichtbar wird das am Verschwinden der philosophischen Schulmanier und -terminologie, die offenbar auch das Ärgerlichste gewesen war. Übriggebliebenen ist beidemal ein Verfahren, das wieder wenigstens anfangs viel mit der rationalen Rekonstruktion gemeinsam hatte, nur daß die Ausrichtung auf den „geistigen Inhalt“ so wenig rückgängig gemacht wurde wie in der Literaturgeschichtsschreibung nach Rosenkranz von Gervinus. Wenn das Verfahren mit so etwas wie einem terminus technicus belegt wurde, dann hieß es wieder „Nachconstruiren“ oder ähnlich, nicht mehr „Reproduciren“.

Die erste Metamorphose hat als einfache Enthegelianisierung unter Beibehaltung der Struktur begonnen. Der Frankfurter Gymnasialprofessor Konrad Schwenck kann diesen Sachverhalt illustrieren. Er hat 1839 zwei geradezu angewiderte Rezensionen der beiden ersten Bände von Rötschers „Abhandlungen zur Philosophie der Kunst“ erscheinen lassen[211] und doch wenige Jahre später seine Interpretationsweise offenbar ohne Bedenken so vorgestellt, wie es fast auch Rötscher mit der seinen hätte machen können:

> Dieses Schriftchen hat zum Zweck, jedesmal die Idee der einzelnen Dichtung anzugeben, die menschlichen Charaktere, welche dargestellt werden, zu erklären und die Durchführung einer Idee vermittelst derselben als ein natürliches Ergebniß der Umstände und der Charaktere nachzuweisen.[212]

Der Unterschied ist nur, daß Schwenck – offener, aber ähnlich wie auf seinem Gebiet Gervinus[213] – „nothwendig“ durch „natürlich“ ersetzt und die dialektische Entfaltung der Idee durch eine pragmatische Berufung auf das Naheliegende und Einleuchtende.

Am Anfang der Interpretation steht allemal noch die Idee, etwa beim „Egmont“: „Als Idee und innerster Gehalt dieses Trauerspiels bietet sich unserm Auge das Märtyrerthum für die Freiheit dar“; es folgt die einleuchtende und

Begriffsgeschichte von „faustisch“: Hans Schwerte, Faust und das Faustische. Ein Kapitel deutscher Ideologie. Stuttgart 1962, S. 58–93.

[211] Allgemeine Literatur-Zeitung 1839, Sp. 113–128, 131–136; 433 f., 442–448; wiederabgedruckt in: Konrad Schwenck, Literarische Charakteristiken und Kritiken. Frankfurt 1847, S. 350–384.

[212] Konrad Schwenck, Goethes Werke. Erläuterungen. Frankfurt 1845, S. III.

[213] Vgl. oben S. 313 f.

sogar noch begründete Prämisse für die Wahl und Gestaltung des Charakters:

> Soll uns ein solcher Märtyrer begeistern, so darf ihm selbst die zum Gefühl sprechende Liebenswürdigkeit und Begeisterungsfähigkeit nicht fehlen; denn ein kluges, kaltbesonnenes Wirken für einen hohen Zweck vermag uns von einem tüchtigen Manne eine hohe Achtung zu erwecken [...], aber nicht die Begeisterung zu entzünden;

und die Conclusio in Grohmannscher Diktion:

> Der Dichter stellt uns daher in Egmont eine schöne Natur dar, welche unter äußeren günstigen Verhältnissen sich zur reinsten Anmuth und blühendsten Lebensfülle eines männlichen Charakters entfaltet hat.[214]

Und so geht es weiter, bis alle Charaktere als zweckmäßig gewählt und die Bedeutung und Reihenfolge ihrer Handlungen im Lichte der vorausgesetzten Idee erklärt, klar geworden sind. Schwenck verbohrt sich dabei nicht in Details, verzichtet auf anspruchsvolle Terminologie und stellt den Zusammenhang auch nicht durch philosophische Argumentation her, aber der Überzeugungswille hat andere und kaum weniger aufdringliche Mittel gefunden: Passagen poetisierender Sprache, die funktionslos wären, würden sie nicht der Überredung dienen, wo Argumente fehlen oder zu schwierig wären.[215]

Es ist zu vermuten, daß diese Form des Rekonstruktionsverfahrens als Übung in der Schule überlebt hat: der Lehrer gibt die „Idee" an und läßt dann möglichst ausdrucksvoll die Deutung ausgewählter Textelemente als Subsumtion unter den Sinn vollziehen, den er vorher im Alleingang sich erarbeitet hat. Oder, wie es ein Schulmann schon etliche Jahre vorher formuliert hat: der Lehrer verhilft zu einem klaren und deutlichen Verständnis, wenn er

> die Aufmerksamkeit auf den Plan des Dichters und den dadurch bestimmten Verlauf der Begebenheit hinlenkt und zuletzt das Ganze im Kleinen nachconstruiren läßt, indem er die Jugend anleitet, die Hauptmomente auf zu stellen und deren Zusammenhang mittels der Nebenmomente kurz an zu deuten, so daß etwa derselbe Abriß des Ganzen entsteht, welchen der Dichter selbst sich entworfen haben mochte, bevor er an die Ausführung ging.[216]

Wenn die Interpretationsweise Schwencks strukturgleich ist mit derjenigen Rötschers, so liegt das – unabhängig von der jeweils eingesetzten Begrifflichkeit – daran, daß beide ihre Rolle als Lehrer gleich auffassen. Genau darauf weist Robert Heinrich Hiecke hin in der Vorrede zu einer Modellinterpreta-

---

[214] Schwenck 30 f.

[215] Zum Beispiel liest man nach dem ersten der oben gegebenen Zitate weiter über die Freiheit, „welche in der furchtbaren Schicksalsstunde den goldenen Becher des berauschenden Verklärungstrankes den bebenden Lippen darreicht, daß sie Todesmuth trinken und daß das verklärte Auge über der Schreckensnacht des letzten Ganges das Bild der Freiheit in entzückendem Liebesglanze als das höchste, unsterbliche, herzbefriedigende Gut schweben und zum Himmel winken sehe". Schwenck 30.

[216] J. S. Rosenheyn, Ueber den Deutschen Unterricht in den Gymnasien [...]. Königsberg 1832, S. 20.

tion, die er „als einen praktischen Beleg“[217] zu seiner „pädagogischen Theorie“ bezeichnet.[218] Auch er bezieht sich wie Schwenck auf Rötschers „Abhandlungen“, allerdings im durchaus zustimmenden Sinne, und bemerkt, der Unterschied liege im Zweck begründet und im Rollenverständnis. Rötscher

> verfährt wie ein academischer Docent, welcher der vorgetragenen Theorie das Siegel der Bestätigung aufdrückt durch die Nachweisung ihrer Anwendbarkeit und Fruchtbarkeit, ich bin und bleibe auch hier Lehrer, der zur Wissenschaft nur vorbereitet, indem er an Einem Werke zum Studium und Vollgenuß poetischer Schöpfungen anleitet.[219]

Anders also als der Dozent Rötscher, der „mit der Entwickelung der Idee beginnt“, geht der Lehrer Hiecke auf „analytischem Wege“ vor.[220] Er eröffnet seine „zergliedernde Betrachtung des Kunstwerkes“ mit einer dreifach gegliederten Rekapitulation der Handlung[221] und setzt sie fort mit einer psychologischen Charakteristik aller Figuren.[222] Erst danach folgt als Abschluß des ersten Durchgangs aus der Bestimmung der „Hauptperson“ und der „Verhältnisse“ die Bestimmung der „Idee, welche die bewegende Seele unseres Stückes ist“. Da erweist sich, daß die Formulierung der Idee nichts anderes ist als die am Anfang gegebene Kurzfassung der Handlung, nur von innen gesehen.

> Und somit kehrt denn, was philosophisch ganz richtig ist, mit der Angabe der Idee die ganze Besprechung in ihren Anfang zurück, aber vertieft durch den geistigen Reichthum von Anschauungen, welchen die Betrachtung auf dem langen Wege durch ihre Stadien durchlaufen hat.[223]

Die Stadien der „Besprechung“[224] sind – mit derselben Funktion wie Göschels Paraphrasen – „Stadien“ oder „Stufen der Aneignung“[225], nach deren Durchlaufen der Interpret sich den Text in allen Einzelheiten zu eigen gemacht hat.

Der zweite Durchgang der Interpretation wendet sich „von dem gefundenen Mittelpuncte aus wieder der Peripherie“ zu und überschreitet die „Erkenntniß des Vorhandenen und Gegebenen“ hin „zur kritischen Stellung des Anerkennens“, indem sie „reflectirend“ nochmals Handlung und Charaktere im Lichte

---

[217] Robert Heinrich Hiecke, Shakspeare's Macbeth, erläutert und gewürdigt. Merseburg 1846, S. IV. – Kurt Abels, Zur Geschichte des Deutschunterrichts im Vormärz: Robert Heinrich Hiecke (1805–1861). Leben, Werk, Wirkung. (Studien und Dokumentationen zur deutschen Bildungsgeschichte. 32) Köln 1986.

[218] Die Theorie im Kapitel „Wie soll gelesen werden“ in: Robert Heinrich Hiecke, Der deutsche Unterricht auf deutschen Gymnasien: ein pädagogischer Versuch. Leipzig 1842, S. 120–195, besonders 171–181.

[219] Hiecke (= Anm. 217) IV.

[220] Hiecke VIII.

[221] „1. Nach ihrem Gesammtverlauf“, „2. Nach ihrem Verlaufe durch die einzelnen Acte“, „3. Nach ihrer Gliederung durch die einzelnen Scenen“; Hiecke 1, 1–5, 5–10.

[222] Hiecke 11–62.

[223] Hiecke 67.

[224] „Besprechung“ ist fast ein terminus technicus für eine Interpretation, die über die „Erläuterung“ von Schwierigkeiten hinausgeht: Hiecke, Der deutsche Unterricht (= Anm. 218) 120 ff.

[225] Hiecke 127, 138.

der Idee durchläuft, um alles „nach seiner Angemessenheit" zu würdigen.[226] In der „Kritik des Macbeth" wird das Werk aus seiner Idee konstruiert, wobei die Aufmerksamkeit nunmehr nach der Erkenntnis des Inhalts auch noch auf die poetische „Formirung" gerichtet sein kann, und diese Rekonstruktion, die auch das Nicht-Konstruierbare kritisch benennt, vermittelt eine Einsicht in die „Nothwendigkeit der einzelnen Charaktere und Scenen", die aber keineswegs mit dem Anspruch der philosophischen Reproduktion auftritt: „Nicht die logische Nothwendigkeit ist gemeint, sondern die poetische".[227]

Es stellt sich heraus, daß dieser zweite (synthetische) Durchgang als eine „Reconstruction des Stückes von innen heraus"[228] eine Probe auf die Richtigkeit der im ersten (analytischen) Durchgang ermittelten Idee war. Hiecke faßt beide so zusammen:

> Wir haben bisher zuerst das Werk des Dichters noch einmal an uns vorübergehn lassen in aufmerksamer Verfolgung der Handlung und der Charaktere, über deren künstlerische Bedeutsamkeit und Angemessenheit uns auf diesem Wege ungesucht bereits mancher Aufschluß wurde, bis wir von dem Aeußerlicheren, der Handlung, durch ein Innerlicheres, die Charaktere, in das Innerste, die Idee, vor- und eindrangen; wir haben sodann wieder rückwärts den Weg durch die Charaktere und die Handlung genommen, und mit geschärftem Blick und kritischerem Bewußtsein die Trefflichkeit des Werkes uns klar gemacht.[229]

Während also die rekonstruktive und die reproduktive Interpretation als Wiederholung der Produktion aufgetreten sind und deshalb gleich im Mittelpunkt bzw. an der Idee angesetzt haben, hat Hiecke auch noch den analytischen Weg zur Aneignung des Textes und zur Bestimmung der Idee vorgeführt (Rötscher hatte ihn nur als „Zerreißen" des Dionysos Zagreus erwähnt) und damit die eigentliche Rekonstruktion an den ihr zukommenden Ort gestellt: als zweiter Durchgang ist sie eine Gegenprobe auf die Richtigkeit des Ergebnisses aus dem ersten, die Überprüfung einer Hypothese. Die erste, analytische Phase soll die Hypothese, deren Erarbeitung man zusehen kann, plausibel machen; die zweite, synthetische Phase kann deshalb den Anspruch der Sinnkonstruktion im zweiten Durchgang zurückschrauben, sie kann sich mit dem Nachweis der poetischen Notwendigkeit begnügen, muß nicht die logische Notwendigkeit anvisieren, und kann doch auf poetisierende Insinuationen nach der Art Schwencks verzichten.

In dieser Befreiung der Rekonstruktion von Belastungen, die sie nicht tragen kann, zeigt sich außerdem ein grundlegender Wechsel der Orientierung und Zuwachs an reflexiver Klarheit. Hiecke hat seine Interpretation nach dem

---

226 Hiecke, Macbeth (= Anm. 217) 69.

227 Hiecke 74 f.

228 Hiecke, Der deutsche Unterricht (= Anm. 218) 174: „Um aber ganz sicher zu gehen, und zugleich die Kunst des Dichters noch gründlicher verstehen zu lernen, wird sodann bei dem einen oder dem andern Werke das gefundene Resultat einer Prüfung unterworfen durch die nochmalige sorgsame Vergleichung mit dem, was im Stücke vorliegt, durch eine Reconstruction des Stückes von innen heraus."

229 Hiecke, Macbeth (= Anm. 217) 81.

Vorbild des Verstehens aufgebaut, und das heißt, er hat implizit unterschieden zwischen dem Verstehen literarischer Texte als einer rekonstruktiven Wiederholung ihres Geschriebenwerdens und der schriftlichen Mitteilung des Verständnisses als einer rekonstruktiven Wiederholung seines Erarbeitetwerdens. Daß er die didaktische Rücksichtnahme auf die Leser seines interpretatorischen Textes eingehen läßt in eben diesen Text, kann nur Ausdruck einer neuen reflexiven Distanz vom Vollzug des eigenen Verstehens sein. Die zwar nicht formulierte, aber dafür praktizierte Unterscheidung zwischen dem Verstehen des Geschriebenen und dem Schreiben über das Verständnis des Geschriebenen (bei Hinrichs war sie vermummt in der Unterscheidung zwischen dem „Anschauenden“ und der „Darstellung“[230] und ohne Folgen für den Aufbau des interpretatorischen Textes) müßte zu einem Paar aufeinander bezogener Theorien führen: zu einer Hermeneutik, die das Verstehen als Wiederholung des Schreibens denken lehrt, und einer Methodologie, die – als eine Art zweiter Poetik – das Reden bzw. Schreiben über das Verständnis eines literarischen Textes z. B. als Wiederholung des Verstehens anzulegen empfiehlt.

Schließlich hat Hiecke, bei dem die erste Metamorphose der Rekonstruktion zur Klarheit über sich selbst gekommen ist, mehrere traditionelle und oft nur isolierte Zugänge zu den Texten in sie integriert und in einem durchdachten und funktionellen Ablauf organisiert. Einer sehr straffen Paraphrase, wie Göschel sie nie riskiert hätte, folgt eine ebenfalls nicht selbstgenügsame Figurencharakteristik, wie sie seit dem Ende des 18. Jahrhunderts vielfach praktiziert worden ist, und die aus beiden hervorgehende Bestimmung der Idee bildet ihrerseits den Ausgangspunkt für eine Rekonstruktion des Werkes, die gleichzeitig sowohl dessen immanente Kritik als auch Überprüfung der sinnstiftenden Kraft der Idee ist. Als Alternative zur Rekonstruktion hat Hiecke endlich in gleicher Funktion noch eine „zweite Probe“ angeschlossen, die auch als eigenständiges Verfahren ausgeführt worden ist.

Die zweite Metamorphose der Rekonstruktion, denn darum handelt es sich, nimmt ihren Ausgang nicht in der Idee, sondern in einem früheren Text.

> Noch eine zweite Probe ist möglich in der Vergleichung des Dichterwerkes mit der alten Sage, nach welcher Shakspeare gearbeitet. Die Betrachtung der Idealisirung dieses Realen, – denn eine solche sind wir bei jeder dichterischen Bearbeitung eines noch so ausgeführt vorliegenden Stoffes zu fordern berechtigt, und eine solche werden wir hier auch finden, – die Betrachtung dieser Idealisirung kann sogar in noch höherem Grade als die Betrachtung der Realisation der Idee zu einer Probe für das zuerst gefundene Resultat dienen, weil wir hier den Dichter nicht uns vorstellen, wie er hätte schaffen können, sondern ihn beobachten, wie er wirklich geschaffen hat.[231]

Hiecke hat die „Idee“, die Basis seiner kritischen Rekonstruktion, aus der Korrelation der Handlungs- und der Charakteranalyse innerhalb eines Textes gewonnen; die historische Rekonstruktion, sobald sie sich als interpretatives Verfahren verselbständigt, fängt mit einem Vergleich zweier Texte an, eines

[230] Vgl. oben S. 379 f.
[231] Hiecke 81 f.

früheren und eines späteren. Beide Metamorphosen der Rekonstruktion beheben, je auf ihre Weise Differenz schaffend, die Schwachstelle am Anfang der philosophischen Reproduktion, die etwa bei Hinrichs mit der undifferenzierten Identifikation der Faustsage und der Goetheschen Tragödie mit dem Inhalt des allgemeinen religiösen Bewußtsein begonnen hat, das dann entfaltet wird.[232]

Die einfachste Form der historischen Rekonstruktion begnügt sich deshalb mit der Gegenüberstellung z. B. des historischen Stoffes zu Schillers Dramen und der Dramen selbst und mit der Bewunderung des Unterschiedes:

> Wir sehen, was ihm die Geschichte gegeben und was sein productives Seelenvermögen zu dem Gegebenen hinzugethan hat, um aus den Stoffen der Wirklichkeit ein vollendetes Kunstwerk hervorzubringen.[233]

Ein nächster Schritt führt von der einfachen Gegenüberstellung zum detaillierten Vergleich z. B. der Euripideischen und der Goetheschen „Iphigenie“, findet den Grund der Unterschiede im Schwinden des nationalen Interesses und überhaupt im „Fortschritte der Zeiten“[234] und entwickelt daraus die Einsicht in die erstaunliche Konsistenz des späteren Textes unter diesem Aspekt.

Besonders der Vergleich der beiden Iphigeniendramen scheint eine längere Tradition im Deutschunterricht gehabt zu haben.[235] Er war für klassische Philologen (und das waren ja die meisten Gymnasiallehrer) nicht nur naheliegend, er konnte sich auch auf die Bekanntschaft Goethes mit dem früheren Text berufen und erhielt eine weitere Differenzierungsmöglichkeit durch die Entdekkung[236] und Publikation von Goethes erster Prosafassung.[237] Die historische Rekonstruktion konnte nunmehr zusätzlich noch die Differenz zwischen zwei

---

232 Vgl. oben S. 382.

233 Fr. Schütt, Geschichtliche Darstellungen zu Friedrich v. Schillers Dramatischen Werken. Karlsruhe 1830, S. VII.

234 Carl Heinrich Pudor, Ueber Göthe's Iphigenia, ein ästhetisch-literarischer Versuch als Beitrag zu Vorstudien über Göthe. Marienwerder 1832, S. 52.

235 Er findet sich schon beim Breslauer Rektor Johann Caspar Friedrich Manso, Ueber die Verschiedenheiten in dem griechischen und deutschen Trauerspiele; in: Charaktere der vornehmsten Dichter aller Nationen; nebst kritischen und historischen Abhandlungen über Gegenstände der schönen Künste und Wissenschaften von einer Gesellschaft von Gelehrten. Zweyten Bandes zweytes Stück. (Nachträge zu Sulzers allgemeiner Theorie der schönen Künste. 2/2) Leipzig 1793, S. 229–277; 275–277. – Weitere Beispiele: Robert Heinrich Hiecke, Der Gang der Handlung in Goethes Iphigenie. Progr. Zeitz 1834; wiederabgedruckt in: ders., Gesammelte Aufsätze zur deutschen Literatur. Hrsg. von G. Wendt. Hamm 1864, S. 80–124. – Heinrich Viehoff, Beitrag zur dramaturgisch-ästhetischen Erläuterung der Iphigenia in Tauris von Euripides, mit Rücksicht auf das gleichnamige Göthesche Schauspiel. Emmerich 1838.

236 Friedrich Jacobs, Zerstreute Blätter. (F. J., Vermischte Schriften. 6) Leipzig 1837, S. 429–440.

237 Goethe's Iphigenie auf Tauris in ihrer ersten Gestalt hrsg. von Adolf Stahr. Mit einer einleitenden Abhandlung über das Verhältniß der ersten zur zweiten Bearbeitung. Oldenburg 1839.

Fassungen desselben Textes ausnützen[238] und damit noch direkter bei ihrer Sache sein, bei einer Rekonstruktion des Schaffensvorgangs.

Ein Beispiel dieses „interpretativen Verfahrens" hat der Bremer Direktor Wilhelm Ernst Weber in seiner Interpretation von Goethes „Iphigenie" vorgestellt.[239] „Die Heldensage des Tantalischen Hauses", „Antike Bearbeitungen" und „Die Taurische Iphigenie des Euripides" werden referiert[240], und nachdem der Handlungsaufriß und die Entstehungsgeschichte von Goethes „Iphigenie" mitgeteilt worden sind[241], entwickelt sich in der Differenz der beiden Dramen die historische Rekonstruktion, die sich in Grohmannscher Diktion vorstellt:

> Er [‚der deutsche Sänger'] mußte mit dem ganzen Gegenstande, ohne dessen antike Größe und Würde aufzugeben, doch eine solche Accomodation an die moderne Vorstellungsweise vornehmen, daß derselbe seine volle Gewalt auch auf Zuschauer und Leser behielt, für welche jene Glorie, die Agamemnons Name um dessen Tochter in den Augen eines Griechen webte, nichts mehr ist; die kein Götterbild, aus Tauris nach Athen gebracht oder nicht gebracht, mehr interessirt.[242]

Die „ästhetische Beleuchtung" zeigt dann, wie sich viele Einzelheiten und das Ganze aus dieser Prämisse einheitlich erklären lassen.

Das Verfahren war an sich vielfältig einsetzbar, mindestens immer dann, wenn ein literarischer Text nach historischem „Stoff" gearbeitet war, wie etwa Schillers „Wilhelm Tell"[243] oder Goethes „Tasso"[244], oder nach einer literarischen Vorlage, wie etwa Goethes „Braut von Korinth"[245] oder eben die „Iphi-

---

[238] Ähnliches wäre kurz darauf auch mit Schillers „Don Carlos" möglich gewesen durch die erneute Publikation der ersten Fassung: Schiller's Werke. Ergänzungsband. Enthaltend: Don Carlos nach dessen ursprünglichem Entwurfe, zusammengestellt mit den beiden späteren Bearbeitungen, mit einer litterarhistorisch-kritischen Einleitung. Hannover 1840. – Nachlese zu Schillers Werken nebst Variantensammlung. Aus seinem Nachlaß [...] hrsg. von Karl Hoffmeister. Zweiter Band. Stuttgart/Tübingen 1840, S. 1–258.

[239] Wilhelm Ernst Weber, Goethe's Iphigenie und Schiller's Tell. Zum Schul- und Privatgebrauch erläutert. (W. E. W., Klassische Dichtungen der Deutschen. Zum Schul- und Privatgebrauch erläutert. 1) Bremen 1839, S. XIV: „[...] und es wird nicht fehlen, daß manchen das gesammte Buch zu Einübung des interpretativen Verfahrens von Nutzen sey."

[240] Weber 1–41.

[241] Weber 41–59.

[242] Weber 61.

[243] Weber 242–478, zurückgreifend auf eine frühere Darstellung: Wilhelm Ernst Weber, Vorlesungen zur Aesthetik, vornehmlich in Bezug auf Göthe und Schiller. Hannover 1831, S. 202–217. – Schillers Wilhelm Tell. Mit einer geschichtlichen Einleitung und erklärenden Anmerkungen hrsg. von Chr. Heinrich Hugendubel. Bern/Chur/Leipzig 1836.

[244] Weber (= Anm. 243) 28–76. – Friedrich Lewitz, Ueber Göthe's Torquato Tasso. Königsberg 1839.

[245] Passow (= Anm. 109). – Karl Ludwig Struve, Zwei Balladen von Goethe, verglichen mit den griechischen Quellen, woraus sie geschöpft sind. Leipzig 1826; wiederholt in: Caroli Ludovici Struve Opuscula selecta ed. Jacob Theodor Struve. Leipzig 1854, II 418–462. – Weber (= Anm. 243) 193–201.

genie".[246] Theodor Echtermeyer hat sogar eine Erweiterung für Spontanprodukte wie die Hymnen des jungen Goethe vorgeschlagen: man müsse in solchen Fällen biographische Konstrukte zur Hilfe nehmen und „die Bühne, auf der sich der Dichter befand, mit ihren wechselnden Scenen und Situationen in der Phantasie reconstruiren".[247] So oder anders hätte sich das Verfahren vorzüglich zusammengefügt mit der Quellenforschung, die über die Befriedigung der bloßen Neugier hinaus die Funktion erhalten hätte, die Basis der historischen Rekonstruktion bereitzustellen. Und beide zusammen hätten schließlich sehr gut gepaßt in eine konstruktive Literaturgeschichtskonzeption wie diejenige Rosenkranz'[248], wie denn nur schon die Bezeichnung „Quelle" oder selbst noch „Einfluß" ja vom früheren zum späteren Text hin gedacht ist.

Doch daraus ist aus einem gleich zu behandelnden Grund nichts geworden, so daß Theodor Wilhelm Danzel mit seinen historischen Rekonstruktionen von Goethes „Iphigenie" und „Clavigo" den Schlußpunkt gesetzt hat, der sich, wie es sich für einen akademischen Lehrer geziemt, durch Originalität und theoretische Klarheit auszeichnet und einmal noch die Rekonstruktion als wissenschaftliches Verfahren ansetzt:

> Die wissenschaftliche Erkenntniß des Kunstwerkes beruht einzig und allein darauf, daß man seinem Entstehen nachforscht, oder daß man dem Krystallisationsproceß nachzugehen sucht, aus welchem es sich ergibt.

Am besten wäre es, auf „bestimmte Fingerzeige oder gar ausdrückliche Aeußerungen von Seiten des Künstlers selbst" aufbauen zu können.

> Aber es wird uns selten so gut auf dergleichen positiven Angaben fußen zu können; in den meisten Fällen sehen wir uns auf unsere Intuition von der Wirkungsart des Künstlergeistes angewiesen, und was sich in ihm in tiefster Einlebung in seinen Stoff, der zugleich die freieste Schöpfung ist, auferbaut, müssen wir auf eben dieselbe Weise nachconstruiren"[249]

Dasselbe wie der Vergleich mit Vorlagen und Quellen oder das Fußen auf „positiven Angaben" (autobiographischen Zeugnissen) würde die Arbeit mit einer

---

[246] J. P. E. Greverus, Würdigung der Iphigeneia auf Tauris des Euripides, mit Rücksicht auf die Bearbeitung Goethes. Progr. Oldenburg 1841. – Otto Jahn, Ueber Goethe's Iphigenia auf Tauris. Ein Vortrag. Greifswald 1843. – Karl Friedrich Rinne, Goethe's Iphigenia auf Tauris. Goethe und das griechische Alterthum. Festgabe zur ersten Jubelfeier des Dichters. Leipzig 1849.

[247] Theodor Echtermeyer, Rez. von Göschels „Unterhaltungen"; in: Hallische Jahrbücher für deutsche Wissenschaft und Kunst 2 (1839) 169.

[248] Vgl. oben S. 304 ff.

[249] Theodor Wilhelm Danzel, Gesammelte Aufsätze. Hrsg. von Otto Jahn. Leipzig 1855, S. 144, als Einleitung zu einem Versuch, Goethes Iphigenie in dieser Weise von einem Bericht Diderots über ein französisches Stück gleichen Titels statt von Euripides abzuleiten. Ähnlich geht die Interpretation des Clavigo vor sich (S. 152–165). – Hans Mayer, Danzel als Literarhistoriker; in: Theodor Wilhelm Danzel, Zur Literatur und Philosophie der Goethezeit. Gesammelte Aufsätze zur Literaturwissenschaft. Neu hrsg. von Hans Mayer. Stuttgart 1962, S. V–XLII.

Variantensammlung leisten[250], und alles würde einer „wissenschaftlichen Behandlung" der deutschen Literaturgeschichte zuarbeiten, die auf Intertextualität („allerumfassendste Berücksichtigung aller früheren Literatur") beruht und sich zur Aufgabe setzt, „ohne links und rechts zu sehen, die Metamorphosen der poetischen Production rein aus dieser selbst aufzustellen".[251] Vielleicht hätte Danzel, hätte er länger gelebt, die historische Rekonstruktion samt zugehöriger Literaturgeschichte im akademischen Bereich heimisch machen und in der nötigen Klarheit bewahren können. So aber ist sie erst einmal von den Universitäten verschwunden, und als sie ein Vierteljahrhundert später wieder erschienen ist, hatte sie sich wesentlich verändert.

Auffallend ist ja, daß die historischen Rekonstruktionen sich – anders als die philosophische Reproduktion und Hieckes kritische Rekonstruktion – kaum je über die Idee oder den Sinn der rekonstruierten Texte äußern oder dann nur so, daß etwa die Darstellung des Stoffes schon der Sinn der Darstellung ist.[252] Das Ziel der Rekonstruktion scheint die Herstellung eines Zusammenhangs zu sein, der als ein historischer gedacht werden kann und als solcher den Sinn garantiert. Dabei hat man dann bald einmal die Übersicht verloren und ist einem Mißverständnis über die Natur des eigenen Verfahrens und den Status jenes Zusammenhangs aufgesessen.

Adolf Stahr hat durch die Verwendung von „gleichsam" und „scheinen" angezeigt, daß er zwischen der rekonstruktiven und der produktiven Tätigkeit noch unterscheiden konnte[253], Echtermeyer hat noch gewußt, daß „wir uns selbst in nicht gewöhnlichem Grade productiv verhalten" müssen[254], und die Rezension einer Variantensammlung wahrt sorgfältig den Irrealis, wo sie von der Präsenz des Schaffensaktes handelt.[255] Anderen aber ist die Konstruktion

[250] Robert Eduard Prutz, Der Göttinger Dichterbund. Zur Geschichte der deutschen Literatur (1841), S. 285 Anm.: „Oder wer wollte den Fleiß, welchen Hoffmeister in den vortrefflich geordneten Supplementen zu Schiller auch auf die Sammlung der Varianten gewendet, mißachten und die Frucht verkennen, die für das Studium Schiller's auch aus dieser Bemühung erwachsen wird? Eine ähnliche (philologische) Bearbeitung Göthe's ist gleichfalls sehr wünschenswerth und würde für das wahre Verständniß des Dichters vermuthlich fruchtbarer sein, als all das Gesalbadere der sogenannten Aesthetiker, zumal die mystischen Tractätlein der neuesten Göthe-Scholiasten."

[251] Danzel (= Anm. 249) 197–202: „Ueber die Behandlung der Geschichte der neueren deutschen Literatur"; die Zitate auf den S. 200–202.

[252] Weber (= Anm. 239) 284: „Die Idee des Gedichtes ist die Veranschaulichung der geschichtlichen Thatsache, wie die Schweizerische Freiheit durch das Gemeingefühl patriotischer Männer in Augenblicken höchster Bedrängniß gerettet und auf ewige Zeiten vestgestellt worden."

[253] Stahr (= Anm. 237) 4: „Denn hier ist es, wo wir ‚den schaffenden Genius gleichsam in seiner geheimsten Werkstatt' zu belauschen und den Vorhang von seinem verborgenen Wesen und Wirken wegzuziehen meinen; wo die Möglichkeit gegeben scheint, dem wunderbaren Entwickelungsgange, dem Proceß des Werdens einer Kunstschöpfung, bis in die feinsten Adern zu folgen, und uns seine verborgenen Wunder zu enträthseln."

[254] Echtermeyer (= Anm. 247) 169.

[255] Deutsche Jahrbücher für Wissenschaft und Kunst 1 (1841) 516: „Bei der Lecture und

eines Überganges vom früheren zum späteren Text erschienen als Beobachtung der tatsächlichen dichterischen Arbeit, als ein unverstellter Blick in die Werkstatt oder gar in die Seele des Autors.

Diese Verwechslung und Selbsttäuschung ist derart schlicht, daß sie ihre überwältigenden Gründe gehabt haben muß. Wie sich aus ihrem weitgehenden Verzicht auf das Reden von Sinn oder auch nur „Idee" schließen läßt, war die historische Rekonstruktion von Anfang an darauf ausgerichtet, den Sinn eines Textes in seiner Entstehung zu finden. Hiecke, der sie nur als ergänzende „zweite Probe" eingesetzt und ihr nur sehr limitierte Bedeutung zuerkannt hat[256], hat sie und die „Reconstruction von Innen heraus" miteinander verglichen als zwei mögliche Antworten auf die an das Kunstwerk gestellte „Frage nach seinem Entstehen".[257] Der Unterschied zeigt sich in den Ergebnissen:

> Jene Bemühung um das Begreifen eines poetischen Werkes von Innen heraus kann nicht anders als zu wichtigen Resultaten nicht allein über das jedesmal vorliegende Werk, sondern auch über Poesie überhaupt, ihre Gattungen, Mittel u.s.f. führen; der Versuch, es auch bis in den Dichtergeist, das Dichterleben, dem es entstammt, zurückzuverfolgen, muß über einen der wichtigsten Punkte einer höheren Psychologie, über den Proceß nämlich des dichterischen Schaffens, interessante Aufschlüsse gewähren.[258]

Auf den theoretischen Ertrag der einen oder anderen Art war es indessen gar nicht abgesehen, vielmehr auf das Eindringen in das innere Dichterleben und auf das Beobachten, „wie er wirklich geschaffen hat".[259] Das kann Sinn geben (und das ausdrückliche Konstruieren von Sinn erübrigen) nur, wenn er selbst, der schaffende Dichter, sinngebende Instanz ist, und eben darauf läuft es denn auch hinaus, wie gleich zu beschreiben sein wird. Wenn das so ist, dann braucht man natürlich den ganzen argumentativen Aufwand nicht mehr, der bei jeder Art Rekonstruktion Zusammenhang herstellt und Sinn stiftet.

Die Interpretation von Goethes Tasso, die der Lehrer Friedrich Lewitz vorgelegt hat[260], verdeutlicht das wie kaum eine andere. Sie hat noch den Aufbau einer historischen Rekonstruktion – zuerst der Stoff, dann die Charaktere und der Inhalt, zum Schluß „die Tendenz des Stücks" – und vor allem deren Bewe-

---

Vergleichung solcher Varianten ist es dem Leser gleichsam, als sähe er den Dichter unter seinen Augen arbeiten."

256 „Die Exegese unsrer Dichter ist in neuerer Zeit gern auf die Quellen, aus denen diese geschöpft, zurückgegangen, und wenn auch diese Richtung der Exegese nicht eigentlich nothwendig ist, wenigstens bei solchen Gedichten es nicht ist, welche wirklich zu voller, selbständiger Klarheit ausgestaltet sind, so ist ein solches Bemühen doch immer dankenswerth, da es zu interessanten Einblicken in den Proceß des dichterischen Verfahrens Anlaß gibt." Robert Heinrich Hiecke, Aesthetische Erläuterungen zu einer Reihe von Gedichten aus Echtermeyers Auswahl deutscher Gedichte für gelehrte Schulen; in: Archiv für das Studium der neueren Sprachen und Literaturen 2 (1847) 299–317; 313.

257 Robert Hiecke, Rez. von Stahrs Ausgabe der „Iphigenie" (= Anm. 237); in: Hallische Jahrbücher für deutsche Wissenschaft und Kunst 3 (1840) 390.

258 Hiecke 391.

259 Vgl. oben S. 394, Zitat zu Anm. 231.

260 Lewitz (= Anm. 244).

gungsrichtung vom früheren Text (dem Stoff) zum späteren. Aber aus der ganzen eigentlich rekonstruktiven Phase vom Stoff bis zur Tendenz ist Argumentation fast ganz verschwunden; dafür hat sie sich zurückgezogen in die vorangestellten biographischen Ausführungen, und in ihnen findet sich denn auch das rekonstruktive „mußte", etwa anläßlich von Goethes italienischer Reise:

> Im Uebrigen war das Resultat dieser Reise fruchtbar und erfolgreich. Nicht ohne einen schmerzlichen, leidenschaftlichen Kampf war er dazu gelangt. Auf diese Stufe jedoch mußte er, wenn er den Tasso vollenden wollte, erst in seiner inneren Entwicklung gekommen sein; er mußte diesen Zustand des Schwankens nicht bloß empfunden, sondern auch überwunden haben, wenn er ihn darstellen wollte; und so wird schon hier bei vorläufiger Betrachtung im Allgemeinen klar sein, daß der Tasso als das Resultat und die Darstellung dieses Kampfes betrachtet werden müsse.[261]

Die logische Notwendigkeit der philosophischen Reproduktion, in der kritischen Rekonstruktion Hieckes schon zur poetischen Notwendigkeit heruntergestimmt, ist hier zur psychischen Notwendigkeit geworden. Aber nicht, daß das Stück, so wie es ist, sich einer solchen Notwendigkeit verdankt, ist das Entscheidende, sondern daß es Goethe ist, der, ihr gehorchend, „des wahren schöpferischen Dichtergeistes in ihm" innegeworden ist.[262] Nachdem der Interpret dies erfaßt hat, kann er beim Schreiben über das Drama in Vollmacht und ohne Argumente „genetisch seine Entstehung" ermitteln, ja, er kann beanspruchen, „die genetische Entwicklung des Stückes in Göthe's Seele auf eine richtige und natürliche Art nachzuweisen".[263]

Auf diese Weise wird die historische Rekonstruktion zu einer psychologischen Fallstudie über den individuellen „Proceß des dichterischen Schaffens", und Sinn wird etabliert, indem der Text als notwendiges Produkt eines Lebens behauptet wird, das als dasjenige eines begnadeten Dichters in und an sich sinnvoll ist und Sinn zu spenden vermag. Ist das einmal gesichert, so braucht man keine historische und keine andere Rekonstruktion mehr, man braucht nur noch von den Texten aus das Sinndepot des Dichterlebens und der Dichterseele anzusteuern, und was man nach der Ankunft dort erkundet, ist nur schon durch den Ort der Erkundung sinnvoll und bedarf keiner anderen Rechtfertigung mehr. Schon eine der nächsten Arbeiten über den „Tasso" hat sich ganz und gar darauf verlassen; ihr geht es nicht um den Sinn des Textes, nicht um die dichterische Gestaltung des Stoffes oder ähnliches; ihr Problem ist einzig und allein die genaue Ermittlung und Benennung der Quellen, die Goethe benutzt hat: „Tasso und Leonore, oder welchen Stoff hatte Goethe?"[264]

Das heißt: die Betrachtungsweise hatte sich gedreht um den Punkt, in dem die historische Rekonstruktion sich selbst mißverstanden zu haben scheint. Sie

---

[261] Lewitz 37.

[262] Lewitz 185.

[263] Lewitz 171; ähnlich 74: „Endlich drittens ein Wort über die genetische Entstehung dieses Charakters in Göthe's Seele."

[264] Dies der Titel des Aufsatzes von Theodor Jacobi in: Literarhistorisches Jahrbuch 6 (1848) 1–100.

benutzte die literarischen Texte wieder als Ausgangs- und Durchgangsstation und zielte von ihnen aus durch sie hindurch auf etwas anderes, das ihnen als Sinndepot vorauslag, auf das Leben des wirklichen Dichters. Das Verstehen erscheint wieder als Umkehrung und nicht mehr als Wiederholung des Schreibens. Rekonstruktion, in welcher Metamorphose auch immer, war nicht mehr gefragt, weil nicht mehr nötig; denn die scheinbare Unmittelbarkeit zum Schaffensakt, die den Reiz der historischen Rekonstruktion ausgemacht zu haben scheint, war als Unmittelbarkeit zum Sinn auch ohne sie möglich.

Reduktionen

Das Selbstmißverständnis der historischen Rekonstruktion war also gar keines, sondern sie selbst nur der Ausweg aus der Reproduktion und Rekonstruktion heraus und der kürzeste Weg zu einem neueröffneten alten Sinndepot: nicht zwar zur Geschichte überhaupt, aber zum wahren Dichterleben. Der direkte Zugang zu ihm machte all die riskanten Verfahren der Sinnkonstitution entbehrlich.

Doch die verabschiedete Rekonstruktion hat auch diesmal ihre Spuren hinterlassen. Wie beim ersten Abschied in den ersten Jahren des 19. Jahrhunderts die Metonymie des Namens aufgelöst wurde[265], so wurde beim zweiten Abschied am Ende der dreißiger Jahre nach der Person auch noch das Amt historisch: „der Dichter“, die Instanz der Textorganisation, wurde fortan zum Verfasser.

Der Kreuznacher Direktor Karl Hoffmeister hat diesen Übergang vom metonymischen zum historischen Sprachgebrauch, von „Schriftsteller“ zu „Verfasser“, in analytischer Deutlichkeit vollzogen:

> Einen Schriftsteller aus ihm selbst erklären, heißt nicht, eine Stelle oder ein Gedicht durch eine andere Stelle, ein anderes Gedicht erläutern, welche ja auch oft der Erklärung bedürfen, sondern alle zu erklärende Werke bis in die Denkweise und Persönlichkeit ihres Verfassers hinein zu verfolgen. Hierdurch treten alle Geisteserzeugnisse mit dem Innern, dessen Aeußerungen sie sind, in ihre naturgemäße Verbindung. [...] Aller Erfolg aber dieser Auslegungskunst, die ich die innere nennen möchte, wogegen jede andere nur eine äußere ist, hängt davon ab, daß wir uns der eigenthümlichen Weltanschauung eines fremden Geistes rein und vollständig zu bemächtigen wissen.[266]

An diesem Übergang werden noch weitere Spuren der zum zweitenmal verabschiedeten Rekonstruktion ablesbar. Die „Reconstruction von innen heraus“, die ja auf die „innere Literaturgeschichte“ zugeschnitten war, kehrt wieder als die „innere Auslegung“, aber das Innere ist nicht mehr das des „Schriftstellers“, sondern selbstverständlich das des „Verfassers“, und zwar unter einem genau passenden Aspekt. Nach dem Abschied nämlich von der ganz auf das

---

[265] Vgl. oben S. 368.

[266] Karl Hoffmeister, Schiller's Leben, Geistesentwicklung und Werke im Zusammenhang. Erster Theil. (Supplement zu Schiller's Werken. 1) Stuttgart 1838, S. VII f.

Wie konzentrierten Rekonstruktion interessierte am Autor die ausgezeichnete Art, wie er die Welt anschaut[267], nach dem Abschied von der ganz auf den geistigen Inhalt konzentrierten Rekonstruktion interessiert dagegen am Autor seine „Weltanschauung", die sich in den Texten „ausgedrückt" hat und wahrhaftig in ihnen „lebt".[268]

Wenn so der Inhalt der Texte (des „Schriftstellers") zum lebenden Bewußtseinsinhalt und zur „Weltanschauung" ihres Verfassers mutiert, dann ist die Unmittelbarkeitsillusion der historischen Rekonstruktion wieder da. Ihren illusionären Charakter zu dementieren, ist kein Bild zu verwegen:

> So ist uns auch Rückert's Poesie ein erhabenes, perlenreiches, in mannigfaltigsten Farben wechselndes Meer, das uns nicht an einzelnen Stellen ankern läßt, sondern nach allen Seiten hin von uns befahren sein will. Wo wir aber auch stillhalten und durch die spiegelklare Fluth hinabschauen mögen, da sehen wir überall auf den Einen Grund eines tiefen, herrlichen, unendlich reichen Gemüths, zu dem wir freudig von der schillernden Oberfläche hinuntertauchen.[269]

Dasselbe in einem weniger gefährlichen und heftigen Bild: das Gedichtbuch ist ein Herz, das man aufschlägt, um in ihm zu lesen, und wenn es gut geht, vergißt man auch noch das Lesen und sieht und hört:

> In dieser Sphäre der Liebespoesie haben wir wieder das reiche, tiefe und schöne Gemüth kennen gelernt und gesehen, wie er sein Herz allen Leiden eröffnete, um zu aller Seligkeit das Recht zu erlangen; belauschen wir nun den Dichter, wenn er die übrigen schmerzlichen oder freudigen Bewegungen seiner Brust entwickelt.[270]

Man schließt mit ihm innigste Bekanntschaft, bis man ihn besser kennt als er sich selbst:

> Der Grund nun der schmerzlichen Gemüthsbewegungen unsers Dichters liegt nicht in äußern Umständen, nicht in der Treulosigkeit oder dem Verluste der Freunde, der Geliebten, sondern in dem Zwiespalte überhaupt, welcher noch unüberwunden in Lenaus Geiste liegt.[271]

Daß derlei Intimitäten im metonymischen Präsens der Lektüre abgewickelt werden, ist fast ein Zwang und scheint niemanden gestört zu haben, obwohl

---

[267] K. H-n, Ausgaben deutscher Klassiker mit Kommentaren; in: Morgenblatt für gebildete Stände 1807, S. 869: „Die Dichter sind die Glücklichen, in deren klarem Gemüthe sich die Welt unendlich blüthenreicher, geistiger, schöner abspiegelt, als sie sich dem gewöhnlichen Gefühle darbeut. Sie gleichen Königen, deren Ankunft alles belebt und verherrlicht."

[268] „In dieser Poesie drückt sich nämlich nicht eine allesumfassende Weltanschauung aus [...]; sondern es lebt darin eine ganz particuläre und bestimmte Weltanschauung, welche mit dem Namen einer jugendlich-romantischen bezeichnet werden kann." C. Reinhold (d. i. Christian Reinhold Köstlin), Rückert als deutscher Dichter. Charakteristik; in: Hallische Jahrbücher für deutsche Wissenschaft und Kunst 1 (1838) 1460 (über Uhland).

[269] C. Reinhold 2208.

[270] Carl Conrad Hense, Deutsche Dichter der Gegenwart: erläuternde und kritische Betrachtungen. Erster Band. Sangerhausen 1842, S. 399 (über Mörike).

[271] Hense 233.

doch darin die Erinnerung an die Verwechslung von eigener Verstehensleistung und dichterischer Produktion beharrlich weiterlebt. Wichtiger als alles ist die Präsenz des Dichtergemüts, und wer verehren will, muß oder darf es nicht so genau nehmen. Darauf nämlich wollte es wieder hinaus, auf Verehrung, auf das Anschauen des säkularen Heiligen[272] in der „Poesie, deren Betrachtung wie sie selbst eine heilige Angelegenheit des menschlichen Geistes ist".[273] Das innere Dichterleben ist der Ort, an dem Sinn geschieht, der Text die Eingangspforte, die Lektüre das fraglose Verweilen am Ort des Sinns und die Interpretation eine heilige Handlung. David Friedrich Strauß hat das Stichwort gegeben:

> Der einzige Cultus – man mag es nun beklagen oder loben, aber läugnen wird man es nicht können – der einzige Cultus, welcher den Gebildeten dieser Zeit aus dem religiösen Zerfalle der letzten übriggeblieben, ist der Cultus des Genius".[274]

Der Cultus des Genius hat Denkmäler errichtet[275], in Bronze oder in Buchstaben[276], auf daß die Präsenz des Göttlichen unübersehbar festgehalten werde, und er hat sich eine eigene Liturgie geschaffen in den Dichterfeiern[277], die zwar schon einiges früher eingesetzt haben[278], aber erst mit dem Schillerfest in Stutt-

---

[272] Vgl. oben S. 289.

[273] Carl Conrad Hense, Vorträge über ausgewählte dramatische Dichtungen Shakspeare's, Schiller's und Goethe's. Halberstadt 1844, S. III.

[274] David Friedrich Strauß, Vergängliches und Bleibendes im Christenthum; in: Der Freihafen. Galerie von Unterhaltungsbildern aus den Kreisen der Literatur, Gesellschaft und Wissenschaft. Drittes Heft. Altona 1838, S. 1–48; 32. – Strauß hat diese Feststellung begründet mit dem Hinweis auf die Unfähigkeit, noch Kirchen zu bauen („entweder errichten wir profane Säle, oder wir äffen, wie der Frosch dem Ochsen, die alten Dome kindisch nach"), und den Drang, Denkmäler zu errichten: „Dagegen steigen jetzt aus einem Drange, der wie ein Miasma sich namentlich über Deutschland verbreitet hat, aller Orten Denkmale für große Männer, für erhabene Geister, hervor. Vieles Lächerliche mischt sich in diesen Trieb: aber er hat auch seine ernste Seite, und ein Zeichen der Zeit ist er gewiß" (31).

[275] Günter Hess, Panorama und Denkmal. Erinnerung als Denkform zwischen Vormärz und Gründerzeit; in: Literatur in der sozialen Bewegung. Aufsätze und Forschungsberichte zum 19. Jahrhundert. In Verbindung mit Günter Häntzschel und Georg Jäger hrsg. von Alberto Martino. Tübingen 1977, S. 130–206. – Rolf Selbmann, Dichterdenkmäler in Deutschland. Literaturgeschichte in Erz und Stein. Stuttgart 1988.

[276] „Es gilt uns als ein glückliches Zeichen, dass zu derselben Zeit, wo Thorwaldson's Meisterhand das ehrne Standbild Schiller's vor den sichtlichen Augen des Vaterlandes erstehen lässt, auch dem geistigen Auge desselben durch unsern Verfasser ein schönes Bild des Dichters vorgehalten wird. Möge denn dasselbe eben so glücklich aus den Händen des Schriftstellers hervorgehn, als der Guss des Bildes in Siglmayer's Werkstätte zu München gelungen ist.." Rez. der ersten beiden Bände von Hoffmeisters Schillerbiographie (= Anm. 266); in: Allgemeine Literatur-Zeitung, 1839, Sp. 456.

[277] Rainer Noltenius, Dichterfeiern in Deutschland. Rezeptionsgeschichte als Sozialgeschichte am Beispiel der Schiller- und Freiligrath-Feiern. München 1984.

[278] Klopstock. Ein Denkmal. Zur Säcularfeier seines Geburtstages am 2. Jul. 1824. Quedlinburg 1824. – Christian Theodor Ludwig Lucas, Ueber Klopstock's dichterisches Wirken. Königsberg 1824 (Gedächtnisrede in der königlichen Deutschen Gesellschaft in Königsberg am 2. Juli 1824). – Den Manen G. E. Lessings. Beschreibung

gart[279] ganz in die Öffentlichkeit getreten sind und sich zu erkennen gegeben haben:

> Warum soll man es also nicht offen sagen? Dieses Nationalfest war ein religiöses Fest, ein Fest, wodurch die Menschheit die Offenbarung Gottes in einem Genius gefeiert hat.[280]

Als der Überschwang der Kultgemeinde sich nach kurzer Zeit etwas gelegt hat, da hat man offenbar gemerkt, daß man ja eigentlich bereits bei der diagnostischen Historie angelangt war und daß der Blick in die Tiefe des Gemüts schon deren diagnostischer Blick gewesen war, der die literarischen Texte durchschaut als Symptom und Ausdruck des deutschen Geistes. Formulierungen, die dieses Bemerken schrittweise vollziehen:

> Uebrigens ist ein großes Kunstwerk nicht bloß der Ausdruck der subjectiven Bestimmtheit des einzelnen Dichterindividuums, sondern auch der Bewegungen des ganzen Zeitgeistes; der Lenauische Faust ist das erstere, der Göthesche Beides.[281]

Und dann, zwei Jahre später:

> Wie ein großer Mann nichts ist als der energische Ausdruck des tiefsten Geistes seiner Zeit [...], so tritt uns in unsern Dichtern auch die Tiefe und der Werth unseres Volkes entgegen. [...] Diesen Geist unseres Volkes kennen und lieben zu lernen, giebt es vielleicht kein vortrefflicheres Mittel, als unsere Dichtung, [denn es] springt uns in der Dichtung das Bild dieses Geistes lebhaft entgegen, er selbst tritt in aller seiner Eigenthümlichkeit, in seiner Schönheit und Milde wie in seiner Erhabenheit und Strenge persönlich vor uns hin.[282]

Sätze wie dieser deuten an, daß Interpretationen, die aus sinnfreien Texten wissenschaftlich Sinn wiedergewinnen wollen, nicht mehr nötig sind. Wo der Geist persönlich aus den Texten hervortritt und -springt, braucht man eigentlich keinen Interpreten mehr, der sich dolmetschend und erklärend zwischen ihn und die Leser stellt. Interpretation wird dann nur noch heißen, besonders eindrücklich zu formulieren, was alle schon von sich aus wahrnehmen – was

---

der am Secular-Geburtsfeste des Gefeierten in seiner Vaterstadt Camenz veranstalteten Feierlichkeiten, nebst dem Abdrucke der am 21. und 22. Januar bei dieser Gelegenheit gehaltenen Reden. Verfaßt und zum Besten des Barmherzigkeitsstifts dem Druck übergeben von Belmont. Kamenz 1829. – Klopstocksfeier in Leipzig am 6. November 1839 als dem Hundertsten Jahrestage der Aufnahme des Dichters in Schulpforta durch eine Anzahl ehemaliger Zöglinge dieser Lehranstalt. Leipzig 1839.

279 Das Schillerfest in Stuttgart am 8. Mai 1839. Der Ertrag zum Besten des Denkmals. Stuttgart 1839. – An die Rede Gustav Schwabs zur Enthüllung des Denkmals hat sich ein schriftlicher Gedankenaustausch mit seinem Freunde, dem Theologen Carl Ullmann angeschlossen, der auch einige grundsätzliche Aspekte einschließt: Carl Ullmann/Gustav Schwab, Der Cultus des Genius, mit besonderer Beziehung auf Schiller und sein Verhältniß zum Christenthum. Theologisch-ästhetische Erörterungen. Hamburg 1840.

280 C. Reinhold (d. i. Christian Reinhold Köstlin), Das Schillerfest in Stuttgart; in: Hallische Jahrbücher für deutsche Wissenschaft und Kunst 2 (1839) 1131.

281 Hense, Deutsche Dichter (= Anm. 270) 273.

282 Hense, Vorträge (= Anm. 273) VI.

ich dir sage, weißt du alles...[283] Die Interpretation von Goethes „Iphigenie" etwa, für die und andere jene Sätze als Vorwort dienen, ist wenig mehr als eine kultiviert psychologisierende Nacherzählung und eine Beschreibung des Eindrucks, „mit dem dieses schöne Kunstwerk uns entläßt".[284] Und den Schluß bilden einige abschätzige Passagen über die „Iphigenie" des Euripides, mit der die historische Rekonstruktion zu beginnen pflegte.

Die Interpretation, gezeichnet allerdings immer noch von ihrer nicht mehr verstandenen rekonstruktiven Vergangenheit, ist um die Mitte der vierziger Jahre des 19. Jahrhunderts wieder angekommen, von wo sie am Anfang der zwanziger Jahre ausgegangen war, bei Paraphrase, Figurencharakteristik und subjektivem Eindruck. Ansonsten hat sie sich reduziert auf das anzitierende Feiern des historisch und systematisch vorausgesetzten Sinns, den sie in der Tiefe des deutschen Geistes deponiert hatte und dessen geglaubter Allgemeinheit gegenüber sie selbst unverbindlich und beliebig geworden war.

In dieser Reduktionsform angelangt, hat die Interpretation ihre Selbständigkeit als eigene Textgattung aufgegeben; Bücher oder Aufsätze in Zeitschriften, die über einzelne literarische Texte oder das Gesamtwerk eines Dichters nicht mehr und nichts anderes bieten wollten, sind nach 1850 etwa kaum mehr erschienen. Das bedeutet aber keineswegs, daß diese Art Interpretation aufgehört hätte, im Gegenteil: sie ist zwei Verbindungen eingegangen, in denen sie erst so recht aufgeblüht ist.

Die erste Verbindung war die mit der sich neu bildenden Disziplin „deutsche Literaturgeschichte", die von der reduzierten Interpretation genau das Innere geliefert erhielt, das sie als „innere Literaturgeschichte" brauchte: nicht das Innere des Werks, wie es Rosenkranz gemeint hatte, sondern das Innere seines Verfassers. Reduzierte Interpretationen der beschriebenen Art machen seit den vierziger Jahren einen guten Teil der Literaturgeschichtsbücher aus; als „innere Biographie" ergänzen sie auf das willkommenste die „äußere Biographie", die dort immer schon ihren festen Platz hatte, und ihre Abstinenz von eigenen Sinnkonstruktionen macht sie gerade besonders geeignet als Lieferanten des wichtigsten Rohmaterials oder allenfalls Halbprodukts für Zwekke der diagnostischen Auswertung. Davon war schon die Rede.[285]

Eine zweite, nicht weniger innige Verbindung hat die reduzierte Interpretation mit den – auch für neuhochdeutsche Texte – bereits vorhandenen philologischen Tätigkeiten Kommentar und Quellenforschung geschlossen. Aus dieser Verbindung ist etwas Neues entsprossen, das als „Erläuterung" seit den fünfziger Jahren den Buchmarkt für geraume Zeit beherrscht hat. Die Erläuterungsschriften, die für die zweite Hälfte des 19. Jahrhunderts charakteristisch geworden sind und sich übrigens bis in unsere Tage (z. B. als „Dr. König") zählebig gehalten haben, stellen ein ganz eigenes Amalgam dar, das von der reduzierten Interpretation dominiert wird.

---

[283] Vgl. oben S. 357.
[284] Hense 74–93; 90.
[285] Vgl. oben S. 289 f.

Unter dieser Dominanz hat der philologische Kommentar am stärksten sein Gesicht verändert. Die früheren Kommentare zu neuhochdeutschen Texten[286] beschränkten sich darauf, punktuell das Material beizubringen, in dessen Kenntnis die Leser, zumeist Schüler, das betreffende Werk ohne große Mühe verstehen könnten. Sie erklärten also das Leserobjekt Text, auch wenn offen bleiben konnte, ob sie mit den Erklärungen die Gedanken des Autors zu verdoppeln meinten. Der alle anderen dieser Art weit überragende Kommentar ist derjenige von Christian Wurm zum „West-östlichen Divan"; er benutzt zwar möglichst die Bücher, die auch Goethe zur Verfügung standen, enthält sich aber konsequent aller Äußerungen über dessen Seelenleben beim Schreiben und bleibt immer ganz leserorientiert:

> Schließlich bemerkt der Verfasser, daß er keinen Grund fand sich auf ästhetisches Räsonnement hier einzulassen oder dem Leser in seinem Urtheile über die Behandlung des Stoffes irgendwie vorzugreifen, und daß bei Zusammenstellung dieser Materialien und Originalien seine Absicht lediglich war, zum Verständnisse des Divans so viel Stoff an die Hand zu geben, daß der Leser bei einer für diese Lektüre erforderlichen Bildungsstufe keine größern Schwierigkeiten in demselben fände als in den übrigen lyrischen Produkten des Dichters.[287]

Der Kommentator als bescheidener Hilfsarbeiter im Dienste des Lesers mußte auf diesem Gebiet aber bald einem herrischen Typ weichen, der – um Hoffmeisters Ausdrücke[288] zu benutzen – die Texte bis in die Seele des Dichters zurückverfolgen und sich der Weltanschauung bemächtigen wollte. Zuerst ist das nicht so aufgefallen, weil z. B. Heinrich Viehoff in seinen ersten Erläuterungsschriften noch die traditionelle Form des Kommentars beibehalten und Noten unter einen fortlaufend abgedruckten Text geschrieben hat. In den Fußnoten macht sich aber schon hin und wieder die reduzierte Interpretation geltend („In den vorigen kurzen Versen und abgerissenen Sätzen spricht sich angstvolle Ungewißheit und Spannung aus"), und wenn das Ganze sich auch als „Interpretationswerk" und „Erläuterungsschrift" bezeichnet, so ist es doch vor allem eine durchgreifend konsequente Reduktion, weil es nicht nur sich selbst als Interpretation, sondern auch noch die Texte wortwörtlich re-duziert, zurückführt auf ihre Quellen, wie das Titelblatt mit einer gängigen Formel ankündigt.[289]

Die Ankündigung ist, gemessen am tatsächlichen Inhalt des Buches, natürlich reichlich großsprecherisch, aber das tut nichts zur Sache. Wichtig ist der Wille, der grundsätzlich die Unentschiedenheit des Kommentars beendet und den literarischen Text eindeutig als Schreiberprodukt nimmt, und hinter ihn

286 Vgl. oben S. 349 f., 366.

287 Christian Wurm, Commentar zu Göthe's west-östlichem Divan bestehend in Materialien und Originalien zum Verständnisse desselben. Nürnberg 1834, S. VII f.

288 Vgl. oben S. 401, Zitat zu Anm. 266.

289 Heinrich Viehoff, Ausgewählte Stücke deutscher Dichter seit Haller bis auf die neueste Zeit, erläutert und auf ihre Quellen zurückgeführt. Für Freunde der Dichtkunst überhaupt und für Lehrer und Lehrerinnen der deutschen Sprache insbesondere. Erster Band. Emmerich 1836, S. 81, VIII, IX. – Vgl. oben Anm. 109 (Schmidt) und 208.

will die reduzierte Interpretation mit allen Mitteln zurück, um das Sinndepot im Leben des Genius zu erreichen. So weit kommt Viehoff noch selten, doch die Lücke, die ihn vom Ziel trennt, ist zugleich die Aufforderung, sie zu schließen, und also die Aufgabe, die sich zur selben Zeit auch der neuen Disziplin „deutsche Literaturgeschichte" gestellt hat: die Intensivierung der biographischen und Quellenforschung.[290] Man hat sie bekanntlich energisch und erfolgreich angepackt.

Diese Forschung ist, von seiten der reduzierten Interpretation her gesehen, durchaus keine zweckfreie Neugier und weit mehr als bloße Materialbeschaffung; sie bleibt allemal noch eine sakrale Verrichtung. Sie ist der Cultus des Genius in seiner ausschweifend pedantischen Gestalt, kriterienlos alles zusammenlesend, weil sie keine Kriterien braucht. Denn je mehr sie zu einem Text an Anlässen, Quellen und Einflüssen namhaft zu machen weiß, desto stabiler wird der Zusammenhang zwischen dem Text und dem Dichterleben; das präsentierte Material selbst bedeutet zwar nichts, stellt aber stets von neuem die Verbindung her zur Präsenz des Sinnes. Insofern ist die oft zitierte „Andacht zum Unbedeutenden"[291] eine präzise und gar nicht ironische Formel für diese Forschung. Oder, wie es der bereits erwähnte Rezensent von Hoffmeisters Schillerbiographie gesagt hat: „Von Schiller muss ja dem Deutschen jedes Blatt lieb seyn, das ihn uns in irgend einer Lage deutlich vor Augen stellt."[292]

Der führende Mann in dieser inbrünstigen, daher streit- und eifersüchtigen bis zelotischen biographischen Forschung war zweifellos Heinrich Düntzer. Er hat eine gewisse Weile gebraucht, bis er seinen Stil gefunden hat.[293] Dann aber hat er seit den fünfziger Jahren ein halbes Jahrhundert lang eine schier endlose Reihe von Erläuterungsschriften (viele davon in mehreren Auflagen) produziert, die auch und gerade in späteren Zeiten mit der akademischen Literaturwissenschaft etwa der Schererschule durchaus mithalten konnten.

Die Gliederung, die in den meisten späteren Erläuterungsschriften wiederkehrt, sofern es sich vom Thema her machen ließ, erscheint voll ausgebildet wohl erstmals im Buch über den „Tasso".[294] Zuerst kommen die Kapitel „Geschichte der Entstehung des Stückes" und „Die Quellen beider Bearbeitun-

---

[290] Vgl. oben S. 330 f.

[291] Zur Herkunft dieser Formel von Sulpiz Boisserée: Roland Kany, Mnemosyne als Programm. Geschichte, Erinnerung und die Andacht zum Unbedeutenden im Werk von Usener, Warburg und Benjamin. (Studien zur deutschen Literatur. 93) Tübingen 1987, S. 234 f.

[292] Allgemeine Literatur-Zeitung 1839, Sp. 443 (vgl. Anm. 276).

[293] Seine erste Arbeit zum „Faust", die die Frage nach dessen Einheit als eine „Lebensfrage" bezeichnet, „deren Beantwortung jedem Deutschen am Herzen liegen muß" (6), argumentiert zwar nicht eigentlich philosophisch, sondern eher historisch, ist aber in ihrem Aufbau noch wie eine Rekonstruktion angelegt und liefert zuerst eine „Darlegung der zu Grunde liegenden Idee" (14) und dann eine „Nachweisung der Idee im Plane und Zusammenhange der Tragödie" (29); Heinrich Düntzer, Göthe's Faust in seiner Einheit und Ganzheit wider seine Gegner dargestellt. [...] Köln 1836. – Heinrich Düntzer, Mein Beruf als Ausleger. Leipzig 1899.

[294] Heinrich Düntzer, Goethe's Tasso. Zum erstenmal vollständig erläutert. Leipzig 1854.

gen“[295], von denen Düntzer betont, daß sie „ganz auf eigener Forschung“ beruhen und „einen anziehenden Blick in die Werkstätte des Dichters eröffnen und die Wurzeln nachweisen, welche das Gedicht in Goethe’s Leben geschlagen“[296]; dann folgt die „Entwicklung der Handlung und der Charaktere des Stückes“ und die „Erläuterung der einzelnen Auftritte“.[297]

Das Wichtigste steht, wie es sich gebührt, am Anfang: das Sinndepot des Dichterlebens, dessen dokumentarisch reiche präteritale Schilderung es nicht fehlen läßt an präsentischen Beschwörungen der Präsenz („und er verspricht, heute fleißig zu sein“), an rhetorischen Beteuerungen der biographischen Notwendigkeit („in dieser gehobenen, wenn auch immer wehmütig bewegten Stimmung mußte sein ‚Tasso‘ glücklich voranschreiten“) und überhaupt an Blicken in die Dichterseele („da der Aufenthalt in Italien ihn immer mehr das Bedürfnis eines häuslichen Glückes hatte empfinden lassen, nach dessen Befriedigung er sich sehnte“).[298] Das alles wird auch im Kapitel über die Quellen noch begleitet von mancherlei Zuweisungen von Personen im Leben Goethes oder von einzelnen ihrer Charakterzüge an Figuren im Stück („wenn dem Dichter bei der Prinzessin Frau von Stein lebhaft vorschwebte“[299]) und endet mit der Benennung des „Keimpunktes“:

> Die aus der Betrachtung des wunderlichen Schicksals des Dichters ihm entgegenspringende, längst in tiefster Brust durchempfundene Lehre, daß der Dichter sich seinen Träumen und Einbildungen nicht jugendlich schwärmerisch hingeben dürfe, sondern männlich gefaßt das Leben zu ertragen, die Wirklichkeit möglichst zu verwerthen habe.[300]

Die Figurencharakteristik im dritten Kapitel und die psychologischen Erläuterungen im vierten (mit Fußnoten zu Details) setzen das Begonnene fort.

Mit Schriften wie dieser hat Düntzer das strukturelle Modell für die Erläuterungen in den nächsten Jahrzehnten gegeben: die Rückführung möglichst vieler Einzelheiten des literarischen Textes in das Dichterleben oder besser noch in das divinatorisch eröffnete „Dichterherz“[301], dem sie entstammen, dorthin also, wo der Sinn wohnt, der deshalb nicht mehr rekonstruiert zu werden braucht. Die Funktion der Rekonstruktion aber, die Aneignung des gelesenen Textes nämlich, hat sich zurückgezogen in sprachliche Techniken der Präsenzsimulation, in denen sich der immanente Widerspruch des Erläuterungsmodells festgesetzt hat, unauffindbar für den Erläuterer, wie eine verzerrende Linse im Auge unauffindbar ist für das Auge selbst. Die Erläuterung übernimmt als ihre Gliederung das Schema der historischen Rekonstruktion: sie nähert sich dem Text „von hinten her“, aus der Entstehungsgeschichte, als wenn sie noch wüßte, daß in dieser Bewegung das Verstehen als Wiederholung

---

295 Düntzer 1–38, 39–78.
296 Düntzer XI.
297 Düntzer 79–121, 122–156.
298 Düntzer 24, 17, 33.
299 Düntzer 50.
300 Düntzer 78.
301 Düntzer 256.

des Produzierens gedacht ist. Im direkten Widerspruch dazu ist aber ihre Intention auf das Eindringen in den Sinn im Dichterherzen und also auf ein Verstehen gerichtet, das das Produzieren umkehrt und rückgängig macht. Beides zusammen ist nur zu vereinen in der unausgesetzten Behauptung (illusionärer) Unmittelbarkeit, ob man nun von der Entstehungsgeschichte oder von den Charakteren der Figuren im Stück handelt.

Genaugenommen sind darum auch die zwei letzten Kapitel, die sich am Text orientieren, fakultative Anhänge; denn das Entscheidende, die Reduktion, ist bereits in den beiden ersten über die Entstehung des Stücks und über seinen Stoff passiert. Separiert man sie, so hat man eine innere Biographie, die auf seriöser historischer Forschung beruht und bei der Mitteilung der Forschungsergebnisse zur bekräftigenden Illustration auch aus literarischen Texten zitiert und auf sie anspielt. Das ist dann der verbreitete Typ einer literarhistorischen Monographie, die jene ärgerliche Subjektivität, welche sich in riskanten Reproduktionen und Rekonstruktionen des Sinns blamiert hatte, glücklich ausgetrieben hat, das heißt unkontrolliert ihr Wesen treiben läßt, zum Beispiel als Unmittelbarkeitsillusion. So wird Interpretation zur historischen Wissenschaft.

Solche Monographien unterschiedlichen thematischen Umfangs, mit oder eher noch ohne Erläuterungen im Anhang, haben seit den fünfziger Jahren für geraume Zeit das Bild bestimmt. Sie haben unendlichen Fleiß absorbiert und gewaltige Mengen vor allem biographischen Materials zutage gefördert, das in nicht wenigen Fällen ohne sie verloren gewesen wäre. Den vorausgesetzten Sinn haben sie meist stillschweigend vorausgesetzt sein lassen und wohl nicht zuletzt damit die diskreditierte Interpretation wissenschaftlich salonfähig gemacht durch Reduktion und durch Kombination mit historischer Forschung, und auch wenn diese Rehabilitation der Interpretation letzten Endes auf deren Elimination hinauslief, so blieb doch jedenfalls noch eine Forschungsaktivität übrig, die für die etablierten Wissenschaften durchaus akzeptabel war und irgendwie ja doch etwas zu tun hatte mit literarischen Texten.

Zusammenführung

Die rationale Rekonstruktion, eine Antwort auf das Erscheinen des potentiell sinnfreien Leserobjektes „literarischer Text“ im Zerfall des allen gemeinsamen Sinnes, hat nach ihrem schnellen Untergang im nationalen Selbstbewußtsein sich wieder bemerkbar gemacht als philosophische Reproduktion, die von der Rekonstruktion „von innen heraus“ beerbt wurde. Auf dem kurzen Weg über die historische Rekonstruktion ist die Rekonstruktion „von innen heraus“ zur reduzierten Interpretation geworden, und die hat sich in Gestalt der inneren Biographie nahtlos in die „innere Literaturgeschichte“ diagnostischer Ausrichtung einfügen können. Der freie Rest der reduzierten Interpretation hat den philologischen Kommentar, sich mit ihm verbindend, umgepolt zur Erforschung der inneren Biographie und sich und ihn damit ebenfalls vorbereitet zur Integration in die neue Wissenschaft „deutsche Literaturgeschichte“, die ihrerseits ein historisch-philologisches Forschungsprogramm entwickelt hat.

All diese unterschiedlichen Zugänge zu literarischen Texten haben in den vierziger Jahren des 19. Jahrhunderts zu einer neuen Geschlossenheit gefunden, die für einige Jahrzehnte stabil geblieben ist, weil sie als ganze und in allen ihren Teilen mit dem Ansatz der deutschen Philologie vollständig kompatibel geworden ist. Alles zusammen konnte sich, um zeitgenössische Begriffe zu benutzen, als „Realphilologie" mit der deutschen Philologie verbinden, die sich als sprachgeschichtlich orientierte „Formalphilologie" ursprünglich nur um die Reinheit der – vor allem mittel- und althochdeutschen – Texte, inzwischen aber auch ihrerseits um eine realphilologische Ausweitung bemühte.

Beide erhielten aus dieser Verbindung von der jeweils anderen, was ihnen selbst fehlte: die deutsche Philologie einen sicheren Zugang zum gymnasialen Deutschunterricht, in dem die deutsche Literaturgeschichte seit einiger Zeit einen festen Platz hatte, und die deutsche Literaturgeschichte provisorisch die Anerkennung als selbständige Wissenschaft und eigenes Universitätsfach (oder wenigstens als ein Teil), die die deutsche Philologie schon definitiv besaß. Was beide zusammengeführt hatte und zusammenhielt bis zur Einrichtung eines einheitlichen Faches „Geschichte der deutschen Sprache und Literatur", das war die Überzeugung, literarische Texte seien je nachdem „Sprachdenkmäler"[302] oder „Literaturdenkmäler"[303], die hinter sich zurückweisen in das aufzuhellende Dunkel der nationalen und individuellen Geschichte, es war also, kurz gesagt, die Meinung, historische Wissenschaft zu sein, und die Einigkeit darin, literarische Texte als Schreiberprodukte anzusehen.

Diese neue Einigkeit hatte als Preis den Ausschluß des Leserobjektes „literarischer Text" und des zugehörigen „unwissenschaftlichen" Restes der Rekonstruktion gefordert, die gleichwohl als „Besprechung" neben der „Erläuterung" in den Schulen weiterlebte. Ausgeschlossen aus dem Wissenschaftsbereich war damit aber auch die theoretische Aufmerksamkeit auf das überall praktizierte Verstehen, das allein im analytischen Durchgang der Rekonstruktion „von innen her" selbst in Erscheinung zu treten gewagt hatte, sich in allen anderen Interpretationsweisen jedoch schamhaft bis schamlos unter einer opaken Unmittelbarkeitsillusion versteckt hielt. Doch selbst dieser hohe Preis des Ausschlusses wird nicht einmal als unerwünscht angesehen worden sein, denn die beiden sich vereinigenden Wissenschaften deutsche Philologie und deutsche Literaturgeschichte waren weder geübt darin noch begierig darauf, sich selbst und ihre Verfahren theoretisch zu durchleuchten.

---

[302] „Deutsche Sprachdenkmahle" hat schon Erduin Julius Koch (Compendium der Deutschen Literaturgeschichte. 2. Aufl. Berlin 1795) in seiner „Chronologischen Übersicht der Deutschen Literaturgeschichte und Sprachgeschichte" nach den Listen mit den wichtigsten Daten separat aufgezählt.

[303] Diese merkwürdige Bezeichnung, welche literarische Texte zu Denkmälern der Textgesamtheit „Literatur" ernennt, deren Teil sie sind, scheint dieser Zeit anzugehören und sich aus der Nachbarschaft von „Sprachdenkmäler" entwickelt zu haben. Vermutlich relativ frühe Beispiele: Denkmäler altniederländischer Sprache und Literatur. Nach ungedruckten Quellen hrsg. von Eduard Kausler. 3 Bände. Tübingen 1840–1866. – Denkmäler niederdeutscher Sprache und Literatur. Nach alten Drukken und Handschriften hrsg. von Albert Hoefer. 2 Bändchen. Greifswald 1850/51.

Das ausgeschlossene Leserobjekt „literarischer Text“ hat innerhalb der Wissenschaftsorganisation noch eine Verlängerung seiner Asylfrist bei einzelnen Philosophen erhalten, die insbesondere die Tradition der Faustvorlesungen fortgesetzt haben[304]; einzig Kuno Fischer hat die Erinnerung an die rekonstruktive Interpretation in Publikationen wachgehalten.[305] Die deutschen Philologen und die Literarhistoriker haben sich nicht bemüht, es den Philosophen gleichzutun; nur sehr selten haben sie sich an Vorlesungen über einzelne neuere deutsche Texte herangetraut[306], am ehesten noch an solche über den „Faust“[307], dann aber zweifellos im Sinne eines historischen Kommentars oder einer Erläuterung[308], wie sie sonst den Gymnasiallehrern oder Außenseitern wie Düntzer überlassen blieb.

Eine Wissenschaft dagegen, die dem literarischen Text als Leserobjekt allein oder wenigstens auch ihm gewidmet wäre, schien unnötig zu sein, weshalb es auch noch keine eingeführte Bezeichnung für die Wissenschaft von deutscher Literatur unter Einschluß der Interpretation gegeben und man sich eines an sich bereitstehenden Namens für sie, „Literaturwissenschaft“[309] nämlich, nur äußerst selten bedient hat.[310] Allerdings scheint das Wissenschaftssystem, der

---

[304] Namentlich zu erwähnen Friedrich Theodor Vischer (Faustvorlesungen ab 1836 in Tübingen und ab 1856/57 in Zürich), Moriz Carriere (ab 1846/47 in Gießen und ab 1853/54 in München) und Karl Alexander von Reichlin-Meldegg (ab 1836/37 in Heidelberg, und zwar bis 1876 insgesamt 47mal – nach der Zählung von Jochen Lehmann, Die germanistischen Vorlesungen zwischen 1803 und 1900 an der Universität Heidelberg; in: Ruperto-Carola 19 (1967) Bd. 42, S. 205–239; 212).

[305] Kuno Fischer, Lessings Nathan der Weise. Die Idee und die Charaktere der Dichtung. Stuttgart 1864. – Goethes Faust. Ueber die Entstehung und Composition des Gedichts. Stuttgart 1878. – G. E. Lessing als Reformator der deutschen Literatur. Erster Theil. Stuttgart 1881, bes. S. 177–261 (Emilia Galotti). – Goethes Iphigenie. Festvortrag gehalten in Weimar den 26. Mai 1888 bei der dritten Generalversammlung der Goethe-Gesellschaft. Heidelberg 1888, der erste Band von Fischers „Goethe-Schriften“. – Über Fischers Interpretationsweise: Hugo Falkenheim, Kuno Fischer und die litterarhistorische Methode. Berlin 1892.

[306] Beispiele, die kaum wesentlich zu vermehren sein dürften: Heinrich Hoffmann über Hebels alemannische Gedichte (Breslau 1833), Christian Theodor Ludwig Lucas über die vorzüglichsten Oden Klopstocks (Königsberg 1834/35), Ludwig Ettmüller über Tiecks „Kaiser Octavian“ (Zürich 1837), Karl August Timotheus Kahlert „über Klopstock, nebst Erklärung einzelner Oden desselben“ (Breslau 1838/39), Wilhelm Ludwig Holland über Goethes „Westöstlichen Divan“ (Tübingen 1851).

[307] Lucas (Königsberg 1836, 1842, 1846/47), Ettmüller (Zürich 1836/37, 1863, 1863/64), Kahlert (Breslau 1837/38, 1839/40, 1842, 1843/44 usw. bis 1857/58), Emil Sommer (Breslau 1845), Hermann Hettner (Jena 1854); der erste altdeutsche Philologe, der mit einiger Regelmäßigkeit über den „Faust“ gelesen hat, war – seit 1862 in Rostock – Karl Bartsch.

[308] Eine ungewöhnliche Veranstaltung sei noch vermerkt, Adelbert Kellers Vorlesung „Goethelitteratur“ von 1849 in Tübingen.

[309] Er figurierte, allerdings mit größerem Bedeutungsumfang, seit 1828 im jährlich erscheinenden „Verzeichniß der Bücher, Landkarten etc. [...]“ der Hinrichsschen Buchhandlung in Leipzig, das heißt in der maßgebenden periodischen Allgemeinbibliographie.

[310] Theodor Mundt hat 1833 in den „Jahrbüchern für wissenschaftliche Kritik“ (II 248)

Wissenschaftsorganisation ausnahmsweise vorauseilend, bereit für ihre Aufnahme gewesen zu sein. Karl Mager hat in seinem „Lesebuch zur Encyklopädie" von 1847 unter den „Wissenschaften von der ursprünglichen Selbstdarstellung des menschlichen Geistes" nach der Sprachwissenschaft und der Kunstwissenschaft auch die Literaturwissenschaft genannt[311] und innerhalb ihrer die deutsche Literaturwissenschaft vertreten sein lassen durch ein Beispiel philologischer Arbeit[312], ein dazu passendes Stück aus einer Literaturgeschichte[313] und Teile einer Interpretation aus der ersten Zeit der Rekonstruktion.[314]

Der Zusammenschluß von Philologie, deutscher Literaturgeschichte und Interpretation war allerdings – der letzteren wegen – einstweilen noch eine Utopie, deren Begründung im an sich vorgesehenen „Lehrbuch" Mager schuldig geblieben ist. Realistischer war er einige Jahre vorher, als er – implizit die Verweigerung des Wissenschaftsstatus für die Interpretation rechtfertigend – sie zwar in unveränderter Hochschätzung als „die Blüthe der philologischen Wissenschaft, ihre Anwendung" bezeichnete, aber eben doch als „eine schwere Kunst", als „die Kunst der Interpretation".[315]

in einer Rezension eines Französischlehrbuchs den „Bardenhain" von Theodor Heinsius als „ohne allen literaturwissenschaftlichen Sinn bearbeitet" bezeichnet. Weitere frühe Belege von „Literaturwissenschaft": August Kahlert, Rez. von Kehrein, Die dramatische Poesie der Deutschen; in: Hallische Jahrbücher für deutsche Wissenschaft und Kunst 3 (1840) 2037. – Johann Wilhelm Schaefer, Handbuch der Geschichte der deutschen Literatur. Erster Theil. Bremen 1842, S. VII. – Karl Rosenkranz, Studien. Fünfter Theil. Leipzig 1848, S. 189–202: „Die deutsche Literaturwissenschaft von 1836 bis 1842" (Artikel aus dem Königsberger Literaturblatt von 1842). – Hermann Hettner, Die romantische Schule in ihrem inneren Zusammenhange mit Göthe und Schiller. Braunschweig 1850, S. 34. – Der sonst gelegentlich zitierte Beleg aus Mundts „Geschichte der Literatur der Gegenwart" (1842) steht erst in der zweiten Auflage (Leipzig 1853, S. VI f.). – In gleicher spezifischer Bedeutung erscheint 1829 bei Rosenkranz im Buch über Calderon (= Anm. 173), S. 5, und dann bei Hermann Ulrici (Shakespeare's dramatische Werke und sein Verhältniß zu Calderon und Göthe. Halle 1839, S. VII) auch „Kunstwissenschaft".

311 Karl Mager, Lesebuch zur Encyklopädie enthaltend 250 Abhandlungen und Bruchstücke aus 174 Schriften von 129 Autoren über Gegenstände aus allen Gebieten der Wissenschaft. (K. M., Die Encyklopädie oder das System des Wissens zunächst als Propädeutik und Hodegetik für abgehende Schüler der Gelehrten- und der Bürger-Gymnasien und angehende Studirende auf Hoch- und Fachschulen, so wie für andere Liebhaber wissenschaftlicher Bildung. Lehr- und Lesebuch. Zweiter Theil) Zürich 1847, S. X (Inhaltsverzeichnis).

312 Mager 529–532: Der Anfang der Nibelungen, kritisch bearbeitet (Karl Lachmann).

313 Mager 532–534: Zur Geschichte des Nibelungenliedes (Georg Gottfried Gervinus).

314 Mager 534–538: Ueber Goethe's Hermann und Dorothea (Wilhelm von Humboldt).

315 Karl Mager, Ueber Wesen, Einrichtung und pädagogische Bedeutung der schulmäßigen Studien der neueren Sprachen und Litteraturen und die Mittel ihm aufzuhelfen. (K. M., Die modernen Humanitätsstudien. 2) Zürich 1843, S. 72. – Vgl. das Zitat zu Anm. 27 oben S. 354.

Geschichte der deutschen Sprache und Literatur

Der Staat hatte den Ausbau der deutschen Philologie zu einer vollgültigen Universitätswissenschaft finanziert und bis zum Anfang der sechziger Jahre an jeder Universität eine Professur für sie eingerichtet, ohne in der Regel eine Gegenleistung zu erhalten; denn die nationalen Bekundungen einiger Germanisten konnten nicht gut dafür gelten, zumal sie längst nicht immer im Einklang mit den politischen Zielen des jeweiligen Universitätsträgers standen.[1] Der Anspruch der deutschen Philologie, durch Erforschung der nationalen Sprache und des nationalen Geistes für die Nation wichtig zu sein, stand in auffallendem Kontrast zu ihrer tatsächlichen Funktionslosigkeit im universitären und staatlichen Bereich.

Lehrerausbildung: Prüfungsordnungen und Prüfungskommissionen

Dabei war es seit längerer Zeit offenbar allen Beteiligten klar, daß die Funktion der deutschen Philologie in der Ausbildung von Deutschlehrern werde liegen müssen. Schon 1831 hatten Preußen[2] und Hannover[3] mehr oder weniger detail-

---

1 Jörg Jochen Müller, Germanistik – eine Form bürgerlicher Opposition; in: Germanistik und deutsche Nation 1806–1848. Zur Konstitution bürgerlichen Bewußtseins. Hrsg. von Jörg Jochen Müller. (Literaturwissenschaft und Sozialwissenschaften. 2) Stuttgart 1974, S. 5–112.

2 Reglement für die Prüfungen der Candidaten des höheren Schulamtes vom 20. April 1831; in: Johann Ferdinand Neigebaur, Die Preußischen Gymnasien und höheren Bürgerschulen. Eine Zusammenstellung der Verordnungen, welche den höheren Unterricht in diesen Anstalten umfassen. Berlin/Posen/Bromberg 1835, S. 245–262; 250: „Im Deutschen bezieht sich die Prüfung auf die allgemeine Grammatik, auf den eigenthümlichen Character und die Gesetze der deutschen Sprache, so wie auf ihre historische Entwickelung und die Geschichte ihrer Litteratur."

3 Instruction zur Ausführung der Königlichen Verordnung vom 22. April dieses Jahres über die Prüfung der Candidaten und Lehrer des höheren Schulfachs, und über die Errichtung einer wissenschaftlichen Prüfungs-Commission zu Göttingen vom 17. Mai 1831; in: Sammlung der Gesetze, Verordnungen und Ausschreiben für das Königreich Hannover vom Jahre 1831. Hannover 1831, Abt. III, S. 109–116; 110, § 2a: „Wer an einem Gymnasio oder Progymnasio als Classen-Lehrer angestellt werden will, kann sich der Prüfung über die deutsche, lateinische und griechische Sprache, die historischen Wissenschaften, und über seine philologisch-pädagogische Bildung nicht entziehen."

liert, aber gleich unmißverständlich den Arbeitsbereich der deutschen Philologie zum Prüfungsgegenstand erklärt. Nur haperte es sehr mit der Durchführung der Bestimmungen. In Preußen war bis auf weiteres Lachmann der einzige deutsche Philologe, der wenigstens eine Zeitlang Mitglied einer wissenschaftlichen Prüfungskommission war (1825 bis 1833 in Berlin), und auch er hat dem Deutschen nicht die wichtige Stelle in der Prüfung verschafft, die es nach den Bestimmungen hätte haben sollen.[4] Im Königreich Hannover allerdings ließ es sich zuerst besser an. Seit 1831 war Jacob Grimm ordentliches Mitglied der „Wissenschaftlichen Prüfungs-Commission“ in Göttingen[5], und er hat auch tatsächlich „in der altdeutschen Sprache“ examiniert[6], in offenbar konformer enger Auslegung der Instruktion, die nur „deutsche Sprache“ vorsah.[7] Aber nach seiner Entlassung 1837 gab es auch in Göttingen für ein Jahrzehnt keine Fachprüfungen im Deutschen mehr.

1847 hat die Göttinger wissenschaftliche Prüfungskommission selbst die Bedingungen für die Wiederaufnahme dieser Prüfung formuliert, und zwar als harte und präzise Aufforderung an die deutsche Philologie, sich im Hinblick auf die Bedürfnisse der Schule zu ändern:

> Eine vollständige Wiedereinführung der Prüfung über deutsche Sprache und Litteratur für alle Schulamts-Candidaten widerräth die wissenschaftliche Prüfungs-Commission bis dahin, daß dieser Zweig der akademischen Studien über die Gränzen der grammatisch-kritischen Behandlung der altdeutschen Sprache, welche jetzt ein großes Uebergewicht habe, auf das Feld der allgemeinen Sprachbildung, der Stylistik und Rhetorik und der literarischen Entwickelung der letzten Jahrhunderte weitergeführt sei und auf zeitgemäße Grundsätze gebaut vorliege. Ehe die Studirenden Gelegenheit fänden, die deutsche Sprache auf solche, ihrer praktischen Aufgabe mit den Schülern angemeßnern, Weise auf der Universität zu studiren, würde die Forderung der Prüfung für alle Candidaten nur dahin führen, daß sie sich mehr oder weniger oberflächlich mit dem Studio des Altdeutschen beschäftigten.[8]

---

[4] Uwe Meves, „Wir armen Germanisten ...“. Das Fach deutsche Sprache und Literatur auf dem Weg zur Brotwissenschaft. Unveröffentlichtes Manuskript eines Vortrags in Bielefeld, November 1986, S. 18: „Daß das völlige Fehlen sprachlicher und literarischer Kenntnisse keine Auswirkungen auf das Bestehen der Prüfung insgesamt hatte, [...] trifft nahezu ausnahmslos zu.“

[5] Die folgende Darstellung nach brieflicher Mitteilung aus dem Niedersächsischen Hauptstaatsarchiv in Hannover (Dr. Gieschen).

[6] Briefwechsel des Freiherrn Karl Hartwig Gregor von Meusebach mit Jacob und Wilhelm Grimm. Hrsg. von Camillus Wendeler. Heilbronn 1880, S. 143; Brief Jacob Grimms vom 26. November 1831: „[...] und als wäre ich nicht genug gequält, haben sie mich im vorigen sommer in Hannover zum mitglied einer examinationscommission für die schulamtscandidaten ernannt, was mir zwar hundert thlr. einbringt, aber ein solches examen währt vier fünf stunden und viel lieber gienge man nicht hinein.“ – Briefwechsel der Brüder Jacob und Wilhelm Grimm mit Karl Lachmann. Hrsg. von Albert Leitzmann. Jena 1927, S. 861; Wilhelm Grimm am 25. Mai 1832: „[...] so ist mein Auditorium, in welchem 22 rechtmäßige Zuhörer sitzen, ansehnlich genug. Nur darf mich das nicht stolz machen, denn es ist bloß Folge von der Anordnung, daß diejenigen, welche Gymnasiallehrer werden wollen, auch in der altdeutschen Sprache examiniert werden und seit 1/2 Jahre (durch Jacob) auch wirklich examiniert sind.“

[7] Vgl. oben das Zitat in Anm. 3.

[8] Bericht des Ober-Schul-Collegii vom 18. Mai 1847 an das Königliche Ministerium

Immerhin wurde vorgesorgt für den Fall, daß einmal ein Kandidat „sich mit Vorliebe dem Studio der deutschen Sprache und ihrer historischen Entwickelung von den ältesten Zeiten an" gewidmet haben sollte:

> Ein solcher müsse die Gelegenheit haben können, sich in dieser Disciplin prüfen zu lassen und zum Fachlehrer derselben an den oberen Classen zu empfehlen. Es werde daher der beste Weg sein für jetzt die Fachprüfung in der deutschen Sprache und Literatur facultativ zu stellen, so daß der einzelne Examinand sich dazu melden kann, wie er sich auch zu der Prüfung in den neueren Sprachen, oder in der Mathematik und den Naturwissenschaften besonders meldet.[9]

In solchen Fällen wurde antragsgemäß ab 1847 Beneckes Nachfolger Wilhelm Müller als Fachprüfer beigezogen, ab 1851 als außerordentliches, aber in der Liste der Prüfer ständig geführtes Mitglied der Prüfungskommission[10], seit 1853 unter einer neuen Prüfungsordnung, die sowohl einen ständigen Sitz für das Fach „deutsche Sprache und Literatur" vorsah[11] als auch für den Unterricht in den unteren und mittleren Klassen Kenntnisse der „neueren deutschen Literatur" verlangte[12] und für den Unterricht in den oberen Klassen „Kenntniß der historischen Entwicklung der deutschen Sprache, besonders seit dem Ende des 12ten Jahrhunderts".[13]

Neben Hannover stellte sich zur gleichen Zeit Österreich, wo ja die Lehrkanzeln für deutsche Philologie seit 1849 entschieden mit Blick auf die Schulen eingerichtet worden waren.[14] Die definitive Prüfungsordnung von

---

der geistlichen und Unterrichts-Angelegenheiten (Niedersächsisches Hauptstaatsarchiv in Hannover, Hann. 113 K I, Nr. 554, fol. 227).

9 Ebd. fol. 227 vo.

10 Briefliche Mitteilung des Niedersächsischen Hauptstaatsarchivs in Hannover (Dr. Gieschen).

11 Bekanntmachung des Königlichen Ober-Schulcollegiums wegen Ausführung der Königlichen Verordnung vom 22sten April 1831 über die Prüfung der Candidaten und Lehrer des höheren Schulfachs (14. Februar 1853); in: Gesetz-Sammlung für das Königreich Hannover. Jahrgang 1853, Abt. III, S. 39–49; 41, §3: „In der wissenschaftlichen Prüfungs-Commission sind alle die Fächer, in welchen sich der künftige Lehrer an den höheren Schulanstalten des Königreichs prüfen lassen kann, [...] vertreten, nämlich die Philosophie und Pädagogik, die classische Philologie, die deutsche Sprache und Literatur, die historischen Wissenschaften, die Mathematik und die Naturwissenschaften, die protestantische Theologie nebst der hebräischen Sprache, endlich die neueren Sprachen."

12 S. 43, §4 Abs. 1, Nr. 2: „Von der neueren deutschen Literatur muß er ebenfalls so viele Kenntnisse besitzen, um die Schüler in den Kreis derselben, so weit es ihrer Fassungskraft und ihrem Interesse entspricht, so einzuführen, daß sie von derselben lebendig berührt werden."

13 S. 44, §8 Abs. 1, Nr. 4.

14 Vgl. oben S. 250. – Franz-Anton Wallisch, Das höhere Lehramt von 1849–1914. Staatliche Zielvorstellungen in der Ausbildung von Lehrern für Gymnasien, Realschulen und Mädchenlyzeen. Diss. Graz 1983, S. 44–62 über das provisorische Gesetz vom 23. August 1849. – Der Gesetzestext: Provisorisches Gesetz über die Prüfung der Candidaten des Gymnasial-Lehramtes (22.8.1849); in: Zeitschrift für das Gymnasialwesen 4 (1850) 78–92.

1856[15] enthielt denn auch sehr detaillierte Vorschriften, die neben der Kenntnis des Mittelhochdeutschen und der gesamten deutschen Literaturgeschichte sogar noch die „ästhetische Analyse" neuerer Klassiker nach ebenfalls angegebenen Vorbildern forderten.[16] Mit der Durchführung der Prüfungen waren die Universitätsgermanisten betraut, sobald es einen am Ort der Prüfungskommission gab, so schon unter der provisorischen Prüfungsordnung seit 1850 Hahn in Prag[17] und seit 1851 Karajan in Wien.[18]

Kurz vor der definitiven österreichischen Prüfungsordnung hatte übrigens auch die „Revidirte Ordnung der lateinischen Schulen und der Gymnasien im Königreiche Bayern" (24. Februar 1854) eine Prüfung über „die deutsche Literaturgeschichte, namentlich die des Mittelalters" vorgesehen[19], ohne daß germanistische Prüfer bestellt worden wären.

Bei solchen Versuchen, die deutsche Philologie nach dem Vorbild der klassischen einzubinden in die Lehrerausbildung, konnte der Staat auf Zustimmung in weiten Kreisen der Gymnasiallehrer rechnen, die in den fünfziger Jahren eine lebhafte Diskussion über den Einbau des Mittelhochdeutschen in den Stoffplan des gymnasialen Deutschunterrichts geführt haben[20], und das heißt

---

15 Über ihr Verhältnis zur provisorischen von 1849 unterrichtet der Ministerialbeamte Joseph Mozart, Das provisorische Prüfungsgesetz für die Candidaten des Gymnasial-Lehramtes vom 30. August 1849 und die definitiven Vorschriften in Betreff derselben Prüfung vom 24.7.1856; in: Zeitschrift für die österreichischen Gymnasien 7 (1856) 673–686; 681–683 über das Deutsche.

16 Vorschrift über die Prüfung der Candidaten des Gymnasial-Lehramtes; in: Zeitschrift für die österreichischen Gymnasien 7 (1856) 721–734; 727, § 10 e, Abs. 2: „So ist für den Unterricht in der deutschen Sprache, wo sie die Unterrichtssprache ist, die grammatisch genaue Kenntnis des Mittelhochdeutschen und namentlich die Fähigkeit erforderlich, die leichter zugänglichen Dichtungen des Mittelalters, wie: das Nibelungenlied, Gudrun und andere in der Ursprache mit gründlichem Verständnisse zu lesen. – Auf die Kenntnis der neueren classischen Literatur ist ein vorzügliches Gewicht zu legen. Der Examinand muß die bedeutendsten Werke derselben in Beziehung auf Sprache und Inhalt erklären und den Bildungsgang der hervorragendsten Schriftsteller zu entwickeln im stande sein. Diese beiden Momente sind bei der dem Examinanden obliegenden Interpretation von prosaischen und dichterischen Werken oder von einzelnen Stellen derselben besonders in's Auge zu fassen. Wenn die Erklärung in Bezug auf Sprache und Sachinhalt den Anforderungen entspricht, so ist zur ästhetischen Analyse zu schreiten. Hiebei sind die Werke anerkannter Schriftsteller, insbesondere die Abhandlungen und Andeutungen eines Lessing, Herder, Goethe, Schiller, Humboldt, A.W. und Fr. Schlegel zu grunde zu legen."

17 Zeitschrift für die österreichischen Gymnasien 1 (1850) 134; in Lemberg (Prüfungskommission für Galizien) wurde der Gymnasialprofessor J. Hloch ernannt (ebd. 226), in Innsbruck (Prüfungskommission für Tirol) der Philosoph und Philologe Aloys Flir (ebd. 306).

18 Zeitschrift für die österreichischen Gymnasien 2 (1851) 339.

19 Eugen Brand, Ueber Vorbildung und Prüfung der Lehrer an den bayerischen Mittelschulen seit 1773. (Texte und Forschungen zur Geschichte der Erziehung und des Unterrichts in den Ländern deutscher Zunge. 4) Berlin 1901, S. 17.

20 Darüber immer noch am ausführlichsten: Georg Schübel, Die Geschichte des mittelhochdeutschen Unterrichts; in: Zeitschrift für Deutschkunde 35 (1921) 319–337.

letzten Endes: über die Integration der deutschen Philologie in die Lehrerausbildung.[21]

Auch von seiten der deutschen Philologie selbst hat sich kein entschiedener Widerstand bemerkbar gemacht. Zwar werden nicht alle Universitätsgermanisten den Ausschluß von der Lehrerausbildung so vehement beklagt haben wie Heinrich Hoffmann in Breslau[22] oder seine Beendigung so deutlich gefordert haben wie Adelbert Keller in Tübingen in seiner Antrittsrede als Extraordinarius[23] und ein Jahrzehnt später – mit Unterstützung Friedrich Theodor Vischers – in einem ausführlichen Gutachten.[24] Aber allein schon aus Selbstachtung wird man mit Franz Dietrich in Marburg[25] grundsätzlich zumindest den Transfer wissenschaftlich-germanistischer Erkenntnisse in Schule und Unterricht für nötig gehalten haben, ohne sich unbedingt über dessen naheliegende institutionelle Implikationen genauer zu äußern.

Derjenige, der die entscheidenden Anstöße gegeben hat, war Rudolf von Raumer in Erlangen, interessiert an allen außeruniversitären Aspekten des

---

[21] Auf der Berliner Reformkonferenz (Verhandlungen über die Reorganisation des höheren Schulwesens) von 1849 haben 22 Unterzeichner zum § 21 der ministeriellen Vorlage („Für die wissenschaftliche Vorbereitung der Lehrer der höheren Schulanstalten hat die Universität zu sorgen") präzisierend eine Erklärung zu Protokoll gegeben, in der es u. a. hieß: „Zu dem Zwecke halten wir es für nothwendig, dass auf unseren Universitäten, in sofern es noch nicht geschehen ist, ordentliche Lehrstühle für die germanischen und romanischen Sprachen und Litteraturen errichtet werden." Neue Jahrbücher für Philologie und Pädagogik 57 (1849) 318.

[22] Heinrich Hoffmann von Fallersleben, Die deutschen Studien auf preußischen Universitäten und Schulen; in: Deutsche Jahrbücher für Wissenschaft und Kunst 2 (1842) 741–744.

[23] Heinrich Adelbert Keller, Inauguralrede über die Aufgabe der modernen Philologie. Stuttgart 1842, S. 16: „Es ist hier wohl zunächst Sache der Universitäten und der damit verbundenen Lehrerseminarien, die von der strengen wissenschaftlichen Forschung errungenen Resultate den weitern Gebieten des Lebens zuzuführen"; Keller war übrigens gleichzeitig „Lehrer der deutschen Sprache und Litteratur an dem Reallehrerseminar der königlichen Eberhard Karls Universität in Tübingen", wie auf dem Titelblatt angegeben ist.

[24] Ursula Burkhardt, Germanistik in Südwestdeutschland. Geschichte einer Wissenschaft des 19. Jahrhunderts an den Universitäten Tübingen, Heidelberg und Freiburg. (Contubernium. Beiträge zur Geschichte der Eberhard-Karls-Universität Tübingen. 14) Tübingen 1976, S. 193.

[25] Franz Eduard Christoph Dietrich, Ueber die Bedeutung der germanistischen Studien für die Gegenwart [...]. Marburg 1854, S. 23: „So viel aber sieht jeder, der eine Schule durchgemacht und einige Kenntnis genommen hat von deutscher Philologie, es ist möglich und völlig an der Zeit, den Schülern nicht das Unhaltbare, sondern das nunmehr Gesicherte, nicht das Leerlaßende und Irreführende, sondern das Fruchtbare und Weiterleitende einzupflanzen, nicht ein starrendes Gerippe von Regeln, sondern einen lebenvollen leiblichen Bau in der Sprache sehn zu laßen; dazu gehört aber kurzes frisches Einführen in die Gründe und somit die einheimischen Vorstufen des Heutigen."

Fachs, sei es die Geschichte und aktuelle Aufgabe des Deutschunterrichts[26], sei es die Rechtschreibung.[27] Von einem eigenen Deutschlehrerstand wollte er zwar nichts wissen[28], aber er trat mit gleicher Entschiedenheit für eine ausführliche Berücksichtigung des Altdeutschen in den Gymnasien und also für eine entsprechende wissenschaftliche Ausbildung der Lehrer ein.[29] Diese Überzeugung hat er dargelegt in den zwölf „Thesen über die Behandlung des Altdeutschen auf Gymnasien und über die Heranbildung der dazu nöthigen Lehrkräfte", die 1861 in der pädagogischen Sektion auf der Versammlung deutscher Philologen und Schulmänner zwei Tage lang lebhaft diskutiert wurden.[30] Auf derselben Versammlung hat Raumer zusammen mit Bartsch (Rostock) und Wackernagel (Basel) den „Antrag auf Bildung einer germanistischen Section" innerhalb des „Vereins deutscher Schulmänner und Philologen" gestellt[31], der angenommen[32] und im folgenden Jahr verwirklicht wurde.[33] Der erste Präsident der germanistischen Sektion war Wilhelm Wackernagel, in Abwesenheit Jacob Grimms der verehrte Doyen des Fachs, der sich zwar mit Nachdruck gegen Altdeutsches im gymnasialen Deutschunterricht gewandt[34], aber trotzdem diese Verbindung der deutschen Philologie zur Schule mit beantragt hatte.

Eben darauf lief die Bildung der germanistischen Sektion an der Frankfurter Philologenversammlung nämlich hinaus: sie war ein Signal an die staatlichen Behörden, ein Signal der Bereitschaft des Faches „deutsche Philologie", sich als nützlich zu erweisen und endlich eine feste gesellschaftliche Funktion zu übernehmen – sozusagen die gehorsame Erfüllung der Bedingungen, die die Göttinger wissenschaftliche Prüfungskommission stellvertretend formuliert hatte. Der Geheimrat Ludwig Wiese, Referent für das evangelische Gymnasial-

---

26 Rudolf von Raumer, Der Unterricht im Deutschen. Dritte, vermehrte und verbesserte Auflage. Stuttgart 1857.

27 Die einschlägigen Arbeiten sind abgedruckt in: Rudolf von Raumer, Gesammelte sprachwissenschaftliche Schriften. Frankfurt/Erlangen 1863.

28 „Soll unser Ziel sein, besondere Lehrer des Deutschen für unsere Gymnasien zu bilden, so daß diese Lehrer des Deutschen sich von den klassischen Philologen absonderten, während andererseits die klassischen Philologen jeder Berührung mit den deutschen Studien fern blieben? Ich würde ein solches Bestreben für ein sehr verkehrtes halten." Rudolf von Raumer, Deutsche Versuche. Erlangen 1861, S. 27; aus der programmatischen Schrift „Die Aufgabe der deutschen Philologie".

29 Raumer 20: „Die Aufgabe der Universität ist durchaus nicht bloß eine rein wissenschaftliche; die eigentlichste Aufgabe der Universität ist vielmehr die Vermittlung der Wissenschaft und des praktischen Lebens."

30 Verhandlungen der zwanzigsten Versammlung deutscher Philologen und Schulmänner in Frankfurt am Main vom 24. bis 27. September 1861. Leipzig 1863, S. 140–174; 140 f.

31 Verhandlungen 1861, S. 30.

32 Verhandlungen 1861, S. 78 f.

33 Verhandlungen der einundzwanzigsten Versammlung deutscher Philologen und Schulmänner in Augsburg vom 24. bis 27. September 1862. Leipzig 1863, S. 163–165: Protocolle der Sitzungen der germanistischen Section.

34 „Ich bin entschieden gegen jede Einführung des Altdeutschen in die Gymnasien." Verhandlungen 1861, S. 159.

und Realschulwesen im preußischen Unterrichtsministerium, hat denn auch während der Diskussion über Raumers Thesen offiziell versichert, daß die „ausgesprochenen Meinungsäusserungen nicht wirkungslos bleiben“:

> Ich wiederhole, was hier verlangt wird, ist ganz den Umständen angemessen. Wir können nur wünschen, dass durch das, was auf den Universitäten geschieht, das Uebel bald gehoben werde, indem die künftigen Lehrer Gelegenheit nehmen, Vorlesungen über das Altdeutsche zu hören; dann werden wir in den Gymnasien unsere Theorie verwirklichen können[35]

– die Theorie, das ist in diesem Falle die unwirksam gebliebene Prüfungsordnung von 1831.[36]

Die Bildung der germanistischen Sektion innerhalb des Vereins, der die Brücke zwischen den klassischen Philologen in Schule und Universität war, bekundete in allgemeinerer und verbindlicherer Weise, als das Stellungnahmen von einzelnen können, daß die deutsche Philologie sich an der Ausbildung der Gymnasiallehrer zu beteiligen wenigstens in der Weise bereit war, daß Universitätsgermanisten in den staatlichen Prüfungskommissionen für die Kandidaten des höheren Lehramts als Prüfer Einsitz nahmen und damit akzeptierten, daß ihre eigene akademische Lehrtätigkeit auch in ihren Inhalten von einer staatlich erlassenen Prüfungsordnung mitbestimmt wurde.

Eine Rückwirkung solcher Prüfungsordnungen besteht natürlich darin, daß die Universitätsgermanisten die Literaturgeschichte, die sie prüfen sollten, dann wohl auch in ihr Lehrangebot aufnehmen mußten, und eben darauf hatte sich die deutsche Philologie ja schon vorbereitet durch die Einverleibung und Enteignung des Faches „deutsche Literaturgeschichte“.[37] Diese autonome Vorbereitung scheint es ihr sehr erleichtert zu haben, heteronome Bestimmungen ihrer Arbeit zu akzeptieren und Ausbildungswissenschaft zu werden, zumal dadurch endlich mehr studentische Hörer und, nicht zu vergessen, auch Prüfungsgebühren in Aussicht standen. Die verzuckerte Pille solcher bitterer Verpflichtungen zu schlucken ist also das Angebot, das die Gründung der germanistischen Sektion darstellt, wobei die Disposition und Meinung der einzelnen Mitglieder außer Betracht bleiben kann.

Der Staat hat offenbar seine Bedingungen als erfüllt betrachtet und, wie wenn Koordination dabei gewesen wäre, das Angebot angenommen, und zwar – der Ankündigung Wieses in Frankfurt entsprechend – in Form neuer Prüfungsordnungen, die eine Deutschprüfung auf einem nur durch ein germanistisches Studium zu erreichenden Niveau vorsahen, zuerst 1865 in Württem-

---

[35] Verhandlungen 1861, S. 173.

[36] Dazu Wiese vorher: „Es darf keinem die facultas docendi gegeben werden, der nicht gehörige Studien gemacht hat und die Fähigkeit besitzt in dem Fache zu unterrichten. Bis jetzt ist das noch nicht verlangt worden.“ Verhandlungen 1861, S. 148.

[37] Vgl. oben S. 348.

berg[38], dann 1866 in Preußen[39], 1867 in Baden[40] und 1868 in Hessen.[41] Wenn man bedenkt, wie langwierig und umständlich Ausarbeitung und Erlaß neuer Bestimmungen auch damals waren, ist diese Kumulation innerhalb weniger Jahre nur schon äußerlich ein beachtliches Ereignis. Geradezu schlagartig also war die deutsche Philologie an zwei Dritteln der Universitäten[42], die Deutschland nach der Auflösung des Deutschen Bundes und dem Ausscheiden Österreichs noch aufzuweisen hatte, zum möglichen Brotstudium und zum Prüfungsfach im Staatsexamen geworden, und an den österreichischen Universitäten galt schon vorher dasselbe.

Wo die Universitätsgermanisten noch nicht sofort als Fachprüfer in die wissenschaftlichen Prüfungskommissionen berufen wurden, folgte dieser abschließende Schritt recht bald, und daß das restliche Drittel der Universitäten ähnlichen Prüfungsordnungen unterstellt wurde, war auch nur eine Frage der Zeit. Die Reichsgründung von 1871 hat auf diesen Vervollständigungsprozeß nicht in erkennbarer Weise eingewirkt[43], wohl aber die Angleichung und wechselseitige Anerkennung der unterschiedlichen Prüfungsordnungen beschleunigt.[44]

---

38 Burkhardt (= Anm. 24) 195 f.

39 Reglement für die Prüfungen der Candidaten des höhern Schulamts vom 12. December 1866, § 24; in: Verordnungen und Gesetze für die höheren Schulen in Preußen, hrsg. von Ludwig Wiese. Zweite Abtheilung. Das Lehramt und die Lehrer. Berlin 1868, S. 74–88; 82.

40 Burkhardt (= Anm. 24) 194 f.

41 Helga Romberg, Staat und Höhere Schule. Ein Beitrag zur deutschen Bildungsverfassung vom Anfang des 19. Jahrhunderts bis zum Ersten Weltkrieg. (Studien und Dokumentationen zur deutschen Bildungsgeschichte. 11) Weinheim/Basel 1979, S. 508.

42 Genau: an vierzehn von zwanzig, in Tübingen (Württemberg) nämlich, in Berlin, Bonn, Breslau, Greifswald, Halle, Königsberg und Münster (Preußen), in Göttingen, Kiel und Marburg (alle seit 1866 preußisch), in Freiburg und Heidelberg (Baden), in Gießen (Hessen).

43 So ist z. B. in Bayern (mit den Universitäten Erlangen, München und Würzburg) die Neufassung der Schulordnung von 1854 im Jahre 1870 begonnen und 1873 mit einer neuen Prüfungsordnung abgeschlossen worden, die für das philologische Lehramt ungefähr dieselben Anforderungen stellte wie die österreichische Prüfungsordnung von 1856: Brand (= Anm. 19) 38. – Karl Neuerer, Das höhere Lehramt in Bayern im 19. Jahrhundert. Ausbildungsaspekte und ihre Realisationsformen dargestellt unter besonderer Berücksichtigung der Lehrämter des humanistischen Gymnasiums und der Ausbildungsverhältnisse an der Ludwig-Maximilians-Universität München. (Ludovico Maximilianea, Forschungen. 10) Berlin 1987, S. 163. – Als Prüfer für deutsche Sprache und Literatur in München war seit 1873 Michael Bernays zuständig: Stefanie Seidel-Vollmann, Die romanische Philologie an der Universität München (1826–1913). Zur Geschichte einer Disziplin in ihrer Aufbauzeit. (Ludovico Maximilianea, Forschungen. 8) Berlin 1977, S. 189.

44 1889 wurde zwischen Preußen, Sachsen (Universität Leipzig), Baden, Mecklenburg-Schwerin (Universität Rostock), den sachsen-ernestinischen Staaten (Universität Jena), Braunschweig (ohne Universität) und Elsaß-Lothringen (Reichsuniversität Straßburg) ein Abkommen über die gegenseitige Anerkennung der Prüfungszeugnisse für das höhere Lehramt geschlossen: Romberg (= Anm. 41) 503.

Kurz vor oder nach 1870 war die deutsche Philologie samt „deutscher Literaturgeschichte“ fest und sicher eingefügt in die endlose Zirkulation von Ausbildung und in die Selbstreproduktion des staatlichen Bildungssystems, indem sie mithalf, Studenten zu Lehrern auszubilden, die ihrerseits Schüler zu Studenten ausbildeten, von denen wiederum ein Teil sich von der deutschen Philologie zu Lehrern ausbilden ließ, usw.

Sie hatte damit den gleichen Stand erreicht wie andere Schulwissenschaften, und es war wiederum nur eine Frage der Zeit, bis die deutsche Philologie eigene Seminare zugesprochen bekam, wie sie die klassische Philologie längst an allen Universitäten und die Geschichtswissenschaft[45] auch schon an den meisten besaß. Ohne Hellseherei absehbar war das, weil seit den Anfängen zu jeder Lehrerausbildung Seminare als zentrales Instrument dazu gehörten.[46]

Lehrerausbildung: Seminare

Auch und gerade in diesem Punkte zeigt sich, daß die deutsche Philologie ihre neue Stellung als Ausbildungswissenschaft nicht etwa von Staats wegen erlitten, sondern aktiv vorbereitet hat. Seit geraumer Zeit nämlich bestand an mehreren Universitäten durch die Initiative einzelner Germanisten eine Art seminaristischer Unterricht, der in manchen Fällen sogar nach historischem Vorbild[47] „deutsche Gesellschaft“ hieß und sich in den sechziger Jahren so ausgebreitet hat, daß die Einrichtung staatlich approbierter Seminare nur mehr den Titel und Beglaubigungsstempel auf eine allgemeine Praxis setzte.

Wenn man zwei „ästhetische Gesellschaften“, die des Philosophen Amadeus Wendt in Leipzig (1808/9 bis 1819/20) und die des Philologen Ferdinand Gotthelf Hand in Jena (1822–1825), als vermutlich doch nicht ganz hierher gehörig betrachtet, so steht am Anfang wohl, ganz isoliert, Johann Andreas Schmellers Aufforderung bei der Gründung des philologischen Instituts in München, „daß ein historisch-kritisches Studium der deutschen Sprache nicht nur so als allenfallsiger, sondern als ein wesentlicher Lehrgegenstand aufgeführt werden sollte“[48], woraus natürlich nichts wurde.[49] Von 1829 bis 1842 figurierte eine „Gesellschaft für deutsche Sprache und Literatur“ im Leipziger

---

[45] Paul Egon Hübinger, Das Historische Seminar der Rheinischen Friedrich-Wilhelms-Universität zu Bonn. (Bonner historische Forschungen. 20) Bonn 1963, S. 40 ff.

[46] Vgl. oben S. 180 ff.

[47] Vgl. oben S. 48 ff.

[48] Johann Andreas Schmeller, Tagebücher 1801–1852. Hrsg. von Paul Ruf. 3 Bände. (Schriftenreihe zur bayerischen Landesgeschichte. 47) München 1954, I 508 (Eintragung vom 12. Juni 1824).

[49] Schmeller I 508: „Den Herren war zum Theil nicht einmal zuzutrauen, daß sie eine recht eigentliche Vorstellung von dieser Art Studium haben. Ich machte die lakonische Bemerkung, daß ich es sogar nicht ungern sähe, wenn dieser Gegenstand nicht im Voraus zu sehr empfohlen und als wichtig dargestellt würde – indem ich die Hoffnung nährte, daß er sich nach und nach durch sich selber empfehlen, und in seiner Wichtigkeit darstellen würde.“

Vorlesungsverzeichnis; sie wurde geleitet vom Juristen Emil Ferdinand Vogel, der daneben auch juristische und historische Vorlesungen ankündigte; über ihre Arbeit, Mitglieder und allfällige institutionelle Verbindungen ist nichts mehr bekannt.[50]

Das erste Seminar, das mit deutscher Sprache und Literatur unter anderem und in erster Linie etwas zu tun haben sollte, wurde 1839 unter der Bezeichnung „Philosophisch-ästhetisches Seminar" an der Universität Rostock gegründet.[51] Christian Wilbrandt, seit 1837 Professor der Ästhetik und neueren Literatur, hat bis 1852, bis zu seiner Enthebung von der Professur, die „Übungen des philosophisch-ästhetischen Seminars" (so die Formel im Vorlesungsverzeichnis) geleitet.[52] Behandelt wurden in kleinem Kreis in Vorträgen und schriftlichen Arbeiten „Themata aus der deutschen Literatur der Neuzeit; aber auch Gegenstände aus den Gebieten der classischen, der altdeutschen und der französischen Literatur, der Geschichte, der Philosophie und Aesthetik".[53] Direkte oder auch nur indirekte Beziehung zu einer Lehrerausbildung scheint nicht bestanden zu haben; vielmehr diente das Unternehmen – wie ja Wilbrandts Fächerkombination überhaupt[54] – offenbar zur Hebung der sprachlichen und literarischen Allgemeinbildung unter Studenten aller Fakultäten.

Die Idee, die bewährte Unterrichtsform der theologischen und philologischen Seminare auch in anderen Fächern einzuführen, kursierte schon längst, besonders in der Diskussion um die Universitätsreform in der zweiten Hälfte der dreißiger Jahre.[55] Es war weder neu noch revolutionär, daß der preußische Kultusminister Johann Friedrich Albrecht Eichhorn 1844 mit einem Erlaß den Universitäten die „dialogische Weise" des Unterrichts als effizienzsteigernde Maßnahme dringend nahelegte und sie sogar in allen Veranstaltungen obligatorisch machen wollte.[56] Obwohl der Erlaß in Professorenkreisen in Bonn ausge-

[50] Nach Mitteilung von Claus Träger (Leipzig) haben sich im Universitätsarchiv Leipzig keine Akten über Vogel oder seine Gesellschaft erhalten.

[51] Reinhold Bechstein, Denkschrift zur Feier des fünfundzwanzigjährigen Bestehens des deutsch-philologischen Seminars auf der Universität zu Rostock am 11. Juni 1883. Rostock 1883, S. 5 f. – Joseph Pischel (u. a.), 125 Jahre Germanistik an der Universität Rostock 1858–1983. Rostock 1983, S. 7. – Nach dem auslösenden Schreiben des Vizekanzlers von Both (6. April 1838; Bechstein 5) sollten die Arbeiten des Seminars „besonders auf die Erklärung ausgezeichneter Werke der neueren, insonderheit der deutschen Literatur, deren Zusammenhang mit der allgemeinen Entwikkelung des Volkslebens, ihre Bedeutung für dasselbe, ihren Einfluss auf Ansichten, Sitte und geistige Ausbildung u.s.w. gerichtet" sein.

[52] Geschichte der Universität Rostock. 1419–1969. Festschrift zur Fünfhundertfünfzig-Jahr-Feier der Universität. Verfaßt und hrsg. von der Forschungsgruppe Universitätsgeschichte unter der Leitung von Günter Heidorn (u. a.). 2 Bände. Berlin 1969, I 104 f.

[53] Bechstein 6.

[54] Vgl. oben S. 340.

[55] So etwa Franz Theremin, Über die deutschen Universitäten. Ein Gespräch. Berlin 1836, S. 10.

[56] Abgedruckt bei Ludwig von Rönne, Die höheren Schulen und die Universitäten des Preußischen Staates. Berlin 1855, S. 515–519. – Und bei Hübinger (= Anm. 45) 247–

arbeitet und obendrein auf Konsensfähigkeit getestet worden war[57], löste er große Entrüstung aus[58] und mußte dann praktisch zurückgenommen werden; denn vor allem in der philosophischen Fakultät der Universität Berlin sah man nur, daß der Erlaß vom falschen Mann kam (Eichhorn war für einige aufsehenerregende Entlassungen von Professoren, unter anderem von Hoffmann von Fallersleben, verantwortlich) und daß der Staat sich in die ureigenen Angelegenheiten der Universitäten einmischen wollte.

Von Ministerien wollte man sich die Unterrichtsform nicht vorschreiben lassen, aber praktiziert hat man sie trotzdem, denn sie war offenbar an der Zeit. Seminaristische Übungen auf dem Gebiete der deutschen Philologie, nur noch nicht in der institutionalisierten Rostocker Form, setzen schon vor dem Eichhornschen Erlaß und auch außerhalb Preußens ein. Allerdings war das offenbar doch eine Sache für Dozenten der jüngeren Generation, wobei jedoch die unbestimmt vielen Fälle außer Betracht bleiben müssen, in denen ein Dozent bei Bedarf vom reinen Frontalunterricht abgegangen ist, wie es bei den kleinen Hörerzahlen möglich war und wie man es z. B. von Benecke[59] und von Lachmann weiß.[60]

Wilbrandt hat seine Lehrtätigkeit in Rostock 1837/38 eröffnet mit der Ankündigung, er werde „mit den Zuhörern den Parcival von Wolfram von Eschenbach, nach Lachmanns Ausgabe, lesen", und die Formel „mit den Zuhörern lesen" kehrt jedes Semester bis zur Eröffnung des philologisch-ästhetischen Seminars wieder. 1839/40 hat der Breslauer Privatdozent Gustav Freytag „praktische Übungen in der deutschen Philologie" angekündigt, 1843 „Poetik, mit praktischen Übungen", und 1841/42 der Indogermanist Heinrich Schweizer in Zürich „Deutsche Grammatik mit Interpretirübungen".[61] Wilhelm Müller in Göttingen hat nach eigenen Angaben 1844 mit seiner „deutschen Gesellschaft" angefangen[62], im Vorlesungsverzeichnis erscheint sie 1845, nach seiner Ernennung zum Extraordinarius und Nachfolger Beneckes, als „Deutsche Societät: Gudrun" und von da an jedes Semester, meist unter dem Titel „Übungen der deutschen Gesellschaft" (so zuerst 1845/46) oder einfach „Deutsche Gesellschaft". 1844/45 hat Adelbert Keller in Tübingen erst-

254. – Zu einem ähnlich gerichteten ministeriellen Erlaß von 1770 vgl. oben S. 190, Anm. 72.

57 Erich Feldmann, Der preußische Neuhumanismus. Studien zur Geschichte der Erziehung und Erziehungswissenschaft. I. Band. Bonn 1930, S. 165–193.

58 Feldmann 195–205. – Max Lenz, Geschichte der königlichen Friedrich-Wilhelms-Universität zu Berlin. Zweiter Band, zweite Hälfte. Halle 1918, S. 88–92.

59 Vgl. oben S. 220.

60 Martin Hertz, Karl Lachmann. Eine Biographie. Berlin 1851, S. 90, 92 f.

61 1845/46 folgten „Übungen in der Erklärung Walthers von der Vogelweide" und erst ein Jahrzehnt später mit einiger Regelmäßigkeit „Interpretirübungen an altdeutschen Texten" (1855, 1857/58, 1859/60 usw.).

62 In einer seiner späteren Eingaben um Gehaltserhöhung hat Müller angegeben, er habe die deutsche Gesellschaft seit 1844 geleitet und in ihr besonders die „Erklärung altdeutscher Gedichte" betrieben (Personalakte 4Vb 115 im Universitätsarchiv Göttingen).

mals die „Leitung von altdeutschen Interpretationsübungen" angekündigt; Wiederholungen unter Titeln wie „altdeutsche Uebungen" folgten erst einmal nur 1846/47, 1847 und 1847/48.[63] Und 1845 hat Emil Sommer in Halle „Übungen seiner Deutschen Gesellschaft" vorgesehen.

Es schließen sich an der Extraordinarius Karl Müllenhoff in Kiel 1846 mit „Uebungen der Deutschen Gesellschaft", der Privatdozent Heinrich Rückert in Jena mit „Uebungen im Altdeutschen" (1846/47, unter ähnlichem Titel auch in den folgenden Semestern), der Privatdozent Karl Weinhold in Halle mit der Veranstaltung „Deutsche Uebungen mit Interpretation ausgewählter Denkmäler der altnordischen Poesie" (1849), der Ordinarius Moriz Haupt in Leipzig mit „Uebungen der lateinischen und der deutschen Gesellschaft" (1850), und 1847/48 ließ der Historiker Heinrich Leo, der in Halle für die älteren germanischen Sprachen zuständig war, „die angelsächsischen Gedichte auf den H. Andreas übersetzen", 1850/51 „die althochdeutschen Stücke in Wackernagel's altdeutschem Lesebuche erklären".

Zwischendurch seien die gleichzeitigen Belege aus der neuen Wissenschaft „deutsche Literaturgeschichte" aufgezählt, die deren Schicksal sozusagen korrekt wiedergeben; sie hören nämlich bald nach 1850 auf.[64] Gottschalk Eduard Guhrauer in Breslau hat ein halbes Dutzend entsprechender Ankündigungen herausgegeben, zuerst 1845 „Unterhaltungen und Uebungen über Gegenstände aus der Literaturgeschichte"[65]; im selben Semester wollte auch sein Kollege Theodor Jacobi „Literarhistorische Uebungen" leiten. Der Göttinger Privatdozent Friedrich Julius Tittmann machte 1847/48 einen Versuch mit einer „Gesellschaft für deutsche Literatur", die er als Fortsetzung bezeichnete und für deren Mitglieder er eine besondere Vorlesung „Ueber die satirische Literatur der Deutschen" vorsah; 1848 hieß sie „Gesellschaft für deutsche Literatur und Aesthetik" und ist dann aus dem Vorlesungsverzeichnis verschwunden. 1849/50 hat Robert Prutz in Halle die „Uebungen seiner literarhistorischen Gesellschaft" begonnen, sie offenbar aber nur bis 1851/52 fortführen können; als Thema ist einmal angegeben, er lasse „den Walther von der Vogelweide erklären" (1849/50), und einmal „Walther von der Vogelweide, Abhandlungen, Disputationen" (1850/51). Die „literaturgeschichtliche Societät" des Neuphilologen Adolf Ebert in Marburg (1851) gehört noch in das gleiche Kapitel, und dann war es fürs erste geschlossen.

Dafür hat unter den deutschen Philologen die Gewohnheit, die Studenten sich aktiv beteiligen zu lassen, seit den fünfziger Jahren langsam, aber stetig um sich gegriffen. Diese Unterrichtsform wurde als „Uebungen" mit vielerlei Zusätzen angekündigt (z. B. „deutsche Uebungen", „Interpretirübungen",

---

[63] Keller hatte vorher seit 1843 einen Kurs „Deutsche Literatur" (oder ähnlich) im Tübinger Reallehrerseminar gehalten, den er von Friedrich Theodor Vischer (seit 1839) übernommen hatte.

[64] Vgl. oben S. 344.

[65] 1846 wiederholt, 1846/47 „Lektüre eines deutschen Klassikers", 1847/48 „Lektüre eines neueren Dichters oder Philosophen", 1848 und 1848/49 „Uebungen über Aufgaben aus der Literatur", 1851 „Litterarhistorische Uebungen".

„exegetische Uebungen“, „Leseübungen“, „Uebungen in ...“), bisweilen auch als „Conversatorium“, „Colloquien“ oder „Gesellschaft“, letzteres vorzugsweise, aber nicht nur, wenn sie zur Dauereinrichtung geworden war. Veranstaltungen dieser Art, übrigens durchwegs mit Themen (sofern angegeben), die sonst auch in Vorlesungen behandelt wurden, gab es bis zum Ende der sechziger Jahre zumindest gelegentlich an fast allen Universitäten (Ausnahmen waren z. B. Bonn, Königsberg und Prag), und Semester für Semester wiederkehrende immerhin schon an sieben Universitäten: Wilhelm Wackernagels „germanistisches Kränzchen“ in Basel, Heinrich Rückerts „germanistische Gesellschaft“ in Breslau[66], Ignaz Zingerles (meist „mittelhochdeutsche“) „Uebungen“ in Innsbruck und viermal eine „deutsche Gesellschaft“, in Göttingen nämlich (Wilhelm Müller), in Halle (Julius Zacher), Leipzig (Friedrich Zarncke) und Wien (Franz Pfeiffer).

Die Gründung von Seminaren[67] konnte in dieser Situation grundsätzlich nur noch eines bewirken: die Verpflichtung eines Dozenten, seine vielleicht schon vorher abgehaltenen Übungen fortan als Veranstaltungen im Rahmen der Lehrerausbildung kontinuierlich durchzuführen. Die Unterrichtsform hat sich so wenig geändert wie die Themen, und auch die Organisationsform ist dieselbe geblieben wie diejenige der informellen „Gesellschaften“; denn die Seminare des 19. Jahrhunderts waren Vereine oder Gesellschaften öffentlichen Rechts, die dementsprechend durch einen staatlichen Akt gegründet wurden und ihre Statuten erhielten und wie jeder Verein Mitglieder aufnahmen. Allein die staatliche Approbation und die offizielle Funktion innerhalb der Lehrerausbildung unterscheidet die Seminare in ihren Anfängen von den eben erwähnten „deutschen Gesellschaften“; selbstverständlich wurde auch der Direktor eines Seminars von der staatlichen Gründungsinstanz ernannt.

Ein Seminar war also, kurz gesagt, eine staatliche „deutsche Gesellschaft“ mit Ausbildungsfunktion, mit einem professoralen Direktor und studentischen Mitgliedern. Daß der Name „Seminar“ auf Räumlichkeiten und auf einen Veranstaltungstyp übertragen wurde, ist eine etwas spätere Entwicklung. Die Seminare besaßen – im Unterschied zu den Instituten – keine eigenen Räumlichkeiten[68]; in der Regel allerdings wurde einem Seminar ein Raum in den Universitätsgebäuden zugewiesen, in dem die Übungen seiner Mitglieder stattfinden konnten und meist dann auch eine kleine, aus dem einzigen Etatposten

---

[66] Die „germanistische Gesellschaft“ des Historikers Heinrich Bernhard Christian Brandes in Leipzig hatte, ihren Ankündigungen nach zu urteilen, bei gleichem Namen eine andere Zielsetzung (Kultur- und Rechtsgeschichte der Germanen).

[67] Zum Folgenden: Uwe Meves, Die Gründung germanistischer Seminare an den preußischen Universitäten (1875–1895); in: Deutsche Vierteljahrsschrift für Literaturwissenschaft und Geistesgeschichte 61 (1987), Sonderheft S. 69*–122*.

[68] Deshalb wurde in Leipzig beim Bezug eigener Räume die Unterscheidung getroffen zwischen „Germanistisches Institut“ für „das Lokal“ und „Kgl. Deutsches Seminar“ für „die Gesamtheit der wissenschaftlichen Übungen“. Eduard Sievers/Albert Köster, Das Germanistische Institut; in: Festschrift zur Feier des 500jährigen Bestehens der Universität Leipzig. Hrsg. von Rektor und Senat. 1409–1909. Leipzig 1909, IV/1.96–105; 97.

(sofern keine Prämien für Studenten vorgesehen waren) anzuschaffende Arbeitsbibliothek aufgestellt wurde.

Daher wurden die Übungen nach der Gründung eines Seminars auch nicht selbst als „Seminar“ angekündigt, sondern z. B. „als Übungen des deutsch-philologischen Seminars“. Das ist seit 1858 der stehende Titel für die Veranstaltungen des ersten Seminars für deutsche Philologie, eben des „Deutsch-philologischen Seminars“ an der Universität Rostock mit Karl Bartsch als Direktor[69]. Das Rostocker Seminar verdankt seine Entstehung einerseits der Anhänglichkeit des Vizekanzlers der Universität Karl Friedrich von Both an seine Schöpfung, das frühere „Philosophisch-ästhetische Seminar“ unter Wilbrandt[70], andererseits der Beharrlichkeit des neuberufenen Ordinarius Bartsch, der eine Umwandlung zugunsten der deutschen Philologie durchsetzen konnte. Das „Deutsch-philologische Seminar“ in Rostock ist fast ein Jahrzehnt lang ein Unicum geblieben, und es hatte auch noch keine rechte Funktion; denn „Meklenburg hatte damals noch keine philologische Staatsprüfung“.[71]

Dagegen war das Seminar in Tübingen, das Keller 1867 als „Seminar für neuere Sprachen“ eröffnen konnte[72], von vornherein gestützt durch eine entsprechende Prüfungsordnung. Es orientierte sich am Rostocker Seminar, dessen Statuten sich Keller hatte schicken lassen[73], nur waren, dem Programm von Kellers Antrittsrede von 1842 und auch seiner seitherigen Lehrtätigkeit entsprechend, die englische und die romanische Philologie (oder wenigstens Lernen und Gebrauch der Sprachen) mit der deutschen vereinigt. Ähnlich wurde es später auch noch an anderen Orten gehalten.

Erst einige Jahre nach den beiden Pionieren in Rostock und Tübingen setzte die eigentliche Welle von Seminargründungen ein, dafür aber um so kräftiger; von 1873 bis 1878 wurden nicht weniger als siebzehn Seminare für deutsche Philologie gegründet, von 1881 bis 1889 weitere zehn, und nur München, die Akademie Münster und das schweizerische Freiburg, die letzte Universitätsgründung des 19. Jahrhunderts, folgten erst in den neunziger Jahren. Dazu die folgende Tabelle.[74]

---

69 Bechstein (= Anm. 51) 6. – Pischel (= Anm. 51) 8 f. – Die Statuten von 1858 und 1871 sind abgedruckt bei: Franz Pfeiffer/Karl Bartsch, Briefwechsel. Hrsg. von Hans-Joachim Koppitz. Köln 1969, S. 244–250.

70 Vgl. oben S. 422, Anm. 51.

71 Karl Bartsch, Über die Gründung germanischer und romanischer Seminare und die Methode kritischer Übungen; in: Verhandlungen der 36. Versammlung deutscher Philologen und Schulmänner in Karlsruhe vom 27. bis 30. September 1882. Leipzig 1883, S. 237–245; 237.

72 Burkhardt (= Anm. 24) 21.

73 Bartsch (= Anm. 71) 237.

74 Unterschiede in dieser Tabelle zu derjenigen von Meves (= Anm. 67) 72* erklären sich (außer im Falle von Straßburg und Zürich) daraus, daß Meves sich bei der Einreihung nach dem Ende eines allenfalls gegebenen Provisoriums gerichtet hat.

Jahr	Universität	
1858	Rostock	Deutsch-philologisches Seminar
1867	Tübingen	Seminar für neuere Sprachen
1873	Graz	Seminar für deutsche Philologie[75]
1873	Heidelberg	Seminar für neuere Sprachen[76]
1873	Leipzig	Deutsches Seminar[77]
1873	Lemberg	Germanistisches Seminar[78]
1873	Straßburg	Seminar für deutsche Philologie[79]
1873	Würzburg	Seminar für deutsche Philologie[80]
1874	Freiburg	Seminar für neuere Sprachen[81]
1874	Prag	Seminar für deutsche Philologie[82]
1875	Halle	Seminar für deutsche Philologie[83]

[75] Erich Leitner, Die neuere deutsche Philologie an der Universität Graz 1851–1954. (Publikationen aus dem Archiv der Universität Graz. 1) Graz 1973, S. 213. – Erich Leitner, Die Anfänge der Germanistik in Österreich und die Gründung des ersten Germanistischen Seminars; in: Österreich in Geschichte und Literatur 16 (1972) 376–388.

[76] Burkhardt (= Anm. 24) 35 f. – Jochen Lehmann, Die germanistischen Vorlesungen zwischen 1803 und 1900 an der Universität Heidelberg. Ein Beitrag zur Geschichte der Heidelberger Germanistik; in: Ruperto-Carola 19 (1967) Band 42, S. 205–239; 221. – Die Statuten des Seminars: Briefwechsel Pfeiffer/Bartsch (= Anm. 71) 250 f.

[77] Sievers/Köster (= Anm. 68) 96. – Chronik des königlichen deutschen Seminars an der Universität Leipzig 1873–1898. Festschrift zur Feier seines fünfundzwanzigjährigen Bestehens. Leipzig 1898.

[78] Die österreichischen Universitätsgesetze. Sammlung der für die österreichischen Universitäten gültigen Gesetze, Verordnungen, Erlässe, Studien- und Prüfungsordnungen usw. [...] hrsg. von Leo Ritter Beck von Mannagetta und Carl von Kelle. Wien 1906, S. 380.

[79] Bartsch (= Anm. 71) 238. – In Arbeiten über die Universität Straßburg ist das Datum nicht zu finden, aus Straßburger Archiven war eine Bestätigung nicht zu erhalten.

[80] Bartsch 238. – Wolfgang Brückner, Deutsche Philologie und Volkskunde in Würzburg bis 1925. Ein Beitrag zur wissenschaftlichen Institutionengeschichte; in: Albrecht Lehmann/Andreas Kuntz (Hrsg.), Sichtweisen der Volkskunde. Zur Geschichte und Forschungspraxis einer Disziplin. (Lebensformen. 3) Berlin 1988, S. 33–61; 41 f.

[81] Burkhardt (= Anm. 24) 50. – Der erste Anstoß kam in diesem Fall offenbar von außen: „Der Herr Abgeordnete Müller von Pforzheim hat das Verdienst die Errichtung akademischer Anstalten für das wissenschaftliche Studium der neueren Sprachen in der badischen II. Kammer angeregt zu haben. Inzwischen ist, wie versichert wird, die oberste Behörde bereits mit der Lösung dieser Frage beschäftigt." Ernst Martin, Das historische Studium der neueren Sprachen und seine Bedeutung für den Schulunterricht zunächst in Baden. Freiburg 1872, S. 3.

[82] Beck/Kelle (= Anm. 78) 379.

[83] Manfred Lemmer, Julius Zacher und die Gründung des Seminars für deutsche Philologie an der Universität Halle; in: Wissenschaftliche Zeitschrift der Martin-Luther-Universität Halle-Wittenberg. Gesellschafts- und sprachwissenschaftliche Reihe 5 (1955/56) 613–622. – Meves (= Anm. 67) 81*–87*.

Jahr	Universität	
1875	Kiel	Germanistisches Seminar[84]
1876	Czernowitz	Germanistisches Seminar[85]
1876	Greifswald	Germanistisches Seminar[86]
1876	Innsbruck	Germanistisches Seminar[87]
1876	Marburg	Germanistisches Seminar[88]
1877	Breslau	Germanistisches Seminar[89]
1878	Bonn	Germanistisches Seminar[90]
1878	Jena	Deutsches Seminar[91]
1881	Wien	Seminar für deutsche Philologie[92]
1883	Erlangen	Deutsches Seminar[93]
1885	Basel	Germanisch-Romanisches Seminar[94]

[84] Karl Jordan/Erich Hofmann, Geschichte der Philosophischen Fakultät. Teil 2. (Geschichte der Christian-Albrechts-Universität Kiel 1665–1965. 5/2) Neumünster 1969, S. 206. – Friedhelm Debus, Zur Entstehung und Geschichte des Germanistischen Seminars an der Christian-Albrechts-Universität Kiel; in: Christiana Albertina. Forschungsbericht und Halbjahresschrift der Universität Kiel NF 4 (1976) 5–27; 6. – Meves (= Anm. 67) 75*–79*.

[85] Beck/Kelle (= Anm. 78) 380. – Kurt Rein, Die Germanistik an der Universität zu Czernowitz; in: Alma Mater Francisco Josephina. Die deutschsprachige Nationalitäten-Universität in Czernowitz. Festschrift zum 100. Jahrestag ihrer Eröffnung 1875. Hrsg. von Rudolf Wagner. München 1975, S. 145–179.

[86] Fritz Tschirch, Vor- und Frühgeschichte der Greifswalder Universitätsgermanistik; in: Festschrift zur 500-Jahresfeier der Universität Greifswald 17. 10. 1956. Band 2. Greifswald 1956, S. 136–199; 154. – Meves (= Anm. 67) 87*–92*.

[87] Beck/Kelle (= Anm. 78) 380. – Moriz Enzinger, Die Innsbrucker Universität und die deutsche Literatur; in: Die Universität Innsbruck. Aus Geschichte und Gegenwart. Hrsg. vom Universitätsamt Innsbruck. Innsbruck 1928, S. 33–50.

[88] Karl Helm, Zur Geschichte des Germanistischen Lehrstuhls; in: Die Philipps-Universität zu Marburg 1527–1927. Fünf Kapitel aus ihrer Geschichte (1527–1866) von Heinrich Hermelink und Siegfried A. Kaehler. – Die Universität Marburg seit 1866 in Einzeldarstellungen. Marburg 1927, S. 702–709; 706. – Meves (= Anm. 67) 79*–81*.

[89] Theodor Siebs, Deutsche Sprache und Literatur; in: Georg Kaufmann (Hrsg.), Festschrift zur Feier des hundertjährigen Bestehens der Universität Breslau. 2. Band. Breslau 1911, S. 403–411; 406. – Meves (= Anm. 67) 92*.

[90] Rudolf Meißner, Das germanistische Seminar; in: Geschichte der Rheinischen Friedrich-Wilhelm-Universität zu Bonn am Rhein. II. Band: Institute und Seminare. 1818–1933. Bonn 1933, S. 214–238; 236. – Meves (= Anm. 67) 92*–96*.

[91] Dietrich Germann, Geschichte der Germanistik an der Friedrich-Schiller-Universität Jena, auf archivalischer Grundlage dargestellt. Diss. Jena 1954 (masch.), S. 287.

[92] Beck/Kelle (= Anm. 78) 379. – Heide Fuchs, Die Geschichte der germanistischen Lehrkanzel von ihrer Gründung im Jahre 1850 bis zum Jahre 1912. Diss. Wien 1967 (masch.), S. 225.

[93] Ernst Deuerlein, Geschichte der Universität Erlangen in zeitlicher Übersicht. Erlangen 1927, S. 68.

[94] Edgar Bonjour, Die Universität Basel von den Anfängen bis zur Gegenwart. 1460–1960. Basel 1960, S. 670. – Albert Teichmann, Die Universität Basel in den fünfzig Jahren seit ihrer Reorganisation im Jahre 1835. Basel 1885, S. 118.

Jahr	Universität	
1885	Bern	Deutsches Seminar[95]
1885	Krakau	Germanistisches Seminar[96]
1886	Gießen	Deutsches Seminar[97]
1886	Königsberg	Germanistisches Seminar[98]
1886	Zürich	Deutsches Seminar[99]
1887	Berlin	Germanisches Seminar[100]
1889	Göttingen	Seminar für deutsche Philologie[101]

[95] Richard Feller, Die Universität Bern 1834–1934. [...] Bern/Leipzig 1935, S. 358.

[96] Beck/Kelle (= Anm. 78) 380.

[97] Georg Lehnert/Herman Haupt, Chronik der Universität Gießen 1607–1907; in: Die Universität Gießen von 1607 bis 1907. Beiträge zu ihrer Geschichte. Festschrift zur dritten Jahrhundertfeier. Gießen 1907, I 365–474; 405. – Das Seminar wurde 1889 zum germanisch-romanischen erweitert, 1907 wieder getrennt.

[98] Götz von Selle, Geschichte der Albertus-Universität zu Königsberg i. Pr. 2. Aufl. Würzburg 1956, S. 337 (mit der Angabe 1887). – Meves (= Anm. 67) 102*–103*.

[99] Die Anregung zur Seminargründung ist mit Schreiben vom 1. Dezember 1884 vom kantonalen Erziehungsrat (dem für das Schul- und Hochschulwesen entscheidenden Gremium, dessen Mitglieder von Schulen und Universität, vom Parlament und von der Erziehungsdirektion, das heißt dem Ministerium, bestellt werden) an die Universität herangetragen worden. Anlaß waren die offenbar unbefriedigenden Ergebnisse bei Sekundarlehrerprüfungen, weshalb das Deutsche Seminar auch reglementarisch stärker als sonst andernorts meist üblich auf Lehrerausbildung ausgerichtet war und – erstmals im Sommersemester 1887 – neben den grammatischen, textkritischen und literarhistorischen Übungen auch solche zur Methodik des deutschen Unterrichts und im schriftlichen und mündlichen Ausdruck veranstaltete; als weitere Besonderheit hatte das Deutsche Seminar bis in unser Jahrhundert hinein keinen offiziellen Direktor (Protokoll der I. Sektion der philosophischen Fakultät, Universitätsarchiv Zürich; Akte U 109 g.1 (5), Staatsarchiv des Kantons Zürich). – Das provisorische „Reglement für das deutsche Seminar an der Hochschule in Zürich. (Vom 16. Januar 1886)“ ist gedruckt in: Die Gesetze und Verordnungen des Kantons Zürich betreffend das Unterrichtswesen. Zürich 1886, S. 210 f.; das definitive vom 29. August 1888 in: Die Gesetze und Verordnungen des Kantons Zürich betreffend das Unterrichtswesen. Neue Folge. Zürich 1889, S. 128 f.

[100] Das Germanische Seminar der Universität Berlin. Festschrift zu seinem 50jährigen Bestehen mit Beiträgen von Alfred Bergeler (u. a.). Berlin 1937. – Wolfgang Höppner, Germanistik als Universitätswissenschaft und staatstragende Institution in Preußen. Zur Vorgeschichte und Gründung des Germanischen Seminars in Berlin; in: Wissenschaftliche Zeitschrift der Humboldt-Universität zu Berlin. Gesellschaftswissenschaftliche Reihe 36 (1987) 771–777. – Meves (= Anm. 67) 97*–101*.

[101] Ende 1887 richteten 48 Studenten ein Gesuch um Einrichtung eines Germanistischen Seminars an das Ministerium in Berlin mit der Begründung, andere Fächer in Göttingen hätten auch Seminare und die anderen preußischen Universitäten germanistische Seminare; die Fakultät verweigerte eine Stellungnahme dazu, weil das Gesuch nicht den Dienstweg genommen habe; in einem Separatvotum unterstützte Moriz Heyne im Januar 1888 den Antrag, der vom Kurator übernommen wurde und die Zustimmung des Minsteriums fand; es erteilte am 28. Februaar 1889 die Bewilligung, daß das „Seminar für Deutsche Philologie“ „mit dem Beginne des kommenden Sommer-Semesters ins Leben tritt“ (Universitätsarchiv Göttingen, Akte 4Vk 18). – Meves (= Anm. 67) 103*–109*.

Jahr	Universität	
1892	München	Seminar für deutsche Philologie[102]
1895	Münster	Germanistisches Seminar[103]
1898	Fribourg	Seminar für germanische Philologie[104]

Da die Ministerien in dieser Sache normalerweise nicht von sich aus aktiv wurden, hing die Gründung eines Seminars vor allem von der Initiative des jeweiligen Professors für deutsche Philologie ab und natürlich auch davon, ob er Unterstützung bei seinen Kollegen in der Fakultät fand. Die war nötig, weil die ganze Prozedur universitätsintern auf eine Erhöhung des Ranges und des Ansehens der deutschen Philologie hinauslief: Ordinarien gab es in größerer Zahl, Seminardirektoren und Mitglieder der wissenschaftlichen Prüfungskommissionen deutlich weniger.

Offenbar haben die anderen Disziplinen und hat insbesondere die klassische Philologie, die Mutter der Lehrerausbildung, nicht gegen die Aufwertung der deutschen Philologie und gegen ihren Eintritt in den exklusiven Kreis der Prüfungsfächer mit Seminarausstattung opponiert. Für größere Verzögerungen waren wenigstens in zwei Fällen die Germanisten am Ort selbst verantwortlich. In Berlin hat Karl Müllenhoff, obwohl er ziemlich regelmäßig eine „Deutsche Gesellschaft“ geleitet hat, die Gründung eines germanistischen Seminars verhindert, weil es für ihn nur ein Seminar gab, das klassisch-philologische, von dem die Germanistenausbildung nicht getrennt werden sollte.[105] Konrad Hofmann in München dagegen hat die germanistischen Studien ausdrücklich aus seinem Seminar für neuere Sprachen (gegründet 1876) ausgeklammert[106], zweifellos in der Erinnerung an das gerade kurz vorher empört und erfolgreich abgewehrte ministerielle Ansinnen, eine Professur allein für die rhetorisch-stilistische Schulung der Lehramtskandidaten in Verbindung mit einem Deutschen Seminar einzurichten.[107]

[102] Rainer Albert Müller, Aspekte zur Geschichte der Deutschen Philologie an der Universität Ingolstadt-Landshut-München (1799–1849); in: Die Ludwig-Maximilians-Universität in ihren Fakultäten. Hrsg. von Laetitia Boehm und Johannes Spörl. Band 2. Berlin 1980, S. 185–256; 225 ff. – Seidel-Vollmann (= Anm. 43) 196.

[103] Briefliche Mitteilung des Universitäts-Archivs Münster (R. Müller-König). – Meves (= Anm. 67) 109*–112*.

[104] Das Gründungsdatum läßt sich, da keine Akten vorhanden sind und auch die Vorlesungsverzeichnisse keine Auskunft geben, nur aus der separaten Aufstellung germanistischer Bücher ab 1898 erschließen (Mitteilung von Eduard Studer, Freiburg). – Eduard Studer, Sciences philologiques et littéraires – Le domaine germanique; in: Encyclopédie du Canton de Fribourg. Fribourg 1977, II 312–317.

[105] Gustav Roethe, Das germanische Seminar; in: Max Lenz, Geschichte der Königlichen Friedrich-Wilhelms-Universität zu Berlin. Bd. III. Halle 1910, S. 222–230; 225.

[106] Seidel-Vollmann (= Anm. 43) 195 f.

[107] Die Diskussion über diesen Vorschlag von 1874, den Hofmann, anscheinend immerhin in Kenntnis der ersten Generation von Deutschprofessuren, als Wiederbelebung der „Rococoprofessuren der Eloquenz und des Styls“ abqualifiziert hat: Seidel-Vollmann 189–196.

In Hofmanns Protest wird eine Grenze der Bereitschaft sichtbar, die sonst vom Staat respektiert zu werden pflegte: die deutsche Philologie hat sich bereitwillig in das staatliche Ausbildungssystem eingliedern lassen, aber nur unter dem Vorbehalt, selbst zu bestimmen, wie und worin sie die Deutschlehrer ausbilden wollte. Sie hatte von sich aus die deutsche Literaturgeschichte aufgenommen und konnte sich in diesem Punkte dem gymnasialen Lehrplan freiwillig anpassen, aber über eine Beteiligung an der Ausbildung der Rede- und Schreibfertigkeit, einem zentralen Aspekt des Deutschunterrichts, ließ sie nicht mit sich diskutieren. „Allgemeine Sprachbildung, Stylistik und Rhetorik", wie sie die Göttinger Prüfungskommission als Bedingung für die Zulassung der deutschen Philologie verlangt hatte, wurde in den allermeisten Seminaren grundsätzlich nicht geboten.[108] Was immer auch die Wünsche des Staats und die Bedürfnisse der Schulen gewesen sein mögen – es wurden in aller Regel[109] Germanisten und nicht Deutschlehrer ausgebildet.[110] Das ist das Muster, nach dem schon Friedrich August Wolf die staatliche Zweckbestimmung des Seminars unterlaufen und sich von „unwissenschaftlichen" Aufgaben dispensiert hat.[111]

Für die Auferweckung der Deutschen Rhetorik wollte sich in der Tat niemand mehr stark machen. Die Schließung der Lücke zwischen dem universitär vermittelten germanistischen Wissen und dem in der Schule erforderlichen

---

108 In der ersten Hälfte der achtziger Jahre z. B. hat nur der Privatdozent Bernhard Seuffert im Würzburger Seminar neben literarhistorischen Übungen jedes Semester auch stilistische angeboten; seit 1887 gab es derartige Seminarveranstaltungen wohl nur in Zürich (Julius Stiefel) und an Technischen Hochschulen (in Stuttgart etwa gehalten von Ludwig Frauer). Daß z. B. auch in Lemberg Stilübungen innerhalb des Seminars (bis 1883 August Sauer, danach Richard Maria Werner) abgehalten wurden, stand im Rahmen der Sprachschulung für die von Haus aus polnisch sprechenden Studenten.

109 Eine dezidierte Ausnahme bildete Zacher in Halle: Meves (= Anm. 67) 81 ff. – Vgl. auch zu Zürich Anm. 99.

110 „Der Anfänger wie auch der Laie ist leicht geneigt, in den Instituten, welche ihm an der Universität unter dem Titel ‚Romanisches, englisches etc. Seminar' entgegentreten, Einrichtungen zu vermuten, in denen er für seinen späteren Beruf praktisch geschult wird. Es ist dies ein gewaltiger Irrtum. Jene ‚Seminare' stehen unter der Leitung eines Fachprofessors, welcher in denselben eine meist begrenzte Anzahl vorgeschrittener Studierender versammelt und in die richtige Methode selbständiger rein wissenschaftlicher Forschung einzuführen sucht." Wie studiert man neuere Philologie und Germanistik. Von einem älteren Fachgenossen. Leipzig 1884, S. 16 f. – Im gleichen Sinne Hans Helmut Christmann, Klassische, germanische, englische und romanische Philologie der ersten Hälfte des 19. Jahrhunderts im Spannungsfeld von Universität, Schule und Ministerien; in: Zeitschrift für Phonetik, Sprachwissenschaft und Kommunikationsforschung 38 (1985) 551–558; 558: „Noch deutlicher ist die Diskrepanz der Ziele bei den Seminaren: Sie werden von der Schule verlangt zum Zweck der Lehrerausbildung, von den Ministerien zu eben diesem Zweck eingerichtet und mit der Nebenabsicht, die Professoren etwas an die Kandarre eines geregelten Lehrplans zu nehmen, und sie werden von den Professoren meist umfunktioniert zu rein fachwissenschaftlichen Instituten."

111 Wilhelm Schrader, Geschichte der Friedrichs-Universität zu Halle. Berlin 1894, I 456.

praktischen (didaktischen und rhetorischen) Können konnte systemkonform in die zweite Ausbildungsphase (Referendariat oder ähnliches) ausgelagert werden. Auch wenn das als akzeptable Lösung gelten konnte, waren damit die Folgeverpflichtungen aus der Übernahme der Ausbildungsfunktion noch nicht abgegolten.

Denn zu den festen Themen des gymnasialen Deutschunterrichts gehörte ja neben der Grammatik und der Sprach- und Literaturgeschichte, die durch die Seminare abgedeckt waren, und neben der abgeschobenen allgemeinen Sprachausbildung immer noch die ungeliebte Interpretation oder „Besprechung“ oder „Erläuterung“ literarischer Texte qua Leserobjekt. Und von der Verpflichtung, auch diesen Aspekt innerhalb der universitären Ausbildung zu berücksichtigen, war nicht so leicht wegzukommen wie im Falle der Rhetorik.

Die Abneigung der Philologen von altem Schrot und Korn gegen jede Art Interpretation, die einer rekonstruktiven Tendenz verdächtig war, muß sehr tief gesessen haben. Denn sie haben lieber die gerade erst gewonnene Einheit des Faches gefährdet, als daß sie – nach der Einverleibung der „deutschen Literaturgeschichte“ – auch noch die Interpretation zu integrieren versucht hätten. Jene Verpflichtung, die zukünftigen Lehrer auch eine vertretbare Interpretationsweise zu lehren, hat die Ausbildungswissenschaft deutsche Philologie zwar offensichtlich anerkannt, aber sie gedachte nicht, sie selbst zu erfüllen, sondern sie zu delegieren und der Interpretation im Delegieren die erwünschte Richtung zu geben.

Teilung des Faches

Das Verhältnis der deutschen Philologie zur Wissenschaft „deutsche Literaturgeschichte“ war eines intensionaler Spezialisierungen gewesen wie zwischen Formal- und Realphilologie, deren erste in diesem Fall allerdings extensional enger gefaßt war als die zweite, insofern sie sich fast ausschließlich mit Texten älterer deutscher Sprachstufen befaßte. Diese (vorwiegend) intensionale Teilung hatte seit 1844 ihre feste institutionelle Form in der Tübinger Doppelvertretung auf Ordinarienniveau gefunden: Keller war zuständig für die philologische Sicht, Vischer und sein Nachfolger Köstlin für die ästhetische und literaturgeschichtliche.[112] Ähnlich waren die Grenzen in Halle zwischen Zacher und Haym gezogen. Der Ästhetiker Köstlin hatte, weil einem anderen Fach angehörend, später mit Kellers Seminar für neuere Sprachen so wenig zu tun wie der philosophische Literarhistoriker Haym mit Zachers Seminar für deutsche Philologie.

Nachdem die „deutsche Literaturgeschichte“ Ansätze eines philologischen Forschungsprogramms entwickelt hatte[113], war die Zusammenfassung der beiden intensionalen Spezialisierungen zum einen Fach „Geschichte der deut-

---

[112] Vgl. oben S. 340–342.

[113] Vgl. oben S. 330 f.

schen Sprache und Literatur“ möglich geworden, das seinen Gegenstand in dessen gesamter zeitlicher Erstreckung intensional einheitlich, unter denselben Gesichtspunkten untersuchte. Und dieses einheitliche Fach erfuhr unter dem Druck der Ausbildungsfunktion eine erneute Teilung, die aber nicht eine Erneuerung der intensionalen Spezialisierung war, sondern der Idee nach eine rein extensionale, sozusagen ein synchroner Schnitt durch den Wissenschaftsgegenstand: die einen sollten sich mit der alt- und mittelhochdeutschen, die anderen mit der neuhochdeutschen Sprache und Literatur befassen, beide aber grundsätzlich in derselben philologischen Weise.

Diese extensionale Teilung, von Rudolf von Raumer schon 1860 in Erwägung gezogen[114], hat sich zuerst in Wien verwirklicht, und das nicht zufällig, denn Österreich hatte mit der Ausbildungsfunktion der deutschen Philologie am frühesten und entschiedensten Ernst gemacht. Franz Pfeiffer, der ja gewiß nicht im Verdacht stand, sich um die Literaturgeschichte drücken zu wollen, hat 1862 die Errichtung einer zweiten ordentlichen Lehrkanzel zu seiner Entlastung beantragt.[115] Sein Kandidat war Karl Tomaschek, seit 1855 Privatdozent „für neuere deutsche Literatur aus ästhetischen Gesichtspunkten“ in Wien[116], und dieser wäre wohl auch berufen worden, wenn es das Ministerium nicht vorgezogen hätte, ihn erst einmal nach Graz zu schicken als Ordinarius „für deutsche Sprache und Literatur“, also für das ganze Fach.[117] Weil Pfeiffer seinen Antrag 1867 dringlicher wiederholte, konnte der komplette Germanist Tomaschek 1868 nach Wien zurückkehren, und zwar wurde er wie sein Mentor ordentlicher Professor „für deutsche Sprache und Literatur“.[118]

Die Aufgabenteilung zwischen Pfeiffer und Tomaschek konnte sich nicht einspielen, weil Pfeiffer noch im ersten Semester nach Tomascheks Rückkehr gestorben ist. Tomaschek war dafür besorgt, daß der Privatdozent Wilhelm Scherer noch im selben Jahre 1868 Nachfolger Pfeiffers wurde, und nach einer kurzen Übergangsphase wurde 1870 zwischen ihnen die extensionale Teilung des Faches vereinbart, wie sie auch Pfeiffer zwischen sich und Tomaschek vorgesehen hatte: die mittelalterliche Sprache und Literatur für Scherer, alles Neuere für Tomaschek.[119]

Seit 1868 oder spätestens 1870 war also in Wien das Fach „Geschichte der deutschen Sprache und Literatur“ in der Weise geteilt wie in späteren Jahren

---

[114] Rudolf von Raumer, Ueber den Begriff der deutschen Philologie; in: Zeitschrift für die österreichischen Gymnasien 11 (1860) 85–95; 95: „Selbst wenn man, was vieles für sich hätte, eine zwiefache Lehrstelle für deutsche Philologie gründen wollte, die eine für die ältere, die andere für die neuere, würde man dennoch von jedem der beiden Vertreter eine gewisse Kenntnis der ihm nicht zugewiesenen Hälfte verlangen müssen.“ – Wiederabgedruckt: R. v. R., Deutsche Versuche. Erlangen 1861, S. 1–17; 194 f. Anm. 8.

[115] Fuchs (= Anm. 92) 49.

[116] Fuchs 22.

[117] Fuchs 49. – Leitner (= Anm. 75) 31.

[118] Fuchs 50.

[119] Fuchs 52 f.

die germanistischen Seminare allgemein: in eine ältere und eine neuere Abteilung. Mit vollem Recht konnte es daher 1898 heißen:

> Als eigenthümlich für unsere Universität kann unter anderem gelten, dass die thatsächliche und officielle Theilung des Faches in eine Lehrkanzel für ältere und eine für neuere deutsche Sprache und Literatur sich hier früher vollzogen hat als an anderen Universitäten Österreichs und Deutschlands.[120]

Diese „Theilung des Faches" ist erst in unserem Jahrhundert zum Abschluß gekommen. Das hatte mindestens drei Gründe. Erstens war natürlich vor allem für die kleineren Universitäten die Verdoppelung der Germanistikprofessuren auch ein finanzielles Problem, das heißt ein Problem der Verteilung knapper Gelder. Zweitens war sie zumindest anfangs ein personelles Problem, denn ausgebildete Philologen, die sich auf die neuere Literatur spezialisieren wollten, fehlten einfach noch, zumal die Literarhistoriker keinen eigenen Nachwuchs herangezogen hatten. Drittens war sie ein doppeltes emotionales Problem, denn einerseits hat ein Ordinarius auch damals nicht gern zugegeben, daß er mit der Vertretung des ganzen überfordert sei, und andererseits mußte er dann immer noch die Befürchtung tapfer überwinden, daß in der neueren Abteilung die philologische „Methode" und damit die Wissenschaftlichkeit zu Schaden kommen könnte. Und denkt man an die nötig gewordene Integration der Interpretation, so ist diese letzte Befürchtung so abwegig nicht. In der Tat ging es unter dem Anschein der extensionalen Teilung eigentlich um eine intensionale, das heißt um die Abspaltung und Etablierung einer neuen Disziplin, die dem literarischen Text als Leserobjekt zu seinem Recht verhelfen sollte.

Davon haben aber zweifellos diejenigen nichts gewußt, die die Teilung des Faches vorangetrieben haben. Denn wiederum, wie in eigentlich allen früheren Fällen von neuen Professuren und zuletzt bei der versuchten institutionellen Verankerung der Wissenschaft „deutsche Literaturgeschichte", hatte man es oft mit Einzelfällen und Versorgungsproblemen zu tun, die vor dem Hintergrund einer allgemeinen Überzeugung von der Notwendigkeit jener Teilung eine neue Lösung finden konnten, ohne daß es dazu einer elaborierten Konzeption der Wissenschaftsentwicklung bedurft hätte. Wie bei den früheren Einführungen neuer Spezialitäten hat man denn auch diesmal meist vorsichtig mit einem Extraordinariat begonnen, das immerhin, anders als noch in der ersten Jahrhunderthälfte, in aller Regel wenigstens mit einem bescheidenen Gehalt versehen war.

Noch bevor man in Wien die Teilung vollzogen hatte, besaßen die Universitäten Gießen und Bern eine Doppelvertretung des Faches auf niedrigerem institutionellen Niveau. In Gießen wurde 1863 Georg Zimmermann Extraordi-

[120] Geschichte der Wiener Universität von 1848 bis 1898. Als Huldigungsschrift zum fünfzigjährigen Regierungsjubiläum Seiner k.u.k. Apostolischen Majestät des Kaisers Franz Josef I. hrsg. vom Akademischen Senate der Wiener Universität. Wien 1898, S. 351.

narius für deutsche Literatur[121] und blieb es bis zu seinem Ausscheiden 1877; sein Kollege in der älteren Abteilung war während der ganzen Zeit Friedrich Ludwig Karl Weigand, seit 1851 Extraordinarius und seit 1867 Ordinarius.[122] In Bern war Karl Pabst 1856 Extraordinarius für deutsche Sprache und Literatur geworden als Nachfolger des letzten Generalisten Karl Jahn[123]; obwohl Vertreter des ganzen Fachs, hat er – wie Franz Thomas Bratranek (seit 1851 Extraordinarius und seit 1853 Ordinarius[124]) in Krakau – fast nur über neuere Literatur gelesen (und übrigens 1864 bemerkenswerterweise auch einmal eine „Anleitung zum Schulunterricht in der deutschen Sprache und Literatur" angekündigt). Zum Vertreter der neueren Abteilung wurde er aber erst dadurch, daß Ludwig Tobler seit 1866 Extraordinarius für Sprachwissenschaft neben ihm war[125]; ungewöhnlich ist, daß die neuere Abteilung zuerst eine ordentliche Professur erhielt, indem Pabst 1871 befördert wurde.[126] Tobler ist nach Pabsts Tod 1873, weil er keine Aussicht auf dessen Stelle hatte, an die Universität Zürich gegangen[127], die daraufhin in ihm und Ludwig Ettmüller (seit 1856) zwei Extraordinarien mit überwiegender Neigung zu den altgermanischen Sprachen und zur älteren Literatur hatte.

Eine ähnliche „unechte" Zweiervertretung wie in Zürich bestand – einmal abgesehen von den Doppel- und Dreifachbesetzungen in den Anfängen (z. B. von der Hagen und Lachmann in Berlin, Benecke und die Brüder Grimm in Göttingen) – schon vorher in Marburg und Halle; eine extensionale Arbeitsteilung scheint es in Marburg zwischen Ferdinand Justi, seit 1865 Extraordinarius für vergleichende Grammatik und germanische Sprachen, und Karl Lucae, ab 1868 Ordinarius für deutsche Sprache und Literatur[128], so wenig gegeben zu haben wie in Halle zwischen dem Ordinarius (seit 1863) Julius Zacher und dem Extraordinarius (seit 1869) Moriz Heyne.[129] In Marburg ist dieser Zustand bis

---

[121] Die Universität Gießen von 1607 bis 1907 (= Anm. 97) I 467. – ADB XLV 263 (Robert Arnold Fritzsche).

[122] Die Universität Gießen von 1607 bis 1907, I 464. – Otto Bindewald. Zur Erinnerung an Friedrich Ludwig Karl Weigand. Ein Lebensbild. Gießen 1879, S. 60, 73; die Ernennung zum Ordinarius war Folge eines Gesuchs von achtzehn angesehenen Germanisten um eine Entlastung Weigands (bis dahin Direktor der Realschule) zugunsten seiner Arbeit am Grimmschen Wörterbuch.

[123] Feller (= Anm. 95) 210.

[124] Zeitschrift für die österreichischen Gymnasien 2 (1851) 750 und 4 (1853) 596.

[125] Feller 270.

[126] Feller 314.

[127] Ernst Gagliardi/Hans Nabholz/Jean Strohl, Die Universität Zürich 1833–1933 und ihre Vorläufer. Festschrift zur Jahrhundertfeier. (Die Zürcherischen Schulen seit der Regeneration der 1830er Jahre. 3) Zürich 1938, S. 725.

[128] Helm (= Anm. 88) 704 f. – Franz Gundlach, Catalogus professorum academiae Marburgensis. Die akademischen Lehrer der Philipps-Universität in Marburg von 1527 bis 1910. (Veröffentlichungen der historischen Kommission für Hessen und Waldeck. 15) Marburg 1927, S. 425, 491.

[129] Manfred Lemmer, Die hallische Universitätsgermanistik; in: Wissenschaftliche Zeitschrift der Martin-Luther-Universität Halle-Wittenberg. Gesellschafts- und sprachwissenschaftliche Reihe 8 (1958/59) 359–387; 361, 363, 365.

auf weiteres erhalten geblieben, es ist sogar mit Michael Grein von 1873 bis 1876 ein weiterer Extraordinarius für germanische Sprachen dazugekommen.[130] Heyne hat Halle schon 1870 wieder verlassen, um die Nachfolge Wackernagels in Basel anzutreten[131], und ist in Halle nicht ersetzt worden.

Die nächsten Doppelprofessuren standen dem Gießener Modell nahe, indem jedesmal ein Extraordinarius aus der „neueren Abteilung“ zur Ergänzung und Entlastung neben einen bereits vorhandenen Ordinarius aus der „älteren Abteilung“ trat (die Amtsantrittsdaten in Klammern): Rudolf Hildebrand (1869)[132] in Leipzig neben Friedrich Zarncke (1858)[133], Anton Birlinger (1872)[134] in Bonn neben Karl Simrock (1852)[135], Friedrich Pfeiffer (1873)[136] in Breslau neben Heinrich Rückert (1867)[137], Karl Goedeke (1873)[138] in Göttingen neben Wilhelm Müller (1845), Michael Bernays (1873)[139] in München neben Konrad Hofmann (1856)[140]; nur in Straßburg waren die Gebiete umgekehrt

---

[130] Gundlach (= Anm. 118) 494.

[131] Teichmann (= Anm. 94) 54. – Eduard Studer, Moritz Heyne; in: Professoren der Universität Basel aus fünf Jahrhunderten. Bildnisse und Würdigungen. Hrsg. von Andreas Staehelin. Basel 1960, S. 196 f. – Waldemar R. Röhrbein, Moriz Heyne (1837–1906). Professor der Germanistik, Gründer des städtischen Museums und des Geschichtsvereins in Göttingen. Eine biographische Skizze; in: Göttinger Jahrbuch 23 (1975) 171–200.

[132] Brigitte Mehrens, Rudolf Hildebrand als Germanist. Ein Beitrag zur Geschichte der deutschen Philologie. Diss. Stanford University 1968, S. 9 f. – Auch Hildebrand verdankte seine Ernennung einer Petition von Fachkollegen, die ihn von seinen Pflichten als Lehrer in der Leipziger Thomasschule entlastet wissen wollten zugunsten der Arbeit am Grimmschen Wörterbuch. – Franz Greß, Germanistik und Politik. Kritische Beiträge zur Geschichte einer nationalen Wissenschaft. Stuttgart-Bad Cannstatt 1971, S. 87–112.

[133] Rudolf Große, Friedrich Zarncke; in: Bedeutende Gelehrte in Leipzig. Zur 800-Jahr-Feier der Stadt Leipzig im Auftrag von Rektor und Senat der Karl-Marx-Universität hrsg. von Max Steinmetz. 2 Bände. Leipzig 1965, I 49–55; 51.

[134] Rudolf Schenda/Rolf Bergmann, Anton Birlinger 1834–1891; in: Bonner Gelehrte. Beiträge zur Geschichte der Wissenschaften in Bonn. Sprachwissenschaften. Bonn 1970, S. 63–65; 64.

[135] Hugo Moser, Karl Simrock 1802–1876; in: Bonner Gelehrte (= Anm. 134) 57–62; 59. – Hugo Moser, Karl Simrock. Universitätslehrer und Poet, Germanist und Erneuerer der „Volkspoesie“ und älterer „Nationalliteratur“. Ein Stück Wissenschaftsgeschichte des 19. Jahrhunderts. (Philologische Studien und Quellen. 82) Berlin 1975, S. 34.

[136] Theodor Siebs, Zur geschichte der germanistischen studien in Breslau; in: Zeitschrift für deutsche Philologie 43 (1911) 202–234; 232.

[137] Siebs 232.

[138] Wilhelm Ebel, Catalogus professorum Gottingensium 1734–1962. Göttingen 1962, S. 125.

[139] Seidel-Vollmann (= Anm. 43) 188. Bernays' Extraordinariat war das Ergebnis aus den Verhandlungen, wie die im Schulplanentwurf von 1870 vorgesehene Lehramtsprüfung für neuere Sprachen am besten in der Universität zu verankern sei; deshalb war Bernays auch schon ab 1873 in der Prüfungskommission für deutsche Sprache und Literatur zuständig.

[140] Seidel-Vollmann 136.

verteilt, indem der Ordinarius Wilhelm Scherer (1872)[141] dem Extraordinarius Elias Steinmeyer (1873)[142] hauptsächlich die älteren germanischen Sprachen zudachte.[143]

In Bonn und Göttingen blieb es vorerst bei der Doppelvertretung mit einem Extraordinarius für die neuere Abteilung. Aber sonst ging die Entwicklung weiter zur Gleichberechtigung beider Teile des geteilten Fachs nach dem Wiener Modell, besonders erfolgreich im Jahre 1874: in Leipzig wurde Hildebrand ordentlicher Professor für neuere deutsche Literatur und Sprache[144], in München wurde Bernays Ordinarius für neuere Sprachen und Literatur[145]; im selben Jahr ging Ernst Martin aus Freiburg als Extraordinarius für deutsche und englische Sprache und Literatur nach Prag[146] als Ergänzung für Johann Kelle (seit 1857 Ordinarius der deutschen Sprache und Literatur)[147], und in Bern blieb Pabsts Ordinariat der neueren Abteilung erhalten und fiel an Ludwig Hirzel[148].

Neben diesen Fortschritten waren auch halbe oder ganze Rückschritte zu verzeichnen. In Breslau war Rückert seit 1876 wieder der einzige Fachvertreter, nachdem Pfeiffer nach Kiel berufen worden war[149], ebenso Weigand in Gießen seit 1877 nach Zimmermanns Rücktritt. Das Straßburger Gespann Scherer/Steinmeyer ging 1877 auseinander: Scherer als Vertreter der neueren Abteilung nach Berlin neben Müllenhoff[150], Steinmeyer als Ordinarius ohne

---

[141] Festschrift zur Einweihung der Neubauten der Kaiser-Wilhelms-Universität Straßburg. Straßburg 1894, S. 148.

[142] Ebd.

[143] Wilhelm Scherer/Elias von Steinmeyer, Briefwechsel 1872–1886. In Verbindung mit Ulrich Pretzel hrsg. von Horst Brunner und Joachim Helbig. (Göppinger Arbeiten zur Germanistik. 365) Göppingen 1982, S. 311, Scherer am 5. Januar 1872 an den Straßburger Kurator Franz von Roggenbach: „Die deutsche Literaturgeschichte in ihrem gesammten Verlaufe müßte Gegenstand meiner Vorlesungen sein. Meinem Collegen – etwa einem jüngeren Gelehrten zunächst als Extraordinarius – würde als specifisches Gebiet Angelsächsisch, Altenglisch, Altnordisch zufallen. In altdeutsche Interpretationen, auch vielleicht in Grammatik, könnte er sich mit mir theilen."

[144] Mehrens (= Anm. 132) 10.

[145] Seidel-Vollmann (= Anm. 43) 189. Die Amtsbezeichnung stellt auf andere als die gewöhnliche Weise Symmetrie zur älteren Abteilung her: Hofmann war seit 1856 ordentlicher Professor der altdeutschen Sprache und Literatur und seit 1869 zusätzlich noch für altromanische Sprachen und altromanische Literatur (139).

[146] Joseph Körner, Deutsche Philologie; in: Deutsch-Österreichische Literaturgeschichte. [...] nach dem Tode von Johann Willibald Nagl und Jakob Zeidler hrsg. von Eduard Castle. Band III/1. Wien 1926, S. 48–89; 78.

[147] Herbert H. Egglmaier, Die Einrichtung von Lehrkanzeln für deutsche Philologie in Österreich nach der Universitätsreform der Jahre 1848/49; in: Beiträge und Materialien zur Geschichte der Wissenschaften in Österreich. Hrsg. von Walter Höflechner. (Publikationen aus dem Archiv der Universität Graz. 11) Graz 1981, S. 359–411; 375.

[148] Feller (= Anm. 95) 315. Das altgermanistische Extraordinariat Toblers erhielt 1876 Ferdinand Vetter.

[149] Hofmann (= Anm. 84) 210.

[150] Johannes Asen, Gesamtverzeichnis des Lehrkörpers der Universität Berlin. Band I: 1810–1945. Leipzig 1955, S. 170. – Vgl. auch unten Anm. 231.

Fachkollegen nach Erlangen[151]; die Doppelvertretung in Straßburg blieb erhalten, wurde aber im neueren Teil zurückgestuft: Ernst Martin als Ordinarius für die ältere[152] und Erich Schmidt als Extraordinarius für die neuere Abteilung.[153]

Anderthalb Jahrzehnte nach ihrem Beginn war also die Teilung des Fachs schon an acht Universitäten institutionell vollzogen: in Wien, Leipzig, München und Berlin war jede Hälfte durch eine ordentliche Professur vertreten und in Bern nur die neuere; in Bonn, Göttingen und Straßburg besaß die ältere Abteilung eine ordentliche und die jüngere eine außerordentliche Professur.

Diese recht rasche Ausbreitung der Teilung, noch dazu an den angesehensten Universitäten, bot all denen den bekannten, willkommenen Argumentationsersatz („die anderen haben's auch schon"), die in späteren Jahren entsprechende Begehren vorbrachten. Die philosophische Fakultät der Universität Graz hat sich aus einem solchen Anlaß 1886 der Mühe unterzogen, den Stand der Dinge festzuhalten:

> Von den Universitäten Deutschlands und der Schweiz haben 17 das Fach der deutschen Sprache und Literatur mindestens doppelt, zum Teil auch drei- und vierfach mit Ordinarien und Extraordinarien besetzt, nämlich: Berlin, Bonn, Breslau, Göttingen, Greifswald, Halle, Heidelberg, Jena, Königsberg, Leipzig, Marburg, München, Straßburg, Tübingen, Basel, Bern, Zürich. [...] nur Rostock und Dorpat entbehren wie Graz durchaus einer eigenen Lehrkraft für neudeutsche Philologie.[154]

Bonn (mit Wilhelm Wilmanns und Johannes Franck), Halle (mit Julius Zacher und Hugo Gering) und Tübingen (mit Eduard Sievers und Philipp Strauch) sollte man zwar in der Liste nicht aufführen, da die Doppelbesetzung mit zwei altdeutschen Philologen nicht gut als Stütze des Plädoyers für die „neudeutsche Philologie" dienen kann, und die Nennung Zürichs hat noch einen Hauch von Prophetie an sich, weil erst 1887 Jakob Bächtold und Julius Stiefel zu Extraordinarien der neueren Richtung und Kollegen Toblers ernannt wurden.[155] Aber dafür könnte man Wien (mit Richard Heinzel und Jacob Minor) sowie Prag (mit Johann Kelle und August Sauer) noch einsetzen, und auch wenn das eindrückliche Fazit nur dadurch zustande kommt, daß man an den übrigen Universitäten Amateurliterarhistoriker und literaturinteressierte Philosophen kühn als Lehrkräfte der „neudeutschen Philologie" gerechnet hat, so bleibt das Ergebnis doch beeindruckend genug.

Gut zwanzig Jahre nach dem Beginn in Gießen und Bern war das geteilte Fach an fünf Universitäten (Berlin, Bern, Leipzig, München, Wien) mit je einem Ordinariat für jede Hälfte und an zehn weiteren Universitäten (Basel, Breslau, Göttingen, Greifswald, Heidelberg, Jena, Königsberg, Marburg, Prag

---

[151] Theodor Kolde, Die Universität Erlangen unter dem Hause Wittelsbach 1810–1910. Festschrift zur Jahrhundertfeier der Verbindung der Friderico-Alexandrina mit der Krone Bayerns [...]. Erlangen/Leipzig 1910, S. 432.

[152] Festschrift Straßburg (= Anm. 141) 148.

[153] Ebd.

[154] Leitner (= Anm. 75) 114.

[155] Gagliardi (= Anm. 127) 885. – Walther von Arx, Jakob Bächtold; in: Jakob Bächtold, Kleine Schriften. Hrsg. von Theodor Vetter. Frauenfeld 1899, S. 1–55; 34.

und Straßburg) mit je einem Ordinariat für die ältere Abteilung und einem Extraordinariat für die neuere vertreten, und in Krakau (Wilhelm Creizenach) und Lemberg (Richard Maria Werner) gehörte sogar die je einzige Professur, ein Ordinariat, der neueren Abteilung. So oder so war am zufälligen Stichdatum 1886 die Teilung des Faches an mehr als der Hälfte der deutschsprachigen Universitäten institutionell Tatsache geworden.

Bis zum Ende des 19. Jahrhunderts hat sich diese Entwicklung stetig fortgesetzt, ohne sich zu beschleunigen und ohne schon zum Abschluß zu kommen; die Universitäten ohne irgendeine Professur für die „neudeutsche Philologie" wurden zwar immer seltener, aber die Gleichberechtigung der älteren und der neueren Abteilung an allen Orten ließ noch länger auf sich warten. Das alles ist aus der folgenden Liste abzulesen, die den Zuwachs an neuen Stellen und deren erste Inhaber zeigt.[156]

Jahr	Universität	Extraordinariat	Ordinariat
1863	Gießen	Georg Zimmermann	
1866	Bern	Karl Pabst	
1868	Wien		Karl Tomaschek
1869	Leipzig	Rudolf Hildebrand	
1871	Bern		Karl Pabst
1872	Bonn	Anton Birlinger	
1872	Straßburg		Wilhelm Scherer
1873	Breslau	Friedrich Pfeiffer	
1873	Göttingen	Karl Goedeke	
1873	München	Michael Bernays	
1874	Leipzig		Rudolf Hildebrand
1874	München		Michael Bernays
1874	Prag	Ernst Martin	
1877	Berlin		Wilhelm Scherer
1879	Königsberg	Hermann Baumgart	
1881	Jena	Arthur Böthlingk	
1882	Heidelberg	Clemens F. Meyer	
1883	Graz	August Sauer	
1884	Basel	Stephan Born	
1885	Marburg	Max Koch	
1885	Greifswald	Paul Pietsch	
1887	Innsbruck	Joseph Ed. Wackernell	
1887	Zürich	Jakob Bächtold	
1887	Zürich	Julius Stiefel	
1888	Czernowitz	Max von Waldberg	

156 Vorübergehende Streichung oder Nicht-Wiederbesetzung einer Professur ist nicht verzeichnet, auch nicht die zeitweilige Rückstufung eines Ordinariats zum Extraordinariat bei einer Neubesetzung; desgleichen ist in Einzelfällen, vor allem nach 1920, wegen der Vervielfältigung der Stellenkategorien die Zuordnung zu einem Extraordinariat oder Ordinariat alten Stils nicht mehr so ganz sicher zu treffen.

Jahr	Universität	Extraordinariat	Ordinariat
1888	Zürich		Jakob Bächtold
1889	Halle	Konrad Burdach	
1890	Innsbruck		Joseph Ed. Wackernell
1891	Königsberg		Hermann Baumgart
1892	Graz		Bernhard Seuffert
1892	Halle		Konrad Burdach
1894	Freiburg	Richard Weißenfels	
1896	Breslau		Max Koch
1897	Bonn		Berthold Litzmann
1899	Würzburg	Hubert Roetteken	
1901	Kiel	Anton Erich Berger	
1902	Münster	Julius Schwering	
1903	Freiburg		Roman Woerner
1903	Marburg		Ernst Elster
1906	Fribourg	Wilhelm Kosch	
1906	Münster		Julius Schwering
1912	Basel		Julius Petersen
1912	Fribourg		Josef Nadler
1915	Frankfurt		Julius Petersen
1919	Hamburg	Robert Petsch	
1920	Göttingen		Richard Weißenfels
1920	Greifswald		Werner Richter
1920	Heidelberg		Friedrich Gundolf
1920	Köln		Franz Schultz
1921	Kiel		Eugen Wolff
1921	Tübingen		Hermann Schneider
1922	Hamburg		Robert Petsch
1923	Gießen		Hermann Aug. Korff
1924	Rostock	Willi Flemming	
1932	Erlangen	Benno von Wiese	
1934	Rostock		Willi Flemming
1936	Würzburg		Johannes Alt
1952	Erlangen		Heinz Otto Burger
1955	Jena		Joachim Müller

Obwohl die „neudeutsche“ Philologie nur eine Spezialisierung in einem bereits etablierten Fach gewesen ist, hat sie doch – wie die altdeutsche Philologie in der ersten Jahrhunderthälfte – gut ein halbes Jahrhundert gebraucht, bis sie – außer bei einigen wenigen Nachzüglern – überall die volle institutionelle Gleichberechtigung errungen hat. In den siebziger Jahren hat es einen ersten Schub neuer Ordinariate gegeben, in den neunziger Jahren einen zweiten, dazwischen nur Extraordinariate. Der grundsätzliche Abschluß hat sich um 1910 abgezeichnet und war bald nach 1920 erreicht; das signalisieren auch die neuen Universitäten in Frankfurt und Köln, an denen die neuere Abteilung des geteilten Faches „Geschichte der deutschen Sprache und Literatur" von vornherein durch einen Ordinarius vertreten war.

Eigentlich hätte man wohl prophezeien mögen, daß die Germanistik mit ihrer neuen Bereitschaft zur Beteiligung an der Lehrerausbildung und ihrer daraus resultierenden Teilung sich einer besonders großzügigen Förderung durch staatliche Instanzen hätte erfreuen dürfen, ganz abgesehen davon, daß sie als Erforschung des Deutschen in Geschichte und Gegenwart gut im politischen Trend der Zeit lag. Doch vor die staatliche Förderung war immer noch die universitätsinterne Kontrolle in der Konkurrenz der Wissenschaften gesetzt, und die hat so gewirkt, daß der Zuwachs an Professuren für die geteilte Germanistik sich ganz im Rahmen des Üblichen gehalten hat, als wären da – besonders durch die neuere Abteilung – nicht neue Aufgaben zu erfüllen gewesen.

In Zahlen: im Jahre 1870 waren an den 27 deutschsprachigen Universitäten (die österreichischen Universitäten Krakau und Lemberg also nicht mitgerechnet) 34 Germanistikprofessoren tätig, wobei die vier übrig gebliebenen Literarhistoriker oder Ästhetiker (Haym, Köstlin, Lemcke, Minckwitz) nicht mitgezählt sind; im Jahre 1900 gab es an den mittlerweile 30 Universitäten (mit den Neugründungen Straßburg, Czernowitz und Fribourg, ohne Berücksichtigung der neuen tschechischen Universität in Prag) 67 Germanisten auf besoldeten Professorenstellen[157], das heißt, ihre Zahl hat sich nicht ganz verdoppelt innerhalb derselben dreißig Jahre, für die in der gesamten philosophischen Fakultät ein Wachstumsfaktor von gut 1,5 zu veranschlagen ist.[158] Unter den anderen Schulfächern steht die Germanistik ungefähr in der Mitte; die Geschichtswissenschaft, auf wesentlich höherem Niveau beginnend, hat etwa gleich stark expandiert, die Anglistik und die Romanistik, auf wesentlich niedrigerem Niveau beginnend, erheblich stärker, und die klassische Philologie hat ihren schon ansehnlichen Stellenbestand kaum noch vermehrt.[159]

Berücksichtigt man ferner, daß an den meisten Orten erst die neuen Prüfungsordnungen aus den sechziger Jahren den Fachlehrer für Deutsch geschaffen haben, daß infolgedessen die Zahl der Lehramtsstudenten mit Germanistik

---

[157] Die Zählung nach der universitätsgeschichtlichen Literatur, kontrolliert für 1870 an: Die Universitäten und technischen Hochschulen Deutschlands, der Schweiz und der russischen Ostseeprovinzen. Für das Jahr 1870. Mit Benutzung amtlicher Quellen hrsg. von Eduard Mushacke. Berlin 1870; und für 1900 an: Minerva. Jahrbuch der gelehrten Welt. Hrsg. von K. Trübner und F. Menz. Neunter Jahrgang. 1899–1900. Straßburg 1901. – Dieselbe Proportion zeigen die Zahlen 27 für 1873 und 48 für 1900 bei: Christian von Ferber, Die Entwicklung des Lehrkörpers der deutschen Universitäten und Hochschulen 1864–1954. (Untersuchungen zur Lage der deutschen Hochschullehrer. 3) Göttingen 1956, S. 206.

[158] Nach Ferber 195 gab es 1873 in den philosophischen Fakultäten der deutschen Universitäten 1190 ordentliche, außerordentliche und Honorarprofessoren, 1900 waren es 1816. Eine andere Zählung ergibt 558 für 1870 und 851 für 1892: Friedrich Paulsen, Die deutschen Universitäten und das Universitätsstudium. Berlin 1902, S. 229 f.

[159] Geschichtswissenschaft 1873: 58, 1900: 95; Anglistik 1873: 3, 1900: 21; Romanistik 1873: 6, 1900: 25; klassische Philologie 1873: 62, 1900: 70. – Die Zahlen nach Ferber 196, 206 f.; dazu die Ausführungen S. 63 f.

im Haupt- oder Nebenfach, da bei Null anfangend, geradezu explodiert sein muß[160] und daß das geteilte Fach sich demgemäß mit großen Schritten vom beschaulichen Randfach (ohne Staatsexamina und mit wenigen Promotionen) in Richtung auf ein Massenfach entwickelt hat, so kann man die Germanistik gewiß nicht zu den großen Profiteuren der gewaltigen staatlichen Investitionen in den Wissenschaftsbereich im letzten Drittel des 19. Jahrhunderts rechnen.

Angesichts der eher geringen Bedeutung der älteren deutschen Sprache und Literatur im gymnasialen Deutschunterricht mag es begreiflich sein, daß der Staat den Ausbau der älteren Abteilung nicht nochmals forciert hat. Daß aber die neuere Abteilung, immerhin neu zu schaffende Ausbildungsstätte für eines der zentralen Schulfächer, relativ knapp gehalten worden ist, läßt sich nicht mehr aus staatlichen Bedürfnissen und Interessen erklären – es hat an den Universitäten selbst gelegen, genauer: daran, daß die Germanisten selbst und mit ihnen die philosophischen Fakultäten von der Notwendigkeit oder auch nur Zulässigkeit des neu sich bildenden Faches durchaus noch nicht überzeugt waren.

Als höchstes Hindernis für eine schnellere, der Wichtigkeit für die Lehrerausbildung entsprechende Ausbreitung ist wohl der unverändert schlechte Ruf der in ihr nicht zu umgehenden Interpretation auszumachen oder, anders gesagt, die Befürchtung der bereits anerkannten philologischen und historischen Fächer, die extensionale Teilung könne sich als eine intensionale entpuppen und es könne sich da eine andere Form der „Kritik" einnisten als die philologische, an der für diese Wissenschaften die Wissenschaftlichkeit hing. Auch ein politisch genehmes und gesellschaftlich wichtiges Fach hatte zunächst einmal dieses Kontrolltor zu passieren.

Noch recht lange kehrte bei den Beratungen über entsprechende Stellen dieser Verdacht wieder. Wenn der Münchner Orientalist Marcus Joseph Müller 1865 davor warnte, gutes Geld für den „gewöhnlichen aesthetischen Quark" zu vergeuden, und dafür plädierte, „historisch und kritisch gebildete Individuen" zu suchen[161], so spielte er im gleichen Sinne die philologisch-historische Kritik gegen die ästhetische aus wie die philosophische Fakultät der Universität Kiel noch im Jahre 1900, als sie sich dagegen aussprach, das neue Extraordinariat für neuere deutsche Literatur an Eugen Wolff zu vergeben, weil der nämlich Kritiker und nicht Historiker sei.[162]

Die neuere Abteilung hatte sich durchzusetzen gegen die Skepsis der Philologen, und wenn sie sich der älteren Abteilung anpassen wollte, so war sie gleich mit dem Verdacht der Überflüssigkeit konfrontiert, von dem Richard Heinzel in seinem Nachruf auf Wilhelm Scherer handelt:

> Viele sonst gelehrte und einsichtige Männer konnten es schwer begreifen, wie ein Philologe der Lachmannschen Schule dazu kam, z. B. die Persönlichkeit jener Da-

[160] Für genauere Angaben müßte man die Akten der Prüfungskommissionen durchgehen; denn aus den publizierten Statistiken läßt sich die Zahl der Germanistikstudenten nicht ablesen.

[161] Seidel-Vollmann (= Anm. 43) 181.

[162] Hofmann (= Anm. 84) 222.

men festzustellen, welchen der junge Wieland seine Verehrung und Neigung widmete, oder darüber nachzudenken, wen Goethe mit seinem Satyros gemeint habe. Ich habe es selbst von Gelehrten und Freunden Scherers gehört, deutsche Philologie habe sich mit der Herstellung und Erklärung der alten Texte zu befassen, die neuere Literatur sei ohnehin bekannt genug, über sie könne jeder Gebildete auch ohne besondere Studien sprechen und schreiben.[163]

Oder wie es die wohl gar nicht so lebensferne Germanistenkarikatur Dr. Barthel Müller bei Paul Lindau sagt:

„Ja, mein verehrter Herr, diese neueren Schriftsteller sind Sache der Belletristen, für sie ist unsere Hochschule Gottlob keine alma mater. [...] die Wissenschaftlichkeit fängt für uns erst an, wo das gemeine Verständnis aufhört, und deshalb sind mit Recht diejenigen Dichter, welche man als die classischen zu bezeichnen pflegt, von unserer Universität verbannt."[164]

Die öffentliche Lobby, die solche Meinungen hätte übertönen können, war schwach. So hat zwar der Philosoph Jürgen Bona Meyer aufgrund seiner Erfahrungen als Mitglied der Bonner Prüfungskommission von einer „beschämenden Unkenntniß auf dem Gebiete unserer deutschen Nationallitteratur" gesprochen[165], die „Forderungen germanistischer Seminare für den Gymnasialunterricht" unterstützt, die Klagen bekräftigt, „daß über der Pflege der alten germanistischen Philologie die Berücksichtigung der neuen deutschen Literaturgeschichte auf den Universitäten zu kurz komme", und die Vermutung geäußert, daß die Förderung „der deutschen Literaturgeschichte" nicht unwesentlich zum wachsenden Ansehen der Universität Leipzig beigetragen habe.[166] Auch hat Heinrich Düntzer beredt und pro domo dargelegt, „daß die junge Wissenschaft der ganz eigenthümliche Schwierigkeiten bietenden Erklärung der neuern deutschen Dichter sich der schönsten Erfolge zu rühmen hat, und sie, berücksichtigt man ihre Jugend, sich kühn neben die viel langsamer fortgeschrittene altclassische Philologie stellen darf", und gefordert, „daß sie an unsern Hochschulen ihre Vertretung findet, vom Staat als Wissenschaft anerkannt und ein Lehrstuhl für sie an allen Hochschulen gegründet wird".[167]

Aber diese Lobby hatte noch auf lange Zeit ihre besten Argumente im natio-

---

163 Richard Heinzel, Rede auf Wilhelm Scherer; in: Zeitschrift für die österreichischen Gymnasien 37 (1886) 801–813; 806.

164 Paul Lindau, Unsere Classiker und unsere Universitäten; in: P. L., Gesammelte Aufsätze. Beiträge zur Literaturgeschichte der Gegenwart (1874). 2. Auflage. Berlin 1880, S. 360–370; 365, 367.

165 Jürgen Bona Meyer, Die Abiturientenarbeiten und die wissenschaftlichen Prüfungscommissionen in Preußen; in: Im neuen Reich 3 (1873) 1001–1011; 1009 f.

166 Jürgen Bona Meyer, Deutsche Universitäts-Entwicklung. Vorzeit, Gegenwart und Zukunft. (Deutsche Zeit- und Streit-Fragen. 48) Berlin 1874, S. 73 f., 70.

167 (Heinrich Düntzer), Die Vertretung der neuern deutschen Sprache und Literatur an den Hochschulen des Deutschen Reiches; in: Beilage zur Allgemeinen Zeitung, Nr. 300, 26. Oktober 1872, S. 4581–4583; 4581 f. – Die Autorschaft Heinrich Düntzers ergibt sich aus den Unterlagen des Cotta-Archivs in Marbach (Mitteilung von Christoph König, Marbach).

nalen Wert[168] und in der Ausbildungsfunktion des Faches[169], und ausgerechnet diese Argumente konnten dort nicht verfangen, von wo die Anträge zur Schaffung neuer Stellen hätten ausgehen müssen, in der Wissenschaftsorganisation nämlich, in der ein Hinweis auf Schuleignung und nationale Wichtigkeit noch keine Empfehlung für die Einführung eines Faches war, dem man schon aus anderen Gründen mißtraute, aus Gründen der Wissenschaftlichkeit. Vielmehr dürften direkt ausgesprochene heteronome Begründungen den Autonomiewillen der Universität provoziert und das Vorankommen der deutschen Philologie neuerer Abteilung in personeller Hinsicht behindert haben.

Neudeutsche Philologie

In der gleichen Zeit, da die deutsche Philologie sich auf die Lehrerausbildung eingestellt hat, hat sie sich angeschickt, der kurzlebigen Wissenschaft „deutsche Literaturgeschichte“ deren Gegenstand, die neuere deutsche Literatur, abzunehmen, und beides hängt ja, um es nochmals zu betonen, durchaus zusammen. Nach und in der Teilung des Faches haben die Philologen einen guten

---

[168] Düntzer 4581: „Unsere neuere classische Literatur, auf welche jeder einsichtige Vaterlandsfreund mit gerechtem Stolze schaut, die uns in den Tagen der Bedrängniß mächtig vereinte, uns Trost und Stärke verlieh, die im wirren Kampfe der Parteien als Genius über uns schwebte, die selbst auf den letzten blutigen Schlachtfeldern so manches Herz erwärmte und begeisterte“ usw. – Friedrich H. Otto Weddigen, Über die Notwendigkeit einer Professur für neuere Litteratur an den deutschen Hochschulen. Essen/Leipzig 1880, S. 6: „Die neuere deutsche Litteratur aber ist die Milch, welche den Deutschen zum Deutschen erzieht; sie lehrt den Pulsschlag des Volkes nachempfinden.“ – Richard Maria Werner in einem Leserbrief in der Beilage Nr. 269 zur „Allgemeinen Zeitung“ vom 20. November 1893, S. 7: „Nur in Deutschland scheint man wohl von der Wissenschaftlichkeit dieses Faches noch nicht vollkommen überzeugt zu sein und bringt ihren Forschungen von maßgebender Seite nur wenig Interesse entgegen [...]. Weil Jeder sich zutraut, über Werke im modernen Deutsch abzuurtheilen, so glaubt man, die wissenschaftliche Beschäftigung mit ihnen sei leichter und brauche nicht erst gelehrt zu werden. [...] Es muß des Deutschen Reiches Interesse sein, das deutsche Leben vor allem seinen Angehörigen lieb und theuer zu machen, und darum kann eine allseitige Vertretung der deutschen Literaturgeschichte an den deutschen Universitäten verlangt werden.“

[169] Düntzer 4582: „Die Studierenden, welche sich dem höhern Schulfache widmen, müssen auch in diese Wissenschaft, die sie auf den höhern Schulen lehren sollen, eingeführt, sie müssen zu dem Unterricht praktisch angeleitet werden.“ – Paul Menzer, Der deutsche Unterricht auf den Universitäten; in: Die Grenzboten 75 (1916) III.23–27; 26 f. – In seiner für das preußische Kultusministerium verfaßten Denkschrift „Über die Notwendigkeit der Errichtung besonderer Lehrstühle für neuere deutsche Literaturgeschichte. Mit besonderer Berücksichtigung der preußischen Prüfungsordnung vom 5. Februar 1887“ hatte Berthold Litzmann 1887 gerade auf diesen Punkt hingewiesen, daß nämlich „die bisherige Vernachlässigung der neueren Literatur an den Universitäten in schärfstem Widerspruch stehe zu den neuen Bestimmungen, die dem Unterricht im Deutschen eine ganz andere Stellung anwiesen als bisher“: Berthold Litzmann, Im alten Deutschland. Erinnerungen eines Sechzigjährigen. Berlin 1923, S. 315; das Gutachten selbst scheint sich nicht erhalten zu haben.

Veranstaltungen zur neueren deutschen Literatur in 10-Semester-Stichproben					
		Literatur-geschichte	Mono-graphien	Einzelnes	Übungen
Ältere Abteilung	I	28	1	1	0
	II	54	9	17	0
	III	41	5	6	19
Neuere Abteilung	I	0	0	0	0
	II	10	2	3	0
	III	143	58	37	100
Literar-historiker	I	35	9	6	6
	II	28	8	3	0
	III	28	11	1	3
Fachfremde	I	34	5	17	0
	II	20	1	12	0
	III	28	16	18	2

I = 1850–1854/55 (181 von 270 Vorlesungsverzeichnissen)
II = 1865–1869/70 (230 von 270 Vorlesungsverzeichnissen)
III = 1880–1884/85 (273 von 300 Vorlesungsverzeichnissen)

Teil der Ausbildungsaufgabe und den Gegenstand „neuere deutsche Literatur" weitergereicht an die neuen Spezialisten aus ihren eigenen Reihen.

Die obige Zusammenstellung von Zahlen aus den Vorlesungsverzeichnissen soll veranschaulichen, wie die Übergabe des Gegenstandes vonstatten gegangen ist. Die Tabelle zeigt, wie sich die Menge bestimmter Vorlesungen zur deutschen Literatur im Laufe der Zeit geändert hat, und zu diesem Zweck sind drei Zeitabschnitte von jeweils zehn Semestern Dauer ausgewählt, der erste am Beginn der Übernahme von Ausbildungsverpflichtungen (1850–1854/55), der zweite nach dem Abschluß dieser Übernahme bzw. am Anfang der Teilung (1865–1869/70) und der dritte in einem fortgeschrittenen Stadium der Teilung (1880–1884/85). In Konkurrenz um den Gegenstand standen zuerst die deutschen Philologen, die Literarhistoriker und Fachfremde (Historiker und Philosophen vor allem), bis die Angehörigen der „neuen Abteilung" sich sehr schnell des Gegenstandes bemächtigt und alle Mitkonkurrenten zurückgedrängt haben.

Aufgenommen in die Tabelle[170] sind Literaturgeschichtsvorlesungen, die entweder Gesamtdarstellungen sind oder wenigstens bis zum Ende des 16.

[170] Es sei zur Sicherheit darauf hingewiesen, daß die Zahlen nur in ihrer Relation zueinander Tendenzen anzeigen und ansonsten mit Vorsicht zu behandeln sind; in keinem der drei Zeiträume ist die zugrundeliegende Auswertung der Vorlesungsverzeichnisse vollständig, die Zuordnung einzelner Veranstaltungen zu einem bestimmten Typ ist nicht in jedem Fall eindeutig, Grenzfälle (z. B. „deutsche Literatur im Reformationszeitalter") sind vorsichtshalber nicht aufgenommen, und die Zugehörigkeit eines Dozenten zur älteren oder neueren Abteilung ist in späteren Zeiten auch bisweilen nicht ganz sicher.

Jahrhunderts reichen oder sich ganz in späteren Jahrhunderten bewegen, ferner monographische Vorlesungen (meist zum Typ „Leben und Werke" gehörend), Vorlesungen über einzelne Texte (vorzugsweise den „Faust") oder Textgruppen (z. B. „Schillers philosophische Gedichte") und schließlich Übungen, in denen erkennbar von neuhochdeutscher Literatur die Rede sein sollte. Die römischen Zahlen bezeichnen die eben erwähnten Stichproben von zehn Semestern.

Als die neuere Abteilung einigermaßen ausgebaut war, hat sich also, wie zu erwarten, die Zahl der Lehrveranstaltungen zur neueren deutschen Literatur sprunghaft erhöht: im ersten Zeitraum 142, dann im zweiten ein nicht signifikanter Anstieg auf 167 und schließlich im dritten Zeitraum ein plötzlicher Zuwachs auf 516 Veranstaltungen. Der Anteil der beteiligten Disziplinen an diesen Gesamtzahlen zeigt differenziertere Bewegungen: derjenige der älteren Abteilung wächst zuerst und sinkt dann markant (von 21 über 48 auf 14 Prozent), derjenige der neueren Abteilung steigt exponential (von null über 9 auf 66 Prozent) und derjenige der Literarhistoriker[171] wie der Fachfremden fällt ständig ab (von 39 über 23 auf 8 bzw. von 39 über 20 auf 12 Prozent). Das heißt, die altdeutsche Philologie war auf bestem Wege, den Gegenstand zu übernehmen, hat sich dann aber zugunsten der neudeutschen Philologie zurückgezogen.

In der Mitte der achtziger Jahre hat sich also die endgültige Verteilung schon fast eingespielt: die neuere deutsche Literatur gehört der neueren Abteilung der deutschen Philologie, die ältere Abteilung hat sich fast nur dort beteiligt, wo noch kein Vertreter der neueren bestellt war, und alle Außenstehenden befinden sich im Rückzug. Diese Tendenz ist allerdings unterschiedlich stark ausgeprägt je nach Veranstaltungsform und -thema. Am eindeutigsten liegt die Verteilung bei den Übungen (100 von 124, das heißt gut 80 Prozent, von Neugermanisten veranstaltet), am wenigsten eindeutig bei den Vorlesungen zu Einzeltexten (18 von 62, das heißt 29 Prozent, immer noch von Fachfremden).

Das Profil der neudeutschen Philologie, wie es sich aus dem universitären Betrieb in den achtziger Jahren ergibt, wäre also zu umschreiben: sie hat sich als Disziplin mit einem eigenen Gegenstand durchgesetzt, sie befaßt sich mit der neueren deutschen Literaturgeschichte, mit biographisch-literarhistorischen Monographien, und in den Übungen erprobt sie, wie sie den Zugang zu einzelnen Texten findet, über die sie erst mit Zurückhaltung Vorlesungen riskiert.

Diese Schwierigkeiten noch im fortgeschrittenen Stadium rühren daher, daß die neudeutsche Philologie die Art, wie sie ihren Gegenstand behandeln wollte, nicht mit ihm zugleich von der altdeutschen Philologie übernehmen konnte.

---

[171] Mitgezählt sind für den letzten Zeitraum außer den beiden letzten Vertretern des Faches „deutsche Literaturgeschichte" (Haym in Halle und Köstlin in Tübingen) die Privatdozenten Julius Tittmann in Göttingen und Julius Stiefel in Zürich, die in der entsprechenden Weise Literaturgeschichte und Ästhetik verbunden haben, sowie der Extraordinarius Ludwig Geiger in Berlin, der eher komparatistisch ausgerichtet, aber doch auch nicht fachfremd war.

Denn vor der Teilung des Faches haben sich die altdeutschen Philologen innerhalb der Universität doch nur mit halbem Herzen wenigstens der neueren deutschen Literaturgeschichte angenommen, zu Vorlesungs- und also Ausbildungszwecken nämlich, aber die Tradition der wissenschaftlichen Publikation über neuere deutsche Literatur haben sie abbrechen lassen bzw. nicht aufgenommen. Veröffentlichungen aller Art über diesen Gegenstand stammten seit dem Ende der vierziger Jahre nur noch in Ausnahmefällen aus Universitätskreisen oder gar von altdeutschen Philologen.

Seit Ettmüller und Wackernagel[172] bis zur Teilung des Faches um 1870 war auf dem stets expandierenden Markt für Gesamtdarstellungen der deutschen Literaturgeschichte[173] kein altdeutscher Philologe mehr zu sehen. Für Dichtermonographien, Briefausgaben und literarhistorische Materialsammlungen aus dem Gebiet der neueren Literatur, und davon gab es nicht wenige, zeichneten allermeist Gymnasiallehrer, Bibliothekare oder Privatgelehrte als Autoren oder Herausgeber. Karl Weinhold mit seiner (auch in Vorlesungsthemen) erkennbaren Vorliebe für das 18. Jahrhundert[174] und Friedrich Zarncke mit seinen detektivischen Forschungen zu dem bis dahin unbekannten Verfasser des „Schelmuffsky", Christian Reuter[175], stellen unter den Germanisten alter Schule die großen Ausnahmen dar. Interpretatorische oder kommentierende Arbeiten über einzelne Texte sind wohl nur von den beiden Universitätsgermanisten geschrieben worden, die sich schon früh praktisch nur auf die neuere Literatur verlegt haben, von Thomas Bratranek[176] in Krakau und Karl Tomaschek[177] in

---

172 Vgl. oben S. 347.

173 Rainer Rosenberg, Zehn Kapitel zur Geschichte der Germanistik. Literaturgeschichtsschreibung. Berlin 1981, S. 128 ff.

174 Karl Weinhold, Heinrich Christian Boie. Beitrag zur Geschichte der deutschen Literatur im achtzehnten Jahrhundert. Halle 1868. – Dramatischer Nachlaß von J. M. R. Lenz. Zum ersten Male hrsg. und eingeleitet von Karl Weinhold. Frankfurt 1884. – Jakob Michael Reinhold Lenz, Die Sizilianische Vesper. Trauerspiel. Hrsg. von Karl Weinhold. Breslau 1887. – Max Rieger, Klinger in der Sturm- und Drangperiode. Darmstadt 1880, S. VII, teilt mit, daß Weinhold ihm sein gesamtes Material für eine geplante Klingerbiographie überlassen habe. – Bernd Rindermann, Die ersten Ordinarien am Germanischen Seminar: Karl Weinhold; in: Wissenschaftliche Zeitschrift der Humboldt-Universität zu Berlin. Gesellschaftswissenschaftliche Reihe 36 (1987) 782–784.

175 Friedrich Zarncke, Christian Reuter, der Verfasser des Schelmuffsky. Sein Leben und seine Werke; in: Abhandlungen der Königlich Sächsischen Gesellschaft der Wissenschaften zu Leipzig. Band 8, Nr. 5. Leipzig 1864. – Umfangreiche „Mittheilungen" weiterer Forschungsergebnisse in: Berichte über die Verhandlungen der Königlich Sächsischen Gesellschaft der Wissenschaften zu Leipzig, philologisch-historische Classe. Band 39. Leipzig 1887, S. 44–104, 253–277, 306–368, und in Band 40. Leipzig 1888, S. 71–202.

176 Franz Thomas Bratranek, Aesthetische Studien. Wien 1853 (u. a. über „Hermann und Dorothea" und „Iphigenie auf Tauris"). – Franz Thomas Bratranek, Goethes Egmont und Schillers Wallenstein. Eine Parallele der Dichter. Stuttgart 1862.

177 Karl Tomaschek, Ueber Schiller's Wallenstein. Ein Vortrag. Wien 1856. – Gotthold Ephraim Lesing, Minna von Barnhelm oder das Soldatenglück. Ein Lustspiel in fünf Aufzügen. (Schulausgabe mit Anmerkungen von Karl Tomaschek). Leipzig 1865.

Wien; vom dritten mit gleicher Interessenrichtung, von Karl Pabst in Bern, gibt es lediglich eine Nachlaßpublikation.[178] Und selbst auf ihrem ureigensten Gebiet, in der Textkritik und Edition, hat die altdeutsche Philologie anderen den Vortritt gelassen, sobald es um neuere Literatur ging, als hätte sie noch die grimmigen Worte Lachmanns nach dem Verlust seiner Herausgeberrechte an der Lessingausgabe im Ohr: „Ich werde mich hüten einen Schriftsteller herauszugeben, den etwa ein andrer Lust bekäme nachzudrucken."[179]

Die philologische Behandlung der neueren deutschen Literatur hat innerhalb der Universität erst nach der Teilung des Faches richtig begonnen[180], einsetzend auf dem Stand, den die Wissenschaft „deutsche Literaturgeschichte" um 1850 erreicht hatte. Es war ein Neubeginn in einer Tradition, die inneruniversitär praktisch abgebrochen war und außeruniversitär in einigen Belangen, etwa in der Literaturgeschichtsschreibung, nur mit unverkennbaren Trivialisierungserscheinungen fortgesetzt worden war. Die Aufgabe der neudeutschen Philologie bestand darin, einerseits sich vom außeruniversitären Schreiben über ihren Gegenstand abzusetzen durch Professionalisierung, andererseits inneruniversitär die Kontinuität und Kompatibilität mit der altdeutschen Philologie zu wahren.

Der Erfüllung dieser schwierigen Doppelaufgabe diente ein Forschungsprogramm, das zunächst einfach nur unverabredet befolgt wurde, recht bald aber auch explizit aufgestellt werden konnte. Richard Heinzel hat es mustergültig ausformuliert, als es 1879 in Wien darum ging, die Streichung der Lehrkanzel Tomascheks nach dessen Tod zu verhindern.[181] Heinzels Leitsatz lautet: „Die Ziele dieser neudeutschen Philologie sind die gewöhnlichen philologischen"[182], diejenigen nämlich der niederen und der höheren Kritik.[183] Unter diesem Leitsatz entwickelt er ein Forschungsprogramm, das die reine Textphilologie in behutsamen Professionalisierungsschritten bis hin zur literaturgeschichtlichen Gesamtdarstellung überschreitet und doch die Kontinuität zu ihr wahrt.

> Die niedere wie die höhere Kritik erfordert natürlich die genaueste Kenntnis des Sprach- und Kunstgebrauchs des in Frage stehenden Schriftstellers. Diese Kenntnis

[178] Karl Robert Pabst, Vorlesungen über G. E. Lessings Nathan. Aus dem Nachlasse desselben hrsg. von F. Edinger. Bern 1881.

[179] Karl Lachmann, Ausgaben klassischer Werke darf jeder nachdrucken (1841); in: K. L., Kleinere Schriften zur deutschen Philologie. Hrsg. von Karl Müllenhoff. Berlin 1876, S. 559.

[180] Sehr zutreffend bemerkt Hermann Paul, Geschichte der germanischen Philologie; in: Grundriß der germanischen Philologie. Hrsg. von Hermann Paul. I. Band. Straßburg 1891, S. 9–151; 137: „In den siebenziger Jahren beginnt eine ausgedehntere eigentlich philologische Behandlung der neueren Literatur."

[181] Tomascheks eigenes, lockerer formuliertes, aber übereinstimmendes Programm: Karl Tomaschek, Die neuhochdeutsche classische Dichtung und die Literaturgeschichte; in: Almanach der kaiserlichen Akademie der Wissenschaften. Fünfundzwanzigster Jahrgang. Wien 1875, S. 251–281.

[182] Fuchs (= Anm. 92) 74; dort mit einem offenkundigen Lesefehler „die gewöhnlich unphilologischen".

[183] Fuchs 75.

ist aber auch ohne Hinblick auf ihre Verwertung für die Kritik, eines der höchsten Ziele philologischer Wissenschaft. Der ästhetische Eindruck, den ein poetisches oder prosaisches Denkmal auf den Leser macht, muß in seine Teile zerlegt, den Gründen des Gefallens oder Mißfallens bis ins kleinste nachgegangen werden, natürlich nicht nur im Hinblick auf die gegenwärtigen Leser, sondern vor allem auf die Zeitgenossen des Schriftstellers. Es handelt sich also darum, die Eigentümlichkeiten der neueren deutschen Autoren nach Komposition, Darstellung des Einzelnen, Gebrauch der rhetorischen und poetischen Mittel nach Sprache und Metrik bis ins feinste zu bestimmen und daraus eine Charakteristik der einzelnen Werke oder einer schriftstellerischen Persönlichkeit aufzubauen, welche für ihr Objekt ähnliches leistet, wie die wissenschaftliche Beschreibung eines Naturkörpers. Daran schließen sich Arbeiten, die von der Frage ausgehen, wie die Entstehung eines literarischen Kunstwerkes möglich war, wie sie zu begreifen, zu erklären ist, also wieviel bei den literarischen Formen desselben auf Tradition beruht, einheimischer oder fremder, was von dem Verfasser des in Rede stehenden Werkes hinzugebracht wurde, wie ferner die Persönlichkeit des Schriftstellers, seine Erziehung, seine Schicksale, seine religiösen, philosophischen Überzeugungen bestimmend für seine künstlerische Eigenart geworden sind. Eine Reihe von solchen Einzeluntersuchungen würde es dann ermöglichen, durch Zusammenfassung der gleichartigen Schilderungen von den Kunstrichtungen einer gewissen Periode, einer gewissen Landschaft, einer gewissen Gesellschaftsklasse und so fortschreitend allmählich Darstellungen des ganzen literarischen Kunstbetriebes größerer Sprachen zu geben".[184]

So hat sich ein Angehöriger der altdeutschen Philologie die Zukunft der neudeutschen Philologie vorgestellt: als die konzeptionelle Vollendung der Wissenschaft „deutsche Literaturgeschichte", wie sie nach Prutz sich hätte gestalten können.[185] Textphilologie, literaturgeschichtliche Charakteristik, Rhetorik, wissenschaftliche Metrik, Quellenforschung, reduzierte Interpretation und andeutungsweise auch historische Rekonstruktion sind integriert und funktionalisiert in einem bruchlosen literarhistorischen Forschungsprozeß, der additiv voranschreitet, sich dabei löst von der diagnostisch urteilenden Historie und nicht mehr auf die Erkenntnis des deutschen Geistes zielt, sondern auf eine Geschichte „des ganzen literarischen Kunstbetriebes".

Die Ausbildungsfunktion der neudeutschen Philologie ist zwar vorsichtshalber nicht direkt als Argument erwähnt, aber doch angedeutet:

> Die Forschung auf dem Gebiet der neueren Literaturgeschichte in diesem Sinne hat jedenfalls den Vorteil lehr- und lernbar zu sein und eignet sich vortrefflich für den akademischen Unterricht, während man bei jener älteren Weise Literaturgeschichte zu betreiben, die aufs glänzendste durch Gervinus vertreten wurde und auch gegenwärtig von zahlreichen und oft sehr verdienstvollen österreichischen und deutschen Gelehrten geübt wird, nicht wohl begreift, wie sie durch den geistvollsten und beredtesten Lehrer vom Katheder aus den Studenten beigebracht werden soll. Natürlich liegt hiebei die Voraussetzung zugrunde, daß der Professor für neuere deutsche Literaturgeschichte nicht bloß Tatsachen mitzuteilen und ursächlich zu erklären habe, sondern daß von ihm auch wie von jedem anderen Belehrung über die Methode, jene Tatsachen in ihrem Zusammenhang zu finden, erwartet werden müsse.[186]

---

[184] Fuchs 75 f.

[185] Vgl. oben S. 330.

[186] Fuchs 76 f. Anschließend ist noch die „Errichtung von Seminarien für neuere deut-

Heinzel hat in diesem seinem Programm lehr- und lernbarer Forschung die bereits laufende Arbeit der neudeutschen Philologie auf den Begriff gebracht. Den heiklen Punkt innerhalb der neuen Spezialdisziplin hat er am Anfang des Entwurfs angetippt: es ist – in reduktiver Fassung – die Beschreibung des „ästhetischen Eindrucks", „natürlich nicht nur im Hinblick auf die gegenwärtigen Leser, sondern vor allem auf die Zeitgenossen des Schriftstellers". Das heißt, die Subjektivität des Lesers wird toleriert, wenn sie es versteht, sich zu verfremden und historisch zu verkleiden; der literarische Text, thematisiert als gegenwärtiges Objekt gegenwärtiger Leser, hat in diesem Programm noch keinen gesicherten Platz in der Wissenschaftsorganisation. Die Forschung war zunächst möglichst ganz auf den Text als Schreiberprodukt konzentriert.

In dieser Einstellung zu ihrem Gegenstand hat die neudeutsche Philologie die erste Phase ihrer Institutionalisierung in der theorielosen Betriebsamkeit einer „normalen Wissenschaft" hinter sich bringen können: alle Beteiligten haben diskussionslos im Rahmen eines und desselben Forschungsprogramms bzw. mit einer und derselben „disziplinären Matrix" gearbeitet und eine unerhörte Fülle von Material und Einsichten zutage gefördert. Unter der vorbildgebenden bzw. schulbildenden Führung von Michael Bernays und Wilhelm Scherer[187] hat sich die neudeutsche Philologie an die Erfüllung ihres Programms gemacht. Sie hat vernünftigerweise mit den grundlegenden und einfachen Operationen begonnen und die komplexeren und schwierigeren erst einmal aufgeschoben.

Die erste und grundlegende philologische Operation ist immer schon die Herstellung gesicherter Texte gewesen, und mit ihr hat denn auch die neudeutsche Philologie begonnen. Weil ihr Gegenstand in aller Regel anders überliefert und gegeben ist als die altdeutschen Texte, in Drucken und Autorhandschriften statt in Abschriften, mußte die neudeutsche Philologie eine für ihre Zwecke geeignete Modifikation des textkritischen Verfahrens entwickeln. Daß das Ergebnis der Textkritik nach wie vor der „ächte" Text sein soll, wurde natürlich nicht bestritten; aber der Weg zu diesem Ergebnis, der Prozeß der Textkritik selbst, hat durch die nötigen Modifikationen einen neue Qualität bekommen.

Voraussetzung dafür ist der grundsätzliche Zweifel an der Zuverlässigkeit auch autorisierter Texte[188]; seine Berechtigung hat Michael Bernays demonstriert in seiner Untersuchung der Druckgeschichte von einigen Werken des

---

sche Literatur" als Beleg für die Fruchtbarkeit der „neuen philologischen Methode" erwähnt.

[187] Vgl. z. B. Reinhold Bechstein, Art. „Philologie, germanische"; in: Encyklopädie des gesamten Erziehungs- und Unterrichtswesens [...], hrsg. von K. A. Schmid. 2. verbesserte Auflage. Sechster Band. Leipzig 1885, S. 21–56; 30: „Namentlich sind es hier zwei Gelehrte, welche der philologischen Behandlungsart durch eigene Werke, mehr noch durch die Lehre und Anregung, die sie zahlreichen Schülern und Jüngern gaben, die Bahn brachen und die Herrschaft sicherten: das sind die Professoren Michael Bernays in München und Wilhelm Scherer in Berlin."

[188] Noch z. B. für Rudolf von Raumer, Ueber die sprachliche Behandlung neuhochdeutscher Texte; in: Germania 2 (1857) 109–119, ging es unter diesem Titel nur um die

jungen Goethe[189], die als das Muster gegolten hat. Der professionelle Zweifel löscht aber nicht einfach nur wie ein Restaurator die Entstellungen des Textes in späteren Ausgaben, um die Lesarten der Originalausgabe wieder einzusetzen, wie das unter den nicht-professionellen Textkritikern besonders der Nürnberger Gymnasialdirektor Joachim Meyer für Schillersche Texte getan hatte[190], er bricht vielmehr die Überlieferung auf und installiert zwischen den Textfassungen und vor ihnen die Unmittelbarkeit zum Schaffen des Dichters, zu der schon die Variantensammlungen früherer Zeit den Zugang hätten öffnen sollen.[191]

Die Installation von Unmittelbarkeit führt Bernays in einer ganz eigenen Inszenierung vor, die er auch dann noch unbeirrt wiederholt, wenn sie längst nicht mehr authentischer Bericht über den Ablauf seiner Arbeit sein kann, wie es große Teile der Untersuchung durch ihre Ich-Form suggerieren. Selbstverständlich nämlich hat er, einmal mißtrauisch geworden, sich der Mühsal unterzogen, sämtliche Drucke etwa des „Clavigo" minutiös miteinander zu vergleichen und aus den Unterschieden ihre Abhängigkeiten voneinander zu erschließen.[192] Trotzdem inszeniert er immer wieder einen Prozeß, der stets mit dem Sich-Wundern über Einzelheiten in der Ausgabe letzter Hand einsetzt und von ihm aus zum Ziel kommt.

Ein Beispiel. Wenn im „Clavigo" in der Szene mit Maries Tod der Satz „Hülfe, sie stirbt!" der Sophie zugeteilt wird und der anschließende Ausruf: „Verlaß uns nicht, Gott im Himmel! – Fort, mein Bruder, fort!" der Marie, die unmittelbar vorher zurückgefallen war und ihr letztes Wort „Clavigo!" ausgestoßen hatte, so kann man sich bei entsprechender Aufmerksamkeit wundern. Also: „Blicken wir in die Orginalausgabe!" In der Tat, dort stammt der Ausruf von Buenco statt von Marie selbst. Trotzdem: „Auch zu dieser Anordnung müssen wir bedenklich den Kopf schütteln."[193] Denn Buenco pflegt sonst den Beaumarchais mit „Ihr" und „Sie" anzureden und nicht als „mein Bruder". Aufgrund ähnlicher Überlegungen muß also der Setzer des Himburgschen Nachdrucks die Neuverteilung vorgenommen haben, die Goethe dann unbesehen übernommen hat.

> Blicken wir also, unbeirrt durch die Lesart des Nachdrucks, noch einmal in die Originalausgabe, und gleich zeigt sich ein eben so einfaches, wie sicheres Heilmittel: statt Sophie ist Buenco, statt Buenco ist Sophie zu setzen. [...] Unstreitig ist hiermit das Aechte und Ursprüngliche hergestellt, das schon so früh, vielleicht schon gar im Ma-

---

verschiedenen Grade der Modernisierung bei der Wiedergabe älterer neuhochdeutscher Texte, ohne daß deren überlieferte Gestalt kritisch in Zweifel gezogen wäre.

189 Michael Bernays, Über Kritik und Geschichte des Goetheschen Textes. Berlin 1866.

190 Joachim Meyer, Beiträge zur Feststellung, Verbesserung und Vermehrung des Schiller'schen Textes. Nürnberg 1858. – Ders., Neue Beiträge zur Feststellung, Verbesserung und Vermehrung des Schiller'schen Textes. Nürnberg 1860. – Reinhold Köhler, Zu Heinrich von Kleists Werken. Die Lesarten der Original-Ausgaben und die Aenderungen Ludwig Tieck's und Julian Schmidt's. Weimar 1862.

191 Vgl. oben S. 398.

192 Bernays (= Anm. 189) 45, 43.

193 Bernays 57.

nuskripte des Dichters, getrübt worden. Goethe mußte so schreiben wollen, wenn er auch aus Versehen nicht so geschrieben hat.[194]

Die nachträgliche Inszenierung ist mehr als nur das didaktische Mittel, den Leser am Prozeß der Entdeckung teilnehmen zu lassen, sie hat ihren Sinn in der wiederholten Hinführung zu den Originalausgaben und im Ziel, das sie nur über diese erreicht: die Unmittelbarkeit nicht nur zum Schreiben des Dichters vor der Schrift, sondern sogar zum Wollen des Dichters vor dem Schreiben. Auch andere als Bernays haben sich, ohne dieselbe Inszenierung zu bemühen, auf den Weg zum selben Ziel gemacht, Wilhelm Scherer etwa mit seinem Versuch, hinter den überlieferten Text des „Faust"-Fragments von 1790 in Lachmannscher Manier zurückzugelangen zu einem ursprünglichen „Entwurf in Prosa" aus dem Winter 1771/72 vor aller Überlieferung.[195] Bernays hat nur noch den letzten Schritt auch hinter die früheste Schrift zurück inszeniert.

An diesem Punkt fallen die textkritischen Entscheidungen, die zu historisch-kritischen Ausgaben führen, und genau an diesen Punkt in der Basis der philologischen Arbeit hat sich die Rekonstruktion zurückgezogen. Bernays hat zwar nur den Weg hinter die Schrift zurück ins Wollen des Dichters vorgeführt, aber stillschweigend auch den rekonstruktiven Rückweg angetreten. Er hat in die alte Formel der Rekonstruktion („der Dichter mußte"[196]) den Namen des Dichters[197] eingesetzt („Goethe mußte schreiben wollen") und daraufhin selbst den Inhalt des Wollens als die „ächte" Lesart in den Text geschrieben, also das Schreiben des Dichters textkritisch wiederholt.

Ausformuliert hat Bernays diese Form der textkritischen Rekonstruktion nicht, vielleicht nicht einmal bemerkt, weil ihm zwischen dem Wollen und dem Ausdruck kein Unterschied bestanden zu haben scheint. Es war ihm offenbar vor allem wichtig, daß „das Aechte", das er selbst, vom Wollen ausgehend, rekonstruktiv hergestellt hat, immer noch „das Ursprüngliche" war, nicht nur das zeitlich Erste; es ist der Ort der Wahrheit, an dem Sinn geschieht und Wissenschaft in der Präsenz des Aktes von Mund und Feder sich begründet:

> Alles wissenschaftliche Thun kann nur ein Ziel haben, die Wahrheit. [...] Jenes einzige Ziel hat auch die Kritik im Auge: das Wahre ist aber in diesem Falle das Wort des Autors, wie es aus seinem Munde, aus seiner Feder hervorgegangen.[198]

Auf diese Weise wird in der Textkritik der neudeutschen Philologie der „Cultus des Genius"[199] zur Wissenschaft erhoben. Das Sich-Einlesen, der Erwerb von Vertrautheit mit dem Sprachgebrauch des Dichters, wird dargestellt als „liebe

---

[194] Bernays 58 f.

[195] Wilhelm Scherer, Der Faust in Prosa; in: Wilhelm Scherer, Aus Goethes Frühzeit. Bruchstücke eines Commentars zum jungen Goethe. Mit Beiträgen von Jacob Minor, Max Posner, Erich Schmidt. (Quellen und Forschungen zur Sprach- und Culturgeschichte der germanischen Völker. 34) Straßburg 1879, S. 76–93.

[196] Vgl. oben S. 358 f.

[197] Vgl. oben S. 368.

[198] Bernays (= Anm. 189) 6.

[199] Vgl. oben S. 403.

Gewohnheit des fortdauernden Umgangs" mit ihm selbst in aller Unmittelbarkeit, bis

> er uns eine wirkliche Einsicht in sein Wesen vergönnt. [...] Wir erfahren, wie es in seinem Innern beschaffen ist; wir lernen aber auch den Ausdruck der Mienen kennen; Wort, Blick und Geberde wird uns vertraut. [...] er theilt uns seinen Geist mit; wir aber müssen durch die ausharrende Thätigkeit selbständiger Forschung uns dieser Mittheilung zugleich versichern und würdig machen.[200]

Das mühselige, aber eigentlich ganz einfache Verfahren der Textkritik wird so zur kultischen Handlung, zur Reinigung des Textes auf dessen eigenes Verlangen hin, zur Sühne für die Sünden der Väter gegen den Text.

> Hoffentlich ist der Tag nicht fern, da alle Schmach, die ihm von Original- und von Nachdruckern angethan worden, ihre vollständige Sühne findet. [...] Sobald die Arbeit am Werther vollbracht war, meldeten sich die andern Werke aus der Jugendzeit des Dichters und verlangten eine ähnliche Behandlung. Ich wendete mich erst zum Clavigo, dann zum Götz, dann zur Stella.[201]

Dieses Pathos der Wahrheit, das den irrationalen Grund des rationalen Verfahrens in legitimatorischer Absicht vorzeigt, hat sich in manchen textkritischen Untersuchungen[202] und anderwärts vielleicht noch als ein leichtes Tremolo bemerkbar gemacht[203], war aber in Bernaysscher Deutlichkeit anscheinend doch nur am Anfang nötig. Man war vielleicht nicht bescheidener, aber bei aller Ergriffenheit doch nüchterner geworden.

Der Bernaysschüler Franz Muncker hat 1889 ganz sachlich das allgemein geübte Verfahren festgehalten: man hat die Texte „nach genau denselben Grundsätzen bearbeitet, die Karl Lachmann zuerst für seine Ausgabe der Lessingischen Schriften aufstellte". Die daraus resultierende historisch-kritische Ausgabe (in diesem Falle der Oden Klopstocks)

> beruht auf der sorgfältigen Durchforschung aller uns zugänglichen Handschriften und aller Drucke der Oden in Einzelausgaben, Zeitschriften und Sammlungen des Dichters oder seiner Freunde. Sie gibt den letzten von Klopstock selbst festgesetzten Text von Irrtümern und Druckfehlern gereinigt, sonst aber buchstabengetreu mit allen (übrigens nicht bedeutenden) Eigentümlichkeiten der Rechtschreibung und der

200 Bernays 4 f.

201 Bernays 38.

202 Michael Bernays, Zur Entstehungsgeschichte des Schlegelschen Shakespeare. Leipzig 1872. – Richard Hamel, Klopstock-Studien. 3 Hefte. Rostock 1878–1880. – Erich Schmidt, Beiträge zur Kenntniss der Klopstockschen Jugendlyrik aus Drucken und Handschriften. (Quellen und Forschungen zur Sprach- und Culturgeschichte der germanischen Völker. 39) Straßburg 1880. – Jaro Pawel, Klopstocks Oden (Leipziger Periode). Ein textkritischer Beitrag zur Literaturgeschichte seiner Zeit. Wien 1880.

203 So zum Beispiel auch Scherers Bemerkung (1877) über den ersten Band von Suphans Herderausgabe mit einer bezeichnenden Begriffsmischung: „An die vorliegende Ausgabe nun ist alles gesetzt worden, was die strengste Gewissenhaftigkeit in jahrelanger unverdrossener Arbeit an Fleiß, Ergebenheit, Eifer, Treue, Mühe und Methode auf einen geliebten Gegenstand wenden kann." Wilhelm Scherer, Kleine Schriften zur neueren Litteratur, Kunst und Zeitgeschichte. Hrsg. von Erich Schmidt. Berlin 1893, S. 136.

Interpunktion wieder und enthält daneben den vollständigen kritischen Apparat, d. h. alle wirklichen Varianten der früheren Fassungen, welche dem Ohre vernehmbar sind, während gleichgültige Unterschiede der Interpunktion oder Orthographie, ebenso offenbare Schreib- oder Druckfehler und willkürliche Änderungen des Textes in unrechtmäßigen Nachdrucken oder spätern Ausgaben, mit denen der Dichter selbst nichts zu thun hatte, nicht angemerkt sind.[204]

Der kultische Gestus des Reinigens ist terminologisch geworden, und das „Aechte und Ursprüngliche" hat sich im kritischen Apparat verborgen, der die Unmittelbarkeit der sinnlichen Wahrnehmung durch das Ohr beibehält und nicht-autorisiertes Visuelles ausscheidet. Der kritische Apparat bietet, anders als in der altdeutschen Philologie, nicht mehr unter dem Text der Leithandschrift die verworfenen Varianten ihrer selbst und die abweichenden der anderen Handschriften, sondern die Spuren des Schaffens, denen man folgen kann. Er ist die gelehrte Vorrichtung der Ursprungsrekonstruktion, die den Benutzer der Ausgabe sozusagen von hinten her wenigstens in den letztgültigen Akt des Schreibens miterlebend hineingelangen läßt. Deshalb haben die historisch-kritischen Ausgaben, was ja keineswegs selbstverständlich ist, grundsätzlich die jeweils letzte, kritisch gereinigte Fassung des Textes abgedruckt; hätten sie dafür die erste genommen, die ja immerhin dem Ursprung zeitlich am nächsten steht, so hätte der enstehungsgeschichtliche kritische Apparat immer weiter vom Ursprung weg statt in ihn hinein geleitet.[205]

Unter diesen Auspizien hat sich die entsagungsvolle textkritische Arbeit über vielerlei Texte ausgebreitet und das letzte Drittel des 19. Jahrhunderts zur ersten hohen Zeit der neugermanistischen Textedition werden lassen. Bevorzugt bedient wurden die großen Namen des 18. Jahrhunderts mit den zum Teil noch heute nicht ersetzten Gesamtausgaben[206], aber daneben gab es dann auch von Texten nicht ganz so oder gar nicht verehrter Autoren aus dem 16. bis 19. Jahrhundert eine Fülle von Einzelausgaben, zum Teil separat erschienen[207],

---

[204] Friedrich Gottlieb Klopstock, Oden. Hrsg. von Franz Muncker und Jaro Pawel. Erster Band. Stuttgart 1889, S. V.

[205] In Einzelfällen wurde die erste Fassung als Ergänzung der sonst schon verfügbaren letzten zugänglich gemacht, etwa in der berühmt gewordenen, vom Goetheliebhaber und Verleger Salomon Hirzel zusammengestellte Sammlung „Der junge Goethe" (Seine Briefe und Dichtungen von 1764–1776. Mit einer Einleitung von Michael Bernays. 3 Teile. Leipzig 1875) oder im ersten Band von Richard Hamels Klopstockausgabe (Deutsche National-Litteratur. 46. Berlin/Stuttgart 1883) die ersten drei Gesänge des „Messias" parallel in erster und letzter Fassung.

[206] Friedrich von Schiller, Sämmtliche Schriften. Historisch-kritische Ausgabe. Im Verein mit A. Elissen (u. a.) hrsg. von Karl Goedeke. 16 Bände. Stuttgart 1867–1876. – Herder's Sämmtliche Werke. Hrsg. von Bernhard Suphan. 33 Bände. Berlin 1877–1913. – Gotthold Ephraim Lessing, Sämmtliche Schriften. Hrsg. von Karl Lachmann. Dritte, auf's neue durchgesehene und vermehrte Auflage, besorgt durch Franz Muncker. 23 Bände. Stuttgart (u. a) 1886–1924. – Johann Wolfgang von Goethe, Werke. Hrsg. im Auftrage der Großherzogin Sophie von Sachsen. 4 Abteilungen, 143 Bände. Weimar 1887–1919.

[207] Ein prominentes Beispiel: Friedrich Schlegel, 1794–1802. Seine prosaischen Jugendschriften. Hrsg. von Jacob Minor. 2 Bände. Wien 1882.

zum Teil in eigens gegründeten Reihen[208], und vieles wurde zusätzlich noch im Großunternehmen „Deutsche National-Litteratur" aufgefangen, das ein rühriger Organisator, der Journalist und Herausgeber Joseph Kürschner, begründet und geleitet hat.[209] Allenthalben waren Universitätsgermanisten beteiligt, nirgends aber konnten oder auch wollten sie die Nicht-Professionellen verdrängen.

Auf der ersten, erfolgreich sich ausbreitenden und problemlos fortzusetzenden philologischen Operation, der Textkritik samt Edition, setzte die zweite philologische Operation an: der Kommentar. Es bestand wiederum unausdrückliche Einigkeit, daß der Kommentar historisch zu sein hatte, das heißt, er hatte neben einzelnen Wort- und Sacherklärungen Auskunft zu geben über die lebensgeschichtlichen Umstände, unter denen der jeweilige Text geschrieben worden ist, er hatte dessen literarische „Quellen" namhaft zu machen und die biographischen und allgemeinhistorischen Bezüge aufzuschlüsseln. Kleine Beiträge zum Kommentar sind in großer Zahl in Zeitschriften, umfangreichere Vorarbeiten bisweilen auch als Bücher erschienen.[210]

Der natürliche Ort des Kommentars wäre die historisch-kritische Ausgabe gewesen. Das erste anerkannte Muster eines solchen integrierten Kommentars hat ein gelehrter Nicht-Germanist geliefert, der Berliner Ministerialbeamte Gustav von Loeper mit seiner kommentierten Ausgabe von Goethes „Dichtung und Wahrheit" im Rahmen der Hempelschen Goetheausgabe.[211] Aber die meisten historisch-kritischen Ausgaben haben auf einen ausführlichen Kommentar verzichtet oder in Vor- und Nachworten nur gerade den entstehungsgeschichtlichen Teil gebracht. Es fehlten in vielen Fällen einfach noch die nötigen Materialien, obwohl die professionellen und nicht-professionellen Zulieferer des Kommentars weiterhin eifrig am Werke waren mit der Publikation von Briefen, Tagebüchern, Lebenszeugnissen, Aktenstücken und „Gesprächen", mit Quellen- und Motivforschung.

Deshalb hat der Kommentar andere Formen der Publikation gesucht und gefunden, die leichter zu revidieren und durch Neueingänge schneller zu ergänzen waren als ein integrierter Kommentar innerhalb einer historisch-kritischen Ausgabe. Das beherrschende Modell sind Heinrich Düntzers „Erläute-

---

[208] Neben den schon früher begonnenen beiden Reihen von Goedeke und Tittmann (vgl. oben S. 333, Anm. 419): Neudrucke deutscher Literaturwerke des 16. und 17. Jahrhunderts. Hrsg. von Wilhelm Braune. Halle 1876 ff. – Deutsche Literatur-Denkmale des 18. Jahrhunderts. Hrsg. von Bernhard Seuffert. Heilbronn 1882 ff. – Auch die „Bibliothek des Literarischen Vereins in Stuttgart" hat sich zunehmend für Editionen von Texten aus dem 16. und 17. Jahrhundert geöffnet.

[209] Deutsche National-Litteratur. Historisch-kritische Ausgabe. Hrsg. von Joseph Kürschner. 164 Bände. Stuttgart (1882–1899).

[210] Beispielsweise Scherer, Aus Goethes Frühzeit (= Anm. 195), oder Jacob Minor/August Sauer, Studien zur Goethe-Philologie. Wien 1880.

[211] Goethe's Werke. Nach den vorzüglichsten Quellen revidirte Ausgabe. Zwanzigster–Dreiundzwanzigster Theil. Dichtung und Wahrheit. Mit Einleitung und Anmerkungen von Gustav von Loeper. Berlin (1874–77).

rungen" in Heftform geworden[212]; sie bieten eine Fülle von historischer Detailinformation samt reduzierter Interpretation[213], sind von Auflage zu Auflage mit neuen Daten bereichert und von Studenten und Professoren, Schülern und Lehrern offenbar rege benutzt worden.

Auch der Kommentar hat dasselbe Ziel wie die Textkritik: die Herstellung von Unmittelbarkeit. Das ist zwar in der Routine selten ausdrücklich geworden und war wohl auch gar nicht mehr erwähnungsbedürftig, da durch den philologischen Arbeitskontext gegeben. Scherer hat in seiner Rezension von Loepers Kommentar zweifellos getroffen, was die Kommentatoren anstrebten, auch darin, daß er „Kommentar" und „Interpretation" bzw. „Exegese" nach philologischem Sprachgebrauch synonym gebraucht hat.

> Dergestalt nähert sich die Exegese der Lösung zweier Aufgaben: sie will an Goethes Erzählung historische Kritik üben und sie will den Entstehungsproceß des Werkes in der Seele des Autors erforschen: die höchste Aufgabe einer jeden kunstmäßigen Interpretation.[214]

Auch an der zweiten philologischen Operation, am Kommentar, konnten oder mußten sich weiterhin die Außenseiter und die Nicht-Professionellen beteiligen.

Zur eigentlichen Domäne der neudeutschen Philologie ist eine dritte philologische Operation geworden, eine Mittellage, auf der man sowohl die Quellenpublikationen nutzen als auch zusätzliche Materialen für Textkritik und

---

[212] Heinrich Düntzer, Erläuterungen zu den deutschen Classikern. Jena 1855 ff., dann Leipzig 1871 ff. – Eduard Kuenen, Die deutschen Klassiker, erläutert und gewürdigt für Gymnasien, Real- und höhere Töchterschulen. Köln 1876 ff. – Die deutschen Klassiker, erläutert und gewürdigt für höhere Lehranstalten, sowie zum Selbststudium von Ed. Kuenen, M. Evers und einigen Mitarbeitern. Leipzig 1888 ff. – Wilhelm König, Erläuterungen zu den deutschen Klassikern für den Schul- und Hausgebrauch. Leipzig 1894 ff.

[213] Vgl. oben S. 406 ff.

[214] Wilhelm Scherer, Goethe-Philologie (1877); in: W. Sch., Aufsätze über Goethe. Berlin 1886, S. 1–28; 17.

[215] Beispiele aus einigen wenigen Jahren: Richard Maria Werner, Ludwig Philipp Hahn. Ein Beitrag zur Charakteristik der Sturm- und Drangzeit. (Quellen und Forschungen zur Sprach- und Culturgeschichte der germanischen Völker. 22) Straßburg 1877. – Erich Schmidt, Lenz und Klinger. Zwei Dichter der Geniezeit. Berlin 1878. – August Sauer, Joachim Wilhelm Brawe, der Schüler Lessings. (Quellen und Forschungen zur Sprach- und Culturgeschichte der germanischen Völker. 30) Straßburg 1878. – Adolf Frey, Albrecht von Haller und seine Bedeutung für die deutsche Literatur. Leipzig 1879. – Max Koch, Helferich Peter Sturz nebst einer Abhandlung über die schleswigschen Literaturbriefe mit Benutzung handschriftlicher Quellen. München 1879. – Berthold Litzmann, Zur Textkritik und Biographie Johann Christian Günthers. Frankfurt 1880. – Otto Brahm, Das deutsche Ritterdrama des 18. Jahrhunderts. Studien über Joseph August von Törring, seine Vorgänger und Nachfolger. (Quellen und Forschungen zur Sprach- und Culturgeschichte der germanischen Völker. 40) Straßburg 1880. – Jacob Minor, Christian Felix Weiße und seine Beziehungen zur deutschen Literatur des achtzehnten Jahrhunderts. Innsbruck 1880. – Paul von Hofmann-Wellenhof, Michael Denis. Ein Beitrag zur Deutsch-Oesterreichischen Literaturgeschichte des 18. Jahrhunderts. Innsbruck 1881.

Kommentar liefern konnte: die biographische Monographie. Viele spätere Professoren der neudeutschen Philologie haben auf diesem Sektor begonnen und auch weitergearbeitet, für eigene Bücher oder z. B. für Artikel in der „Allgemeinen Deutschen Biographie“, und sie haben wiederum ihre Doktoranden in die Bibliotheken, in öffentliche und private Archive geschickt zur Anfertigung monographischer „Beiträge“. Das waren oft reine Fleiß- und Qualifikationsarbeiten ohne persönliche Beziehung zur Sache, wie sie bei den früheren Dichterbiographen nicht selten durch Familie oder Wohnort oder Verehrung gegeben waren. Bevorzugt waren auch hier eindeutig die Autoren des 18. Jahrhunderts, und zwar so, daß die weniger bekannten eher für Erstlingsarbeiten in Frage kamen[215] und die großen Dichter ihre Biographien von Philologen auf dem Höhepunkt ihrer Karriere bekamen.[216]

Die biographischen Monographien gleichen einander so wie die Kommentare und die textkritischen Arbeiten bzw. die historisch-kritischen Ausgaben. Es sind zunächst einmal historische Arbeiten, die in erster Linie und auf jeden Fall das Leben des jeweiligen Dichters mit möglichst sicheren und genauen dokumentarischen Belegen erzählen, wobei der erzählende Biograph in unterschiedlichem Maße dazu neigen kann, in das Präsens und in das Innere seines „Helden“ zu schlüpfen. Erzählungen von dessen Arbeit an seinen Werken gehören natürlich auch dazu, ebenso Daten (bibliographische und allenfalls textkritische) über die Werke selbst. Das heißt, es wird mit Konsequenz und Genauigkeit die Herstellung des Produkts verfolgt (weniger oder mehr aus Innen- als Außensicht), aber an dem Punkt, an dem es auch zum Leserobjekt wird, pflegen die Monographien knauserig zu werden. Inhaltsangabe und kurze, wertende Charakteristik des Werks ist normalerweise das Maximum, mit dem dieser Aspekt zur Geltung kommt, obwohl er ja eigentlich der Grund ist, über die betreffende Person überhaupt eine Biographie zu schreiben.

Ein weiteres obligatorisches Element ist die moralische Bewertung, natürlich nicht der Werke, sondern der Autoren. Daß moralisch bewertet wird, versteht sich fast von selbst, die Art der Bewertung (positiv oder negativ, implizit oder explizit) ist freigestellt. Es gibt die Extreme von Verehrung und Verachtung, von Unterwerfung und Vernichtung (den beiden Seiten der autoritären Persönlichkeit), auf der einen Seite z. B. die gnadenlose Ergriffenheit bei ungewöhnlicher Präzision der Daten in Bernays' kurzer Goethebiographie für die „Allgemeine Deutsche Biographie“[217], auf der anderen Seite die beispiellose Selbstgerechtigkeit eines Untertanen, mit der sich Erich Schmidt am gleichen

---

[216] Erich Schmidt, Lessing. Geschichte seines Lebens und seiner Schriften. 2 Bände. Berlin 1884/92. – Franz Muncker, Friedrich Gottlieb Klopstock. Geschichte seines Lebens und seiner Schriften. Berlin 1888. – Jacob Minor, Schiller. Sein Leben und seine Werke. 2 Bände. Berlin 1890. – Wilhelm Scherer hat die geplante große Goethebiographie nicht mehr schreiben können; als solideste Leistung hat gegolten: Karl Goedeke, Goethes Leben und Schriften. Stuttgart 1878.

[217] ADB IX 413–448q; IX 497–508. – Auch als eigenes Buch gedruckt: Michael Bernays, J. W. von Goethe. J. C. Gottsched. Zwei Biographien. Leipzig 1880.

Ort über den unglücklichen Friedrich Justus Riedel hergemacht hat[218], und es können auch andeutungsweise die Seiten gewechselt werden, indem Bernays z. B. in seiner Gottschedbiographie die „Verkennung" eines Mannes wiedergutmachen will, der ihn gar nicht begeistert[219], und Schmidt z. B. das Lenz-Kapitel seiner Lenz-Klinger-Monographie mit einem höchstens halbironischen Halbzitat als „liturgische Lection" bezeichnet.[220] Die meisten biographischen Monographien aber halten sich zwischen den Extremen auf und bemühen sich aus kritischer Distanz oder uninteressiertem Wohlgefallen um ein gerechtes Urteil, was immer das sein mag.

Es lief also immer noch das alte Gesellschaftsspiel aus den Literaturgeschichten weiter[221], das Ausprobieren, wie man mit Genies und überhaupt mit anderen sozial zu Rande kommt. Möglich oder sogar nötig wurde das, weil auch dieses alte Element der moralischen Dichtercharakteristik von derselben Unmittelbarkeitsillusion getragen ist wie Textkritik und Kommentar, von der Meinung nämlich, man habe im Erforschen und Erzählen eines Dichterlebens immer genauere und tiefere Einblicke in die Seele des erzählten Dichters getan.

Nach Forschungsprogramm hätte all das Material, das unter einheitlichem Gesichtspunkt in den drei philologischen Operationen Textkritik, Kommentar und Monographie er- und verarbeitet worden ist, das Halbfabrikat ausgemacht, dem dann die Literaturgeschichtsschreibung als vierte Operation – eventuell zuerst in Teilgruppen (Periode, Landschaft, Gesellschaftsklasse[222]) – den letzten Schliff hätte angedeihen lassen. Es hätte dabei unter dem Titel „Literaturgeschichte" unweigerlich so etwas wie eine Moralitäts- und Seelengeschichte der Dichter, modern gesprochen: eine Mentalitätsgeschichte herauskommen müssen, denn zu anderem waren Material und Halbfabrikat nicht wohl zu gebrauchen.[223]

Diese Literaturgeschichte ist schon bald geschrieben worden, obwohl das Forschungsprogramm gar nicht darauf angelegt war, in absehbarer Zeit erfüllt und mit einer großen Synthese aller Arbeiten abgeschlossen zu werden. Die Zurückhaltung der altdeutschen Philologen gegenüber der Abfassung von

---

[218] ADB XXVIII 521–523. – Karl Otto Conrady, Germanistik in Wilhelminischer Zeit. Bemerkungen zu Erich Schmidt (1853–1913); in: Hans-Peter Bayerdörfer u. a. (Hrsg.), Literatur und Theater im Wilhelminischen Zeitalter. Tübingen 1978, S. 370–398. – Wolfgang Höppner, Die ersten Ordinarien am Germanischen Seminar: Erich Schmidt; in: Wissenschaftliche Zeitschrift der Humboldt-Universität zu Berlin. Gesellschaftswissenschaftliche Reihe 36 (1987) 778–781. – Wilhelm Scherer/Erich Schmidt, Briefwechsel. Mit einer Bibliographie der Schriften Erich Schmidts hrsg. von Werner Richter und Eberhard Lämmert. Berlin 1963. – Theodor Storm – Erich Schmidt, Briefwechsel. Kritische Ausgabe, hrsg. von Karl Ernst Laage. 2 Bände. Berlin 1972/76.

[219] Bernays (= Anm. 217) 119.

[220] Schmidt (= Anm. 215) IV.

[221] Vgl. oben S. 321.

[222] Vgl. oben S. 449, Zitat zu Anm. 184.

[223] Heinzels projektierte historische Gesamtdarstellung des Kunstbetriebs, sofern sie das meint, was wir „literarisches Leben" zu nennen pflegen, hätte zumindest noch zusätzliche Vorarbeiten von anderer Art gebraucht.

Literaturgeschichten ist sonst aber auf die neudeutschen übergegangen, wenn auch die jeweiligen Gründe dafür wohl andere waren (vereinfacht gesagt: das Desinteresse an neuerer Literatur bei den einen, das Verharren in Vorarbeiten bei den anderen). Zwar haben es einzelne unternommen, ein schon vorliegendes Literaturgeschichtsbuch zu vollenden[224] bzw. es für eine Neuauflage auf den neuesten Stand zu bringen[225]; zwar haben sich später zweimal je ein alt- und ein neudeutscher Philologe zu einem Gemeinschaftswerk zusammengefunden[226]; zwar hat auch einer, Johann Kelle, eine Darstellung der Literaturgeschichte des Mittelalters allein in Angriff genommen.[227] Insgesamt hat es aber den Anschein, als hätte die deutsche Philologie auf dem Gebiet der Literaturgeschichtsschreibung sich unausdrücklich auf ein Professionalitätsmerkmal geeinigt, das sie in Textkritik und Monographie nicht gefunden hat: auf die Abstinenz.

So ist denn Wilhelm Scherer[228] einer der ganz raren Universitätsgermanisten, die eine Gesamtdarstellung der deutschen Literaturgeschichte im Alleingang riskiert haben.[229] Auch darin zeigt sich seine ganz eigenartige Sonderstellung innerhalb des philologischen Betriebs, die nur als die paradoxe Stellung eines zentralen Außenseiters zu beschreiben ist. Scherer war in der Teilung des Faches und in organisatorischen Belangen von entscheidender Bedeutung, in der Öffentlichkeit dank reger publizistischer Tätigkeit der Repräsentant der neudeutschen Philologie schlechthin, in seinen Arbeiten zur neueren deut-

---

[224] Wilhelm Wackernagel, Geschichte der deutschen Litteratur. Ein Handbuch. 2. vermehrte und verbesserte Auflage besorgt von Ernst Martin. Erster Band. Basel 1879. – 2. Auflage bearbeitet und zu Ende geführt von Ernst Martin. Zweiter Band. Basel 1894.

[225] August Koberstein's Grundriß der Geschichte der deutschen Nationalliteratur. Fünfte umgearbeitete Auflage von Karl Bartsch. 5 Bände. Leipzig 1872–73. – Georg Gottfried Gervinus, Geschichte der Deutschen Dichtung. Fünfte Auflage. 5 Bände. Leipzig 1871–74, ab Bd. 3 hrsg. von Karl Bartsch. – August Friedrich Christian Vilmars „Geschichte der deutschen National-Literatur" wurde von ihrer 18. Auflage an (1877) von Karl Goedeke betreut. – Johann Wilhelm Schaefer, Geschichte der deutschen Literatur des 18. Jahrhunderts. 2. Auflage, hrsg. von Franz Muncker. Leipzig 1881.

[226] Wolfgang Golther/Karl Borinski, Geschichte der deutschen Litteratur. 2 Teile (Von den ersten Anfängen bis zum Ausgang des Mittelalters. Seit dem Ausgang des Mittelalters). (Deutsche National-Litteratur. 163) Stuttgart 1892/94. – Friedrich Vogt/Max Koch, Geschichte der Deutschen Litteratur von den ältesten Zeiten bis zur Gegenwart. Leipzig/Wien 1897.

[227] Johann Kelle, Geschichte der Deutschen Litteratur von den ältesten Zeiten bis zur Mitte des elften Jahrhunderts (Zweiter Band: von den ältesten Zeiten bis zum dreizehnten Jahrhundert). 2 Bände. Berlin 1892/96.

[228] In Lieferungen erschienen seit 1880: Wilhelm Scherer, Geschichte der Deutschen Litteratur. Berlin 1883.

[229] Ettmüller wäre zu nennen, Wackernagel mit seinem Fragment (Vgl. oben S. 347, Anm. 513, 514) und sonst für das 19. Jahrhundert nur noch Franz Koch mit einem kleinen Bändchen: Geschichte der deutschen Litteratur. (Sammlung Göschen. 31) Stuttgart 1893. Als Bibliographie und nicht als Literaturgeschichtsbuch hat damals schon gegolten: Karl Goedeke, Grundrisz zur Geschichte der deutschen Dichtung aus den Quellen. 3 Bände. Hannover 1856/59/81.

schen Literatur aber ein Anlaß zu Kopfschütteln und Verärgerung unter der Mehrheit der deutschen Philologen nicht nur in der älteren Abteilung.

Scherer war der einzige neudeutsche Philologe, der sich sein fachliches Renommee in der altdeutschen Philologie erworben hat und von einem Lehrstuhl in der älteren Abteilung des schon geteilten Faches (1868 bis 1872 in Wien)[230] auf einen in der neueren übergewechselt ist (ab 1872 in Straßburg und entschiedener noch ab 1877 in Berlin). Er hat zahlreiche junge Leute mit seiner unprofessoralen Art[231] für die neudeutsche Philologie zu begeistern, sich schon in Straßburg und dann in Berlin als erste Adresse für Postgraduate-Studien vor allem von österreichischen Germanisten zu empfehlen gewußt und den Mangel an ausgebildeten Spezialisten für neudeutsche Philologie mit der gleichen Geschicklichkeit und Entschlossenheit für seine eigene Karriere wie für die seiner Schüler und Quasi-Schüler zu nutzen verstanden.[232]

In merkwürdigem Kontrast zu seinem Ansehen und Einfluß steht es, daß er sich in seinen Publikationen praktisch nicht am angelaufenen Routinebetrieb der neudeutschen Philologie beteiligt hat: keine historisch-kritische Ausgabe und keine textkritischen Untersuchungen der nüchtern-fleißigen Art, nur „Bruchstücke eines Commentars“[233]; keine größeren biographischen Monographien, nur etliche Artikel in biographischen Sammelwerken (hauptsächlich über Autoren des 16. Jahrhunderts und über Germanisten) und die „Rede auf Geibel“[234]; und vor allem eine Fülle von Buchrezensionen und Essays in Zeitungen und nicht-germanistischen Zeitschriften und eben eine Ausnahmeerscheinung wie die „Geschichte der Deutschen Litteratur“.

Scherer hat seine Rolle im geteilten Fach offenbar nicht als die eines dirigierenden Patriarchen aufgefaßt, sondern als die eines Provokateurs, der immer wieder an die Grenzen geht, sie überschreitet oder öffnet zum gebildeten Publikum hin oder im Vorgriff auf eine Zukunft, um gerade dadurch die Arbeit in den zentralen Gebieten zu fördern, wie es seinen Kollegen gar nicht so lieb war, durch Verhinderung von Routine nämlich. In dieser Funktion hat er auch seine literarhistorische Arbeit gesehen:

[230] Karl Müller, Vaterland Preußen – Heimat Österreich: Wilhelm Scherers Beitrag zur österreichischen Literaturgeschichtsschreibung; in: Hanna Schnedl-Bubeniček (Hrsg.), Vormärz: Wendepunkt und Herausforderung. Beiträge zur Literaturwissenschaft und Kulturpolitik in Österreich. (Veröffentlichungen des Ludwig-Boltzmann-Institutes für Geschichte der Gesellschaftswissenschaften. 10) Wien/Salzburg 1983, S. 121–144.

[231] Wolfgang Höppner, Universitätsgermanistik und zeitgenössische Literatur. Wilhelm Scherers Berliner Jahre 1877–1886; in: Literarisches Leben in Berlin 1871–1913. Studien. Hrsg. von Peter Wruck. Berlin 1987, S. 158–203.

[232] Man kann das verfolgen in den publizierten Briefwechseln, die allerdings allesamt für die Straßburger Zeit eine Lücke aufweisen. – Briefwechsel zwischen Karl Müllenhoff und Wilhelm Scherer. Hrsg. von Albert Leitzmann. Mit einer Einführung von Edward Schröder. (Das Literatur-Archiv. 5) Berlin 1937. – Scherer/Schmidt (= Anm. 218). – Scherer/Steinmeyer (= Anm. 143).

[233] Vgl. oben Anm. 195.

[234] Deutsche Rundschau 40 (1884) 36–45. Auch als Separatdruck Berlin 1884.

> Verfrüht wäre jede Gesammtdarstellung, bevor nicht das Detail erschöpfend durchforscht ist. Und doch kann die Erforschung des Einzelnen nicht gelingen, wenn nicht von Zeit zu Zeit Gesammtdarstellungen gewagt werden.[235]

Und diese Sätze waren ihm wichtig genug, sie vor anderem Publikum als die Worte „eines mir ziemlich nahestehenden Schriftstellers" zu wiederholen.[236]

Die „Geschichte der Deutschen Litteratur" ist denn auch ein Wagnis und ein Vorgriff, nicht nur als bewußt „populär" gehaltenes Buch, sondern auch und besonders in dem Sinne, wie das Ganze allemal mehr ist als die Summe der Teile: es ist ein Gebäude, zwar aus philologisch bearbeiteten „Bausteinen" errichtet, und doch kein philologisches Buch mehr, jedenfalls nicht, was sich die rechten Philologen als die alles umfassende Summe all ihrer Ergebnisse vorgestellt haben werden. Es präsentiert sich als Buch zum Lesen und nicht als Nachschlagewerk, es ist fortlaufende Erzählung ohne Fußnoten und gelehrte Einschübe im Text, es meidet Ausführlichkeit und Inhaltsangaben[237], verzichtet überhaupt nach Möglichkeit auf die Wiederholung von längst Bekanntem und bietet nicht einmal einigermaßen detaillierte biographische und bibliographische Information.[238]

In seiner historiographischen Praxis hat Scherer sämtliche Proklamationen hinter sich gelassen oder desavouiert, die er bei verschiedenen Gelegenheiten mit wirklicher oder auch nur scheinbarer Entschiedenheit in die Welt gesetzt hat; doch hat die Rücknahme wenig genützt. Denn aus ihnen haben sich seine Schüler und die Nachwelt das so schön geradlinige Scherer-Bild zusammengesetzt, das die Auseinandersetzung mit ihm wunderbar vereinfacht hat, teils mit gewissem Anhalt am Wortlaut jener Proklamationen, teils unter fahrlässiger Mißdeutung[239] wie etwa im Falle des Bildes, das immer wieder als Beleg für Scherers angebliche kritiklose Verherrlichung der Naturwissenschaften hat

---

[235] Wilhelm Scherer, Geschichte der deutschen Dichtung im elften und zwölften Jahrhundert. (Quellen und Forschungen zur Sprach- und Culturgeschichte der germanischen Völker. 12) Straßburg 1875, S. IX.

[236] Scherer, Goethe-Philologie (= Anm. 214) 22.

[237] Scherer an Franz Lichtenstein, 2. Juli 1881: „Die Eigentümlichkeit des Buches nach dieser Seite reduziert sich darauf, daß ich nie nacherzähle. Und das werde ich nicht und darf ich nicht und perhorresciere diese ebenso unkünstlerische wie unwissenschaftliche Manier auf das entschiedenste." Scherer/Schmidt, Briefwechsel (= Anm. 218) 168.

[238] Die „Annalen" (S. 779–793) gleichen das offenkundige Defizit nicht aus, und die Anmerkungen am Schluß des Buches geben Auskunft nur über die Arbeiten der Philologen, über kritische Ausgaben und Sekundärliteratur also.

[239] Jürgen Sternsdorff, Wissenschaftskonstitution und Reichsgründung. Die Entwicklung der Germanistik bei Wilhelm Scherer. Eine Biographie nach unveröffentlichten Quellen. (Europäische Hochschulschriften. I 321) Frankfurt/Bern 1977, S. 250 ff., hat mit der nötigen Deutlichkeit gezeigt, wie ein ironischer Hieb gegen Methodengläubigkeit („Es wäre in der That sehr schön, wenn wir die Methoden so ausbilden könnten daß sie wie Maschinen wirkten") durch Ignoranz, Voreingenommenheit oder verfälschende Auslassung der Fortsetzung („und daß es ganz und gar gleichgültig wäre, ob sie ein Esel oder ein gescheiter Mensch handhabt") in sein Gegenteil verkehrt worden ist (253 Anm. 2).

herhalten müssen: „Die Naturwissenschaft zieht als Triumphator auf dem Siegeswagen einher, an den wir Alle gefesselt sind“[240], – als wären die mitgeschleiften Gefangenen die Veranstalter des Triumphzugs (übrigens ist das Bild selbst ein Zitat[241]). Von strenger oder gar mechanischer Methode, von Ursachenerforschung und Kausalitätsdenken[242], von Rückführung auf Ererbtes, Erlerntes, Erlebtes[243], von irgend so etwas wie „Positivismus“ im gebräuchlichen polemischen Sinne[244] kann für niemanden die Rede sein, der Scherers „Geschichte der Deutschen Litteratur“ gelesen hat und nicht schon vorher weiß, was drin stehen soll.

Der entscheidende Schnitt, den Scherer vorgenommen hat, geht durch die Grundlage der diagnostischen Historie. Für ihn ist Literaturgeschichte ganz eindeutig nicht mehr die Geschichte eines der Literatur fremden Subjekts, heiße es nun „Subjektivität“ oder „deutscher Geist“ oder anders. Das diagnostisch zu erfassende Subjekt, hinsichtlich dessen alle Dichter nur Repräsentanten und alle Texte nur Symptome waren, ist ersatzlos gestrichen. Seine Stelle bleibt leer. Das ist im Sinne der neudeutschen Philologie durchaus konsequent. Denn alle philologischen Operationen zielen auf Unmittelbarkeit zum Dichterleben und zum dichterischen Schaffensakt, und das ist der Ursprung und der Ort des Sinns, über den hinaus oder hinter den zurück zu wollen eben deshalb unsinnig wäre.

Die Austreibung des Geistes aus der Literaturgeschichte bewirkt nun aber nicht deren Naturalisierung oder gar Mechanisierung, sondern zunächst die Suspendierung aller historiographischen Zusammenhangskonzepte, und zwar der diachronen wie der synchronen. Wo ein einheitliches Subjekt fehlt, da gibt es keine kontinuierliche Entwicklung – teleologische und lineare Fortschrittskonstruktionen entfallen. Die Konzepte „Einfluß“ und „Schule“, die auf der

---

240 Wilhelm Scherer, Die neue Generation (1870); in: W. Sch., Vorträge und Aufsätze zur Geschichte des geistigen Lebens in Deutschland und Österreich. Berlin 1874, S. 408–414; 413.

241 „Die Naturlehre und Mathematik sind gegenwärtig auf dem Throne. Sie sehen alle ihre Schwestern zu ihren Füßen, an ihren Triumphwagen gebunden, oder aufs höchste beschäfftigt, ihren Triumph zu verherrlichen. Vielleicht ist ihr Fall nicht weit entfernt.“ (Edward Gibbon), Versuch über die Wissenschaft der Litteratur. Aus dem Französischen eines engländischen Schriftstellers; in: Vermischte Beyträge zur Philosophie und den schönen Wissenschaften. (Hrsg. von Samuel Benjamin Klose). Zweyter Band. Breslau 1764, S. 193–275; 195.

242 Das Standardzitat aus der Rezension „H. Hettners Litteraturgeschichte des 18. Jahrhunderts“: „Die historische Grundkategorie, hat man mit Recht gesagt, ist die Causalität. Keine noch so treue und gewissenhafte Erforschung der Thatsachen, keine noch so lichtvolle und sinnige Sonderung und Gruppirung des Stoffes kann den Historiker der Pflicht entheben, die Ursachen dessen zu ergründen, was geschieht.“ Scherer, Kleine Schriften (= Anm. 203) 66.

243 Das „Ererbte von dem Erlernten und Erlebten zu scheiden“ ist das aus Goethes Autobiographie übernommene Programm philologisch-biographischer Darstellung: Scherer, Goethe-Philologie (= Anm. 214) 14 f.

244 Der minutiösen Entkräftung des „Positivismusvorwurfs“ dient Sternsdorffs ganzes Buch (= Anm. 239).

nächsthöheren Ebene der Autoren als Repräsentanten des Geistes Zusammenhang stiften könnten, werden fast nur noch als Mittel eingesetzt, das Material für Darstellungszwecke zu gruppieren, und üben kaum noch ihre angestammte Funktion aus. Konzepte synchronen Zusammenhangs, etwa nach dem Muster der Milieutheorie als Abhängigkeit der Literatur von sozialen oder politischen Verhältnissen gedacht, werden weder strikt gemieden noch konsequent oder irgend dezidiert angewandt.

Die Darstellung scheint sich überhaupt auf nichts versteifen zu wollen, weder auf eine direkte Belehrung und Bekehrung noch auf indirekte Behauptungen. Sie bedient sich bei Bedarf aller zur Verfügung stehenden Mittel, sowohl einiger von jenen Konzepten als auch der bekannten historiographischen Techniken zum Verstecken der Subjektivität (Wechsel ins „historische" Präsens, Innensicht, Historisierung von Werturteilen usw.), aber sowenig sie mit dem einen Mittel Zusammenhang im Dargestellten behauptet, sowenig versteckt sie mit dem anderen sich selbst in ihrer Subjektivität: besonders am Anfang wird gelegentlich etwa ein „wie ich glaube" eingeblendet[245], oder es blitzen Anflüge von Unernsthaftigkeit auf wie z. B. die beiläufige Bemerkung über den Hildebrand im jüngeren Hildebrandslied, er scheine „den Zweikampf als eine besonders angenehme Art des Wiedersehens zu betrachten".[246]

Die dargestellte Geschichte verwandelt sich dadurch in so etwas wie ein Tableau oder einen riesenhaften Text und die Darstellung der Geschichte in einen Bericht über eine ausgedehnte Lektüre oder in ein Referat des Supertextes „Literaturgeschichte". Was im Supertext vorkommt, ist ebenfalls nicht streng geschieden. Vor allem sind es Texte, dann aber auch Personen, die sowohl als historische Autoren wie auch als Metonymie ihrer Werke auftreten können, so daß das Referat, wenn ihm historische Daten abgehen oder nicht gelegen sind, durchaus auch einmal einen Autor in Form eines Berichts über die Lektüre seiner Werke charakterisieren kann.[247] Vermöge der philologischen Unmittelbarkeitsillusion kann es freizügig und ungehemmt zwischen beiden wechseln und beide auf gleiche Art behandeln, von den Autoren im metonymischen Präsens und von den Texten im historischen Präteritum handeln und umgekehrt und in Einzelfällen auch einmal von Textinhalten im Präsens und Präteritum nebeneinander, und da zusätzlich noch die Bezugnahme auf Erzählinhalte von Texten in undeklarierte Paraphrase übergehen kann, können sich innerhalb des Referats höchst eigenwillige Vertauschungen und Verschränkungen ergeben wie diese:

> Blitzende Augen erinnerten den mittelalterlichen Dichter an Falkenaugen. Und die adelige Dame des zwölften Jahrhunderts, welche die Liebe eines Mannes gewonnen, erzählt im Liede, sie habe einen Falken gezähmt. So träumte Kriemhilde in ihrer Mädchenzeit von einem Falken, den sie gezähmet manchen Tag. Sie hatte nie einen größeren Schmerz empfunden.[248]

---

245 Scherer, Geschichte 25, 38 u. ö.; 97: „Ich sage ‚vermuthlich'".
246 Scherer, Geschichte (= Anm. 228) 128.
247 So besonders die Charakteristik Wolframs (173 ff.).
248 Scherer, Geschichte 110.

Die Tempusdistribution richtet sich nicht danach, ob es um Autor oder Text, Innen oder Außen, Geschichte oder Sagenfiguren geht. Für den temporalen Zugriff des Referats sind alle Komponenten des Supertextes „Literaturgeschichte“ neutral und äquivalent.

In einem solchermaßen temporal ungebundenen Referat des Supertextes hat der Referent selbst, hat der Literarhistoriker oder Erzähler keinen festen Ort; er ist abwechselnd in der Vergangenheit der Autoren, in der Seele der Dichter, in den Texten, in den Textpersonen oder in seiner und seines Lesers eigener Gegenwart anzutreffen. Er drängt sich nicht vor mit Kommentaren und ist ungewöhnlich zurückhaltend mit Bewertungen; unterschiedliche Ausführlichkeit ist die bevorzugte historiographische Würdigung von unterschiedlicher künstlerischer Qualität und literarhistorischer Wichtigkeit. Der Erzähler verleugnet nicht seine Subjektivität, aber er lenkt die Aufmerksamkeit der Leser auf das, was er zu erzählen und vorzuzeigen hat, und ermöglicht ihnen so ein Miterleben der vor ihren Augen geschehenden erzählten Geschichte als einer langen Kette von Auftritten oder einer nicht enden wollenden Revue.[249]

In den einzelnen Bildern der Revue treten Quasi-Personen auf, nicht nur die Dichter, nicht nur die Texte, vielmehr die Einheit beider. Das Referat der einzelnen Bilder verschmilzt Autorcharakteristik und Werkcharakteristik zu einer neuen Charakteristik von Dichter-Text-Einheiten, und solche Dichter-Text-Einheiten sind die einander ablösenden, kaum miteinander in Interaktion tretenden Akteure in der Revue, die „Literaturgeschichte“ heißt und die der Erzähler im Literaturgeschichtsbuch erlebnisnah referiert. Die philologisch hergestellte Unmittelbarkeit zum Schaffensakt des Dichters hat sich ausgeweitet zur erzählerisch-historiographisch hergestellten Unmittelbarkeit zur geschehenden Literaturgeschichte. Die Unmittelbarkeit hat sich totalisiert und das Forschungsprogramm sich erfüllt.

Dafür waren nur zwei Schritte nötig. Zuerst waren Textkritik bzw. biographische Monographie und Literaturgeschichtsschreibung auf dasselbe Ziel hin auszurichten, und das war noch nicht ganz der Fall, solange die neudeutsche Philologie den schöpferischen Genius anvisierte und die diagnostische Historie den deutschen Geist; durch die Elimination des Geschichtssubjekts „deutscher Geist“[250] hat Scherer beiden dasselbe Ziel gegeben, beiden dieselbe Sinnebene unterlegt. Und danach brauchte er nur noch die nunmehr einheitliche Sinnebene, den Schöpfungsakt des Genius, zusammenzulegen mit der Ausdrucksebene, mit den Texten also; das hat er erreicht durch die Kreation von Dichter-Text-Einheiten auch in der Literaturgeschichtsschreibung. Durch die Vereinheitlichung der Sinnebenen und durch die darauf folgende Zusammen-

[249] Uta Dobrinkat, Vergegenwärtigte Literaturgeschichte. Zum Verhältnis von Gegenwart und Vergangenheit in der Literaturgeschichtsschreibung Wilhelm Scherers am Beispiel der ‚Skizzen aus der älteren deutschen Literaturgeschichte‘ und der ‚Geschichte der deutschen Literatur‘. Diss. FU Berlin 1978, S. 488 ff., benennt diesen Sachverhalt im gleichen Sinne als „Festzug“, „Panorama“ oder „historischen Bilderbogen“.

[250] Vgl. oben S. 462.

legung von Sinn- und Ausdrucksebene wird die Literaturgeschichte, jene Revue von Dichter-Text-Einheiten, zu einer selbst nicht mehr oder noch nicht sinnhaften Folge von Sinnvarianten.

Der Supertext „Literaturgeschichte“ hat damit denselben Status erreicht wie der einzelne literarische Text am Abschluß der Phase seiner Konstitution als möglicher Wissenschaftsgegenstand: er ist sinnfrei geworden, ein selbst nicht unmittelbar sinnhafter Träger potentiellen fremden Sinns.[251] Und die neudeutsche Philologie, die noch mitten in ihrer Institutionalisierungsphase steckte, stand um 1880 unversehens wieder vor fast denselben Problemen und Aufgaben, die schon kurz vor 1800 aktuell waren: Sinnkonstitution und Textbeschreibung, und zwar diesmal beide sowohl für literarische Einzeltexte als auch für den Supertext „Literaturgeschichte“. Diese zwei Doppelaufgaben, die mit den bisher beschriebenen philologischen Operationen nicht zu bewältigen waren, sind in unterschiedlicher Weise wahrgenommen worden.

Die erste Aufgabe, die Bemühung um den Sinn der Literaturgeschichte, hat unter neudeutschen Philologen keinen Bearbeiter mehr gefunden; Scherers Aufkündigung sämtlicher Zusammenhangskonzepte ist im 19. Jahrhundert von niemandem widerrufen worden. An der zweiten Aufgabe, der Beschreibung des Supertextes „Literaturgeschichte“, die in Heinzels philologischem Forschungsprogramm nicht vorgesehen war, hat sich nur Scherer versucht, worüber gleich zu berichten sein wird. Die dritte Aufgabe, die Konstitution des Sinns von literarischen Einzeltexten, konnte auf Dauer – nur schon wegen der Bedürfnisse der Schule – nicht umgangen werden; sie hat sich in das Forschungsprogramm eingefügt, aber es dabei so verändert, daß die neudeutsche Philologie ihrer älteren Schwester fremd geworden ist. Für die vierte Aufgabe dagegen, für die Beschreibung von Einzeltexten, konnte man wieder auch Ansätze der altdeutschen Philologie übernehmen und weiterentwickeln.

Im „übereilten“ Vorgriff von Scherers Gesamtdarstellung kommen beide Arten der Textbeschreibung zum Zuge, und zwar so, daß die Notwendigkeit einer gewissen Umstellung oder Ergänzung im Forschungsprogramm sichtbar wird. Heinzel hat die wissenschaftliche Textbeschreibung, bezogen allerdings nur auf Einzeltexte, ganz an den Anfang seines Programms gestellt. Sie leistet, um ihn zu zitieren, „für ihr Objekt ähnliches [...] wie die wissenschaftliche Beschreibung eines Naturkörpers“.[252] Dieser Vergleich ist hilfreich, insofern er erahnen oder erkennen läßt, daß die Anfangsstellung der wissenschaftlichen Textbeschreibung bei Heinzel auf einer Abstraktion beruht. Denn für eine jede Beschreibung braucht man zuvor erhobene Beobachtungsdaten, und die Erhebung der Beobachtungsdaten ist angesichts von Texten ja gerade das Allerproblematischste, das bei Heinzel aber ganz ausgeklammert ist. Wie es um die Problematik der Datenerhebung bestellt ist, kann man an Scherers Literaturgeschichtsbuch feststellen.

---

[251] Vgl. oben S. 350 f.

[252] Vgl. oben S. 449.

Die wissenschaftliche Beschreibung des Supertextes „Literaturgeschichte" achtet auf dessen Strukturen. Das könnten die Epochen sein. Doch wie Scherer die Zusammenhangskonzepte ausgesprochen eklektisch fast nur als Darstellungshilfen gehandhabt hat, so auch die Einteilungskriterien derart nachlässig, daß sie nur das Referat in Kapitel und kaum die Revue in Abschnitte oder Akte gliedern. Auf der Gliederungsebene „Kapitel" stehen gleichberechtigt z. B. „Das Ritterthum und die Kirche", „Die höfischen Epen", „Sänger und Prediger", „Das Zeitalter Friedrichs des Großen", „Weimar" oder „Romantik", und auf der Gliederungsebene „Unterkapitel" werden die Gesichtspunkte noch uneinheitlicher. Die Beschreibung des Supertextes „Literaturgeschichte" ist offensichtlich weniger an dessen Gliederung interessiert[253] als an Rekurrenzen und Regularitäten in seinem Verlauf.

Auf Verhältnisse und Phänomene, die innerhalb der Literaturgeschichte wiederkehren oder auch in anderen Geschichten auftreten, machen historische Analogien[254], Vergleiche[255] und Parallelen[256] aufmerksam, insgesamt Elemente der „Methode der wechselseitigen Erhellung".[257] Ausdrücklich wird die wissenschaftliche Beschreibung des Supertextes aber erst in der „Wellentheorie", die sich als Aussage über Gang und Struktur des Ganzen in der Tat einem vorher von Literarhistorikern zumindest so explizit nicht praktizierten Verfahren verdankt, einem Verfahren der Theorie- bzw. Hypothesenbildung aus Beobachtungsdaten, das demjenigen ähnlich ist, welches man damals von den Naturwissenschaften erwartete.

Die Beobachtungsdaten sind festgehalten in den historisierten Werturteilen über die Dichter-Text-Einheiten innerhalb des Supertextes, und wenn man sie in einem Koordinatenkreuz mit den Achsen „Zeit" und „Qualität" als Punkte

---

[253] Das scheint für Scherer ein heikler Punkt gewesen zu sein. In einer der Anmerkungen im zuletzt ausgelieferten Heft, die bereits auf die Rezensionen der ersten Hefte reagieren, heißt es überraschend heftig: „Wer nicht begreift, daß die Einschnitte der Epochen in der Darstellung zugleich scharf hervorgehoben und anderseits doch wieder verwischt werden müssen, der kennt weder das Leben noch die Geschichte." Scherer, Geschichte 751.

[254] Scherer, Geschichte 205: Walther von der Vogelweide „verhält sich zu Reinmar, wie Wolfram von Eschenbach zu Gottfried von Straßburg". Lockerer formuliert: „Sucht Haller in Virgils gleichmäßiger Erhabenheit das höchste Muster, so strebt Hagedorn nach dem eleganten Conversationstone des Horaz" (372).

[255] Hartmann von Aue und Gellert (162), „Parzival" und „Nathan" (99, 467), Luther, Paul Gerhardt und Goethe (340 f.), Gottfried Arnold, Schiller, Angelus Silesius und der Minnesang (345), Ernst Moritz Arndt und Walther von der Vogelweide (650). Dazu gehört auch ein bewußt anachronistischer Vergleich: die mittelalterlichen Sänger als wandernde Journalisten, der Spielmann als illustriertes Witzblatt, das Ludwigslied als Leitartikel (60 f.).

[256] Auf den Wandel von Kostüm und Haartracht vom Anfang des 17. bis ins 18. Jahrhundert bezogen: „Für alle diese Moden weist die Litteraturgeschichte in der That ihre Parallelen auf" (356). „Der Schwulst ist die Wiege der modernen Galanterie und der modernen Höflichkeit. Er ist in der Litteratur, was in der Kunst der Barockstil" (358).

[257] Scherer, Geschichte der deutschen Dichtung im elften und zwölften Jahrhundert (= Anm. 235) 9.

darstellt und untereinander verbindet, dann erhält man eine Kurve mit zwei Höhepunkten etwa bei den Jahren 1200 und 1800 und zwei Tiefpunkten in der Nähe der Jahre 900 und 1500. Daraus ergibt sich die Hypothese, die deutsche Literaturgeschichte bewege sich wellenförmig mit einer Wellenlänge von sechshundert Jahren, und daraus wiederum das Postulat eines weiteren Höhepunkts um das Jahr 600. Die Überprüfung von Hypothese und Postulat am Überlieferungsmaterial ergibt, daß man aus dieser „Blüteperiode" immerhin „ein Bruchstück eines einzigen Liedes" besitzt und in späteren Texten „ihre Nachwirkungen feststellen kann"[258], daß sie also einmal dagewesen sein muß. Die Hypothese kann als im Rahmen des derzeit Möglichen verifiziert gelten[259], und die Theorie kann aufgestellt werden:

> Der Gang unserer Litteraturgeschichte läßt sich daher auf ein merkwürdig einfaches Schema bringen: drei große Wellen, Berg und Thal in regelmäßiger Abfolge.[260]

Scherers Freund Wilhelm Dilthey[261] hat dieses Verfahren im Hinblick auf eine etwas andere Auswertung so formuliert:

> Wir zerlegen jedes dichterische Werk als eine Gesammttatsache in Teiltatsachen; wie wir an einem Naturkörper seine chemische Zusammensetzung, seine Schwere, seinen Wärmezustand zergliedernd, abstrahirend unterscheiden, so sondern wir in dem dichterischen Werk Motiv, Fabel, Charaktere, Gliederung, Sprache. Wie die Naturwissenschaft erst solchergestalt sich abstracte Tatsachen aus den ganz individuellen Einzeltatsachen der äußeren Welt schafft, deren Gesetzmäßigkeit alsdann erforscht werden kann, so bildet die abstracte Gesammttatsache des in dem geschichtlichen Verlauf der schönen Litteratur gelegenen Systems von Motiven oder von Charakteren eine einfachere, leichter in ihren Gesetzen zu studirende Tatsächlichkeit.[262]

---

[258] Scherer, Geschichte (= Anm. 228) 18.

[259] Scherer, Geschichte 19: „Um das Jahr 600 also, nachdem die gewaltige Umwälzung Europas vollzogen ist, die Germanen auf die Völkerwanderung zurückblicken und zugleich die geistige Macht des besiegten Römterthumes fühlen, erlebt das germanische Nationalepos seine Blüte. Glücklicher als die Deutschen, besitzen die Engländer in ihrem ‚Beowulf' ein schönes und wohlerhaltenes Probestück dessen, was germanische Dichtkunst damals vermochte."

[260] Scherer, Geschichte 20.

[261] Dilthey hat am 1. Januar 1867 an Scherer geschrieben: „Also, liebster Scherer, unsere Pläne sind nun aufgeschoben, nicht aufgehoben. Erdmannsdörffer, Sie und ich müssen noch an eine Universität zusammenkommen und eine Zeitschrift machen." Der junge Dilthey. Ein Lebensbild in Briefen und Tagebüchern 1852–1870. Zusammengestellt von Clara Misch. Leipzig/Berlin 1933, S. 229. – Die „Seilschaft" Dilthey/Scherer scheint funktioniert zu haben. Dilthey hat Scherer den Ruf nach Straßburg verschafft (John Eldon Craig, A mission for German learning. The university of Strasbourg and Alsatian society, 1870–1918. Diss. Stanford University 1973, S. 207) und konnte 1882 an seine Wunschuniversität Berlin zurückkehren, als Scherer schon dort war.

[262] Wilhelm Dilthey, Ueber die Einbildungskraft der Dichter; in: Zeitschrift für Völkerpsychologie 10 (1877) 42–104; 73. Dieser Passus fehlt in der gekürzten und veränderten Neufassung, die unter dem Titel „Goethe und die dichterische Phantasie" abgedruckt ist in: Wilhelm Dilthey, Das Erlebnis und die Dichtung. Lessing, Goethe, Novalis, Hölderlin. Vier Aufsätze. Leipzig 1906, S. 137–200. – Michael Scherer, Wilhelm Dilthey und die Wissenschaft von der Dichtung. Diss. München 1950 (masch.).

Darauf, die „Gesetzmäßigkeit" der „abstracten Gesammttatsache" oder des Supertextes „Literaturgeschichte" zu erforschen und wissenschaftlich zu beschreiben, hat man sich nach Scherer bekanntlich nicht mehr einlassen wollen. Es besteht trotzdem kein Anlaß, der „Wellentheorie" Unangemessenheit oder Ähnliches vorzuwerfen; man kann ihr rechtens nur zum Vorwurf machen, daß sie ungeniert ausplaudert, was in jeder Rede von „Blütezeiten" und in jeder Verwendung von „Klassik" als Epochenbezeichnung bereits enthalten ist, die Meinung nämlich, man könne Qualitätsurteile als historische Sachverhalte festhalten. Deshalb ist es auch kein Wunder, daß bei Friedrich Schlegel, dem ja an historisierten Werturteilen besonders gelegen war[263], der Kern der „Wellentheorie" schon vorhanden ist:

> So wie nun der Nationalcharakter des Europäischen Völkersystems in drei entscheidenden Krisen schon drei große Evolutionen erlebt hat – im Zeitalter der Kreuzzüge, im Zeitalter der Reformation und der Entdeckung von Amerika, und in unserm Jahrhundert: so hat auch die Nationalpoesie der Modernen in drei verschiednen Epochen dreimal geblüht.[264]

Scherer hat immerhin auch in diesem Falle nicht mit verdeckten Karten gespielt und seine Qualitätskriterien in der Formulierung der Beobachtungsdaten deutlich genug mitgeteilt. Es sind die eng miteinander zusammenhängenden drei Gegensatzpaare von Form und Formlosigkeit, Toleranz und Intoleranz, „frauenhaft" und „männisch"[265], deren letztes ziemlich genau die Funktion der später so genannten „Grundbegriffe" hat. Die jeweils ersten Glieder der Oppositionen (Form, Toleranz, frauenhaft) bezeichnen insgesamt die Wellenberge, die jeweils zweiten (Formlosigkeit, Intoleranz, männisch) insgesamt die Wellentäler. Alle drei Paare gelten innerhalb so gut wie außerhalb der literarischen Texte.

Um zur Erläuterung nur die positiven zu nehmen: „Form" meint die Beherrschung der natürlichen Sprache und die Zivilisierung der primitiven menschli-

---

– Kurt Müller-Vollmer, Towards a phenomenological theory of literature. A study on Wilhelm Dilthey's Poetik. The Hague 1963. – Karol Sauerland, Diltheys Erlebnisbegriff. Entstehung, Glanzzeit und Verkümmerung eines literarhistorischen Begriffs. (Quellen und Forschungen. NF 45) Berlin 1972. – Christoffer Zöckler, Dilthey und die Hermeneutik. Diltheys Begründung der Hermeneutik als „Praxiswissenschaft" und die Geschichte ihrer Rezeption. Stuttgart 1975. – Rainer Rosenberg, Zehn Kapitel zur Geschichte der Germanistik. Literaturgeschichtsschreibung. Berlin 1981, S. 139–181. – Dagmar Weber, Zum Problem des ästhetischen Erkennens bei Wilhelm Dilthey. Ein Beitrag zur Theorie der Poetik als einer sich entwickelnden Wirkungseinheit. Diss. Köln 1983.

263 Vgl. oben S. 281.

264 Friedrich Schlegel, Über das Studium der Griechischen Poesie (1795–97); in: F. Sch., Studien des klassischen Altertums. Eingeleitet und hrsg. von Ernst Behler. (Kritische Friedrich-Schlegel-Ausgabe. 1) Paderborn (usw.) 1979, S. 356.

265 Dieses Gegensatzpaar zuerst in der Rezension von Gustav Freytags „Die Ahnen" (1873); in: Scherer, Kleine Schriften (= Anm. 203) 14; weiter ausgeführt in Scherer, Geschichte der deutschen Dichtung im elften und zwölften Jahrhundert (= Anm. 235) 1 ff.

chen Natur, „Toleranz“ meint das literarische und außerliterarische Verhalten gegenüber Andersmeinenden und vor allem gegenüber Juden, „frauenhaft“ bezieht sich auf das Frauenbild in Literatur und Leben. Wellenberge oder Blüteperioden sind frauenhafte Zeiten, das heißt solche, die der Literatur und dem Leben Form und Kultur zu geben und hier wie dort den Juden und den Frauen mit Achtung zu begegnen wissen. Die Forderung dieser „Humanität“, das Kriterium für alle Qualitätsurteile über die Dichter-Text-Einheiten, ist nichts anderes als die „nationale Güter- und Pflichtenlehre“, die „nationale Ethik“.[266]

Es versteht sich nicht ganz von selbst und ist deshalb der Erwähnung wert, daß Scherer in seiner Gesamtdarstellung der deutschen Literaturgeschichte eben diese Ethik, so gut es gehen mag, praktiziert hat. Von der üblichen Praxis in früher und gleichzeitig erschienenen Literaturgeschichtsbüchern hebt sich das Scherersche durch eine auffallende Zurückhaltung im Beurteilen, zumindest aber im Verurteilen ab. Was ihm als Mangel erscheint, wird zwar durchaus vermerkt, aber nicht ausgeschlachtet; ja, zur Rechtfertigung des immer noch am deutlichsten negativ Beurteilten, des barocken „schwülstigen Stils“ im 17. Jahrhundert, wird sogar – das einzige Mal im ganzen Buch – mit Nachdruck historische Notwendigkeit bemüht.[267] Scherers „Geschichte der Deutschen Litteratur“ ist kein Gerichtstag über die deutsche Literatur, viel eher eine Werbeschrift für sie und jedenfalls ein Zeugnis historischer Toleranz und liebevollen Eingehens auch auf Befremdendes – Philologie als Liebe zum Wort in jeder seiner Gestalten[268], daher auch nicht gering denkend von der Liebhaberei, dem „Dilettantismus“.[269]

Wenn nun aber in den Daten, die für eine wissenschaftliche Beschreibung des Supertextes „Literaturgeschichte“ benötigt werden, ethische Normen inkorporiert sind, dann wird der Prozeß, in dem diese Daten gewonnen und gesetzt werden, dann wird die Lektüre und Interpretation von Einzeltexten nicht mehr als bloßes Sammeln von Materialien begriffen werden können. Der Weg von der wissenschaftlichen Beschreibung von Einzeltexten bis zur Gesamtdarstellung der Literaturgeschichte kann nur dann als ein Kontinuum der Materialakkumulation gedacht werden, wenn das nicht-deskriptive Element in den

---

[266] Wilhelm Scherer, Zur Geschichte der deutschen Sprache. Berlin 1868, S. VII.

[267] Scherer, Geschichte (= Anm. 228) 362 f.: „Die Phantasie mußte sich ins Ferne und Schaurige ausbreiten, um Kräfte zu gewinnen, mit denen sie das Nahe und Vertraute erschöpfend bebauen konnte. Sie mußte in dem weiten Gebiete des Unwahrscheinlichen schwelgen, um überhaupt wieder fruchtbar zu werden. Sie mußte einmal recht nach Herzenslust wühlen in allen verbrauchten Motiven, sie mußte die stärksten Effecte rücksichtslos anwenden, um für die feineren ihre Kraft zu schulen.“

[268] Sternsdorff (= Anm. 219) 245 f.

[269] Scherer, Goethe-Philologie (= Anm. 214) 7: „Gerade an Goethe erleben wir die Freude, daß der vielgeschmähte Dilettantismus wieder zu Ehren kommt; Männer ohne philologische Fachbildung haben sich die größten Verdienste um die strengphilologische Forschung über sein Leben und seine Werke erworben. Man wird hoffentlich aufhören, mangelhafte Methode und partielle Unwissenheit als Dilettantismus zu bezeichnen. Der wissenschaftliche Dilettantismus ist vielmehr die edelste und reinste Form wissenschaftlicher Thätigkeit; und ich halte es für kein Glück, daß er in Deutschland so selten ist.“

verschiedenen Etappen des Forschungsprozesses ausgeblendet wird. Anfänge einer Aufhebung dieser Abstraktion zeichnen sich ab in Scherers „Geschichte der Deutschen Litteratur“, die offensichtlich nicht oder doch nicht nur eine additive „Zusammenfassung“ ist, wie es der Erwartung des Heinzelschen Forschungsprogramms entsprechen würde, die vielmehr verändernd oder erhellend in den philologischen Forschungsprozeß eingreift.

Wie nämlich der Literarhistoriker Scherer, Abstand nehmend von seinem miterlebenden Referat des Supertextes „Literaturgeschichte“, Regularitäten im Referierten zu beschreiben versucht, so gibt auch der Interpret Scherer, Abstand nehmend von seiner Lektüre, immer wieder Hinweise auf Strukturen und Bauformen der gelesenen Einzeltexte, das heißt der textuellen Komponenten jener Dichter-Text-Einheiten, die in der Revue der Literaturgeschichte auftreten. Die Ansätze zur wissenschaftlichen Beschreibung des Supertextes finden ihre Entsprechung in Ansätzen zur wissenschaftlichen Beschreibung des einzelnen literarischen Textes, die in dieser „Geschichte der Deutschen Litteratur“ so zahlreich sind wie in keiner anderen zuvor. Von einem auch nur annähernd so „einfachen Schema“, wie es die „Wellentheorie“ für den Supertext aufstellt, sind die Beschreibungen von Einzeltexten natürlich weit entfernt, aber sie können sich in eine Gesamtdarstellung der Literaturgeschichte einfügen und also Teile eines Forschungsprogramms sein, das sich zumindest nicht mehr vollständig mit demjenigen deckt, welches die altdeutsche Philologie der neudeutschen mit auf den Weg gegeben hatte.

Beide Arten der Beschreibung sind je auf ihre Weise Erhebung und Auswertung derjenigen nicht-deskriptiven Daten, die im Nacherleben des Textes bzw. des Supertextes konstituiert und formuliert werden. Wenn nun die Datenerhebung und -formulierung zu Zwecken der wissenschaftlichen Beschreibung des Supertextes in dessen historiographisch-erzählerisch inszeniertem Nacherleben vorzeigbar und dem Miterleben des Lesers zugänglich gemacht wird, dann müßte dasselbe eigentlich auch angesichts von Einzeltexten möglich sein, nur vielleicht nicht gerade innerhalb der Textgattung „Literaturgeschichtsbuch“.

Die Zerlegung des „ästhetischen Eindrucks“ in seine Teile, die Heinzel im Forschungsprogramm als Vorbereitung der wissenschaftlichen Textbeschreibung oder als diese selbst gefordert hatte[270], würde dann in genauer Parallele eine Inszenierung sein müssen, die – in philologischer Unmittelbarkeit zum Schaffensakt Beobachtungsdaten formulierend – das Schreiberprodukt „Text“ nacherlebbar entstehen läßt und es als das Leserobjekt „Text“ begreift. Das wäre dann eine Lösung der vierten Aufgabe, der Konstitution des Sinns von Einzeltexten, angelegt als offen präsentierte Wiederholung des Schreibens, wie sie in der merkwürdigen Struktur des Apparats historisch-kritischer Ausgaben heimlich schon vorgezeichnet ist. Die Rekonstruktion hätte ihr Versteck im Apparat verlassen.

---

[270] Vgl. oben S. 449.

Literaturwissenschaft

In der Einrichtung des kritischen Apparats hat es sich angekündigt, zu Scherers Zeiten hat es sich verwirklicht: der philologische Blick hat sich mitten in der Arbeit umgewendet. Nach dem Durchqueren und Durchschauen des literarischen Textes verharrt er nicht mehr nur im verehrenden Anblick des Genius oder seines Schaffens; er folgt vielmehr dem dichterischen Schaffen miterlebend wieder in den entstehenden Text hinein. Heinzels Programmformulierung, nach der wissenschaftlichen Textbeschreibung setze die Untersuchung ein, „wie die Entstehung eines literarischen Kunstwerkes möglich war", weist unwissentlich in dieselbe Richtung. Sie scheint zwar von Quellenforschung und lebensgeschichtlichen Einflüssen zu handeln und also den philologischen Blick noch hinter den Autor in dessen Vorgeschichte zu lenken, gelangt aber doch gerade umgekehrt in ihrer Aufzählung von der Tradition über den Autor zu seiner im Werk sich äußernden „künstlerischen Eigenart".

Diese verborgene Gegenläufigkeit im kritischen Apparat und im Forschungsprogramm aufzudecken ist die erste selbständige Tat der neudeutschen Philologie nach ihrer Etablierung als Ausbildungswissenschaft gewesen. Sie hat davon zu erzählen angefangen, „wie die Entstehung eines literarischen Kunstwerkes möglich war". Wie in allen anderen Belangen so hat sie auch in diesem Falle, ohne es zu erwähnen oder auch nur zu wissen, zurückgegriffen auf den Stand der Dinge vor dem Abbruch der akademischen Tradition des Redens und Schreibens über literarische Texte in den vierziger und fünfziger Jahren, sich zugleich aber auch bemüht, die Interpretation kompatibel zu machen mit den übrigen philologischen Tätigkeiten.

Die neue philologische Interpretation setzt deshalb an, wo die übrigen philologischen Tätigkeiten (Textkritik, Kommentar, Quellenforschung) aussetzen und am Ziel sind, am Ort des Sinns nämlich in der Unmittelbarkeit zum Dichter. Von da aus wendet sie sich zum Text zurück und transportiert den Sinn in den Text bzw. erlebt es mit, wie er aus der Seele des Dichters in den Text eingeht. Um die alten Begriffe von Reinhold und Rötscher[271] wieder aufzunehmen: die philologisch-literarhistorische Arbeit ist die Zergliederung oder Analyse[272], und die solchermaßen philologisch abgesicherte Interpretation setzt die Teile wieder zusammen bzw. verfolgt ihr Zusammenwachsen in der Seele des Dichters.[273] Diese Interpretation, die den philologischen Blick voraussetzt und umwendet, ergänzt die analytische reduzierte Interpretation[274] um eine synthe-

---

[271] Vgl. oben S. 158 und 388.

[272] Hermann Paul, Methodenlehre; in: Paul (= Anm. 180) 152–237; 219: „In Bezug auf jedes einzelne Werk ist uns die Aufgabe gestellt, dasselbe gewissermassen wieder in die Elemente aufzulösen, aus denen es sich in der Seele des Verfassers zusammengesetzt hat."

[273] Paul 222: „Je mehr wir das vom Dichter verwertete Material noch in der Gestalt betrachten können, die es hatte, bevor es durch seine Hände ging, um so besser können wir über sein Verfahren urteilen und sein Verdienst würdigen."

[274] Vgl. oben S. 407.

tisierende Fortsetzung in gleicher Weise, wie die Textkritik nur aufgrund einer Analyse der Überlieferung den „ächten Text" herstellen kann.

Die reduktive und reduzierte Interpretation, noch einmal sei an sie erinnert, hat ihr Ziel erreicht, wenn sie unmittelbar bei den großen Dichtern verweilen kann. Der Goethekenner und -verehrer Adolf Schöll, Direktor der Kunstsammlungen in Weimar, beschreibt das mit religiösem Vokabular:

> Hingenommen von ihrer Schöpfung, werden wir berührt von ihrem Selbst, fühlen den Mann, wenn er auch lange Staub ist, in seinem wahrsten eigenen Leben und müssen ihn lieben, der so in der That unsterblich ist, immer wieder auflebend in tiefbewegten Seelen.[275]

In der unio mystica der Auferstehung aus den schwarzen Zeichen auf dem Papier kommt es aufs gleiche heraus, ob der unsterbliche Mann in der Seele des sterblichen Interpreten lebt oder, wie es Bernays im legitimatorischen Teil der Textkritik inszeniert hat[276], der Interpret in der Seele des Toten.

Die im kritischen Apparat versteckte Fortsetzung wird nun in der neuen Interpretationsweise offenbar. Sie wendet den Blick aus der Seele wieder zurück zum Text, und zwar – der Idee nach – in steter Orientierung an historisch-philologischem Material. Etwas davon hat sich schon in den letzten Metamorphosen der Rekonstruktion abgezeichnet.[277] Der Krakauer Professor Franz Thomas Bratranek, Freund von Goethes Enkel, hat manches verdeutlicht in einem Versuch, „das leere Disputiren" darüber, ob Goethe oder Schiller größer sei, zu beenden durch den Nachweis, daß „beide Dichter überhaupt irgend eine Art von Werth und Recht" haben, wonach es dann „dem Ermessen des Publikums anheim[gestellt]" sein soll, „wessen Art von Recht ihm nach der einzelnen Urtheilenden eigener Art besser zu Gesichte stehe".[278]

Diesem Zweck dient ein eigenes zweiteiliges Verfahren:

> Wir werden demnach zuerst, historisch vorgehend, die aus ihren Erlebnissen hervorgehende Stimmung der beiden Dichter festzustellen suchen, und den Egmont und Wallenstein [...] als Selbstbekenntnisse Goethes und Schillers betrachten; sodann zweitens auf dem Wege der ästhetischen Analyse den Inhalt der Selbstbekenntnisse zu gewinnen trachten.[279]

Bratranek setzt also nicht (z. B. textkritisch) bei den Texten an; er nähert sich ihnen umgekehrt aus dem Leben der Dichter heraus unter einer „biographischen oder psychologischen oder historischen Frage".[280] Die Antwort ist, daß erstens Goethe und Schiller in Egmont und Wallenstein die ihrer jeweiligen „Stimmung" genau entsprechenden Figuren gewählt haben, daß zweitens die

[275] Adolf Schöll, Ueber Goethes Pandora, ihre Entstehung und Bedeutung (1858); in: A. Sch., Goethe in Hauptzügen seines Lebens und Wirkens. Gesammelte Abhandlungen. Berlin 1882, S. 418–461; 419 f.
[276] Vgl. oben S. 452 f.
[277] Vgl. oben S. 402.
[278] Bratranek, Egmont/Wallenstein (= Anm. 176) 2.
[279] Bratranek 12.
[280] Bratranek 96.

beiden Dramen daher Selbstbekenntnisse und also wahre Dichtung sind, indem „jede wahre Dichtung eine Offenbarung des jedesmaligen Herzensgeheimnisses, also ein Selbstbekenntniß zu sein hat“[281], und daß drittens ihr Inhalt „die Erkenntniß und das Bekenntniß der Selbstentscheidungsnothwendigkeit“ ist.[282]

Der zweite Teil des Verfahrens läßt darauf ankündigungsgemäß die nähere Ausführung folgen: „Die Wahl dieser Helden ist das psychologische Resultat, die Entwickelung ihrer Entscheidung das ästhetische Postulat.“[283] Die ästhetische Analyse besteht innerhalb der „Entwickelung der Dramen“[284] aus einer dramaturgischen und einer Charakteranalyse nicht unähnlich derjenigen bei Schwenck und Hiecke[285] sowie aus einer Bestimmung der Gattung und des Verhältnisses zu den zeitlich benachbarten Dramen derselben Dichter.[286]

Durch dieses Arrangement hat es Bratranek vermieden, mit Schwenck eine begründungslos schon bestimmte „Idee“ an den Anfang zu setzen, ohne deswegen mit Hiecke der ästhetischen Analyse die Rekonstruktion des Sinns auflasten zu müssen. Das wird möglich, weil er im Gegensatz zu Hiecke die Lektüre des Textes aus der Darstellung ausklammert. Die aus der Lektüre stammende erste Sinnhypothese tritt daher gleich in biographischer Verkleidung auf, sie bestimmt, ohne als solche sichtbar zu sein, als heuristische Hypothese die Rekapitulation der Biographie im Blick auf den (schon gelesenen und provisorisch gedeuteten) „Egmont“ hin. Deshalb bewegt sich der erste Teil des Verfahrens, der denn auch „Historische Begründung“ heißt, immer schon am Ort des Sinns, in der psychologisch erschlossenen Seele und „Stimmung“ des Dichters, dort also, wo auch die Textkritik verweilt. Der Unterschied ist nur, daß Bratranek die Unmittelbarkeit zum Dichter dynamisiert und in ihr nacherlebend und nacherzählend den Schaffensprozeß aus dessen Ursprung heraus begleitet und, angekommen beim Text, in diesem denselben Dichter wiederfindet, den er in der dynamisierten Unmittelbarkeit soeben verlassen hat. In diesem Begleiten und Wiederfinden betreibt er, das „philosophische Construiren“ mit der „historischen Induction“[287] vereinigend, das Geschäft der Sinnrekonstruktion. Bereits sein Verfahren wird daher nicht unpassend als historisch-psychologische Rekonstruktion zu bezeichnen sein.

Die Bratraneksche historisch-psychologische Rekonstruktion bildet den Weg vom Text zum Dichter zwar noch nicht in der Darstellung ab, aber sie entspricht gerade darin der heimlichen internen Gegenläufigkeit des späteren Forschungsprogramms und zeigt vor allem auch schon, wie dieser Bruch zu heilen ist, der, einmal in seinem Versteck im kritischen Apparat bemerkt, die Kontinuität des Forschungsprozesses unterbrechen könnte. Das Mittel der

281 Bratranek 112.
282 Bratranek 98.
283 Bratranek 113.
284 Bratranek 113–223.
285 Vgl. oben S. 391 und 394.
286 Bratranek 224–244 („Gattungsbestimmungen“), 244–259 („Nachbarverhältnisse“).
287 Bratranek 10, 112.

Heilung ist jene Dynamisierung oder Prozessualisierung der philologisch hergestellten Unmittelbarkeit in einem psychologischen Referat der Textentstehung.

Genau das hat sich als das Mittel der Wahl erwiesen, mit dem die neudeutsche Philologie das Forschungsprogramm, das ihr die altdeutsche Philologie mit auf den Weg gegeben hatte, hat reparieren und vervollständigen, erfüllen und umorganisieren und damit zu einem unverwechselbar eigenen machen können, das sich gerade in einer „voreiligen“ Gesamtdarstellung der deutschen Literaturgeschichte bewährt. Die philologischen Aktivitäten Textkritik, Kommentar und Monographie verhalten sich zur Interpretation dann wie der Hin- zum Rückweg oder wie die Analyse zur Synthese, und eine Gesamtdarstellung, die das berücksichtigt, kann dann nicht mehr nur additive „Zusammenfassung“ der analytisch hergestellten Bausteine sein; sie wird statt dessen unter Berücksichtigung des synthetischen Teils nicht anders können, als zum strukturellen Duplikat der historisch-psychologischen Rekonstruktion in größerem Maßstab, zum Nacherleben und Nacherzählen eines Supertextes zu werden, an dem dann allerdings nicht der Sinn, sondern die Verlaufsstruktur interessiert.

Diese Gesamtdarstellung der deutschen Literaturgeschichte, Scherers „Geschichte der Deutschen Litteratur“, erweist sich also als der konsequente Abschluß eines Forschungsprogramms, das dank der historisch-psychologischen Rekonstruktion als Einheit der komplementären Elemente Analyse und Synthese realisiert werden kann. Anders gesagt: die Wiedergängerei der Interpretation in der literarhistorischen Geschichtserzählung bei Prutz[288] wird zu einer direkten Strukturanalogie beider, mit der die Einheit des Forschungsprogramms gewährleistet ist.

Scherer selbst hat in der Tat die historisch-psychologische Rekonstruktion, diejenige Interpretationsweise, die zu seiner Gesamtdarstellung der deutschen Literaturgeschichte paßt und gehört, energisch geübt und zu erklären und zu verteidigen gesucht mit Worten, die an Deutlichkeit eigentlich nichts zu wünschen übriglassen. Das Problem der historisch-psychologischen Rekonstruktion ist ja, daß sie bei aller dokumentarischen Fundierung in ihrem Bestreben um Nacherleben immer auf Hypothesen angewiesen bleibt und daher Mühe hat, sich sowohl vor den faktengläubigen historisch-philologischen Wissenschaften als auch vor dem größeren Publikum zu rechtfertigen, das von einer Wissenschaft Unbezweifelbares und Beweisbares verlangt. Scherer in dieser doppelten Frontstellung:

> Und das ‚streng Beweisbare‘! Die guten Leute, welche an das streng Beweisbare glauben und ohne Hypothesen auskommen wollen! Streng beweisbar ist in diesen Dingen sehr wenig, sehr viel weniger als sich meist die Gelehrten einbilden.[289]

Die Konsequenz daraus ist noch nicht, die biographische und Quellenforschung zu drosseln oder einzustellen, sondern zunächst sogar das Gegenteil:

---

[288] Vgl. oben S. 329.

[289] Scherer, Bemerkungen über Goethes Stella (1876); in: Aufsätze über Goethe (= Anm. 214) 123–160; 127.

> Man kann in sorgfältiger und besonnener Aufsuchung von Aehnlichkeiten in dem Leben und der Bildung eines Dichters einerseits und in seinen Werken andererseits gar nicht weit genug gehen. Es handelt sich nur darum, was man mit den gewonnenen Parallelen anfängt.[290]

Die „Beziehungen aufzusuchen zwischen den Werken eines Dichters und seinen Erlebnissen"[291] kann nur Voraussetzung, unabdingbare Voraussetzung allerdings dafür sein, in umgekehrter Richtung vom Erlebnis zur Dichtung hin „die dichterische Conception" und die Arbeit der „dichterischen Phantasie" möglichst zuverlässig zu rekonstruieren unter Berufung darauf, daß nach Ansicht vieler Psychologen die Phantasie sich an Gegebenes halte:

> Sie ruft nicht ihre gaukelnden Bilder aus dem Nichts hervor, sie ruft nur die schlummernden aus dem Dunkel der Erinnerung: sei es, daß Erlebnisse vorschweben oder die Phantasiegebilde früherer Dichter. Die Production der Phantasie ist im wesentlichen eine Reproduction.[292]

Zur Rekonstruktion dieser dichterischen Phantasietätigkeit und nur dazu ist es nötig, möglichst viel von den Materialien zu kennen, die ihr zur Verfügung standen, und nur im Hinblick auf diese Verwendung bekommt die philologische Sammeltätigkeit Sinn und Funktion. Deshalb ist es auch „noch nicht das Ideal eines Commentars", etwa zur „Italienischen Reise" alle verfügbaren Daten zusammenzutragen. Ein idealer Kommentator oder eben Interpret

> müßte Goethes Reise nachmachen, er müßte von Ort zu Ort seiner Route folgen, er müßte sich in Goethes Gemüthslage zu jener Zeit versetzen und an alles Schöne oder Widrige, was in Natur und Kunst ihm begegnete, die Frage richten: Was konntet ihr meinem Helden gewähren? Er müßte mit Goethes Augen zu schauen versuchen und er müßte doch mehr sehen als Goethe, er müßte auf alles achten, was Goethe übersehen, was ihm ein stärkeres Interesse nicht einflößte.[293]

Interpretation heißt dann – gestützt auf eigene Kenntnis, sei es der geographischen Gegebenheiten, sei es der biographischen Umstände – das Nacherleben und Nacherzählen, wie das Werk in der Seele des Dichters entstanden ist. Die Ausbreitung der lebensgeschichtlichen Zeugnisse ist die Versammlung des Materials, aus dem der psychische Vorgang rekonstruiert werden kann. Die Rekonstruktion als Prozessualisierung der philologisch hergestellten Unmittelbarkeit überbrückt die Lücke zwischen dem Erlebnis des Dichters und seinem Werk, und zwar so, daß der Interpret immer wieder unmittelbaren Einblick in Wollen[294], Vorstellen[295] und Fühlen[296] des Dichters und in die Arbeit seiner

290 Scherer 128.
291 Scherer 126.
292 Scherer 128.
293 Scherer, Goethes Iphigenie in Delphi (1879); in: Aufsätze über Goethe (= Anm. 214) 161–175; 163.
294 Scherer 132: „Goethe wollte einen versöhnenden Abschluß, wie in der mittelalterlichen Sage vom Grafen von Gleichen."
295 Scherer 137: „Während seine Leidenschaft zu Lili in Blüte steht, wandelt ihn manchmal die Vorstellung an, als ob die Gräfin Stolberg ihn retten könnte."
296 Scherer 140: „In solchen Augenblicken fühlte er sich als Fernando."

Phantasie[297] beanspruchen kann und hoffen darf, einen doch eher anstößigen Text wie die „Stella“ dem Verständnis vieler zugänglich gemacht zu haben.[298] Indem die Entstehung des Schreiberprodukts „Text“ nacherzählt wird, ist unmittelbar zugleich auch das Leserobjekt „Text“ angeeignet und begriffen.

Das Verfahren der historisch-psychologischen Rekonstruktion hat Scherer mit Energie weiter gefördert und es angesetzt auf fragmentarische Texte Goethes[299], sich nicht scheuend, aus den ausgeführten Teilen und Notizen zur „Nausikaa“ ein vollständiges fünfaktiges Drama zu konstruieren[300], um – im Bewußtsein des Risikos – den „Plan“ des Ganzen und in ihm den Sinngrund zu gewinnen, der die Fragmente lebendig und verständlich macht[301], und dann anhand von historisch-biographischem Material die „Entstehungsgeschichte“ sozusagen in der Seele Goethes nachzuerzählen.[302] Das ist historisch-psychologische Rekonstruktion der kühnsten Art, und doch hat sich Scherer nicht damit begnügt, sondern die Sache auf die Spitze getrieben, um sich dem „Ziele einer höheren Interpretation, welche zugleich die höhere Kritik ist“[303], zu nähern.

Sein erster Versuch in der „höheren Interpretation“ beginnt mit einem Paukenschlag, mit der Erklärung der Bereitschaft, die ganze Philologie preiszugeben:

> Seit ein wissenschaftlicher Betrieb der neueren deutschen Litteraturgeschichte mehr und mehr emporkommt, hört man oft die Behauptung, es bedürfe zum vollen Verständnisse Goethescher Dichtungen verschiedener von außen her geholter Kenntnisse, welche nur der Forscher und Vertreter der Wissenschaft herbeizuschaffen im Stande sei. [...] Ich möchte solchen Behauptungen auf das entschiedenste entgegentreten. Ich will zwar niemand abhalten, sich über alle diese und viele andere hübsche Dinge zu belehren. Aber ich bin sehr tief davon durchdrungen, daß es zum Verständnis des ‚Werther‘ nicht nothwendig ist, eine Silbe von Goethes Liebe zu Lotte und von dem Selbstmord des jungen Jerusalem zu wissen. Es wäre ein schlechtes Zeugnis für ein litterarisches Kunstwerk, wenn es nicht den Schlüssel seines Verständnisses in sich selbst trüge, wenn es einer von außen her geholten Weisheit bedürfte, um in das Innere einzudringen, um den Zusammenhang, um die Schönheit zu begreifen und die volle Wirkung zu empfinden. Ja es fragt sich, ob die vielen Kenntnisse, die wir an unsere litterarischen Schätze herantragen, das unbefangene Verständnis nicht mehr stören, als sie es fördern – und ob wir für die ästhetische Bildung der Nation nicht besser sorgen würden, wenn wir ihr weniger über die Entstehung der großen

---

[297] Scherer 158: „So stand das Gerüst des Stückes in seiner Phantasie fertig.“

[298] Scherer 160: „Möchten diese alle sich durch Roheit, Philisterei und Tugendboldigkeit die Freude nicht verderben lassen an dem ‚Schauspiel für Liebende‘“.

[299] Scherer, Pandora (1879); in: Aufsätze über Goethe (= Anm. 214) 247–282. – Nausikaa (1879); ebd. S. 177–234.

[300] Scherer, Nausikaa 181–203.

[301] Scherer 203: „Ich verkenne freilich nicht, daß eine so weitgehende Ergänzung, wie die hier dargebotene, ihr Misliches hat. Dem Plane Goethes ward stellenweise eine Ausbildung gegeben, wie er sie in der Phantasie des Dichters vielleicht noch nicht gewonnen hatte. Aber es kam darauf an, die Fruchtbarkeit der gegebenen Motive zu zeigen und dadurch sich ihrer richtigen Auffassung zu versichern.“

[302] Scherer 205 ff.

[303] Scherer, Neue Faust-Commentare (1882); in: Aufsätze über Goethe (= Anm. 214) 282–292; 287.

> Dichtungen mittheilten und sie lieber an die Kunstwerke selbst heranführten, um den Blick für deren Schönheit zu fördern.[304]

Scherers zweiter Versuch einer „höheren Interpretation" endet mit einem Paukenschlag:

> Lassen sich an einem Goetheschen Werke von scheinbar einheitlichem Charakter Stilunterschiede, Widersprüche, verschiedene Voraussetzungen über dieselben Dinge nachweisen, so folgt daraus unweigerlich, daß Stilunterschiede und Incongruenzen an sich noch nicht dazu berechtigen, auf Verschiedenheit der Verfasser zu schließen. Ein Satz, den die höhere Kritik, wie mir scheint, noch niemals ernstlich genug erwogen hat und der zwar vielleicht keine Modification ihrer Resultate, aber gewiß eine Modification ihres Verfahrens, eine strengere Fassung ihrer Argumente zur Folge haben müßte.[305]

Hatte Scherer zuerst die Bereitschaft bekundet, die Philologie preiszugeben, falls die Gebote der „nationalen Ethik", der Nation nämlich in einem immer „männischer" und intoleranter werdenden Zeitalter[306] das „Frauenhafte" in seinen vollkommensten Verwirklichungen nahezubringen, nur durch den Verzicht auf sie zu erfüllen wären, und hatte er sich damit in die Nachbarschaft begeben zu einem antiphilologischen Affekt, wie er zur gleichen Zeit aus Lehrerkreisen zu vernehmen war[307], so stellt er am Ende diejenige Grundannahme direkt in Frage, auf der die philologische höhere Kritik überhaupt und Lachmanns Kritik des Nibelungenliedes insbesondere beruht. Das ist mehr, als die „hübschen Dinge" der Philologie den Interessenten zu überlassen, es kommt einer Demontage der philologischen Grundlagen gleich.

Befähigt hat ihn dazu ein Schritt auch noch über die neue historisch-philologische Rekonstruktion hinaus im Interesse der „ästhetischen Bildung der Nation", der Versuch nämlich, abgesehen von minimalen Voraussetzungen[308], den „Schlüssel seines Verständnisses" im Kunstwerk selbst, und zwar in seinen inneren Widersprüchen zu finden. Mit diesem Schlüssel, den er sich durch sorgfältiges Aufspüren von nicht Zusammenpassendem im Text verfertigt hat, ver-

---

304 Scherer, Fauststudien (1884); in: Aufsätze über Goethe (= Anm. 214) 327–355; 329 f.

305 Scherer, Betrachtungen über Faust (1885); in: Aufsätze über Goethe (= Anm. 214) 293–326; 325 f.

306 Vgl. Sternsdorff (= Anm. 239) 215 ff.

307 Beispielsweise A. Goerth, Einführung in das Studium der Dichtkunst. II: Das Studium der dramatischen Kunst. Leipzig/Wien 1884, S. XV: „Ich will die denkenden und für die Dichtkunst empfänglichen Jünglinge und Jungfrauen belehren, wie sie die Kunstwerke studieren sollen, und sie durch meine Anleitung vor den Irrwegen bewahren, auf die sie durch die Literarhistoriker und durch die in dieselbe Richtung wirkenden Lehrer so leicht geführt werden können."

308 Scherer, Faust-Studien (= Anm. 304) 330: „Wir müssen wissen, daß an dem Werke sechzig Jahre lang mit vielen Unterbrechungen gearbeitet und in Folge dessen die letzte innere Einheit und äußere Vollendung nicht erreicht wurde. Wir müssen wissen, daß die Pläne des Dichters schwankten und wechselten und ihre Spuren in dem Werke zurückließen. Wir müssen wissen, daß ganze Scenen fehlen, welche beabsichtigt waren."

sucht er „in das Innere einzudringen“ und z. B. zu „errathen, wie sich Goethe die Helena-Tragödie im Jahre 1800 gedacht hatte“.[309]

Noch deutlicher als bei der historisch-psychologischen Rekonstruktion gibt Scherer in seiner „höheren Interpretation“ an, wie weit „wir mit wissenschaftlichen Argumenten gelangen“ können und wo „das Gebiet des reinen Rathens“ anfängt.

> Dennoch liegt es auch im Interesse der Wissenschaft, hier noch einen Schritt ins Ungewisse zu versuchen und sich die Möglichkeit einer Fortsetzung jener Anfänge von 1800 im Sinne der wissenschaftlich festgestellten Gesichtspuncte bis ins Einzelne vorzustellen, weil so eine Art Probe auf die Richtigkeit unserer Argumentation gemacht wird.[310]

Auf der Spitze einer „höheren Interpretation“, die die philologischen Grundlagen demontiert und für die Bernays’ Pathos der Wahrheit[311] auch deshalb keine hinreichend spezifische Legitimation mehr bieten kann, sieht er sich offenbar genötigt, Wissenschaftlichkeit zu beanspruchen. Wie Scherer diesen Anspruch begründet hätte, läßt sich nicht mehr sagen, aber soviel ist doch sicher, daß er sich nicht von einer Begründung dispensiert hätte. Denn zwei Ansätze sind noch sichtbar in seiner „Poetik“.[312]

Der erste Begründungsansatz, bezogen auf die historisch-psychologische Interpretation, war schon zu bemerken in der Berufung auf „die Natur der dichterischen Phantasie“[313], und fast nur von dieser handelt das Kapitel „Die schaffenden Seelenkräfte“.[314] Projektiert war eine „inductive Aesthetik“[315], eine „Analysis des dichterischen Prozesses“ und eine „umfassende Classification“ der poetischen Texte.[316] Die Funktion der Analysis wäre wohl, mit Dilthey zu sprechen, die der theoretischen „Grundlegung“ gewesen[317]; die Klassi-

---

[309] Scherer 342. – Auf Untersuchungen wie diese beziehen sich folgende rühmende Sätze aus Heinzels Nachruf auf Scherer: „Von Scherers eigenen Arbeiten haben vor allem die über Goethes Faust gezeigt, wie weit es durch philologische Observation möglich ist, auch bei modernen Autoren hinter die Überlieferung zurückzukommen, nicht nur wie bei alten Texten von jüngeren und schlechteren Handschriften den Gedankenweg erschließen zu älteren und besseren, vielleicht zum Archetypus einer Familie, oder gar zum Autographon des Schriftstellers, nein, noch viel weiter zurück in die Seele des Dichters, dessen wechselnde, unterbrochene, wieder aufgenommene Intentionen dem philologisch bewaffneten Auge auch in dem äußerlich zu einer Einheit zusammengefügten Kunstwerk erkenntlich sind.“ Heinzel (= Anm. 163) 809.

[310] Scherer 345.

[311] Vgl. oben S. 453.

[312] Wilhelm Scherer, Poetik. Berlin 1888; danach im folgenden die Zitate. – Neudruck: Wilhelm Scherer. Poetik. Mit einer Einleitung und Materialien zur Rezeptionsanalyse. Hrsg. von Gunter Reiß. (dtv WR. 4290) Tübingen 1977. – Über die problematische Gestalt, die der Herausgeber Richard Moritz Meyer dieser Vorlesung von 1885 gegeben hat, vgl. Sternsdorff (= Anm. 239) 234 f. Anm. 3.

[313] Vgl. oben S. 475.

[314] Scherer, Poetik (= Anm. 312) 158–170.

[315] Scherer, Poetik 60.

[316] Scherer, Poetik 67.

[317] Dilthey, Ueber die Einbildungskraft der Dichter (= Anm. 262) 49: „Die Erforschung

fikation hätte die Gesichtspunkte für die praktische Arbeit an Texten bereitstellen und also „für solche stilistischen Untersuchungen eine Topik" sein sollen.[318]

Ein zweiter Begründungsansatz, passend auf die „höhere Interpretation" oder „eindringende Analyse"[319], hätte sich nicht auf die Genese des Gegenstandes, sondern auf das Verfahren der Wissenschaft selbst bezogen und etwa so mit einem Vergleich zwischen der poetischen und der wissenschaftlichen Produktion begonnen:

> Eins hat Wissenschaft und wissenschaftliche Darstellung auch heute mit dichterischer gemein: beide haben die Aufgabe, Personen, Charaktere, innere Zustände zu errathen, soweit sie verborgen sind, und darzustellen. Das Klarwerden, das Deutlichwerden der Personen und Vorgänge ist für beide dasselbe: die Menschen bewegen sich vor mir, reden, handeln – innen – und doch nicht innen – eher außer mir.[320]

Bis zur „höheren Interpretation" und ihrer möglichen Begründung ist unter den Zeitgenossen niemand mehr mitgegangen. Aber die historisch-psychologische Rekonstruktion ist so oder anders fortgesetzt worden mit unterschiedlicher Begründung durch Richard Maria Werner (erst in Graz, dann in Lemberg)[321], Hermann Baumgart (Königsberg) und Berthold Litzmann (in Jena, dann in Bonn).[322] Werner und Baumgart haben Interpretationen einzelner Texte im Stile der historisch-psychologisch Rekonstruktion vorgelegt[323], und beide haben auch eine Poetik geschrieben, Baumgart eine philosophische im Rückgriff auf Aristoteles und Lessing[324], Werner eine psychologische[325] im Sinne

---

der dichterischen Phantasie ist die naturgemäße Grundlegung des wissenschaftlichen Studiums der poetischen Litteratur und ihrer Geschichte."

318 Scherer, Poetik 69.

319 Scherer, Poetik (= Anm. 312) 158: „Eine eindringende Analyse muß auf diese Widersprüche achten, nicht nur damit dadurch ein Einblick in die Entstehung eines Werkes eröffnet werden kann, sondern auch aus ästhetischen Gründen."

320 Scherer, Poetik 159.

321 Leitner (= Anm. 75) 90–100. – B. Prutti, Die Habilitationen an der Philosophischen Fakultät der Universität Graz 1848–1890/91; in: Beiträge und Materialien zur Geschichte der Wissenschaften in Österreich (= Anm. 147) 324–358; 346.

322 Johannes Kibelka, Berthold Litzmann. 1857–1926; in: Bonner Gelehrte (= Anm. 134) 100–108. – Germann (= Anm. 91) 196–216. – Friedrich Bonn, Ein Baustein zur Rehabilitierung der Schererschule. Zur 30. Wiederkehr von Berthold Litzmanns Todestag. Emsdetten 1956. – Paul Egon Hübinger, Thomas Mann, die Universität Bonn und die Zeitgeschichte. Drei Kapitel deutscher Vergangenheit aus dem Leben des Dichters 1905–1955. München/Wien 1974, S. 23 ff.

323 Richard Maria Werner, Lessings Emilia Galotti. Nebst einem Anhange: Die dreiactige Bearbeitung. Berlin 1882. – Hermann Baumgart, Goethes Weissagungen des Bakis und die Novelle, zwei symbolische Bekenntnisse des Dichters. Halle 1886.

324 Hermann Baumgart, Handbuch der Poetik. Eine kritisch-historische Darstellung der Theorie der Dichtkunst. Stuttgart 1887. – Eine Vorfassung einzelner Aspekte: Hermann Baumgart, Aristoteles, Lessing und Goethe. Ueber das ethische und das ästhetische Princip der Tragödie. Leipzig 1877.

325 Richard Maria Werner, Lyrik und Lyriker. Eine Untersuchung. (Beiträge zur Ästhetik. 1) Hamburg/Leipzig 1890.

von Diltheys Forderung der „Erforschung der dichterischen Phantasie", wie sie auch sonst an der Zeit war.[326] Profil und Funktion der Theorie werden am deutlichsten bei Werner, der sein Buch eigentlich „Physiologie der Lyrik" hätte nennen, darin den Prozeß lyrischer Produktion als einen gesetzmäßig verlaufenden mit Anspruch auf quasi naturwissenschaftliche Präzision[327] hat beschreiben und dessen einzelne Phasen („Erlebnis", „Stimmung", „inneres Wachstum", „Geburt", „äußere Form", „äußeres Wachstum") hätte terminologisch fixieren wollen.[328]

Der dritte, Berthold Litzmann, hat zunächst Monographien geschrieben, die vielleicht ähnlich gemeint waren, aber durchaus auch anders verstanden werden konnten, dafür jedoch nachträglich eine paradigmatische Schilderung der ersten Seminarsitzung gegeben, die er 1884 als junger Privatdozent in Jena geleitet hat.

> Ich setzte mich mit meinen Neun zusammen, gab ihnen Goethes Zueignung in die Hände und sagte ihnen: ‚Jetzt wollen wir mal zusammen versuchen, diese hier geborene, auf dem Boden, auf dem wir hier wandeln, gewachsene Dichtung nicht nur von innen heraus zu verstehen, sondern zu erleben'. Das gab erst erstaunte Gesichter und auf aller Lippen las ich die Frage: ‚Nanu? Ja, wie macht man denn das?'

Nach Erledigung der philologischen Vorarbeiten ist man ins Freie gegangen, „mit frischer Seele den Berg hinan", leibhaftig oder doch wohl eher nur imaginativ, um jedenfalls

> an die uns umgebende, jedem vertraute Landschaft anschließen zu können. Drüben jenseits am Fuße des Landgrafenberges lag der Prinzessinnengarten mit seinen Gedenksteinen mit goethischen Versen; trat er dort hinaus aus der stillen Hütte? und wanderte zum Berg hinauf? Die Morgennebel lagen über dem Tal. Wir wanderten mit ihm; erlebten – gestalteten mit ihm Dichtung und Wirklichkeit, Wirklichkeit und Dichtung. Als ich die erste Stunde schloß, machten die Neun nachdenklich vergnügte Gesichter und ich las auf ihren Lippen die thüringische Schlußformel des Erstaunens: Na, so was![329]

Auch wenn es nachträglich erfunden oder stilisiert sein sollte: das Arrangement stimmt, selbst darin, daß es eine seminaristische Veranstaltung unter dem Titel „Übungen im Gymnasialvortrag" beschreibt. Ob als Publikum der neudeutschen Philologie nun (wie bei Scherer) die Nation oder (wie hier bei Litzmann und auch bei Werner[330]) die Lehrer und durch sie die Gymnasiasten

---

[326] Nur ein Beispiel für die zahlreichen Poetiken zum Gebrauch der Schulen: Heinrich Viehoff, Die Poetik auf der Grundlage der Erfahrungsseelenlehre in zwei Bänden. Hrsg. nebst einer biographischen Skizze von Viktor Kiy. Trier 1888.

[327] Werner (= Anm. 325) 21: „Es ist wohl unzweifelhaft, daß erst eben begonnen wird, die naturwissenschaftliche Methode, so weit dies überhaupt möglich ist, auf das Gebiet der Poesie anzuwenden. Der Zug nach genauester Beobachtung des Vorhandenen geht durch alle Wissenschaften, von den Naturwissenschaften nahm er seinen Ausgang."

[328] Werner 47.

[329] Berthold Litzmann, Im alten Deutschland. Erinnerungen eines Sechzigjährigen. Berlin 1923, S. 256 f.

[330] Werner (= Anm. 323) 5, Widmung an Anton Schönbach: „Sie wissen, wie es ent-

im Blick sind – die historisch-psychologische Rekonstruktion zielt auf Verständlichmachung des philologisch allein nicht verständlich zu Machenden, sie überbietet die ehemalige „innere Auslegung“[331] durch Prozessualisierung der Unmittelbarkeit und wird von Litzmann sehr passend mit einem emphatischen Superlativ als „innerlichste Erfassung“ eines Kunstwerks bezeichnet.[332] An der Universität läßt sie sich von der Philologie an den Ort führen, an dem der literarische Text geschrieben worden ist, und wenn das durch glückliche Fügung derselbe ist, an dem man über den Text redet, dann kann der genius loci die Illusion der Unmittelbarkeit zum halluzinatorischen Miterleben des Schaffens und zum Mitgestalten des Textes steigern.[333] Eine philosophische oder psychologische Begründung für dieses Verfahren hat Litzmann jedoch nicht angeboten, nur die Berufung auf die Natur des Kunstwerks, auf seinen Beamtenstatus und auf die Bedürfnisse der Lehramtsstudenten.[334]

Wie es auch immer mit den Begründungen beschaffen sein mag, es ist das Ereignis zu würdigen, daß akademische Lehrer der neudeutschen Philologie – fast hundert Jahre nach der Konstitution des Wissenschaftsgegenstandes – sich getraut haben, mit nicht-philologischen Ausführungen über einzelne literarische Texte vor die Öffentlichkeit zu treten, und daß sie sich wenigstens in einigen Fällen auch um eine theoretische „Grundlegung“ ihres Unternehmens bemüht haben, wenn auch nur in Anlehnung an ein anderes Fach. Der wissenschaftsgeschichtliche Prozeß, an dessen Ende die neudeutsche Philologie steht, hat sich sozusagen totalisiert.

---

stand. In unserem Seminare für deutsche Philologie nahm ich Lessings dramatische Entwürfe durch und kam dabei selbstverständlich auch auf jenen kleinen Rest einer Virginia, in welchem wir den ersten Ansatz zur Emilia Galotti sehen. Ich suchte meinen Hörern klar zu machen, daß trotz der ausgebreitetsten Litteratur über das größte Drama Lessings noch immer einige, vielleicht die wichtigsten Punkte einer befriedigenden Erklärung entbehren. […] Meine Hauptabsicht war, mich in Lessings Anschauung hineinzuleben.“

331 Vgl. oben S. 401.

332 Litzmann (= Anm. 329) 254.

333 Noch in der Veröffentlichung seiner späteren Vorlesungen mit einer Interpretation von Goethes „Zueignung“ heißt es: „Alles, was wir bisher mit des Dichters Sinnen erfaßt und in seiner Seele mit erlebt haben, wandelt sich aus einem Naturerlebnis in ein Erlebnis von tiefer symbolischer Bedeutung.“ Berthold Litzmann, Goethes Lyrik. Erläuterungen nach künstlerischen Gesichtspunkten. Ein Versuch. Berlin 1903, S. 37.

334 Auf die massive Kritik Erich Schmidts an Litzmanns Publikationen („popularisierender Wanderprediger“) hat dieser unter anderem geantwortet: „Was die Buchausgabe und deren Berechtigung anbetrifft, so stehe ich auf dem Standpunkt, dass ich als staatlicher Beamter dem Staat meine Kräfte zur Verfügung zu stellen habe, in erster Linie in der Form, in der er sie von mir verlangt, d. h. als akademischer Lehrer. Zu diesem Beruf gehört auch die Veröffentlichung solcher Bücher wie die ‚Lyrik‘ und der ‚Faust‘, weil sie in erster Linie für die Lernenden geschrieben sind und die von mir beabsichtigte Anregung über den verhältnismässig kleinen Kreis der akademischen Hörer hinaustragen sollen zu denen, die ausserhalb der Universität lehren und dadurch auf die ganze Jugend einzuwirken berufen sind.“ Berthold Litzmann, Meine Ziele im akademischen Lehramt. Eine Antwort an Herrn Professor Erich Schmidt. Dortmund 1905, S. 10.

Durch die historisch-psychologische Rekonstruktion und ihre mögliche Begründung in der Poetik sind alle Disziplinen und Aktivitäten, die vorher auf unterschiedliche Weise auf die deutsche Literatur bezogen waren, vereinheitlicht und in einer vereinigt worden, und zwar so, daß keine geblieben ist, was sie war. Von der altdeutschen Philologie stammt die modifizierte Textkritik, von der Kunst der Interpretation die Metamorphose der Rekonstruktion, von der Wissenschaft „deutsche Literaturgeschichte" das modifizierte Projekt einer Gesamtdarstellung, von der Ästhetik das Vorhaben einer nicht mehr auf die „wahre Poesie" ausgerichteten[335], deskriptiven Poetik. In einem kontinuierlichen Erkenntnisprozeß, der allerdings nur noch in seinem retrospektiven Anfangsabschnitt im philologischen Sinne als „Forschung" zu bezeichnen ist, sind auch die unterschiedlichen Thematisierungsweisen aus den beteiligten Disziplinen zusammengeführt worden. Der literarische Text als Einheit von Schreiberprodukt und Leserobjekt hat definitiv seine Wissenschaft gefunden, die philologisch das Schreiberprodukt erforscht, um dann mit gewendetem Blick historisch-psychologisch die Entstehung des Leserobjekts zu beschreiben.

Die Begründungsbedürftigkeit und interne Problematik dieser Wissenschaft, entstanden aus der Gegenläufigkeit ihres philologischen und ihres psychologisch-rekonstruktiven Teils, ist nach Scherer langsam wieder aus dem Blickfeld verschwunden. Die Philologen und die Theoretiker haben einander ihre „hübschen Dinge" gelassen, und das Grundlagenproblem ist als eines interner Diversifikation und persönlicher Vorliebe behandelt, also ausgesessen und allenfalls personalpolitisch ausgetragen worden.

Trotzdem hat die neudeutsche Philologie durch ihre neuen Aktivitäten der historisch-psychologischen Rekonstruktion und der Theorie, auch wenn sie fakultativ waren, den Status einer selbständigen Wissenschaft mit unverwechselbarem Profil erhalten und sich von der altdeutschen Philologie unterschieden und gelöst. Es gab nun plötzlich doch wieder zwei unterschiedlich am Gegenstand „deutsche Literatur" arbeitende Wissenschaften, die einander nur deswegen nicht ins Gehege kamen, weil die eine sich nur des älteren und die andere sich nur des neueren Teils des Gegenstandes angenommen hat und weil die eine nur auf das Schreiberprodukt Text und die andere auch auf das Leserobjekt Text ausgerichtet war. Die Teilung des Faches hat sich trotz aller Klagen und trotz aller Beschwörungen der Einheit mehr und mehr zu einer „vollständigen Spaltung" ausgewachsen, deren Unaufhaltsamkeit aufmerksame Leute wie Hermann Paul schon sehr bald wahrnehmen konnten.[336]

Scherer hat wohl noch gemeint und hatte dazu als einer von wenigen auch das persönliche Recht, die altdeutsche und die neudeutsche Philologie als blo-

---

[335] Scherer, Poetik (= Anm. 312) 63: „Die Aufgabe der früheren Poetik, die wahre Poesie zu suchen, hat sich als unlösbar erwiesen."

[336] Paul (= Anm. 180) 151: „Die wachsende Ausdehnung der Wissenschaft erschwert es dem Einzelnen immer mehr, alle Seiten derselben gleichmässig zu pflegen. Arbeitsteilung ist notwendig. Aber schwer zu beklagen wäre es, wenn diese zu einer vollständigen Spaltung führen würde. Es ist nicht zu leugnen, dass die einseitige Spezialisierung auf Sprachwissenschaft oder auf Literaturgeschichte immer mehr zunimmt."

ße Schwerpunktsetzungen innerhalb eines einheitlichen Faches beieinander halten zu können, und in der Tradition, die sich auf ihn berufen hat, gehörte es bis weit in unser Jahrhundert hinein für die Aspiranten auf eine akademische Karriere zum verpflichtend Üblichen, Promotion und Habilitation auf beide Abteilungen der deutschen Philologie zu verteilen. Ganz in diesem Sinne hat sich die traditionsreichste germanistische Zeitschrift seit 1876 den erweiterten Titel gegeben: „Zeitschrift für deutsches Alterthum und deutsche Litteratur" (unter Mitwirkung von Karl Müllenhoff und Wilhelm Scherer herausgegeben von Elias Steinmeyer), wobei der zweite Bestandteil die neudeutsche Philologie einbeziehen sollte. Aber die Einheit des Faches ist recht schnell zu einer Illusion geworden, die nur noch für die Studenten und in Festreden verbindlich war.

Daß die Spezialisierung der Forscher und die Spaltung des Faches weiter fortschritten, ist abzulesen an der Gründung von Zeitschriften, in denen die altdeutsche Philologie allenfalls beiläufig und pro memoria noch zu Worte kam. Zwar ist das „Archiv für die Geschichte deutscher Sprache und Dichtung" (herausgegeben von Joseph Maria Wagner) nach dem ersten Jahrgang (1874) wieder eingegangen, aber schon seit 1870 bestand das „Archiv für Litteraturgeschichte" (zuerst von Richard Gosche, seit 1874 von Franz Schnorr von Carolsfeld herausgegeben), in dem die neudeutsche Philologie – noch unter anderen „neueren" Philologien – ihr erstes Zentrum gefunden hat. Es wurde 1888 abgelöst durch ein ganz der neudeutschen Philologie gehörendes Organ, die „Vierteljahrschrift für Litteraturgeschichte" (herausgegeben von Bernhard Seuffert unter Mitwirkung von Erich Schmidt und Bernhard Suphan), und diese wiederum 1894 durch den „Euphorion" (herausgegeben von August Sauer). Für noch weitergehende Spezialisierung gab es seit 1880 das „Goethe-Jahrbuch" (herausgegeben von Ludwig Geiger), das Goethe und seiner Zeit, dem zentralen Thema der neudeutschen Philologie gewidmet war.

Ein untrügliches Zeichen für die Vertiefung der Teilung zur Spaltung dürfte das Erscheinen einer periodischen Bibliographie für die neudeutsche Philologie allein sein: sie war seit 1885 (Berichtsjahr 1884), bearbeitet von Philipp Strauch, noch im „Anzeiger für deutsches Alterthum und deutsche Litteratur" zu finden, der Rezensionsabteilung der „Zeitschrift für deutsches Altertum", seit 1892 (Berichtsjahr 1890) dann aber in den selbständigen Bänden des Kollektivunternehmens „Jahresberichte für neuere deutsche Litteraturgeschichte" (begründet von Julius Elias, Max Herrmann und Siegfried Szamatólski). Um diese Zeit hatte sich die neudeutsche Philologie schon an ihr umorganisiertes eigenes Programm gewöhnt.

Die Arbeit an den philologischen Teilen wurde ungestört als „normale Wissenschaft" fortgesetzt. An Textkritik und historisch-kritischer Edition brauchte sich in der Sache nichts zu ändern. Instrumente der Textbeschreibung wurden in Anlehnung an die altdeutsche Metrik und unter Aufnahme der versgeschichtlichen Arbeiten einzelner alt- und neudeutscher Philologen[337] selbstän-

[337] Wilhelm Wackernagel, Geschichte des deutschen Hexameters bis auf Klopstock.

dig erarbeitet und von Jacob Minor in einem ersten Kompendium zusammengestellt[338]; entsprechend klärende Hilfsmittel für eine stilistische und rhetorische Textbeschreibung blieben weiterhin (Wackernagels posthum veröffentlichte Vorlesungen[339] konnten kaum als Ersatz dienen) ein dringliches Desiderat.[340] Kommentare sind fast nur noch in Aufsatz- oder Miszellenform erschienen, dafür aber in großer Zahl.

In den im engeren Sinne historischen Teilen des Programms dominierte nach wie vor das Schreiben von Monographien und mehr und mehr auch von Charakteristiken, so etwas wie Kurzmonographien.[341] Die Gesamtdarstellung der deutschen Literaturgeschichte, auf die ja immer noch alles hinauslaufen sollte, wurde, mit den erwähnten Ausnahmen, weiterhin als verfrüht vertagt; vorbereitende Darstellungen der Literaturgeschichte von Ländern, die nicht oder nicht mehr zum Deutschen Reich gehörten, haben immerhin auch schon akademische Germanisten riskiert.[342]

Mit den neuen Programmteilen, der historisch-psychologischen Rekonstruktion und der Theorie, hat man sich einigermaßen arrangiert. Interpretationen waren vorzugsweise in größeren Monographien anzutreffen und haben

---

Berlin 1831; in erweiterter Neufassung (Geschichte des deutschen Hexameters und Pentameters bis auf Klopstock) in: Wilhelm Wackernagel, Abhandlungen zur deutschen Litteraturgeschichte. Hrsg. von Moriz Heyne. (W. W., Kleinere Schriften. 2) Leipzig 1873, S. 1–68. – Friedrich Zarncke, Ueber den fünffüssigen Iambus mit besonderer Rücksicht auf seine Behandlung durch Lessing, Schiller und Goethe. Erste Abtheilung. Leipzig 1865. – August Sauer, Ueber den fünffüssigen Jambus vor Lessings Nathan; in: Sitzungsberichte der philosophisch-historischen Klasse der kaiserlichen Akademie der Wissenschaften in Wien. Band 90. Wien 1878, S. 625–717.

338 Jacob Minor, Neuhochdeutsche Metrik. Ein Handbuch. Straßburg 1893.

339 Wilhelm Wackernagel, Poetik, Rhetorik und Stilistik. Academische Vorlesungen. Hrsg. von Ludwig Sieber. Halle 1873.

340 Zutreffend die Beschreibung von Bernhard ten Brink, Über die Aufgabe der Litteraturgeschichte. (Rektoratsrede); in: Das Stiftungsfest der Kaiser-Wilhelms-Universität Strassburg am 1. Mai 1890. Straßburg 1890, S. 29–54; 35 f.: „Für einen wesentlichen Theil ihrer Aufgabe – die stilistische Charakteristik der litterarischen Erscheinungen – erweisen die Litterarhistoriker auch unserer Tage sich zwar mehr oder weniger gut, jedoch alle recht unvollkommen ausgerüstet. Mit Recht hat man ihnen vorgeworfen, dass sie sich gewöhnlich damit begnügen, den Eindruck den irgend eine Darstellung auf den Leser oder Hörer macht, mittelst reicher Anwendung von Analogien und Bildern zu beschreiben und im günstigsten Fall eine psychologische Charakteristik des Autors selber damit zu verbinden. Das in der Mitte liegende, der eigentliche Kern der Sache, die Darstellungsmittel, deren sich der Autor bedient, werden entweder gar nicht oder doch nur sehr unvollständig und sehr ungenügend [...] bestimmt."

341 Die angesehenste Sammlung: Erich Schmidt, Charakteristiken. 2 Bände. Berlin 1886/1901. – Andeutungen zu einer Theorie der „literargeschichtlichen Charakteristik" bei Paul (= Anm. 272) 224–228.

342 Jakob Baechtold, Geschichte der Deutschen Literatur in der Schweiz. Frauenfeld 1892. – Rudolf Wolkan, Geschichte der deutschen Literatur in Böhmen bis zum Ausgang des XVI. Jahrhunderts. Prag 1894. – Deutsch-Österreichische Literaturgeschichte. Ein Handbuch zur Geschichte der deutschen Dichtung in Österreich-Ungarn, hrsg. von Johann Willibald Nagl und Jakob Zeidler. Hauptband. Wien 1899.

dabei unauffällig rekonstruktive Züge beibehalten.[343] Von einer intensiveren Bemühung um eine „Grundlegung" oder einem allgemeineren Interesse an Theorie kann nicht gesprochen werden. Die neudeutsche Philologie hat ihre Selbständigkeit, die sie der inneren Gegenläufigkeit ihres Programms verdankte, und die Vertiefung der Teilung des Faches zur Spaltung geschehen lassen oder hingenommen. Obwohl sie kaum über einen Begriff ihres Gegenstandes und sicher nicht über einen Begriff ihrer selbst verfügen konnte, hat sie doch endlich einen Namen bekommen, dessen Gebrauch ihr die Sorge um die Begründung ihres Anspruchs auf Wissenschaftlichkeit abnehmen konnte: Literaturwissenschaft.

Der Berliner Altphilologe Oskar Froehde hat diesen ja gar nicht neuen Namen[344] durch die Publikation seiner Antrittsrede als Privatdozent wieder in die Diskussion gebracht[345], und zwar als präzise Kurzfassung eines Programms, das gut auf die Situation der neudeutschen Philologie paßte. Froehde setzt sich ab von der Altertumswissenschaft in der Nachfolge Friedrich August Wolfs, indem er ihr die für eine Wissenschaft nötige „einheit der idee oder des zieles" abspricht.[346] Er setzt ihr eine Literaturwissenschaft entgegen, an deren Gegenstand zwar auch andere Wissenschaften ihr je spezifisches Interesse haben (z. B. die Sprachwissenschaft oder die Geschichtswissenschaft), die aber „eine von den andern geisteswissenschaften durch die verschiedenheit der idee getrennte selbständige wissenschaft" ist.

Für diese Wissenschaft ist die Literatur nicht „mittel zum zweck" oder „quelle" für etwas anderes.

> dem litteraturforscher ist die litteratur selbstzweck: er will aus ihr nicht das wesen der sprache oder der politischen vorgänge, sondern das wesen der litteratur selbst ergründen. dies ist die der litteraturwissenschaft zu grunde liegende idee, durch welche sie von allen andern geisteswissenschaften geschieden wird. die erkenntnis des wesens der litteratur dh. die erforschung der bedingungen, unter denen die litteratur entsteht, der ursachen, weshalb ein litteraturwerk so und nicht anders beschaffen ist, das ist die aufgabe der litteraturwissenschaft.[347]

Die Aufgabe wird

---

[343] Etwa in Erich Schmidts Lessing-Monographie (= Anm. 216) die „Analyse" der „Minna von Barnhelm" (I 465 ff.), der „Emilia Galotti" (II 191 ff.) oder des „Nathan" (II 526 ff.).

[344] Vgl. oben S. 411. – Die Bezeichnung auch bei Wilhelm Scherer, Jacob Grimm [...]. Berlin 1865, S. 32: „Zweierlei Motive überhaupt führen die Romantiker auf das Altdeutsche. Ihr Gedanke einer allgemeinen Literaturwissenschaft, das Erforschen der Poesie in allen Gestalten leitet die Schlegel." Dasselbe auch in knapperer Form in der 2. Auflage (Berlin 1885) auf S. 60. – In ihrem ersten bis dritten Jahrgang (1874–1876) hat die „Jenaer Literaturzeitung" – Fachreferent für Germanistisches war Eduard Sievers – ein „systematisches Verzeichniss" der besprochenen Werke mitgeliefert und darin eine Rubrik „Sprach- und Literaturwissenschaft" geführt, in der alle Philologien zusammengefaßt sind.

[345] Oskar Froehde, Der begriff und die aufgabe der litteraturwissenschaft; in: Neue Jahrbücher für Philologie und Pädagogik 147 (1893) 433–445.

[346] Froehde 434.

[347] Froehde 438.

> auf einem dreifachen wege gelöst: 1) durch die herstellung der litteraturdenkmäler auf grund des studiums ihrer überlieferung, 2) durch die erklärung der beschaffenheit eines einzelnen werkes aus seiner entstehung, 3) durch die darstellung und erklärung der geschichtlichen entwicklung der gesamten litteratur. dieselben drei aufgaben hat die kunstwissenschaft, welche von allen der litteraturwissenschaft am nächsten steht.

Und Froehde hat nicht vergessen, eine „allgemeine litteraturwissenschaft“ zu postulieren, eine Untersuchung der „gesetze der litterarischen kritik und hermeneutik, welche die litterarische forschung regeln“.[348]

Diesen Entwurf, den er noch in wissenschaftssystematischer Hinsicht präzisiert hat[349], hat Froehde selbst nicht mehr zur praktischen Ausführung bringen können. Unter den Germanisten hat der Leipziger Extraordinarius Ernst Elster als erster an prominenter Stelle die neue Bezeichnung adoptiert, im Titel seines Werkes „Prinzipien der Literaturwissenschaft“[350], dessen erster Band eine psychologische Poetik ist (der zweite, eine Stilistik, ist erst 1911 erschienen) und sich nicht schlecht in Froehdes Programm, vor allem aber in das einer neudeutschen Philologie einfügt, die ihr Theoriebedürfnis ernst zu nehmen angefangen hat.

Richard M. Meyer, Herausgeber von Scherers „Poetik“, hat die Implikationen des neuen Wissenschaftsnamens zutreffend, aber mißbilligend ausgesprochen:

> Da ich die litterarhistorische und die grammatische Arbeit nur für zwei verschiedne Seiten der philologischen Thätigkeit halte, muß ich auch gestehen, daß ich für die Einführung des neuen Kunstausdrucks ‚Litteraturwissenschaft‘ kein Bedürfnis sehe. Ich verstehe wohl, wie Elster dazu kam. Er wollte ein Seitenstück zu Pauls ‚Prinzipien der Sprachgeschichte‘ schaffen; da erschien ihm nun wohl ‚Prinzipien der Poetik‘ nicht umfassend genug, weil er die Prosa einbezieht; ‚Prinzipien der Litteraturgeschichte‘ ließ ihm vielleicht das beschreibende Moment zu stark hinter dem historischen zurücktreten. [...] Er will die Gesichtspunkte und Hilfsmittel sammeln und sichten, die ein möglichst vollständiges Verständnis gerade der dichterischen Eigenart ermöglichen. Daß er hierbei die sicherlich vielfach vernachlässigten psychologischen Gesichtspunkte mit größter Entschiedenheit in den Vordergrund, die spezifisch philologischen in den Schatten stellt, giebt meiner Meinung nach für die Wahl eines leicht irreführenden Terminus keine genügende Ursache ab. [...] Der neue Ausdruck ‚Litteraturwissenschaft‘, der Unabhängigkeit von früheren Methodologien bekunden sollte (eine Unabhängigkeit, die auch wirklich, zu Schaden und Vorteil des Buches, vorhanden ist), wird schließlich zum Kennzeichen weitgehender Abhängigkeit von Forschern, die dem spezifisch-litterarhistorischen Betrieb fern stehen.[351]

---

[348] Froehde 439.

[349] Oskar Froehde, Literatur-, kunst- und sprachwissenschaft; in: Neue Jahrbücher für Philologie und Pädagogik 149 (1894) 1–13. – Dazu Otto Harnack in: Jahresberichte für neuere deutsche Litteraturgeschichte 5 (1894) I 1:24: „Ueber die Betrachtungsweise der ‚Literaturwissenschaft‘ hat Froehde [...] nochmals gehandelt und in klassifizierender Methode ihr Verhältnis zur Kunst- und Sprachwissenchaft gekennzeichnet.“

[350] Ernst Elster, Prinzipien der Literaturwissenschaft. Erster Band. Halle 1897.

[351] Richard M. Meyer, Rezension in: Euphorion 4 (1897) 813–818; 815 f.

Das Moment der Distanzierung von der altdeutschen Philologie und der Orientierung an anderen Wissenschaften ist der Bezeichnung „Literaturwissenschaft“ und dem von ihr Bezeichneten noch für geraume Zeit eigen geblieben. Das hat indessen einen „spezifisch-litterarhistorischen“ Forscher wie Franz Muncker nicht gehindert, in das von ihm betreute Kapitel „Litteraturgeschichte“ innerhalb der Fachbibliographie einen Abschnitt „Hilfsmittel der Litteraturwissenschaft“ aufzunehmen.[352] Gerade noch rechtzeitig vor der Jahrhundertwende hat die Literaturwissenschaft sich selbst zur Kenntnis genommen.

[352] Erstmals 1899 in: Jahresberichte für neuere deutsche Litteraturgeschichte 6 (1895) I 1:24.

Bibliographisches Register

Das Register enthält die Fundstellen für die bibliographischen Angaben zu den zitierten Schriften, und zwar entweder unter dem Autor (und gegebenenfalls dem Herausgeber) oder – bei anonym erschienenen Arbeiten – unter dem Titel des Buches bzw. der Zeitschrift.

Personenregister

Aufgenommen sind die Namen derjenigen, die als handelnde Personen erwähnt werden.